TUSSEN GEVEN EN NEMEN

Ivan Boszormenyi-Nagy
Barbara R. Krasner

TUSSEN GEVEN EN NEMEN

Over contextuele therapie

De Toorts Haarlem

CIP-GEGEVENS KONINKLIJKE BIBLIOTHEEK, DEN HAAG

Boszormenyi-Nagy, Ivan

Tussen geven en nemen : over contextuele therapie
/ Ivan Boszormenyi-Nagy, Barbara R. Krasner;
[vert. uit hetEngels: Nelly Bakhuizen; eindred. Lucy Schlüter]. - Haarlem : De Toorts.
Vert. van: Between give and take: a clinical guide to contextual therapy. -
New York: Brunner/Mazel, 1986. - Met lit. opg., reg.
ISBN 90-6020-668-1
NUGI 713
Trefw.: gezinstherapie.

Oorspronkelijke titel: *Between give and take - a clinical guide to contextual therapy*,
Brunner/Mazel Inc., New York
© 1986 Ivan Boszormeny-Nagy, M.D. en Barbara R. Krasner, Ph.D.

© 1994 Nederlandse vertaling: Uitgeverij De Toorts, Postbus 9585, 2003 LN Haarlem
Nederlandse vertaling: Nelly Bakhuizen, Gouda
Eindredactie: Lucy Schlüter, Amsterdam/Uitgeverij De Toorts, Haarlem

Omslagontwerp en typografie: Esther Zwart, Haarlem

Niets uit deze uitgave mag worden verveelvoudigd en/of openbaar gemaakt door middel van
druk, fotokopie, microfilm of op welke andere wijze ook, zonder voorafgaande schriftelijke
toestemming van de uitgever.

All rights reserved.

ISBN 90 6020 668 1
NUGI 713

Verspreiding voor België:
Uitgeverij EPO, Lange Pastoorstraat 25-27, 2600 Berchem/Antwerpen

INHOUD

VOORWOORD 7

PROLOOG: de wegen van de auteurs naar contextuele therapie 11

I. PREMISSEN 17

1. Contextuele therapie: een oriëntatie 19
2. De uitdaging van de therapie met psychotische cliënten: achtergrond van de contextuele benadering 37
3. Een dialectische visie op relaties: de ontwikkeling van de contextuele benadering 49

II. CONTOUREN VAN DE MENSELIJKE CONTEXT 57

4. De vier dimensies van relationele werkelijkheid 59
5. Belangentegenstellingen: een vierdimensionaal perspectief 87
6. Drie aspecten van onderlinge dialoog 93
7. Dialoog tussen het Zelf en de menselijke context 121

III. TAXATIE VAN DE CONTEXT 161

8. De dialoog tussen cliënt en therapeut 163
9. Het taxeren van de relationele werkelijkheid 181

IV. HET THERAPIEPROCES   229

10. Gezondheid, autonomie en relationele hulpbronnen   231
11. Verbinding: bewerking van de impasse   249
12. Weerstanden: belemmeringen voor therapeutische vooruitgang   263

V. THERAPEUTISCHE METHODEN   271

13. Een voorbeeld uit de praktijk   273
14. Balans in beweging: krediet geven   305
15. Begin van de therapie   317
16. Veelzijdig gerichte partijdigheid   325
17. Contextueel werken met het huwelijk   361

VI. TOEPASSINGEN EN RICHTLIJNEN   381

18. Het veranderende huwelijk   385
19. Echtscheiding en hertrouwen   399
20. Problemen met het ouderschap   411
21. Andere toepassingen van contextuele therapie   431

VII. THERAPEUTEN IN CONTEXT   451

22. De vorming van een contextueel therapeut   453

OVER HET BELANG DAT GENERATIES VOOR ELKAAR HEBBEN   467

VERKLARENDE LIJST VAN BEGRIPPEN   471

LITERATUURVERWIJZINGEN   483

REGISTER   489

VOORWOORD

Dit boek is bestemd voor therapeuten van iedere school, richting en overtuiging. Het bevat ervaringen met zowel psychodynamische individuele therapie als met klassieke gezinstherapie, maar stelt zich ten doel verder dan deze te gaan. Samenvattingen en kritische besprekingen van genoemde benaderingen komen van pas als inleidend leesmateriaal voor het onderwerp contextuele therapie.

De dialoog tussen de auteurs begon met een gemeenschappelijke belangstelling voor de geschriften van Martin Buber en stamt uit de tijd dat het manuscript voor *Invisible Loyalties* werd voltooid (1971) *(1973/1984)*. Deze dialoog was de bron voor ons boek.

Het was de verantwoordelijkheid van Ivan Boszormenyi-Nagy, als ontwerper van de contextuele benadering, de bouwstenen aan te dragen en de eerste versie van het manuscript op te stellen. Van hem werd verwacht dat hij van zijn benadering een ontwerp voor een modern klinisch handboek zou formuleren, waarin zijn huidige visie op de uitgangspunten van therapie, die geworteld zijn in de werkelijkheid van menselijke relaties, wordt weergegeven. Het boek is een neerslag van zijn overwegingen gedurende de afgelopen veertig jaar over de essentie van effectieve therapie en van preventie. Het eigenlijke schrijven van het boek gebeurde in samenspraak.

Het was de taak van Barbara Krasner – die mede de contextuele benadering heeft ontwikkeld – nieuwe formuleringen, frisse ideeën en uitvoerige voorbeelden aan te dragen. Zij bewerkte de bovengenoemde versie en heeft getracht de complexiteit en de taal ervan voor de lezer toegankelijker te maken.

Het boek biedt ook de neerslag van haar twintig jaar lange betrokkenheid bij sociale, politieke en religieuze problemen, haar werk bij instellingen voor maatschappelijk werk en haar klinische ervaring.

De samenwerking tussen Boszormenyi-Nagy en Krasner is gebaseerd op een al vijftien jaar durend gezamenlijk streven een samenhangend, overtuigend en overdraagbaar begrippenkader voor deze therapeutische benadering te formuleren. Uiteindelijk hebben de beide auteurs samen het definitieve manuscript opgesteld. Wij zijn talloze collega's erkentelijk voor hun bijdragen gedurende vele jaren in de vorm van gedachtenwisselingen en het doorgeven van klinische ervaringen. Geraldine Spark was mede-auteur van Ivan Boszormenyi-Nagy's boek *Invisible Loyalties*, de eerste belangrijke formulering van de benadering. In het bijzonder zijn wij Margaret Cotroneo erkentelijk, die met haar kritische en creatieve manier van denken in discussies, door doceren en met haar co-auteurschap, heeft geholpen de contextuele benadering te ontwikkelen.

We hebben veel profijt gehad van de gedachtenwisselingen met vele collega's, met name Judith Grunebaum, David Ulrich, J. Bruce Grisi en Suzanne Noble. Ammy van Heusden (Amsterdam, Nederland), Catherine Ducommun (Lausanne, Zwitserland) en Siri Rinnyng (Vikersund, Noorwegen), allen docenten van de contextuele benadering in Europa, hebben het manuscript met veel zorg gelezen en van kritisch commentaar voorzien.

David Krasner fungeerde tijdens het schrijven bereidwillig als klankbord, criticus en bron van aanmoediging. Wij zijn onze gezinnen dankbaar omdat zonder hun ervaring, steun, geduld en begrip dit boek niet geschreven had kunnen worden.

IvanBoszormenyi-Nagy was actief betrokken bij de totstandkoming van de vertaling. Zowel vertaler als eindredacteur hebben baat gehad bij Boszormenyi-Nagy's waardevolle toelichtingen en overwegingen, die tevens hebben geleid tot enkele kleine wijzigingen in de oorspronkelijke tekst.

Bij de Nederlandse vertaling

Zeer toepasselijk verschijnt de eerste vertaling van *Between give and take* in het Nederlands. Dit sluit aan bij het imago dat Nederland over de hele wereld in de geschiedenis van de gezinstherapie heeft. In Nederland werd voor het eerst een training op landelijk niveau gegeven, bekend als 'de Leidse cursus' (1964). Dit gebeurde lang voordat enig land, behalve de Verenigde Staten, bekend was met opleidingsprogramma's in gezinstherapie.

Ammy van Heusden, overleden in 1986, vervulde een belangrijke rol in de beginperiode van de gezinstherapie in Nederland in het algemeen en van de contextuele therapie in het bijzonder. In samenwerking met ElseMarie van den Eerenbeemt schreef zij de eerste Nederlandse inleiding in de contextuele therapie: *Balans in beweging,* (1983; ^{5}1992).

ElseMarie van den Eerenbeemt is contextueel therapeut en stafdocent aan de voortgezette opleiding van de Hogeschool van Amsterdam. Sinds 1989 verzorgt zij een specialistisch programma contextuele therapie en in samenwerking met Ivan Boszormenyi-Nagy startte zij in 1990 een master-class contextuele therapie. Dit was mede aanleiding voor de publikatie van dit boek in het Nederlands.

Mijn respect voor de bekwaamheid van de vertaler geeft mij het volste vertrouwen in de nauwkeurigheid van de vertaling van het boek. Niet alleen is Nelly Bakhuizen contextueel therapeut en docent, zij is ook al vele jaren mijn belangrijkste tolk-vertaler tijdens Nederlandstalige seminars.
Het eindprodukt is tevens het resultaat van de redactionele bedrevenheid in zowel het Nederlands als het Engels van Lucy Schlüter.
Ik voel mij aan beiden zeer verplicht voor de zorgvuldigheid waarmee zij hun werkzaamheden hebben verricht.

Ivan Boszormenyi-Nagy

De cursieve literatuurverwijzingen in de tekst worden op pagina 483 e.v. nader gespecificeerd.

PROLOOG

DE WEGEN VAN DE AUTEURS NAAR CONTEXTUELE THERAPIE

Ivan Boszormenyi-Nagy

Contextuele therapie, een preventieve en herstellende manier van interveniëren, is zowel een methode als een geheel van vooronderstellingen en werd opgezet en aanvankelijk ontwikkeld door Ivan Boszormenyi-Nagy. Als geheel van vooronderstellingen inspireert de therapie zowel persoonlijke als beroepsrelaties. Als methode introduceert zij een nieuwe ethische dimensie van relationele hefbomen en determinanten. Contextuele therapie is voortgesproten uit een dialectische, intergenerationele therapie *(Boszormenyi-Nagy, 1972; Boszormenyi-Nagy & Spark, 1973/1984)* die op zichzelf weer voortkwam uit eerdere pogingen tot intensieve gezinstherapie met schizofrenen *(Boszormenyi-Nagy, 1960, 1962, 1965a)*.
Ivan Boszormenyi-Nagy was één van de grondleggers van wat later de gezinstherapie'beweging' in de Verenigde Staten werd. Hij was de oprichter en de eerste directeur van de afdeling gezinspsychiatrie van het Eastern Pennsylvania Psychiatric Institute (1957) in Philadelphia, één van de eerste en meest actieve onderzoeks- en opleidingscentra voor gezinstherapie. Veel bekende gezinstherapeuten van het eerste uur ontwikkelden zich als zodanig doordat ze zich aansloten bij de genoemde afdeling gezinstherapie (Margaret Cotroneo, James L. Framo, Philip Friedman, Geraldine Lincoln-Grossman, Leon Robinson, David Rubinstein, Geraldine Spark, Oscar Weiner, Gerald H. Zuk en anderen).
Anders dan bij psychoanalyse het geval is, ontstond gezinstherapie vanuit verschillende begrippenkaders. Boszormenyi-Nagy's belangstelling ging zowel uit naar de ontwikkeling van een relationele gezinstherapie met een brede basis, als

naar een levendige uitwisseling van gedachten met de vertegenwoordigers van andere richtingen. Enkele van de eerste landelijke conferenties over gezinstherapie (1964, 1967) werden gesponsord door de afdeling gezinspsychiatrie. Met Geraldine M. Spark en Alfred Friedman startte Nagy in 1963 het Family Institute of Philadelphia; met Gerald Berenson en Geraldine M. Spark eind jaren zeventig de American Family Therapy Association. Contextuele therapie kon zich niet ontwikkelen zonder het directe contact met de ontwikkelingen op het gebied van de gezinstherapie. Boszormenyi-Nagy en twee van zijn collega's (David Rubinstein en Gerald Zuk) droegen al vroeg een steentje bij aan de ontwikkeling van de gezinstherapie in Europa met een landelijk opleidingsprogramma van drie maanden in Leiden (1967). Hierdoor en door de bijdragen van Ammy van Heusden en anderen werd Nederland het eerste land buiten de Verenigde Staten dat zich actief bezig hield met gezinstherapie.

Aan het eind van de jaren dertig ontstond de vooruitgang in de opvattingen over de biochemische basis van enzymfuncties, de elementen van cellulaire fysiologie. Op filosofisch niveau was in dezelfde periode het vasteland van Europa getuige van de ontwikkeling van het existentialisme. Toen Boszormenyi-Nagy zijn co-assistentschap psychiatrie aan de Universiteit van Budapest deed, besloot hij de gehele officiële scheikundige opleiding aan de Universiteit van Budapest te volgen (1944-1948). Tegelijkertijd wilde hij graag meer te weten komen over de existentiële en de psychologische dynamiek van schizofrenie. Bij deze onderneming was Kalman Gyarfas zijn eerste gids. Later, in Chicago, werd Gyarfas de mentor van Virginia Satir *(Jackson & Weakland, 1961)*.

De uitkomsten van zijn onderzoek aan de Universiteit van Illinois naar de enzymische eigenschappen van de bloedcellen van psychotici, overtuigden Boszormenyi-Nagy er echter van, dat de psychose net zomin door de toentertijd geldende opvattingen over enzym-biochemie kon worden verklaard, als door de daarvóór geldende opvattingen van de neurohistologie. De fascinerende ontwikkeling van de psychofarmacologie in het midden van de jaren vijftig bleek evenmin in staat het antwoord te geven.

Vanaf 1955 concentreerde Boszormenyi-Nagy zich op het onderzoek naar het verband tussen dieptepsychologie en hechte relaties. Dit werd vergemakkelijkt door twee nieuwe invloedssferen: de geschriften van Martin Buber die wezen op een existentieel, op relaties gebaseerd, begrip van het menselijk leven en de geschriften van Ronald Fairbairn, de grondlegger van de object-relatiestroming binnen de psychoanalyse. Omdat Boszormenyi-Nagy van plan was deze begrippenkaders toe te passen op de behandeling van schizofrenen, besloot hij in 1957 het aanbod te aanvaarden van het bestuur van het Eastern Pennsylvania Psychiatric Institute om een afdeling voor onderzoek en therapie op te zetten. De afdeling gezinspsychiatrie heeft haar therapie-opleiding en onderzoeksprogramma voortgezet totdat in 1980 de programma's van dit vooraanstaand universiteitsinstituut door het Pennsylvania Department of Welfare werden stopgezet.

Als directeur van de afdeling had Boszormenyi-Nagy op bestuursniveau de vrijheid om therapeutische strategieën te ontwikkelen. Gedurende een periode waarin men zich richtte op intensieve individuele therapie met schizofrenen, had hij ruimschoots gelegenheid om van gedachten te wisselen met de leiders van het Chestnut Lodge Sanatorium in Rockville, Maryland, dat wellicht het belangrijkste centrum voor de therapie van psychose is. In de loop van de tijd raakte hij ervan overtuigd dat betrouwbaarheid een cruciale rol speelt in elke therapie. Deze overtuiging werd bevestigd door het werk en de geschriften van Harold Searles, Otto Will, Donald Burnham en anderen die werkten volgens de voortreffelijke leer van Frieda Fromm-Reichman en Harry Stack Sullivan.

Een andere vroege methodologische invloed op Boszormenyi-Nagy kwam van het korte bezoek van Maxwell Jones aan de afdeling gezinspsychiatrie in 1958. Hierdoor werd Nagy gestimuleerd tot het invoeren van verschillende methoden die in de 'therapeutische gemeenschap' van Jones in Londen werden gebruikt. Toch had maar één van de vernieuwingen van Jones een blijvende invloed op het programma van de afdeling gezinspsychiatrie. Dat was de wekelijkse, gezamenlijke bijeenkomst van staf, patiënten en hun verwanten. Deze bijeenkomsten bevestigden de reeds bestaande overtuiging van Nagy en Kalman voor wat betreft het belang van de behandelingscontext van patiënt én ouders. Het werd in toenemende mate duidelijk dat mensen met een psychose die anders een teruggetrokken en bizar gedrag vertoonden, in de context van hun gezin plotseling andere mensen werden. Terwijl ze vaak de leidersrol op zich namen in hun familie, bleven ze controversieel, maar schenen authentiek te zijn.
In 1958 hielden Nagy en zijn medewerkers zittingen met opgenomen psychotische patiënten en hun gezinnen. Niet lang daarna werden de individuele therapiezittingen stopgezet. Binnen een paar jaar had Nagy deze manier van werken uitgebreid naar allerlei mogelijke omstandigheden. Het programma voor de opgenomen patiënten ruimde het veld voor het programma voor de ambulante patiënten. In deze periode was Nagy ook geïnteresseerd in het vroege werk van Murray Bowen, Lyman Wynne, Nathan Ackerman, Carl Whitaker and Don Jackson.

Midden jaren zestig was de afdeling een opleidingsinstituut geworden. Jaarlijks werden er honderden therapeuten opgeleid en er werden lesprogramma's in gezinstherapie opgezet voor de vijf medische faculteiten van Philadelphia. Er werd een programma voor een gezinsdag ontworpen, gebaseerd op therapie met gezinsgroepen en er werd overleg gevoerd met kerken, scholen, rechtbanken, woningbouwverenigingen, actievoerders uit achtergestelde buurten, gemeentelijke gezondheidscentra, psychiatrische ziekenhuizen, instituten voor geestelijk gehandicapten enzovoorts. Hierdoor werd dit project een van de eerste bekende gezinstherapieprogramma's *(Jackson & Weakland, 1961)*.

Door de gezinsbenadering, aanvankelijk van schizofrenie en later van alle soorten psychiatrische problemen, verkregen Nagy en zijn medewerkers niet alleen betere resultaten in hun werk met de geïdentificeerde patiënt, maar ook met de rest van het gezin. De medewerkers aan dit door de staat gefinancierde onderzoeks-therapeutische programma waren in staat hun enthousiasme met collega's uit het veld te delen, in plaats van dat zij overwerkt raakten. Dit leidde ertoe dat er al in 1964 en 1967 landelijke conferenties werden georganiseerd en dat er vervolgens 'geïntegreerde' publikaties werden uitgegeven *(Boszormenyi-Nagy & Framo, 1965/1986; Zuk & Boszormenyi-Nagy, 1967).*

De eerste ontwikkeling van de contextuele benadering was voor Nagy onlosmakelijk verbonden met hulp aan het veld van gezinstherapie. Begripsmatig gezien heeft de aanvankelijke nadruk op de op het individu gebaseerde, existentieel-psychodynamische inzichten, het veld geruimd voor systemisch transactionele begripsbepalingen en – geïnspireerd door de geschriften van Martin Buber – voor de aandacht voor de ethische dimensie.

Barbara R. Krasner

Contextuele therapie was ruim tien jaar in ontwikkeling, toen Barbara Krasner er voor het eerst mee in aanraking kwam.
De aandacht van de contextuele therapie voor het rechtvaardigheidsaspect in de dynamiek van menselijke relaties kwam overeen met haar betrokkenheid bij (actie)groepen voor sociale rechtvaardigheid, met inbegrip van de beweging voor burgerrechten, de vredesbeweging en de vrouwenbeweging. De verbondenheid van contextuele therapie met het werk van Martin Buber viel samen met haar bestudering van religie en psychotherapie. Haar werk in verband met de joods-christelijke en de Arabisch-Israëlische verhoudingen werd diepgaand beïnvloed door de nadruk die Buber legt op 'herstellen door ontmoeten'. Hierdoor voorzag haar werk in een brug tussen de theorie over en de praktijk van de therapie. Het begrip 'herstellen door ontmoeten' – in feite een manier van weten en leven – werd een hoeksteen van haar interpretatie van de contextuele benadering. Er is de meeste kans op herstel wanneer mensen die met elkaar in relatie staan, zichzelf en hun voorwaarden voor een relatie beschikbaar willen stellen voor dialoog, wederzijdse zorg, erkenning en onderhandeling. Met haar niet-apologetische bekrachtiging van de geldigheid van het begrip veelzijdigheid, omhelsde de contextuele therapie ook Bubers gebied van 'het Tussen'. Dit gebied is beter bekend als de 'ontmoetingsplaats' van een 'Ik' en een 'Gij'.

Uitsluitend als een therapeutische modaliteit bezien, werd contextuele therapie ontwikkeld door Boszormenyi-Nagy en door hem en andere clinici verder uitgewerkt. Als een manier van denken echter is het contextuele paradigma met zijn dynamieken loyaliteit, rechtvaardigheid en betrouwbaarheid nauw verbonden met de filosofische antropologie van Martin Buber. Ze vormen ook de basis van de joodse mystiek en de profetische overlevering. Krasners dissertatie *(1975)* doet een poging de ervaringen van de therapeutische en de religieuze gemeenschappen te integreren. Volgens Krasner komt de kern van religieuze wijsheid in alle geloofsrichtingen voor en bestaat deze uit de verplichting van elke generatie om haar leden te helpen een evenwicht te vinden tussen individuele vrijheid en onderlinge verantwoordelijkheid.

Krasner werd ook beïnvloed door mensen uit de Amerikaanse religieuze gemeenschappen. Hun geloof, standpunten en levenswerk zijn hoofdzakelijk gebaseerd op dialoog. Geworteld in de eigenheid van hun persoonlijke, etnische en gemeenschappelijke legaten, werden ze gezegend met het vermogen om alomvattend invoelend te zijn. Verankerd in traditis van leren en wijsheid, die door alle tijden heen werden erkend, behielden zij het vermogen tot gevoelvolle betrokkenheid en actie. Onder hen waren Lillian Miller, Howard Moody, Abraham Heschel, Maurice Friedman, Charlotte Meacham, Alexander Shapiro, Marjorie Penney, Paul Chapman en Martin Luther King.

In 1970 begon Krasner haar opleiding aan de afdeling gezinspsychiatrie – EPPI – waar zij werd gevraagd staflid te worden. Later werd ze directielid voor de betrekkingen met de gemeenschap. In deze hoedanigheid begon ze contextuele methodologieën te gebruiken in verschillende milieus, met inbegrip van sociale, gerechtelijke en religieuze instellingen. Contextuele therapie werd de informatiebasis van haar werk in één groep en van haar werk met verschillende groepen tegelijkertijd. In veel van deze verrichtingen en projecten werd ze bijgestaan door Margaret Cotroneo, en ze werkte en schreef in goede collegialiteit met haar samen.

Krasner is nu directeur van het Center for Contextual Familytherapy and Allied Studies, waar men zich bezighoudt met klinische, sociale en godsdienstige aangelegenheden.

I

PREMISSEN

HOOFDSTUK 1

CONTEXTUELE THERAPIE: EEN ORIËNTATIE

De huidige psychotherapie is slechts een tak van een geweldig genezingsbedrijf dat een onverzadigbare markt lijkt te hebben. De vraag van het publiek naar hulp en begeleiding is zó toegenomen, dat er talloze richtingen in de hulpverlening zijn ontstaan. Vanzelfsprekend zijn veel van deze scholen en richtingvarianten legitiem; maar andere zijn gespeend van bewezen kennis, gezond verstand en opleiding. Door de aanhoudende vraag van het publiek naar hulpverlening, ontstaat er zo nu en dan een cultus met fanatieke aanhangers en andere kortstondige vormen van een of andere veranderingskunst die haar volgelingen eeuwigdurende verlossing belooft.
Het is makkelijk kritiek te leveren op de huidige stand van zaken, maar elke poging de kwaliteit te keuren van waren die worden aangeboden op een drukke markt, brengt moeilijkheden met zich mee. De sociale en wettelijke verantwoordelijkheid van psychotherapie en aanverwante genezingswetenschappen wordt aan steeds nauwkeuriger onderzoek en commentaar onderworpen. Het valt niet te ontkennen dat psychotherapie een afgeleide van het gebied van de geneeskunde is. Het intuïtieve genie Sigmund Freud, heeft – evenals de talloze bijdragen van vele anderen – waarheden voortgebracht die door beroepsbeoefenaars onderling worden onderschreven en die hun geldigheid hebben in de relatie tussen beroepsbeoefenaars en hun cliënten. Toch kan de psychotherapie zich niet beroepen op een causaal gefundeerde, wetenschappelijke grondslag.
Vanaf het begin van de negentiende eeuw is de *geneeskunde* afhankelijk geweest van het vermogen van haar beoefenaars wetenschappelijke causaliteit vast te stellen. De patiënt functioneert hierbij symbolisch als monitor van subjectieve signalen van lichamelijke mankementen of ziekte. Deze signalen functioneren als indicatoren van het feit dat de lichamelijke compleetheid van een mens 'objec-

tief' wordt aangevallen door bacteriën, een tumor of allergieën, of door processen van auto-immuniteit, om maar een paar mogelijkheden te noemen. Nadat de artsen zijn begonnen bij het symptoom of de klacht van de cliënt, werken zij verder op grond van de hypothese dat biologische wetmatigheden kunnen worden blootgelegd, die ten grondslag liggen aan en bepalend zijn voor wetenschappelijke waarheid. Wetenschappelijke geneeskunde mag dan vaak haar ideële doelen voorbijschieten, maar causaliteit is op z'n minst inherent aan haar opzet.

In vergelijking daarmee heeft psychotherapie nooit het niveau van een werkelijk oorzakelijke wetenschap bereikt. Vanaf het begin heeft de *klassieke psychotherapie* haar eigen waarheid op de voorgrond geplaatst. De psychotherapie heeft, voortgekomen uit een biologische achtergrond, causaliteit zo goed als mogelijk was erkend. De aandacht van Freud echter was gericht op de mate van overeenstemming tussen het 'realiteitsprincipe' van de patiënt en diens neurotische ontkenning ervan. Was de patiënt er niet in geslaagd zijn existentiële keuzen en beperkingen de baas te worden? Freud wilde zijn patiënten aansprakelijk maken voor een weloverwogen ordening die leidt tot een redelijk genieten van de mogelijkheden die het leven biedt – en dat wezenlijk vanuit het eigen standpunt van de patiënt. Dit doel behelsde nauwkeurige bestudering van het vermogen van de patiënt om relaties te hebben; dat wil zeggen: hoe kon hij, vanuit zijn eigen eenzijdige gezichtspunt, voor zichzelf de voordelen verzekeren die verbonden zijn aan volwassen relaties met mensen? Kortom: het vermogen van een mens rekening te houden met de gevolgen van korte-termijngenoegens en voldoening voor zijn lange-termijndoelen en zijn hele leven, vormt de essentie van Freuds realiteitsprincipe.

De psychologie werd meer dan de biologie voor de psychoanalyse het middel tot interventie. Desalniettemin behield de traditionele psychotherapie het medische model van een contract sluiten met één 'patiënt'. De klachten of symptomen van de patiënt bleef men zien als subjectieve indicatoren van *zijn* objectieve ziekte. In tegenstelling hiermee breidde de *klassieke gezinstherapie* vanaf het begin haar contract uit om de belangen van de familieleden van de patiënt erin te kunnen opnemen. Gezinstherapie, revolutionair in uitwerking en implicaties, gaf niet zozeer een aanzet tot een nieuwe methode of een nieuwe theorie over pathologie, maar zorgde naar onze mening wél voor een verschuiving naar een gelijktijdig contract met meer mensen.
Vanaf het begin was gezinstherapie absoluut niet verwant met advisering bij huwelijksmoeilijkheden. De *gezinsbeweging* kwam in de jaren vijftig vanuit haar eigen basis tot ontwikkeling en was hoofdzakelijk de schepping van therapeuten die psychotici behandelden: Theodore Lidz, Stephen Fleck, Alice Cornelison, Murray Bowen, Lyman Wynne, Don Jackson, Ivan Boszormenyi-Nagy en Virginia Satir; de laatste twee geïnspireerd door Kalman Gyarfas. Carl Whitaker

en zijn collega's hadden al geruime tijd blijk gegeven van belangstelling voor psychotici en hun ontwikkeling in hun gezin van herkomst. Hoewel Gregory Bateson, een natuurkundige, een buitenstaander was ten opzichte van de psychotherapeutische beroepsgroepen, was hij met name geïnteresseerd in de familiale wortels van schizofrenie. Nathan Ackerman en Warren Brodey behoorden tot de weinige therapeuten die ervaring met therapie met kinderen en hun familie hadden. Dat scheen ook het geval met John Bell te zijn.

De onderliggende gemeenschappelijke noemer die deze pioniers verenigde, kan zijn geweest: de moed om aan het werk te gaan met de uitdagingen van de *ouder-kindrelatie* – een gebied met uitzonderlijk krachtige kenmerken, dynamieken en motivaties. Voor deze gezinswerkers van het eerste uur stonden de voornaamste belangstellingspunten diametraal tegenover de centrale punten van zorg van huwelijksconsulenten, die op het werken met horizontale relaties waren gericht. Gerichtheid op horizontale relaties van partners is gebaseerd op symmetrische keuzemogelijkheden die zij hebben tussen het herstellen van tussen hen verstoorde balansen, en de keuze de relatie te beëindigen en, indien wenselijk, vervanging te zoeken. Zulke keuzemogelijkheden bestaan niet voor ouders en kinderen wier verwantschap wederzijds allesomvattende consequenties heeft, ongeacht de staat van hun huidige intimiteit of vervreemding. De gezinsrichting, nog maar recent in ontwikkeling, kwam terecht in de theoretische afgrond van relaties *met meer dan één persoon* en *intergenerationele* relaties. Degenen die ermee werkten kwamen tot conclusies die hen dwongen het bereik van hun therapeutisch contract te vergroten. Tegelijkertijd werden zij overweldigd door de ingewortelde onverenigbaarheid van een standpunt dat uitsluitend uitgaat van het individu, met het standpunt dat uitgaat van een geheel van systemisch-transactionele verschijnselen – met het latente risico het individu zijn persoonlijkheid te ontnemen.

De rationale van *groepstherapie* is niet in staat de essenties van de ouder-kindrelatie geheel te bestrijken. Toch werd met de aannames van de groepstherapie ten minste een deel van een model voor de systemisch-structurele denkwijze geformuleerd dat de pijler werd voor de klassieke gezinstherapie. De klassieke gezinstherapie verschoof haar aandacht van de unieke werkelijkheden van het zich onderscheidend individu naar de systeemwerkelijkheden waarvan de samenstellende elementen in iedere groep kunnen worden herkend. Deze omvatten onder meer de hier-en-nu interacties en -communicatie die plaats hadden in de therapieruimte, de transactionele patronen die lagen ingebed in de familiegroep, gezinsstructuren, grenzen tussen mensen, rolopdrachten en machtscoalities. Toch heeft de gezinsbeweging van het eerste uur geen banden aangeknoopt met de groepstherapie en ook is ze geen organisatorisch verbond met huwelijksconsulenten aangegaan. In plaats daarvan ontwikkelde de beweging een eigen systemische visie en benadrukte vooral de ouder-kindrelaties.

Contextuele therapie als een integratieve houding

Als produkt van zowel individuele als klassieke gezinstherapie neemt contextuele therapie een *integratieve houding* aan. De therapie stelt dat een echt allesomvattend begrip van het menselijk bestaan onherroepelijk is samengesteld uit zowel individuele als relationele werkelijkheden. In de contextuele therapie wordt ook gezegd dat de systeemtheorie, zoals deze gewoonlijk wordt toegepast, de neiging heeft de diepgang en de reikwijdte van een persoon terzijde te schuiven om aan het werk te kunnen gaan met de complexiteit van ouder-kindrelaties. Deze hebben in de ogen van de contextuele therapie meer te maken met de billijkheid van de verantwoordelijkheid dan met gezinsstructuur en transactionele patronen. In wezen is het de bedoeling van de contextuele therapie de waarheid van het unieke van ieder individu opnieuw te introduceren in de systeemtherapie en een brug te slaan naar de individuele therapie door middel van relationele banden en balansen.

In deze benadering kan *relationele werkelijkheid* worden beschouwd als een groot vat dat de fundamentele dimensies van het unieke van het individu of van een persoonlijkheid omvat en omsluit. Deze vier dimensies omvatten biologie, psychologie, transactionele patronen en verantwoordelijkheid. Dat wil zeggen: ieder mens is als een biologisch bepaald, eigen wezen verantwoordelijk voor het onder ogen zien van zijn of haar eigen levenskeuzen. Deze keuzen doen zich voor en moeten worden vastgesteld in een omgeving die wordt bepaald door transactionele patronen die van mens op mens en van generatie op generatie terugkeren. In dit proces ontstaan bepaalde *consequenties* en zij hebben, terwijl ze van het ene leven naar het andere stromen, invloed op de toekomst van mensen die nog niet zijn geboren. De *contextuele benadering* kan wat betreft haar opzet worden omschreven als meer dan een therapeutische modaliteit, gegeven de organische basis van biologie, psychologie, transactionele patronen en verantwoordelijkheid en hun onderlinge vervlochtenheid. De grondhouding van de contextuele benadering is niet te scheiden van eerstelijns preventie die overal aanwezig moet zijn waar volwassenen verantwoordelijkheid op zich nemen voor het welzijn van het nageslacht.

Consequenties: een sleutel tot de context

Het fundamentele ontwerp voor contextuele interventies is gebaseerd op twee overtuigingen: 1. de *consequenties* van iemands beslissingen en handelingen kunnen weerslag hebben op de levens van alle mensen die op een betekenisvolle manier met die ene persoon in relatie staan, en 2. *bevredigend in relatie staan* is voor een mens onafscheidelijk verbonden met het verantwoord rekening houden met de consequenties voor allen met wie hij of zij op betekenisvolle manier in relatie staat. Zoals wij de term gebruiken, impliceert context: gevolgen die overgaan van persoon op persoon, van generatie op generatie en van het ene systeem op het erop volgende systeem. De term 'context' wordt door de auteurs gebruikt om een zeer specifieke betekenis aan te duiden: de dynamische en ethische onderlinge verbondenheid – verleden, heden en toekomst – die bestaat tussen mensen voor wie het bestaan van de ander op zichzelf al betekenis heeft.

Onze opvatting dat relaties van nature consequenties hebben, is gebaseerd op het feit van het *zijn*. Familierelaties krijgen kracht door het feit dat de leden met elkaar verbonden *zijn* door geboorte. Ze worden slechts zijdelings bekrachtigd door wat familieleden voor elkaar *doen*. Eenvoudig gezegd: relaties ontlenen hun betekenis aan het *zijn* zelf. Ongeëvenaard in haar intimiteit demonstreert de relatie van een moeder met haar ongeboren kind ons standpunt het best. Het belang van hun verbintenis is geworteld in ontvangen, in worden, in zijn en in verdienen. Ondanks alles wat ze eventueel voor elkaar zullen doen of elkaar zullen aandoen, wordt in de eerste plaats de betekenis die ze voor elkaar hebben, geïnvesteerd in hun zijn. Communicaties en transacties zullen onvermijdelijk bijdragen aan de kwaliteit van hun leven samen. Het is echter de verbondenheid op zichzelf die bewijst de belangrijkste factor te zijn. De onwankelbare aanname dat verbondenheid blijft voortbestaan, zelfs onder nauwe verwanten die zichzelf mogelijk afsnijden van contact en communicatie, is op zichzelf al een therapeutische hulpbron.

Gegeven de aantrekkingskracht van hechte verbondenheid is iemand, naarmate hij jonger is, afhankelijker van de integriteit van zijn volwassenen wereld. Hoe afhankelijker, des te waarschijnlijker zal hij lijden onder de destructieve consequenties van het uitbuitende gedrag van volwassenen. Hun inbreng kan blijvende negatieve karaktertrekken doen ontstaan. Het is dan ook duidelijk dat baby's en kinderen zeer kwetsbaar zijn voor destructieve consequenties.

In ieder geval komen bijvoorbeeld individuele, psychologische en transactionele eigenschappen voort uit de consequenties van relaties uit het verleden en hebben ze consequenties voor toekomstige relaties. Hier moet worden opgemerkt dat het proces van overdracht een open einde heeft, waarvan de *duw voorwaarts* nieuwe keuzemogelijkheden biedt voor herstel en groei. In onze ervaring vormen de consequenties van opeenvolgende generaties nooit een gesloten feedback-systeem. Consequenties van het verleden zijn beslist invloedrijk, misschien zelfs onomkeerbaar, maar niet rigide *predeterminerend*, circulair of homeostatisch.

Zoals wij hem gebruiken, impliceert de term 'context' een gegeven 'zijnsorde'. Context impliceert de onvermijdelijkheid van intergenerationele consequenties. Context impliceert dat niemand is gevrijwaard van de goede en kwalijke consequenties van relaties. Context impliceert ook dat er intrinsieke gelegenheden zijn in belangrijke relaties voor het veranderen van bestaande consequenties – door het ontdekken van keuzemogelijkheden voor nieuwe relaties en het opnieuw investeren in stagnerende relaties. Context wordt gevormd door de openheid van de werkelijkheid van mensen en door de plooibaarheid van het lot van mensen.

Context is een geheel van mogelijkheden dat de beperkende aspecten onderkent van het denken in termen van gezins'pathologie'. Context benadrukt daarentegen het bestaan van *hulpbronnen* in betekenisvolle relaties die, wanneer ze eenmaal zijn gevormd, haat kunnen omvormen tot nabijheid, gevoelde onrechtvaardigheid tot balansen van eerlijkheid, en wantrouwen tot vertrouwen. In die zin wordt context inductief gedefinieerd door het proces van relationele consequenties. Contextuele interventies worden nooit uitsluitend bepaald door een aantal vooronderstellingen over de oorzaken van het ziektebeeld van familieleden en ook niet door een aantal methodologieën met betrekking tot de manier waarop het ziektebeeld kan worden behandeld. Contextueel therapeuten geven in de eerste plaats gehoor aan empirische gegevens die impliceren dat partners elk ogenblik de keuzemogelijkheden hebben om op een verantwoordelijke manier te handelen in de wetenschap dat relaties consequenties hebben voor henzelf en de ander.

Tussen *context* en *systeem* bestaat deels een overlapping. Het verschil tussen beide begrippen is echter aanzienlijk en dat heeft hoofdzakelijk met hun logische processen te maken.

Enerzijds doelt *context*, zoals we al hebben aangegeven, op een gebied van relaties dat wordt bepaald en gekarakteriseerd door de dynamische krachten die zijn ingebed in het essentiële geven-en-nemen tussen partners die op een belangrijke manier met elkaar zijn verbonden. De methodologieën van de context zijn verbonden met de verantwoordelijke bereidheid van mensen te onderzoeken wat voor iedere partner de consequenties in zo'n relatie zijn en te onderzoeken hoe deze consequenties kunnen worden veranderd ten bate van herstel.

Anderzijds doelt *systeem* op een beschrijvend gebied van relaties dat wordt bijeengehouden door bepaalde functionele regels. Het systeem is ingepast in bepaalde specifieke deductieve criteria; dat wil zeggen: algemeen aanvaarde conclusies, getrokken uit een aantal stellingen waarvan de waarheid alleen is gebaseerd op de formele of de functionele overeenstemming tussen de samenstellende delen. Systemische conclusies worden categorisch omschreven, zoals onder andere rolbepalingen, coalities, netwerken, terugkerende of homeostatische sequenties van gedrag, sociale organisatie, en subsystemen.

Systemische epistemologie zet familierelaties in gedragscategorieën. Vervolgens stelt zij dat het pathologische kan worden rechtgezet door therapeutische interventies die zijn gericht op bijvoorbeeld verstrengeling, rigide coalities, generationele grenzen of rolomdraaiingen. Daarentegen impliceert context een existentiële openheid die behoort bij het geheel van de consequenties en de invloeden, die nu en later inwerken op het welzijn van mensen die met elkaar in relatie staan. Dus wordt geen enkele beschrijving van gedrag of structuur in een relatie beschouwd als inherent 'goed' of 'slecht' voor het gezin. In plaats daarvan worden structurele beschrijvingen van een relatie beschouwd als extra bronnen van consequenties, die ofwel kunnen helpen, ofwel kunnen vernietigen. Relationele *con-*

sequenties hebben ver strekkende gevolgen voor alle partners, voor komende generaties en voor het nageslacht in zijn geheel. Deze consequenties zullen onvermijdelijk evenveel invloed hebben op een jong stel in moeilijkheden als op hun toekomstige kinderen – welke de systeemeigenschappen ook zijn. Het is niet contextueel de geïsoleerde therapie van een man en een vrouw, die ook ouders zijn, te beschouwen als een subsysteem dat niet is verbonden met het lot van hun jonge kinderen.
Kortom: context beslaat het gebied van het zijn. Het bestaat uit een pre-ethische werkelijkheid; dat wil zeggen: het feit van persoonlijke aansprakelijkheid voor relationele consequenties. Criteria voor validiteit berusten op een ethische keuze: het al dan niet op zich nemen van verantwoordelijkheid voor de gevolgen van bestaande relaties die zeker op anderen hun weerslag zullen hebben. De *bereidheid zorg te dragen* voor consequenties is niet synoniem met voorspellende kennis over alle toekomstige vooruitzichten van gedrag uit het verleden en het huidige gedrag. Dat zou – menselijkerwijs – vanzelfsprekend een onmogelijke taak zijn.
Een jong volwassene kan lijden onder pijnlijke en storende tekortkomingen in zijn dagelijks leven, zonder zich te realiseren dat zijn problemen samenhangen met stagnatie in zijn vroegste relaties. De schaduw van een verstoorde relatie met leden van iemands gezin van herkomst kan vallen op de belangrijkste horizontale relaties. De verbinding tussen de twee relaties wordt dikwijls verduisterd door vermijden, vergeten of door een werkelijk gebrek aan bewustzijn. *Contextuele therapie richt haar doel op interventies die zijn gebaseerd op het begrip van de fundamentele verbindingen tussen vroegste en alle latere relaties.* De belangrijkste therapeutische bronnen komen voort uit het onder ogen zien van de verantwoordelijkheid voor deze gevolgen hebbende verbanden.

> Een jonge vrouw heeft het opgegeven te zoeken naar intimiteit met haar – naar zij zegt – afstandelijke en afwerende ouders. Ze heeft jarenlang huwelijksproblemen gehad. Haar stemmingen en het vermijden van een frustrerend seksueel leven hebben haar echtgenoot ontmoedigd en haar vervuld met schuldgevoelens. Het schijnt dat wrok en teleurstelling alle stappen in de richting van haar ouders hebben geblokkeerd.
> De herhaalde pogingen van de contextueel therapeut deze vrouw ertoe te bewegen weer contact op te nemen met haar ouders, werden ontwijkend en met het argument dat alle pogingen nutteloos waren geweest, ontvangen. Ze zei dat haar ouders rigide en onveranderbaar waren. De therapeut erkende dat de vrouw gerechtigde aanspraak had op aandacht die gericht was op haar eigen lijden en bood daarom een moratorium aan: hij zou in de eerste plaats aandacht besteden aan haar zorgen rondom huwelijk en moederschap en slechts bij tijd en wijle terugkomen op het thema van de manier waarop de 'breuk' met haar ouders functioneerde als een etterende wond.
> In de maanden erna echter werd de aandacht herhaaldelijk gericht op het den-

ken over de manier waarop haar ouders tegen haar zouden kunnen reageren, of wat haar eigen reactie zou zijn als ze probeerde hen te benaderen. De therapeut suggereerde dat het afstandelijke gedrag van de familieleden voor hen gedeeltelijk gelijk zou kunnen staan met het 'uitschreeuwen' tegen elkaar. Uiteindelijk herinnerde de jonge vrouw zich een gebeurtenis waarbij zij het letterlijk uitschreeuwde tegen haar moeder, toen ze alleen thuis was. Door deze herinnering raakte zij ervan overtuigd dat zij zelf ook een diepe behoefte had aan contact met haar ouders en ze was algauw in staat met haar moeder te gaan lunchen. Hun gesprek was veelbelovend. Het leven van deze jonge vrouw werd in al zijn aspecten weer spannend en interessant.

De rol van verantwoordelijkheid

Verantwoordelijkheid voor consequenties, als een relationele werkelijkheid, is een veeleisend begrip dat soms wordt beschouwd als achteruitgang en zelfs als tegen de cultuur in. Het schijnt te botsen met de gewone levenswijsheid die beter begaanbare wegen biedt, bijvoorbeeld de bereidwilligheid om mee te gaan in de op zichzelf gerichte eisen en zogenoemde rechten van mensen, vooropgezet dat niemand erdoor lijkt te worden gekwetst. 'Doe wat mensen willen en maak geen vijanden!' is een aantrekkelijk standpunt als het valt uit te voeren. Maar dat is nauwelijks mogelijk. Bovendien is zo'n standpunt in wezen niet reëel en niet ethisch; het verlokt mensen tot de valse hoop dat ze hun leven kunnen leven, bevrijd van de noodzaak verantwoordelijk te zijn voor de consequenties die het hebben van relaties met zich meebrengt.
Het is gemakkelijk het feit over het hoofd te zien dat kinderen de prijs moeten betalen voor het vrij van verantwoordelijkheid zijn van de volwassenen. Het zijn kinderen die de lasten zullen erven van slecht ouderschap, povere scholing, hypocriete waarden, rancuneuze groepstradities, vervreemding, en een gebrek aan betrouwbaarheid en stabiliteit in de falende kerngezinnen en hun alternatieven – nog daargelaten het belasten van onze kinderen met kwesties zoals lucht- en watervervuiling en het beangstigende schrikbeeld van de uiteindelijke radioactieve besmetting van de omgeving. Wij zijn van mening dat maar weinig liefhebbende ouders met opzet de consequenties zouden negeren van openlijk gedrag, zoals bijvoorbeeld het opeten van al het aanwezige voedsel terwijl hun kinderen honger moeten lijden. Als het gaat om minder openlijke of minder directe vormen van verantwoordelijkheid, schijnt het voor ouders jammer genoeg minder belastend te zijn wanneer ze nemen wat ze te pakken kunnen krijgen en hun kinderen voor zichzelf laten zorgen.
Een van de fundamentele beleidsprincipes van contextuele therapie is gebaseerd op de erkenning dat kinderen de gedwongen erfgenamen van gedrag uit verleden en heden zijn. Gegeven deze realiteit is contextueel werk, net als andere therapieën, ertoe uitgerust de mensen te helpen kortdurende en onmiddellijk wer-

kende interventies te vinden voor hun problemen en pijn. Dit werk is er ook toe uitgerust volwassenen te helpen verantwoordelijkheden op zich te nemen voor de *consequenties* voor het nageslacht. Bovendien zeggen contextueel werkers dat er veel bewijzen zijn die aantonen dat verantwoordelijke investering van iemand in het nageslacht op zichzelf al een therapeutische interventie is. Een moeder die gaat scheiden, kan haar vrijheid willen hebben. Door haar kind te voorzien van continuïteit in het ouderschap van zowel haar ex-echtgenoot als haarzelf, heeft ze meer mogelijkheden haar vrijheid te verkrijgen en deze ook in toenemende mate te herstellen.

Met andere woorden: de contextuele benadering vraagt van haar therapeuten cliënten te helpen de prioriteiten in hun leven te ordenen. De opdracht persoonlijke en onderlinge prioriteiten te ordenen, is vanzelfsprekend veeleisend. Degene die deze moet uitvoeren, zit middenin familierelaties die zowel enorm ambivalent als onherroepelijk onderling afhankelijk zijn. Niettemin zijn *contextuele prioriteiten* niet te scheiden van verantwoordelijkheid voor toekomstige consequenties, vooral voor het nageslacht.

Hulpbronnen en relationele werkelijkheid

Het fundamentele waardeoordeel van de contextuele benadering is universeel – het zal een persoon duur komen te staan als hij of zij de existentiële werkelijkheden van zijn of haar eigen leven ontkent: 'Waar kom ik vandaan? Wie ben ik? En waar ga ik naar toe?' De therapeut is geen uitzondering op deze regel. Hij moet zich goed bewust zijn van de taak zijn eigen standpunt ten aanzien van de hoogste prioriteiten in het leven te volgen. Door zijn eigen belangrijkste relaties te bekijken vanuit het standpunt van anderen, verkrijgt een therapeut een veelzijdig overzicht op de consequenties van relaties. Een veelzijdig gerichte dialoog helpt iemand zijn eigen aanspraken te doen gelden en rekening te houden met de gerechtigde aanspraken van anderen. Een mens leert de eigen identiteit of het Zelf te onderscheiden door deze dialoog. Hij bekrachtigt de waarde van de eigen persoon door middel van gepaste zorg voor de ander. Zonder een veelzijdig gericht standpunt kan een therapeut zijn cliënten niet leiden naar een essentieel opbouwen van relaties, gebaseerd op de betrouwbaarheid van billijk geven-en-nemen.

Gegeven de complexiteit en de intensiteit van het tussenmenselijk gebied dat hij of zij zal gaan betreden, zal de beginnende therapeut zeer waarschijnlijk worstelen met zijn eigen onzekerheden en afweer. Aan de andere kant zal hij, als hij contextueel werk met zijn eigen familie en vrienden heeft gedaan, worden ondersteund door een rechtstreekse kennis van hulpbronnen die zelfs tussen elkaar heftig bestrijdende familieleden kunnen blijven voortbestaan.

De contextuele benadering biedt nieuwe keuzemogelijkheden voor het ontdekken van overgebleven *hulpbronnen* in hechte relaties, ongeacht hun verdorde toestand. De contextuele begrippen én ervaring leiden mensen naar ongebruikte, soms niet eerder onderkende, voorraden van betrouwbaarheid. Dat gebeurt vaak juist wanneer lange perioden van wantrouwen blijven voortduren en wanneer ze de waarde van elke nieuwe poging van een familielid schijnen te ontkrachten. Contextueel therapeuten opereren vanuit een empirisch verkregen overtuiging dat er een universeel geldende werkelijkheid bestaat in de orde van het bestaan. Het ligt vanzelfsprekend in de orde der dingen dat volwassenen zorg dragen voor hun hulpeloze jonge kinderen. Het ligt ook in de rechtvaardige orde der dingen dat men de beloningen verdient die dynamisch zijn gekoppeld aan het aanbieden van gepaste zorg. De meest fundamentele van deze beloningen is de vergrote persoonlijke vrijheid die voortvloeit uit wat wij *gerechtigde aanspraak** hebben genoemd. Gerechtigde aanspraak, verdiend door middel van het aanbieden van gepaste zorg, komt voort uit het besluit actieve en persoonlijke verantwoordelijkheid te aanvaarden voor de consequenties van relationele werkelijkheid. Het moet niet worden verward met het 'zouden' en 'moeten' van idealisme en moralisme. Contextuele ethische prioriteiten zijn gebaseerd op universele menselijke realiteit, niet op waarde-prioriteiten van bepaalde groepen of culturen. De werkelijkheid – bijvoorbeeld dat de toekomst kwetsbaarder is voor consequenties dan het verleden – is eerder een universeel geldend feit dan een waarde.

Contextueel therapeuten worden geleid door werkzame uitgangspunten, die beginnen bij hun vermogen de eigen probleemdefinitie van een familie te integreren in een therapeutisch plan. De therapeut moet ogen en oren hebben om de familieleden *in hun eigen bewoordingen* te zien en te horen. Mensen definiëren met hun gedrag en hun bewoordingen conflicten met anderen en de existentiële en psychologische bronnen van hun pijn. Gedurende dit proces vragen ze van de luisteraar een bepaalde mate van erkenning en een wettiging van de geldigheid van hun vroegere en huidige lijden.

Van zijn kant moet de therapeut wat hem wordt aangereikt respectvol benaderen; een opdracht die makkelijker is gegeven dan uitgevoerd. De vermogens van een therapeut om respectvol te zijn worden vaak gedwarsboomd, vooral door de universele drang van mensen om iemand de schuld te geven. Voorzichtigheid en gemak schrijven voor dat mensen elkaar aansporen hun fouten te corrigeren en hun manieren te veranderen; het is aanzienlijk moeilijker therapie te beginnen met de soort onthullingen die zelf-beschuldigend zijn.

Het vermogen van een therapeut om veelzijdig gerichte erkenning voor het lijden van mensen uit te lokken moet scherp worden onderscheiden van het 'strategisch' *met het ene familielid samenspannen tegen het andere*. Niet alleen komt men door samenspannen in een hopeloze positie terecht vanuit het gezichtspunt

---

Noot vertaler: De hier gehanteerde vertalingen van het begrip *entitlement* zijn – met *Van Heusden & Van den Eerenbeemt, 1992* – de volgende: gerechtigde aanspraak, het volste recht, natuurlijk recht, gerechtigd zijn.

van diepe loyaliteiten die familieleden aan elkaar binden en die vreemdelingen en therapeuten buiten de deur houden; het is bovendien anti-therapeutisch. Soms kan de verleiding wel erg groot zijn: bijvoorbeeld in gevallen van kindermishandeling waarbij het ogenschijnlijk niet moeilijk valt te bepalen wie de dader is en wie het slachtoffer. Maar misschien is het wel zo, dat de dader eens het slachtoffer was en, als dat zo is: wat moet daaraan dan worden gedaan? Zijn er nog steeds wegen waarlangs hij wellicht verhaal kan halen of op z'n minst billijke erkenning kan krijgen voor zijn wonden? Vanuit contextueel gezichtspunt kan een therapeut het zich niet veroorloven met familieleden mee te gaan in het elkaar onderuit halen door middel van het manipulatieve mechanisme van het aanwijzen van een schuldige.

De hefbomen van contextuele therapie komen voort uit de tegenpool van wederzijdse schuld: een wederkerige betrokkenheid en wederzijdse verantwoordelijkheid van de familieleden: 'Nu jij en ik in de rotzooi zitten: wat kan ieder van ons doen om er weer uit te komen, als dat al kan?' Hier is het uitgangspunt niet langer dat men alleen maar probeert het iemand naar de zin te maken. Naar alle waarschijnlijkheid is die weg al eens uitgeprobeerd. Wat in plaats daarvan in werking is getreden, is een nieuwe keuzemogelijkheid om zichzelf te bevrijden uit een gezamenlijk gevoelde wanhoop: 'Ik kan dan wel vinden dat jij mijn goede wil niet hebt verdiend, gezien alles wat je me hebt aangedaan, maar als ik niet iets onderneem (of jij al dan niet iets doet), zal mijn situatie verslechteren.'

Contextuele therapie richt zich erop attitudes en gedragingen te ondersteunen die actief bijdragen aan het welzijn van alle mensen die bij de relatie zijn betrokken, of ze nu aanwezig zijn in de therapieruimte of niet. Contextuele therapie werkt vanuit een contract dat het mogelijk maakt dat familieleden elkaar *therapeutische verantwoordelijkheid* kunnen *aanbieden*. Verantwoordelijkheid voor de ander vereist dat men zijn eigen aandeel ook omschrijft en ervoor opkomt. De martelaar geeft niet echt aan de persoon die daardoor aan een koord van schuld wordt vastgehouden. Het tussen partners wederzijds geven en voordeel hebben vormt echter de ethische basis van een relatie. Deze wordt beschouwd als *dialoog*.

In iedere familie bestaan vage en naamloze 'ziektebeelden' in en tussen individuen die vaak fungeren als elkaars tegenstander. Daarbij komt nog, dat naast specifieke symptomen – en vaak in plaats ervan – familieleden lijden onder andere tekortkomingen: het uiteenvallen van de familie, verwijdering en vervreemding, angst voor de toekomst, angst voor competitie, angst voor de samenleving, onvermogen zich ergens aan te verbinden of zich ergens nuttig voor te maken, een té materialistische opvatting over het leven en toenemende verwording door processen en mechanismen die de mensen wederzijds van hun menszijn beroven. Hernieuwde zorg van een familie voor een *herverdeling van lasten en baten* onder haar leden, kan worden gezien als een 'verandering' of als een herstel van een levensvatbare voortzetting van een relatie: een belangrijke hulpbron vanuit contextueel perspectief. Een zichzelf in werking houdende continuïteit van een relatie is een geldiger en specifieker doel van therapeutische interventie dan het eenvoudige doel van verandering. In de eerste plaats vereist het proces van herstel van levensvatbare relaties te midden van onrechtvaardigheden en wantrouwen, een bepaalde mate van intergenerationele integriteit. Die integriteit begint bij het vermogen eigen fundamentele waarheden en rechten te bepalen, en heeft dezelfde zwaarte als het verbeteren van de kwaliteit van het leven. Niets meer te maken willen hebben met in het wilde weg vechten voor de overleving van de sterkste is een stap in de richting van het verkrijgen van meer kwaliteit in het leven. Een andere stap heeft te maken met de bereidheid de eigen voorwaarden voor een relatie kenbaar te maken. Zo'n actieve zelfonthulling is op zichzelf een aanbod van zorg, dat de persoonlijke vrijheid van de gever kan vergroten en onderlinge rechtvaardigheid mogelijk kan maken.

Loyaliteit en haar implicaties voor billijkheid

Eén van de belangrijkste begrippen van gezinsdynamiek – loyaliteit – werd in de therapeutische literatuur geïntroduceerd als tegenhanger van het psychodynamische denkmodel *(Boszormenyi-Nagy, 1972)*. In deze betekenis staat loyaliteit vrijwel gelijk met de essentiële onherroepelijkheid van familiebanden. Hoe succesvol iemand ook zijn of haar kinderlijke hechting overbrengt naar de therapeut, de baas of de partner – de primaire loyale betrokkenheid op het gezin van herkomst blijft onaangetast. Waarop is deze betrokkenheid gebaseerd?
Loyaliteit in contextuele therapie is niet gebaseerd op een 'gevoel' van loyaliteit of op de psychologie van hechting of aantrekkingskracht. Zij is ook niet gebaseerd op door macht geïnspireerde afhankelijkheid of onderwerping van de zwakkere, zoals de feodale loyaliteit aan koning of hoge adel. Loyaliteit in onze betekenis is een preferentiële betrokkenheid op een relatie, die is gebaseerd op een verschuldigd zijn, dat op zijn beurt weer is ontstaan uit verworven verdienste. Ouders krijgen kinderen en worden verplicht te zorgen voor overleving en verzorging van hun kinderen. Ouders verdienen ook de betrokkenheid van hun kinderen als dank voor de unieke, niet terug te betalen bijdrage van vader en moeder. Echtgenoten verplichten zich hun tijd van leven en levenskeuzemogelijkheden aan een gemeenschappelijke onderneming te binden; in die mate verdienen zij loyale toewijding van elkaar.
Een andere functie van de kenmerken van rechtvaardigheid van de menselijke context heeft te maken met het verschijnsel onopgeloste *loyaliteitsconflicten*. De betrokkenheid van iemand bij zijn gezin van herkomst enerzijds en zijn betrokkenheid op leeftijdgenoten anderzijds botst vaak als het gaat om prioriteit. Zo schijnen loyaliteitsconflicten alom de oorzaak te zijn van echtelijke ruzies en moeilijkheden tussen partners. Voor contextueel therapeuten zijn loyaliteitsconflicten een centraal aandachtspunt en tegelijkertijd kunnen ze een grote hindernis zijn

voor de individuele vrijheid en billijkheid tussen leeftijdgenoten.
Deze dynamische kracht is vooral belangrijk bij het verkennen van situaties waarin de ambivalentie ten opzichte van de ouders wordt verhuld door vermijding. Adolescenten en volwassenen betuigen vaak dat zij hoge prioriteit geven aan het werken aan hun horizontale relaties en dat zij zorg voor de ouder-kindrelatie uit de weg gaan. Het is echter een klinische ervaring dat juist de mensen die 'te veel protesteren' vaak niet in staat zijn zich te binden aan leeftijdgenoten of zich niet kunnen individualiseren op een manier die bij hun leeftijd past. Gepaste aandacht voor de behoeften van ouders is – paradoxaal genoeg – meer een bevrijdende hulpbron dan een bron van voortdurende ketening aan het ouderlijk gezag.
Zelfs kleine kinderen zijn gevoelige barometers; zij *weten* wanneer hun ouders overbelast zijn door zorgen, schuld en wantrouwen. Bovendien willen ze er iets aan doen. Klinische observaties van gezinnen geven ruim aanwijzingen hoe graag heel jonge kinderen willen geven aan en zorgen voor hun ouders die zulke sterke behoeften hebben. Juist deze werkelijkheid ligt ten grondslag aan latere loyaliteitsconflicten gedurende de volwassenheid: 'Met welk recht kan ik genieten van andere relaties als mijn ouders altijd lijden?'
Kinderlijke loyaliteit met haar impliciete conflicten is gemakkelijk te verwarren met een gefixeerde behoefte aan afhankelijkheid, die er al sinds de kindertijd is. Een loyaliteitsconflict bevindt zich ook in de behoeften van de ouder, niet alleen in de behoeften van het kind. Het is daarom des te meer legitiem vast te stellen hoe belangrijk kinderen als relationele bronnen voor hun ouders zijn.
Contextuele therapie weerstaat de neiging om kinderen slechts te beschouwen als het eindproduct van het pathologische van de volwassenen. Het omgaan met relationele werkelijkheid vereist een veelzijdige zorg voor verdiensten, kredieten, baten en lasten van ieder die betrokken is bij de relatie. Het wordt voor de contextuele beroepsbeoefenaars steeds duidelijker hoe vaak de 'koninklijke weg' naar zelfbeheersing zich slingert door het complexe doolhof van onzichtbare loyaliteiten naar zijn of haar gezin van herkomst, waarbij men zichzelf op indirecte manier tot slachtoffer maakt. Contextuele therapie leidt meer naar vrijheid om te genieten van betrokkenheid bij leeftijdgenoten, partner of echtgeno(o)t(e), wanneer men zich losmaakt uit een loyaliteitsconflict door middel van merkbare inbreng vanuit loyaliteit, dan wanneer men dat doet door onzichtbaar loyaal te blijven.
Hoe kunnen *therapeuten* familieleden helpen weer een bepaalde mate van volledigheid en bevrediging te verkrijgen als hun bestaan alleen maar onbevredigend en gefragmenteerd is? Op een bepaald punt proberen de cliënten richtingen in te slaan die kunnen leiden tot iets 'beters' of iets 'meer'. Hoe kunnen therapeuten mensen leren dat:

– sterke familieleden er baat bij kunnen hebben als zij zorg dragen voor zwakke, hulpeloze en gehandicapte familieleden;

- individuele vrijheid het meest effectief te verkrijgen is door rekening te houden met de balans van billijkheid tussen de persoon zelf en alle belangrijke anderen met wie deze persoon in relatie staat;
- volwassenen een rustgevender standvastigheid zullen vinden in hun eigen leven als ze hun rechtvaardige aandeel kunnen opeisen en tegelijkertijd actief betrokken zijn bij en investeren in de zorg voor het nageslacht?

Kortom: hoe kan therapeutische effectiviteit worden verankerd in de hulpbronnen die steunen op de grondvesten en consequenties van de waarheden van relationele werkelijkheid?

Een klinisch voorbeeld van het gericht zijn op hulpbronnen

De hieronder weergegeven situatie is bedoeld om de *relationele* waarheden toe te lichten die te maken hebben met een beschreven symptoom of klacht, in dit geval een huwelijkscrisis. De lezer zal echter opmerken dat noch het huwelijk, noch de teleurstellingen die ermee in verband staan, alle belangrijke en langdurig etterende bronnen van de moeilijkheden en de pijn van het jonge echtpaar ook maar enigszins kunnen omschrijven:

> Jessie, 25 jaar, is een levendige, openhartige jonge vrouw en Kevin, 24 jaar, een verlegen, ietwat bedroefd-ogende jonge man. Ze hebben al meer dan twee jaar ongehuwd samengewoond. In het begin konden ze goed met elkaar opschieten; hun seksleven was, zeiden ze, geweldig. Ze mochten elkaar graag en hun levensstijl kwam overeen. Ze bleken ook bondgenoten te zijn tegen hun respectieve gezinnen van herkomst. Voordat ze elkaar ontmoetten, dronk Kevin stevig. Toen ze waren gaan samenwonen, verminderde hij de hoeveelheid drank tot een paar pilsjes per avond. Jessie rookte zo nu en dan marihuana. Kevin kreeg een vaste baan en zorgde ervoor dat Jessie part-time kon werken. Geen van beiden vond het erg dat Jessie zwanger werd. Het idee van een gezin trok hen in feite wel aan. Ze besloten toen te trouwen. Ze gingen naar het stadhuis en zijn in stilte getrouwd. Kevin kon het nieuws van zijn huwelijk en een baby op komst met zijn moeder delen. Hij was al lang geleden zijn vader, een alcoholist, uit het oog verloren.
> Naarmate de zwangerschap vorderde, ontstonden er spanningen tussen de twee echtelieden. Hun seksuele relatie verslechterde en hield vrijwel op te bestaan. Op de avond dat Jessie haar eerste weeën kreeg, liep Kevin weg. Hij blééf weg; de hele nacht door zat hij te drinken in een bar. Jessie was er kapot van: haar teleurstelling ging over in een bijna moorddadige woedeaanval. Ze had het gevoel dat ze juist op het moment in haar leven, dat ze het het meest nodig had dat er van haar werd gehouden, in de steek werd gelaten. Het was moeilijk te geloven dat dit haar overkwam. Ze trok de conclusie dat Kevin volledig on-

verschillig stond tegenover haar en zijn ongeboren kind.
Jessie moest alleen naar het ziekenhuis toe. Tijdens de taxirit ernaartoe besloot ze dat er niemand op de wereld was op wie ze kon steunen, behalve op zichzelf en op haar kind dat op komst was. Ze nam aan dat ze het kind zou moeten opvoeden zonder de steun van een vader, net zoals haar moeder dat met haar had moeten doen. Ze voelde zich verdrietig bij dit vooruitzicht, maar ook gerustgesteld. In haar fantasie zag ze de baby als een sterke volwassen man. Anders dan andere mannen, zou hij Jessie, zijn moeder, uiterst toegewijd zijn. Ondertussen voelde Kevin zich enorm schuldig en waardeloos. Hij had het gevoel dat hij het niet verdiende om vader te zijn, noch voelde hij zich toegerust voor alles wat het vaderschap inhield. Hij voelde een plotselinge warmte voor zijn vader, die zich nooit had kunnen losmaken van het gevoel te hebben gefaald. Had zijn vader de alcohol als hulpmiddel gebruikt om met zijn zelfverachting te kunnen omgaan? De gedachten van Kevin gingen van zijn vader naar Ellen, een vrouw met wie hij samenwerkte. Sinds hij was begonnen in de winkel te werken, had ze belangstelling voor hem getoond. Ellen was gescheiden en zorgde alleen voor haar vierjarig kind. Zij steunde zwaar op de hulp van haar moeder, die openhartig en kordaat was. Ellen had het moeilijk, net als Kevin.* Hij had zich nooit gerealiseerd, hoe beangstigend het leven kon zijn. Hij realiseerde zich plotseling hoe verloren hij zich voelde in een angstaanjagende wereld. Als het werkelijk zo in elkaar zit, dacht hij, dan scheen er weinig reden te zijn om je best te doen.

Representatief voor een groot deel van de menselijke ervaringen in de huidige samenleving, roept de situatie van Jessie en Kevin fundamentele therapeutische vragen op: Wat is het symptoom en van wie is het ziektebeeld? Is het ziektebeeld beperkt tot de verborgen gebieden van het onbewuste? Het schijnt zich toch niet te bevinden in de rigiditeit van welk dominerend, recalcitrant gezinssysteem dan ook, zoals sommige aanhangers van de klassieke gezinstherapie verklaren. Of zou het ziektebeeld ook kunnen liggen in het onvermogen van deze jonge mensen om bronnen aan te boren en te gebruiken die voor hen *al aanwezig* zijn in hun gezinnen van herkomst?
Wie moet hier worden omschreven als het object dat hulp nodig heeft? Heeft Jessie therapie nodig, zodat ze zich kan ontdoen van een onrijpe, niet te vertrouwen man? Is het Kevin die hulp nodig heeft, gezien zijn neiging tot overmatig drankgebruik? In zijn huidige toestand kan hij zelfs een zelfmoord-kandi-

---

* Dat Kevin aan Ellen ging denken, was typisch een poging om te ontsnappen aan relationele verantwoordelijkheid. Een liefhebbende partner is natuurlijk belangrijker dan een bezorgde 'buur'. Omdat hij zijn verantwoordelijkheid voor ouderlijke verplichtingen niet onder ogen zag, werd Kevin in de verleiding gebracht een maar al te bekende vluchtroute te nemen: weg van de problemen van een bekende relatie naar een onbekende relatie.

daat zijn. Vanaf het begin hadden de ouders van Jessie en Kevin geen vertrouwen in het huwelijk en hebben ze geconcurreerd met hun aangetrouwde dochter of zoon. Zou aan hen therapie moeten worden aangeboden? De kleine baby die op de wereld kwam op de dag dat zijn ouders uit elkaar gingen, heeft grote kans te worden mishandeld. Als symbool voor de pijn van zijn ouders, kan hij eventueel reden hebben zijn vergelding te verhalen op een wereld die hem als een lage prioriteit beschouwt. Moet er voor de pasgeboren baby een interventie worden gedaan en hoe moet deze worden uitgevoerd? Of zijn er manieren waarop alle leden van deze context, dit impliciet aan elkaar gerelateerde stel mensen, geholpen kunnen worden om te leren hoe ze zowel elkaar kunnen helpen als zichzelf? En dan: wat zijn de bronnen voor deze hulp?

Een zorgdragende buur, een luisterende barman of een schoonheidsspecialiste, een huisarts of een advocaat kunnen allemaal een invoelend luisterend oor bieden en goede, nuchtere raad. Elk blijk van vriendelijke belangstelling helpt ongetwijfeld. Waarom dan beroepsmatige interventie? En op welk punt? Wat is de rol van therapeutische opleiding en vaardigheid? Welke keuzemogelijkheden en hefbomen zijn specifiek voor therapie? En welk type therapeutische interventie is zinnig? Ontelbare boeken zijn uitgegeven om de verwarde lezers te begeleiden bij het leren onderscheiden van de kenmerken van een breed scala van beschikbare keuzen, waaronder individuele psychotherapie, cliënt-gerichte therapie, groepsdynamica, encounter, netwerktherapie, Gestalttherapie, systeemtherapie en herstructurerende of strategische interventies, om er maar een paar te noemen.

Contextueel werk gebruikt alle beschikbare bronnen, met inbegrip van de effectieve 'technieken' van alle betrouwbare therapeutische modaliteiten. Wat veel belangrijker is: het is ertoe uitgerust alle beschikbare bronnen van het familienetwerk te gebruiken. Het is bijna niet nodig te zeggen dat elke vergelijkende generalisatie van de problemen van een familielid, ten koste van en tegen de anderen, nutteloos zou zijn. Anderzijds is het een vaste regel van de contextuele theorie en praktijk dat de therapeuten familieleden beschouwen en behandelen als toekomstige reservebronnen van relationele energie – zelfs familieleden die door hun gedrag de omschrijving een onbeheersbaar 'monster' te zijn wettigen. Succesvol ouderschap, een belangrijke ethische taak van een familie, vereist stabiele relaties onder volwassenen die in staat zijn zowel hun bronnen als hun problemen te onderkennen. Deze bronnen kunnen zich onder de gezinsleden zelf of onder de verdere familie bevinden.

Contextuele therapie probeert de mensen te helpen veelzijdig verantwoordelijke oplossingen te bedenken, juist in situaties waarin hun impulsen hen in tegenovergestelde richting drijven. Net als in het klassieke Griekse drama weeft een overwinning die geen rekening houdt met belangrijke mensen in het leven van een individu, tragische consequenties in het materiaal van de toekomst. Omgekeerd komt therapeutische hulp ten goede van alle betrokkenen, indien deze rekening houdt met zowel het feit dat de werkelijkheid van de ene mens consequenties heeft voor een ander (centrifugaal), alsook met het feit dat zorg en aandacht aan zichzelf besteden, rechtmatig is (centripetaal).

De methodologische hulpbronnen van contextuele therapie zijn samengesteld uit de fundamentele kwaliteiten en waarheden van het zijn en het in relatie staan van ieder familielid. Zulke waarheden hebben onvermijdelijk zowel negatieve als positieve eigenschappen en consequenties. De *negatieve* aspecten van een relatie omvatten onder andere uitbuiting, symbiotische bezitterigheid, narcistisch betrokken zijn op zichzelf, schuld en geweigerde verantwoordelijkheid voor consequenties. De *positieve* kenmerken en consequenties van relaties omvatten billijke beschikbaarheid, behoefte-complementariteit, betrouwbaarheid, goed gefundeerde loyaliteit, ontschuldiging en de autonomie die verkregen is door het proces van het verwerven van verdienste of gerechtigde aanspraak.

Het gaat er hier niet om of ouders en kinderen, als voorbeeld van partijen die duurzaam met elkaar in relatie staan, elkaar al dan niet hebben geschaad. Verwondingen en pijn zijn onvermijdelijke aspecten van alle relaties en zullen dat altijd wel blijven. Voor ons is de centrale vraag of mensen, in een misplaatst verlangen om verder 'kwetsen' te vermijden, zich te laat tevreden stellen met te weinig. In welke mate zitten familieleden gevangen in een negatieve omschrijving van de kenmerken van het leven en zijn consequenties, zodat zij onbedoeld elke positieve kant uitsluiten? In welke mate brengt een voortdurend negatieve omschrijving van het leven en relaties gezinnen ertoe te falen in het identificeren, mobiliseren en gebruiken van de relationele bronnen, die ónder hun subjectieve ervaringen van onrechtvaardigheid en wantrouwen liggen?

De therapeutische methoden van contextuele therapie zijn hoofdzakelijk gebaseerd op het uitlokken van een actief, assertief en verantwoordelijk positie bepalen door ieder familielid. De therapeut richt zich tot ieder familielid in de verwachting dat ieder zijn of haar gezichtspunt duidelijk zal maken. Het doel ervan is niet: een dialoog tussen therapeut en cliënt te entameren, maar geleidelijk een dialoog van oprechte spontaneïteit en 'zelf-afbakening' (*Boszormenyi-Nagy, 1962, 1966*) tussen alle familieleden op te bouwen. In die dialoog, gebaseerd op verantwoordelijkheid en op een vermogen te reageren, herinvesteert iedere deelnemer vertrouwen. De therapeut kan hen helpen onderlinge patronen, die vervormd zijn doordat iedereen steeds weer terugvalt op zijn of haar innerlijke relatiepatroon, om te werken. De eerder uitlokkende dan voorschrijvende of structurerende methodologische benadering maakt van contextuele therapie meer een *activerende* dan een alleen maar *actieve* procedure.

Vertrouwen in de therapeut-cliëntrelatie leidt tot een helpende spontaneïteit in het werk van de cliënt. Alleen door te vertrouwen kan de cliënt de echte, niet-verdedigende uitingen van zijn gedrag en zijn relaties ter verkenning aan de therapeut laten zien. Vertrouwen stelt de cliënt in staat niet alleen de ware realiteit van zijn manier van leven en zijn te openbaren, maar ook de begeleiding van de therapeut te volgen met echte spontaneïteit. Aanvankelijk kunnen gevoelens van vertrouwen volgen op het gevoel emotioneel bevredigd te zijn. Hier is echter het belang van emotionele resonantie ondergeschikt aan de meer solide basis voor vertrouwen die ligt in de gepaste zorg van mensen voor elkaar. Een wederzijds verantwoordelijke relatie komt tegelijkertijd ten goede aan de persoon zelf én aan de ander. Contextuele therapie is gebaseerd op het herstel dat wordt opgeroepen door gepaste zorg, een verfijning van 'herstel door ontmoeten'.

Samengevat: contextuele therapie houdt zich bezig met het begrijpen van causale factoren in menselijk gedrag. Causale factoren, gezien als bronnen van relationele consequenties en hun therapeutische vertakkingen, kunnen naar onze mening het best worden begrepen vanuit een integratieve denkwijze. Therapeutische interventie kan het meeste effect sorteren als deze kan doordringen tot de cruciale existentiële kenmerken in de leefwereld van ieder mens. Dit heeft de meeste kans van slagen als een juiste synthese van feiten, individuele motieven, transactionele systemen en een dialectisch uitgangspunt van billijke relaties in overweging wordt genomen.

HOOFDSTUK 2

DE UITDAGING VAN DE THERAPIE MET PSYCHOTISCHE CLIËNTEN:
ACHTERGROND VAN DE CONTEXTUELE BENADERING

De oorsprong van de contextuele therapie

Net zoals haar voorganger, de klassieke gezinstherapie, is de contextuele therapie voortgekomen uit een wens de beperkingen van de klassieke individuele psychotherapie te overschrijden. Hoewel er pogingen zijn gedaan de Freudiaanse psychoanalyse zodanig te wijzigen dat ze kon voldoen aan de eisen van de behandeling van ernstiger gestoorde patiënten, moet er nog veel gedaan worden. Nadat Boszormenyi-Nagy in de jaren vijftig een aanzienlijke hoeveelheid tijd en energie had besteed aan het zoeken naar aanwijzingen in de biochemie, richtte hij al spoedig zijn aandacht op de gedrags- en psychologische verschijnselen van schizofrenie. Welke therapeutische mogelijkheden waren ongebruikt gebleven nadat alle beschikbare kennis over ernstige geestelijke aandoeningen was bijeengebracht? Hoe kan de kennis over menselijke relaties bijdragen aan de vormgeving van een effectievere therapie?

Door de geschiedenis heen zijn er pogingen gedaan causale aanwijzingen voor een *psychose* te vinden. Opvallende onredelijkheid in menselijk gedrag heeft altijd al om een verklaring geroepen. Vele pogingen zijn gedaan tot het verklaren en genezen van krankzinnigheid: godsdienst, magie en exorcisme zijn eeuwenlang gebezigd. Recent zijn onder andere vroege omgevingsconditionering, neuropathologie, erfelijke hersenbeschadiging en verstoorde biochemie naar voren geschoven, maar ze hebben niet geresulteerd in een sluitende oorzakelijke leidraad.

De moeilijkste toetssteen van therapeutische inspanningen boden psychose en ernstige persoonlijkheidsstoornissen. Veel therapeuten waren ertoe geneigd het voortdurend en niet wijkend bestaan van harde, recalcitrante symptomatologieën te vermijden. Onder andere paranoia, psychose en psychopathische karaktertrekken werden traditiegetrouw omschreven als ontoegankelijk voor gewone, correctieve logica. Mensen, behept met deze aandoeningen, schijnen volhardend vast te houden aan een rigide, innerlijke, verwrongen logica, met als gevolg dat de 'patiënt' herhaaldelijk terechtkomt in dezelfde sociaal conflictueuze situatie. Ondanks zijn grote charisma en vermogen fundamentele raadselen van de 'psychopathologie' op te lossen, moest Freud zich toch neerleggen bij de onmogelijkheid deze recalcitrante, ego-vervormde patiënten te analyseren. In wezen schaarde hij zich naast Kraepelin – en wellicht naast de meerderheid van de mensheid – met een pessimistische wanhoop ten aanzien van de mogelijkheid ooit de krankzinnige vormen van irrationeel, antisociaal gedrag te kunnen genezen.

Als mensen neigen tot wanhopen over hun mogelijkheden, zijn ze ook afkerig van het aanvaarden van werkelijke grenzen aan hun redeneervermogen. Pogingen irrationaliteit te genezen bleken net zo onverzettelijk als de aandoeningen die ze moesten genezen. In het verleden probeerde men letterlijk krankzinige mensen uit hun sociale of zelfs fysieke context te schudden. Men beschouwde hen als bezeten door heksen of de duivel en dreigde hen regelmatig met onmenselijke martelingen of terechtstelling. Of ze werden blootgesteld aan het schokeffect van koud water, rotatie en meer recent, aan insuline, metrazol of elektrische schokken. Enige tijd wonnen hypno-suggestieve benaderingen terrein. In het midden van de twintigste eeuw werd het toedienen van kalmerende geneesmiddelen toegevoegd aan deze pogingen. En tegenwoordig stijgen gedrag-herstructurering en het paradoxaal 'op losse schroeven zetten' van gezinsrelaties in aanzien.

Een deel van de problemen kan liggen in het feit dat het moeilijk is te generaliseren als het gaat om psychotische patiënten. Een mogelijk in aanleg algemene karaktertrek kan te maken hebben met hun massaal onvermogen om sociaal gedrag te ontwikkelen. Dit onvermogen schijnt in schrijnend grote mate voor te komen, zó zelfs – of misschien juist daarom – dat de meest nauwe familierelaties de vermogens tot aanpassing van de psychotische patiënt overbelasten.

Als het waar is dat gezinssituaties een lagere mate van aanpassingsvermogen vereisen dan andere minder bekende sociale situaties, wat maakt dan dat psychotische patiënten gedoemd zijn te falen in hun eigen gezinsrelaties? Welke zijn de *latente factoren* die bepaalde mensen aanvankelijk voorbeschikken psychotisch te worden? En waarom doet zich dat juist in hun late tienerjaren of vroege volwassenheid voor? Wat drijft hen tot wantrouwend terugtrekken in zichzelf en tot 'paranoïde' verkeerde interpretaties van de motieven van anderen, waardoor psychotische mensen vervreemden van anderen? Waarom de enorme ommezwaai van stemmingen waarbij welhaast moorddadige woede opgeroepen kan worden door een schijnbaar triviale onenigheid of conflict? Wat veroorzaakt hun schommelen tussen de uitersten van afhankelijke liefde en wraakzuchtige woede? Wat ligt er onder een manier van denken die zo verdraaid en beperkt is dat zij leidt tot een misleidende, verkeerde interpretatie van de werkelijkheid?

Antwoorden op deze vragen zijn in vele richtingen gezocht, met inbegrip van genetische oorzaken, ethologie, onbewuste motivatie, object-relatie theorie en psycho-sociale ontwikkelingsfasen. Elk van deze factoren is waarschijnlijk een bestanddeel van het mengsel van pathogene determinanten en elk verdient hier op zijn minst een korte toelichting.

Genetische oorzaken

Er is naar onze mening geen reden om de rol van genetische oorzaken in twijfel te trekken. Het is logisch aan te nemen dat in alle levenssituaties aangeboren, *genen-afhankelijke* reguleringen te zamen met *omgevings*invloeden een bepalende uitwerking hebben. Deze twee reeksen factoren gaan voortdurend samen en vormen de gedragspatronen van een mens. Genetische voorprogrammering is duidelijk een element van psychotische ontwikkeling, evenals de vorming van de persoonlijkheid. Er schijnt geen redelijk argument te bestaan dat de betekenis van zowel ontwikkelingsstructuur als persoonlijke ervaring voor de vorming van de menselijke persoonlijkheid zou kunnen uitsluiten. Tot nu toe echter is onze verzamelde informatie over de lange termijn 'mechanismen' van menselijke omgevingsinvloeden op het opgroeiende kind, rudimentair. Het is te hopen dat therapeutische kennis zich op den duur zodanig kan ontwikkelen, dat deze richtlijnen voor preventieve interventies kan bieden.

Ethologie

Ethologie doet een poging onze kennis te vergroten over de wortels van menselijk gedrag. De wetenschappelijke studie van dierlijke en menselijke ontwikkeling is een betrekkelijk nieuw gebied. Een van de meest dwingende begrippen gaat over de onomkeerbare processen van vroege conditionering; dat wil zeggen: over 'inprenting'. Inprenting is onafhankelijk van externe versterking en vereist een gepaste, kritische periode van gevoeligheid die zich voordoet gedurende een bepaalde en af te bakenen periode. De verschijningsvormen ervan hebben juist bij dieren een lange duur.
Het is duidelijk dat bestudering door de ethologie van de aangeboren en aangeleerde wortels van diergedrag (*Lorenz, 1981*) onmiskenbaar gevolgen heeft voor de mens. Maar er is een hogere mate van complexiteit in de menselijke ethologie. Het is beslist veel moeilijker causale factoren en hun uitwerking op sociale omgevingen van de mens te bestuderen. Tot op heden is menselijke ethologie nog een relatief maagdelijk gebied. Haar theorieën zijn intrigerend, maar wachten op solide gegevens.
Desondanks moeten de fundamentele aandachtspunten van de ethologie in verband worden gebracht met contextuele bezorgdheid over relationele consequenties. De gezinstherapie kan een arena verschaffen waarin bestudeerd kan worden

of en hoe ethologische en contextuele gegevens en vooronderstellingen samenvallen en combineren. Onze kennis van de zich ontwikkelende inbreng van volwassenenrelaties zal hopelijk en onvermijdelijk toenemen. Wat ook haar belofte voor het toekomstige begrijpen van karaktervorming zal zijn, de ethologie blijft een recente ontwikkeling waarvan de implicaties nog niet zijn getoetst.

Onbewuste motivatie

Het Freudiaanse uitgangspunt – onbewuste motivatie – daarentegen is nu een welhaast algemeen aanvaard element in het hedendaagse gedachtengoed over de wortels van menselijk gedrag. In feite is het moeilijk de mate van invloed in te schatten dat het denkbeeld van onbewuste determinanten heeft gehad op de westerse cultuur. In deze zienswijze worden blijvende karaktertrekken onvermijdelijk beïnvloed en gevormd door zowel onbewuste motieven als door bewuste, realistische doelen. Hier vallen geërfde en ingeprente componenten in een individu samen met een weer andere component van menselijk programmeren: de bewuste en onbewuste vereisten van persoonlijke bevrediging. Bepaalde omgevingsfactoren kunnen bijvoorbeeld sadistische, destructieve patronen van bevrediging in een mens veroorzaken. Deze patronen worden op den duur een gebruikelijke afvoerbuis waardoor de menselijke behoefte aan relaties wordt gekanaliseerd.
De vorming van een individuele identiteit heeft betrekking op het volledige spectrum van de psychische ontwikkeling. Psychoanalyse heeft begrippen geïntroduceerd die beschrijven hoe identificaties voortkomen uit een toestand van niet gedifferentieerd zijn. Ouderlijke interacties verschaffen de achtergrond voor identificatie, zelfs wanneer primaire identificaties nog zijn ingebed in psychische versmelting.
Toen Freud zijn begrip 'toetsen van de werkelijkheid' definieerde, benadrukte hij het feit dat gezonde levensbelangen van een mens gebaat zijn bij zijn pogingen zichzelf los te maken uit dit soort voorkeurverstoringen. Zijn argument was gebaseerd op een impliciet relationele premisse voor therapie. Dus ligt het beste vooruitzicht van een patiënt om zijn mislukte persoonlijkheidsvorming te herscheppen, in een nuttige therapeutische regressie en een worsteling met de weerstanden tegen het loslaten van 'neurotische' patronen van innerlijke gehechtheid. Op hun beurt leiden de innerlijke bindingen tot een overdrachtelijke afhankelijkheid van de therapeut en uiteindelijk tot het loslaten van de afhankelijkheid van zowel de therapeut als van dat patroon.
In feite is succes in systematisch uitschakelen van pathologie altijd ondergeschikt geweest aan de pogingen van de psychotherapie om mensen te helpen hun hulpbronnen in werking te stellen. De ontdekking van Freud van onbewuste motivaties, bijvoorbeeld, was geschikt voor een therapeutisch proces dat steunde op de mate waarin een mens zijn egosterkte kon mobiliseren. Het was niet eenvou-

digweg een kwestie van het door de therapeut naar boven halen van geheimen die zelfs aan de patiënt zelf onbekend waren en hem dan genezen door middel van bewuste, inzichtelijke verklaringen. De methoden van Freud werden niet aanbevolen als het ging om psychose of bepaalde karakterstoornissen. In die situaties hadden mensen vaak niet de hulpbronnen die het ego nodig heeft om het proces van therapie te kunnen doorstaan. De overdracht, die in werking wordt gesteld door de krachtige invloed van de therapeutische relatie, stelt duidelijk hoge eisen. De belangrijkste eis is: het vermogen van een mens te leven met de therapeutische opleving van oude haatgevoelens, angsten, verdenkingen, pijn, schaamte en verlangens.

Contextuele therapie vraagt ook van haar cliënten dat zij het trauma doorstaan van het onder ogen zien van oude wonden en het verwerken van verfoeide en pijnlijke realiteiten. Hier wordt overdracht echter ook gezien als een aanduiding van potentiële ethische bevrijding. Een volledig vertrouwen op de notie van genezing op basis van overdracht berust op een impliciete, betrekkelijke onderwaardering van effectieve gezinsrelaties. Contextuele therapie houdt er rekening mee dat therapeutische coalities en overdracht mogelijk een bijwerking van deloyaliteit krijgen (*Boszormenyi-Nagy, 1972*). De intensiteit van contextuele therapie is dus minder verbonden met de relatie therapeut-cliënt en meer met het vermogen van ieder individu de huidige relationele context van zijn rechtvaardige of onrechtvaardige menselijke orde te verwerken. Dit alles wordt ondersteund door de vakkundige opwekking van relationele hulpbronnen door de therapeut. Het therapeutisch denken is geleidelijk verschoven van een individuele naar een *relationele opvatting* over menselijk gedrag. Hypothesen over de pathogene aard van ouderlijk gedrag kwamen uit deze verschuiving naar boven, alle eenzijdig gericht. Er werd verondersteld dat wanneer het kind leed, het dat deed vanwege de tekortkomingen van zijn moeder. Het denkbeeld 'schizofrenogene moeder' kwam bijvoorbeeld naar voren. Hier werd de plaatsvervangende behoeftebevrediging van de ouder via het kind beschreven als een onbewuste, impliciet uitbuitende ouderlijke houding (*Johnson & Szurek, 1952*).

Object-relatie theorie

Ontworpen door *Fairbairn (1952,1954)* en later *Guntrip (1961)*, heeft de object-relatie theorie belangrijk bijgedragen aan de ontwikkeling van nieuwe therapeutische methoden. Er werd verondersteld dat vanaf het begin de dynamieken van de geest essentieel geworteld zijn in een structureel impliciete dialoog tussen het ik (ego) en de ander (innerlijk object). Deze aanname verschaft een nuttige verklaring van de menselijke neiging relaties verkeerd waar te nemen: de patronen die verdraaiingen in relaties tussen mensen programmeren, zijn zelf relationeel. De basisbehoefte aan zowel goede als slechte innerlijke anderen (objecten) kleurt ons gebruik van belangrijke relaties (projectieve identificatie). Omgekeerd kan iemand zijn eigen neigingen aanpassen om aan de behoefte van zijn partner aan een 'slechte' tegenspeler te voldoen. Aandacht voor zulke relationele verschijnselen is cruciaal voor het inzicht in begrippen als projectie, verdringing en therapeutische overdracht.

De nadruk die Freud legde op de behoefte van het individu aan (object)relaties behield zijn duidelijke geldigheid. De notie zelf ging niet zover dat deze zorg droeg voor de relationele baten en lasten voor het 'object'. Eenvoudig gezegd: hij liet na te onderzoeken wat de 'centrifugale' – op de ander gerichte – consequenties waren van de bezorgdheid van iemand voor en de behoefte aan zijn partner. Als zodanig leende de notie zich voor relationele implicaties die in de toekomst uitbuiting en vermindering van vertrouwen zouden kunnen veroorzaken. Het verschijnsel overdracht impliceert dat relaties, die blijkbaar werken vanuit tussenmenselijke en wederzijdse kenmerken, ook deels worden getoonzet door de innerlijke geestestoestand van beide partners in de relatie. Zo steunt elke partner in de relatie op een gegeneraliseerde, innerlijke, relationele formule waarvan de wortels aangeboren kunnen zijn, ingeprent of eenvoudigweg versterkt.

Vanuit dit gezichtspunt worden bepaalde, huidige 'echte' interacties tussen mensen gebruikt om te concurreren met, in de plaats te treden van, of om het bestaan van de innerlijke valide geestelijke formule van ieder mens vast te leggen. Deze formule wordt waarschijnlijk geleid door een gyroscoop van subjectieve en onbewuste agenda's, zoals: 'Waarom handel je niet zoals ik wilde dat mijn vader zou hebben gedaan? Heb ik je niet het privilege gegeven dichter bij me te komen dan mijn vader ooit was?' Met andere woorden: 'Ik wil dat je op zo'n manier handelt dat mijn vroegere innerlijke behoeften aangesproken kunnen worden, zonder rekening te houden met wat jij wilt of moet doen.' Vanuit het gezichtspunt van de contextuele therapie kan men zelfs indirect loyaal zijn ten opzichte van zijn ouders door de huidige relaties de schuld te geven.

Ongelukkigerwijs kan, naarmate een relatie intenser en dieper wordt, de behoefte groter worden de partner in te passen in de innerlijke relationele formule. Tegelijkertijd wordt de balans van de relatie onbillijk en uitbuitend. De dialoog neemt een Ik-Het vorm aan in plaats van het wederzijds verantwoordelijke Ik-Gij patroon dat door Buber in zijn vruchtbare werk wordt beschreven (*1958*). Deze noodlottige, innerlijke drijfveer naar het gepassioneerd bezitten van de ander als een herschapen replica van het 'innerlijk object', is eerder de grootste bron van onbillijkheid in hechte relaties, dan slechts een instrumenteel 'gebruik' van de ander.

De object-relatie theorie beschrijft een algemene menselijke neiging die alle aandacht verdient. Fairbairn, bijvoorbeeld, ging zo ver dat hij de menselijke geest vanaf zijn ontstaan omschreef als een entiteit die uit relaties is opgebouwd. Volgens hem veronderstellen psychologische behoeften-configuraties vooral een bijpassend ego en innerlijke object-componenten. Volgens ons lijkt zijn psychologische visie op individuele dieptedynamieken analoog en verenigbaar met de

existentieel ethische visie van Buber, dat dialoog het fundament is van mens zijn en worden. Beide gezichtspunten kunnen therapeuten helpen de *relativistische basis* van zowel de menselijke geest als van de menselijke relatie beter te begrijpen. De parallel tussen de twee raamwerken diende al vroeg als fundament voor contextuele therapie (*Boszormenyi-Nagy, 1965a*).
De integratie van de visie van Fairnbairn-Guntrip op de innerlijke object-relatie theorie met de notie van Buber over echte dialoog kan de futiliteit van veel 'hechte' relaties met kracht onderstrepen. We kiezen meestal relaties op grond van hun emotionele betekenis voor ons. Freud had gezien dat een man kan proberen een vrouw te vinden die hij in het beeld van zijn moederlijke introjectie kan persen. Toch is dit maar gedeeltelijk waar. Deels reageert de man ook omdat hij zich aangetrokken voelt tot de 'echte' kenmerken van een bepaalde vrouw. In de betekenis van Fairbairn en Guntrip is er een rivaliteit tussen de vereisten van de innerlijke en de uiterlijke of tussenmenselijke relatie. Contextueel gezien: hoe meer men de partner perst in een innerlijk wenselijk beeld, des te waarschijnlijker zal men onbillijk zijn en uitbuiten.

Psychosociale ontwikkelingsfasen

De object-relatie denkbeelden van *Fairbairn (1952)* over de fundamentele dynamiek van de geest kunnen worden verbonden en op één lijn gezet met de psychosociale (in plaats van eenvoudigweg psychologische) noties over ontwikkeling van *Erikson (1959)*. Fundamenteel vertrouwen tegenover wantrouwen kenmerkt bij Erikson de eerste fase van de psychosociale ontwikkeling; het blijft echter de duurzame fundering voor alle latere fasen van een mens. In dit opzicht wordt het optimisme van Erikson geëvenaard door de hoop van *Kohut (1977)* op 'empathisch' therapeutisch ouderschap.
In de visie van Kohut wordt het jonge kind, dat er niet in slaagt de empathische ouderlijke verzorging te krijgen die het nodig heeft (verdient?), een narcistisch mens dat lijdt aan een gekwetste 'zelf-psychologie'.
Vanuit een Freudiaans gezichtspunt wijzen het beklemtonen door Erikson van basaal vertrouwen tegenover wantrouwen, en de klemtoon van Kohut op empathisch ouderschap naar een groot-schalige, allesomvattende 'fixatie'. Dit type fixatie kwelt mensen zodanig, dat zij gedwongen lijken (op zijn minst symbolisch) terug te keren naar vroegere relatiepatronen en wanhopig te toetsen of basaal vertrouwen of empathie alsnog in de wereld kunnen worden gevonden.
Vanuit een contextueel gezichtspunt geeft de grondgedachte van Kohut het 'herstel van het ik' een welkome houding weer, maar wel een die verdere integratie vereist. Want geen enkel individueel-georiënteerd model is voldoende om de onderlinge balansen van de relationele context te begrijpen. Wat hier nodig is, is een *integratie van individuele modellen* van psychisch herstel met een *supra-individuele regulerende kracht*; dat wil zeggen: wat Buber heeft omschreven als

'de rechtvaardigheid van de menselijke orde'.
In onze bewoordingen kan deze supra-individuele regulerende kracht ook 'de context van overgebleven betrouwbaarheid' genoemd worden: een gebied dat een belangrijke rol speelt in het mogelijk maken van zichzelf-onderhoudend vertrouwen. Dat wil zeggen dat zichzelf-onderhoudend vertrouwen wordt gereguleerd door de mate van rechtvaardigheid die iemand heeft ondervonden in zijn eigen menselijke orde: gekwetst worden kan aanleiding geven tot grote variaties in de mate waarin men zich gekwetst, gepijnigd, beroofd of opgelicht voelt. Er ligt een tragische waarheid in het feit dat de diepste wens en bereidheid van een individu om te toetsen hoeveel overgebleven vertrouwen er nog is in zijn menselijke orde, niet is te scheiden van zijn historisch gerechtvaardigde, negatieve inbreng in de hier-en-nu relaties. Onrechtvaardigheden uit het verleden, eenzijdig waargenomen, resulteren typerend in een actuele wraakneming. Naarmate een persoon meer aandringt op zijn historisch gerechtvaardigde, onvervulde 'rechten', zal hij waarschijnlijk steeds meer vervreemd raken van de hulpbronnen en mogelijkheden in zijn huidige levende context. Onder deze omstandigheden zal hij waarschijnlijk in toenemende mate onverbeterlijk, onbetamelijk en onzinnig lijken.
Martin Buber was de eerste die de beginselen van therapie omschreef op het niveau van zorg en rechtvaardige relaties tussen mensen (*1948/1957*). Hij maakte een duidelijk onderscheid tussen herstel door streven naar integriteit in relaties en technische, vaak impliciet ontmenselijkende pogingen tot het veranderen van symptomen. Naar alle waarschijnlijkheid heeft hij meer bijgedragen aan het leggen van de fundamenten van verantwoordelijke menselijke omgang dan enige andere denker van onze tijd. Hij omschreef gevoelig de diep-menselijke kwesties van menselijke relaties en hiermee gepaard gaand lijden en pleitte voor de stelling dat het ik, naar de geest van een verantwoordelijke Ik-Gij dialoog, een verdiende beloning kan krijgen. De geschiedenis zal Buber waarschijnlijk erkennen als een gigant van het twintigste-eeuwse denken. Hij was geen psychotherapeut, maar een filosofisch antropoloog. Zijn bijdragen zullen waarschijnlijk vollediger worden erkend door filosofie, godsdienst en disciplines die verbonden zijn met gemeenschapsvraagstukken, dan door de psychotherapie. Maar Buber schijnt mens en samenleving te hebben aangesproken, zowel door zijn aanwijzingen voor therapie als door zijn andere belangstellingsgebieden. Voor ons heeft zijn passie voor verwerkelijkte rechtvaardigheid in de menselijke orde rechtstreekse en onmiddellijke implicaties voor een wereld die gevaar loopt zijn kinderen in de steek te laten.
De gedachtengang van de contextuele therapie die al vroeg ontwikkeld werd: namelijk dat vertrouwen als het fundament van de persoonlijkheidsontwikkeling en als de relationele hulpbron iets anders is dan vertrouwen als een ervaring, heeft geleid tot de onderkenning van betrouwbaarheid als een cruciaal vereiste voor levensvatbare, hechte relaties. De psychologische kenmerken van de behoefte aan

vertrouwen vallen samen met de ethische kenmerken van een betrouwbare relatie. Op dit raakpunt geeft het begrip 'echte dialoog' van Martin Buber een unieke gelegenheid tot integratie van de klinische fundamenten van individuele én relationele theorie. Verantwoordelijk reageren, in termen van het begrip 'dialoog', was een belangrijke onderbouwing van de eerste formulering van de intergenerationele dialectiek (*Boszormenyi-Nagy & Spark, 1973/1984*).

De aandacht van Buber voor het 'gebied van het tussen' scheen een conceptuele benadering te verschaffen, die de theorie van Freud over de individuele objectbehoefte inlijfde en uitbreidde. Zijn focus op de onpartijdige geldigheid van woorden die overbruggen (*dialoog*), bood een nuttige richtlijn voor betrouwbare therapeutische interventies. Hij gaf aan dat een echt betrouwbare relatie van de partners vraagt dat zij rekening houden met de geldigheid van zowel elkaars belangen, rechten en behoeften als die van zichzelf. Hij gaf ook aan dat therapeutische interventies, die gericht zijn op het opbouwen van verdiend vertrouwen, methodologieën vereisen die gebaseerd zijn op de *gelijktijdige aandacht* voor twee of meer partners die met elkaar in relatie staan. Aangezien elke neurotische 'afwijking' iemands vermogen tot betrouwbaar in een relatie staan vermindert, kan een geslaagde individuele therapie al dan niet leiden tot vergrote betrouwbaarheid.

Gezichtspunten over verandering: gezinstherapie

Vanaf het eerste begin van gezinstherapie waren er signalen, die haar beoefenaars ertoe maanden niet al te snel ervan uit te gaan dat verandering gemakkelijk te bewerkstelligen is of vanzelfsprekend een blijvende uitwerking zal hebben. Iedere betrokkene bij veeleisende pogingen mensen met een psychose te helpen, werd al spoedig op de proef gesteld. Bateson en anderen (*1956*) kwamen tot belangrijke conclusies ten aanzien van de manier waarop communicaties met dubbele binding bijdragen aan het ontstaan en de ontwikkeling van schizofrenie. Het is opvallend dat de meeste gezinstherapeuten op den duur hun werk met schizofrenen staakten. Het moeizame proces om mensen helpen te leren hoe ze weer kunnen vertrouwen bleek té moeilijk te worden. Op de een of andere manier stemden de inspanningen van de eerste gezinstherapeuten hen tot nadenken: verstandige uitvoerders kwamen te staan tegenover impliciete moeilijkheden die – behalve de psychose – gepaard gaan met alle menselijke uitwisseling. In de eropvolgende jaren werden korte en lange termijn-relationele interventies ontwikkeld, getoetst en verspreid. Hoe veel hiervan ook zou leiden tot duurzame individuele en relationele verbeteringen, was een heel andere kwestie.

Met de komst van de klassieke gezinstherapie werd aan de motivationele verklaringen het denkbeeld van de onbedoeld onderhandse, relationele dynamiek toegevoegd. Nu vereisten de veranderingen van de rol van de geïdentificeerde patiënt en het verschijnsel 'homeostase' (*Jackson, 1957*) in het gezinsgedrag een verklaring. Het leek redelijk aan te nemen dat bepaalde gedragsfuncties geregeld werden op een systemisch niveau dat het individuele niveau oversteeg. Het systeem werd gekenmerkt door gezondheid of pathologie, niet de leden. Zo werd het systeem verpersoonlijkt met het risico, dat depersonalisering van mensen zou optreden.

De nieuwgevonden kennis dwong veel therapeuten, die aanvankelijk individueel georiënteerd waren, ertoe opnieuw te overwegen hoe de relationele onderstructuur van het leven gekoppeld is aan persoonlijke motivaties, beloningen en baten. Daarentegen leidde de tendens van sommige therapeuten tot een onpersoonlijk, systemisch 'supra-individualisme' naar een nieuw soort professionele magie en werd, naar onze mening, een belangrijke belemmering voor de conceptuele groei en ontwikkeling van de 'gezinstherapiebeweging'. Tegelijkertijd heeft *Bowen (1965)*, door de niet-differentiatie in volwassenen en zelfs in hele gezinnen te benadrukken, belangrijk bijgedragen tot een evenwichtiger systemisch gezichtspunt. Zijn therapie is gericht op de vorming van eigen gedifferentieerde persoonlijkheden voor de geïdentificeerde patiënt en uiteindelijk ook voor zijn of haar gezinsleden.

In de contextuele therapie is het glashelder dat de pogingen van ieder mens tot overleven en groei, de stuwkracht van de relatie vormen. Niemand wint er toch iets bij als in een therapie de hulpbronnen worden weggestuurd, die zich impliciet in de kennis van individuele motivaties bevinden. *Wederzijds nauw met elkaar verbonden individuatie* is één definitie van een relatie-systeem.

Al met al hebben de meeste gezinstherapeuten tot op heden het pad van de *transactioneel* verankerde begrippen en interventies gevolgd, om heel duidelijke redenen: 1. alle partners in een relatie volgen gezamenlijk het patroon van een 'dans' van transactionele reeksen, ongeacht welke andere onderscheiden kenmerken hun leven inspireren en vormen, en 2. van alle relationele kenmerken is transactionele patroonvorming het makkelijkst waar te nemen. Men kan zich zelfs voorstellen dat een therapeut van Mars, die juist op het Empire State Building is geland, de formeel geldende patronen van menselijk gedrag kan opmaken uit hetgeen hij ziet wanneer hij tijdens de ochtend- en avondspits naar beneden kijkt. Hij zou kunnen beschrijven welke auto's in welke richting op welke straat rijden. Als hij een opstopping ziet, zou hij een diagnose kunnen stellen van het probleem en een geschikte interventie kunnen voorstellen. Het zou duidelijk helpen de 'rigide', verplichte regels, die de mensen in zo'n chronische verkeersopstopping vasthouden, op te heffen en andere regels in te stellen. Maar de Marsbewoner weet niet, dat niet de richting of de opstopping van de verkeersstroom degene motiveert die wanhopig op zoek is naar een taxi die hem naar zijn eerste afspraak met een belangrijke, toekomstige klant moet brengen. Het kan hem absoluut niet schelen of de taxi, die hem op tijd op zijn werk brengt, past in een patroon van auto's die op een bepaalde straat van noord naar zuid rijden.

Inzicht in het transactionele patroon kan niet volledig zijn, als men geen aandacht heeft voor coëxisterende meermenselijke kenmerken. Het ontkennen van het bestaan van het individu is een zichzelf voor de gek houdende schraalheid. Onbekendheid met de dialectiek van ik-de ander of Ik-Gij zal eerder het scala van keuzemogelijkheden van de therapeut verkleinen dan vergroten.

Pogingen een *brug* te slaan *tussen individuele en relationele motivationele regelingen* zijn betrekkelijk zeldzaam: traditionele psychotherapieën hebben hun grondbeginselen gebaseerd op de motivatie van het individu vrij te zijn van symptomen en klachten en een succesvol leven leiden. Een cliënt wordt geholpen naar deze doelen toe te werken door middel van een scala van maatregelen, die omvatten: inzicht, een vermogen echte emotie te laten zien, overdrachtshoudingen te onderkennen, verwerking, verinnerlijking en een vermogen verdedigingsmechanismen bij te stellen. Iemand wordt in deze plannen gehinderd door de logheid van zijn vroegere gewoonten en door de grenzen die worden opgelegd door zijn dynamisch onbewuste weerstand. Men neemt aan dat de patiënt gedurende de worsteling hiermee door de verbetering van zijn eigen toestand op zichzelf wordt gemotiveerd en uiteindelijk voor zijn inspanningen tot herstel wordt beloond.

Vanaf het begin heeft gezinstherapie het feit begrepen dat sommige omstandigheden, die mensen onbekwaam maakten, gebed waren in relatieconfiguraties. Dat gold ook voor veel weerstanden tegen verandering en voor het vermogen zich te ontwikkelen. Men heeft altijd aangenomen dat effectieve individuele reorganisatie in een of meer gezinsleden het resultaat kan zijn van het 'veranderen' van deze debiliserende gedragsconfiguraties. Deze aanname werd versterkt door de waarneming dat een gezinslid in andere gezinsleden zichzelf-schade-berokkenend gedrag kan oproepen en voort laten duren.

Voortbouwend op deze hypothesen, ontwierpen gezinswerkers technieken, bestemd om het individueel gedrag te beïnvloeden door middel van het *veranderen van transactionele patronen*. Wat waren de richtlijnen voor verandering? Soms werd een principe aangeboden dat kon rechtvaardigen waarom bepaalde patronen moesten worden veranderd en dat kon aantonen hoe nieuwe patronen efficiënter konden zijn. Soms werd verandering omschreven als de behoefte aan nieuwe patronen die beter zouden overeenkomen met culturele waarden dan de oude. Andere keren werd de behoefte aan verandering gedefinieerd in sociaal-wetenschappelijke bewoordingen, bijvoorbeeld: machtscoalities, grenzen en rolverwisseling. Regelmatig werd elke verandering gewaardeerd als een goede verandering, wanneer deze werd vergeleken met patronen die rigide werden vastgehouden.

Een belangrijke waarschuwende kanttekening werd gemaakt betreffende het zonder onderscheid opdoeken van het oude ten gunste van al het nieuwe (*Bateson, 1979*). Toch kwam het zeer zelden voor dat iemand nauwkeurig omschreef op welke manier transactionele veranderingen waren verbonden met echt gunstige vooruitgang voor iedereen. Al met al werd verbetering gelijkgesteld met de magie van het veranderen van de onzichtbare, hier-en-nu transacties tussen mensen, vaak tegen hun wil. In sommige gevallen leek er een als het ware behekste opvoering plaats te vinden van de rigide en zich herhalende reeksen van zichtbare interacties. Veranderingen in transactioneel gedrag zijn natuurlijk duidelijk zichtbaar, en kunnen bij tijd en wijle nieuw en opwindend zijn. Met het gevolg dat *strategieën, die verandering voortbrachten*, vanuit zichzelf begonnen te verbeteren. Ze werden doortastender en rechtvaardigden zelfs zichzelf, alsof het een nadeel zou zijn als men zijn cliënten kende en om hen gaf.

Sommige beroepsbeoefenaars begonnen een indrukwekkend succes-percentage voor hun interventies op te eisen. Zij beweerden dat transactionele, hier-en-nu veranderingen in de therapieruimte niet alleen leiden tot nieuwe en wenselijke patronen, maar ook tot verandering die van kracht bleef buiten de therapiezittingen. Soms had een betrokkenheid bij de beloftes van transactionele verandering de neiging datgene mooier te maken wat kennelijk gebeurde ten koste van een terecht respect voor de nuances, de consequenties en de complexiteiten van het zijn zelf. Het ontwikkelen van schema's en technieken die ogenschijnlijk korte-termijnverandering voortbrengen, is echter ver verwijderd van interventies die werkelijk herstel teweeg brengen.
Ondanks aanspraken op het tegenovergestelde (*Selvini Palazzoli, 1978*; *Hoffman, 1981*), kan 'lijken' eenvoudig het werk van 'zijn' niet doen. *Dell (1981)* is slechts één van een groeiend aantal schrijvers op het terrein van de familie, die een vraagteken zette bij de geldigheid van de aanspraken die betreffende uitsluitend transactionele verandering worden gedaan. Hij heeft ook de impliciete struikelblokken zichtbaar gemaakt die ontstaan wanneer men transactionele verandering koste wat kost probeert te bewerkstelligen. Daarna heeft *Jacobson (1983)* enkele diepgaande inzichten beschreven uit zijn heronderzoek naar korte-termijnaandachtspunten in de begrippen en methoden van klassieke, gedragsgerichte echtpaartherapie.

HOOFDSTUK 3

EEN DIALECTISCHE VISIE OP RELATIES:
DE ONTWIKKELING VAN DE CONTEXTUELE BENADERING

In onze visie blijft het denken in transactionele patronen een star en oppervlakkig therapeutisch raamwerk als het er niet in slaagt rekening te houden met het *tegelijkertijd en naast elkaar bestaan van rechten en motieven van verschillende mensen*. In feite reageert ieder mens in relatie tot anderen vanuit de werkelijkheid van zijn of haar individueel en onderscheiden biologisch leven. Er is een afzonderlijk existentieel gebied waarin mensen alleen worden geboren, voor zichzelf leven en, noodzakelijkerwijs, alleen sterven. Op bepaalde specifieke niveaus kunnen de biologie en de psyche van de ene mens nu eenmaal niet precies dezelfde existentiële kenmerken bevatten als de biologie en de psyche van een ander. Hoe kan dan een opvatting over relaties worden ontwikkeld die wezenlijk en gelijktijdig rekening houdt met de rechten en behoeften van twee of meer partners? Wat is een nuttige veronderstelling over relaties die zowel het psychologisch reductionisme van een absoluut 'psychisch determinisme' overstijgt, alsook de volkomen chaotische machtsconfrontatie die Sartre schijnt te bedoelen (*1956*)? Wat zijn de minimum-vereisten voor het opstellen van een programma op relationele grondslag? Hoe kan de therapeut een contract opstellen waarbij hij tegelijkertijd de bondgenoot is van twee of meer met elkaar strijdende mensen?

Contextuele theorie en praktijk bieden een alternatief voor op macht gebaseerde strategische modellen: een *dialectisch* gezichtspunt dat zowel individuele als relationele kenmerken omvat. De dialectische theorie over relaties (*Boszormenyi-Nagy, 1965a*) vindt haar geldigheid in een intrinsieke, antithetische verbondenheid met een levensvatbare wederkerigheid en de wens om die te bereiken: een wederkerigheid die bestaat tussen een mens en degene met wie hij in relatie staat. Dit staat in contrast met lineaire, eenzijdige, door zichzelf gemotiveerde psychologische theorieën met hun nadruk op individuele behoeften aan succes, bevrediging en eigenbelang. Het staat ook in contrast met circulaire, cybernetische relatie-modellen met hun nadruk op systeem, transactie, controle en structuur.

Contextuele therapie is van oordeel dat werkelijke vooruitgang schuilt in de echte integratie van alle valide kennis over zowel geest als systeem. Een 'systeem' kan niet verantwoordelijk worden gesteld als geen van de mensen, die deel uitmaken van het systeem, bereid is verantwoordelijk te handelen. Een dialectische visie op 'het zich tot elkaar verhouden' houdt rekening met zelfzuchtigheid en altruïsme van iedere partner, maar gaat in feite verder. Zeer belangrijk is dat deze visie werkt vanuit de op empirische gegevens gebaseerde overtuiging dat een mens en zijn of haar partner een persoonlijke menselijke orde scheppen in het domein dat bestaat *tussen een 'Ik' en een 'Gij' (Buber, 1948/1957).*
Martin Bubers opvatting over relaties, die hij 'Ik en Gij (U)' noemde, bood een model voor genezing, dat voortkomt uit het begrip 'onderlinge verbondenheid'. De aanwezigheid, de openhartigheid en de directe waarneming van ieder mens typeren het ogenblik waarop twee mensen zich echt bekommeren om elkaars gezichtspunten. Buber veronderstelde een asymmetrie, toen hij onderkende dat een verbintenis tussen leraar en leerling, therapeut en cliënt, mens en dier, mens en geschiedenis en zelfs tussen mens en levenloos voorwerp, bijvoorbeeld een rots, mogelijkheden tot diepgaande genezing biedt. Wanneer we de denkbeelden van Buber vertalen in onze begrippen, kunnen we zeggen dat relaties meer contextueel zijn bepaald dan alleen maar psychologisch of transactioneel.
Buber begreep heel goed dat 'echte dialoog' eisen stelt en moeilijkheden met zich meebrengt, terwijl juist zijn eigen inspanningen mensen tot zo'n dialoog aanspoorden. Hij was bedroefd over de menselijke geneigdheid genoegen te nemen met zo weinig, terwijl 'echte dialoog' – die hij gesprek-met-betekenis noemde – ontvangen, doordacht en uitgesproken met inzet van de hele persoon *(1966, blz.107),* chaos beheerst en orde aan de gemeenschap geeft. In het algemeen echter, benadrukte hij het symmetrische – dat wil zeggen: partners hebben een gelijkwaardig vooruitzicht op evenwichtig geven-en-nemen. Kameraden, geliefden, vrienden en zelfs vreemden zijn gerechtigd tot de verwachting dat ze voor hun investeringen en bijdragen ongeveer hetzelfde terugkrijgen. Ieder van hen is ertoe gerechtigd uiteindelijk te kunnen rekenen op een rechtvaardige teruggave.

Het is allang erkend *(Boszormenyi-Nagy, 1965a),* dat het dialectische model van these, antithese en synthese uitermate geschikt is voor het begrijpen van de relationele dynamiek. Het is duidelijk dat de organiserende en programmerende grondbeginselen van welke relatie dan ook, een *veelvoud van de existentiële kenmerken* van twee of meer mensen moeten omvatten. Minder duidelijk zijn de antwoorden op de vraag welke van de organiserende en programmerende grondbeginselen de meest doeltreffende weg naar therapeutische interventie bieden.

Van klinische verklaring tot begrippenkader

De richtlijn voor de ontwikkeling van de specifieke kenmerken van wat nu de contextuele benadering wordt genoemd, heeft vorm gekregen gedurende een vijfentwintig jaar lange zoektocht naar een verklaring voor therapeutische resultaten. De contextuele benadering is steeds begeleid door en getoetst op haar klinische effectiviteit. Elk van de hiervoor genoemde historische en theoretische bronnen werd in haar toepassingsmogelijkheden uitputtend gebruikt en tot op de bodem van haar verklaringsmogelijkheden uitgespit. Daarna werd er hard gewerkt aan nieuwe manieren van vragen stellen om te kunnen bepalen of klinische gegevens en therapeutische doeltreffendheid een antwoord konden bieden. Aanvankelijk was de wijze van vragen stellen natuurlijk gebaseerd op diverse, naast elkaar bestaande, individuele krachten; al gauw gevolgd door systeemconstructies van de klassieke gezinstherapie die toen tot ontwikkeling kwam.

Het begrip *behoeftencomplementariteit* is ontstaan uit eerdere therapeutische pogingen een brug te slaan tussen individuele, systeem- en meerdere mensen betreffende entiteiten *(Boszormenyi-Nagy, 1962)*. Het verschafte de eerste stap voor het ontwerpen van een model voor het omschrijven van de manier waarop de motivaties zodanig in elkaar grijpen, dat deze 'meer gebaseerd zijn op aan elkaar aangepaste wederkerigheid dan op gelijk-op-gaand delen met elkaar' *(1962, blz. 106)*. De vraag waar het om ging, was hoe behoeftencomplementariteit ontstaat tussen twee of meer mensen die met elkaar in relatie staan. Een antwoord daagde via het model van het toevallige inspelen op elkaars behoeften bij partners die seksueel goed op elkaar zijn afgestemd. De beide partners kijken uit naar mogelijkheden tot gelijktijdige en wederkerige bevrediging. Om die te bereiken, moet elk op den duur echter beschikbaarheid, verdraagzaamheid en ruimte voor de bevrediging van zijn of haar behoeften aanbieden en tonen rekening te willen houden met de ander.

In dit paradigma wordt wederkerigheid gemotiveerd door een individueel (centripetaal) belang bij de eigen voldoening. Natuurlijk komt het talloze malen in iemands leven voor, dat zijn eigen behoefte aan bevrediging hem motiveert zorg op zich te nemen voor de partner, die ook behoeften heeft die moeten worden bevredigd. De voldoening schenkende relatie maakte zo een synthese van de antithese tussen mijn eigenbelang dienende behoeften en jouw eigenbelang dienende verlangens. Men nam aan dat in een pathologische behoeftencomplementariteit de 'behoefte' van de ouders 'hun kind symbiotisch vast te houden als een quasi-ouderlijk object', precies inspeelde op de 'gewilligheid' van het kind 'afstand te doen van zijn autonome levensdoelen' *(Boszormenyi-Nagy, 1962, blz. 109)*.

Het begrip 'behoeftencomplementariteit' was nauw verbonden met het begrip *'tegen-autonoom superego' (Boszormenyi-Nagy, 1962)*. Bij een ouder die een tegenautonoom superego voortbrengt, moet men een persoonlijkheidsstructuur bedenken, die automatisch de drang van een persoon naar eigen individuatie, omgaan met leeftijdgenoten of het aannemen van rollen die voor een volwassene geschikt zijn, censureert en verwerpt. In een prototype van een proces van behoeftencomplementariteit tussen generaties, bieden de ouders liefde, zorg en vrijheid aan, waardoor hun kind kan groeien. In ruil daarvoor zullen zij waarschijnlijk de voldoening ervaren die voortkomt uit het gezond en gedifferentieerd zien opgroeien van hun kinderen. Er ontstaat echter een probleem in het proces, als de ouderlijke behoeften voorbijgaan aan het recht van het kind op zelfstandigheid. Hoe meer de ouder nodig heeft, des te groter is de kans dat deze het kind probeert te overheersen. Hoe sterker het kind is geparentificeerd, des te groter is de kans dat zijn angstvallig dominerende ouders zijn opofferende, toegewijde beschikbaarheid en inschikkelijke bereidheid hen te plezieren, zullen uitbuiten. De contextuele formulering die in eerste instantie werd gebruikt om deze motivationele drijfkrachten te omschrijven, luidde: de ouderlijke inbreng in de ontwikkeling van een tegen-autonoom superego *(Boszormenyi-Nagy, 1962)*.

> Een moeder die tegen haar 15-jarige dochter zei: 'Je kunt uitgaan en van alles doen, als je me er maar alles van vertelt', biedt de vrijheid aan om de conventionele morele beperkingen te negeren in ruil voor het alles delen, dat wil zeggen: de dochter blijft op deze manier het kind ten opzichte van haar.

Een van de eerste pogingen tot een multi-persoonlijke (zij het een systeem-) omschrijving van gezinsgedrag bestond uit het beschrijven van de bijdragen van ieder gezinslid vanuit zijn tegen-autonome superego. In haar totaliteit was deze formulering een voorloper van het begrip *onzichtbare loyaliteit (Boszormenyi-Nagy & Spark, 1973/1984)*. Wat eerst vanuit een waarneembaar klinische positie neerkwam op heimelijk transactioneel-systemisch gedrag, werd nu ook geïnterpreteerd vanuit het gezichtspunt van de persoonlijke motieven en attitudes van ieder gezinslid. Steeds duidelijker leek de symbiotische behoeftencomplementariteit van partners, wanneer deze maximaal tegen-autonoom was, ook het vermogen van ieder gezinslid te gebruiken om een 'niet-ik context (...) voor de ander' *(Boszormenyi-Nagy, 1965a, blz. 59)* te worden. Het werd duidelijk dat de totaliteit van de relationele werkelijkheid net zo min werd gedekt door een paradigma – gebaseerd op de psychologie van de behoefte tot bezitten – dan dat deze werkelijkheid volledig werd omschreven door een model van transactionele en communicatieve dilemma's – gebaseerd op de epistemologie van 'conflicterende definities van een relatie' *(Bateson e.a., 1962)*. Het werd ook het juiste moment de klinische bruikbaarheid te berde te brengen van het begrip *'loyaliteit'* en het hieraan gekoppelde relationele paradigma: *'rechtvaardigheid' (Boszormenyi-Nagy, 1962; Boszormenyi-Nagy & Spark, 1973/1984)*.
Intussen werd het mogelijk 'intersubjectieve versmelting' *(Boszormenyi-Nagy, 1965a)* in te passen in het zich uitbreidende begrip 'relationele dynamiek'. Men

beschouwde zulk 'gecoördineerd rollenspel' als geworteld in een 'onbewust contract tussen gezinsleden' *(Boszormenyi-Nagy, 1965b, blz.67).* Hierbij werd aangenomen dat: 1. groei op zichzelf de ervaring van verlies voortbrengt, 2. alle gezinsleden ernaar streven de pijn die bij zo'n verlies hoort, te vermijden, en 3. alle gezinsleden gemeenschappelijk belang hebben bij en met z'n allen heimelijk werken aan het vermijden van de pijnlijke gevolgen van verlies. Wat wordt gewonnen bij zo'n heimelijke onderlinge afspraak is de veiligheid die voortkomt uit het 'de boel' niet 'op stelten te zetten' *(1965b, blz. 67).* Het begrip 'impliciet contract voor wederzijdse bescherming' was nog een andere duidelijke voorloper van de latere uitwerking in de contextuele therapie, waarin het bestaan wordt beschreven van gedeelde onzichtbare loyaliteiten die, jaren nadat de gezinsleden fysiek uit elkaar zijn, werkzaam blijven.

De begrippen 'intersubjectieve fusie' en het 'een-object-voor-de-ander-zijn' *(Boszormenyi-Nagy, 1965a)* zijn verbonden met de meer specifieke formulering: de *'heimelijke opschorting van rouw' (Boszormenyi-Nagy, 1965b).* De heimelijke neiging rouw op te schorten doelt op situaties waarin mensen die met elkaar in relatie staan, elkaar spontaan verplichtingen aanbieden van vergelijkbaar gewicht. Dit aanbieden staat onbedoeld ten dienste van een 'onbewuste samenzwering om elkaars volwassenwording te voorkomen'. Hier wordt van alle gezinsleden verwacht dat ze medeplichtig worden aan de opdracht het pijnlijke gevoel van verlies te vermijden dat zich bij allen voordoet als gevolg van het trauma, veroorzaakt door de scheiding die uit groei is voortgekomen. Een directe correlatie kwam naar voren tussen de mate van 'pathogenese' in een gezin en de mate waarin 'in de steek gelaten' gezinsleden druk uitoefenden op hun 'ontvluchtende' partner. Hier was nog meer bewijs van versmelting en heimelijke stagnatie; een nieuwe gelegenheid om te wijzen op de relationele bronnen van het pathologische in individuen.
In de loop van twintig jaar leidde het begrip 'behoeftencomplementariteit' naar een even significant en vergelijkbaar, zij het complementair, verklarend begrip, dat uiteindelijk *gerechtigde aanspraak* zou worden genoemd. Het was al klinisch vastgesteld dat wederkerigheid in een relatie werd gemotiveerd door een individuele behoefte aan zelfbevestiging. Het begrip 'behoeftencomplementariteit' en zijn implicaties waren gebaseerd op de waarneming dat een mens zijn eigen behoeftebevrediging uitstelde of tijdelijk opgaf in de veronderstelling, dat het meest aan zijn bevrediging tegemoet zou worden gekomen en dat zij het best verwezenlijkt zou worden door te blijven vertrouwen op de relatie. Logischerwijs leidde dit tot de conclusie dat wederkerigheid wordt gemotiveerd door de individuele behoefte aan zelfbevestiging. Zowel psychologisch als ethisch gezien volgt daaruit dat in een gezonde, hechte relatie iemands vermogen tot zelfbevestiging moet worden aangevuld met zijn op-de-ander-gerichte (centrifugale) zorg: de behoefte iets terug te doen voor de zorg die men heeft ontvangen van iemand met wie men een hechte relatie heeft.

Met andere woorden: het verdienen van gerechtigde aanspraak betekent, dat iemand het recht en de vrijheid verdient vreugde te aanvaarden en van het leven te genieten door een bepaalde mate van zorg bieden aan mensen die hun zorg in hem hebben geïnvesteerd. Verderop in dit boek zal het verdienen van gerechtigde aanspraak als doel van contextuele interventies uitvoerig aan de orde komen. Hier is het onze bedoeling vast te stellen dat het begrip 'behoeftencomplementariteit', door zijn belang voor het begrip 'vertrouwen', een hoeksteen verschafte voor het contextueel bruggen slaan tussen individuele, systeem- en multipersoonlijke theorieën over de oorzakelijke factoren in menselijk gedrag.

De gevolgen van het opbouwen van vertrouwen voor het mandaat van therapie

Het is makkelijker te worden verleid tot het diagnostiseren van een ziektebeeld, dan tot het leren formuleren van de voorwaarden voor gezondheid. De tegenstrijdigheid ligt natuurlijk in het feit dat noch fusie, noch stagnatie, noch welke pathogene uiting dan ook uiteindelijk representatief is voor alle relationele werkelijkheid. Integendeel, relaties worden niet alleen door ziekten gevormd. Ze zijn behoeftenbevredigend. Bovendien worden ze in wezen geregeerd door *existentieel ethische dynamieken*. De ethische balans van geven-en-nemen tussen partners impliceert een billijke tegenprestatie, hoewel deze ook momenten van uitbuiting in zich heeft. De dynamiek waar het hier om gaat, heeft te maken met het feit dat mensen zorg hebben ontvangen en verplicht zijn op hun beurt zorg te geven. De *verpersoonlijkte menselijke orde* die mensen in een relatie onderling instellen, bestaat uit op zijn minst twee gelijke en tegenovergestelde delen: het ene heeft te maken met de gevolgen van het baat hebben gehad bij de zorg van anderen, het andere heeft te maken met de verplichting gepaste zorg als tegenprestatie aan te bieden, ook aan het nageslacht.
In onze visie doet het vermogen van mensen om deze twee aspecten van de menselijke orde met elkaar in evenwicht te houden, relationele rechtvaardigheid in werking treden en leidt het tot onderling vertrouwen. Contextuele theorie en praktijk zijn gebaseerd op de overtuiging dat het vooruitzicht op vertrouwen tussen mensen geworteld is in de mate van *onderlinge menselijke rechtvaardigheid* die tussen hen aanwezig is *(Boszormenyi-Nagy & Spark, 1973/1984)*. Bezorgdheid voor de toestand van relationele rechtvaardigheid of billijkheid in een gezin verschaft een gezonde basis voor het respect van ieder gezinslid voor de belangen van zowel de anderen als van zichzelf. Een chronisch uitblijven van zorg voor de balans van billijkheid tussen gezinsleden veroorzaakt relationele stagnatie *(Boszormenyi-Nagy & Spark, 1973/1984)*. Omdat eerlijk met elkaar omgaan is verankerd in betrouwbare attitudes die borg staan voor vertrouwen, is het opbouwen van vertrouwen vervolgens een elementair doel van contextuele therapie geworden *(Boszormenyi-Nagy, 1979; Boszormenyi-Nagy & Krasner, 1980)*. 'Verbinding', de term die wordt gebruikt om het proces te beschrijven van het herstellen van verant-

woordelijke zorg voor de balans van rechtvaardigheid tussen gezinsleden (*Boszormenyi-Nagy & Ulrich, 1981*), is een elementaire methodologie geworden.
Regelmatig wordt het doel van therapie omschreven volgens het medische model – het weghalen van het pathologische of het 'niet aangepaste' gedrag. Gezinstherapie heeft zich van onderzoek naar de individuele psychopathologie ontwikkeld tot onderzoek naar 'gezinspathologie'. Toch moet therapie, of het nu om lichamelijke therapie of om gedragstherapie gaat, gebaseerd zijn op meer dan alleen een onderzoek naar obstakels voor gezond functioneren. Als een zich voortdurend ontwikkelend proces bestaat het leven voornamelijk uit een doelgericht gebruik maken van hulpbronnen. Contextuele therapie is meer gericht op hulpbronnen dan op het pathologische. De noodzaak van een *evenwicht* tussen creatieve verdediging en relationele integriteit karakteriseert de vertrouwenswaardigheid van alle menselijke relationele systemen, gezinsrelaties en therapie incluis. De literatuur over psychotherapie als geheel heeft verklaringen van ethische aard voornamelijk vermeden. Toch is het gebied van *relationele integriteit* niet te scheiden van gezondheid of – in de ouder-kindrelatie – van preventie. Zorg voor de criteria van relationele integriteit is een van de voornaamste dimensies van contextuele therapie.
Traditionele sociologische opvattingen over een billijke balans, die dan als een wederzijds *quid pro quo* in relaties wordt beschouwd, zullen op contextuele manier worden uitgebreid met zowel de asymmetrie van volwassene-kindrelaties als de op eigenbelang gerichte subtiele, uitbuitende implicaties van het intrapsychisch programmeren van de relatie door ieder gezinslid. Klassieke gezinstherapie (maar ook de sociale wetenschap) heeft zich gebogen over de systeem-implicaties van de *rechtvaardigheid van geven-en-nemen* in transacties. Ouders zijn echter als volwassenen op ongelijke wijze veel daadkrachtiger en machtiger partners. Zij zijn ook in staat de ingebouwde relatie-programmering van hun kinderen te modelleren en daarmee de motivaties van de kinderen te manipuleren. Bijvoorbeeld: men kan kinderen zich schuldig laten voelen, terwijl ze in feite al te veel aan hun ouders geven. Mensen door middel van hun gevoeligheden zodanig manipuleren dat ze zich schuldig voelen, is de machtigste methode om hechte relaties te beheersen.
Maar waarom proberen anderen te manipuleren en onder controle te houden? Sociale wetenschappen verschaffen modellen die kwesties van economisch en politiek gewin aanpakken, zoals bijvoorbeeld de zeggenschap over land of de verdeling van welvaart. Contextuele theorie beslaat de gebieden waarin mensen proberen elkaar te manipuleren voor innerlijk, psychologisch gebruik. Als men de innerlijke motivationele programmering van individuen niet meerekent, zal het eenvoudigweg baseren van therapie op *machts*overwegingen op den duur onvoldoende blijken. Therapie moet rekening houden met de ingebouwde, relationele attitudes in ieder van ons, aangezien deze ethische implicaties hebben. Het grootboek van billijkheid of relationele integriteit tussen mensen wordt altijd ten

dele door ieders innerlijke behoeften opgesteld en vertekend naarmate hij of zij verschoven geïnternaliseerde verdedigingen naar thans misplaatste rechtvaardigingen overhevelt, zelfs als zo'n rechtvaardiging valide is, terugkijkend naar zijn of haar levensgeschiedenis. Onveranderlijk hangt de stabiliteit van iedere relatie dus af van het *evenwicht tussen innerlijke en onderling menselijke relationele grootboeken* van rechtvaardiging.

Hier ligt het dilemma tussen het doel van billijke relationele complementering enerzijds en het doel van individuele autonomie anderzijds. Als mensen te 'verstrengeld' *(Jackson, 1961; Minuchin, 1974)* blijven, ongedifferentieerd *(Bowen, 1965)*, of versmolten met hun partner, dan mislukken ze op het vlak van individuatie in een wereld van onvermijdelijke strijd om succes en overleving. *Individuatie* is daarom een hoofddoel van welke therapie dan ook en het belangrijkste thema van handboeken voor zelfverbetering.

Individuatie ten koste van alle vertrouwen in een relatie benadeelt echter zelfs degene die op eigenbelang uit is. Veel mensen zijn geprogrammeerd om onnodig *anti-coöperatief* te zijn, vanwege de vertrouwenvernietigende ervaringen uit hun verleden. Van slachtoffer van manipulatieve mishandelingen worden ze tot uitvoerders van nieuwe onrechtvaardigheden in hun volgende relaties. Dit is één van de meest voorkomende wegen waarop ouders zakken voor het examen van verantwoordelijk opvoeden. Zij kunnen bijdragen tot een onherroepelijk inprenten van de persoonlijkheidsvorming van hun kinderen, hun vermogen tot vertrouwen en hun toekomstige bekwaamheid in het omgaan met wantrouwen. Hoewel contextuele therapie wil weten wat de aard van de schade is aan het toekomstig vermogen tot vertrouwen bij de kinderen, richt zij zich toch op *keuzemogelijkheden voor het aanboren van betrouwbare hulpbronnen* in gezinsrelaties. Het mandaat van dit soort therapie is: de ontplooiing van levenskansen bevorderen, in plaats van diagnostiseren en veranderen van datgene wat als ziektebeeld is gedefinieerd.

Nog niet zo lang geleden *(Boszormenyi-Nagy, 1983)* is het begrip 'rechtvaardigheid van de menselijke orde' uitgebreid met het hele gamma van criteria voor het verantwoordelijk-met-elkaar-in-relatie staan. Dit *intrinsieke relationele tribunaal* is niet bedoeld om een controverse te scheppen tussen individualisme en stamverband *(Wilson, 1980)* of tussen individueel en systeem-denken. In plaats daarvan is het belangrijkste uitgangspunt: het essentiële belang van het verantwoordelijk zijn voor relationele consequenties. Met het uitgangspunt van veelomvattende billijkheid breidt het tribunaal het begrip 'dyadisch grootboek van billijkheid' uit met de kenmerken van vergeldende en verdelende rechtvaardigheid tussen eenieder die tot anderen in relatie staat, vooral als deze kenmerken onze nakomelingen beïnvloeden. De begripsvorming en de klinische implicaties van het hypothetische tribunaal zullen in latere paragrafen van dit boek worden uitgelegd.

II

CONTOUREN VAN
DE MENSELIJKE CONTEXT

HOOFDSTUK 4

DE VIER DIMENSIES VAN RELATIONELE WERKELIJKHEID

Een verantwoord therapeutisch plan vereist een veelomvattende *kennis van het menselijk gedrag*. Natuurlijk is diepgaande kennis van complexe verschijnselen een voorwaarde voor alle takken van wetenschap, maar ze heeft voor de medische wetenschappen implicaties die levens kunnen redden of kunnen beschadigen. Medische beroepsbeoefenaars bijvoorbeeld, kunnen alleen verantwoordelijk worden genoemd als zij alle takken van wetenschappelijke kennis over het menselijk lichaam, onder andere de chirurgie, de immunologie en de farmacologie, en hun afgeleiden adequaat beheersen en er functioneel gebruik van maken. Deze fundamentele voorwaarde voor een verantwoord therapeutisch plan heeft door de explosie van kennis in dit computer-tijdperk een bijna ondraaglijke last op de schouders van de medici gelegd.

Op het gebied van de psychotherapie heeft de vraag naar adequate praktische kennis van complexe gedragsverschijnselen geleid tot het regelmatig afwisselen van stromingen: eenvoudig eenzijdig reductionisme werd afgewisseld met empirisch eclecticisme. Omstreeks de eeuwwisseling wedijverde het 'psychisch determinisme' van Freud met pogingen tot verklaringen door de biologische wetenschappen die toen onder de medische wetenschappen de boventoon voerden. De psychotherapeutische theorie en praktijk, die voorafging aan de opkomst van de gezinstherapie, steunde zwaar op aanwijzingen en verklaringen vanuit een psychologisch universum. In de jaren vijftig introduceerden gezinstherapeuten nieuw verworven kennis, gebaseerd op systemische en transactionele processen en relationele determinanten van menselijk gedrag.

De huidige stand van zaken confronteert theoretici en uitvoerders met de vraag wat nú kan doorgaan voor een verantwoord therapeutisch plan. Therapeuten kiezen duidelijk individuele en systeem-georiënteerde modaliteiten, die zijn afgestemd op hun eigen persoonlijke en beroepsmatige voorkeuren. Is er, gegeven dit feit, ruimte voor een *voorzichtige integratie* van samenvallende causale factoren? Waaruit bestaat tegenwoordig adequate kennis van de essentiële bestanddelen van effectieve psychotherapie, nu er zoveel redeneringen zijn die met elkaar wedijveren en elkaar bestrijden? Kortom: waar is het 'smalle pad' tussen het drijfzand van encyclopedische al-omvattendheid en het dunne ijs van enkelvoudig reductionisme?

Een ordening van relationele werkelijkheden

Op het ene niveau kan het eeuwen duren voordat er antwoorden op deze vragen zijn gevonden en op een ander niveau zijn de eerste stappen al gezet. Na jaren zoeken naar een omvattende en sobere categoriale ordening van het totale therapeutisch spectrum, is een fundamentele *ordening van relationele werkelijkheden* ontworpen, die in onze ogen de eerste aanzet vormt voor een verantwoord therapeutisch plan *(Boszormenyi-Nagy, 1979; Boszormenyi-Nagy & Krasner, 1980; Boszormenyi-Nagy & Ulrich, 1981).* Dit ontwerp is bedoeld als een eerste poging tot het ontwikkelen van een spaarzame integratie – of op zijn minst een nevenschikking – van alle behoeften, kenmerken, levensbelangen en relationele samenstellingen van alle leden van een bepaalde familie. Deze relationele werkelijkheid omvat vier fundamentele dimensies:
I. objectiveerbare feiten; II. individuele psychologie; III. systemen van transactionele patronen; IV. de ethiek van gepaste aandacht of verdiend vertrouwen.

Aandacht voor deze fundamentele werkelijkheden in het leven van ieder mens en iedere familie helpt de therapeut de keuzemogelijkheden en hulpbronnen voor herstel aan te spreken, die zijn gebed in een transgenerationele, meermenselijke wereld.
De vier dimensies geven relationele paradigma's weer. Ieder paradigma bevat een bepaald gebied van inzicht in en onderzoek naar relationele werkelijkheid. Kennis van de fundamentele grondbeginselen van de relationele werkelijkheid is een eerste vereiste voor de therapeut, als hij zich wil bekwamen in het mobiliseren van verborgen relationele hulpbronnen: de kern van contextuele therapie.
Deze ordening overbrugt de kloof die traditioneel heeft bestaan in het therapeutisch onderzoek naar óf individuele óf relationele determinanten en verschaft richtlijnen voor therapie, die zorg omvatten voor:

– Individuen en degenen met wie zij in relatie staan.
– De uitwerking die iemands herkomst en de daaraan verbonden transacties heeft op hem, op zijn gedrag en op zijn relaties.
– De reële en potentiële consequenties van ieders uitwerking op het nageslacht.
– De existentiële tegenstellingen, inherent aan onderlinge menselijke relaties.

De plaats van intuïtie

In onze visie biedt het ordenen van fundamentele relationele werkelijkheden ook de basis voor wat neerkomt op een hedendaagse therapeutische obsessie voor het ontwikkelen van unieke en verfijnde technologieën. Verfijnde therapeutische technologieën hebben duidelijk een belangrijke functie, onder andere verheldering van de grondgedachten van therapeutische doelen en strategieën. Ze dienen ook tot het omschrijven van de doelen en het rechtvaardigen van de methoden van specifieke therapeutische modaliteiten.
Men moet zich er echter wel van bewust zijn, dat deze functies niet moeten worden verward met de onschatbare factor: therapeutische intuïtie. Om een spontane keuze uit keuzemogelijkheden te kunnen bewerkstelligen bij een cliënt, moet de therapeut vrijelijk over intuïtie kunnen beschikken. Hoe subjectief en ondefinieerbaar het ook klinkt: *therapeutische intuïtie is een produkt van verzamelde kennis.* Het kan in feite het eindresultaat zijn van een persoonlijke – en van daaruit een professionele – integratie van complexe therapeutische en gedragsverschijningsvormen. In de hieronder beschreven situatie wordt bijvoorbeeld de richting van de interventie van de therapeut bepaald door zijn inzicht in de menselijke situatie. 'Technologie' helpt natuurlijk ook – maar alleen als deze in evenwicht is met de intuïtie van de therapeut over wat van betekenis is in het leven van 'elk individu' en zijn relaties.

> De heer en mevrouw Jones zochten hulp bij hun huwelijksproblemen. Zij vertelden dat hun probleem was, dat mevrouw woedeuitbarstingen tegenover haar man en haar moeder had. Mevrouw Jones, een intelligente en dwangmatig nette vrouw, was boos over het feit dat haar moeder haar had vernederd en gedwarsboomd. Ze beweerde dat hun relatie werd gekenmerkt door wantrouwen en manipulatie. Ze verwerkte haar woede door middel van telefonades met haar ouders, die onvermijdelijk uitliepen op gecompliceerde woordenwisselingen met haar moeder – of ze negeerde haar ouders een tijd lang. De heer Jones stond hulpeloos tegenover de woedeuitbarstingen van zijn vrouw. Hij was een hardwerkende, nauwgezette en verantwoordelijke vertegenwoordiger. Hij was volledig ontmoedigd geraakt en wist nooit wat hij zou aantreffen als hij van zijn werk thuiskwam. De ene keer probeerde mevrouw Jones zijn tuingereedschap, waar hij veel waarde aan hechtte, te vernielen. Een andere keer had zij al zijn lievelingsboeken weggegooid. Toch waren er perioden waarin hun huwelijk goed leek. Ze konden bijvoorbeeld altijd als team samenwerken als familieleden echt in moeilijkheden zaten. Gedurende zo'n periode konden ze van elkaar genieten en vertelden ze dat hun seksuele relatie goed was.
> Het echtpaar had echter vaak onenigheid over hun enig kind. Sheila, twaalf jaar, zat chronisch tussen hen gevangen en liep voortdurend gevaar naar twee

kanten te worden getrokken door haar loyaliteit tegenover beide ouders. Mevrouw Jones kwam haar man vaak al bij de deur tegemoet met klachten over hun dochter. Hij hield er niet van de oneerlijke rol van scheidsrechter toegeschoven te krijgen en zette dat zijn vrouw betaald door een ondermijnende coalitie met Sheila te sluiten. In de therapiezittingen stemde het echtpaar er uiteindelijk in toe elkaar te laten uitspreken. Met hun drieën begonnen ze eerlijker manieren van omgaan met elkaar uit te werken.

De heer en mevrouw Jones en Sheila schenen zich gesteund te voelen door het vermogen van de therapeut om de rechtvaardiging van ieder van hen naar voren te halen (veelzijdig gerichte partijdigheid). Maar mevrouw Jones ergerde zich openlijk aan elke poging billijke aandacht aan haar moeder te schenken. In de tussenperiode ging het beter met het gezin. Tot nu toe had mevrouw Jones zich niet veilig genoeg gevoeld om een baan te zoeken waarin ze haar intelligentie en bekwaamheden kwijt kon. Lange tijd stak ze haar energie in dwangmatig huishouden. Plotseling vond ze een baan die ze leuk vond. Onmiddellijk verminderden de spanningen, naarmate haar wereld weidser werd. De heer Jones leerde afstand te nemen van zijn vrouw als ze terugviel in haar woedeuitbarstingen. En mevrouw Jones begon een briefwisseling met haar moeder. Het lukte haar een paar bezoekjes aan haar ouders prettig te laten verlopen.

Zo nu en dan werd iets van haar rancune, die tot dan toe was gekanaliseerd in de richting van haar ouders, overgedragen op de therapeut. Op een bepaald moment weigerde mevrouw Jones haar man te vergezellen naar hun therapiezitting, met als argument dat de therapeut 'niet om haar gaf'. Twee weken later sprak ze echter een dringende boodschap in op het antwoordapparaat: haar moeder was plotseling en onverwacht overleden! Overspoeld door de intensiteit van haar emoties, gaf ze uiting aan haar grote dankbaarheid. Wat zou er met haar zijn gebeurd, vroeg ze zich af, als de therapeut haar niet in staat had gesteld een weg naar haar moeder te vinden? En wat zou er zijn gebeurd als het haar niet was gelukt hun relatie te herstellen voordat het te laat was?

Alle dimensies van de relationele werkelijkheid zijn duidelijk te herkennen in deze korte schets. Contextuele therapie laat zich leiden door de fundamentele werkelijkheid van de relationele integriteit en ethiek van de verantwoordelijkheid van ieder mens, in plaats van zich te richten op veranderingstechnieken in de therapiezittingen.

Met andere woorden: de moeder van mevrouw Jones had haar eigen gezichtspunt, ongeacht de bevindingen van de anderen, over de manier waarop zij hen had behandeld. Als moeder had ze enorme, zij het niet perfecte, investeringen in haar kinderen gedaan. Dus had zij er op zijn minst recht op dat haar kinderen zouden vragen naar haar beleving van het gebeurde, ondanks de vele manieren waarop ze hen zou kunnen hebben gekwetst. Bovendien was het in het belang van mevrouw Jones zélf om de visie van haar moeder te leren kennen: ze kon haar eigen gerechtigde aanspraak en vervolgens vrijheid verdienen door eenvoudig haar moeder gepaste aandacht te geven. Dat wilde zij ook van haar eigen dochter. Waarom zou haar moeder dat dan niet van háár willen? Wat zou rechtvaardigen dat ze haar moeder iets zou onthouden dat ze zelf als moeder zo wanhopig van haar eigen kind verwachtte?

Het was niet zomaar een kwestie van haar ouders nog eens een plezier doen. Als haar moeder was overleden zonder dat mevrouw Jones een stap in haar richting had gedaan, om zo te werken aan datgene waarin ze waren 'blijven steken' (relationele stagnatie), dan zou mevrouw Jones ontredderd zijn achtergebleven. Op grond waarvan kon ze de hoop hebben dat zij een betrouwenswaardiger niveau van omgaan zou verkrijgen met haar man en kind, als ze vrijwillig die mogelijkheid had vermeden met de persoon die haar het leven had gegeven? Als mevrouw Jones niet was aangespoord tot het hernieuwen van de relatie met haar moeder, toen ze daartoe de gelegenheid nog had, dan zou ze een onvervangbare kans hebben verloren zich in dialoog met haar moeder over het gedrag heen te zetten waarop ze voortdurend steunde, namelijk: onrechtvaardige en vertrouwen-vernietigende relationele handelingen, zoals bijvoorbeeld het voor straf anderen op een afstand houden en woede-uitbarstingen.

Samengevat geven de vier dimensies van de relationele werkelijkheid aan, dat contextuele therapie meer het *spectrum van gangbare therapeutische benaderingen* en methoden met elkaar integreert dan tegenover elkaar stelt. Hoewel de gedachtengang van de contextuele therapie voornamelijk berust op dimensie IV – de ethiek van de gepaste consideratie: verdiend vertrouwen –, is er ook ruimte voor overwegingen en methoden die gebaseerd zijn op de andere drie dimensies. Om dezelfde reden is contextuele therapie noch slechts individuele therapie, noch gezinstherapie op zichzelf: zij omvat beide.

Dimensie I: objectiveerbare feiten

Intrinsiek aanwezige factoren

Een kort overzicht van de hierboven omschreven ordening van de fundamentele relationele werkelijkheden kan het beste beginnen bij de dimensie van de objectiveerbare feiten. Dit aspect van de werkelijkheid ligt verankerd in de volgende *intrinsiek aanwezige factoren*: genetische inbreng, fysieke gezondheid en uiterlijk, historische gegevens van de ontwikkelingsomstandigheden en de voorvallen en gebeurtenissen in de levenscyclus van ieder mens. Erfelijke ziekten en andere erfelijke feiten behoren in deze dimensie, net als relationele toevalligheden. Bijvoorbeeld: echtscheiding van de ouders en tweede huwelijken stellen de basisfeiten van de werkelijkheid van de kinderen opnieuw samen. Ouders moeten keuzen maken met betrekking tot de manier waarop zij hun ex-partner zullen beschouwen, over de frequentie van hun bezoeken aan hun kinderen of hoe vaak ze hun ex-partner zullen toestaan de kinderen te bezoeken, en de mate waarin zij hun kinderen zullen aanmoedigen indringende vragen te stellen over de omstandigheden van de scheiding van de ouders. Ouders hebben blijkbaar de keuze uit een verscheidenheid aan mogelijkheden, waarvan sommige goed en andere slecht uitwerken. Of de ouderlijke keuzen goed of slecht zijn komt voor ons in de tweede plaats. Het gaat erom, dat de ouderlijke keuzen de objectiveerbare, feitelijke werkelijkheid van de kinderen veranderen, ongeacht de keuze of de consequenties.

Onvermijdelijke tegenstellingen

Objectiveerbare feiten hebben ook te maken met *onvermijdelijke existentiële tegenstellingen* tussen familieleden. De fundamentele levensbelangen van nauw met elkaar verbonden personen zijn vaak impliciet met elkaar in conflict. De investering van ouders om hun kind onder controle te houden bijvoorbeeld, raakt mogelijk in conflict met het zich ontwikkelend recht van het kind om zijn of haar eigen leven te leiden.
Er is bijvoorbeeld het feit dat ouders erop voorbereid moeten zijn, dat zij in de opvoeding van hun kinderen meer aan hun kinderen zullen geven dan dat zij rechtens van hen mogen terugverwachten. Het opvoeden van kinderen tot volwassenheid biedt natuurlijk veel bevrediging, maar op het niveau van wederkerigheid komt het erop neer dat de zorg die aan het nageslacht wordt besteed, in wezen een eenzijdige, *asymmetrische* handeling is. De eeuw van het kerngezin heeft de ouders beroofd van het gezelschap van andere volwassenen die zouden kunnen helpen met de kinderen en die ook zorg en aandacht aan de ouders zouden kunnen geven. De moeilijke situatie van veel in de steek gelaten alleenstaande ouders en overbelaste stiefouders in kerngezinnen of ook in gezinnen waar de ouders beiden zijn hertrouwd, vormt een belangentegenstelling voor de kinderen van wie wordt verwacht dat zij te hulp zullen komen. Kinderen die destructief geparentificeerd zijn, ervaren niet alleen dat zij zelf uitgebuit en leeggezogen zijn; ze worden ook, al is dat niet de bedoeling, beroofd van de energie en de hulpbronnen van waaruit ze adequate zorg aan de volgende generatie kunnen geven. Impliciet existentiële tegenstellingen tussen familieleden kunnen klaarblijkelijk niet worden veranderd. Ze zijn er voor altijd. Mensen moeten leren hoe ze er beter *mee* kunnen *omgaan*. Toch kunnen mensen zorg en aandacht besteden aan hun handelingen, waarvan de gevolgen het nageslacht beïnvloeden. Gescheiden ouders zullen waarschijnlijk niet opnieuw met elkaar trouwen. Maar ze kunnen hun kinderen zodanig behandelen, dat zij worden beschermd tegen de subtiele en destructieve prijs voor een erfenis van gespleten loyaliteit. Kinderen van wie de ouders gescheiden zijn of een conflictueus huwelijk hebben, zoals het kind van de familie Jones, krijgen onvermijdelijk een soort scheidsrechtersrol toege-

wezen. De worsteling van een jong kind om zijn wantrouwende ouders bij elkaar te houden leidt er automatisch toe dat het geparentificeerd wordt. Deze specifieke omstandigheid verergert het algemene conflict dat bestaat tussen de belangen van de ouders, die geneigd zijn hun kind onder controle te houden, en de behoefte van het kind aan autonomie en ruimte om in te groeien.
Objectiveerbare feiten helpen de koers van de therapie te bepalen. Therapeutische maatregelen moeten de bestaande werkelijkheid van een familie aanspreken. Het werd bijvoorbeeld een belangrijk feit, dat mevrouw Jones in staat was contact te leggen met haar moeder voordat haar moeder overleed. Het vooruitzicht op het overlijden van een ouder is van betekenis voor iemands motivatie en een belangrijk, therapeutisch referentiepunt voor het opbouwen van vertrouwen.

Consequenties

De contextueel therapeut is geïnteresseerd in wat relationele wisselwerkingen omzet in *consequenties*, dat wil zeggen in feiten die eenzijdig bepaalde personen treffen. Er is vaak therapeutische interventie nodig om de consequenties om te zetten in relationele wisselwerkingen. Psychosomatische omstandigheden kunnen een voorbeeld vormen. De ernstige langdurige maagzweer van een vader verminderde, nadat hij serieus aan het werk was gegaan met de consequenties van zijn vroegere incestueuze relatie met zijn dochter. De langdurige frigiditeit van een vrouw verdween, nadat ze was begonnen opnieuw en constructief contact te leggen met haar moeder, die ze op een ambivalente manier had afgewezen.
Vanuit het standpunt van het individu kan wat een feitelijke consequentie lijkt te zijn, toch nog een ongebruikte relationele mogelijkheid worden of – vanuit het standpunt van de therapeut – een contextuele hulpbron. Zelfs een verkennend opnieuw leven inblazen in stagnerende relaties, of het onder ogen zien van de gevolgen van verborgen relaties kan een nuttige mobilisatie van hulpbronnen zijn. Als de therapeutische methode van veelzijdig gerichte partijdigheid in volle gang is, kunnen zelfs nog meer specifieke voordelen naar voren komen. Kortom: de omzetting van een bevroren wereld van feitelijke consequenties in een mobiele betrokkenheid bij een verantwoordelijke dialoog is de onderliggende structuur van wat op het eerste gezicht een 'opnieuw tot leven brengen van een bevroren gezinssysteem' kan worden genoemd.
De uitgebreide materie van medische en medicinale behandelingen behoort ook tot deze dimensie.

Dimensie II: individuele psychologie

De wereld van objectiveerbare feiten is een mengeling van individuele en relationele werkelijkheden. In tegenstelling daarmee is de psychologische integratie van de ervaringen en de motivaties van één mens duidelijk subjectief. De psy-

chologische integratie is gelocaliseerd in de hersenfuncties van ieder mens en betreft altijd één individu als een onderscheiden entiteit.
Therapeutisch gezien is de individuele psychologie een van de krachtigste potentiële hulpbronnen van de relationele werkelijkheid. In feite is relationele therapie nauwelijks voor te stellen zonder een minimum-vereiste aan psychologische kennis. Zelfs een beetje gezond verstand zou al inzicht in de persoonlijke *levensdoelen en motivaties* van iedere partner in de relatie nodig hebben. Want wie kan nu ontkennen dat niet iedereen streeft naar erkenning, liefde, 'streling', macht en plezier? Iedereen wordt enigermate gemotiveerd door onder andere agressie, handigheid in uitbuiting, afhankelijke overheersing en ambivalentie. Iedereen wordt gestuurd door de karaktertrekken die voortkomen uit zijn of haar ontwikkelingsgebreken en -vermogens.
De inbreng van individuele gezinsleden kan ook deels worden begrepen in termen van gedrag en leren. Op een complexer niveau kunnen hun motivaties, onbewuste verdediging en karakterstructuur worden onderzocht. Er kan bijvoorbeeld sprake zijn van een situatie waarin een gebrek aan vroeg invoelend ouderschap kan leiden tot een narcistische persoonlijkheidsontwikkeling bij een kind. Dit gemis kan alle latere ontwikkelingsfasen van het kind in de weg staan.

De contextuele benadering

Vanuit een contextueel gezichtspunt vormen de functies van het verstand van ieder mens belangrijke gegevens en kostbare kennis. Als zodanig zijn ze significante onderdelen van een contextuele code. De voortdurende ervaring van een unieke persoon en de organisatie van zijn gedrag zijn *subjectief geprogrammeerd* in het verstand van ieder mens. Deze programmering omvat het hele spectrum van stimulatie, waarneming, bevrediging, teleurstelling, aantrekking, plezier, pijn, intelligentie, identificatie, instinctmatige drift, ontwikkelingsinprenting, conditionering, leren, inzicht, omdraaiing, verdedigingsmechanismen, dromen, draaiboeken, archetypen, fantasieën, herinneringen, inhoud, Gestalt, metaforen, suggesties enzovoort.
Gevoelens van loyaliteit en een gevoel van gerechtigd zijn kunnen bijvoorbeeld worden opgevat als psychologische verschijnselen. Ze moeten echter worden onderscheiden van *de relationele essentie van loyaliteit en gerechtigd zijn*. Contextueel werk kan niet worden uitgevoerd als het zich uitsluitend oriënteert op één individu. Een persoon kan nooit volledig bevatten wat het subjectieve gezichtspunt van een ander is of wat Buber het 'gebied van het tussen' noemt.

Empathisch partij kiezen

Een eenvoudige optelsom van het psychologische model kan geen rekening houden met alle complexiteiten van een relatie.

Al vroeg in de ontwikkeling van de familietherapie concludeerden therapeuten dat zij zich niet konden veroorloven eenvoudige, gelijktijdige empathie te betonen voor ieders eigen kant. Bijvoorbeeld: als een therapeut zich *eenzijdig, empathisch* schaart aan de kant van één familielid, kan het zijn dat hij in de rol van tegenstander van een ander familielid wordt geplaatst. Of: het empathisch steunen van het slachtoffer van de familie kan ertoe leiden dat de ver reikende, systemische implicaties van de onderlinge persoonlijke balansen en conflicten van die familie worden verdoezeld. Bovendien zouden bepaalde gezinsleden, zoals bijvoorbeeld een ouder die zijn kind mishandelt, heel gemakkelijk kunnen worden beschouwd als waardeloos 'monster'.

De individuele benadering

Als de therapie wordt uitgevoerd vanuit een *zuiver individuele* grondslag, heeft deze als uitgangspunt dat ieder gezinslid in staat is zijn of haar gedrag zodanig te 'veranderen', dat het doel van therapie wordt bereikt. Om zo'n verandering vast te houden, zal ieder van hen dan inzichten moeten ontwikkelen en hun *langetermijnmotivaties* moeten wijzigen. Als de heer en mevrouw Jones bijvoorbeeld de druk konden verminderen die Sheila voelde (namelijk dat ze moest kiezen tussen hen beiden), zou ieder van hen manieren moeten zien te vinden waarop hij of zij kan omgaan met het eigen wantrouwen. Om enkele van de positieve stappen van haar man in haar richting naar waarde te kunnen schatten, zou mevrouw Jones haar 'narcistische' karaktertrekken onder ogen moeten zien en ze het hoofd moeten bieden. In individuele therapie zou ze de gelegenheid hebben zich de empathische bezorgdheid van de therapeut eigen te maken *(Kohut, 1977)*. Gedurende het therapieproces zou ze steeds meer in staat zijn bevrediging te verkrijgen uit rijpe heteroseksualiteit en uit haar groeiende 'generatieve' *(Erikson, 1959)* vormgeving van het ouderschap. Via het proces van overdracht tussen haar en haar therapeut zou zij sommige relationele grondhoudingen kunnen her-beleven en wijzigen; op die manier zou ze minder defensief afhankelijk van haar echtgenoot en kind kunnen worden. Men neme nota van het feit dat de complexiteit van de psychoanalytische benadering hier is weggelaten.
De heer Jones zou op zijn beurt kunnen worden geholpen zijn Zelf *(Bowen, 1965)* assertiever te laten worden. Hij zou kunnen leren hoe hij effectiever kan omgaan met zijn agressiviteit en boosheid en hoe hij zijn eigen behoeftebevrediging kan ontwikkelen en laten gelden. Als gevolg van het zichzelf 'tot individu maken' zou de heer Jones kunnen beginnen het gezin ertoe aan te sporen nieuwe transactionele patronen te ontwikkelen. Sheila zou ook kunnen worden geholpen bij het laten gelden van haar eigen, bij haar leeftijd passende behoeften. Als meisje in het begin van de puberteit kan ze problemen hebben met haar groeiende seksuele identiteit. Het kan zijn dat ze worstelt met de schuldgevoelens die horen bij een oedipale rivaliteit met haar moeder en met een verhoogde gevoeligheid voor

intimiteit met haar vader. Op zijn minst zou ze geholpen kunnen worden met haar boze ambivalentie ten opzichte van haar moeder.

Boosheid en agressie

Er is verschil te zien tussen een psychodynamische benadering en een contextuele benadering van het omgaan met boosheid en agressie. Psychodynamisch gezien kan agressie worden omschreven als een van de fundamentele driften van de geest. Kennis van de emotionele betekenis van agressie is dan ook noodzakelijk. Ook is endopsychische structurering en 'inzicht' nodig om met agressie te kunnen omgaan. Vanuit het contextuele gezichtspunt heeft agressie, net als alle andere uitingen van *affect*, een *relationele indicator*. De boze persoon zal zeer waarschijnlijk als crediteur eisen kunnen stellen aan de relatie, en zijn met schuld beladen partner bevindt zich zeer waarschijnlijk in de positie van debiteur.

Natuurlijk onderkennen contextueel therapeuten dat de psychische formatie en het 'pathologische' van ieder lid van de relatie ook worden geactiveerd door de onvermijdelijke belangentegenstellingen die deel uitmaken van hun familie van herkomst. Bovendien worden nieuwe situaties vaak omhangen met de schaduw van 'oude geesten', waardoor niet-onderkende gevoelens worden opgeroepen en de mogelijkheden voor nieuwe en meer betrouwbare oplossingen worden verhinderd.

Het oplossen van onderlinge persoonlijke tegenstellingen vereist dat eenieder die deel uitmaakt van de relatie, zijn of haar gepaste eisen op tafel legt. Het besluit om de eigen kant duidelijk naar voren te brengen, leidt al gauw tot een met affect beladen confrontatie, die op zichzelf weer angst veroorzaakt. Als zulke confrontaties de weg kunnen vrijmaken voor een meer constructieve manier van met elkaar omgaan, zal herstel zijn bewerkstelligd.

Veelzijdig gerichte partijdigheid

Contextueel therapeuten hebben dus wel degelijk aandacht voor de psychologische werkelijkheden van ieder gezinslid. Maar hun therapeutische houding wordt bepaald door een *houding van gelijktijdige partijdigheid ten opzichte van alle betrokkenen (Boszormenyi-Nagy, 1966)*. Competente contextueel therapeuten kunnen passende partijdigheid bieden aan de eenzijdige zienswijzen van individuele familieleden (veelzijdig gerichte partijdigheid). Wordt het gedrag van mevrouw Jones gedicteerd door een gevoel van isolatie en gemis in haar eigen opvoeding? Dan heeft ze gerechtigde aanspraak op therapeutische aandacht, die haar zal helpen haar zienswijze te uiten en een poging te doen de balansen van geven-en-nemen die tussen haar en de belangrijke mensen in haar leven bestaan, recht te zetten. Is de heer Jones gedeprimeerd door de onredelijke en schijnbaar grenzeloze eisen die zijn vrouw hem stelt? Dan heeft hij gerechtigde aanspraak op therapeutische aandacht, die hem zal helpen zijn behoeften te verwoorden en te weigeren als een surrogaat-ouder te fungeren voor mevrouw Jones. Wordt Sheila geëxploiteerd door het onvermogen van haar vader en moeder om als ouderlijk team op te treden? Dan heeft zij gerechtigde aanspraak op therapeutische interventies, die haar onzichtbare loyaliteiten ten opzichte van haar ouders onderkennen en haar helpen deze door te werken, en die tevens de heer en mevrouw Jones helpen om volledig erkenning te geven aan de bijdragen van Sheila aan haar familie. Zijn de ouders van mevrouw Jones in de war en stomverbaasd vanwege het wisselvallige en bestraffende gedrag van hun dochter tegen hen? Dan hebben zij, ongeacht hun al dan niet aanwezig zijn bij de therapiezittingen, gerechtigde aanspraak op therapeutische interventies die ervoor zorgen dat niemand tot het zwarte schaap wordt gemaakt, en die voorkómen dat men voor altijd van elkaar vervreemdt, door mevrouw Jones in staat te stellen met een volwassen blik oude wonden opnieuw te bekijken.

Veelzijdig gerichte partijdigheid is de therapeutische houding die de therapeuten ertegen beschermt om zich via tegenoverdracht eenzijdig aangetrokken te voelen tot één persoon. Ook behoedt de veelzijdig gerichte partijdigheid therapeuten ervoor, dat zij als een soort scheidsrechter worden vermalen tussen de conflicterende doelen en aspiraties van elkaar bestrijdende familieleden. De therapeut wordt vertrouwenswaardig als deze gerichte belangstelling kan blijven houden voor het aan het licht brengen van de elkaar uitsluitende en tegenstrijdige belangen en aspiraties van ieder familielid. De therapeut spreekt een *intrinsiek familietribunaal* aan, dat alle familieleden impliciet verantwoordelijk stelt. In plaats van een oordeel uit te spreken over de familieleden, roept de therapeut hun daadwerkelijke zorg op voor ieders zienswijze op billijkheid.

Historische, psychologische en op ontwikkeling georiënteerde verklaringen voor menselijk gedrag kunnen worden geplaatst tegenover verklaringen en verbanden, die zijn geworteld in dimensie IV: de *dimensie van verdienste* van relaties. Sheila is bijvoorbeeld een verwaarloosd, geparentificeerd kind dat tot zondebok is gemaakt. Ze slaagde er niet in om het fundamentele vertrouwen, dat het hoofdingrediënt vormt van levensvatbare relaties, te ontwikkelen. Ze heeft zowel gebrek aan eigenwaarde en veiligheid, als aan empathische identificaties. Haar psychologische ontwikkeling werd duidelijk vertraagd. Als onbetwist slachtoffer van langdurig onbillijke omstandigheden, loopt zij grote kans zelf ook iemand te worden die anderen tot slachtoffer maakt. Omdat *rechtvaardigheid* in haar 'menselijke orde' haar is ontnomen, is Sheila *gerechtigd, hoe destructief ook*, de wereld te dwingen haar te compenseren voor haar verlies. In trieste correlatie met haar eigen slachtoffering zal ze waarschijnlijk onrechtvaardige eisen stellen aan onschuldige derden en aan hen onrechtvaardige verwachtingen opleggen. Als relationele werkelijkheden psychische consequenties hebben, dan hebben psychische werkelijkheden ook relationele consequenties. Motivatie-psychologie en relationele ethiek met haar balans van verdiensten en verplichtingen, kruisen en overlappen elkaar gedeeltelijk.

De niet-gevende houding van mevrouw Jones kan psychologisch worden gediagnostiseerd als een narcistisch karakterpatroon. Zij kan in haar ontwikkeling gefixeerd zijn op het niveau van vóór de 'object-relatie'. Toch kreeg mevrouw Jones, op een ethisch niveau, zeer zeker ook destructief gerechtigde aanspraak, omdat ze zelf verstoken bleef van empathisch ouderschap. Zij had niet geleerd hoe ze op een, bij wijze van spreken, effectief gevende manier met anderen kon omgaan. Zij kon bovendien haar rancune rechtvaardigen jegens een wereld, die haar minderwaardig behandelde door haar niet te geven wat elk jong kind rechtens toekomt: 'goed genoeg' *(Winnicott, 1965/1981)* te worden opgevoed en gekoesterd.

Maar wanneer een mens die volledig gerechtigd is tot wraak, historisch gerechtvaardigde wrok richt op een nietsvermoedende ander, kan *zijn* of *haar* positie niet langer worden gerechtvaardigd. Zelfs als die mens behoefte heeft aan het kanaliseren van de oorspronkelijke pijn en boosheid door middel van verschuiving in het psychologische gebied, kan de ethische geldigheid van diens aanspraken op wraak niet rechtmatig worden verplaatst naar de context van een andere relatie. Hoogstwaarschijnlijk móet de psychodynamisch therapeut wel als medemens reageren op de aanwijzingen van een opvallend onbillijke manier van omgaan van zijn cliënt met relaties, zelfs als deze therapeut zijn methode bewust beperkt tot het onderzoeken van psychologische verbindingen en afleidingen.

Overdracht

Overdracht is een speciaal geval van verschuiving van identificatie met de ouderfiguren naar de therapeut. Verschoven of projectieve identificatie van de partner komt voort uit de innerlijke behoeften van een mens en is een gebruikelijk verschijnsel tussen mensen die nauw bij elkaar zijn betrokken. 'Het lijkt erop dat jij me behandelt alsof ik je vader ben en dat ik tegen jou doe zoals ik tegen mijn moeder doe.' Een dergelijke verschoven identificatie is gunstig voor degene die de identificatie verlegt, maar maakt denkelijk de ander tot slachtoffer. In zekere zin houdt deze manier van gebruiken van de relatie in dat de ander intrinsiek geparentificeerd wordt. De ander is afhankelijk van degene die de relatie uit balans brengt en er wordt impliciet ook van hem gevraagd diegene een dienst te bewijzen. Maar de ander zal, als mikpunt van degene die de balans verstoort, waarschijnlijk nooit enige erkenning voor zijn diensten krijgen.

Het is noodzakelijk dat de therapeut op de hoogte is van de verschijningsvormen van zulke verschoven identificaties van de partner. Vaak is alleen het eindresultaat te zien: een hopeloze frustratie en boosheid, en dat ook nog over een schijnbaar onbenullige kwestie. De therapeutische houding van veelzijdig gerichte partijdigheid is, zoals we nog zullen beschrijven, een nuttig startpunt voor het onderscheiden van 'echte' onderlinge persoonlijke tegenstellingen en verschoven, overdrachtelijke of projectieve identificaties tussen familieleden.

Dimensie III: systemen van transactionele patronen

Algemene systeemtheorie

Het patroon van manifeste transacties en communicaties tussen meer mensen tegelijk is een gebied dat los staat van de dimensies van objectiveerbare feiten en individuele psychologie. Deze drie dimensies kruisen en overlappen elkaar duidelijk op veel punten. Maar in het begin werd de klassieke gezinstherapie gekenmerkt door de uitspraak dat een *supra-individueel niveau* van het determineren van gedrag een onbenoembare entiteit met dynamische krachten in zichzelf vormde. De algemene systeemtheorie gaf de naam 'systeem' aan deze entiteit waarvan de regulerende mechanismen uitstegen boven feiten als het dwingend aan anderen zijn wil opleggen, de toevallige coëxistentie van individuen, of gemeenschappelijke rationele doelen en plannen. Pogingen dit essentiële aspect van relationele verschijnselen te beschrijven, leunden zwaar op termen uit de sociale wetenschappen. Vele nuttige ontwikkelingen op het gebied van de gezinstherapie komen voort uit de systeemtheorie.
Vanaf het begin, achter in de jaren vijftig, heeft systemische theorievorming over relaties briljante ingevingen en bruikbare inzichten bijgedragen. Een deel van die inzichten houdt verband met effectieve, handige en concurrerende, zij het neurotisch versterkte, doelgerichte oriëntaties ten aanzien van menselijk gedrag, bijvoorbeeld de 'spelletjes, die mensen spelen' (*Berne, 1964*). De concurrerende efficiëntie van iemands gedrag ten aanzien van wereldlijke zaken heeft een lange traditie in westerse geschriften, met inbegrip van het boek van Baltasar Graciàn uit de zeventiende eeuw: *Het Handboek voor de Wijze Mens bij zijn Gedrag aan het Hof en in de Samenleving (El Oráculo Manual), 1647.* (In recente Nederlandse vertaling: *Handorakel en kunst van de voorzichtigheid, 1991*).
Andere systemische geschriften hebben bijgedragen aan de opvatting dat er een complex supra-individueel niveau van regulering van gedrag, gezondheid en ziekte binnen gezinnen bestaat. Gezinshomeostase en -verstrengeling (*Jackson, 1957*), huwelijksperikelen *(Lidz, Fleck en Cornelison, 1957)*, 'de gezinslegpuzzel van krachten en zwakheden' *(Bowen, 1965)*, pseudo-wederkerigheid *(Wynne, 1958)*, dubbele binding *(Bateson en anderen, 1956)*, complementariteit van behoeftenpatronen en fusie *(Boszormenyi-Nagy, 1962)* waren onder andere de eerste pogingen tot het formuleren van systemische, in plaats van op het individu gebaseerde regulerende principes. Naarmate de scholen in gezinstherapie zich ontwikkelden, werd elke methode beïnvloed door enige vorm van transactionele systemische begripsvorming.

Klassieke gezinstherapie

Net als de sociologie neigde de klassieke gezinstherapie ertoe haar processen te definiëren in *bewoordingen*, die wezenlijk, al dan niet openlijk, *betrekking hebben op macht*, zoals: strijd om de controle, samenzwering, confrontatie, conflictoplossing, manipulatieve invloed, hiërarchie en het feitelijk al dan niet aanwezig zijn. Systemische formuleringen variëren hierop en omvatten patronen, regels, spelletjes, reeksen, structuren, subsystemen, homeostase, controle, coalities, grenzen, cybernetische feedback, rolverdeling en gewoonten. Deze dimensie omvat bovendien processen en interventies, zoals dubbele binding, triangulatie, tot zondebok maken, etikettering, verstoorde communicatie, steun onthouden, machtsstrijd, herformuleren, sculpting, herstructureren, metaforen scheppen voor het voorschrijven en blokkeren van verandering, en vele andere.

Als deel van de context van de relationele werkelijkheid is het systemische kader van de transactionele patronen een handige richtlijn voor het inzicht krijgen in en beschrijven van verschijnselen, en voor het omschrijven van technische stappen in een therapie. In tegenstelling tot de klassieke gezinstherapie gebruikt de contextuele therapie echter dimensie IV als grondvest voor haar belangrijkste interventieplan, hoewel de contextuele therapie dimensie III gebruikt voor tactische zetten.

Beperkingen van transactionele systemen

Het is belangrijk te onderkennen dat essentiële transactionele systemen worden gekenmerkt door de functionele en geografische aspecten van de transactionerende contexten zelf, bijvoorbeeld door rolopdrachten en andere facetten van manifest gedrag. Zo vormen alle mensen die worden getroffen door een gebeurtenis, waarbij een mens tot zondebok wordt gemaakt en waaraan zij meewerken, een bepaald systeem. Alle kinderen vormen, in tegenstelling tot alle volwassenen, een subsysteem. Hetzelfde geldt voor een kerngezin van gezinsleden die onder hetzelfde dak wonen enzovoort.

Om hun unieke inzichten te kunnen benadrukken, zien zuiver transactioneelsystemische formuleringen ogenschijnlijk zowel psychologische als verdienstecomponenten van de relationele werkelijkheid over het hoofd. Bovendien kan de nadruk op de begrippen circulariteit en feedback uitermate zelf-beperkend werken: systemische theorievorming neigt ertoe de *voorwaarts duwende, eenzijdige consequenties* te negeren van het effect van iedere generatie op volgende generaties.

Nog problematischer wellicht is het reductionisme dat zich soms vasthaakt aan de dimensie van de transactionele patronen. De onmiskenbare geldigheid van veel van de kennis die aanwezig is in dimensie III, wordt dikwijls tenietgedaan doordat bepaalde gezinstherapeuten geneigd zijn om het gezinssysteem aan te spreken als was het een persoonlijke entiteit, een systemisch klein mensje dat in staat is tot denken, wensen, voelen en ervaren. Dit dan in de zin van: 'het gezin is ambivalent', het gezin 'voelt', dat je 'het systeem moet bevechten' enzovoort.

Naarmate het begrip 'systeem' verfijnder en de betekenis ervan betrekkelijker wordt, neigt het er steeds meer toe de kortstondige aspecten van een altijd-veranderend relationeel gebied te absorberen en de context van consequenties terzijde te schuiven.
Transactionele patronen van een gezin zijn inderdaad van invloed op het leven van ieder van de gezinsleden. Als we terugkeren naar het voorbeeld van de familie Jones, is het gemakkelijk te zien dat enkele van hun transacties zouden kunnen worden verbeterd door *gedragsherstructurering*. De heer en mevrouw Jones zouden zich op een meer volwassen manier verantwoordelijk kunnen gedragen. Sheila zou echt de kindrol op zich kunnen nemen. De ouders zouden directer met elkaar kunnen omgaan, in plaats van hun kind in een 'driehoeksverhouding' te betrekken en haar dan binnen die driehoek te houden. De zich herhalende gedragsreeksen van mevrouw Jones zouden kunnen worden doorbroken en 'veranderd'. Bovendien kunnen de gedragingen van de gezinsleden in een raamwerk van regels en metaregels worden gezet. Het passieve gedrag van de heer Jones is duidelijk een bepalende factor in het huishouden en lokt controle door zijn vrouw uit. En inderdaad is het waar dat de gebruikelijke, heimelijke relationele onevenwichtigheid tussen een voortdurend passieve partner en een voortdurend destructieve partner verandering vereist van beide kanten. Vanuit het gezichtspunt van Sheila is de communicatie tussen haar ouders er vaak een van dubbele binding. Wie zou de voordelen kunnen ontkennen van het aanzetten tot een eerlijke manier van communiceren in het gezin? Toch brengt het ernstige problemen met zich mee, wanneer men het gezinsleven ziet als een metafoor, die hoofdzakelijk door gedrag wordt bepaald.
In de structurele of strategische (klassieke) gezinstherapie bijvoorbeeld, wordt aan het symptomatisch gedrag een controlerende eigenschap toegeschreven, die wordt gezien als quasi-vrijwillig. Deze veronderstelling wordt dan vaak gebruikt om therapeutische recepten te formuleren die bedoeld zijn om het symptoom paradoxaal te ondermijnen. Het handhaven van het symptoom als het belangrijkste referentiepunt voor therapie komt zo neer op een vorm van 'omgekeerde psychologie', die wordt toegepast op een onzichtbaar, *antropomorf instrument*. De eruit volgende gedragsverandering is dan voorspelbaar en wordt soms gelijk gesteld aan essentiële genezing.
Andere vergelijkbare technische kunstgrepen, zoals deze beschreven zijn door klassieke gezinstherapeuten, beïnvloeden op een manipulatieve manier de zichtbare, transactionele gezinsstructuur. Ze omvatten onder meer invoegen, *tracking*, accommoderen, heretiketteren, blokkeren, herorganiseren, voorschrijven, positie bepalen, positief bekrachtigen, positief benoemen.
Wanneer de klassieke gezinstherapie tot het uiterste wordt doorgevoerd, is deze therapie – als zij gebaseerd is op dimensie III – vaak gericht op *kortstondige veranderingen in manifeste gedragingen*. Doordat de therapie hierop is gericht, worden in een gezin de relationele bronnen, die in staat zijn de kwaliteit van het le-

ven van ieder gezinslid te verbeteren, over het hoofd gezien. Tot eenvoudige bewoordingen teruggebracht: de klassieke gezinstherapie heeft de neiging een betrekkelijk nieuwe, veroordelende 'diagnostische' houding aan te nemen, die zich richt op het gezin. Het is maar de vraag of de diagnose van het individu naar het gebied van het gezin kan worden doorgetrokken. Hoe genuanceerd het bericht ook wordt gegeven, 'het gezin' de schuld geven van de fouten van de gezinsleden kan ertoe leiden dat de individuele verantwoordelijkheid afneemt. Dit kan er ook toe leiden dat menselijke relaties verder verdeeld raken en worden verwaarloosd in een wereld die toch al zo verdeeld is.

Een diagnostische houding die is georiënteerd op systemen, ziet nogal eens de bronnen van de gezinsleden, die de kwaliteit van hun relaties kunnen verbeteren, over het hoofd. Deze houding kan ook de gepaste verantwoordelijkheid van ieder individu voor de consequenties van zijn gedrag ondergraven. Daarmee gaat natuurlijk gepaard dat de last van de verantwoordelijkheid voor verandering naar de therapeut wordt verschoven. Van 'actieve' therapeuten wordt dan verwacht dat zij weten hoe zij gezinnen willen 'veranderen'. Dikwijls wordt aangenomen dat therapeuten het *rigide herhalingsgedrag*, dat het 'pathologische' van een gezin veroorzaakt, kunnen vervangen door 'normale' gedragspatronen of feedbackreeksen.

Vaak wordt ook geloofd dat het veranderen van het gezinsgedrag in de therapieruimte gelijk staat met blijvende individuele gezondheid en groei. Als het ene gedrag het andere veroorzaakt – zo luidt de redenering – dan ligt de taak van de therapeut voornamelijk in het vestigen van 'gezonde' gedragspatronen; dat wil zeggen: gebaseerd op wat voor de therapeut de kenmerken voor groei in het gezin zijn. Dan wordt aangenomen dat het vermogen van een gezin om te kunnen beantwoorden aan deze kenmerken, gezondheid en duurzame groei zal waarborgen.

Naar onze ervaring is het echter niet het rigide, niet te veranderen gedrag van de gezinsleden, dat de gezinnen vooral in de moeilijkheden brengt. In feite blijkt de starre handhaving van gezins'regels' nogal eens een verdediging te zijn tegen de onderliggende dreiging dat de gezinsleden geen relatie met elkaar hebben. Het alomtegenwoordige probleem van het huidige gezinsleven houdt verband met het gevoelde verlies van bronnen en de naderende dreiging van verlating en verdeeldheid.

Dimensie IV: de ethiek van gepaste aandacht of verdiend vertrouwen

De rechtvaardigingsfactor

In contextueel werk omvat dimensie IV de drie voorafgaande dimensies en krijgt er voorrang op. Ethiek brengt als kenmerk het verwerven van verdienste met zich mee. Verdienste omvat ook rechtvaardiging. Als we de motieven van mensen voor

hun handelen trachten te begrijpen, bekijken we de eerste drie dimensies: materiële feiten, psychologische behoeften en transactionele 'speelplannen'. Toch blijft er dan een factor over die ook vaak de doorslag geeft: *rechtvaardiging*. Rechtvaardiging omvat aandacht voor de drie andere dimensies, maar voegt een nieuwe, vierde realiteit toe. Een handeling kan zowel de psychische behoeften vervullen als voldoen aan de vereisten van een relationeel transactioneel systeem en toch niet automatisch gelden als gerechtvaardigd.
Handelingen die kunnen worden gerechtvaardigd, vooronderstellen betrouwbare uitvoerders. Wanneer de ene partner de andere partner uitbuit, is dat onverenigbaar met betrouwbare relaties. Het vermogen van mensen om redelijk betrouwbaar te blijven, houdt juist relaties staande door de tijd heen.
Het gezichtspunt van de ene mens kan niet te rechtvaardigen zijn of lijken vanuit het gezichtspunt van de ander. In zekere zin maakt dimensie IV deel uit van een conflict van rechtvaardigingen. Wil men de een of andere handeling of houding kunnen rechtvaardigen, dan moet men aandacht besteden aan de verdiensten van beide partijen. Contextuele therapie streeft op zijn minst naar enige aandacht van beide kanten, gevoegd bij wederzijdse assertiviteit tussen partners. Aandacht voor de globale billijkheid (dimensie IV) van het onderlinge grootboek vereist het afwegen van feitelijke, psychologische en transactionele omstandigheden vanuit ieders gezichtspunt. De therapeutische richtlijn die op dimensie IV is gebaseerd, overkoepelt dialectisch de andere drie dimensies.

De behoefte aan betrouwbare relaties

Als een mens geen winst kan verwachten uit voortdurend investeren in zijn relatie, dan wordt in de steek laten van die relatie een redelijk alternatief. Want welke voordelen worden behaald door een levenssituatie waarin de relationele lasten de baten tenietdoen, waarin uitbuiting erkenning van echte zorg verhindert en waarin de consequenties van de fundamentele levensconflicten voortdurend nieuwe mogelijkheden voor relaties overschaduwen?
Zorg voor relationele balansen is de sleutel tot het levensvatbaar houden van hechte relaties en is de hoeksteen van het contextuele werk. Contextueel therapeuten werken vanuit de overtuiging dat alle familieleden baat hebben bij betrouwbare relaties, die het resultaat zijn van:
1. gepast krediet geven; 2. verantwoordelijk reageren; 3. zorg voor een billijke verdeling van relationele baten en lasten.

Het is de taak van de therapeut om te zoeken naar de zichtbare en onzichtbare bijdragen van ieder familielid. Zijn vermogen familieleden te helpen voor zichzelf te bepalen hoe zij billijk tegenover elkaar kunnen zijn, doet de therapeutische relevantie van de ethische dimensie van de relationele werkelijkheid goed uitkomen.

Het ethische aspect

De ethische dimensie van relationele werkelijkheid wordt al gauw verkeerd begrepen. Het is duidelijk dat verdienste als drijfveer een doorn in het oog is van degenen die ervan uitgaan, dat machtsmotieven en eigenbelang de enig legitieme theoretische raamwerken voor relaties vormen. Ook bestrijdt de ethische dimensie het gebruik van therapeutische technieken, die impliciet krediet wegnemen of die de positieve vaardigheden van een of meer familieleden verzwakken, zodat ze passen in de criteria van de therapeut voor de manier waarop een familie 'moet' zijn en zich 'moet' gedragen. Er dient onderscheid te worden gemaakt tussen interventies die mensen in nood helpen om *bronnen te ontdekken* voor het daadwerkelijk elkaar willen helpen, en interventies die met succes deze mensen manipuleren.

De dimensie van verdiend vertrouwen daagt dialectisch ook de traditioneel gepolariseerde visies op altruïsme en zelfopoffering uit. Voor zover wij weten, is het paradigma van ononderbroken eenzijdig geven, een onrealistisch en potentieel destructief paradigma, waarin het gevaar voor uitputting en schuld-opwekkende controle groot is.

Gepast krediet geven

Op de lange duur kunnen dus noch macht, noch altruïsme hetzelfde bereiken als verdienste; dat wil zeggen: een mens verdient gerechtigde aanspraak voor zichzelf, doordat hij naar behoren bijdragen geeft aan de ander en hem of haar krediet geeft. *Gepast krediet geven* komt voort uit de overtuiging die iemand heeft, dat de bijdragen van zijn partner aan zijn leven waardevol zijn. Het aanbieden van krediet is natuurlijk intrinsiek verbonden met relationele balansen. Overeenkomstig hun doel: het opbouwen van vertrouwen, steunen contextueel therapeuten het proces van wederzijds krediet geven en van een billijke herverdeling van relationele baten en lasten. Een therapeut kan bijvoorbeeld proberen de ouders erkenning te laten geven voor het feit dat een destructief, *acting-out* geparentificeerd kind ook een liefhebbend en zorgzaam lid van de familie is. Hoewel de ouders geldige redenen hebben om wanhopig te zijn over het onaanvaardbare gedrag van hun kind, zijn ze toch verplicht het feit onder ogen te zien dat hun kind ook regelmatig beschikbaar is om te voldoen aan de persoonlijke behoeften van beide ouders.

De risico's van het heretiketteren

Het proces dat leidt tot het gepast krediet geven moet niet verward worden met de techniek van automatisch, positief heretiketteren of herbenoemen van in feite onverantwoordelijk gedrag van een familielid of van welk negatief aspect dan ook van iemands gedrag. Zo nu en dan gebruiken transactionele (bijvoorbeeld strategische) therapeuten onecht positief 'labelen' als een paradoxaal recept, gericht op het uitdoven van symptomatisch gedrag.

In onze visie leidt *manipulerend heretiketteren* nauwelijks tot een toename van betrouwbaarheid. Er bestaan impliciete struikelblokken als men op een onechte, maar effectieve manier een gewoonte prijst die in wezen destructief is. Het manipuleren van mensen voor hun eigen bestwil is natuurlijk een veel voorkomende functie van therapie. Maar manipulatie kan alleen met recht de naam krijgen een therapie te zijn, als ze is gebaseerd op echte aandacht voor iedere betrokkene, met de bedoeling eenieder te helpen. Echte aandacht voor familieleden ligt geworteld in hun eigen spontane voortgang naar gepast krediet geven en naar *verbeterde balansen van billijkheid*. Die aandacht is niet te vinden in de notie dat de therapeut het het beste weet!

Iedereen heeft klaarblijkelijk eenzelfde behoefte aan een minimaal betrouwbare relationele context. Het gaat hierbij niet alleen om de aandacht voor de ontwikkeling van een kind. Alle menselijke relaties behouden hun levensvatbaarheid alleen in zoverre zij een bepaalde mate van vertrouwen belichamen. Huwelijken worden onhoudbaar als het vertrouwen verdwijnt. En – het klinkt misschien paradoxaal – veel van het wanhopige gedrag van schijnbaar liefdeloze pubers en jongvolwassenen is geworteld in een intrinsieke behoefte om de overgebleven betrouwbaarheid in hun wereld te toetsen. Het komt ons voor dat onder zulke omstandigheden het onnodig machiavellistisch, oppervlakkig en ongegrond is, wanneer men op paradoxale wijze het gedrag van een delinquente jongere versterkt, door te veinzen dat hij positieve bijdragen levert. In tegenstelling daarmee kan het erkennen van de *waarheid* van de echt positieve kern van zo'n kind, zijn behoefte aan symptomatisch gedrag uitdoven. Wanneer men zich richt op diepere waarheden worden hoop en vertrouwen gekweekt en op hulpbronnen georiënteerde relationele patronen aangeboord en gekweekt. Omgekeerd is het manipuleren van de gevoelens van vertrouwen van een kind op zichzelf al onbetrouwbaar.

Verworven gerechtigde aanspraak

De dimensie van verdiend vertrouwen of *verworven gerechtigde aanspraak* staat recht tegenover de dimensie van *op macht gebaseerd opportunisme*, maatschappelijke superioriteit, succesvolle uitbuiting en het winnen van een zwakkere concurrent, om slechts een paar van dergelijke kenmerken te noemen. Op een zuiver lineaire, materiële basis is een persoon er beter aan toe naarmate hij meer bij een ander kan weghalen. Daar staat tegenover dat baten die afkomstig zijn uit verworven verdienste, zijn gebaseerd op wat men terugkrijgt voor het proces van zorgdragen of geven.

Opportunistische machtsconfrontaties kunnen – en zij doen dat ook – bijna alle dynamieken van geven-en-nemen in zaken en politiek beslaan. Het is echter duidelijk dat ze niet kunnen worden toegepast op de manier waarop volwassenen omgaan met kleine kinderen, zonder het risico te lopen van ernstige en blijvende consequenties voor de vorming van hun vertrouwen. De relatie tussen man en vrouw kan evenmin betrouwbaar blijven als deze alleen maar is gebaseerd op machtshandelingen.

Als de dimensie van verdienste van de relationele werkelijkheid verschilt van transactionele patronen, verschilt deze ook van de psychologische dimensie die zich richt op narcistische en arrogante vorderingen tot recht. Dat wil zeggen, dat verdiend vertrouwen of verworven gerechtigde aanspraak iets anders is dan alleen maar een vordering of een gevoel van recht. Een verwaarloosd of uitgebuit kind kan zich al dan niet gerechtigd *voelen*, maar het *is* wel degelijk gerechtigd tot compensatie voor wat het heeft verloren. Verworven verdienste is niet een functie van het superego of van een morele karaktervorming. Een gevoel van verschuldigd zijn of van 'neurotische' schuld komt voort uit de conflicterende intrapsychische gedachtenstroom in de geest van slechts één persoon. Met andere woorden: existentiële schuld moet worden onderscheiden van schuld afkomstig van het superego. Existentiële schuld is gegrondvest op iemands daadwerkelijk beschadigen van de rechtvaardigheid van de menselijke orde *(Buber, 1948/1957)* en vereist daarom onderling herstel. Het is ook de bron van *verschuldigd* berouw van de kant van de dader.

De dimensie van verdienste van de relationele werkelijkheid is gebaseerd op een sfeer van *actie*, die het individu in zich opneemt, maar ook overstijgt. Wanneer men handelt in het gebied van het 'tussen', wordt van alle partijen in een belangrijke relatie aangenomen, dat ze verantwoordelijk zijn voor de consequenties van de wijze waarop hun individuele handelingen elkaar treffen. Daarmee wordt niet gesuggereerd dat de bereidheid van iemand deze verantwoordelijkheid in relaties te aanvaarden, resulteert in een of andere geïdealiseerde vorm van vreedzame coëxistentie. Feit blijft dat twee mensen, hoezeer hun relatie ook op dialoog is gebaseerd, uiteindelijk *echte belangentegenstellingen* niet kunnen vermijden. Wat ze wél kunnen doen is: de tegenstellingen onder ogen zien, om te bekijken hoe ze kunnen worden aangepakt en of ze kunnen worden opgelost. Soms werkt een eenvoudig, wellicht pijnlijk erkennen van ieders aanspraak op eigenbelang en autonomie, bevrijdend en daardoor herstellend.

Deze vierde dimensie van de relationele werkelijkheid moet echter niet synoniem worden met een onafgebroken nauwkeurig onderzoek naar wie er meer verdienste heeft of naar het al dan niet verantwoordelijk handelen van iemand in welke situatie dan ook. Het impliceert niet dat men zich onophoudelijk dwangmatig moet bezighouden met relationele mislukkingen en hun bijbehorende schuldgevoelens. Het impliceert wél dat, zelfs in zeer moeilijke omstandigheden, pogingen tot *het verwerven van constructief gerechtigde aanspraak* aan iedereen onaangeboorde bronnen van echte bevrijding bieden.

De kwaliteit van het ouderschap

Centraal in de contextuele therapie staat de dialectiek van de keuze van ieder mens tot het verwerven van recht. Dit is het punt waarop de breuk tussen opzichzelf-gerichte en op-de-ander-gerichte zorg wordt overbrugd: het komt ten goede aan de ene mens als hij gepaste zorg aan de andere aanbiedt. Terwijl het een kostbaar iets is bij horizontale relaties, is deze herstellende gebeurtenis cruciaal voor het proces van ouderschap van jonge kinderen. De vader en de moeder zijn verplicht aan hun kinderen – of ze nu wel of niet in staat zijn om bij elkaar te blijven in een leefbare verbintenis – enige mate van samenwerking tot stand te brengen. Door het kind fundamenteel vertrouwen te geven, krijgt iedere ouder verdienste terug, hetgeen ik-versterkend werkt. Daar staat tegenover, dat diep wantrouwen tussen de ouders de autonome groei van de jong volwassenen die het 'lege nest' achter zich moeten laten kan vernietigen. De sleutel tot de grootste bron van verworven gerechtigde aanspraak ligt in de kwaliteit van het ouderschap en in het vermogen het nageslacht in staat te stellen om te groeien en te gedijen. Analoog met fysieke koestering als de biologische sleutel tot overleving, vormt het vermogen, recht te vergaren door middel van het bieden van gepaste zorg, de kern van een contextuele leidraad voor goed ouderschap.

Persoonlijke verantwoordelijkheid

De dimensie van verdienste van de relationele werkelijkheid vertegenwoordigt dus de belangrijkste bron van individuele vrijheid. Zij vormt ook de basis voor de belangrijkste methodologische leidraad van de contextuele therapie. Als zodanig functioneert deze dimensie als een paraplu die de andere drie dimensies en alle andere methodologische overwegingen overkoepelt. In onze ervaring vormt de persoonlijke verantwoordelijkheid als richtsnoer voor zorg en *relationele integriteit*, het fundament voor betrouwbaarheid en individuele gezondheid. Als dit zo is, volgt daaruit dat men in een verantwoordelijk therapeutisch contract groot belang zal blijven hechten aan de consequenties van therapeutische interventies voor ieder die er mogelijk door wordt beïnvloed. Dit contractuele beginsel geldt naar onze mening niet alleen voor familietherapie, maar kan ook gelden voor alle vormen van individuele therapie. Want anders dan bij de consequenties van fysieke geneeskunde, raken de consequenties van een psychotherapeutische interventie – van welke modaliteit dan ook – altijd méér dan de wereld van maar een enkel individu.
In het geval van de familie Jones zou de therapeut zeer onverantwoordelijk zijn geweest als hij ervoor had gekozen uitsluitend te werk te gaan op grond van het contract met de ouders voor echtpaartherapie. Of hij nu wél of niet Sheila bij de therapiezittingen had gehaald, voor ons was het duidelijk dat zijn voornaamste ethische zorg gericht moest zijn op de manier waarop de consequenties van het

werk van de ouders in de therapie onvermijdelijk Sheila zouden treffen. Voor Sheila zou anders de betrouwbaarheid van de context van de opvoedingsrelatie met haar ouders, die haar rechtens toekomt, steeds meer afbrokkelen. Op hun beurt zullen de heer en mevrouw Jones verder worden verwijderd van het door hen gestelde doel persoonlijke autonomie te verkrijgen; een doel dat ieder van hen beschouwt als iets dat hun rechtens toekomt.

Autonomie

Op paradoxale wijze is het doel van het individu – *autonomie* – onlosmakelijk verbonden met zijn vermogen tot relationele verantwoordelijkheid. In feite kan de verantwoordelijkheid van een mens voor de consequenties die zijn handelen voor zijn partners heeft, de echte toetssteen voor autonomie zijn. Dit staat in tegenstelling tot denkwijzen over persoonlijke groei, waarin men óf onverschillig staat tegenover de manier waarop men in zijn ontwikkeling zijn relaties beïnvloedt óf waarin men van mening is dat ieder in zijn relatie met anderen zijn voordeel maar moet halen ten koste van die anderen. In beide gevallen worden relaties gereduceerd tot zaken van tweederangs belang.
Contextueel therapeuten daarentegen blijven grote belangstelling houden voor de processen in relaties en voor het doel van ieder familielid, namelijk het bereiken van echte autonomie. Het zijn juist deze persoonlijke doelen en idealen, die mensen hoop geven. Het lijkt ons nogal onwaarschijnlijk dat abstracte constructies van 'normale' interactie-patronen die aansluiten op bepaalde subculturen, betekenis en motivatie kunnen bieden die voortkomen uit het bereiken van persoonlijke doelen. Versterking van de eigen persoonlijkheid en een blijvend vertrouwen zijn de meest waarschijnlijke eindresultaten van individuele autonomie die verworven wordt door het bieden van verantwoordelijke zorg. Onder bepaalde omstandigheden is een veelzijdige raming van consequenties een belangrijk deel van het contextuele proces. Therapeutische verantwoordelijkheid begint met het bieden van hulp aan familieleden bij het inventariseren van alle relaties vanuit ieders gezichtspunt.
Het vermogen tot het *verwerven van gerechtigde aanspraak* kan de meest betrouwbare en duurzame vorm van autonomie zijn. Dit vermogen, dat van nature is gebaseerd op vertrouwen, wint aan kracht door het bestaan van onzichtbare hulpbronnen, die naar boven komen als een persoon iemand *gepaste aandacht* biedt. Het vermogen gerechtigde aanspraak te verwerven, is duidelijk verwant aan het begrip generativiteit van Erikson (*1959*). In contextuele bewoordingen komen creativiteit, vreugde en belofte voort uit geactualiseerd vertrouwen. Betrouwbare relaties kunnen worden gesteund als een therapeut bereid is om mensen in de richting te duwen van vertrouwen-opbouwende keuzemogelijkheden, in plaats van hen ervandaan te sturen.
In het geval van de familie Jones zou een gelegenheid tot het vestigen van ver-

trouwen onherroepelijk verloren zijn gegaan, als de therapeut op den duur was meegegaan in de onmiskenbare veroordeling van haar moeder door mevrouw Jones. Als de therapeut zich had laten leiden door zijn angst dat hij haar van de therapie zou vervreemden, indien hij maar enigszins aan de kant van haar moeder zou gaan staan, zou het therapeutisch proces een onvoorspelbaar en onnodig verlies van bronnen hebben geleden. Deze bronnen waren nog latent aanwezig tussen moeder en dochter, zelfs gedurende de momenten dat ze het verst van elkaar waren verwijderd. In deze situatie koos de therapeut ervoor mevrouw Jones te helpen de hulpbronnen die er in de familie nog waren, te onderkennen en te mobiliseren. Dit proces begon toen hij mevrouw Jones herinnerde aan de waarde en de belofte die een eerlijke herbeoordeling van haar relatie met haar moeder met zich zouden meebrengen. Wanneer men zich in een contextuele therapie wil richten op hulpbronnen, vormen verantwoordelijke coëxistentie en samenwerking tussen familieleden hiervoor de richtlijn te midden van belangentegenstellingen tussen personen.

Nieuwe keuzemogelijkheden

De schoorvoetend genomen beslissing van mevrouw Jones om haar relatie met haar moeder opnieuw te bezien, gaf *nieuwe mogelijkheden voor de relatie*. Ze schiep de mogelijkheid tot een hernieuwde band met haar moeder en tot het nog op tijd doorwerken van oude gekwetstheden en pijn. Gedurende dit proces verwierf ze meer gerechtigde aanspraak om aandacht te besteden aan haar persoonlijke prioriteiten, waaronder een loopbaan. Misschien was nog het belangrijkste dat ze erin slaagde zich te bevrijden van de onzichtbare loyaliteit ten aanzien van haar ouders die de vorm had aangenomen van het haar echtgenoot van alles kwalijk nemen in plaats van haar ouders. Het verschuiven van de negatieve attitudes ten aanzien van de ouders naar de partner is een veelvuldig voorkomende vlucht voor de pijnlijke consequenties van de kinderlijke ambivalentie, de wrok en de minachting van iemand. Als kind tot slachtoffer gemaakt, was mevrouw Jones in staat – tenminste voor zichzelf – haar neiging tot vergelding te rechtvaardigen.
De *destructief gerechtigde* mens heeft vaak een blokkade ten aanzien van het ervaren van berouw als consequentie van zijn onrechtvaardig behandelen van een onschuldige ander. Als men werkt vanuit een puur psychologische dimensie van relationele werkelijkheid, zou het gemakkelijk zijn om aan te nemen dat de jeugd van mevrouw Jones de weg heeft geplaveid voor de ontwikkeling van haar gedragspatronen waarin ze steunt op destructief gerechtigde aanspraak. Een individueel georiënteerde therapeut zou haar kunnen helpen deze neiging door te werken, door munt te slaan uit haar overdrachtshouding en door mevrouw Jones te helpen om inzicht te verkrijgen in de manier waarop zij haar beleving verschuift en vertekent. Voor veel klassieke gezinstherapeuten die werken vanuit een dimensie van zuiver transactionele patronen, kan het voldoende lijken deze pa-

tronen te veranderen door middel van het herbenoemen van de interventies en door het geven van paradoxale opdrachten.

Vanuit het contextuele gezichtspunt kan een werkelijke individuatie worden bereikt door middel van de dimensie van vertrouwen: in ruil voor zijn aanbod van gepaste aandacht voor haar lijden en slachtoffering in haar jeugd, verwacht de therapeut van mevrouw Jones dat zij verantwoordelijkheid op zich neemt voor de consequenties van haar inbreng voor alle mensen met wie zij een belangrijke relatie heeft. Gedurende dit proces kan de therapeut de heer Jones als partner in een team te hulp roepen. Ze zouden samen werken aan een essentiële verbetering van de relatie tussen mevrouw Jones en haar ouders. Vanzelfsprekend behoeft een diepgaande herziening van relationele doelen en patronen tijd en ruimte, wil men verandering kunnen constateren.

Samenvatting: verdiend vertrouwen

Samengevat is de dimensie van verdiend vertrouwen dus gefundeerd op *zorg voor het zijn* die gebaseerd is op existentiële onderlinge afhankelijkheid. Het gaat om:

- de consequenties van het verleden voor het heden en de toekomst;
- de uitwerking van deze consequenties op iedere betrokkene in een familie, ongeacht zijn of haar gedrag;
- de ontwikkeling van relationele hulpbronnen, met speciale voorkeur voor de familieleden die de zwaarste en de minst omkeerbare lasten hebben betaald of nog moeten betalen (meestal jonge kinderen);
- de preventie van nieuwe kwetsuren en beschadigingen voor wat betreft de huidige en de toekomstige generaties.

De logica van de dimensie van verdienste leidt tot *ethische richtlijnen* voor therapie. Gegeven de hoeksteen van zorg voor het zijn, biedt een contextuele interventie eerst prioriteit aan het welzijn van jonge en afhankelijke kinderen en aan mensen, die door hun lijden destructief gerechtigd of zelfs krankzinnig zijn geworden. Gegeven de *relationele* aard, komt deze ethiek zowel degene die het initiatief tot de handeling neemt ten goede, als degene die als ontvanger fungeert. Het belang van verdiend vertrouwen als methodologisch beginsel beperkt zich niet tot een bepaalde therapeutische techniek of tot een bepaald soort gedrag. Begrip van dimensie IV van relationele werkelijkheid helpt therapeuten verder te kijken dan symptomen en gedragspatronen. Hier worden mensen geholpen met actieve aandacht voor de context van rechtvaardigheid in de menselijke orde en met de *hulpbronnen van resterende betrouwbaarheid*.

Het zal de therapeut in het gezin Jones dus vrij staan zorg te bieden aan Sheila, ongeacht of hem dat door de ouders wordt kwalijk genomen, en ongeacht de gerapporteerde symptomen of het grove wangedrag van haar kant. Ook al werden haar ouders en hun huwelijk gepresenteerd als de geïdentificeerde problemen in het gezin, dan nog vereist het simpele feit dat de positie van Sheila in het gezin hiermee in verband staat, op zichzelf therapeutische aandacht. De conclusie dat Sheila en haar toekomstige kinderen bestemd zijn de belangrijkste vruchtgebruikers van de therapie te zijn, leidt tot een behoefte dat om te zetten in actieplannen. Haar ouders kunnen redelijkerwijs inbrengen dat zij voornamelijk bij elkaar blijven in het belang van het kind. Maar zij zullen zich waarschijnlijk niet bewust zijn van het feit dat zij zelf Sheila uitbuiten; dat wil zeggen: dat beiden haar gebruiken als een scheidsrechter die wordt gedwongen zich beschikbaar te houden, of als een impliciet verantwoordelijke ouder; noch zullen zij zich bewust zijn van de consequenties hiervan die zich voor Sheila voortdurend ophopen.

Hier zal het de taak van de therapeut worden de familie Jones te helpen hun positieve tendensen om te zetten in daden. Bijvoorbeeld: kunnen deze ouders manieren vinden waarop ze in het bijzijn van Sheila erkenning kunnen geven voor elkaars positieve eigenschappen en voor de feitelijke bijdragen van elk aan het leven van de ander? Kunnen ze tijd vrijmaken om een luisterend oor te bieden voor de problemen en zorgen van hun dochter? Kunnen ze *constructief gerechtigde aanspraak verwerven* door haar verschuldigde aandacht, zorg, erkenning en liefde te bieden?

Als de leden van het gezin Jones worden geholpen om hun zorg voor elkaar om te zetten in relationele handeling, zullen ze een begin hebben gemaakt met het onderling herverdelen van de baten en de lasten. Dit herverdelingsproces, waarin ieder gezinslid persoonlijke verantwoordelijkheid op zich neemt voor zijn of haar aandeel en voorwaarden, kan nu leiden tot nieuwe, *onderling meer bevrijdende balansen van relationele rechtvaardigheid.*

Men moet wel goed begrijpen dat een volmaakt rechtvaardige of billijke verdeling van baten en lasten een *geïdealiseerd doel* is. In haar ideale vorm is rechtvaardigheid onbereikbaar. De menselijke geneigdheid tot rechtvaardigheid kan echter niet eindeloos worden genegeerd zonder dat dit een tol eist van de betrouwbaarheid van een bepaalde relatie. Billijke aandacht onder gezinsleden vereist dat niemand in de rol wordt geplaatst van een absoluut rechtvaardige, betrouwbare ouder, op wie men altijd kan terugvallen.

Als de toekenning van dit soort eigenschappen altijd al oneerlijk is tegenover volwassenen, dan is dat nog oneerlijker tegenover kinderen. Als ouders hun kinderen geïdealiseerde eigenschappen toeschrijven, leidt dit rechtstreeks tot parentificatie bij de kinderen en vervolgens tot het van hen een zondebok maken, omdat ze er niet in slagen aan de verwachtingen te voldoen. Hoewel er grote gevaren schuilen in deze *destructieve idealisering*, komt ze in families vaak voor en wordt ze vaak gericht op één aangewezen kind, vaak een geadopteerd kind.

Billijke verdeling van baten en lasten in een familie vereist ook dat geen enkel familielid tot *absoluut 'monster'* wordt verklaard. Het is heel gemakkelijk een rotte appel tot zondebok te maken, en men krijgt dan tevreden gevoelens over de eigen deugdzaamheid. Maar bij nadere beschouwing kan zelfs bijvoorbeeld bij een kille, uitbuitende grootouder een geldige kant worden gevonden. Het kan voor degenen die ervoor kiezen goed te kijken, duidelijk worden dat de ogenschijnlijke slachtofferaar een slachtoffer is geweest van vorige generaties! Bovendien: naar wie gaan we toe voor tekenen van menselijke integriteit, als de geesten uit ons verleden onherroepelijk geweld is aangedaan? Als de leden van de huidige generatie uiteindelijk niet in staat zijn manieren te ontdekken waarop de ouders, die ze haten en minachten, ontschuldigd kunnen worden, en als de volwassen kinderen inderdaad niet in staat zijn hun vader of moeder te zien als mensen die menselijke aandacht waard zijn, kunnen ze dan billijke aandacht verwachten als hun eigen kinderen groot zijn geworden? Diepgewortelde wrok tegen haar moeder had lange tijd mevrouw Jones' vermogen tot vreugde, groei en vertrouwen aangetast. Gedurende lange tijd bleef ze ongevoelig voor therapeutische suggesties die rekening hielden met de kant van haar moeder. Toch bevestigde haar gedrag op den duur de geldigheid van het therapeutische doel, namelijk het ontschuldigen van haar moeder.

Destructief gerechtigde mensen roepen echter voortdurend wrok en woede op bij degenen die het dichtst bij hen staan. Omdat ze een belangrijke bron zijn van voortdurend lijden en slecht functioneren in families, besteden ervaren contextueel therapeuten continu aandacht aan uitingen van destructief gerechtigde aanspraak. De moeilijkheid bij het aanspreken en doorwerken van deze relationele last ligt in het feit dat de dader op een, in zichzelf tegenstrijdige manier, *gerechtigd is* destructief te zijn. Dit 'gerechtigd zijn' veroorlooft hem nieuwe wonden toe te brengen, terwijl hij wezenlijk ongevoelig blijft voor de – gewoonlijk zichzelf-corrigerende – invloed van berouw over het letsel dat is toegebracht aan een onschuldige derde.

Soms kan iemand die tot nu toe had geleerd te leunen op het 'krediet' van destructief gerechtigde aanspraak, een opmerkelijke ommezwaai maken. Als een ouder de opbrengst van verworven constructief gerechtigde aanspraak heeft geoogst, zal deze in toenemende mate geneigd zijn de behoeften en gerechtigde aanspraak van het kind te erkennen. De ouder zal zich richten op het zoeken van manieren waarop deze de eigen ouders kan ontschuldigen. De ouder zal leren – en dat is even belangrijk – *eigen voorwaarden*, aanspraken en levensprioriteiten *vast te stellen* en ervoor op te komen, in plaats van te blijven steunen op de kenmerken van plaatsvervangende wraakzuchtigheid. Als mevrouw Jones erop kan vertrouwen dat het waardevol is te proberen haar moeder naar haar te laten luisteren, dan zal ze ook kunnen proberen haar echtgenoot naar haar voorwaarden te laten luisteren. Maar als ze er niet in slaagt de resterende hulpbronnen van vertrouwen te toetsen, zal mevrouw Jones waarschijnlijk in toenemende mate haar toevlucht nemen tot vergelding.

We kunnen het voorgaande als volgt samenvatten: therapeutische doelen die consistent zijn met dimensie IV richten zich op het aanspreken van een billijker –

zij het nog periodiek onrechtvaardige – verdeling van relationele baten en lasten. Dit doel is synoniem aan de gevestigde belangen van ieder familielid en aan hun vrije keuze voor autonome groei. In het geval van een jong kind moeten de ouders een onevenredige last van verantwoordelijkheid dragen gedurende een lange periode; dat wil zeggen: tot het kind redelijkerwijs in staat is zijn aandeel in de verantwoordelijkheid op zich te nemen. Gedurende dit proces doen de ouders er goed aan de lange-termijnbelangen van het kind voor ogen te houden, en niet van het kind evenveel terug te vragen als aan het kind is aangeboden. Geen enkel kind zou bijvoorbeeld mogen worden uitgebuit door de onverzettelijke bezitterigheid van de ouder. Ook mogen de kiemen van zelfdestructieve, tegen-autonome motivaties niet in het kind worden ingeplant *(Boszormenyi-Nagy, 1962)*.

HOOFDSTUK 5

BELANGENTEGENSTELLINGEN:
EEN VIERDIMENSIONAAL PERSPECTIEF

elangentegenstellingen tussen mensen komen overal voor en zijn onvermijdelijk, maar hoeven niet noodzakelijkerwijs destructief, pathologisch of onbillijk te zijn. Omdat ze van nature tussen mensen voorkomen, kunnen ze noch worden gereduceerd tot intrapsychische conflicten tussen verschillende krachten in één persoon, noch tot machtsconflicten tussen meer personen of systemen. Belangentegenstellingen tussen mensen die met elkaar zijn verbonden, zijn inherent aan geven en ontvangen, aan zijn en worden, en aan onderlinge strijd om hetzelfde object of gebied. Het geven-en-nemen tussen ouder en kind geeft een belangenconflict weer dat eigen is aan ongelijke partners; dat wil zeggen: aan asymmetrische keuzemogelijkheden. In feite is asymmetrie op zichzelf onvermijdelijk, terwijl andere bronnen van belangentegenstellingen te vermijden zijn. Zoals al eerder is aangegeven, nemen de belangentegenstellingen sterk toe, als de legitieme asymmetrie wordt ontkend en er van een kind wordt verwacht dat het de ouders evenveel teruggeeft, als het van hen heeft ontvangen.

De persoonlijkheidsstructuur van ouders vormt nog een andere bron van conflicten. Hoe meer een ouder in zijn eigen jeugd is verwaarloosd, hoe groter de kans dat zijn of haar nakomelingen te lijden krijgen van een schadelijk, existentieel conflict.

Klassieke, psychodynamische individuele therapie en klassieke gezinstherapie waren beide ertoe geneigd de therapeutische betekenis van belangentegenstellingen tussen mensen over het hoofd te zien. Onvoldoende aandacht is besteed aan de notie dat belangentegenstellingen alle vier de dimensies van de relationele werkelijkheid bevatten: feiten, psychologie, transacties en de ethiek van de ander toekomende aandacht. Al vroeg in zijn loopbaan was Freud geïnteresseerd in de manieren waarop jonge kinderen werkelijk schade door hun ouders werd berokkend.

Op den duur verwees hij deze zogenoemde relationele belangentegenstellingen naar het vroege verleden van zijn patiënten, dat belangrijk was geworden door de verinnerlijking ervan. In dezelfde tijd dat Freud zijn 'verleidingstheorie' liet vallen, plaatste hij belangentegenstellingen in de geest; hij beschouwde ze als *intrapsychische conflicten*: een strijd tussen de zich ontwikkelende geestelijke krachten en structuren. De bijkomende elementen van relationele werkelijkheid werden daarbij verkleind, als ze al niet werden uitgeroeid.

De klassieke systemische gezinstherapie koos ervoor de transactionele en communicatiepatronen tussen subsystemen te benadrukken. De belangstelling voor het 'systemische' niveau van één persoon nam af. Door de familieleden er in gezamenlijke sessies bij te betrekken, verschoof de klassieke gezinstherapie haar aandacht van het intrapsychische conflict en de persoonlijke verantwoordelijkheid naar transactionele gedragspatronen, waarbij de onderliggende structuur van het proces van die transacties nog moest worden omschreven.

Zoals al eerder is gezegd, begon zich een raamwerk van transactionele 'pathologische verschijnselen' te ontwikkelen, dat onder meer elementen zoals triades, complotten, afscheidingen, machtsverbonden, spelletjes, vervaagde generatiegrenzen, dubbele binding, onjuiste rolopdrachten en het zondebok-mechanisme omvatte. Klassieke gezinstherapie ontleende terminologie aan de sociale wetenschappen, waarvan de bepalende paradigma's waren gebaseerd op machtsconfrontaties en de strijd om de controle binnen de systemen. Vanuit sociologisch gezichtspunt bijvoorbeeld, wordt een conflict teruggebracht tot een *machtsstrijd*: een botsing tussen herkenbare krachten van herkenbare entiteiten. Naar onze mening echter zijn belangentegenstellingen ook geworteld in de polarisatie tussen twee personen, tussen een Ik en een Gij – in hun *context van consequentie en verdienste*.

Contextuele therapie en onderlinge belangentegenstellingen

Contextueel werk is gebaseerd op de waarneming en de conclusie dat een conflict zélf helpt bij het definiëren en ondersteunen van mensen en hun relaties. Kostbare bronnen van herstel worden toegedekt en raken verloren als men zich uitsluitend richt op onpersoonlijke, transactionele gedragspatronen. Een bekrompen transactionele benadering bagatelliseert niet alleen de legitieme zorg voor het psychische proces van iedere partner in een relatie, maar kan ook de creatieve implicaties over het hoofd zien van existentiële dialogen tussen mensen, die in hun ongeëvenaardheid en hun zoektocht naar heelheid meer zijn dan samengestelde stukjes van een transactionele legpuzzel. Het is voor een therapeut veel voordeliger wanneer hij de dimensies van de individuele psychologie en de betrouwbare dialoog aanspreekt dan wanneer hij probeert deze te verduisteren. Verwarring over wat men is verschuldigd en wat men in relaties heeft verworven ligt ten grondslag aan een massa problemen tussen ouders en kinderen, in vriendschappen en in huwelijken. Emotionele blokkades, opstandigheid van pubers, huwelijksmoeilijkheden die tot scheiding leiden, alle geven enigermate aan dat men moeite heeft met dit niveau van billijk geven-en-nemen. De uiterlijke manifestaties van belangentegenstellingen die naar boven komen in het individuatieproces, beslaan een groot gebied van moeilijkheden, waaronder financiële malversaties, agressieve handelingen en seksuele problemen. Al deze uitingen kunnen leiden tot een heftige botsing die in wezen vermijdbaar en facultatief lijkt.

Voor contextueel therapeuten bevindt zich de maatstaf van belangentegenstellingen meer in de invloed en de duur van relationele consequenties dan in de intensiteit van gevoelens, inspanningen of confrontatie. Het is dan ook duidelijk dat het belangrijkste van alle mogelijke belangentegenstellingen bestaat tussen een kind en de wereld van de hem omringende volwassenen. De veertienjarige die dagdroomt over hoe hij en zijn denkbeeldige zoon met elkaar zullen praten, elkaar zullen knuffelen en samen zullen spelen, heeft zich – al vanaf dat hij een peuter was – boos tegenover zijn vader opgesteld. De vader is in de war door het gebrek aan waardering van zijn zoon voor het goede dat het leven hem biedt. Hij zit ook vast in een familieloyaliteit, waarin aan jongens werd opgedragen te presteren, zonder rekening te houden met de emotionele prijs. Vader, een begaafd mens, die meer presteert dan er van hem wordt gevraagd, reageert nog steeds op de oproep van zijn eigen vader, dat iemand nooit zijn intellect mag verspillen. Hij reageert ook op de veel te grote investeringen die zijn moeder tot walgens toe in hem deed. Met als consequentie dat zijn zoon betaalt voor de transgenerationele mislukkingen om een gevoel van gerechtigde aanspraak te verkrijgen. Het voortdurend bestaan van relationele verwaarlozing, hoe subtiel ook, kan veel langer doorgaan dan de feitelijke levensduur van een volwassene of zelfs van zijn kind. Specifieke delegaties *(Stierlin, 1974)* kunnen de natuurlijke tendens tot ouder-kindbelangentegenstellingen en gerechtigdheden verergeren.

Relationele verwaarlozing bestaat onmiskenbaar in gevarieerde mate. Indien een ouder een kind zelfzuchtig aan zich blijft binden, kan dit in feite de vorm aannemen van gewelddadige of seksuele mishandeling, verlating of afwijzing. Hierdoor kan blijvende schade worden toegebracht aan de persoonlijkheidsontwikkeling van een jong kind en ook aan de vooruitzichten van de volwassene, zelf een liefhebbende ouder te worden. Maar potentiële existentiële tegenstellingen tussen generaties kunnen worden onderzocht, zelfs voordat iemand zich verplicht tot het ouderschap:

> Een veertigjarige vrouw, pas getrouwd, wilde graag een kind hebben voordat het te laat was. Haar man was al vader van twee pubers en had bezwaar tegen nog een kind. Edna was zowel opgelucht als verbaasd toen ze zich realiseerde dat ze meer moeite had met haar toekomstige kind dan met haar tegenstribbelende echtgenoot. Ze werd gerustgesteld door de erkenning dat het leven schenken aan een kind onder de huidige omstandigheden niet billijk zou zijn

tegenover haar kind en de oorzaak van een conflict van blijvende betekenis zou kunnen zijn.
Het is enigszins paradoxaal dat het appel van de therapeut aan haar ouderlijke verantwoordelijkheid, Edna ertoe zette bereidwillig mee te werken aan een verdere verkenning van de verwikkelingen van de situatie. Ze meldde tegelijkertijd een onmiddellijke verbetering in haar chronische slapeloosheid.

Het is voor een therapeut altijd verleidelijk om zichzelf in te zetten voor de hier-en-nu aspecten van tegenstellingen tussen mensen. Bijvoorbeeld: is het billijk dat een man trouwt en zijn echtgenote de mogelijkheid van het krijgen van kinderen ontneemt? Is het juist dat een vrouw, die nog nooit een luier heeft hoeven te verwisselen, haar late verlangen naar een baby opdringt aan haar man, die genoeg heeft van kinderen? Zou Edna haar energie niet kunnen stoppen in het schrijven van een dissertatie? Haar echtgenoot is er toch al bijna nooit: waarom haar geen kind laten krijgen waaraan ze haar tijd kan besteden? Antwoorden op deze vragen zullen het huidige conflict tussen man en vrouw ten goede en ten kwade beïnvloeden. Mocht het antwoord echter resulteren in een baby, dan zal het kind zeer waarschijnlijk de erfgenaam worden van een conflict, dat hij niet zelf heeft gegenereerd en dat buiten zijn gezichtsveld ligt. Een deel van zulke conflicten is onvermijdelijk, terwijl een ander deel kan worden verergerd door gebrek aan ouderlijke zorg voor de consequenties voor het nageslacht.
De lange-termijnconsequenties van lopende conflicten tussen mensen zijn moeilijk in te schatten. De therapeut die mensen helpt onder ogen te zien welke mogelijkheden zij hebben om volgende generaties onrecht te kunnen doen, vraagt veel van zichzelf.
Ouderlijke verantwoordelijkheid brengt altijd lange-termijnconsequenties met zich mee, die zelfs bestaan als ze tijdelijk verborgen zijn. Deze consequenties verschillen natuurlijk voor elke betrokkene in een relatie. De structuur alleen al van relationele belangentegenstellingen laat zien hoe verschillend ze zijn voor iedere betrokkene afzonderlijk. Wie kan voor Edna het gemis van ouderschap vergelijken met het potentieel van een baby aan wie nooit het leven is gegeven? Toch heeft haar beslissing centripetale en centrifugale consequenties vanuit haar gezichtspunt en vanuit het gezichtspunt van ieder die een inbreng heeft in deze situatie. Samengevat brengen belangrijke existentiële belangentegenstellingen transgenerationele verwachtingen, mandaten, legaten en delegaties met zich mee. In de contextuele denkrichting worden psychologische reacties van partners op elkaar behandeld als secundaire verschijnselen van existentiële consequenties.

Vooraf bepaalde bronnen van existentiële tegenstellingen

Existentiële bronnen van onderlinge tegenstellingen zijn in wezen *pre-attitudinaal* en *onbedoeld* en ook vooraf bepaald. Ook andere bronnen van tegenstellingen hangen af van de attitude van de verschillende partners. Bijvoorbeeld: adoptie schept een belangentegenstelling tussen de biologische afkomst van een persoon en zijn samenleven met adoptie-familieleden. Een ongewenst kind zijn – of een kind van chronisch wantrouwende ouders – resulteert onvermijdelijk in een bron van existentiële tegenstelling. Andere voorafbepaalde bronnen van tegenstelling worden gevormd door het geboren worden met aangeboren gebreken, het kind zijn in een éénoudergezin, een enig kind zijn, of het moeten opgroeien in een stieffamilie. Bovendien heeft de geleidelijke verdwijning van de grootfamilie in onze eeuw bijgedragen aan de tegenstellingen die bestaan tussen overbelaste ouders en hun vaak overgeparentificeerde kinderen.

Bronnen van belangentegenstellingen in het gedrag

Vooraf bepaalde belangentegenstellingen kunnen worden verergerd door belangenstellingen in het gedrag. Voorbeelden hiervan zijn onder meer:

– een kind niet willen hebben, het in de steek laten of mishandelen, of het kind knellend domineren;
– het kind parentificeren of het niet in staat stellen zelfstandig te worden;
– hypocriete ouderlijke waarden die een kind in de war brengen;
– pseudo-intimiteit, pseudo-separatie en het zondebok-proces.

De contextuele benadering

Contextueel therapeuten werken vanuit de overtuiging dat belangentegenstellingen voortkomen uit de dimensie van de feiten, en de psychologische, transactionele en ethische dimensies van relationele werkelijkheid. Zij begrijpen dat de aanvankelijke symptomatologie en de familieproblemen een geleidelijke *vertaling in steekhoudende belangentegenstellingen* tussen familieleden vereisen. Zij weten dat ze – wanneer het niveau van betrouwbaarheid in een therapie begint te stijgen – kunnen beginnen met aan ieder familielid te vragen naar zijn of haar bewoordingen van en visie op het conflict. Zij begrijpen ook dat het vermogen van familieleden om toe te geven dat ieder zijn of haar eigen kant aan een conflict ziet, kan leiden tot bruggen die hen uiteindelijk weer met elkaar zullen verbinden. Contextueel therapeuten weten echter ook dat veeleer een veelomvattend therapeutisch plan nodig is om constructieve relationele bronnen te mobiliseren, dan een reductionistisch steunen op één van de vier dimensies. Neem bijvoorbeeld eens het gezin in ogenschouw, dat bestaat uit twee gescheiden en hertrouwde ouders, die een gemeenschappelijk kind hebben, en de twee kinderen van de vrouw uit haar vorige huwelijk:

Hier moet het *feit* worden onderkend dat haar vroegere echtgenoot als ouder op onvervangbare wijze van betekenis is. In onze zienswijze is de moeder verplicht te onderzoeken op welke manier haar onophoudelijke vijandige omgang met de natuurlijke vader van haar kinderen (transacties), de twee oudere kinderen belast met een voortdurende moeilijke situatie van een gespleten loyaliteit (ethiek). Ervaren therapeuten weten dat er geen effectiever wapen is waarmee men een ex-echtgenoot kan kwetsen (transacties en psychologie), dan door hem impliciet te beschuldigen van destructief ouderschap (ethiek).

In deze situatie wordt er automatisch van de twee oudere kinderen verwacht dat zij medestanders van hun stiefvader worden (transacties). Zij zijn gegijzelden (ethiek) van zijn rol als rivaal (transacties), namelijk als de tweede echtgenoot van hun moeder; dat wil zeggen: de man die hun vader heeft vervangen (feit). Het is ook waar dat deze kinderen een betrouwbaar gezinsleven (ethiek) nodig hebben (psychologie) en er recht op hebben (ethiek), waarin ze hun eigen gerechtigde aanspraak kunnen verdienen door elkaar enige zorg te bieden (ethiek).

Interventies die het belang van de vooruitzichten van de kinderen voor hun toekomst aan de orde stellen – met inbegrip van hun vermogen een ouder te zijn voor de volgende generatie (feiten, psychologie, transacties en ethiek) – bieden een krachtig en verantwoordelijk therapeutisch plan.

HOOFDSTUK 6

DRIE ASPECTEN VAN ONDERLINGE DIALOOG

Hechte relaties worden gevormd door verwantschap of door emotioneel betekenisvolle bevrediging. Bezien over een lange periode, hangt de kwaliteit van hechte relaties af van hun betrouwbare kern: de echte dialoog. Echte dialoog is in wezen afhankelijk van de wederkerigheid van verantwoordelijke zorg (*Buber, 1958*). In onze gedachtengang is dialoog de kern van die relationele werkelijkheid, die de context van volwassen *individuatie* wordt. Het negeren van deze fundamentele, functionele beginselen van relaties ligt ten grondslag aan veel van wat als pathologisch wordt beschouwd. Bijvoorbeeld: zowel vijandige afstand als versmolten verstrengeling kunnen een weergave van echte dialoog zijn.

Therapeuten kunnen zich natuurlijk óf richten op de meer zichtbare uitingen van hechte relaties óf op de dieperliggende fundamenten die lijken op het geraamte en de pezen die weke delen stevig bijeenhouden. In het contextuele werk is het belangrijk iets af te weten van de kenmerken van deze dieperliggende structuren. De therapeut moet niet alleen in staat zijn gedragspatronen, rollen, systemische feedback, individuele emoties en motivaties aan te pakken, maar ook grootboeken van billijkheid die de basis van betrouwbare relaties vormen.

Er zijn drie aspecten van dialoog die diepergaande richtlijnen aanvoeren voor het ontdekken van de zichzelf-corrigerende *hulpbronnen* in hechte relaties. Ze wijzen op gemiste kansen op duurzaamheid door middel van wederkerige betrokkenheid. Ze geven ook aanwijzingen voor therapeutische keuzemogelijkheden. Hier zullen wij ze in beknopte vorm weergeven; verderop in het hoofdstuk zullen deze aspecten gedetailleerd worden beschreven.

Het eerste aspect van dialoog is de *polarisatie* tussen Zelven: de sleutel voor differentiatie versus versmelting, fusie en een met schuld beladen 'verstrengeling'.

Wederzijdse afbakening leidt slechts tot een creatief gebruik van het de-anderzijn. Mogelijkheden voor zelfvalidatie bevatten anderzijds de leidraad tot ethische winst van het verwerven van gerechtigde aanspraak. Polarisatie is ook de sleutel tot constructieve in plaats van tot destructieve wedijver.

Symmetrie versus asymmetrie is het tweede aspect van dialoog. Hier is iemands verantwoordelijke bijdrage aan een ander een van de kenmerken die de regels bepalen van een rechtvaardig geven-en-nemen. Rechtvaardigheid binnen asymmetrie is de sleutel tot billijke wederkerigheid, vooral in intergenerationele relaties.

Billijke veelzijdige betrokkenheid is het derde aspect van dialoog. Het is een andere sleutel tot betrouwbare wederzijdse betrokkenheid. Door alle huidige en toekomstige deelhebbers erbij te betrekken, zorgt men voor een billijker balans tussen de verdelende en vergeldende grootboeken van rechtvaardigheid. Dit aspect waarborgt een samengevoegd uitgangspunt, of gezamenlijke aandacht voor de echtelijke en ouderlijke grootboeken van een huwelijk.

Het is van groot, praktisch therapeutisch belang om te begrijpen, dat de drie aspecten van dialoog niet zomaar gedragspatronen zijn. Zij hebben betrekking op de kern van het leven, waarin fundamentele attitudes ten opzichte van relaties worden gevormd en geschraagd. Als ouderschap kan worden gekenschetst door verwaarlozing en uitbuiting van kinderen, kan dit ook een herhaling zijn van een drie-generatie-patroon. In dat geval moet therapie de grondhouding van de ouders – namelijk gevoelloosheid voor het welzijn van hun kind – aanpakken en niet alleen de persoonlijke, getoonde gedrags-, communicatieve of transactionele patronen. Grondhoudingen hebben meer te maken met lange-termijnconsequenties die zich generaties lang herhalen, dan met hier-en-nu waarneembare feedback. Therapeutische plannen moeten op beide betrekking hebben.

Contextuele therapie is betrokken bij de innerlijke structuur van nauwe, betrouwbare verbintenissen; dat wil zeggen: wat Buber echte dialoog noemde (*1958*). Vanuit ons gezichtspunt zijn zulke relaties meer verbonden met de notie 'grootboek' dan met het begrip 'rol'. Met andere woorden: de röntgenfoto van het rolgedrag in hechte relaties laat een infrastructuur zien die is gebaseerd op balansen van billijkheid. De uiteindelijke regulering van de kwaliteit van hechte relaties is afhankelijk van de dimensie van relationele ethiek. Als de therapeut wil werken met meer dan alleen oppervlakkige gedragsuitingen van mensen die met elkaar in relatie staan, zal hij er veel aan hebben als hij deze drie aspecten van de kenmerken van relationele betrouwbaarheid begrijpt. Bijvoorbeeld: een kind van gescheiden ouders kan behalve een belangrijke bron van zelfafbakening en zelfvalidatie, ook nog de actuele relatie verliezen met de ouder die niet de ouderlijke macht heeft gekregen. Onder zulke omstandigheden kan het kind ook de mogelijkheid tot echte dialoog verliezen.

Wanneer een contextueel therapeut de toestand van een gezin taxeert, is hij benieuwd naar de hulpbronnen in het gezin; dat wil zeggen: naar de kwaliteit van de onderlinge relaties. Hij zal zich niet beperken tot het evalueren van ziekten, problemen, symptomen en conflicten. Hij stelt ook belang in de 'klinische' kenmerken van goed met elkaar omgaan, liefde, hoop en vertrouwen. Betrouwbaarheid – de belangrijkste bron van echte dialoog – is het hechtmiddel van levensvatbare relaties. Zichtbare problemen tonen slechts het topje van de ijsberg. Het is wantrouwen dat relaties uit elkaar doet vallen.

Polarisatie: de dialectiek tussen Zelven

Dit aspect van echte dialoog biedt twee belangrijke keuzemogelijkheden voor individuatie of persoonlijkheidsvorming door middel van de wederzijdse definitie van het de-ander-zijn. De eerste is zelfafbakening: *het gebruik van relaties voor het definiëren van het eigen Zelf in verhouding tot de ander die hierbij als uitgangspunt fungeert.* De andere keuzemogelijkheid is zelfvalidatie: *de bekrachtiging van zelfwaarde door middel van gerechtigde aanspraak, die verworven is door het bieden van gepaste zorg.*
Contextueel gezien is individuatie een relationeel proces. Zelfs de Freudiaanse benadering met haar diepgaand begrip van individuele dieptepsychologie is onafscheidelijk verbonden met haar impliciete relationele denkbeelden. Omgekeerd kunnen relaties alleen maar goed worden begrepen als er gepaste erkenning wordt gegeven aan de draagwijdte van individuele inspanningen. *De psychische en sociale ontwikkeling zijn in wezen niet van elkaar te scheiden.* Als twee polen van menselijke werkelijkheid staan ze in dialectische relatie tot elkaar. Kinderen overleven en groeien in een ondersteunende, menselijke gemeenschap.
Als individuele psychologie en relatie integrale delen van elkaar zijn, dan zijn het heden en het verleden dat ook. Zoals mensen deelnemers zijn in hun huidige relaties, zijn zij ook schakels in de keten van transgenerationele consequenties. In feite is geboorte zelf al een basis van een relatie, een consequentie eerder dan een transactie, verandering, feedback of ander kenmerk van relationeel gedrag. Vanuit contextueel gezichtspunt zijn zelfs de biologische aspecten van het worden en het zich ontwikkelen van een mens relationeel. Volgende generaties zijn in dialoog met elkaar, zelfs als de dialoog nooit een gesproken dialoog kan zijn.

Zelfafbakening

Individuatie in psychische zin is verwant aan overleving in biologische zin. Ergens tussen geboorte en dood moeten mensen de *afbakening van een uniek eigen Zelf* onder ogen durven zien, een Zelf dat losstaat van de wereld en van andere Zelven. Tijdens dat proces zal iemands leven een persoonlijke betekenis ontwikkelen, die specifiek van hem is.
Natuurlijk, doel en betekenis van het leven worden ontleend aan veel bronnen. Vechten om te overleven is zo'n bron. Belangrijke relaties zijn een andere bron.

De keten van transgenerationele consequenties is nog een andere. Enerzijds is de individuele identiteit het eigen, unieke psychologische produkt van een mens. Anderzijds wordt persoonlijke identiteit beïnvloed door toevallige omstandigheden, zoals geboren worden bij liefhebbende, zorgende ouders, maar ook door geslacht, godsdienst, ras en landaard. Iemands achtergrond leent zich voor een zinvolle identiteit. Hetzelfde geldt voor de kwaliteit van zijn of haar belangrijke relaties. Krachtens hun wederzijdse beschikbaarheid, zetten partners een fundering en achtergrond op voor elkaars betekenis en identiteit. De vorming van de eigen persoonlijkheid vereist een dialectische antithese met het bestaan van de ander of de niet-ik. Persoonlijke betekenis is vervlochten met relationele wijzen van zijn *(Boszormenyi-Nagy, 1965a, 1967)*.

Polarisatie is een belangrijk, relationeel principe en een therapeutische richtlijn. Als een aspect van het proces van dialoog betekent polarisatie: wederzijdse individuatie door middel van het bestaan van het de-ander-zijn. Maar stereotiepe begrippen over een onderscheiden onafhankelijk en autonoom Zelf, schilderen het Zelf af alsof het te scheiden is van de dialectiek van relaties. Met als gevolg, dat alle aspecten van hechte relaties, zoals bijvoorbeeld billijke zorg en betrokkenheid, emotionele onderlinge afhankelijkheid en sympathie, kunnen worden beschouwd als een belemmering van de vrijheid om een individu te worden. Er kan over deze zaken denigrerend worden gesproken, door ze te benoemen als verstrengeling en 'emotioneel systeem'. Als een exponent van deze exclusief op zichzelf gerichte, centripetale visie op individualisme, heeft Sartre menselijke relaties geschetst als een grenzeloze concurrentieslag en een onophoudelijke uitbuiting van elkaar.

De visie op het individu als een onaantastbare en absolute, opzichzelfstaande entiteit is kenmerkend voor bepaalde stromingen van de westerse beschaving. De filosofie van Nietzsche *(Kaufmann, 1968)* en vooral die van Stirner *(1845/1913)* ging tot het uiterste toen zij de rechten en superioriteit verkondigde van het individu, dat sociaal niet betrokken is en, gevoelloos, alleen voor zichzelf zorgt. In onze bewoordingen hebben deze denkers het gebruik maken van anderen om het Zelf te kunnen afbakenen, afgesplitst van het gebruik maken van de relatie als mogelijkheid om verdienste (zelfvalidatie) te verwerven. In hun ontkenning van sociale onderlinge afhankelijkheid doen de voorstanders van de absolute, nietdialectische, individuele autonomie een appel op de egocentrische, narcistische geaardheid van de mens. 'Laat mij doen wat ik zelf wil' leidt tot sociale filosofieën die verweerschriften zijn voor uitbuitend 'puur individualisme', vrij zijn van ouderlijke verantwoordelijkheid en onverzwakte vooroordelen jegens randgroeperingen. Wanneer er op sociaal gebied volledig wordt voorbijgegaan aan de rechten van anderen, kan dit leiden tot gevoelloze industriële uitbuiting van arbeiders, intolerantie ten opzichte van politieke oppositie, eenzijdige dictatuur, slavernij en – als extreem uiterste – tot volkerenmoord. In de bewoordingen van Martin Buber is zo'n gevoelloze geringschatting van de ander het beste voorbeeld van een relatie als Ik – Het.

Wanneer een persoonlijkheid een antithese voor een ander wordt, vereist relationele dialectiek dat een impliciete en expliciete rekening wordt opgemaakt van tegoeden en schulden. In de eerste plaats wordt individuatie tussen twee of meer mensen gekenschetst door polarisatie tussen het ene Zelf en het andere. Vanuit een psychologisch gezichtspunt komen geboorte, ervaringen van scheiding en individuele groei bijeen in het zijn en worden van het Zelf en bepalen diens vooruitzichten op het ervaren van 's levens betekenis. Vanuit een transactioneel gezichtspunt ontwikkelen zich de kansen op geven en ontvangen. Vanuit een ethisch gezichtspunt worden mogelijkheden voor billijke dialoog en echte zorg ontwikkeld. Daar komt nog bij dat mensen hun belangenconflicten wel onder ogen moeten zien, als de individuele identiteit zich begint te ontwikkelen.

De negatieve keuzemogelijkheden van het met-elkaar-verbonden-zijn kunnen de vorm aannemen van een existentiële angst voor het worden van iemand of voor het zijn op zichzelf. Individuatie – juist het worden van een persoonlijkheid – is onveranderlijk gekoppeld aan gevoelens van verlies. De ontwikkeling en groei van de partner *ipso facto* veroorzaken angst voor verlating en impliciet verraad. Angst en bezorgdheid over dit verlies kunnen leiden tot verschijnselen die – transactioneel gezien – kunnen worden gekenschetst als verstrengeling. Of – op een wat dieper niveau – deze verschijnselen kunnen worden beschouwd als een 'ongedifferentieerde ego-massa' (*Bowen, 1965*) of als 'pseudo-wederkerigheid' (*Wynne, 1958*). Als gevolg van de differentiatie van een belangrijke partner kunnen mensen worden gemotiveerd tot een 'heimelijke opschorting van rouw' (*Boszormenyi-Nagy, 1965b*).

Angsten en bezorgdheid over verlies en verraad, die impliciet in de pogingen van een partner tot individuatie besloten liggen, zijn ook zichtbaar in indirecte, onzichtbare loyaliteiten, die een belangrijke bron van pathogenese in relaties zijn *(Boszormenyi-Nagy & Spark, 1973/1984)*. Indirecte, onzichtbare loyaliteiten binnen een relatie worden merkbaar in het plaatsvervangend slachtoffer van een andere relatie. Gedragsmatig zijn deze onzichtbare loyaliteiten de oorzaak van een heel scala van zichzelf-vernietigende gedragspatronen, zoals verslaving en psychosomatische ziekte *(Cotroneo & Krasner, 1977)*.

Psychotherapeutische literatuur bekijkt individuatie en autonome rijping vrijwel volledig vanuit het gezichtspunt van de (*centripetale*) belangen van het ik. Hierbij wordt aangenomen dat een cliënt – bijvoorbeeld door haar rijpe inzicht in en beheersing van haar neurotische afweer – de doelmatigheid waarmee zij haar eigen behoeften kan bevredigen, zal vergroten. Maar contextuele therapie voegt een *centrifugale*, op de ander gerichte zorg toe aan haar aandacht voor individuatie. In onze visie bevindt zich een gelijk, zij het tegenovergesteld criterium van echte autonomie in iemands vermogen rekening te houden met de consequenties van een relatie vanuit zowel het gezichtspunt van de partner, als vanuit dat van hemzelf. Een centrifugale benadering is vooral bruikbaar als de partner kwetsbaar is vanwege onder andere gezondheid, leeftijd of sociale status. Onze psychologische behoefte om grootmoedig te zijn, kan ons helpen kiezen voor de mogelijkheid van zelfvalidatie door middel van het verdienen van gerechtigde aanspraak.

Zelfvalidatie

We benaderen het proces van zelfvalidatie zowel vanuit psychologisch als vanuit existentieel-ethisch gezichtspunt. Met andere woorden: door zorg te geven aan een partner, bevredigen mensen niet alleen een bestaande psychische behoefte, maar vergroten ze ook hun eigenwaarde en verdienste. Zelfvalidatie beïnvloedt zo tevens de balans van relationele aanspraken en verplichtingen en vergroot de rechtmatigheid van het beroep dat het Zelf op de wereld doet.
Erik Erikson, Abraham Maslow en D.H. Winnicott behoren tot de theoretici, wier psychologische belangstelling ook was gericht op de consequenties voor anderen. Erikson voegde 'generativiteit' bij de kenmerken van psycho-sociale rijpheid van volwassenen. Maslow nam zorg voor anderen op bij zijn kenmerken voor de volwassen, zichzelf verwerkelijkende persoonlijkheid (*1954*).
Hoewel het een vereiste is voor individuele rijping en groei, is verantwoord ouderschap het meest duidelijke voorbeeld van centrifugale, op de ander gerichte zorg. Toch is in onze ervaring de aangeboren geneigdheid zorg te dragen voor andere mensen ook kenmerkend voor zeer jonge kinderen, en niet alleen voorbehouden aan ouders of ouderfiguren. Gezinstherapie laat zien hoe liefdevol en adequaat zorgend drie- en vier-jarige kinderen kunnen zijn voor ruziënde en wantrouwende ouders. Ouders die zelf nog veel zorg behoeven en die er niet in slagen erkenning te geven voor de zorg die hun kinderen voor hen hebben, verergeren onvermijdelijk de parentificatie, die meestal reeds bij hun kinderen bestaat. Therapeuten moeten ervaren en deskundig zijn, willen zij de subtiele uitingen van de 'volwassenachtige' zorg van kinderen kunnen vaststellen en waarnemen. Nog meer ervaring en deskundigheid heeft de therapeut nodig, als hij van plan is de ouders te helpen zien wat ze van hun kinderen ontvangen, en hun te leren hoe zij erkenning kunnen geven voor wat hun wordt gegeven.
Het volwassen vermogen kleine kinderen 'lief te hebben' moet een automatische, vanzelfsprekende erkenning inhouden van de zorgende kenmerken van het kind. Maar deze kenmerken liggen vaak besloten in houdingen van een kind waaruit niets valt af te leiden, waardoor het vrijwel onmogelijk is ze te herkennen. Vaak is daarom een globaal krediet geven aan de intrinsieke zorg van het kind voor het welzijn van het gezin, de beste mogelijkheid voor de ouder om zowel zijn of haar persoonlijke waarde en gerechtigde aanspraak te valideren, als *de belangstelling aan te moedigen van het kind voor het verwerven van recht*; dat wil zeggen: voor het op een volwassen manier met elkaar omgaan.
Een kind van wie de bijdragen aan het welzijn van de ouders zijn onderkend en erkend, zal leren te kiezen voor het verwerven van recht. Het zal begrijpen dat

zorg ook kenmerken van beloning in zich heeft. Daarentegen lijden kinderen, wier natuurlijke geneigdheid tot zorg stelselmatig is gemanipuleerd en uitgebuit, onder chronische parentificatie in haar meest destructieve vorm. Het kan zijn dat een volwassene, in plaats van bereid te zijn de prijs voor het bijdragen aan de autonome individuatie van het kind te betalen, juist de zorg van een kind voor hem of haar misbruikt.

Het menselijk psychologisch potentieel bevat een behoefte tot het zorgen voor anderen. Dit feit maakt het een mens makkelijker om te kiezen voor zelfvalidatie door middel van het geven van zorg. Maar als men geen rekening houdt met de inhoud van de behoeften en de rechten van de ander, heeft men geen betrouwbare maatstaf voor wat de ander rechtmatig toekomt in de context van zijn relationele grootboek. Een in materiële zaken vrijgevige vader kan het gevoel hebben dat hij zijn kind geeft wat het toekomt, wanneer hij zijn eigen jeugd zonder speelgoed vergelijkt met de overvloed aan speelgoed die hij zijn kind geeft. Toch kan het zijn dat het kind verlangt naar aandacht van de vader en niet naar speelgoed.

Iemands verlangen een relatie te gebruiken ten bate van zelfvalidatie, is op zichzelf niet betrouwbaar. Echte en passende zorg om de terechte behoeften en rechten van anderen, bevordert de eigenwaarde en de gerechtigde aanspraken van de zorgdrager. Maar een onecht gebruik van een partner om het gevoel van eigenwaarde te vergroten, is ook mogelijk. Bijvoorbeeld: ik kan mijn partner bieden wat *ik* denk dat hij nodig heeft, in plaats van wat *híj* denkt dat hij nodig heeft. Of als ik bezig ben de beschikbaarheid van mijn partner te gebruiken, kan het zijn dat ik, behalve dat ik hem of haar geen krediet geef, hem of haar ook nog op een oneerlijke manier beschuldig of tot zondebok maak. Dialoog verslechtert onvermijdelijk als partners in de rol van schuldige worden gemanipuleerd.

De veel voorkomende neiging 'slechte' familieleden tot zondebok te maken, vormt een uitbuitend en destructief gebruik van relaties. Op een ethisch niveau verminderen onechte pogingen tot zelfrechtvaardiging feitelijk de ethische waarde van het Zelf. De zondebok kan niet anders dan degenen die hem tot zondebok maken een dienst bewijzen door – zij het met tegenzin – alleen al beschikbaar te zijn gedurende de tijd dat hij wordt aangevallen. Tijdens dit proces verkrijgen de familieleden een gunstige zelfdefinitie ten opzichte van het doelwit van hun aanval. De bijdrage van de zondebok aan hun welzijn wordt echter nauwelijks beloond. Hij wordt in de steek gelaten en geminacht.

Verder kan men, door iemand anders de schuld te geven, zichzelf ervoor beschermen de nuances van de eigen verantwoordelijkheid onder ogen te moeten zien. Soms is het gewoon makkelijker onze eigen tekortkomingen op een ander – *wie dan ook* – te projecteren. Ongeacht de leeftijd van het doelwit, suggereert het zondebok-proces altijd impliciete parentificatie. De zondebok wordt op oneerlijke wijze gedwongen om verantwoordelijkheid op zich te nemen voor de lasten of de vergrijpen van een ander. Het komt bijvoorbeeld vaak voor dat ouders, die worden belegerd door een onbetrouwbare wereld, van hun kind onrealistische verwachtingen van volmaakte betrouwbaarheid hebben. Het is onnodig te zeggen, dat geen enkel kind aan zulke geïdealiseerde verwachtingen kan beantwoorden, hoe hard het dat ook probeert. In feite kan geen mens voldoen aan het verlangen van de ander de onbetrouwbaarheid die de wereld kenmerkt, uit te schakelen. Te grote idealisering van een kind is zo gewoonlijk de voorbode van het kind tot doelwit van schuld maken.

De *moeilijke situatie van gespleten loyaliteit* is een extreem voorbeeld van ouderlijke verwachtingen van bovenmenselijke perfectie. Heimelijk of arglistig verwacht iedere ouder van zijn of haar kind dat het weet hoe het betrouwbaar moet zijn, *ondanks het feit* dat het ouderlijk wantrouwen de wereld van de volwassenen, waarin het kind leeft, beheerst. Tot het uiterste geparentificeerd, krijgt het kind, dat gevangen zit tussen de tegenstrijdige eisen van beide ouders, zelden krediet voor zijn positieve bijdragen aan het gezin. Het is waarschijnlijker dat het kind verwijten over zijn falen krijgt te horen. Het kan zelfs zo zijn, dat het kind ervan wordt beschuldigd, de oorzaak van de problemen van zijn ouders te zijn. Of – nog subtieler – hij kan het zwaar te verduren krijgen door de wens van zijn ouders, die het aan hem overlaten wegen te vinden hen met elkaar te verzoenen. Het tragische resultaat van destructieve parentificatie heeft evenveel te maken met het verlies van de ouders als met het verlies van het kind: ouders verspelen hun keuzemogelijkheden tot zelfvalidatie door middel van verdiend recht, en verliezen terrein bij het najagen van hun eigen autonomie. Wanneer ouders hun kind in de steek laten voor hun eigen onrealistische verlangens, geven zij de kans op om gerechtigde aanspraken te verwerven door het bieden van gepaste zorg aan de prioriteiten, de belangen en de behoeften van het kind.

Het kind echter, dat 'het object moet zijn' *(Boszormenyi-Nagy, 1965a, 1967)*, verliest een belangrijke mogelijkheid voor actieve zelfafbakening. Desalniettemin: ouders kunnen ook groeien.

> Een jonge vrouw van 22 jaar, besloot haar dochter van twee jaar weg te halen bij een echtpaar, dat bereid was haar te adopteren. Dat had twee jaar voor de baby gezorgd. Joyce, aanvankelijk een onverschillige, op zichzelf gerichte moeder, promiscue, verslaafd aan drugs en alcohol, was nu vastbesloten wegen te zoeken waarop ze een betere moeder voor haar kind kon worden. Ze veranderde veel van haar gewoonten en besteedde aanzienlijk meer tijd en moeite dan ooit tevoren aan het opvoeden van Jane.

Voor volwassenen is ouderschap dé gelegenheid om via verbondenheid hun eigenwaarde te valideren. Aan het werk gezet door de klaarblijkelijke behoeften van het kind aan koestering, is het vroege ouderschap de meest typerende levenssituatie voor een rijpe polarisatie van het Zelf van een jonge volwassene. De eruit voortvloeiende definitie van het eigen Zelf ontstaat door gedrags- en cognitieve differentiatie tussen verzorger en hulpeloos kind. Die vindt ook plaats door middel van iemands vermogen om op een volwassen manier verantwoordelijkheid op zich te nemen.

Een eenvoudige therapeutische interventie kan het belang van een zich ontwikkelende zelfpolarisatie toelichten. Aan het begin van de eerste zitting met Joyce en haar moeder, vroeg de therapeut: 'Moet ik u moeder noemen (om haar kind, dat afwezig is, erbij te betrekken) of Joyce, waarbij ik dan uw moeder als moeder zal aanspreken?' Joyce: 'In mijn familie ben ik het kind. Niemand noemt mij moeder. Daar ben ik aan gewend. Maar als ik erover nadenk, wil ik graag dat u mij met moeder aanspreekt. Ik wil graag leren hoe ik een goede moeder kan zijn.' Door erop te staan, dat deze jonge vrouw beslist over hoe ze wil worden aangesproken, lokt de therapeut actieve, verantwoordelijke zelfdefiniëring en zelfvalidatie uit. Dit staat in duidelijke tegenstelling tot het heretiketteren of positief benoemen door de therapeut, waarbij de therapeut zelf een identiteit voor Joyce kiest.

Hetzelfde therapeutische doel gold voor het gehele verloop van de therapie van deze jonge vrouw. De vorming van een onderscheiden, volwassen identiteit is ook een vereiste voor een volwassen, betrouwbare manier van met elkaar omgaan.
Een belangrijk aspect van relationele betrouwbaarheid is het al dan niet beschikbaar zijn van de keuzemogelijkheden voor zelfafbakening en zelfvalidatie. Het zijn daarom toetsstenen voor de kwaliteit van hechte relaties. Als het iemand onmogelijk wordt gemaakt een van beide keuzemogelijkheden te verwezenlijken, vermindert de dialoog van een hechte verbintenis in kwaliteit. Zelfafbakening en zelfvalidatie betekenen ook belangrijke therapeutische hefbomen en hulpbronnen.
De praktische implicaties van het begrip 'zelfvalidatie' ondersteunen de therapeutische theorie van de contextuele benadering; dat wil zeggen: de gedachte dat er van het proces van het verwerven van gerechtigde aanspraken een motiverende kracht uitgaat. In de eerste plaats is er een duidelijke ondersteuning van de ouder die punctueel heeft voldaan aan zijn verantwoordelijkheid in het opvoeden van een kind. Vanaf hier reikt de motiverende kracht van het proces tot voorbij de schijnbaar abstracte handeling van het ontschuldigen van een overleden ouder. Anderzijds: waarom zouden we het nageslacht hun overleden ouder niet laten vergeten en zo een bijdrage leveren aan een concrete onderneming met meer resultaat?
Ons antwoord is nauw verbonden met de contextuele nadruk op de integriteit van hechte relaties. Een integere handeling in de ouder-kinddialoog is niet alleen wenselijk omdat deze de ontvanger ten goede komt. Door zijn innerlijke investering in zelfvalidatie komt de handeling voornamelijk degene die haar verricht,

ten goede. Het proces van het polariseren van Zelven begint met wederzijdse zelfafbakening en wordt voltooid door middel van de dialectiek van wederzijdse winst voor ieders Zelf. Een van de belangrijkste contextueel therapeutische hefbomen is gelegen in het kundig gebruiken van de relationele hulpbronnen.

Het proces van winst voor zichzelf, dat in gang wordt gezet door middel van relationele zelfvalidatie, belicht volop dat het zorg dragen voor onopgeloste, niet beloonde hechte relaties van groot therapeutisch belang is. Mensen investeren onvermijdelijk psychologisch in de betrouwbare integriteit van vormende en vruchtbare relaties. De toets van integriteit is hier concreter en beter te omlijnen dan in oppervlakkige verbintenissen. Hechte relaties worden ook de bakermat voor de vorming van de persoonlijkheid van het nageslacht. De consequenties van de relationele integriteit van de ouders of van hun gebrek aan integriteit betreffen in hoge mate de kansen van het nageslacht op vertrouwen en op het verwerven van eigenwaarde.

Een belangrijke sleutel hiertoe is het werken aan onafgemaakte familie'zaken', die doordrenkt zijn van belangrijke hulpbronnen. Een deel van de fundering van de vrijheid van een mens tot het aangaan van toekomstige relaties, wordt hiermee gelegd.

Verplichtingen in relaties: symmetrie versus asymmetrie

Symmetrische en asymmetrische verplichtingen in relaties vormen een ingewortelde, op feiten gebaseerde contextuele begrenzing van eenvoudige gelijkheid tussen partners. Hoe meer een relatie intrinsiek asymmetrisch is, hoe meer de balans van vereisten gaat hellen en schever wordt. Hetzelfde geldt voor de kracht van de consequenties van het rechtvaardige geven-en-nemen tussen partners. De neiging om verscholen asymmetrieën over het hoofd te zien in een op het oog symmetrische relatie is vaak de oorzaak van relationele verwarring en wanhoop. Het tweede aspect in het dialogische proces van individuatie heeft te maken met de rechtvaardiging van wat mensen aan elkaar verplicht zijn. Op een andere manier gezegd: het gaat over het punt van iemands *ingewortelde grenzen bij het aanvaarden van verplichtingen ten aanzien van de rechtmatige verwachtingen van een ander.*

De meeste theorieën over sociale interactie spreken van uitwisseling tussen verondestelde gelijken, die recht hebben op gelijke verwachtingen. Als het gaat om volwassen, volledig competente leden van welke groep mensen dan ook, kan het feit dat men verwachtingen heeft, gezien worden als winst. Elke aanname die een aangeboren asymmetrie tussen mensen veronderstelt, zou het grondbeginsel van gelijkheid, dat door de Amerikaanse grondwet en de Franse revolutie trots is uitgeroepen, tegenspreken. De moderne mens zou de openlijke legalisatie van slavernij of van erfelijke feodale ondergeschiktheid ogenschijnlijk verafschuwen. Er wordt op het hedendaagse politieke en sociale podium intensief gezocht naar een rechtvaardige balans tussen de rechten van de man en van de vrouw. Desondanks wordt de kwestie om verschillende redenen buitengewoon ingewikkeld, onder meer door de asymmetrie in de persoonlijke bijdrage van vrouwen aan het voortplantingsproces.

Symmetrische relaties zijn intrinsiek wederkerig. Mensen van gelijke kracht en maatschappelijke positie, die van zichzelf geven, hebben recht op terugkrijgen in ongeveer gelijke mate. Om hun relatie betrouwbaar of billijk te houden, wordt van gelijken die van elkaar ontvangen, verwacht dat zij in ongeveer gelijke mate teruggeven. In tegenstelling daarmee worden in de ethische dimensie asymmetrische relaties impliciet beperkt in hun wederkerigheid. Ouders kunnen niet verwachten dat zij in ongeveer gelijke mate zullen terugkrijgen wat zij aan hun jonge kinderen hebben gegeven. Met andere woorden: intergenerationeel geven is niet alleen van een andere orde van grootte, maar het is ook van een andere kwaliteit. Ouders hebben onmiskenbaar de keuze of zij het leven geven aan een kind of niet. Kinderen hebben ten aanzien van hun ouders die keuzemogelijkheid niet.

Kortom: de symmetrie of de asymmetrie van geven en ontvangen is een wezenlijk feit en al aanwezig voordat attitudes en transacties worden gevormd. De opeenvolging van generaties zelf schrijft de mate en het doel van billijkheid voor en rechtvaardigt deze. Als de intrinsieke asymmetrie in een context wordt genegeerd, zal de betrouwbaarheid van de relatie er ongetwijfeld onder lijden.

Compenserende hulpbronnen

Het begrip 'verworven gerechtigde aanspraak door middel van het bieden van gepaste zorg en de transgenerationele mandaten en legaten' kan dienen bij het toelichten van de compenserende hulpbronnnen in asymmetrische relaties. Wij hebben inmiddels dikwijls gerefereerd aan *verworven gerechtigde aanspraak*. Dat is een innerlijke beloning, die in wezen de ouder compenseert voor het feit dat deze zich inspant voor het kind, ook al kan de ouder geen zichtbare erkenning of wederkerige zorg verwachten. Het kind is duidelijk enige wederkerigheid verschuldigd aan de ouder, maar die kan slechts gedeeltelijk zijn. De ouderlijke zorg op zich geeft de ouder waarschijnlijk al emotionele bevrediging. De mogelijkheid om gerechtigde aanspraak te verwerven, verlicht de omstandigheden van asymmetrie van de intergenerationele balans van verwachtingen van geven-en-nemen. Ter illustratie: ten bate van hun eigen toekomstige gerechtigde aanspraak zullen kinderen zich moeten verplichten te voldoen aan enkele transgenerationele mandaten of aan verwachtingen, die gebaseerd zijn op legaten. Een van de belangrijkste hiervan is de verplichting zorg te dragen voor ouder wordende en zieke ouders of zorg te dragen voor de kwetsbaarheid waarin eigen jonge en afhankelijke kinderen gevangen zitten, met inbegrip van het gehele nageslacht. De verwachting de eigen ouders 'terug te betalen' wordt zo in evenwicht gebracht en geëvenaard door verschoven en indirecte verwachtingen om aan transgenerationele mandaten en legaten te voldoen.

Regelmatige taxaties

Niet het verplichte ogenblikkelijk in evenwicht brengen, maar een redelijke verantwoordelijkheid voor regelmatige taxaties van billijk terugbetalen, is het *sine qua non* van betrouwbare symmetrische relaties. Als de ene partner er bij voortduring niet in slaagt door middel van nieuwe balansen van geven-en-nemen zorg te dragen of zorg zichtbaar te maken, moet de relatie op den duur haar betrouwbaarheid wel verliezen. In symmetrische relaties – dat wil zeggen: in relaties van mensen in een gelijkwaardige situatie – kan de uitgebuite of verwaarloosde partner op een gegeven moment opkomen voor hetgeen hem rechtvaardigerwijs toekomt – en daarbij bekrachtigen dat hij belang blijft houden bij het voortbestaan van de relatie. Zijn protesten kunnen door zijn partner met verbazing, ontkenning, woede, dankbaarheid, verontwaardiging of opluchting worden ontvangen. Wat de reactie ook zal zijn, er is een poging tot herstellen van de billijkheid gedaan. Er kunnen nieuwe hulpbronnen voor de relatie worden ontdekt. Nieuwe houdingen kunnen zich voordoen en nieuw gedrag kan er een resultaat van zijn. De pogingen tot het herstellen van een rechtvaardige balans kunnen echter mislukken; de relatie kan, terwijl zij uiteenvalt, 'pathogeen' worden voor tenminste één partner, en vervolgens teloor gaan.
De functie van veelzijdige billijkheid is makkelijk te begrijpen in symmetrische relaties. Een relatieve balans van geven-en-nemen geeft een billijke verdeling van lasten en baten voor iedere betrokkene. Aangezien er symmetrie bestaat in de wederzijdse toezeggingen, zal geen van beide partners – daartoe gedwongen door de ander – tot slachtoffer worden gemaakt, behalve indien hij daarvoor kiest of als hij uit onkunde handelt. Ieder van hen behoudt gewoonlijk de mogelijkheid de relatie te beëindigen of de lasten ervan bij te stellen. Maar wanneer partners 'niet bij elkaar passen' is het altijd moeilijker de aard van billijkheid in te schatten.

Onrechtvaardigheid tussen partners

'Wat is rechtvaardig tussen partners?' is een fundamentele vraag voor contextueel therapeuten *(Boszormenyi-Nagy & Spark, 1973/1984, hoofdstuk 4)*. Hoe moeten tussen twee mensen conflicterende eisen, belangen en rechtvaardigingen in evenwicht gebracht worden, als een van hen wat hij ontvangt niet in redelijke mate kan teruggeven? Vrouwe Justitia, de allegorische figuur van het Romeinse recht, wordt uitgebeeld met een weegschaal met schalen die op gelijke afstand van het middelpunt hangen. Deze wijze van meten van uitgebalanceerde billijkheid kan echter niet worden gehanteerd bij heel jonge of heel oude mensen. Toch blijft het in ieders voordeel en beste belang om de relationele hulpbronnen die men gemeenschappelijk heeft, te ontwikkelen. In asymmetrische relaties zal juist de verschuldigde aandacht waarschijnlijk de hoogste mate van verdiende gerechtigde aanspraak opleveren. Zelfs als de ouders zonneklaar destructief zijn, hebben kinderen baat bij pogingen hen te ontschuldigen. De keuze te trachten een bredere basis voor billijke zorg te bereiken, werkt meestal veel heilzamer dan de keuze alle banden met een ouder te verbreken of hem of haar voortdurend als een hopeloos 'monster' te beschouwen.

Het is duidelijk dat, naarmate de ouderlijke investeringen in de context van zijn of haar kind betrouwbaarder zijn, het gemakkelijker is voor een kind om de ouder te ontschuldigen. Hoe meer de ouder in staat is tot billijk gedrag, des te aannemelijker is het dat zijn of haar kind zelf ook billijk zal zijn. Naarmate de ouder beter in staat is te aanvaarden dat kinderen de ouderlijke investeringen niet in dezelfde mate kunnen terugbetalen, des te waarschijnlijker zullen volwassen kinderen een gedeeltelijke teruggave aanbieden.

Ondanks de waarheid van deze algemeenheden, is het belangrijk te onderkennen dat men er in alle concrete situaties voor moet zorgen dat de specifieke kenmerken van ouderlijk geven worden onderzocht. Wanneer gaat dit geven over in bezitterigheid en over-bescherming? Of in die gevallen waarin de ouders niet geneigd zijn te geven, zoals in het geval van het beëindigen van een ongewenste zwangerschap: is hun handeling dan een blijk van zorg of moet deze gezien worden als zuiver zelfzuchtig en onachtzaam? Meer dan een oordeel over de ethiek van de beslissing van de ouders, zijn echter de toekomstige rechten en baten van het afhankelijke kind de belangrijkste criteria voor een billijke beslissing.

Evenals bij symmetrische relaties hangt een billijke verdeling van baten en lasten tussen ouders en kinderen af van twee fundamentele factoren: 1. balansen *tussen* eigenbelang van partners en 2. de balans van zelfzuchtigheid en verschuldigde zorg voor de ander *binnen* ieder individu. Kansen tot het verwerven van gerechtigde aanspraak door middel van het aanbieden van zorg kunnen de antithese overbruggen tussen eigenbelang en zelfvalidatie door middel van passende aandacht voor de ander, vooral wanneer het gaat om een relatie volwassene – hulpeloos klein kind. De bereidheid van de volwassenen om te beantwoorden aan de vertrouwenzoekende houding van het kleine kind, kan naar voren komen in vele vormen: van de eenvoudige handeling van het zorgen voor een hongerige, natte en geïrriteerde baby tot het (en dat ligt zeer gecompliceerd en eist veel van de ouder) pogen een kind te helpen in zijn relatie met een ouder die tevens de eigen diepgehate ex-echtgenoot is. In geen van beide gevallen wordt de volwassene gecompenseerd door een billijke of directe teruggave, maar wel door de beloning van verdiend recht. Bovendien werkt de vrijheid die voortkomt uit rechtmatig verworven recht, niet alleen als een beloning, maar ook als ondersteuning van het eigen Zelf. Als mensen eenmaal hebben begrepen dat verdiende gerechtigde aanspraak hun eigen belangen ten goede komt, zullen zij een stijgende 'spiraal' ingaan van bij herhaling verworven recht.

Intergenerationele relaties

In tegenstelling tot relaties tussen leeftijdgenoten zijn intergenerationele relaties *asymmetrisch*. Het valt niet te rechtvaardigen de ouder-kindrelatie te reduceren tot eenvoudige vriendschap, of een van minnaars of maatjes. Toch hebben ouder-kindrelaties ook symmetrische keuzemogelijkheden. Ouders kunnen zich gedragen op een wijze die door de kinderen als prettig wordt ervaren en waarvan ze genieten. Kinderen kunnen voor theater, lezen of sport belangstelling ontwikkelen, die ze met hun ouders kunnen delen. Ouders en kinderen kunnen op een beslist symmetrische manier samenwerken of rekenschap afleggen voor hun tijd of afwezigheid. Bovendien kunnen kinderen – en dat doen ze ook – het gedrag van hun ouders evalueren – net zoals ze zouden doen met andere mensen. Gemeenschappelijke activiteiten kunnen de illusie scheppen dat er kameraadschap tussen hen ontstaat, zoals onder leeftijdgenoten.

Maar de vooruitzichten op een vriendschappelijke relatie tussen kind en ouders – of deze nu sympathieën of antipathieën weerspiegelen, intense betrokkenheid of kennelijke onverschilligheid – moeten niet worden verward met echte symmetrie. De volwassene die deze asymmetrie van relationele verplichtingen negeert, begeeft zich op het gebied van de parentificatie. Uiteindelijk kunnen kinderen niet dezelfde bronnen van existentieel geven voor hun ouders zijn, zoals hun ouders dat vaak voor hen wél moeten zijn. Asymmetrie bevindt zich in de ongelijkheid van de rechtmatigheid van de respectieve verwachtingen die de partners van elkaar hebben. In asymmetrische relaties is het net alsof de armen van de weegschaal van rechtvaardigheid ongelijk zijn geworden.

De motieven van een mens om te kiezen voor het ouderschap omvatten de kwesties van wat iedereen rechtvaardig toekomt, maar stijgen er tevens boven uit. De vrijheid van een volwassene om aan het kind te geven wordt net zo beïnvloed door het feit dat men heeft gekozen voor het ouderschap als door de wijze waarop het kind reageert en zich gedraagt. Uiteindelijk hebben ouders baat bij de emotionele bevredigingen die voortvloeien uit hun opvoedingstaak.

De eenzijdige toewijding van het ouderschap wordt ook geleid door het vooruitzicht van consequenties. Het is een paradoxaal feit dat de zorg van een ouder voor de consequenties van zijn gedrag ten aanzien van het welzijn van zijn kind, leidt tot een verhoogde mate van zijn eigen persoonlijke vrijheid. Bij verworven gerechtigde aanspraak moet men echter in de gaten houden dat constructief gedrag en zorg voor de consequenties niet mogen worden verward met moraliserende oordelen over goed of slecht. Bijvoorbeeld: of ouders getrouwd blijven om te vermijden dat ze in de ogen van hun kinderen de rol van 'slechterik' krijgen, verschilt van en is ondergeschikt aan het feitelijk resultaat voor jonge afhankelijke kinderen van de consequenties van het huwelijk van hun ouders, emotionele vervreemding of echtscheiding. Ouder-kindrelaties stranden vaak op het niet adequaat rekening houden met de asymmetrie ervan.

Bijvoorbeeld: na een jaar besluiteloosheid over wel of niet scheiden, besloot een vrouw plotseling haar huwelijk kort voor kerstmis te beëindigen. Zonder voorbereiding of zorg voor de consequenties – hoewel deze op haar verzoek door de therapeut met haar waren doorgenomen – eiste zij van haar man dat hij het huis zou verlaten en kondigde ze de kinderen aan, dat die in de vakantie hun vader niet zouden kunnen bezoeken. Vader werd gewelddadig en moest door de politie worden gekalmeerd; de zoon van twaalf jaar werd agressief toen hij het recht van zijn vader om te mogen blijven, verdedigde; en de dochter van veertien kroop in haar schulp en werd nog huileriger dan ze het afgelopen jaar al was geweest. Moeder hield niet alleen vol, dat ze naar beste vermogen handelde in het belang van haar kinderen, maar diende bij de rechtbank een verzoek tot 'bescherming tegen mishandeling' in. De bedoeling van zo'n wettelijke actie is om een gezin te beschermen tegen fysiek of onmiskenbaar emotioneel letsel door één van de gezinsleden. In feite dwingt deze actie de persoon of partner, die zich misdraagt, het huis uit te gaan, ruim voordat er door de rechtbank via een echtscheidingsprocedure een regeling kan worden getroffen.

In deze situatie werden klinische doelen door juridisch opportunisme overschaduwd. Ondanks haar verklaring dat haar echtgenoot een goede vader is en dat ze op geen enkele manier ooit iets zou doen waardoor de kinderen hem kwijt zouden raken, wilde mevrouw Mack van haar man af – en snel! – toen ze eenmaal had besloten dat ze van hem wilde scheiden. Haar advocaat moedigde mevrouw Mack aan, 'ons te helpen hem aan te klagen'. De therapeut werd gedagvaard om te getuigen dat de heer Mack zich nogal eens had misdragen, maar zij had al snel afgedaan als behulpzame getuige, want in haar overtuiging hadden álle gezinsleden recht op haar veelzijdig gerichte partijdigheid.

Eén jaar eerder was het de heer Mack geweest die om therapie had gevraagd en toen had mevrouw Mack geweigerd mee te komen. Het gedrag van mevrouw Mack scheen de laatste zes maanden op een onderhuidse manier frustraties bij de heer Mack op te roepen, zowel in als buiten de therapieruimte. En toen de heer Mack ertoe was overgegaan met zijn zoon mee te gaan als deze een voetbalwedstrijd buiten de provincie moest spelen, om de trouw van zijn zoon aan hem veilig te stellen, had mevrouw Mack er de gewoonte van gemaakt bij haar dochter in bed te slapen, in plaats van ergens anders een bed op te zoeken. Als een consequentie van het gedrag van beide ouders werden de kinderen in de moeilijke situatie van gespleten loyaliteit gebracht. Daar komt nog bij, dat de moeder en haar advocaten de kinderen in een positie dwongen waarin ze hun vader moesten vrijpleiten van gebeurtenissen die gedeeltelijk onterecht op zijn conto werden geschreven, doordat schuld en wangedrag naar één kant werden geschoven.

Omdat kinderen onlosmakelijk met hun ouders zijn verbonden, waardoor ze tevens afhankelijk en betrekkelijk hulpeloos zijn, hebben zij het natuurlijke recht op asymmetrische consideratie. Zij moeten kunnen rekenen op een wereld waarin het vanzelf spreekt dat hun belangen vóórgaan. In plaats daarvan worden zij, zoals in de hierboven omschreven situatie, vaak intrinsiek geparentificeerd doordat de ouders zich afhankelijk maken van hun kinderen.

Geen enkele therapeut kan de ervaring bespaard blijven dat een cliënt kortaangebonden, irrationeel of destructief reageert op zijn of haar kind. Het is dan moeilijk om aan te zien hoe zo'n ouder ongevoelig wordt voor de vitale belangen van het jonge kind en hoe de ouder handelt op een manier die hem of haar op een later tijdstip aanzienlijke schuldreacties kan bezorgen. De belangstelling van de therapeut moet dan uitgaan naar de destructief gerechtigde aanspraak van de ouder. Zelfs als het huidige irrationele gedrag niet kan worden veranderd, kan de therapeut wellicht manieren vinden waarop hij aan de ouder, omdat die bijvoorbeeld in zijn eigen jeugd tot slachtoffer is gemaakt, krediet kan geven en kan helpen om constructief gerechtigde aanspraak te verwerven door het geven van verantwoordelijke zorg.

Hier moeten natuurlijk ook overwegingen van dimensie III en IV worden ingebouwd. Elk inzicht dat in het gedrag van de ouders kan worden verkregen, kan helpen volgroeider verantwoordelijk gedrag op te bouwen. De therapeut moet op zijn hoede zijn voor de valkuilen van positieve en negatieve overdrachtsreacties. De therapeut moet het zich bewust zijn wanneer hij in de rol van grenzeloze verzorger of van onbetrouwbare schoft wordt geplaatst. Vanuit een transactioneel gezichtspunt is het belangrijk om alle stappen die de ouder zet, opnieuw te bekijken in het licht van consequenties voor anderen, vooral voor de kinderen. Uiteindelijk moet de therapeut zijn houding van veelzijdig gerichte partijdigheid vasthouden, ook al kost hem dat zijn populariteit bij de impulsief destructieve ouder. Doordat de therapeut zich verbindt aan billijke veelzijdig gerichte partijdigheid, zal dit op den duur therapeutische baten voor de kinderen opleveren.

De zijnshiërarchie van de ouder-kindrelaties is fundamenteel onomkeerbaar en kan door geen enkel gedrag teniet worden gedaan. De eenzijdige zorg die uit deze realiteit volgt, is niet alleen gebaseerd op macht en de psychologie van afhankelijkheid. De boekhouding van billijkheid in asymmetrische relaties begint met het feit dat een klein kind intrinsiek krediet krijgt omdat het hulpeloos is en in een positie verkeert, waarin het aan anderen is gebonden. Bovendien is het kleine kind door zijn aangeboren plooibaarheid een kwetsbaar doelwit voor blijvende consequenties in zijn ontwikkeling.

Anderzijds verwerven zijn ouders krediet door jarenlange eenzijdige verzorging en toewijding. Wanneer de ouders ouder worden, komen de kinderen voor verplichtingen van eenzijdige aandacht te staan. Net als het heel jonge kind, kunnen de ouder wordende ouders beperkt zijn in hun vermogen iets terug te doen voor de zorg die ze van hun volwassen kind krijgen. Hier ontstaat een situatie waarin de betrekkelijke hulpeloosheid van een mens hem gerechtigde aanspraak geeft op een soort geven dat de ander, die geeft, weinig of geen onmiddellijke bevrediging oplevert. De kwestie wordt nog ingewikkelder door de belangentegenstellingen die het volwassen kind met zich meedraagt, terwijl hij zorg wil bieden aan zijn zieke of bejaarde ouder. 'Mijn man en ik hebben ons hele leven gewijd aan onze kinderen, onze families, onze kerk,' zei een vrouw, van ruim vijftig. 'Nu willen we een beetje leven, reizen en wat plezier hebben. Maar mijn ouders zijn in de tachtig en ik ben hun enig kind. Wat ben ik aan mezelf verschuldigd? Wat ben ik aan hen verschuldigd?'

De vragen die naar boven komen, zijn gebaseerd op tegenstrijdige rechtvaardigingen. Hoe maken volwassen kinderen bijvoorbeeld onderscheid tussen de verschuivende, maar legitieme behoeften van hun ouders aan de ene kant, en de onbillijke, lange-termijnafhankelijkheid plus de ingewortelde bezitterigheid van hun ouders aan de andere kant? Hoeveel meer tegemoetkoming is verschuldigd aan de ouders die zwaar hebben geïnvesteerd – of wanneer er slechts sprake is van het geven van het leven – in het bestaan en welzijn van hun kinderen? Welke opofferingen moeten een kind en zijn of haar partner en kinderen zich getroosten door rekening te houden met de echte behoeften van een zieke en bejaarde ouder? In welke mate moet iemand zijn streven naar autonomie opzij zetten om te kunnen beantwoorden aan de eenzijdige aanspraken van een ouder? In welke mate geven kwetsingen door de ouder het kind aangedaan en die men niet onder ogen heeft durven zien, een volwassen kind gerechtigde aanspraak op vergeldend gedrag? Omgekeerd: in welke mate zetten onbesproken kwetsingen door een kind de ouders aangedaan, het kind ertoe aan – als het eenmaal volwassen is – vanuit schuldgevoelens te trachten om alle wensen en behoeften van de ouder te vervullen? Bovendien: wat moeten mensen doen met een leven vol boosheid, wrok en schuld, als de existentiële behoeften van de één buitensporige eisen stellen aan een ander? In de praktijk van alledag worden therapeuten steeds weer geconfronteerd met conflicten tussen mensen, waaraan de complexe kwestie van asymmetrie ten grondslag ligt.

Parentificatie

Elke subjectieve manier van gebruik maken van de ander – bijvoorbeeld projectieve identificatie, klein houden en bezitterig vasthouden – betekent impliciet *parentificatie* van de partner, zelfs als er niet van de geparentificeerde persoon wordt verwacht dat deze bovenmenselijk zal presteren. Het feit alleen al dat degene die parentificeert afhankelijk is op een bezitterige manier, creëert de asymmetrie, waarbij het doelwit wordt gedwongen een bepaalde rol op zich te nemen. Hoe meer de partner wordt vastgezet in zijn rol en hoe hulpelozer hij daardoor wordt, des te vaker zal hij op een voorspelbare manier reageren en degenen die hem zijn rol opleggen, als een boze ouder kastijden.

Dit is één van de redenen waarom sommige 'kan niet met je – kan niet zonder je leven'-relaties zo langdurig standhouden. Hieronder vallen destructief afhankelijke huwelijken en ook de relatie ouder-psychotisch kind, die intrinsiek is gebaseerd op parentificatie.

Bij het ontwerpen van een therapie is het belangrijk zich te realiseren dat er van de asymmetrie van afhankelijk 'bezitten' een sterkere kracht uitgaat dan van de duidelijke symmetrische wederkerigheid van boze, lik-op-stuk feedback-reeksen. Parentificatie is het tegenovergestelde van billijke erkenning van de bijdragen van de partner. In het ergste geval ontneemt parentificatie een kind zijn natuurlijk recht kind te zijn. Dit gebeurt meestal als de parentificatie langdurig aanhoudt en wordt versterkt doordat het kind onterecht alle schuld krijgt. Destructieve parentificatie maakt het slachtoffer destructief gerechtigd.

Billijke veelzijdige betrokkenheid

Dit aspect van een relatie – de mate van werkelijke, verantwoordelijke zorg voor elkaar – geeft *de mate van betrouwbaarheid* in de relationele context aan. De term 'veelzijdige betrokkenheid' betekent dat er voortdurend, stap voor stap, nauwgezet rekening wordt gehouden met de rechtvaardigingen en verplichtingen van *alle partijen*. In feite heeft veelzijdige betrokkenheid als vereiste, dat in ieder dyadisch grootboek van geven-en-nemen rekening moet worden gehouden met allen die door consequenties zouden kunnen worden getroffen. Bovendien heeft een relatie die is gebaseerd op consequenties, evenveel geldigheid als een relatie gebaseerd op interactionele feedback. Kortom: wanneer men de billijkheid van elk grootboek van geven-en-nemen in ogenschouw neemt, moet men er rekening mee houden dat *zowel mensen die onderling zijn verbonden door consequenties als degenen die erdoor zullen worden getroffen,* van belang zijn.

Contextuele therapie gaat van rol en transactie over naar grootboeken van verdienste, verplichtingen en krediet. Grootboeken van rechtvaardigheid zijn onderling verbonden. Bijvoorbeeld: door billijk tegenover elkaar te zijn, bouwen ouders vertrouwen in het huwelijk op; de belangrijkste consequenties ervan worden merkbaar doordat hun kinderen betere keuzemogelijkheden in het leven krijgen. In een contextuele therapie staat de huwelijksrelatie vaak centraal, maar nooit zonder de grootboeken tussen ouders en kinderen uit het oog te verliezen of zonder verantwoordelijk zorg te dragen voor de consequenties voor het nageslacht. Daarin ligt de grote klinische betekenis van dit aspect van relaties.

Veelzijdige betrokkenheid en gezinstherapie

Billijke veelzijdige betrokkenheid ligt ten grondslag aan het begrip gezinstherapie. De volharding waarmee de therapeut alle familieleden in zijn werk laat meetellen, zelfs degenen die schijnbaar onbelangrijk of uitgesloten zijn, vloeit voort uit de overtuiging dat mensen er baat bij hebben als zij verantwoordelijkheid voor hun relaties op zich nemen. Het werkt op zichzelf al therapeutisch als familieleden niet langer worden vermeden en uitgesloten. Het belangrijkste methodologische principe van contextuele therapie – 'veelzijdig gerichte partijdigheid' – gaat uit van een helende kracht van verantwoordelijkheid, die wordt verkregen door van ieder familielid de balans en het grootboek van geven-en-nemen en hun consequenties onder ogen te zien.

De behoefte van partners tot polariseren komt voort uit ieders persoonlijke behoefte zijn relationele waarde te valideren. Het onderlinge grootboek van geven-en-nemen is dan een maatstaf voor ieders mate van verworven gerechtigde aanspraak of passende verplichting. Als contextuele therapie 'centrifugale' consequenties voor anderen in haar overwegingen opneemt, verkrijgt het geven-en-nemen extra betekenis. Of een handeling kan worden gerechtvaardigd, wordt niet alleen bepaald door de huidige context van een relatie, maar ook door degenen die eenzijdig worden getroffen door die consequenties; dat wil zeggen: het nageslacht. Het vermogen van een mens relationeel verdienste te verwerven – of zijn kansen op toename van zijn zelfvalidatie – wordt mede bepaald door de mate waarin consequenties voor het nageslacht te rechtvaardigen zijn. Deze 'ethische' overweging vormt eerder de grondgedachte voor *iedere* intergenerationele tak van familietherapie, dan het louter leren door kennis van voorafgaande generaties.

Het Zelf en de ander

In contextueel werk worden hechte relaties bekeken vanuit centripetale en centrifugale uitgangspunten. Contextuele therapie verenigt in zich de standaardbenaderingen van relaties vanuit de individuele psychologie en de klassieke gezinstherapie. In de individuele psychologie wordt een relatie gedefinieerd vanuit het gezichtspunt van het Zelf als referentiepunt, waarbij de partner dient als een mogelijke bron van voldoening van de behoeften van het Zelf. In de klassieke gezinstherapie wordt een relatie omschreven vanuit het gezichtspunt van de ander als referentiepunt, waarbij het Zelf of meer Zelven worden beschouwd als ten dienste staand van de bedoelingen van de ander of de anderen.

Maar echte dialoog gaat voorbij deze twee duidelijke krachtenvelden, naar het rijk van 'het tussen'. Daar zijn twee mensen voortdurend bezig met op zichzelf gerichte (centripetale) uitingen naar elkaar, die we kenschetsen als wederkerige zelfafbakening en zelfvalidatie. De context van zelfvalidatie, die zijn wortels heeft in het zoeken naar rechtvaardigheid in de menselijke orde, is bepalend voor de geldigheid van de aanspraken die iedere partner *voor zichzelf laat gelden, maar die in overeenstemming moeten zijn* met de voorwaarden van de ander. Relationele aanspraken berusten op ieders recht op zowel afstand als nabijheid; dat wil zeggen: op zowel het afbakenen van identiteit en aanspraken als op wederkerige verantwoordelijkheid. De echte menselijke dialoog kan de dialoog tussen aanspraken op billijke rechtvaardiging worden genoemd.

Tegenstrijdige rechtvaardigingen liggen ten grondslag aan de gewone dagelijkse echtelijke onenigheden en de wrijvingen tussen ouder en kind.

Hieronder volgt de casus van een man die gevangen zit tussen de centripetale aanspraken van zijn tweede vrouw, zijn dochter uit een eerder huwelijk en zijn eigen, zichzelf rechtvaardigende aanspraken en behoeften.

'Ik heb wel wat rust verdiend,' zo redeneert hij. 'Toen haar moeder was overleden, heb ik mijn kind naar de beste psychologen gestuurd. Hoe lang wordt er van mij verwacht dat ik boete doe voor de dood van mijn eerste vrouw? Waarom kan mijn dochter van vijftien na al die tijd het verleden niet met rust laten en voor de verandering eens een keer bezorgd zijn om mij?' De tweede vrouw van vader is 'gewoon moe van deze voortdurende rotzooi'. 'Hij heeft er nu twee kinderen bij,' klaagt zij, 'maar hij is alleen maar bezorgd om zijn dochter. Toen ik met hem trouwde, had ik hier niet op gerekend. Dat kind doet aan emotionele afpersing; het zal wat haar betreft nooit genoeg zijn!' Zijn dochter, die nu bij de enige zuster van haar moeder woont, begrijpt niet waarom iedereen zo van streek is: 'Het klopt dat ik zijn vrouw haat; het lijkt wel of zij de enige is die belangrijk is. En ik ben ook niet zo dol op mijn stiefbroer. Hij heeft niet alleen de naam van mijn eigen broer, die samen met mijn moeder is omgekomen, maar hij heeft ook mijn plaats bij mijn vader ingenomen. Ik denk dat ik echt jaloers op hem ben. Toen hij geboren werd, heb ik veel voor hem gezorgd, maar daar heb ik geen goed woord over gehoord. Mijn vader belt me alleen maar op als het moet. Het lijkt dan meer een plicht dan een blijk van liefde. We praten ook nooit over iets belangrijks, als hij belt of als ik hem twee keer per jaar opzoek. Het gaat er daar altijd moeizaam aan toe. Hij liet zijn vrouw mij het huis uitgooien. Hij heeft pas over het ongeluk gepraat, toen de therapeut zei dat dat goed voor me zou zijn. Hij weet hoe de vrouw heet, die ook in de auto zat toen mijn moeder omkwam, maar dat heeft hij mij nooit verteld. Ik heb hem nooit gezegd dat ik haar een keer wil ontmoeten, omdat ik bang ben dat hij dat niet goed zal vinden. Bovendien kan ik hem wel eens kwetsen als ik hem dat vraag. Ik wil hem niet van streek maken, maar ik wil haar graag eens ontmoeten en te weten komen wat er zich nu precies heeft afgespeeld. Haar vriendin was de laatste die mijn moeder heeft gezien. Waarom kan hij maar niet begrijpen, dat ik daarvan alles wil weten?'

Een ouder kan een kind uitbuiten terwijl hij bezig is zijn eigen kant eenzijdig te valideren. Hij is duidelijk gerechtigd haar te vragen hem te zien zoals hij zichzelf afbakent. Maar hij is tevens verplicht aandacht te schenken aan haar aanspraken op zelfvalidatie. De vader kan ook zijn toevlucht nemen tot bevooroordeeld etiketteren en zo een poging doen zijn standpunt op een onechte manier te rechtvaardigen. Zijn besluit om zijn dochter uit te buiten ten bate van eigen zelfvalidatie heeft echter op lange termijn consequenties, die dreigen haar ertoe te bepalen te moeten leven in een onbetrouwbare wereld. Bovendien kan de vader geen echte gerechtigde aanspraak verwerven als hij tegelijkertijd de kansen van zijn kind in het leven schade berokkent.

Op eenzelfde manier worden kinderen vaak verantwoordelijk gesteld voor de fouten van hun ouders. Een echtgenoot kan met recht bezwaar maken tegen bepaalde gedragingen van zijn partner, maar dat geeft hem niet het recht zijn hele leven lang zijn bezwaren gepaard te laten gaan met beschuldigingen tegen 'mensen die niet eerlijk zijn'. Plaatsvervangend beschuldigen heeft altijd tot gevolg dat er iemand tot zondebok wordt gemaakt. Het kan uiteindelijk leiden tot een onzichtbare loyaliteit, die op een ander wordt afgereageerd om de eigen ouders te beschermen.

Belangentegenstellingen

De zelfafbakenende en zelfvaliderende aspecten van een dialoog tussen mensen die belangrijk zijn voor elkaar, worden in asymmetrische relaties gewogen. Conflicterende rechtvaardigingen tussen volwassen kinderen en hun zieke of ouder wordende ouders lijken op de belangentegenstellingen – eigenbelang en wederzijdse verantwoordelijkheid – die bestaan in andere asymmetrische relaties. Kijk bijvoorbeeld eens naar de schrijnende situatie waarin een mens worstelt met het besluit al dan niet zijn versleten huwelijk te redden, uitsluitend omdat zijn kind behoefte heeft aan een 'volledig' gezin. De behoefte van de ouder zichzelf af te bakenen kan in conflict raken met zijn kans op billijke zelfvalidatie. Het recht van de volwassene op autonomie *en* zijn verplichting zijn kinderen naar beste vermogen te verzorgen, veroorzaken een fundamentele botsing tussen centripetale en centrifugale belangen en voorwaarden.

Impliciet in deze botsing liggen fundamentele vragen van vrij zijn en verantwoordelijkheid verankerd: In welke mate moeten kinderen worden beschermd en tegen wat? In welke mate zijn mensen verplicht hun rechtvaardige streven naar persoonlijke bevrediging op te offeren aan de eisen van ouderlijke (centrifugale) verantwoordelijkheid? Wanneer is een ouder gerechtigd voorrang te geven aan zijn eigen voorwaarden boven die van zijn kinderen? Wanneer gaat ouderlijke verantwoordelijkheid over in verlies voor de betrokken volwassene? Wanneer gaat ouderlijk verlies – dat wil zeggen: gebrek aan aandacht voor de volwassene die de ouder is – over in verlies voor het kind? Wanneer verwordt ouderlijke verantwoordelijkheid tot een obsessionele weigering de mogelijkheden in het leven te bekijken aan de hand van eigen, autonome voorwaarden? Wat dat betreft: In welke mate valt het moeizame of uit elkaar vallende huwelijk, waarover we het net hadden, ten offer aan een teveel aan investering in het ouderschap, waardoor er geen energie of ruimte overblijft voor de echtelijke aanspraken?

Het natuurlijk recht van het kleine kind

Contextueel werk benadrukt duidelijk de ethische prioriteit van het impliciete natuurlijk recht van het kleine kind. Het ligt daarbij echter niet in onze bedoeling te zeggen dat de aanspraken van volwassenen die in een gelijkwaardige verhouding tot elkaar staan, tegelijkertijd niet even legitiem zijn. Het betekent wél dat de nadruk wordt gelegd op de werkelijkheid van het kind, en dat een visie op de autonomie van de volwassene en op het huwelijk, die kinderen op het tweede plan zet, ter discussie wordt gesteld. *Lederer & Jackson (1968)* hebben bijvoorbeeld opgemerkt dat de sociale druk op mensen om het huwelijk als heilig te beschouwen, bijna functioneert als een feitelijke derde relatie *(blz. 166)*. Deze derde partij kan worden belichaamd door de 'samenleving-in-haar-geheel' of door specifieke eisen vanuit de familie. 'Als de wettelijke huwelijksplechtigheid is voltrokken,' zo schrijven ze, 'kan op elk ogenblik de vraag opkomen of de echtgenoten soms samen zijn omdat ze dat wel *moeten*.' Maar de consequenties van het huwelijk voor de kinderen van het echtpaar worden vrijwel niet genoemd. De contextueel therapeut stelt de vraag of het niet zo is dat de toekomstige kinderen de échte derde partij zijn. In feite gaan veel richtingen van huwelijks- en echtpaartherapie te werk alsof de kinderen en hun aanspraken onbeduidende onderdelen van het instituut huwelijk zijn.

Zoals we al eerder hebben aangegeven, zijn betrouwbaarheid en rechtvaardigheid in relaties afhankelijk van een schatting, van tijd tot tijd, van de schulden en de gerechtigde aanspraken van ieder mens ten opzichte van zijn partner. Dit proces kan open en eerlijk verlopen of zich in cirkels voltrekken, maar het heeft altijd te maken met de balansen tussen twee mensen. Asymmetrische relaties zijn echter altijd triadisch; als men handelt in het belang van de zwakkere partij, neigt men ertoe de verwachtingen van de eigen legaten erbij te betrekken. De verwachting van relationele billijkheid, gebaseerd op een legaat, is te vergelijken met de eisen die een derde partij stelt.

Toedelende rechtvaardigheid

Toedelende rechtvaardigheid, een grondbeginsel van de relationele werkelijkheid, vraagt van de therapeut een hogere mate van oplettendheid dan vergeldende rechtvaardigheid. Het kan zijn dat een familielid een onevenredige last te dragen krijgt door zijn lotsbestemming en niet vanwege de daden van een ander familielid. Een kind met een hersenbeschadiging schuift onvermijdelijk lasten op de schouders van de andere familieleden. Ze zijn allen slachtoffer van de omstandigheden, waarbij niemand als schuldige kan worden aangewezen. Maar het is *wel* hun verantwoordelijkheid ervoor te zorgen dat de te dragen lasten op een eerlijke manier worden verdeeld.

Dezelfde verplichting geldt bij de vraag wie de zorg voor een zieke ouder op zich zal nemen. Als de familieleden niet in dezelfde mate bereid zijn de verantwoordelijkheid met elkaar te delen, komt de vergeldende rechtvaardigheid tussen hen als nevenkwestie erbij. Geharde onverschilligheid van allen zal op een indirecte, maar feitelijke manier leiden tot uitbuiting van één van hen. Als iemands vermogen tot het bieden van zorg niet door anderen wordt gedeeld, kan het familielid dat zich verantwoordelijk voelt, in hoge mate gerechtigde aanspraak verwerven doordat de gevolgen van de vergeldende onrechtvaardigheid in werking treden. Gerechtigde aanspraak die zo wordt verdiend, wordt niet verminderd als het familielid dat zich verantwoordelijk voelt, toch pogingen doet de andere familieleden over te halen de last op een geëigende manier te verdelen.

Wederzijdse verantwoordelijkheid

Gebrek aan moed en discipline kunnen er de oorzaak van zijn dat mensen slechts schoorvoetend hun eigen voorwaarden voor wederzijdse verantwoordelijkheid omschrijven, laat staan dat zij vragen naar de voorwaarden van anderen. De dreiging van verlies én de angst om te worden verlaten tussen de generaties als zodanig, worden diep gevoeld en worden verergerd doordat men weinig of alleen negatieve reacties verwacht. Met het gevolg dat bij het omschrijven van wederzijdse verantwoordelijkheid in asymmetrische relaties altijd twee belangrijke clusters van vragen naar voren komen:

1. In hoeverre moet de persoon, in wie wij hebben geïnvesteerd, zélf ons terugbetalen? Kan terugbetaling ook van een andere bron komen dan de directe ontvanger van onze zorg? In welke mate komt terugbetaling voort uit het voldoen aan de voorwaarden van iemands legaat? Wat gebeurt er als door omstandigheden mensen de mogelijkheid tot terugbetalen wordt ontnomen? Wat gebeurt er als we een poging doen iets terug te doen voor zorg die we van iemand hebben ontvangen en de ander wijst onze poging af of wil niets ontvangen?
2. Als we iets kunnen terugdoen voor 'ontvangen zorg' aan anderen dan degenen die hebben bijgedragen aan ons welzijn, welke maatstaven kunnen dan worden gebruikt om te meten of hetgeen er wordt terugbetaald in overeenstemming is met hetgeen er was gegeven? Wie zijn de onzichtbare crediteuren en hoe werkt de 'boekhouding' dan?

Het geven-en-nemen tussen generaties is natuurlijk niet beperkt tot ouder-kindrelaties. Mensen kunnen zichzelf valideren en gerechtigde aanspraak verwerven door het bieden van zorg in asymmetrische relaties zoals bijvoorbeeld aan al dan niet biologisch verwante gehandicapten. Iemand die zorg heeft geboden door op een verantwoordelijke manier relaties voort te zetten, kan de voldoening en vreugde, waartoe hij is gerechtigd, aanvaarden van anderen dan zijn eigen ouder of kind.

Bovendien is het nageslacht altijd de onzichtbare schuldeiser die om verantwoordelijke voortzetting van zorg vraagt. Onze eigen legaten – dat wil zeggen: uitvoerbaar geven-en-nemen – of bijdragen en kwetsingen die ons zijn toebedeeld en die ons hebben geholpen de relatie tussen ons en de generaties vóór ons te onderhouden, vormen de beste maatstaf of richtlijn voor het maken van onderscheid tussen wat we verplicht zijn aan de toekomstige generaties en wat we voor onszelf willen nemen. Of we de legaten nu prettig vinden of niet en of we ze zouden hebben gekozen of niet, vanuit de essentie van onze geërfde legaten – en een rechtvaardig begrijpen ervan – vertalen we onze levens in mandaten voor het nageslacht.

Uitdrukking van zelfbewustzijn

Onwaarachtige aanspraken op zelfvalidatie neigen ertoe de partner in het defensief te drijven. In wezen zijn de aanspraken eenzijdig bepaald en kunnen ze de vorm van een zelfrechtvaardiging aannemen, die zonder de ander tot stand komt: 'Kijk eens hoeveel ik heb geleden; ik heb beter verdiend.' Of: 'Het is míjn zaak of ik mezelf dood wil drinken.' Hier klinkt een impliciete eis dat de 'wereld' – dat wil zeggen: welke toekomstige partner dan ook – iemand die dit zegt, moet compenseren voor zijn ellende: een standpunt dat een neiging tot vergelding weergeeft. Aan de andere kant van het spectrum staat de persoon wiens eenzijdig gevende houding geen ruimte laat voor zelfafbakening. Hier staat de 'martelaar' die dwangmatig van zichzelf geeft en formeel niets terugvraagt. Door bijdragen aan zijn leven of aanbiedingen van zorg stelselmatig te weigeren, bouwt hij een reservoir op aan teleurstellingen, die geworteld liggen in het feit dat mensen nauwelijks schijnen tegemoet te komen aan zijn onuitgesproken eisen. Onwaarachtige pogingen zichzelf af te bakenen manifesteren zich onder andere door middel van niet aflatende, eenzijdige pogingen aandacht te krijgen via een té grote mate van afhankelijkheid, onhandelbaarheid, bezitterigheid, uitbuiting, intimidatie, machtsmanipulatie, en dreigen met destructief gemanoeuvreer.
Andere uitingsvormen van zelfbewustheid omvatten pogingen tot individuatie, gesteld in termen van 'absolute onafhankelijkheid', weglopen of volledig met iemand breken. Een onwaarachtige zoektocht naar zelfbewustheid en zelfvalidatie kan ook de basis vormen voor zelfdoding, depressie en psychosomatische ziekten. Onder zulke omstandigheden worden het Zelf en zijn of haar partner tegelijkertijd gestraft. De destructieve resultaten van iemands gedrag zijn niet alleen schadelijk voor hemzelf, maar plaatsen mensen van wie hij houdt, in een hulpeloze positie.

De rekeningen van jonge kinderen

De rechtvaardigingen die volwassenen 'lenen' van de rekeningen van hun jonge kinderen om zichzelf te kunnen afbakenen, hebben een uitermate verraderlijke en uitbuitende invloed. Vanaf het moment van de conceptie of vanaf zijn adoptie kan aan een kind de destructief werkende, geïdealiseerde rol van hoeder van de betrouwbaarheid van de wereld worden toegewezen. Vervolgens kunnen de ambivalente en wraakzuchtige ouders gemakkelijk de identiteit van hun kind bezoedelen door hem met de zogenoemde schulden van vorige generaties op te zadelen.

Mensen die hun kinderen de taak opleggen om te zorgen voor nooit aflatende en daardoor onuitvoerbare betrouwbaarheid, plaatsen hen in een positie waarin zij mogelijk de zondebok worden. Zulke kinderen worden voor hun ouders het symbool in levende lijve van de voortdurende onbetrouwbaarheid van de wereld en van de rechtvaardiging voor hun eigen diepgewortelde onveranderbaarheid. Zuiver vanuit het centripetale gezichtspunt van de zelfafbakening bekeken, hebben deze ouders zich echter ten koste van hun kind een positie verworven.

Van zijn kant is het kind, dat de onbillijke taak gedelegeerd heeft gekregen zijn ouders te compenseren voor hun teleurstelling in de wereld, in een situatie geplaatst waarin hij wel móet falen.

Ten eerste is hij buitensporig geparentificeerd. Ten tweede kan het kind, hoewel zijn ouders misbruik maken van zijn zorg, van hen geen erkenning verwachten voor zijn investering. In de loop van de tijd moet het feit dat er geen betrouwbaarheid is in zijn eigen wereld wel van grote invloed worden in de attitudes en het gedrag van het kind. Het jonge kind, wiens impliciete gerechtigde aanspraak op ouderlijke zorg onbeantwoord blijft, verwerft op den duur een surplus aan destructief gerechtigde aanspraak – paradoxaal genoeg door zijn eenzijdig geven. Het surplus aan destructief gerechtigde aanspraak – een resultaat van echte uitbuiting – zal niettemin ernstige consequenties hebben voor dit kind en zijn toekomstige relaties, met inbegrip van die met zijn eigen kinderen, in de vorm van kindermishandeling, incest en verlating.

Billijke veelzijdige betrokkenheid is een context van feitelijke betrouwbaarheid. Het is een doel dat slechts tussen mensen die met elkaar in relatie staan ten dele kan worden verwezenlijkt. De veelzijdigheid ervan verwijst ernaar dat men vanuit ieders gezichtspunt rekening moet houden met de grootboeken van alle betrokkenen. Continuïteit in verantwoordelijk zorgen is een vereiste voor het overleven van de generaties. Bovendien verschaft kennis van billijke veelzijdige betrokkenheid een therapeutische richtlijn voor het opwekken van relationele hulpbronnen. Enkele vragen met betrekking tot veelzijdige en billijke betrokkenheid zijn: Wie is er nog meer bij betrokken terwijl dat niet te zien is? Hoe zouden afwezige familieleden erdoor worden beïnvloed? Welke consequenties kunnen er zijn voor nu nog ongeboren kinderen? Wat komt een afwezig familielid toe en wat zou deze nog kunnen bijdragen?

Het terzijde schuiven van billijke betrokkenheid

Billijke veelzijdige betrokkenheid wordt dikwijls als legitiem doel voor relatie en therapie terzijde geschoven. Relaties vervullen in wezen innerlijke behoeften met betrekking tot 'object-relaties'. In samenhang hiermee neigen mensen ertoe defensieve spelletjes binnen zichzelf te spelen. Ze hebben ook de neiging het doelwit van zo'n projectieve identificatie, projectie, verschuiving, zondebokproces en parentificatie uit te buiten. Het doelwit van deze pogingen zal terecht het gevoel hebben dat hij tot slachtoffer is gemaakt; verwringing, 'intrapsychisch' gebaseerd, schaadt de rechtvaardigheid van de menselijke orde.
Onzichtbare loyaliteit van het kind ten opzichte van zijn ouders is een andere kwestie die billijke veelzijdige betrokkenheid kan overschaduwen. Vaak is een onbillijke en ongepaste slachtoffering van een andere relatie erbij betrokken. Onzichtbare loyaliteit zal zeer waarschijnlijk nieuwe onrechtvaardigheden teweeg brengen, zelfs als deze loyaliteit ertoe dient de ouders te beschermen tegen de ambivalente of negatieve houdingen van hun kind. In die zin voldoet de loyaliteit aan de kenmerken van de 'roulerende rekening' (*Boszormenyi-Nagy & Spark, 1973/1984*). Er zijn volop voorbeelden van uitsluiting, onbillijkheid en eenzijdigheid. Een huwelijk kan ten offer vallen aan een te veel investeren in het ouderschap door een of beide partners. Als een ouder echter op zoek is naar voldoening gevende relaties met volwassenen en daarbij de eis stelt dat hij volledige keuzevrijheid moet hebben, kan dit zijn kinderen ernstig kwetsen.
Voorbijgaan aan wat billijk is in het grootboek van ouders en kinderen, kan leiden tot bizarre consequenties, zoals de verwachting dat een jonge dochter zich voortdurend inschikkelijk zal betonen, tot aan incest toe. Het is niet ongebruikelijk dat een vader die incest pleegt, zichzelf als loyaal beschouwt, omdat hij zijn frustraties vanwege de seksuele afwijzing door zijn vrouw binnen het gezin houdt. In deze gevallen stemt de moeder openlijk of bedekt in met deze op loyaliteit gebaseerde regeling. Contextueel therapeuten zijn meestal op zoek naar de balans tussen de grootboeken van eigenbelang onder partners en consequenties voor onschuldige anderen. Ze stellen er belang in te ontdekken wie luistert en door de anderen niet wordt gehoord. Ze willen weten wie baat heeft bij de slachtoffering van een ander, maar ook op welke manier het slachtoffer er zelf deels baat bij heeft.
Uiteindelijk is het de taak van de familieleden op zoek te gaan naar de kenmerken van alomvattende billijke veelzijdige betrokkenheid. De therapeut kan hen slechts terzijde staan met zijn interventies, gebaseerd op veelzijdig gerichte partijdigheid.

Therapeutische implicaties van de drie aspecten van onderlinge dialoog

De drie aspecten van dialoog, die in dit hoofdstuk zijn besproken, vertegenwoordigen belangrijke praktische therapeutische principes. Zij vormen een leidraad bij de taak van de therapeut voor ieder familielid doelen en verwachtingen in de therapie vast te stellen. Het werken met de drie aspecten van dialoog helpt de therapeut bij het beoordelen van de persoonlijke doelen en vooruitgang van iedere cliënt; meer dan het werken aan het oplossen van problemen en het verkrijgen van controle over gedrag dit zouden kunnen doen. Vanuit zijn kennis van de drie aspecten van dialoog slaagt de therapeut er beter in, de cliënt ertoe aan te sporen over te gaan tot verantwoordelijk handelen.

Veelzijdig gerichte partijdigheid als therapeutische methode *(zie hoofdstuk 16)* verwacht van ieder familielid, dat hij leert moed op te brengen voor echt zelfbewustzijn. Door goed te luisteren naar anderen en door rekening te houden met de passende aanspraken van iedere partner in de relatie kan men zijn eigen positie duidelijk afbakenen en meer zelfbewustzijn opbouwen. In het aangaan van het nimmer eindigende conflict tussen vragen en wedervragen in de dialoog, kan de therapeut de familieleden helpen de asymmetrische elementen van hun respectieve eisen onder ogen te zien. Als de cliënt aandacht besteedt aan de asymmetrie in zijn relaties, voorkomt hij dat hij in de valkuil van parentificatie valt en leert hij te zien hoe cruciaal erkenning is voor het kunnen terugbetalen van 'schulden'.

Billijke veelzijdige betrokkenheid helpt mensen een levend netwerk van relationele hulpbronnen te onderhouden. De billijke veelzijdige betrokkenheid verschaft een formule voor constructief samenleven in de grootfamilie en de gemeenschap; zij helpt bij het onderkennen van en rekening houden met het feit dat de intimiteit tussen twee mensen schijnzekerheid geeft, als deze bestaat ten koste van een ambivalent breken met de belangrijke verwanten van één of beide partners.

Kortom: door zijn kennis van de drie aspecten van dialoog kan de therapeut de cliënten helpen te komen tot spontaan, relationeel initiatief, zonder dat de therapeut de cliënten technieken voor hun handelen voorschrijft.

De vertrouwen opbouwende hulpbronnen van billijke veelzijdige betrokkenheid lijken op de werking van democratie in samenlevingen. Billijkheid, gezien als democratie, biedt het vooruitzicht op een rechtvaardiger verdeling van baten en lasten. Vroeger werd autoriteit toegeschreven aan een bevoorrechte minderheid en haar nazaten. Veel mensen waren gebonden aan vastgestelde verplichtingen en discriminerende belasting. Door de onwrikbare ongelijkheid verminderden de billijkheid en de betrouwbaarheid van de sociale orde. Democratie laat zich erop voorstaan, dat zij politiek gezien een billijker en meer alomvattende betrokkenheid op anderen vertegenwoordigt. Zo heeft ook de therapeut tot taak mogelijkheden te vinden voor een rechtvaardiger verdeling van lasten en baten onder familieleden.

In contextuele therapie met familieleden, evenals in de ontwikkelingen in een grote democratische samenleving, maakt het werken aan billijke veelzijdige betrokkenheid mogelijk dat de betrouwbaarheid toeneemt door op creatieve wijze opnieuw een evenwicht te bewerkstelligen. De therapeutische methode van veelzijdig gerichte partijdigheid, waarvan de methode wordt omschreven in hoofdstuk 16, maakt dat ieder familielid zich ervan bewust wordt dat hij de kans loopt, voortdurend een ander uit te buiten. Tegelijkertijd wordt er van ieder familielid verwacht dat hij zijn eigen positie (van rechten en kredieten) met betrekking tot balansen en tegenstellingen uitdraagt. Het doel is niet het zichzelf-wegcijferende altruïsme, maar het bewerkstelligen van zowel activiteiten waardoor het gevoel van eigenwaarde kan worden vergroot, als passende zorg voor de benarde toestand van de ander die wordt uitgebuit. Ieder familielid krijgt dan ruimte voor billijk, volwassen, geldig zelfbewustzijn en geeft tegelijkertijd de ander hier ook ruimte voor.

HOOFDSTUK 7

DIALOOG TUSSEN HET ZELF EN DE MENSELIJKE CONTEXT

De relationele band tussen mensen omvat alle vier de dimensies van de werkelijkheid: feiten, psychologie van individuen, transactiesystemen en relationele ethiek. Relationele ethiek impliceert het bestaan van grootboeken en rekeningen van verplichtingen en verantwoordelijkheid tussen mensen. Als men diepgaand werkt met een partnerrelatie, kan aan zo'n relatie een uitgebreid grootboek worden afgelezen. Terwijl men ogenschijnlijk aan het werk is met een van beide partners, heeft men onvermijdelijk ook te maken met onomkeerbare consequenties voor anderen, in het bijzonder voor het nageslacht en derhalve voor de keten van transgenerationeel overleven.
Martin Buber benadert dit punt het dichtst in zijn lezing voor het Internationale Congres voor de geestelijke gezondheidszorg in 1948 *(Buber, 1948/1957)*: 'Ieder mens staat in een objectieve relatie tot anderen; het geheel van deze relatie bepaalt zijn bestaan als een leven dat feitelijk deelneemt in het zijn van de wereld. (...) Het is zijn aandeel in de menselijke orde van het zijn, het aandeel waarvoor hij verantwoordelijk is. (...) Als men een relatie schaadt, betekent dat dat op die plek ook de menselijke orde wordt geschaad.' *(blz. 132).*
Het contextueel denken benadrukt de verantwoordelijkheid voor de consequenties van handelingen. De menselijke orde van het zijn wordt in termen van transgenerationele continuïteit bekeken. De kwaliteit van de overleving van de soort hangt af van transgenerationele solidariteit. Iedere generatie heeft baat bij deze solidariteit en draagt er op een later tijdstip zelf weer aan bij. De rechtvaardigheid van de menselijke orde vereist dat ieder mens zijn deel bijdraagt aan deze menselijke orde en dat hij op zijn beurt ook een aandeel ontvangt. Zo bestaat tussen een mens en de menselijke orde een ethisch grootboek van rechten en plichten. De context van de menselijke orde van rechtvaardigheid en transgene-

rationele solidariteit is een stille vennoot van intergenerationele relaties.
Voor ieder mens individueel betekent het dat men:

1. de mogelijkheid heeft tot en risico's loopt bij het gebruik maken van zijn rechten, waartoe ook zijn creatief en destructief gerechtigde aanspraken behoren;
2. verplicht is rekening te houden met de wensen en de verdiensten van de voorgaande generaties;
3. verplicht is legaten uit het verleden ten bate van het nageslacht in stand te houden, in waarde te laten groeien en door te geven.

Zowel constructief als destructief gerechtigde aanspraak wordt verworven tengevolge van verbintenissen met anderen. Gerechtigde aanspraak wordt echter hoofdzakelijk verworven in verhouding tot de rechtvaardigheid van de gehele menselijke orde. Met andere woorden: de kenmerken van verdienste en het feit dat deze verworven is, vallen buiten het oordeel, de waarneming en de waarden van de individuele mens. Verworven gerechtigde aanspraak is echter het bezit van het individu; het heeft er recht op in ruil voor het feit dat het zijn aandeel in de relationele verantwoordelijkheid op zich neemt.

<u>Gerechtigde aanspraak: de consequentie van verworven verdienste</u>

Voorbij het niets-voor-niets of het voor-alles-een-vergoeding-willen-hebben ligt het rijk van de rechtvaardigheid van de menselijke orde. Het begrip 'verworven gerechtigde aanspraak' kan men slechts gedeeltelijk boeken in het grootboek van partners die met elkaar communiceren.
Een gedeelte dat men niet kan boeken, bevindt zich tussen degene die gerechtigde aanspraak verdient en een ondefinieerbare entiteit. Deze entiteit, die zich bevindt in beide partijen maar ook ertussen en eraan voorbij, is de rechtvaardigheid van de menselijke orde die ook transgenerationele solidariteit insluit met als einddoel: de overleving van de mens.
In dit gebied blijft het nageslacht ten opzichte van het leven of het lot in zijn geheel aansprakelijk voor de baten die het heeft ontvangen van de voorgaande generaties. Het is feitelijk onmogelijk voor iemand om zijn voorouders op een billijke symmetrische manier terug te betalen. Daarmee wordt de basis gelegd voor het feit dat een generatie aan de volgende generatie geeft, terwijl daarvoor niet evenredig kan worden terugbetaald. Volwassen nazaten verwerven gerechtigde aanspraak door een geven aan de volgende generatie, wat ook weer niet evenredig kan worden terugbetaald.
Terwijl iedere generatie geeft aan de volgende, is zij aan het werk voor haar eigen bestemming. Ieder op hun beurt vergaren de leden van de generaties persoonlijke bevrijding plus datgene wat de volgende generatie wellicht direct kan terugbetalen.

Verantwoord ouderschap

Adequaat of *verantwoord ouderschap* is één van de voornaamste dynamische principes in de intergenerationele zijnsorde. Het is de hoeksteen van het overleven en de matrix van waaruit de rechtvaardigheid tussen mensen groeit en bloeit. *De matrix van rechtvaardigheid* tussen individuen komt neer op een transgenerationeel schema voor overleven dat ook van toepassing is op de meeste zoogdieren en vogels. Hogere diersoorten zorgen voor hun jongen, zoals hun voortbrengers voor hen hebben gezorgd. Verantwoorde zorg en rechtvaardige balansen van geven-en-nemen worden op deze wijze direct verbonden. Het intrinsieke probleem in deze werkelijkheid ligt in het feit dat, wanneer een schepsel te weinig zorg van zijn ouders heeft ontvangen, het heel moeilijk voor hem is om adequate zorg te bieden aan zijn eigen kinderen. Verantwoord ouderschap brengt van generatie op generatie verantwoord ouderschap voort. Het is moeilijk een adequaat zorgende ouder te worden als men zelf geen adequate zorg heeft ontvangen.

Ouderlijke zorg terugbetalen

Adequaat ouderschap is een premisse van een transgenerationele zijnsorde. Terugbetalen van ouderlijke zorg is een andere. Omdat daar alleen aan kan worden voldaan door het geven aan de volgende generatie, kunnen de richting en de criteria van terugbetaling tussen ouder en kind alleen worden begrepen als men hierbij ten minste drie generaties in ogenschouw neemt, anders wordt de rechtvaardigheid in haar reikwijdte beknot. Natuurlijk is in één opzicht het ontvangen van ouderlijke zorg een schuld die nooit kan worden terugbetaald. Als een ouder erop staat dat zijn kind de zorg van de ouder in gelijke mate terugbetaalt, stelt de ouder een eis die destructief zal werken. Deze houding is kenmerkend voor ouders die op meedogenloze wijze ongevoelig zijn gemaakt door onrechtvaardigheden die ze in hun eigen jeugd hebben ondervonden. Terwijl de ouder nog steeds gebukt gaat onder de last van zijn vroeger lijden, zal hij of zij waarschijnlijk de onrechtvaardigheid van zijn of haar eis niet opmerken.
Ouders verdienen erkenning voor hun zorg en bijdragen. Er zijn ook tijden dat ze van hun kinderen zorg en bezorgdheid vragen. In feite gaat de *betaling meer in voorwaartse* dan in achterwaartse richting. Ouderlijke investeringen worden volledig terugbetaald door de kinderen, wanneer zij passende bijdragen leveren aan het nageslacht. Eenvoudig gezegd: iemand ontvangt van zijn verleden en zijn ouders en geeft aan zijn kinderen en aan zijn toekomst. Directe, symmetrische wederkerigheid is slechts één aspect van de rechtvaardigheid in de matrix van de menselijke orde: handelingen van onderlinge zorg zijn onvermijdelijk privé en persoonlijk. Mensen worden ook gemotiveerd door de feitelijke consequentie die het ontvangen van zorg met zich meebrengt, namelijk dat er ook een verplichting is tot het bieden van zorg.

Het verwerven van gerechtigde aanspraak

Adequaat ouderschap en het terugbetalen van ouderlijke zorg zijn twee premissen van de transgenerationele zijnsorde. Nog een andere premisse heeft te maken met de winst voor iemand zelf of de baten die verbonden zijn aan het bieden van zorg: de persoon die zorg geeft, verwerft verdienste of *gerechtigde aanspraak* als beloning. Effectief verworven gerechtigde aanspraak heeft als resultaat persoonlijke bevrijding; dat wil zeggen: de veiligheid waarmee iemand het leven aan zich kan laten ontvouwen. Met andere woorden: zorg voor de rechtvaardigheid van de menselijke orde vormt een kruispunt met de eigen bevredigingen en functies van een mens. Deze omvatten onder meer:

- een vermogen tot beleven van persoonlijke vreugde;
- een creatief gebruik van de gaven van het leven;
- een vermogen aangeboren talenten en vaardigheden te ontwikkelen;
- een gezondheidstoestand waarin men betrekkelijk vrij van psychosomatische symptomen en problemen is;
- een voortdurend groeiend vermogen vertrouwen te durven investeren in nieuwe relaties;
- een vermogen te genieten van de emotionele bevredigingen van de partner zowel als van zichzelf;
- een toenemende vrijheid rechten te doen gelden voor de eigen positie in relaties, waaronder ook valt dat men onafhankelijk mag zijn van de eigen ouders;
- de motivatie bij te dragen aan het welzijn van toekomstige generaties.

De consequentie van verantwoorde zorg is autonomie in haar volste en rijkste betekenis. Als iemand veel gerechtigde aanspraak heeft verworven, kan hij vrijelijk gebruik maken van meer keuzemogelijkheden dan waarover hij voorheen de beschikking had. Gerechtigde aanspraak is een brug tussen winst voor zichzelf en het bieden van passende zorg aan de ander. Het is een nieuwe synthese, ontstaan uit een dialectiek van these en antithese: van zelfzuchtigheid en altruïsme.

Ontwikkelingsimplicaties van billijke consequenties

Winst voor het Zelf en rechtvaardigheid in de menselijke orde hangen nauw met elkaar samen. Voorgaande en volgende generaties bieden een continuïteit in consequenties die gedeeltelijk is gebaseerd op transacties en gedeeltelijk op relationele rechtvaardigheid. Het kind van ouders die een goede verzorging hebben gehad en die zelf goed voor anderen zorgen, zal de vruchten kunnen plukken van een groot fortuin dat het niet zelf heeft vergaard. Veel hulpbronnen in zijn leven ontstonden al twee generaties tevoren, zonder dat er toen speciaal aan hem werd gedacht. Toch ontvangt hij keuzemogelijkheden die hem indirect worden overgedragen.

Omgekeerd zal het kind van teleurgestelde en wantrouwige ouders het slachtoffer worden van een negatief fortuin, terwijl het dat niet heeft verdiend. Veel van de schade in zijn leven werd veroorzaakt door het onvermogen van zijn grootouders (en andere voorouders) zijn ouders voldoende zorg te bieden. Zowel goed verzorgde ouders, als uitgebuite ouders die verstoken bleven van liefde en zorg, zullen allen wat hun is overkomen, doorgeven aan hun kinderen. De consequenties van aanhoudende relationele onrechtvaardigheid zijn meestal onomkeerbaar en zijn pas veel later zichtbaar. De consequenties van billijke zorg daarentegen, werken meestal verlossend: iemand, die er hard aan heeft gewerkt het lot van de volgende generatie te verbeteren ten opzichte van het lot van de voorafgaande generatie, heeft niet alleen een bijdrage geleverd aan het nageslacht; hij heeft ook de vrijheid verdiend op te eisen wat hem in de wereld rechtens toekomt.

De pasgeborene is intrinsiek gerechtigd tot zorg. Hij hoeft niet door middel van zijn daden verdienste te verwerven opdat hij zijn gerechtigde aanspraak zal verdienen. Het feit dat hij in een toestand van hulpeloosheid verkeert, verleent hem het recht op intensieve zorg; immers, hij zou anders niet kunnen overleven. Schending van het intrinsiek gerechtigd-zijn van een individu vormt de belangrijkste component in de ontwikkeling van destructief gerechtigde aanspraak; dat wil zeggen: het intrinsieke recht op rancune.

Criteria voor rechtvaardigheid functioneren ook als factoren die de condities voor *psychologische volwassenheid* kunnen bepalen. De grondoorzaak van aanpassingsproblemen in verband met de complexe eisen die het leven stelt, is vaak verbonden met de *consequenties* van het onvermogen geordend plannen te kunnen maken en het onvermogen langdurige relaties te kunnen aangaan. Een vermogen tot ordelijke discipline gebaseerd op werkelijkheid is meestal het resultaat van een leerproces dat heeft plaatsgevonden in een vormende omgeving die betrouwbaar en liefdevol is. Goed ouderschap vereist zowel empathische zorg als een geordend vermogen bij voortduring met iemand te kunnen communiceren.

Als kinderen hun eerste jaren niet in een zorgend milieu zijn grootgebracht, kunnen zij hun mogelijkheid tot het ooit verwerven van fundamenteel vertrouwen verliezen. Deze realiteit in iemands leven is te vergelijken met het feit dat er in de ontwikkeling van een dier kritieke perioden voor het inprenten zijn, die niet terugkomen als ze niet zijn benut.

Bij mensen kan een kritiek verlies van vroege zorg leiden tot de vorming van een blijvend narcistisch, autistisch of 'sociopathisch' karakter, dat het een mens onmogelijk maakt de verplichtingen aan te gaan die vereist zijn als men een langdurige relatie wil ontwikkelen, bijvoorbeeld een huwelijk of een vriendschap. Honderd gram preventie staat gelijk aan tonnen therapie.

Omgekeerd: wanneer ouders rekening houden met de behoeften van hun kind – zoals groei en autonomie – zal het kind een vermogen tot vertrouwen kunnen ontwikkelen. Een kind dat wordt grootgebracht in een liefdevol milieu, krijgt de mogelijkheid een volwassen, zorgzame en assertieve partner en ouder te worden. Dan is een keten van generaties die op een volwassen wijze het ouderschap vervullen, het resultaat van consequenties die vertrouwen opbouwen: het vermogen tot adequaat ouderschap wordt geconditioneerd door leren en inprenten. De kwaliteit en de kwantiteit van *de billijkheid en de betrouwbaarheid* die zijn voortgekomen uit de zorg tussen ouder en kind, zijn een belangrijk regulerend criterium voor gezond functioneren en op een bevredigende manier met anderen omgaan. Ze zijn ook een investering die zeer waarschijnlijk bijpassende 'fondsen' zal hebben. Kinderen die geboren zijn in een wereld die zorg biedt en vertrouwen helpt opbouwen, hebben de plicht iets tegenover de baten te stellen die ze hebben ontvangen door aan volgende generaties meer van hetzelfde te bieden. Zo wordt een transgenerationele keten van baten en schulden gesmeed: een keten die op eigen kracht een domino-effect teweegbrengt.

Kinderen zouden niet de hoofdverantwoordelijke moeten zijn voor het terugbetalen aan hun ouders van baten die ze hebben ontvangen. Het is echter óók waar dat kinderen het aan hun ouders zijn verschuldigd genereus rekening met hen te houden, ook al schijnen hun ouders hen te kort te hebben gedaan.

Ontschuldiging

Hoe kan de verdeling van kredieten en schulden billijk zijn? Antwoorden op deze vraag hangen vrijwel altijd af van de bereidheid van de kinderen om te proberen de ouders te ontschuldigen in plaats van hen voor altijd schuldig te verklaren. Een ander kenmerk van de manier waarop een rechtvaardige verdeling functioneert, is dat kinderen die op zoek zijn naar gerechtigde aanspraak, de positie van hun ouders gaan onderzoeken. *Ongeacht de uitkomst* verdient men gerechtigde aanspraak met zijn pogingen *de ouder te ontschuldigen:*; dat wil zeggen: de poging van een kind billijk te zijn tegenover een ouder voor wie hij wrok of zelfs verachting voelt. Dat kan leiden tot een zichzelf onderhoudende spiraal van motivatie die de betrokken persoon in staat stelt ook in andere relaties positief gedrag te laten zien.

Het tegenovergestelde hiervan kan zijn dat iemand vastzit in herhalingsgedrag, dat een weerspiegeling is van een stagnerend gedragspatroon van altijd de ander de schuld geven. Bijvoorbeeld: 'Mijn moeder sloeg me en dat haatte ik. Ik heb gezworen mijn kinderen dat nooit aan te doen. En kijk mij nu eens schreeuwen tegen mijn kind van vijf jaar en hem slaan. Daar schaam ik me echt voor! Waarom behandel ik hem op een manier die ik veracht?'

Ontschuldiging van haar ouder kan worden verwezenlijkt als deze vrouw bijvoorbeeld zou ontdekken dat haar moeder wanhopig op zoek is geweest naar mogelijkheden voor haar kind, die ze in haar eigen jeugd zelf nooit had gehad. Moeders poging om 'alles goed te doen' leidde ertoe dat ze onredelijk hoge eisen stelde, waardoor zij de neiging kreeg uit te halen naar haar dochter als het deze niet lukte om te presteren. Als deze jonge moeder erin slaagt de fundamentele waarheid van haar eigen moeder te achterhalen, kan ze zich bevrijden van het ongewild herhalen van destructief gedrag en van het voortdurend lijden onder wrok en schaamte. De ervaren therapeut onderzoekt echter op welk moment de cliënt eraan toe is zijn ouders te ontschuldigen.

Ontschuldiging van een schijnbaar 'slechte' ouder moet worden gezien als een poging greep te krijgen op een fundamentele *waarheid van de relationele werkelijkheid*. Een dieper niveau van waarheid is noch een paradox, noch heeft het de functie van verkrijgen van inzicht in de bronnen van emoties. Als familieleden zich ervoor inzetten zorg te dragen voor billijkheid ten aanzien van elkaar – vooral als dat gebeurt terwijl ze eigenlijk geneigd zijn elkaar de schuld te geven – verwerven ze gerechtigde aanspraak. In feite vormen de spontane pogingen van een ouder om zijn eigen ouder(s) te ontschuldigen vaak het keerpunt in de behandeling van een gezin.

Een therapeut die familieleden helpt de universele waarheid van het verwerven van verdienste door het geven van verschuldigde aandacht nauwkeurig uit te stippelen, werkt aan de verlichting van hun lasten. Een therapeut helpt de mythe van eenzijdige aansprakelijkheid te ontkrachten door de gedachte te verwerpen dat één persoon ooit de enige bron van alle kwalen van een gezin kan zijn. Terwijl hij daarmee bezig is, maakt hij een heroverweging van de billijkheid mogelijk door de rechtvaardige aanspraken op relationele verdienste van ieder gezinslid naar voren te halen. Door te bepalen wat billijk is in de balans van eigen relationele werkelijkheid, krijgen mensen de mogelijkheid gerechtigde aanspraak te verwerven: een heilzaam alternatief voor stagnatie en existentiële schuld of schande. Even belangrijk is, dat hiermee een billijker verdeling van tegoed en schulden en een herverdeling van baten en lasten kan worden bereikt.

Therapeutische implicaties

Wanneer een gezin zich voor het eerst bekommert om een herverdeling van baten en lasten, kan dit worden gezien als een 'verandering' of als een herstel van de levensvatbaarheid van de relatie. Vanuit het contextuele gezichtspunt heeft een zichzelf motiverende continuïteit in verantwoordelijke zorg voor elkaar meer zeggingskracht en is ze eerder een specifiek doel van therapeutische interventies dan wanneer het alleen maar gaat om 'verandering'. Het proces van het herstellen van levensvatbare relaties te midden van onrechtvaardigheid en wantrouwen vereist een bepaalde mate van intergenerationele integriteit. Het vermogen uit te spreken wat men als de eigen fundamentele waarheden en gerechtigde aanspraken beschouwt, is het begin van die integriteit. Het betekent ook, dat

men hiermee de kwaliteit van het leven zélf begint te verbeteren.
In relaties wordt elke volwassene geconfronteerd met de noodzaak zijn leven waarde te geven door middel van het verwerven van verdienste. Het woord *verdienste* is, zoals het hier wordt gebruikt, een ethisch surplus dat onafhankelijk bestaat van enig terugbetalen dat men van zijn partner ontvangt. In asymmetrische relaties is het proces van zelfbevestiging tweezijdig en wel: 1. iemand verdient dat er in bestaande relaties rekening met hem wordt gehouden en 2. hij is het verschuldigd rekening te houden met legaten uit het verleden en mandaten voor de toekomst. Waarom moeten mensen zichzelf eigenlijk valideren? Heeft niet ieder mens gewoon het recht om te bestaan? Is een mens niet gerechtigd te nemen wat hij van het leven kan krijgen? Is alles wat men krijgt, in feite geleend? Hebben mensen dan niets dat volledig van hen is? Vanuit het gezichtspunt van de contextuele therapie wordt de kwestie van 'rechtvaardiging, verkregen door middel van verdienste' niet beschouwd als iets dat men a priori ontvangt, noch als iets dat een moraliserende bedoeling heeft. We zijn vanuit empirisch verworven kennis en vanuit de behandeling van gezinnen tot dit begrip gekomen.
Verdienste is een zichzelf motiverende factor *(Boszormenyi-Nagy & Spark, 1973/ 1984, blz. 169-176)*, die onvermijdelijke belangentegenstellingen tussen een mens en een voor hem belangrijke ander aanpakt en overstijgt. Handelingen, waardoor verdienste wordt verworven, komen zowel degene die de handelingen verricht als diens partner ten goede. Als men winst heeft geboekt, zal men het nog eens proberen. Verdienste is een investering in de werkelijkheid, die de afgrond tussen de polariteiten van gerichtheid op zichzelf en van zelfopoffering kan overbruggen. Hiermee wordt – en dat had allang gebeurd moeten zijn – de relationele drijfkracht onderkend, waarmee iemand zijn eigenbelang door passende zorg voor de voorwaarden van de ander kan versterken. Het is een kant van de dialectiek waarin de zorg van een mens voor zijn of haar partner het eigenbelang ten goede kan komen, *ongeacht de reactie van de partner*. De persoon die ervoor kiest verdienste te verwerven, kan het risico nemen te teren op de onaangeboorde reservoirs van overgebleven vertrouwen die het kenmerk zijn van langdurige relaties en die een persoon ertoe aanzetten nog meer vertrouwen te verwerven. Zelfvalidatie door middel van verdienste is het proces waardoor gerechtigde aanspraak wordt verworven; dat wil zeggen: waardoor een mens de moed leert op te brengen:

– het risico te nemen vertrouwen in nieuwe relaties te investeren;
– te luisteren naar de eigen voorwaarden van anderen (centrifugale zorg), zonder de eigen positie los te laten (centripetale zorg);
– voor zijn eigen kant op te komen om daardoor autonomie te verwerven.

Samengevat: het vermogen tot zelfvalidatie geeft iemand gerechtigde aanspraak om in al zijn relaties een volwassen partner te worden. Het stelt iemand ook in staat zijn vermogen tot genieten van creativiteit, seksualiteit en wederkerige liefde te vergroten. Gerechtigde aanspraak vergroot de kans op therapeutische vooruitgang en zelfs op psychosomatische gezondheid.

Korte voorbeelden uit het leven van een jonge, ongetrouwde man kunnen de implicaties van zelfvalidatie wellicht verduidelijken. David, 24 jaar, is het middelste kind van ouders uit de middenklasse. Zijn vader is dominee en zijn moeder secretaresse. Vanaf zijn geboorte wist zijn moeder niet 'wat ze aan moest met een jongetje, dat nooit tevreden kon worden gesteld'. Voor zover David zich kan herinneren, was zijn vader altijd weg: 'Hij kon wel tijd vrij maken voor andermans kinderen, maar zelden voor mij.' David heeft zich, zolang hij zich kan herinneren, in een moeizame situatie bevonden. Gerechtigde aanspraak leren verwerven en zich gerechtigd voelen was bijna buiten zijn bereik: 'Mijn moeder heeft mijn twee zusters altijd liever gevonden,' zegt hij. 'Ik weet niet aan wie mijn vader de voorkeur geeft. Ik weet wel dat hij het nodig heeft dat ik ziek ben. Als ik met hem samen ben, word ik altijd geanalyseerd. Ik schijn in zijn ogen nooit iets goed te kunnen doen, dus probeer ik hem maar op een afstand te houden. Ik ben nu weer thuis, tot ik aan mijn nieuwe baan begin. Ik blijf meestal in mijn kamer. Af en toe kijk ik televisie in de huiskamer, maar als hij binnenkomt, ga ik de kamer uit. Als ik iets probeer te doen voor mijn ouders, schijnen ze dat nooit te willen accepteren.'

Hoewel David op een wanhopige manier loyaal ten opzichte van zijn ouders is, voelt hij zich desondanks gebruikt. Zijn persoonlijk leven wordt gekenmerkt door eenzaamheid en zelfs isolement. Hij zegt: 'Het is gewoon veiliger om op jezelf te blijven. Ik was toch altijd al verlegen als ik omging met andere jongens. Als ik iets zeg, komt het altijd verkeerd over.' Wat vrouwen betreft: David maakt nooit eens een afspraakje: 'Dat zou ik wel willen, maar ik was bijna verloofd met een meisje, toen ze zonder enige waarschuwing onze verhouding verbrak. Ik begrijp nog steeds niet waarom. Ik zou haar nog steeds eens willen bellen om het haar te vragen, maar dat durf ik niet. Ik vind het bovendien moeilijk met vrouwen om te gaan.'

David is lange tijd woedend geweest. Hij houdt nog steeds van zijn ouders, maar weet niet hoe hij hun een genoegen kan doen. Wat hem betreft hebben ze hem nog nooit erkenning gegeven voor iets dat hij heeft gedaan. Dus heeft hij het lange tijd ook maar niet meer geprobeerd. Hij was niet in staat voldoende gerechtigde aanspraak te verwerven door middel van passende aandacht aan anderen geven. Ook was hij niet in staat zich de veiligheid van het gevoel gerechtigd te zijn eigen te maken (dat men door het verwerven van verdienste kan verkrijgen).

De ouders van David, de heer en mevrouw Ross, waren in de war door het gedrag van hun zoon, dat volgens hun zeggen vanaf dat hij een klein kind was, 'afwijzend' was geweest. Jarenlang was het gezin vanwege moeilijkheden tussen het echtpaar onder behandeling van verschillende psychologen. Eén van hen diagnostiseerde David als paranoïde en schizofreen: een mening, die men in twijfel kan trekken, maar die in ieder geval de diepste angsten van zijn ouders bevestigde en die ertoe leidde dat de jongen geïsoleerder raakte dan ooit tevoren.

Uiteindelijk vond zijn vader een contextueel therapeut. Omdat de heer Ross óp was van alle pogingen zijn gezin in goede banen te leiden, begon hij erover te denken om maar te gaan scheiden. Hij had meer aandacht nodig dan hij kreeg en hij wist niet wat hij daar aan moest doen. Hij was boos op zijn vrouw die zich van hem en van hun zoon losmaakte en hij begon op te treden als de verdediger van David, met het gevolg dat hij nog meer afstand schiep tussen hen en de moeder van David.

Zélf ook depressief en emotioneel uitgeput, stemde mevrouw Ross erin toe, haar huwelijk opnieuw te bezien. Iedere keer als de naam van David viel, werd zij stil en haar echtgenoot boos. De heer Ross besloot vaker contact op te nemen met David, die daarna de ouders thuis kwam bezoeken. Nadat David met zijn zusters bij een paar sessies met de contextueel therapeut aanwezig was geweest, vroeg hij om een paar zittingen voor zichzelf. In de gezamenlijke zittingen was David in staat zijn grieven te uiten, maar hij was niet in staat zijn ouders te vertellen hoe hij hen nú nodig had. In de zittingen die hij alleen met de therapeut had, kon David zijn woede om de onbillijkheid van zijn ouders uiten en begon hij zijn eigen voorwaarden voor omgaan met hen te formuleren. Hij was echter niet in staat buiten de therapieruimte iets van hen te vragen.

De heer en mevrouw Ross hadden ieder een andere geloofsovertuiging. Gevangen in een gespleten loyaliteit ging David niet langer naar de kerk; maar hij zag dat zijn moeder door haar fundamentalistische overtuiging geïsoleerd raakte van de rest van haar gezin. Hij maakte opmerkingen over haar isolement en langzamerhand ging de moeder zich met hem identificeren. Op een zondag bood hij aan met haar mee te gaan naar de kerk. Het deed hem niet erg veel, maar hij was getroffen door haar dankbaarheid voor het feit dat hij was meegegaan. In de weken daarop begon zijn moeder hem VOOR HET EERST SINDS HIJ ZICH KON HERINNEREN te bedanken voor kleine dingen, zoals het haar van haar werk ophalen.

Toen hij merkte dat zijn moeder zich overbelast voelde door alles wat een komende feestdag met zich mee zou brengen, bood hij aan te helpen bij het klaarmaken van het feestmaal. Hij bood ook aan te helpen opruimen. Hij had altijd al zijn moeder behulpzaam willen zijn, maar had zelden de zin ervan ingezien. Had ze niet altijd wat te klagen? Nu scheen er echter iets te zijn veranderd. Hij kon dat niet onder woorden brengen, maar wist zeker dat er iets was veranderd. David was begonnen de goedkeuring van zijn moeder rechtmatig te verwerven en zij was begonnen de zijne te verwerven.

Tegen Kerstmis overleed onverwacht de moeder van mevrouw Ross. Haar eerste reactie op het overlijden was: 'Misschien heeft mijn vader nu eindelijk wat tijd voor mij.' Ze wist dat haar vader van haar hield; dat had hij haar vaak verteld. Maar als haar moeder haar bestrafte – en dat deed ze regelmatig – dan verwachtte ze van haar echtgenoot dat hij vanzelfsprekend haar kant zou kiezen. Mevrouw Ross verwachtte eenzelfde eenzijdige verdediging door dik en dun van de heer Ross, zelfs waar het hun kinderen betrof. Het scheen dat de vader van mevrouw Ross haar altijd even kwam opzoeken als zij ruzie met haar moeder had gehad. De eerste keer gebeurde dat toen zij zestien was. Hij was het vaak met haar eens geweest en bood zijn verontschuldigingen aan voor het feit dat hij dat niet had gezegd waar haar moeder bij was. 'Maar je weet hoe je moeder is!' zei hij dan altijd. Mannen waren voor mevrouw Ross 'ingewikkelde materie'. Ze zeiden het één, maar deden het ander. Mevrouw Ross, die niet in staat was geweest het haar moeder naar de zin te maken en die nooit erkenning kreeg van haar vader, had geleerd zichzelf te beschermen door afstand te nemen. Ze had enig moederen 'terug'gekregen toen haar dochtertjes waren geboren. Maar de moeilijke en veeleisende babytijd van David had veel twijfels die ze over zichzelf had, versterkt. Zelfs voor zichzelf kon ze nooit haar verdienste rechtvaardigen.

Doordat hij aan kracht won dankzij de goedkeuring van zijn moeder, hoefde David niet langer te steunen op een machtsalliantie met zijn vader om zich te kunnen beschermen tegen zijn moeder. Door zelfvalidatie met behulp van de ene ouder, vond hij de moed dit proces ook met de andere ouder aan te gaan. Hij wilde op een volwassen manier met zijn vader omgaan, maar dat was minder eenvoudig dan het wel leek. Enerzijds was zijn vader altijd de 'man, die alles goed deed'. Anderzijds had zijn vader nooit tijd voor hem – hoewel dat waarschijnlijk niet langer opging. Zo had het immers altijd geleken toen hij klein was. In ieder geval wilde David serieus worden genomen door zijn vader en wilde hij dat zijn vader iets met zijn aanspraken zou doen. Hij had er genoeg van dat hij dingen uitsluitend op de voorwaarden van zijn vader moest doen.

Toen David eenmaal de eerste aarzelende schreden in de richting van zijn moeder had gezet, raakte zijn vader zijn rol als verdediger kwijt. De heer Ross raakte in de war door wat zijn zoon van hem vroeg. Hij voelde zich ontmaskerd en onthand. Hij was geschokt toen hij ontdekte dat hij zijn zoon als 'patiënt' behandelde; iets dat nooit zijn bedoeling was geweest. Nu wist hij niet zo zeker meer hoe hij moest handelen. De heer Ross dacht dat hij zijn eigen ouders vaak ook zo had behandeld. Hij zag nu in dat hun huwelijk een ellenlange reeks ruzies was geweest. Door ervaring wijzer geworden, had hij geleerd hoe hij de vrede kon bewaren. Als enig kind werd de heer Ross uiteindelijk de permanente vredestichter voor zijn ouders. Als ze maar even ruzie hadden, moest hij daar meteen iets aan doen. Hij reageerde nu nog steeds zo wanneer mensen van streek waren. Toen hij erover begon na te denken, leek zijn hele leven wel één lange vredesmissie. Hij was altijd bezig mensen te helpen hun conflicten te hanteren – zozeer, dat hij er nooit aan toekwam zijn eigen behoeften en wensen rechtstreeks te uiten. Buiten zijn bedoeling om was de heer Ross komen vast te zitten in de rol van helper, die nog eens werd versterkt door zijn beroep van dominee. Nu moest hij een andere handelwijze zien te vinden. Hoewel hij van streek was door de uitdaging van zijn zoon, zag hij de verdienste, zowel voor zichzelf als voor zijn zoon, ervan in.

De heer en mevrouw Ross waren in staat de invloed van de legaten die hen waren toegevallen te onderkennen. Ieder van hen scheen tot slachtoffer te zijn gemaakt door hun respectieve achtergronden van gespleten loyaliteit. Veel moeilijker was het in te zien hoe ze het samen David heimelijk onmogelijk hadden gemaakt de wereld van de volwassenen te vertrouwen en in te zien hoe daardoor zijn destructief gerechtigde aanspraak was opgebouwd. Veel impliciete gerechtigde aanspraken uit de jeugd van David waren niet beantwoord vanwege de subtiele pogingen van zijn ouders, hem te veranderen in wat hij niet kon zijn en hem op die manier te parentificeren. Zijn eigen identiteit was aangetast door de schulden van vorige generaties: het is bijvoorbeeld moeilijk te weten te komen in welke mate mevrouw Ross verwachtte (of het nodig had) dat haar zoon haar verdediger zou zijn, terwijl ze in plaats daarvan uiteindelijk met een lastpak van een zoon werd opgezadeld. Iets daarvan zou zeker aanwezig moeten zijn; het bleek er inderdaad nog steeds te zijn. Het is evenzeer moeilijk te weten te komen in welke mate de heer Ross verlangde naar een kameraadschap zonder conflicten met zijn zoon, maar in plaats daarvan uiteindelijk belandde in een situatie waarin mevrouw Ross en David van elkaar vervreemdden op een manier die ontstellend veel leek op wat hij bij zijn ouders had zien gebeuren. Iets daarvan zou ook aanwezig moeten zijn; het bleek er inderdaad nog steeds te zijn.
David heeft onmiskenbaar veel tijd nodig gehad voor hij in zijn eigen ogen en in die van zijn ouders goedkeuring kon vinden. Dat hij op dit kritieke ogenblik in zijn jonge leven hiertoe kon komen, was in hoge mate te danken aan het initiatief van zijn vader, aan de religieuze betrokkenheid van zijn moeder om hun relatie opnieuw op te bouwen en aan zijn eigen moed en vasthoudendheid. Bovendien waren zijn ouders in hun gerechtigde aanspraken gebonden aan hun intentie het met David goed te maken. Hun dochters hadden het ook moeilijk gehad, maar nooit zo moeilijk als David. Het was heel moeilijk voor de ouders hun verdienste in de opvoeding van David te valideren, en ze vonden het daardoor ook moeilijk hun zoon krediet te geven.
Het is belangrijk te vermelden dat de gezinsleden door de lange-termijnbetrokkenheid op elkaar een reserve aan vertrouwen hadden opgebouwd, ondanks reële en gevoelde onderlinge onrechtvaardigheden. Ze praatten zelfs in de eerste zittingen met het hele gezin oprecht met elkaar, ook al ging hun dat niet makkelijk af. Ondanks alle gevoelens van boosheid, wrok en verdriet die ze met zich mee-

droegen, vatten ze door de restanten aan hulpbronnen die er tussen hen nog waren, moed op om hun kant van de zaak naar boven te halen, hun voorwaarden te formuleren voor hun relatie in de toekomst en de aanspraken van de anderen te onderkennen; dat wil zeggen: billijkheid te bieden en te vragen.

Dankzij de therapie kon ieder gezinslid beginnen baat te hebben bij het de ander bieden wat die ander rechtens toekwam. Ieder van hen verkreeg rechtvaardiging en verwierf de gerechtigde aanspraak die voortkomt uit het overbruggen van de kloof tussen centripetale en centrifugale zorgen. Hoofddoel van de therapie werd de gezinsleden te helpen gerechtigde aanspraak te verkrijgen. Natuurlijk kon die niet door de therapeut worden aangereikt, noch worden voorgeschreven. De therapeut kon bij de gezinsleden wel belangstelling wekken voor winst voor ieder van de betrokkenen, waarbij ze ieder van hen hielp om hun verlangen naar opnieuw investeren om te zetten in daden. Door middel van het aanbieden van zorg kon ze – in de woorden van Martin Buber – hen helpen 'te genezen door te ontmoeten'.

Eén van de paradoxen in dit gezin, die kenmerkend is voor mensen die zich verlaten op hun destructief gerechtigd zijn, was dat ieder van hen lange tijd *het gevoel had* gerechtigde aanspraak te hebben op méér dan hetgeen men had ontvangen. Op zoek naar een antwoord op het door hen gevoelde gemis, gaven de heer en mevrouw Ross bij tijd en wijle de buurtkinderen de schuld van het feit dat hun kinderen ongelukkig waren. Zoals vele anderen echter, waren ze er niet in geslaagd bij elkaar hulp te zoeken voor het beoordelen van hun situatie. Zelfs als ze dat wél zouden hebben gedaan, maar zich daarbij zouden zijn blijven richten op hun gevoel van gerechtigd zijn of gevoel van rechtvaardiging, dan nog blijft het onwaarschijnlijk dat het eenvoudig uiten van deze gevoelens hen ver zou hebben gebracht. Want een gevoel van gerechtigd zijn is een psychische toestand of een psychisch verschijnsel dat totaal verschilt van het proces van het verwerven van gerechtigde aanspraak. Verworven verdienste is in feite het tegenovergestelde van het arrogant opeisen van gerechtigde aanspraak op superioriteit. Gevoelens van gerechtigd zijn kunnen al dan niet parallel lopen met feitelijk verworven gerechtigde aanspraak. Het gevoel van gerechtigd zijn van iemand, met name van een kind, kan gemanipuleerd worden, ondanks zijn aanbod van zorg aan anderen.

Het verwerven van gerechtigde aanspraak is één van de hoofddoelen van de contextuele therapie geworden. De therapeut lokt relationele handelingen uit, waardoor ieder gezinslid gerechtigde aanspraak kan verwerven om een positief relationeel klimaat te bewerkstelligen en ook om te helpen vanuit ieders eigen standpunt voldoening te krijgen. Als men manieren vindt waarop mensen gerechtigde aanspraak kunnen verwerven, worden de lasten van wederzijdse passende aandacht verminderd én treedt in het proces van volwassenwording een krachtige motivationele factor in werking *(Boszormenyi-Nagy & Spark, 1973/1984)*. Verworven gerechtigde aanspraak komt via zelfvalidatie ten goede

aan de gever. Als hij de innerlijke vrijheid en gezondheid die het resultaat van het verwerven van gerechtigde aanspraak zijn, aan den lijve ervaart, zal hij niet alleen in staat zijn een voller, prettiger en creatiever leven te leiden, maar hij zal tevens opnieuw willen proberen gerechtigde aanspraak te verwerven. Het werken aan het verkrijgen van die aanspraak is niet alleen een methode, maar ook een uiting van therapeutische verandering en een therapeutisch doel.
Terwijl ieder gezinslid zich op weg begeeft naar zijn doel, ontwikkelt zich een klimaat van voortdurende verantwoordelijkheid voor consequenties. Met als resultaat dat de behoeften van ieder gezinslid aan pathologische, uitbuitende manieren van met elkaar omgaan zullen verminderen.

Destructief gerechtigde aanspraak:
wanneer er geen verdienste wordt verworven

Hoe hulpelozer en kwetsbaarder het slachtoffer is en hoe schadelijker en onomkeerbaarder het opgelopen letsel, des te zekerder is het dat het slachtoffer destructief gerechtigde aanspraak zal vergaren. Net als het tegenovergestelde – constructief gerechtigde aanspraak – neemt verworven destructief gerechtigde aanspraak toe ten overstaan van lotsbestemming, rechtvaardigheid van de menselijke orde en in het grootboek tussen slachtoffer en slachtofferaar. Mensen nemen niet graag de verantwoordelijkheid voor het plegen van onrecht op zich. Onder de gegeven omstandigheden is het slachtoffer niet alleen geneigd een vergoeding te vragen, hij heeft ook het recht daartoe. Toch kunnen er tragische tegenstrijdigheden zijn. Iemand die destructief gerechtigd is, ziet meestal het feit over het hoofd dat hij niet gerechtigd is zijn in wezen te rechtvaardigen wrok af te reageren op onschuldige anderen die er niets mee te maken hebben. Als de therapeut geen rekening houdt met de ethische tegenstrijdigheid die impliciet besloten ligt in destructief gerechtigde aanspraak, zal het hem niet lukken om door te dringen tot de oorsprong van wat men in psychologische zin 'karakterstoornissen' noemt.
Verworven verdienste is de basis van zelfvalidatie en geeft vorm aan constructief gerechtigde aanspraak. Omgekeerd kan iemand een geldige rechtvaardiging voor zijn handelen opbouwen die uitloopt op destructief gerechtigde aanspraak. Iemand kan ook het 'recht' destructief te zijn, opbouwen wanneer hij tot slachtoffer wordt gemaakt. Dit recht is niet wezenlijk psychologisch qua attitude of inhoud, noch is het te beschouwen als verkeerd leren, 'een fundamentele fout', verschuiving of projectie. Destructief gerechtigde aanspraak is een consequentie van de werkelijkheid of van de ongelukkige wisselvalligheid van onrechtvaardigheid. Met andere woorden: destructief gerechtigde aanspraak is een afgeleide van niet-onderkende en niet-gezochte onrechtvaardigheid. Destructief gerechtigde aanspraak is op zichzelf geen psychologisch gebrek, maar is verweven met psychologische consequenties. Ze is een schakel in de keten van consequenties die

verbonden zijn aan de 'gekwetste' rechtvaardigheid van de menselijke orde. Destructief gerechtigde aanspraak is één van de eindresultaten van het falen van de ouders om het impliciete gerechtigd zijn waarmee ieder kind wordt geboren, te respecteren. Als een jong, afhankelijk kind niet goed wordt verzorgd en gevoed, wordt het op een onrechtvaardige en vaak zelfs uitbuitende wijze gekwetst. De baby verdient *daarom alleen al* passende aandacht. Lichamelijke en materiële verwaarlozing is slechts één verschijningsvorm van het falen van de ouders om met de verdienste van een kind rekening te houden. Andere verschijningsvormen zijn:

– de ouders stellen doelen die in wezen onbereikbaar zijn;
– het gevoel van gerechtigd zijn van het kind wordt door de ouders gemanipuleerd;
– ouders wantrouwen het kind, met als onvermijdelijk gevolg: het kind, dat loyaal en grootmoedig beschikbaar is, wordt langzamerhand leeggezogen;
– de ouders maken van het kind een op zichzelfstaande en bovenmatig verantwoordelijke bron van vertrouwen voor henzelf;
– het kind wordt gedwongen een ouder te verraden om de genegenheid en de zorg van de andere ouder te kunnen behouden;
– het ouderschap wordt op zijn kop gezet door gebruik te maken van de toewijding van het kind en door te maken dat bij het kind schuldgevoelens ontstaan, terwijl het kind juist probeert om vanuit het diepste van zijn wezen te geven.

Verwaarlozing en uitbuiting door de ouders van de intrinsieke verdienste van het kind vormen de basis van destructief gerechtigde aanspraak.
De mate waarin men een surplus aan destructief gerechtigde aanspraak verwerft, schijnt zich te ontwikkelen in directe samenhang met 1. de afhankelijkheid en de hulpeloosheid van het kind, 2. de aard en de hevigheid van de kwetsuren, 3. de mate waarin zulk letsel niet meer ongedaan is te maken, en 4. het voortdurend falen van de ouders om het met hun kinderen weer enigszins goed te maken. De moeder, wier kinderen vanwege kindermishandeling uit huis werden gehaald door de kinderbescherming, kan zich enigszins rehabiliteren door haar wanhopige pogingen als moeder 'opnieuw opgeleid' te worden. Ze is nu veertig jaar en wordt nog steeds vernederd en aangevallen door haar eigen moeder en door haar zussen en broers emotioneel misbruikt. Ze kan erkennen dat een kind een ouder nodig heeft die niet mishandelt, maar ze weet eenvoudig niet hoe ze zo'n moeder kan zijn.
Een ander geval is de moeder die weigert te erkennen dat haar jongste zoon langdurig is uitgebuit. 'We waren dikke vrienden vanaf de dag dat hij geboren werd,' meldt ze, 'en hij wil die vriendschap absoluut niet afbreken door het huis uit te gaan om te gaan studeren.' De jongen, die zijn ouders op hun wenken bedient en zelden (misschien wel nooit) tijd voor zichzelf heeft, kan er uiteindelijk toe

worden gedreven, wraak te nemen. De tragedie is dan dat de consequenties van een overmaat aan destructief gerechtigde aanspraak worden overgedragen aan volgende generaties. Iemand die nooit krediet heeft gekregen en veel is uitgebuit, kan een relationeel 'monster' worden. Het kan ook zijn dat hij zijn 'monsterzijn' overdraagt aan zijn nu nog ongeboren kinderen.

Wanneer mensen krediet verwerven vanuit het slachtoffer zijn, zullen ze geneigd zijn steeds weer aanspraken op vergoeding te maken bij anderen dan degenen die hen tot slachtoffer hebben gemaakt. Daarbij komt nog dat zulke mensen weinig gevoelens van spijt of berouw zullen hebben. Destructief gerechtigde aanspraak die hieruit voortkomt, kan soms onherstelbaar zijn. Omdat zij geen innerlijke of opgelegde teugels hebben die hun neiging tot destructiviteit kunnen intomen, zullen zulke mensen hun straffende gedragspatronen in huwelijk en ouderschap rechtvaardigen. Men kan rustig stellen dat de ontsporing van verdienste in het gezin van herkomst als de wortel van alle huwelijksproblemen en echtscheiding kan worden beschouwd.

Het is ook duidelijk dat destructief gerechtigde aanspraak bestaat uit een geldige en een niet-geldige factor, die tegelijkertijd in werking zijn. De twee factoren zijn elkaars tegengestelde: de geldige factor bestaat uit de wrok van iemand, gebaseerd op zijn persoonlijke geschiedenis en de zichzelf rechtvaardigende aanspraak op compensatie; de niet-geldige factor wordt gevormd door het feit dat wraakneming op plaatsvervangers, in het bijzonder op onschuldige derden, op den duur niet kan worden gerechtvaardigd.

In klinische bewoordingen kan destructief gerechtigde aanspraak zich onder andere manifesteren in de volgende termen: niet te corrigeren paranoïde attitudes, vijandigheid ten opzichte van alle autoriteiten, vijandigheid tussen de seksen, verbreking van alle contact met de ouders, een zodanige indeling van het dagelijks leven dat dat wel moet leiden tot zelfdestructie en ernstige verslaving. De mens die wordt gedreven door de intrinsieke 'logica' van zijn destructief gerechtigde aanspraak, blijft ronddraaien in steeds weer stagnerende relationele patronen. Geen van deze patronen helpt hem constructief gerechtigde aanspraak te verwerven. De depressie waaraan mensen, gevangen in deze cirkel, vaak lijden, is een natuurlijk gevolg van hun onvermogen om helpende bijdragen aan anderen te leveren en van het schuldgevoel dat ze krijgen door dit onvermogen. Bovendien worden destructief gerechtigde mensen vaak ook belast door hun handelingen, die hen van zichzelf vervreemden en zichzelf emotioneel doen leegzuigen; ze lijken weg te zinken in het drijfzand van hun eigen depressie en wanhoop.

Dit effect is het omgekeerde van het effect dat wordt bereikt wanneer men pogingen doet constructief gerechtigde aanspraak te verwerven. De zelfvalidatie die men verkrijgt door actief rekening te houden met andere mensen en door bij te dragen aan hun welzijn, bewerkstelligt een zichzelf-versterkende spiraal van motivatie. Pogingen tot het verwerven van constructief gerechtigde aanspraak die succes hebben, leiden tot een bevredigende en bevrijdende ervaring die op haar beurt leidt tot nieuwe pogingen constructief gerechtigde aanspraak te verwerven. Verworven gerechtigde aanspraak motiveert mensen zodanig, dat ze er méér van willen verwerven. Waarom hebben we dan hulp nodig bij onze relaties? Waarom kunnen we dit proces niet zelf ontdekken? Als het in mijn eigen belang is om mijn dochter te helpen een hechte relatie met haar vader te behouden, nadat we hevig hebben gestreden om de echtscheiding, waarom wil ik dan dat ze hem net zo erg haat als ik vaak doe? Een paar van de antwoorden op deze vragen liggen duidelijk verankerd in het gebied van de psychische beperkingen; bijvoorbeeld: boosheid, wrok, narcistische persoonlijkheidsontwikkeling, regressieve afhankelijkheid. Andere antwoorden zijn te vinden in het gebied van de relationele consequenties die het letsel van de mens uit zijn verleden verbinden met zijn of haar huidige neigingen tot vergelding. De impuls om wraak te nemen is een voortvloeisel van destructief gerechtigde aanspraak.

Mensen verwerven feitelijk het 'recht' wraak te nemen en destructief te zijn. Laten we eens kijken naar de man die, toen hij bij zijn adoptiefouders woonde, maar ternauwernood 'geduld' werd door de moeder en door zijn vader werd uitgebuit. Het lijden in zijn jeugd, dat nooit is vergoed, schijnt nu te rechtvaardigen dat hij zijn eigen zoon, die in de puberteit is, uit het gezin wil zetten. De vader is alle motivatie kwijt om zich zorgen te maken over dit kind of om rekening met zijn zoon te houden. Omdat hij zelf in zijn jeugd ook nooit bij iemand voorop heeft gestaan, voelt deze vader zich niet verplicht rekening te houden met de geldige levensbelangen van zijn zoon, die zich 'slecht gedraagt'. Integendeel: hij wordt nu gedreven door een andere kracht. De ontberingen in zijn jeugd functioneren als een eis voor compensatie vooraf. Zoals hij het ziet, heeft niemand hem ooit begrepen toen hij de leeftijd had die zijn zoon nu heeft. Niemand scheen zich te bekommeren om zijn kwetsbaarheid of wist iets af van zijn herhaalde pogingen zijn ouders, die onverschillig tegenover hem stonden, te helpen. Waarom zou hij dan verplicht zijn zich méér in te zetten voor zijn zoon, dan zijn vader voor hém had gedaan?

Letsel dat iemand in het verleden heeft opgelopen kan ertoe leiden dat berouw over onrechtvaardige handelingen teniet wordt gedaan. De tragische paradox van destructief gerechtigde aanspraak ligt in het feit dat de zoon zich waarschijnlijk evenals zijn vader zal wreken op onschuldige derden.

Wanneer iemands destructief gerechtigde aanspraak tot resultaat heeft dat hij zonder enige gewetenswroeging onschuldige derden tot zijn slachtoffer maakt, zal hij nog meer teleurgesteld raken en nog meer in de schuld bij anderen komen te staan, in plaats van zich voldaan of vrij te voelen. Zijn letsel uit het verleden kan een waarachtige rechtvaardiging voor zijn huidig gedrag zijn, maar nu heeft hij zelf ook de rechtvaardigheid van de bestaansorde geschaad. Het kan zijn dat hij niet in staat is (of wil zijn) constructief gerechtigde aanspraak ten opzichte van zijn zoon te verwerven. Zijn destructieve inbreng in het leven van zijn kind heeft doorslaggevende consequenties voor beiden. De schuld van de vader wordt groter door de manier waarop hij zijn zoon heeft behandeld; zijn aanspraak op een surplus aan constructief gerechtigde aanspraak vanwege zijn verleden maakt dat hij niet meer kan zien dat ook hij de keuzemogelijkheid heeft verdienste te verwerven. Daarom voelt de contextueel therapeut zich niet geroepen allereerst aandacht te besteden aan een gevoel van existentieel opgelopen schuld. Onze aandacht gaat niet primair uit naar de spanning tussen zelfbewustheid en schuld (of schuldgevoelens), die ontstaat wanneer men zichzelf boven de ander verkiest. Onze belangstelling is geworteld in de relationele ethiek die een evenwicht biedt tussen zorg voor zichzelf en zorg voor de ander: enerzijds iemands gerechtigde aanspraak op eigen voldoening en winst en anderzijds gepaste aandacht voor de mensen die afhankelijk zijn van de consequenties van deze relatie en die op een belangrijke manier hebben bijgedragen aan het leven van die ene mens.

Therapeutische implicaties van destructief gerechtigde aanspraak

De technische uitrusting van contextueel therapeuten bestaat uit gereedschap dat mensen voornamelijk helpt zichzelf te valideren door het doen van constructieve keuzen. Deze keuzen zijn, zoals we al hebben aangegeven, gebaseerd op dialoog. De dialoog is samengesteld uit een zichzelf afbakenend en een zichzelf validerend aspect, die een wederzijdse uitwerking krijgen doordat zorg wordt aangeboden in plaats van dat er wraakzuchtige eisen worden gesteld. Uitgaande van deze doelen vereist contextueel werk dat de therapeut:

– zich richt op het intrinsieke en spontane potentieel, de bronnen en de keuzemogelijkheden van het leven. Hij heeft weinig belangstelling voor het voorschrijven van specifieke gedragsregels;
– wanneer hij aan het werk is met de consequenties van ontberingen die iemand in zijn jeugd heeft geleden, in staat is onderscheid te maken tussen feitelijk opgelopen kwetsuren die echt de orde van rechtvaardigheid hebben aangetast, en psychologisch tekort, deficiëntie, woede of schuld;
– het vermogen heeft erkenning te geven aan degene die nu de mensen die hem het naast staan tot slachtoffer maakt, voor het feit dat hij in het verleden zelf tot slachtoffer is gemaakt;
– een therapeutische relatie tot stand brengt die empathisch van aard is en daardoor kan helpen bij het genezen van psychologische gebreken, bij het opnieuw in evenwicht brengen van relationele baten en lasten en bij het vergroten van het vermogen tot groei van ieder gezinslid;
– leert hoe elk gezinslid krediet te geven, zelfs wanneer hun eigenbelangen tegenstrijdig zijn en kiest voor een houding en methodologie, die veelzijdig gericht partijdig zijn;
– in de persoon die gerechtigd is tot destructiviteit het vermogen opwekt om verantwoordelijk te zijn voor zijn slachtoffering van anderen.

Wanneer de therapeut zich kan inleven in de rechtvaardigingen van ieder gezinslid en hun relationele verdienste kan onderstrepen, werkt dit zeer waarschijnlijk als een katalysator. Als familieleden de invloed ondervinden van de hun toekomende erkenning, zullen ze te zijner tijd zowel in staat zijn datgene, wat ze anderen zijn verschuldigd, aan te geven alsook erkenning voor zichzelf te vinden. Belangrijk is wel, dat men zich realiseert dat erkenning die door de therapeut wordt gegeven, niet de essentie van therapie is. Familieleden moeten hun eigen manier zien te vinden waarop ze constructief gerechtigde aanspraak kunnen verwerven. Ze moeten hun eigen bestaan valideren door keuzen te maken die zinnig voor hen zijn. Het is de taak van de therapeut om familieleden te begeleiden in de richting van autonomie en het opbouwen van vertrouwen. Niet therapeutische erkenning, maar dit zichzelf versterkende proces functioneert als een geneeskrachtige bron.

Het kan een langdurig karwei zijn om iemand zo ver te krijgen dat hij zich niet meer verlaat op zijn destructieve rechtvaardiging. Het kan zijn dat de therapeut een moratorium moet inbouwen voor de gekwetste persoon, die het misschien nodig heeft een tijdlang eenzijdige erkenning en krediet voor zijn aanspraken te ontvangen. Men moet er zorg voor dragen dat mensen genoeg tijd en ruimte krijgen. Uitstel is echter onverdraaglijk als het gaat om kleine kinderen die worden gekwetst, zelfs als de therapeutische interventie dreigt ouders die om aandacht vragen, in het harnas te jagen. Wanneer veelzijdig gerichte partijdigheid in het spel is, is het onwaarschijnlijk dat men de betrokkenheid van de ouders 'kwijtraakt'. Zij zullen vanzelfsprekend ondervinden dat de therapeut ook zorg draagt voor hetgeen henzelf rechtens toekomt.

Mensen die gerechtigde aanspraak willen verwerven ten opzichte van hun overleden ouders, hebben te maken met een ingewikkelde en veeleisende taak. Aan zo'n taak kan men natuurlijk beter beginnen wanneer de ouders nog in leven zijn, maar veel mensen durven deze taak niet aan. Toch is het mogelijk gerechtigde aanspraak te verwerven op grond van het ontschuldigen van de ouders. Postume ontschuldiging is natuurlijk vrijwel een eenzijdige taak. Hoe krachtig onze herinneringen ook zijn, hun eenzijdigheid vormt een beperking. We kunnen reconstrueren hoe ouders voor zichzelf waren, hoe ze voor ons en anderen waren, maar daarover kan geen dialoog plaatsvinden. Onze ouders kunnen zelf niets terugkrijgen, ondanks al onze goede bedoelingen. Desondanks kunnen hun kinderen en hun kindskinderen rechtmatige begunstigden van het proces zijn.

Sociale en preventieve implicaties van destructief gerechtigde aanspraak

Destructief gerechtigde aanspraak vernietigt altijd het vermogen van een mens zichzelf te valideren door het geven van gepaste zorg. Het kan gruwelijk onrechtvaardig zijn dat een vrouw door haar vader wordt verwaarloosd. Het kan zijn dat ze blijft zitten met gevoelens van woede en het gevoel te kort te zijn gedaan. Toch kan niets haar voortdurende manipulatie van man en zonen rechtvaardigen, noch het feit dat ze geen wroeging voelt als ze weer haar zin heeft gekregen. Mensen kunnen een onmiskenbaar goed gefundeerde reden hebben voor hun vergeldend gedrag. Het lijkt toch ook billijk te vragen hoe lang iemand gerechtigd is zijn kwetsuren uit het verleden te gebruiken als reden om niet onder ogen te hoeven zien dat er billijke investeringen in de toekomst moeten worden gedaan. Destructief gerechtigde aanspraak ondersteunt pogingen tot zelfrechtvaardiging, waarbij alle zorg voor anderen, die belangrijk zijn voor iemand, opzij wordt geschoven.

Destructief gerechtigde aanspraak is ook zichtbaar wanneer een mens door een onverschillige of negatieve manier van omgaan met anderen, zijn identiteit probeert vast te stellen. Het voortdurende gebruik van macht en manipulatie leidt uiteindelijk tot enorme uitbuiting. Het kan wel zijn dat een mens die gerechtigd is tot destructiviteit uiteindelijk zijn 'rechtvaardige' verhaal komt halen, maar hij neemt uit de verkeerde bron wat hem toekomt. In tegenstelling tot projectie of verschuiving die zijn gebaseerd op de benadering van het individu, schept het relationele patroon van destructief gerechtigde aanspraak opnieuw een actuele context van onbillijke sociale interactie.

Overleven als een primaire attitude ten opzichte van de natuur en de samenleving is typisch iets dat de mens bezighoudt. Mensen kunnen nooit volledig hun eenzijdige, op eigenbelang gebaseerde zicht op een bepaalde persoon en relatie ontstijgen. Opportunisme gebaseerd op eigenbelang is vanzelfsprekend een gegeven in het leven. Over het algemeen willen mannen en vrouwen liever deel uitmaken van een machtssysteem dan behoren bij de groep die wordt uitgebuit. Aanhangers van een groep verwachten openlijk of heimelijk dat hun leiders evenveel voordeel en macht voor hen vergaren als de kern van de groep heeft, terwijl ze buitenstaanders ervan uitsluiten. Er is iets in mensen dat hen dwingt hun visie op rechtvaardigheid af te zwakken als het om henzelf gaat en die aan te scherpen als het om anderen gaat. Hoewel eigenbelang een algemeen voorkomende menselijke karaktertrek is, schiet het ernstig te kort als het bij de opvoeding van de jeugd als enig criterium wordt gebruikt. Hoe effectief ook op korte termijn, oplossingen, die tijdelijk gunstig zijn voor het eigenbelang, veroorzaken vaak blijvende schade aan het nageslacht.

Als eigenbelang een onvoldoende richtlijn is voor menselijk gedrag, wat zijn dan de alternatieven? Wat kan worden beschouwd als een echte richtlijn voor menselijke integriteit? Voor veel 'doorsnee' mensen zijn 'liefde' en 'de familie' krachten die menselijke intimiteit in evenwicht houden. Evenals andere therapeuten hebben we vastgesteld dat menselijke integriteit die volwassenen zich zo vurig wensen, vaak wordt verschaft doordat jonge kinderen hun ouders vertrouwen bieden. Omdat ze loyaal zijn ten opzichte van hun ouders, lopen jonge kinderen de kans dat hun vertrouwen wordt uitgebuit. Hun naïeve veronderstellingen over de wereld van de volwassenen kunnen ertoe leiden dat ze in de steek worden gelaten. Omgekeerd kan het ook gebeuren dat hun 'begrip' van de moeilijkheden van de volwassenen wordt gemanipuleerd.

Verstoorde gezinspatronen dwingen de volwassenen ertoe diep te putten uit de vertrouwensbronnen van de toekomst. Kinderen worden, ook al is het onbedoeld, heden ten dage zodanig uitgebuit en geparentificeerd dat de helpende beroepen erdoor gewaarschuwd zouden moeten zijn. Wanhopige ouders kunnen zich op een verkeerde – zij het begrijpelijke – wijze aan hun kinderen vastklampen. Ouderschap dat de rollen van ouder en kind omdraait en het kind uitbuit, heeft altijd blijvende gevolgen die elke persoonlijke winst voor ouder of kind teniet doen. De kwesties die voortkomen uit het ouderschap waarbij de rollen worden omgedraaid, vormen een indringende uitdaging aan de psychotherapie in het algemeen. Ze onderstrepen het feit dat verantwoordelijkheid die wederzijds versterkend werkt, moet worden verbonden met de pogingen van een gezinslid dat bereid is het voortouw te nemen in het opbouwen van vertrouwen. Het is een illusie om aan te nemen dat welke vorm van therapie dan ook familieleden kan helpen een bepaalde mate van wederzijdse billijkheid te verkrijgen, zonder dat een van hen zijn nek uitsteekt door te proberen vertrouwen op te bouwen. Als er niet enige uitwisseling van vertrouwen plaatsvindt tussen familieleden, zal het de therapeut vrijwel zeker niet lukken hen aan te zetten tot creatieve handelingen die creatieve verantwoordelijkheid versterken.

Verantwoordelijkheid die erop is gericht elkaar in een relatie te valideren, komt niet noodzakelijkerwijs voort uit een succesvolle individuele therapie die is gebaseerd op inzicht en overdracht, noch uit gestructureerde systeemtherapie met haar nadruk op transacties, regels, patronen en grenzen.

Begrippen die niet voortkomen uit dialoog, werken de dynamiek van vertrouwen in de dialoog tegen. Mensen zijn niet vanzelfsprekend gemotiveerd tot het inschatten van beide kanten van een bepaalde situatie of conflict. Mannen en vrouwen zijn er eerder toe geneigd zich te laten leiden naar parallel lopende en van elkaar onderscheiden differentiatie en rijping. Zij kunnen leren hoe ze een gemeenschappelijk goed lopend feedback-patroon van communicatie en transacties kunnen opbouwen. Ze kunnen ertoe worden gebracht zich formeel te schikken (direct of paradoxaal) in de voorschriften van de therapeut. Al deze methoden zijn echter in wezen niet gebaseerd op de dialoog, zelfs niet wanneer ze met (echt)paren worden uitgevoerd. Op zichzelf zullen ze mensen waarschijnlijk niet voorzien van een zichzelf motiverende en voortdurende zoektocht naar betrouwbare afspraken tussen de botsende gerechtigde aanspraken van de betrokken partijen. Het komt in individuele therapieën regelmatig voor dat er niet wordt gekeken naar wat nu precies de relevante voorwaarden van de partner van een cliënt zijn.

De transactionele systemische benaderingen bieden op hun beurt weinig ruimte voor het unieke bestaan en de eigen ervaringen van ieder individu of voor de subjectieve kanten van relaties die generaties kunnen beslaan. Toch kan uiteindelijk 'verstrengeling', die veel kapot maakt, alleen maar worden genezen door de voortgang van ieder gezinslid naar individuatie; dat wil zeggen: naar ieders vermogen om duidelijk te stellen wat hij of zij wil, alsook om rekening te houden met de ander. In contextuele bewoordingen komt dit neer op een dialoog tussen verantwoordelijke partners. Genezing komt allereerst voort uit de overgebleven vertrouwensbronnen van mensen die belangrijk zijn voor elkaar en niet uit de poging van de therapeut rolgrenzen te herstellen of rigide transactionele patronen te veranderen.

Therapeuten worden dagelijks belast met de eisen van cliënten die destructief gerechtigd zijn. De onderstaande tragische casus van twee tieners is hiervan zeker een extreem en duidelijk voorbeeld.

In minder dan zeven uur nadat ze elkaar voor de eerste keer hadden ontmoet, vermoordden Shirley Wolf, veertien jaar, en Cindy Collier, vijftien jaar, samen op brute wijze Anna Brackett, vijfentachtig jaar *(McCall, 1983)*. In juni 1983 schreef Shirley in haar dagboek: 'Vandaag zijn Cindy en ik weggelopen en hebben we een oude vrouw gedood. We hadden een hoop lol.' Door de kinderrechter werden ze beiden schuldig bevonden van moord met voorbedachte rade. Cindy werd veroordeeld tot de maximum straf voor minderjarigen: gevangenisstraf in een Californische jeugdgevangenis tot ze zevenentwintig jaar wordt. Bij Shirley werd in een aparte zitting bekeken of ze soms ontoerekeningsvatbaar moest worden verklaard. 'We hebben een rechtssysteem dat niet deugt,' verklaarde Carl Brackett, de zoon van de vermoorde vrouw. 'Ik walg ervan.' De advocaten en de psychiaters onderzochten de moeilijke vragen die resteerden: hoe waren de twee jonge meisjes monsterlijke moordenaressen geworden? Welke drieste impulsen hebben hen ertoe gedreven een onschuldige oude vrouw, die hen alleen vriendelijk had bejegend, te vermoorden?

De moord op Anna Brackett was een nachtmerrie in het leven van Shirley Wolf. Vanaf haar vroege jeugd was ze seksueel misbruikt door haar vader; zo nu en dan ook door haar grootvader van vaderszijde en door een oom. Al op de kleuterschool trok Shirley door haar negatieve gedrag de aandacht van een oplettende kleuterleidster. Maar de aanbeveling van de kleuterleidster om Shirley onder psychiatrische behandeling te stellen, werd terzijde geschoven en Shirley liep voor de eerste keer weg toen ze zes jaar oud was. Maar de straten van Brooklyn, waar ze geboren was, leken haar nog beangstigender dan de situatie thuis en binnen een dag keerde ze weer terug. Vanaf haar negende misbruikte haar vader haar wanneer er maar een gelegenheid voor was – soms wel drie keer per dag – en hij haalde anticonceptiepillen voor haar toen ze de puberteit bereikte.

Cindy onthulde in haar verklaring aan de politie op de nacht van haar arrestatie dat ze een keer was verkracht door zowel een familielid als door een andere man die haar daarna een betonnen trap afgooide... 'Ik heb een rotjeugd gehad. Vanaf mijn geboorte werd ik geslagen en ik ben een paar keer verkracht. Ik heb al eens geprobeerd mezelf te doden en ik bracht alleen maar moeilijkheden teweeg. Dus zet ik het anderen betaald. Ik vind ze niet aardig omdat ze waarschijnlijk denken dat ze beter zijn dan ik. Ik wil niet dat ze er zijn. Ik wil dat ze boeten.'

De meeste voorbeelden van destructief gerechtigde aanspraak nemen een mildere, meer alledaagse vorm aan. De samenleving beschouwt begrijpelijkerwijs mensen die gerechtigd zijn tot destructiviteit als deelnemers die moeilijkheden maken en die niet produktief zijn en stoort zich eraan dat er zoveel nutteloze tijd, geld en energie aan hen wordt besteed. Therapeuten staan ambivalent tegenover hen en worden vaak verscheurd door het ethische conflict dat wordt veroorzaakt door de spanningen die er zijn tussen de normatieve verwachtingen van de samenleving en de wanhopige behoeften van hun cliënten.
Deze spanning kan ten grondslag liggen aan de 'burn-out' van therapeuten, die zo vaak voorkomt in instellingen van de geestelijke gezondheidszorg. Deze cliënten proberen de therapeut uit om te zien welke tekenen van betrouwbaarheid uit hun beroepsintegriteit zijn te halen. Soms gaat deze toets ten koste van de persoonlijke relaties van de therapeut. Toch hebben mensen die zwaar beladen zijn met destructief gerechtigde aanspraak, een grote behoefte aan voortdurende zorg uit welke beschikbare bron dan ook. Terwijl de samenleving bescherming verdient, verdienen deze mensen erkenning met terugwerkende kracht van hun lijden, als ze er ooit toe kunnen worden gebracht de samenleving meer te vertrouwen. Het dilemma voor werkers in de geestelijke gezondheidszorg, ongeacht opleiding en therapeutische richting, heeft te maken met het feit dat geen enkele samenleving het zich op den duur kan veroorloven alleen maar te zorgen voor het eigenbelang, of het middel te worden waardoor de zwakken door de sterken kunnen worden uitgebuit. De preventieve implicaties van het begrip 'destructief gerechtigde aanspraak' zijn enorm en zeer kostbaar.

Intergenerationele consequenties en verwachtingen

Een ander verschijnsel dat moet worden beschouwd als echt asymmetrisch, zijn de *transgenerationele consequenties*. Het is duidelijk dat de generatie van de ouders meer in de positie is het nageslacht te beïnvloeden dan andersom. Iedere handeling tussen generaties is asymmetrisch: in die zin, dat de generatie van de kinderen eenzijdiger wordt blootgesteld aan invloeden, omdat deze generatie door een aantal fasen van formatieve ontwikkeling gaat. Vanwege de leeftijd is de generatie van de kinderen minder machtig en daadkrachtig dan de generatie van de volwassenen. De natuurlijke existentiële schuld van het nageslacht aan de ouders kan daarom worden gemanipuleerd tot schuldgevoelens. Bovendien worden invloeden, die het kind op jonge leeftijd ondergaat, vaak tot onomkeerbare fundamenten van de persoonlijkheidsontwikkeling. Een bepaald soort onomkeerbare invloeden op het kind kan de vorm aannemen van bindende opdrachten, die door Stierlin *(1974)* ook worden omschreven als 'delegatie'. Hoewel het kind een bepaalde zorg aan zijn ouders is verschuldigd, moet de transgenerationele opdracht om te zorgen voor het nageslacht als allerbelangrijkste voorrang hebben. Zoals we al eerder hebben opgemerkt, schept geboorte op zichzelf al intergenerationele consequenties. Zoals ouders verantwoordelijk zijn om hun hulpeloze kinderen te helpen groeien, zo worden kinderen op den duur verantwoordelijk voor degenen die hun het leven en het vermogen tot overleven hebben gegeven. Het feit van een nieuw leven en zijn intrinsieke verbondenheden vormt een nieuwe bron voor samenvallende verplichtingen en deze vormen een onuitputtelijke voedingsbodem voor aanspraken op gepaste aandacht. Een ouder kan niet anders dan een blijvende onomkeerbare invloed (positief en negatief) uitoefenen op zijn kind en zijn of haar welzijn, met alle consequenties voor het nageslacht van dien. Een kind kan niet anders dan de consequenties van de relationele giften van het verleden erven. Neem nu bijvoorbeeld de hier volgende situatie:

Het gezin Price leek duurzaam volledig van elkaar te zijn vervreemd. Toch wezen alle beschuldigingen in de richting van Charles, zestien jaar oud. Hij was zonder armen geboren en had intensieve lichamelijke verzorging nodig, die zijn ouders en zusters hem gaven. Ze hadden het gevoel dat hij door zijn huidige gedrag niet liet blijken hoeveel ze voor hem hadden gedaan en nog deden. Waarom zou hij anders marihuana gebruiken, wegblijven van school, zich niets aantrekken van zijn huisarrest en omgaan met 'onbetrouwbare' vrienden? Het gedrag van Charles bezorgde zijn familie in feite veel verdriet, maar de hevigheid waarmee ze reageerden kwam niet overeen met de ernst van de 'overtredingen' van Charles.
Evenals zijn vrouw was de vader niet in staat enige persoonlijke doelen te noemen die niet met Charles te maken hadden. Hij kon vertellen hoe verward en gekwetst hij was door de reacties van zijn kinderen op het feit dat hij marinier was geweest. 'Ik voel me zeer betrokken bij mijn kinderen, ook bij mijn zoon. Voordat ik de oorlog inging, heb ik hem een brief geschreven die ik weer heb verscheurd toen ik terugkwam. Ik wilde dat hij wist wie ik was. Ik mag dan wel geen held zijn geweest, maar ik was zeker geen gevoelloze kerel. Ze denken allemaal dat ik onschuldige mensen heb vermoord. Ze schijnen maar niet te begrijpen dat je soms doet wat je moet doen.' 'Hij heeft onschuldige mensen gedood,' antwoordt Charles, 'mensen die hem nooit iets hebben gedaan. Als hij echt om hen had gegeven, dan had hij er wel iets op bedacht!'
Zijn vader heeft het gevoel dat Charles nauwelijks in de positie is om te kunnen praten over zorg; hij heeft zelf zoveel zorg ontvangen. Dat was bij de vader niet het geval: niemand wilde hem ooit hebben: 'Ik woonde bij mijn ou-

ders, terwijl ik maar nauwelijks door mijn moeder werd geduld. Ze hadden hun dochter verloren, toen ze nog maar drie jaar oud was. Daarna hebben zij mij geadopteerd. Het idee om mij te adopteren kwam van mijn vader, niet van mijn moeder. Misschien was het een manier om te proberen hun huwelijk te redden. Ik weet wel dat mijn moeder mij nooit heeft gewild.'
Doordat de heer Price was weggegeven door zijn natuurlijke ouders en blijkbaar niet erg belangrijk was voor zijn adoptiefouders, werd zijn wereld onbetrouwbaar en onrechtvaardig. Voor hem was de diensttijd bij de marine als een ouderlijk huis, gezien het vroegtijdige overlijden van zijn adoptiefmoeder en het onregelmatige contact dat hij daarna met zijn adoptiefvader had.
De gezinsachtergrond van mevrouw Price had ook consequenties voor haar zoon. Charles kan rekenen op de liefde en de steun van zijn moeder – zelfs tegen zijn vader in – zolang hij maar voldoet aan haar behoefte om nodig te zijn. Als hij echter zou proberen zijn eigen weg te zoeken, kan hij er zeker van zijn dat hij zich haar misnoegen op de hals haalt. Charles moet ook zien te begrijpen dat zijn moeder voorkeur heeft voor zijn zusters en dat ze ten opzichte van hen toegeeflijker is. Zijn moeder zegt: 'Onze dochters hadden ook zo hun problemen in de puberteit. Zij kwamen laat thuis en rookten ook hasj, maar nooit zo erg als hij.' Hier komt de teleurstelling van de moeder over hoe mannen zijn, naar voren. Ze had aangenomen dat alle mannen als haar vader zouden zijn. Ze had gehoopt dat haar echtgenoot en zoon zouden kunnen beantwoorden aan haar geïdealiseerde verwachtingen van een man die allang geleden was overleden.

Charles wordt door zijn achtergrond belast met destructieve en beschamende factoren die hij duidelijk niet zelf heeft gekozen. Maar zijn lichamelijk bestaan en de overlevensvaardigheden, die hem zijn aangedragen door de immense inspanningen en investeringen van zijn ouders, hebben *ipso facto* de grondlijn voor zijn verschuldigd zijn aan zijn ouders vastgelegd.
Geboorte verplicht een jong kind tegelijkertijd tot loyaliteit aan zijn ouders en in datzelfde proces tot een mandaat om te zorgen voor het nageslacht. De bron voor dit tweezijdig verschuldigd zijn is in wezen existentieel en is innig verbonden met de motivaties van de meeste ouders. In de regel streven mensen ernaar hun kinderen ten minste zoveel te geven als de ouders hun hebben gegeven. Een mens biedt de volgende generatie dezelfde kwaliteit eenzijdige zorg als hij of zij als kind ontvangen heeft. Volwassenen zijn meestal gemotiveerd om speciale zorg te besteden aan de mensen die in de loop van de tijd bijdragen hebben geleverd die speciaal hun ten goede kwamen.
Op zijn minst verdienen ouders het dat er zorgvuldig naar hen wordt geluisterd, zodat de herstellende aspecten van de werkelijkheden van hun leven correct worden overgedragen aan het nageslacht. En natuurlijk is het nageslacht uiteindelijk verantwoordelijk voor de juiste omzetting van de 'boodschappen' van hun ou-

ders. Alleen op die manier kunnen waarheden uit het verleden een betekenis krijgen die toepasbaar is op de toekomstige generaties. Neem het voorbeeld van de smeekbede van een stervende moeder aan haar drie dochters 'nauw contact (te) met elkaar te blijven houden nadat (zij) overleden is'. Haar verzoek is waarschijnlijk heel belangrijk voor hen, hoe ze ook zullen verkiezen te reageren op haar pogingen tot bindende delegaties.

Haar dochters kunnen gedwongen worden tot onderlinge gebondenheid door loyaliteit door hun moeders dringend beroep op hen. Het kan zijn dat ze proberen kwesties die ze met elkaar hebben te negeren: kwesties, waarvan sommige samenhangen met de verschillende manieren waarop hun ouders hen hebben behandeld. Het kan zijn dat ze proberen te ontkennen dat er oude bronnen bestaan van onderlinge boosheid, wrok en schuld, die telkens wanneer ze elkaar ontmoeten opnieuw beginnen te werken. Of ze kunnen besluiten ieder huns weegs te gaan, als hun moeder eenmaal is overleden. Het kan ook zijn dat ze kunnen zien hoe zwaar het voor hun moeder is geweest om vervreemd te zijn van haar eigen broers en zusters. Hoe ziek ze ook is, zolang ze nog leeft kan de moeder haar dochters helpen de geldigheid van haar verzoek te begrijpen.

De kern van de boodschap van de moeder ligt in het feit dat zij op heel jonge leeftijd een verwijdering liet ontstaan tussen haar broers, zusters en haarzelf. Ze deed dat, zo herinnert ze zich, alleen omdat haar aanstaande man het gevoel had dat zij zijn mededingers van haar liefde waren en omdat hij had gezegd dat hij ze niet aardig vond. In de jaren erna raakte de moeder door haar huwelijk steeds meer verwijderd van haar gezin van herkomst en raakte ze in haar huwelijk steeds meer geïsoleerd door het drankmisbruik van haar man. Het duurde niet lang of ze richtte zich op haar dochters ter lediging van haar intens gevoelde behoeften. Innige vroomheid was haar enige andere bron van emotionele bevrediging. Nog steeds omschrijven haar kinderen en anderen haar als een heilige. Voor haar gevoel waren er geen betrouwbare relaties in haar familie of gemeenschap waarop zij zich veilig kon verlaten.

Door het gebrek aan mogelijkheden tot echte dialoog tussen haar en andere volwassenen, raakte de moeder geïsoleerd en was ze in feite aangewezen op de beperkte bronnen in haar kerngezin. Haar isolatie was een zware last en zoog haar van dag tot dag leger en verhulde bovendien de mate waarin geïsoleerde mensen en mensen die zichzelf isoleren, een bijdrage leveren aan de moeilijkheden in hun belangrijke relaties. Het is bijvoorbeeld heel goed mogelijk dat zij zich nooit haar rol heeft gerealiseerd bij het in de steek laten van haar broers en zusters voor haar echtgenoot, en van haar echtgenoot voor haar kinderen. Ze heeft waarschijnlijk nooit aangevoeld dat zij eraan heeft meegeholpen dat 'haar' meiden zich tegen hun vader keerden en dat zij heeft bijgedragen aan hun omschrijving van vader als slachtofferaar van moeder. Zelfs nu ze volwassen zijn, schijnen deze vrouwen mannen diep te wantrouwen en dit deels terug te spelen op hun echtgenoten en zonen. 'Je kunt mannen niet vertrouwen' is zeker een aspect van de boodschap van de stervende moeder, maar een ander aspect van haar boodschap is dat broers en zusters behulpzame, zelfs noodzakelijke bronnen voor elkaar kunnen zijn. Haar spijt over haar eigen keuzen maakt, dat ze haar volwassen dochters wil aanmoedigen andere keuzen te maken: keuzen, die hen er misschien voor kunnen behoeden dat ze dezelfde fouten maken en dezelfde mate van pijn lijden.

Hoe haar dochters de boodschap van hun moeder zullen begrijpen en toepassen, wordt nu een belangrijke zaak voor hen en hun kinderen. Ze kunnen ervoor kiezen zich op wantrouwen te richten. 'Je vader was onbetrouwbaar' kan worden vertaald in vergeldende actie tegen álle mannen. Of ze kunnen ervoor kiezen zich te richten op de helpende kant van de zorgen van hun moeder: 'Ik heb een onnodig verlies geleden toen ik de relatie met mijn broers en zusters opgaf; alsjeblieft, maak niet dezelfde fout.' 'Kiezen tussen twee mensen van wie je houdt, blijkt niet de beste manier te zijn.' 'Mijn broers en zusters hadden me misschien de kracht kunnen geven je vader te helpen zijn gevecht met de drank te winnen.' 'Je kunt elkaar moed inspreken: kijk eens op die manier naar je relaties.' 'Het klopt dat jullie elkaar hebben gekwetst, maar jullie kunnen op een veel betere manier met elkaar omgaan.' Het is natuurlijk aan de vrouwen zelf om te bepalen hoe ze zullen reageren op deze boodschappen van hun moeder, als ze eenmaal is overleden. Het kan zijn dat een van hen de betekenis van de oproep van hun moeder niet onder ogen wil zien. Of dat een ander iets onderneemt om te zien wat er kan worden gedaan. Of dat een van hen boos en verward is door hetgeen er van haar wordt gevraagd.

Intergenerationele consequenties kunnen van blijvende en ernstige aard zijn. Als een moeder niet in staat is het conflict op te lossen tussen haar loyaliteiten ten opzichte van haar ouders en van haar man, wordt zij de bron van de gespleten loyaliteit van haar kinderen. De delegatie die volgt op de minachting van de ene ouder voor de andere beschadigt en parentificeert de kinderen en verstoort ook voor de kinderen het legaat van ouderlijke verantwoordelijkheid. Omdat de kinderen onvermijdelijk destructief gerechtigd worden, brengt de volgende intergenerationele 'roulerende rekening' het aangeboren recht van hun kinderen op betrouwbaar zorgende opvoeding in gevaar. Het is uiteindelijk in ieders belang dat de positieve verwachtingen van het nageslacht, gebaseerd op legaten, de beschadigende consequenties van de gespleten loyaliteit van het kind zullen overwinnen: consequenties, die in eerste instantie zijn veroorzaakt door schadelijke delegatie van de ouders. Het is de taak van de therapeut om de mensen te helpen het onderscheid te maken tussen handelingen die door echte transgenerationele legaten worden vereist en destructieve op eigenbelang gebaseerde delegaties van de ouders.

Zoals altijd in contextueel werk hebben pathologische verschijnselen hun eigen betekenis. Ze hebben ook de betekenis van een richtlijn voor toekomstig opnieuw in balans brengen. De onderkenning van kwetsingen en wantrouwen uit het verleden wijst altijd naar overgebleven hulpbronnen, keuzemogelijkheden die vertrouwen opbouwen en mogelijkheden voor de huidige generaties om voort te bouwen op de wijsheid, die men van de levens en de contexten van de ouders heeft ontvangen. Het kan heel goed zijn dat de wijsheid die van de ene generatie op de andere wordt overgedragen, één van de fundamentele giften is die kinderen, wanneer ze volwassen zijn, kunnen ontvangen als zij zorg dragen voor zwakke, zieke of oude ouders.

Ouders hebben er in hun hoedanigheid van ouders recht op dat hun kinderen op een billijke manier naar hen luisteren. Zij zijn ook gerechtigd tot persoonlijke zorg in perioden van bijzondere kwetsbaarheid en stress. Die perioden geven kinderen de kans hun eigen gerechtigde aanspraken te verwerven door middel van het aanbieden van beschikbaarheid en zorg. De zoon die aanwezig is om zijn angstige vader, die vlak voor een operatie staat, moed in te spreken vergaart zijn eigen vrijheid én voldoet aan verplichtingen uit het verleden. Men moet wel beseffen dat het proces van het verdienen van gerechtigde aanspraak inhoudt dat noch verantwoordelijkheid ten opzichte van de ouders, noch ten opzichte van de kinderen een ander mag knechten. Hulp die erkenning geeft aan het verleden, lost de geldigheid in van hetgeen is ontvangen. Geboden die voortkomen uit het verleden helpen de bepalingen voor de toekomst van het nageslacht te vervalsen. In de praktijk van de hulpverlening is de frequentie aan het licht gebracht waarmee een volwassen kind verborgen genegenheid voor zijn of haar 'strengere' ouder ontdekt. Aan de ouder die het risico neemt om van het kind verantwoordelijkheid te eisen, wordt gewoonlijk de voorkeur gegeven boven de ouder wiens toegeeflijkheid grenst aan onverschilligheid. Ouders kunnen voortdurend te veel beschikbaar zijn en tegelijkertijd afhankelijk en bezitterig. Gevangen zitten in dit soort ouderschap kan het kind zijn persoonlijke autonomie kosten. Het kan ook de mogelijkheid van het vervullen van zijn mandaat voor het nageslacht doorkruisen. Ouderlijke verwachtingen die duidelijk, direct en van betekenis, maar streng zijn, werken het meest in het belang van het kind. Ouderlijke richtlijnen die erop zijn gericht het kind te helpen de eisen en de realiteit van het leven het hoofd te bieden, zullen uiteindelijk weldoende blijken te zijn, ondanks de tijdelijke of kortstondig wrokkige reacties van het kind. In een veranderlijke samenleving waarin 'alles mogelijk is', raken ouders steeds onzekerder over welke eisen zij aan hun kinderen mogen of moeten stellen. Afkeuring of toegeeflijkheid zijn de kenmerkende, hoewel tegengestelde, wijzen waarmee een groeiend aantal ouders de opvoeding van hun kinderen toonzetten.

In gezinstherapiezittingen komt het vaak voor dat er eentonige discussies plaatsvinden over het feit dat een kind thuis drugs gebruikt. Ouders verbieden dikwijls het gebruik van drugs in hun huis en ontwikkelen een ingewikkeld 'bespioneringssysteem' waarmee ze hun voorschrift willen opleggen; dat is een oplossing die gedoemd is te mislukken. Soms doen ze mee met hun kinderen en proberen op die manier tegemoet te komen aan hun eigen behoefte aan een bron van meegaand ouderschap, die ze tot nu toe niet onder ogen hebben gezien. Ze weten maar zelden hoe ze duidelijk kunnen maken dat ze er op grond van billijkheid recht op hebben dat er in hun huis geen drugs worden gebruikt. Het vermogen van de ouders de kinderen duidelijk te maken wat er van hen wordt geëist, veronderstelt dat de ouders hun eigen voorwaarden kennen en de moed weten op te brengen deze op een billijke manier uit te dragen. Ongelukkigerwijs reageren ouders, wanneer het gaat om seks en drugs, vaak passief. Door *Robert Lindsey (1979)* is in *The Falcon and the Snowman* aan de hand van documenten indringend beschreven wat het eindresultaat kan zijn als ouders voortdurend reageren op het gedrag van hun kinderen in plaats van hun eigen voorwaarden te stellen. Hij doet verslag van de levens van twee jongeren die uiteindelijk in de gevangenis terechtkomen. Lindsey citeert *(blz. 351)* de opmerkingen van een van de advocaten:

> Er is niets te vinden in de dossiers van (Andrew Daulton Lee's) school of in de herinneringen van hun vrienden en leraren dat erop wijst dat hij iets anders was dan een vrome katholieke jongen die opgroeide in een gelukkig en warm gezin in een van de meest welvarende woonwijken in Amerika (Palos Verdes, Californië) (...) De jongens raakten door druggebruik in moeilijkheden, maar zouden de ouders niet ook wat van de schuld op zich moeten nemen? Het enige dat veel van die kinderen hadden, was wat met geld te koop is. Hun vaders waren bezig zo snel mogelijk geld te verdienen en hun moeders werden tot over de oren opgeslorpt door sociale verplichtingen en hadden geen oog voor wat er met hun kinderen gebeurde. Ik weet dat veel van de jongeren hasj en heroïne gebruikten en cocaïne snoven terwijl hun ouders thuis waren; sommigen handelden erin vanuit hun huis en de ouders merkten daar niets van.
> Het was ongelofelijk! De ouders gaven hun kinderen allerlei dingen en daardoor dachten ze dat ze van hun plichten waren ontheven; ze hadden dan een schoon geweten zodat vader weer geld kon gaan verdienen en moeder weer kon gaan tennissen en haar sociale leventje leiden. Dan, opeens, wanneer hun kinderen zeventien of achttien zijn, of aan de drugs, vragen ze: 'Wat is er met mijn kinderen gebeurd?'

Waar het hier om gaat heeft weinig te maken met het opleggen van regels of het stellen van grenzen. Onze zorg gaat niet over 'volhardende liefde' of over 'gelijk hebben'. Onze zorg richt zich op diepgewortelde, lange-termijninvesteringen door ouders, die kinderen op den duur de tweezijdige aard van belangrijke relaties laat zien. De nadruk ligt dan op de zingeving en niet op het opleggen, dat letterlijk genomen toch al een onmogelijkheid is. Het is duidelijk dat jongeren heel creatief zijn in het ontwikkelen van manieren waarop ze verzoeken van hun ouders kunnen omzeilen. Minder duidelijk is misschien dat ze er wanhopig behoefte aan hebben dat hun ouders vanuit hun eigen leven en contexten op vaste grond staan die congruent is met de absolute behoefte van jongeren aan een zingeving, waar niets op valt af te dingen.

De echte, lange-termijnbelangen van kinderen zijn niet gebaat bij een tolerante opvoeding waarin alle conflicten voortdurend worden vermeden. Iemand die in zijn opvoeding nooit met meningsverschillen te maken heeft gehad, vormt een ernstig existentieel conflict voor zijn of haar kind. Jongeren, die zijn afgeschermd van de ervaring hoe een conflict kan worden omgezet in overtuigingskracht, worden opgezadeld met de last dat zij niet kunnen opkomen voor hun eigen mening en zij herhalen de patronen van vermijden, wegvluchten en ontkennen, die zij van hun ouders hebben geleerd. Wanneer een ouder zich altijd verre houdt van conflicten – 'vrede tot elke prijs' – is dat ook het resultaat van het feit dat hij of zij niet in staat is datgene uit het verleden wat geldig is (keuzemogelijkheden van het legaat) in zich op te nemen en te vertalen naar en over te dragen aan de toekomst (keuzemogelijkheden van het mandaat).

Het nageslacht wordt sterk beïnvloed door de mate waarin ouders en ouderfiguren hun groeiende intergenerationele wijsheid kunnen overdragen. Deze realiteit draagt de wereld van de volwassenen op om zorg te dragen voor de transgenerationele consequenties van handelingen en besluitvorming. De 'ethiek' – gebaseerd op empirische gegevens – dat 'een mens verantwoordelijk is voor de consequenties van zijn invloed op het leven van zijn kind' is verbonden met het feit dat de opvolgende generatie hulpeloos is. Het volgende fragment laat zien hoe een vader ter verantwoording wordt geroepen door het gedrag van zijn zestienjarig kind:

> Ik kan blijven steken in mijn reeds lang ingesleten neiging ten koste van alles onenigheid te vermijden. Ik kan voldoende inzicht hebben in het feit dat ik er de voorkeur aan geef het zwijgen van mijn vader, dat contact onmogelijk maakt, met zwijgen te beantwoorden om zo mezelf te beschermen tegen een trauma door het alles en iedereen verstikkende gekwebbel van mijn moeder. Ik kan alles wat ik met veel moeite heb geleerd en mijn wijsheid aan de kant schuiven, en de taak van het begeleiden en opvoeden van mijn kind overdragen aan mijn partner die van beroep hulpverlener is. Maar als mijn kind zijn moeder begint te slaan en steeds meer destructief gedrag vertoont op school en thuis, dan zal ik (hopelijk) ertoe worden gedwongen mijn eigen positie en gedrag opnieuw te bezien. Sta ik voor de onbedoelde consequenties van mijn – zij het onzichtbare – relationele lange-termijnkeuzen? Vraagt onze zoon me eindelijk om te onthullen wie ik ben, wat ik denk en voel? Wat wil ik toch? Versterkt of verzwakt mijn legaat mijn intrinsiek mandaat om verantwoordelijk te zijn voor mijn hulpeloze en nietsvermoedende zoon?

Wanneer de zoon wordt gevraagd na te denken over de oorzaken van zijn boosheid, is hij volstrekt duidelijk: 'Hoe komt het toch dat vrouwen altijd de boventoon voeren? Mijn moeder praat niet, ze leest me de les. Mijn vriendin is net zo: koppig en een lastpost! En de moeder van mijn vader loopt over hem heen: ze begint altijd meteen te ratelen. Waarom roept hij haar nooit tot de orde?' Doordat onze kinderen erop aandringen dat hun wordt geleerd hoe op een billijke manier met anderen om te gaan, komen wij voor een aantal moeilijke vragen te staan. Wat kunnen volwassenen bijvoorbeeld doen aan de consequenties van hun gedrag, dat wel tientallen jaren nodig heeft om zich te kunnen ontwikkelen, vaak via de persoonlijkheidsvorming van hun kinderen? Hoe kunnen ouders verantwoordelijk zijn voor handelingen waarvan ze de consequenties van te voren niet kunnen overzien?

Parentificatie

Een belangrijke consequentie van elke vorm van misbruik van ouderlijk gezag kan worden omschreven als parentificatie. Essentieel is, dat het misbruik de asymmetrische aard van de verplichtingen in de ouder-kindrelatie negeert. De essentie van *destructieve* parentificatie is, dat meestal onopzettelijk gebruik wordt gemaakt van de verplichting van het kind aan zijn ouders, om zo zijn afgedwongen beschikbaarheid voor de doeleinden van de ouder, gericht op uitbuiting en afhankelijkheid, te versterken. Omdat het kind impliciet schuldig wordt gemaakt en daardoor vast komt te zitten, worden de hulpeloosheid en de meegaandheid van het kind versterkt. Hetzelfde geldt voor zijn spontane loyaliteit en zijn investeringen om het gezin bij elkaar te houden.
Parentificatie kan vele vormen aannemen: van een openlijke en duidelijke rolomkering tot subtiel 'klein houden' van het kind. Bezitterige, overbeschermende attitudes van de ouders kunnen leiden tot een verstoorde persoonlijkheidsontwikkeling van het kind. Het kind blijft wellicht permanent beschikbaar voor de ouders. Als een kind er niet in slaagt te groeien, kan men spreken van de ergste vorm van parentificatie (dat kan bijvoorbeeld het geval zijn bij verslaving en criminaliteit). Vrijwel iedere keer dat ouders er niet in slagen de verantwoordelijkheid voor en de leiding van de opvoeding op zich te nemen, zal dit er onvermijdelijk toe leiden dat het kind, om de ontstane leegte te vullen, vroegtijdig wordt 'gerekruteerd' in de zware en verpletterende rol van degene die voor alles de verantwoordelijkheid draagt. Hoe duidelijker de rekrutering, des te beter zal het kind deze kunnen hanteren. In tijden van feitelijke ziekte of onvermogen tot functioneren of andere noodsituaties waarin de ouder verkeert, kan er bijvoorbeeld van het kind worden gevraagd dat het verantwoordelijkheid op het niveau van de volwassenen op zich neemt. Toch kan door deze ervaring de emotionele groei van het kind toenemen in plaats van dat het kind wordt tegengewerkt of destructief wordt uitgebuit. Het leren op een verantwoordelijke manier te han-

delen in noodsituaties kan een gezonde winst voor een kind betekenen. Een belangrijk kenmerk van destructieve parentificatie is eerder te vinden in relationele factoren dan in de rolverschuiving als zodanig. Wanneer een kind erkenning krijgt voor zijn helpende en nuttige beschikbaarheid, wordt deze ervaring ingelijfd in zijn toekomstige zelfvertrouwen en gevoel van competentie. Een openlijke vraag om hulp houdt impliciet al een erkenning in. Daartegenover staat, dat het onthouden van erkenning in combinatie met aantijgingen die een schuldgevoel opwekken, een geweldig destructieve en manipulatieve uitwerking heeft. Hoe subtieler de schuld wordt opgelegd, des te erger zit het kind gevangen in destructieve parentificatie. Hier is een belangrijke therapeutische richtlijn te zien. De noodtoestand in een gezin mag dan niet te veranderen zijn, een ouder kan op zijn minst leren hoe hij erkenning kan geven aan een kind voor zijn bijdragen. Erkenning of krediet geven is het tegenovergestelde van het opwekken van schuld.

Geen enkel beroep in de sector van de hulpverlening is momenteel in de positie om voorspellingen te kunnen doen die wetenschappelijk verantwoord zijn. Maar de toename van desintegrerende relaties in technologische samenlevingen waarschuwt voor inertie. Een gebrek aan pasklare antwoorden kan verpletterend werken. Erger nog: de complexiteit van de huidige relaties kan ertoe leiden dat sociale wetenschappers en psychotherapeuten vermoeid en onverschillig raken.

Gelukkig bestaan er nog alternatieven. Er komen steeds meer gegevens, juist over hoe kenmerkend het nageslacht wordt beïnvloed door de consequenties van het verleden. De gezinsbehandeling van de afgelopen dertig jaar verschaft ruimschoots aanwijzingen over hoe zelfs ongeboren generaties erfgenamen zijn van de relatiepatronen van de volwassenen. Onderzoek heeft benadrukt dat deprivatie en uitbuiting van jonge kinderen kan leiden tot onherroepelijke schade aan hun ontwikkeling. De afgedwongen investering van het kind in het welzijn van zijn ouders heeft twee kanten, gelijkwaardig en tegenovergesteld.

Enerzijds hebben kinderen recht op ouderlijke zorg vanwege hun betrekkelijke hulpeloosheid in de wereld. Een duidelijk gebrek aan ouderlijke zorg loopt zeer waarschijnlijk uit op destructieve parentificatie en door het kind zelf opgebouwde destructief gerechtigde aanspraak.

Anderzijds kunnen ouders gerechtigde aanspraak voor zichzelf verwerven tijdens het aanbieden van gepaste aandacht.

Hoe op den duur de balans tussen ouders en kind wordt verkregen, heeft intergenerationele consequenties die zowel op preventief als op methodologisch niveau moeten worden aangepakt.

Delegatie

Vanuit het standpunt van de contextuele therapie moeten legaten die waardevolle aspecten van een transgenerationeel erfgoed bevatten, worden onderscheiden van ouderlijke delegatie die door de volwassenen daadwerkelijk aan het nageslacht wordt opgelegd. Stierlin *(1974)* schreef:

> De delegatie begint wanneer een kind (vooral een tiener) toestemming krijgt en wordt aangemoedigd zich buiten de ouderlijke invloedssfeer te begeven (...) tot op zekere hoogte! Dan wordt hij als het ware aan een lange lijn gehouden. (...) Hoewel de gedelegeerde erop uitgestuurd is, blijft hij verplichtingen houden aan degene die hem erop uitgestuurd heeft. Hij blijft aan hem vastzitten (...) op een speciale en selectieve wijze die een sterke, maar dikwijls zichtbare loyaliteit impliceert *(blz. 249)*.

Delegatie dient vaak het belang van de jongere, maar het proces leent zich voor vele mogelijkheden van ontsporing en uitbuiting. Wanneer men kijkt naar het proces van delegatie, ziet men dat verplichting een nogal eenzijdig verschijnsel is waarbij de psyche van de ouder allesbepalend is. Daarentegen is het proces van het aanspreken van legaatkwesties en keuzemogelijkheden innig verweven met dialoog. Tijdens het beschouwen van handelingen in het verleden van zijn ouders en andere voorgangers en tijdens het opnieuw bekijken van eigen handelen, wordt denkelijk de positie van het kind bepaald. Het is het kind dat de legaten van het verleden in evenwicht moet brengen met de mandaten voor de toekomst. Het is het kind in wiens handen de besluitvorming zal liggen. Het is het kind dat, als hij of zij ervoor kiest, de jarenlang aangegroeide lagen van intergenerationele delegatie en lasten kan afpellen. Op den duur is het het kind dat – ten bate van zichzelf en zijn nageslacht – een billijker verdeling van baten en lasten, een levensvatbaarder balans van vrijheid en verantwoordelijkheid die alleen van hem of haar is, kan verkrijgen.

De moeilijke omstandigheid van gespleten loyaliteit

Een volwassen inschatting van de consequenties van ouderlijke gedragspatronen kan leiden tot de aangrijpende ontdekking dat ouders ook hun beperkingen hebben. Hoe vaak gebeurt het niet dat ouders onbedoeld hun kinderen klem zetten, zonder ooit bewust de bedoeling te hebben gehad hen uit te buiten. De moeilijke omstandigheid van gespleten loyaliteit is kenmerkend voor de onbewuste manier waarop uitbuiting plaatsvindt. Een kind dat voortdurend wordt gedwongen de rol van scheidsrechter tussen de elkaar wantrouwende ouders op zich te nemen, zal op den duur het vertrouwen in beiden verliezen.
Het is tegenwoordig heel gewoon dat volwassenen de behoefte en het recht van het kind op makkelijk contact met beide ouders erkennen – ook al sluiten ze de mogelijkheid ertoe uit. Dat komt omdat de vorige generatie er niet in is geslaagd iets te doen aan hun lasten uit het verleden. De moeder die heel lang geleden haar moeder boven haar vader verkoos, zal waarschijnlijk niet in staat zijn in te

zien dat eenzelfde last op de schouders van haar kinderen wordt gelegd en wat haar eigen aandeel daarbij is. Haar handelingen zijn dan niet bewust tégen hen gericht. Niettemin druisen de consequenties van haar gedrag wel in tegen het toekomstige welzijn van haar kinderen.

De moeilijke omstandigheid van gespleten loyaliteit heeft vooral een destructieve werking omdat ze in staat is intergenerationeel vertrouwen te vernietigen. We doen er echter goed aan onderscheid te maken tussen de negatieve consequenties die aan deze impasse zijn verbonden en de positieve consequenties die zijn verbonden aan de taak van het kind de ouderlijke legaten te integreren. Het is heel gewoon en redelijk dat mensen van hun kinderen verwachten dat zij manieren vinden om legaatconflicten op te lossen.

Als de legaten die voortkomen uit de respectieve gezinnen van herkomst van de ouders met elkaar botsen, worden de kinderen geconfronteerd met legaatconflicten die een integrerende oplossing vereisen. Anders erven kinderen legaten die niet met elkaar in overeenstemming zijn te brengen. Het meest duidelijke voorbeeld is: Wat moet Johnny doen als zijn moeder een vrome christin is voor wie het scrupuleus vervullen van rituelen een legaat uit haar familie is en als zijn vader daarentegen er prat op gaat dat zijn gezin van herkomst altijd trots was op een verlicht, kosmopolitisch, humanistisch atheïsme? De duidelijkste voorbeelden van legaten die niet met elkaar zijn te verenigen, kan men waarnemen als de ouders van verschillende godsdienstige, raciale en nationale afkomst zijn. Toch ligt de opdracht er deze uiteenlopende legaten met elkaar te integreren, telkens wanneer twee families volwassen kinderen hebben die samen ook weer kinderen hebben.

Of de ouder er zelf al dan niet in slaagt conflicten tussen loyaliteiten op te lossen, is van grote invloed op het vermogen van het kind om legaten van beide ouders met elkaar te integreren. Wat moet een jongere beginnen met het feit dat zijn vader altijd gevangen zit tussen zijn partner en zijn eigen vader? Botsingen tussen primaire loyaliteiten (gezin van herkomst) en huwelijksloyaliteiten kunnen een niet aflatend conflict voor alle betrokkenen veroorzaken. Jongeren die gevangen zitten tussen de onverzoenlijke loyaliteiten van hun ouders, staan voor een onmogelijke taak: ze moeten een kant kiezen. Met andere woorden: ze verliezen de mogelijkheid om constructief gerechtigde aanspraak van beide ouders te verwerven. Hoewel ze het herhaaldelijk proberen, zal het hun toch niet lukken. Op de lange duur leren kinderen op te houden met hun pogingen. Ze trekken de conclusie dat ze het onmogelijke eenvoudigweg nooit zullen kunnen realiseren.

Het loyaliteitsconflict in de generatie van de ouders veroorzaakt dan het dilemma van de gespleten loyaliteit in de kinderen. Neem nu bijvoorbeeld de jongen die van zijn (bij herhaling psychotische) moeder, gedelegeerd heeft gekregen dat hij haar moet compenseren voor de jarenlange vervreemding van eerst haar ouders en daarna van haar partner.

Bruce heeft uiteindelijk aan zijn vader de voorkeur gegeven boven zijn moeder. Erger nog: hij heeft nauw contact met zijn grootmoeder van moederszijde, van wie zijn moeder volkomen is vervreemd. In de loop van de tijd heeft hij evident irreële verwachtingen ontwikkeld over wat hem toekomt. Volgens hemzelf heeft hij recht op een auto, geld, een stereotoren, vakantie in het buitenland, en een dure schoolopleiding. Zijn verwachtingen worden nauwelijks beïnvloed door het feit dat bij de scheiding is bepaald dat zijn vader viervijfde van zijn inkomsten moet afstaan aan zijn moeder, ondanks het feit dat ze in staat is te werken. Op zijn eenentwintigste gaat hij er nog steeds van uit dat hij slechts hoeft te vragen om precies te krijgen wat hij wil. Hij stelt enorme eisen aan zijn vader en de nieuwe vrouw van zijn vader.
Het is typerend dat Bruce ertoe gedwongen moet worden om mee te helpen in de huishouding. Toen de therapeut opsomde wat zijn stiefmoeder thuis en op haar werk allemaal moest doen, merkte Bruce zonder er bij na te denken op: 'Maar daar zijn moeders toch voor?'

Destructief gerechtigde aanspraak heeft de motivatie van Bruce om constructief gerechtigde aanspraak te verwerven, volledig geblokkeerd. De verwaarlozing in het verleden heeft hem geleerd te pakken wat hij pakken kan, ongeacht de consequenties voor hemzelf of voor iemand anders. Zijn essentiële vraag is: 'Waarom zou ik blijven investeren in mensen, als die investeringen nooit iets opleveren?'
De ouder-kindrelatie verdient speciale zorg die meer inhoudt dan eenvoudige wederkerigheid van symmetrische aard; hoofdzakelijk vanwege de *consequenties* van de relatie. De consequenties zijn zó groot, dat het is alsof er een derde in het spel is. De consequenties vereisen een soort zorg die meer is dan het gewone billijke geven-en-nemen. Een ouder zal het qua consequenties zwaar te verduren krijgen als hij tegen een kind zegt: 'Wat zou het dat je geadopteerd bent? Dat is jouw probleem; verwacht maar niet dat we daarom extra aandacht aan jou zullen geven.' De consequentie van zo'n houding van een ouder zou de schending van de rechtvaardigheid van de menselijke orde inhouden.
Hetzelfde geldt voor een volwassene die tegen zijn zieke oude ouder zegt: 'Voor mij ben jij niet anders dan miljoenen andere mensen. Ik heb geen tijd om aandacht te besteden aan jouw behoeften, angst, pijn en zorgen. Ik hoop dat je voor jezelf zult opkomen, net als de anderen doen.' In beide gevallen is de rechtvaardigheid van de menselijke orde de derde in de relatie tussen ouder en kind. Uiteindelijk hebben zulke schendingen tot gevolg dat onschuldige derden worden gekwetst.
Het is de taak van de therapeut uit te zoeken wat de consequenties zijn van geschonden intergenerationele billijkheid: eerst door ieders positie naar voren te halen (gerichtheid op alle betrokkenen), maar ook door met een onzichtbaar oor, dat gespitst is op billijkheid, te luisteren. Partijdigheid ten opzichte van ieder gezinslid dat wordt beïnvloed betekent een injectie van factoren die verbonden zijn

met relationele ethiek (dimensie IV). Als luisteren met het 'derde oor' een stimulans van ieders onbewuste dynamieken betekent (*Reik, 1948*), dan betekent het vraagstuk van billijke consequenties dat er ook met een vierde oor moet worden geluisterd.

Onbeantwoorde intergenerationele billijkheid is dikwijls de oorzaak van verschillende vormen van onrechtvaardigheid: bijvoorbeeld een relatie beschadigen uit onzichtbare loyaliteit ten opzichte van een ouder-kindrelatie waar men met ambivalente gevoelens of minachting tegenover staat, of die men negeert. Onzichtbare loyaliteiten liggen ten grondslag aan onhanteerbare loyaliteitsconflicten die leiden tot het mislukken van het huwelijk.

Transgenerationele mandaten en legaten

Transgenerationele mandaten en legaten vertegenwoordigen ethische imperatieven die voortkomen uit gerechtvaardigde aanspraken op zorg van zowel onze voorgangers als onze opvolgers. Zoals wij afhankelijk waren van de grootmoedigheid van onze ouders die ons hebben voortgebracht en onze voorouders, zo is het nageslacht afhankelijk van onze verantwoordelijke zorg. Datgene waarvan wij baat hadden in ons erfgoed, kan worden omgezet ten bate van het nageslacht. Het is de taak van de huidige generatie om uit te zoeken wat ons ten goede kwam en dat te vertalen in termen van baten voor de toekomstige generaties. Door dit te doen verdient elke generatie gerechtigde aanspraak ten opzichte van zijn afstammelingen *en* de rechtvaardigheid van de menselijke orde.

Begrippen als 'zelfvalidatie' en 'verworven gerechtigde aanspraak' zijn duidelijk verbonden met transgenerationele legaten en mandaten. We hebben geargumenteerd dat een mens relationele integriteit kan verkrijgen; dat wil zeggen: een mens kan zijn bestaan valideren door aan familieleden datgene aan te bieden wat hen rechtens toekomt. Gedurende dat proces vergroot hij zijn persoonlijke vrijheid of gerechtigde aanspraak. Dit kan op twee manieren: enerzijds door middel van relaties met anderen die een directe uitwisseling mogelijk maken; anderzijds tussen een mens en de menselijke orde, door middel van transgenerationele legaten en mandaten die in hun asymmetrie indirect en eenzijdig zijn, hoewel niet zonder beloning.

Deze legaten en mandaten, van universele betekenis in het menselijk leven, vormen een onderscheiden kenmerk van de contextuele benadering. Mensen kunnen succes waarvan ze niet hebben durven dromen, in het uitgebreide strijdperk van privé en openbare ondernemingen bereiken. Hoe adembenemend deze prestaties ook zijn, ze slagen er niet in de onbeantwoorde kwetsuren te verzachten die tussen de generaties woekeren. De essentie van het legaat is het mandaat: zorg te dragen voor de toekomst, gebruik te maken van de verworvenheden van het heden om de baten in plaats van het letsel uit het verleden te vergroten.

Het leven van het individu is op een schommelende weegschaal van vrijheid en onvrijheid geworpen. Hulpeloos in het leven gezet, wordt de pasgeborene gedwongen te steunen op een vrijgevige reactie van de wereld van de volwassenen. Hij kan wat hij heeft ontvangen later alleen maar terugbetalen door het bieden van zorg aan de toekomstige generaties. Volgens ons zijn op zijn minst drie generaties betrokken bij de uitvoering van deze terugbetaling: de eerste generatie geeft blijvende consequenties door aan de tweede en de derde kan de baten van de niet-aflatende pogingen tot zorg door de tweede, oogsten. Niemand is ooit volledig vrij van transgenerationele verplichtingen om zorg te dragen.

Wat dat betreft kan het leven – en dat doet het gewoonlijk ook – mogelijkheden bieden om te voldoen aan redelijke verplichtingen, zonder dat men over mensen heenloopt of schuldgevoelens krijgt opgelegd omdat het niet lukt. Het tere evenwicht tussen het terugbetalen van schulden en het vinden van persoonlijke vrijheid wordt door onvervulbare verwachtingen, waar ze ook vandaan komen, teniet gedaan.

Wanneer irreële verwachtingen worden teleurgesteld, zoals onvermijdelijk zal gebeuren, worden relaties bovendien belast met bijkomende gevoelens van wrok en schuld. Toch komt het heel vaak voor dat ouders irreële en onvervulbare verwachtingen delegeren aan hun kinderen, die onvermijdelijk de last van onzichtbare loyaliteiten moeten dragen.

Het is voor kinderen des te moeilijker om te gaan met de verwachtingen van hun ouders als deze subtiel of onwillekeurig op hen worden overgebracht. Maar verwachtingen die de huidige generatie krijgt opgelegd op grond van legaten uit het verleden, kunnen worden aangepakt en vertaald in baten voor het nageslacht. Hierbij gaat het om méér dan de grenzen van de individuele psychologie en de transacties tussen mensen. Transgenerationele legaten en mandaten omvatten verschillende individuele en systemische determinanten, hoewel ze te maken hebben met relaties op een niveau dat dieper gaat dan de hier-en-nu dialoog tussen mensen en verder dan de transactionele en de communicatieve feedback.

Genetische continuïteit handhaaft de identiteit van het geslacht door middel van determinanten zoals bijvoorbeeld vorm, kleur, grootte en bewegingspatronen. Daarentegen is iedere nieuwe combinatie van twee stellen genen in elk nieuw gevormd individu een stoutmoedig en innoverend experiment. Iedere nieuwe generatie is afhankelijk van de formatieve inbreng van zijn volledige fylogenetisch verleden. Zo zijn volgende generaties afhankelijk van de vrije partnerkeuzen die in het heden zijn gedaan. Enerzijds is het individu een autonoom universum, de bron van een opzichzelfstaande ontwikkeling, die geprogrammeerd staat op groei, lange levensduur, atrofie, stijl en zelfs 'vrije wil'. Anderzijds is het individu in wezen een kortstondig secundair verschijnsel, een schakel in de keten van genetische continuïteit die nu biljoenen jaren overbrugt vanaf de tijd van de eerste organische materie.

De causale verbanden tussen de generaties worden beter gekenschetst met behulp van het beeld van het gebruik van een telescoop dan met behulp van het begrip circulaire feedback. Generationele feedback kan niet teruggaan, noch het voorbije verleden beïnvloeden. Bovendien is er, als men kijkt naar de causale determinanten van de voortplanting, een verschil tussen geslachtskenmerken en kenmerken van geslachten. Geslachtskenmerken komen voort uit preëxistente instinctieve configuraties in het individu. Hoewel het begrip 'kenmerken van geslachten' een individueel kenmerk weergeeft, is het van nature doelmatig. Het dient ertoe de toekomstige keuzemogelijkheden te onderscheiden van de mandaten voor het nageslacht. De toekomst wordt eenzijdig, en dus gedwongen, blootgesteld aan de consequenties van de huidige realiteit.

Onze verantwoordelijkheid voor de toekomst van onze kinderen, onze zorg voor onze mandaten voor het nageslacht vragen – nee, eisen – de hoogste menselijke prioriteit, juist omdat de toekomst het kwetsbaarst is van alles wat doelwit kan zijn van relationele consequenties. Het contextuele werk dat op de hoogte is van deze werkelijkheid, gaat uit van de premisse dat 1. het individu wezenlijk is gebonden aan transgenerationele baten die hij ontvangen en geschonken heeft, en 2. het individu wezenlijk is gebonden aan de persoonlijke winst die komt van het aanbieden van zorg en aandacht die speciaal zijn afgestemd op het nageslacht. Contextueel therapeuten ruimen in hun therapeutisch plan een aanzienlijke plaats in voor het helpen bij het uitzoeken welke mogelijkheden het beste kunnen voorkómen dat er onbedoeld schade aan kleine kinderen wordt toegebracht.

Ouder-kindrelaties zijn de voedingsbodem van intergenerationele verwachtingen. Deze verwachtingen en het al dan niet vervuld worden ervan worden gekenmerkt door emotionele verbondenheid die kan variëren van subliem tot belachelijk. Zoals iedereen weet, kan het hierbij gaan om liefde en minachting, toewijding en schuld, dankbaarheid en wrok, behoefte aan troost en de vraag om afstand. Onze ervaringen met transgenerationele en intergenerationele consequenties onderstrepen nog eens duidelijk hoe kostbaar het is als dit soort verbondenheid wordt genegeerd. De implicaties van deze consequenties hebben al eeuwenlang de aandacht van het menselijke gevoel en de menselijke geest beheerst. Meer dan 2000 jaar geleden heeft een schriftgeleerde opgemerkt dat wanneer een vader zure druiven eet, de tanden van zijn kind slee worden (Ezechiël 18:2; Jeremia 31:29). Geschiedenis, toneel en literatuur zijn vol verwijzingen naar verbanden, bestraffingen, vervloekingen en andere uitingsvormen van lotsverbondenheid die de generaties tegen wil en dank aan elkaar klinken.

Als we het hebben over legaten, bedoelen we dus de relationele wortels van transgenerationele consequenties. We beschrijven een immer geldende taak die de generaties overspant, waarbij ieder individu een schakel wordt tussen verwachtingen uit het verleden en verwachtingen die zich actief en diepgaand op de toekomst richten. Uiteindelijk moet een legaat als mandaat voor de toekomst kansen bieden aan het nageslacht. In ieder geval functioneren boodschappen die verbonden zijn aan een legaat altijd als richtlijnen voor handelingen voor de toekomst, ongeacht of met toekomst slechts biologische nazaten of het nageslacht in zijn geheel wordt bedoeld.

Op conventionele manier gebruikt, kan het woord 'legaat' een statische klank hebben. Om er nog eens vanuit het contextuele standpunt naar te kijken: legaten zijn NIET alleen maar een stel gewoonten of geconditioneerde patronen die door het verleden worden doorgegeven. Noch zijn het slechts niet ingeloste schulden die nog moeten worden voldaan. Natuurlijk kan het verleden niet worden veranderd. Legaten zijn ook niet bedoeld om aan te geven dat men verplicht is op een bepaalde manier irreële voorstellingen van de voorouders te verafgoden of te verheerlijken. Ouders kunnen – en doen dat ook – bepaalde opdrachten, die opdoemen uit het verleden, overdragen aan hun kinderen. Toch geeft dit ook niet het wezen van transgenerationele legaten weer, omdat legaten veel meer inhouden dan delegaties, persoonlijke wensen of persoonlijkheden van ouders.

Bovendien moeten legaten niet worden verward met geboden die van het superego komen. Een legaat is niet: een te grote trouw aan ouderlijke normen die door schuld wordt opgeroepen. De opbrengst van legaten uit het verleden zijn de baten die wij hebben genoten in de vorm van taal en cultuur, materiële overleving en de vaardigheden waarmee we van het leven kunnen genieten. Elke generatie is op haar beurt verplicht iets bij te dragen aan de volgende door middel van specifieke uitingen van zorg. Dat kunnen zijn: werken aan manieren ter voorkoming van lucht- en watervervuiling, stralingsbesmetting en andere destructieve gevolgen van wetenschap en industrie. Zorgen dat de overleving op aarde wordt veiliggesteld is wel het minste dat de ene generatie aan de andere verplicht is. Het bestaan kan dan worden gekenmerkt door hulpbronnen, creativiteit, flexibiliteit en nog niet onderzochte menselijke mogelijkheden, maar die zijn niet onuitputtelijk. Hierbij en bij minder catastrofale zaken moet zorg worden gedragen voor de onomkeerbare consequenties die het kenmerk zijn van transgenerationele mandaten.

Transgenerationele mandaten staven door hun bestaan en invloed het feit dat de asymmetrie van ouder-kindrelaties verder gaat dan de kwesties die zich tussen twee partijen kunnen afspelen. Het kind is niet alleen een gerechtvaardigde ontvanger van ouderlijke investeringen, maar ook de erfgenaam van de levens en handelingen van al degenen van wie hij een afstammeling is. Hij kan op den duur een tegenwicht bieden voor wat hij heeft ontvangen van het verleden door een weldoener voor het nageslacht te worden. Hierin zal hij een verbinding zijn tussen de generaties: hij geeft legaten door die gebaseerd zijn op 1. wortels uit het verleden, die bijvoorbeeld etnisch, raciaal en religieus van aard zijn, met inbegrip van gezinseisen zoals loyaliteit en erkenning, en 2. de grondkenmerken van ieder individu, bijvoorbeeld mannelijk of vrouwelijk, gezond of genetisch gehandicapt, geestelijk begaafd of fysiek goed gebouwd.

Daarenboven wordt elke generatie gedwongen manieren te vinden waarop zij de legaten van twee families met elkaar kan verbinden. Elke generatie is ook verplicht mandaten van zorg uit te voeren, zelfs in situaties van bittere vervreemding zoals echtscheiding. De vraag aan gebroken gezinnen om kleine en afhankelijke kinderen te helpen hun relatie aan te houden met de ouder die de andere ouder zo'n pijn heeft bezorgd, kan een hoge eis zijn. Als er niet ten minste een poging wordt gedaan de netelige toestand van gespleten loyaliteit van het kind te verlichten, zal de last van verantwoordelijkheid van de ouder naar het kind verschuiven. Transgenerationele legaten hebben consequenties, ongeacht of mensen die wel of niet willen onderkennen.

Naast aandacht voor de billijkheid van ouder-kindrelaties, is elke generatie eraan gebonden te werken aan het welzijn op lange termijn van het nageslacht. Consequenties van onrechtvaardigheid kunnen het vertrouwen en de betrouwbaarheid voor de toekomstige generaties beschadigen. Transgenerationele consequenties kunnen worden bepaald door feitelijke omstandigheden zoals behoren bij een bepaald geslacht of volk, etnische groep of godsdienst. Andere feitelijke omstandigheden kunnen voortvloeien uit erfelijke gezondheidstoestand, migratie, uitroeiing in het verleden, familiegewoonten, alcoholisme enzovoort.

Het welzijn van het nageslacht moet worden ondersteund, ondanks de belasting van een negatieve nalatenschap. Het woord 'legaat' omvat zowel de feitelijke erfenis van verwoestende consequenties als het feit dat het welzijn van het nageslacht afhankelijk is van het vermogen van het heden om het hoofd te bieden aan de verwoestende aard van de consequenties voor de toekomst. Het legaat van alcoholisme, bijvoorbeeld, kan niet een mandaat zijn dat van de kinderen ook drinkebroers maakt. Integendeel: het legaat is er om hen te helpen de consequenties van zo'n erfenis te overwinnen. Elke handeling die het lot van het nageslacht positief versterkt, bevat een mogelijkheid voor het heden om waardevolle gerechtigde aanspraak te verwerven ten opzichte van de rechtvaardigheid van de menselijke orde. Een eerlijk gesprek over de omstandigheden in het verleden kan, door middel van het begrijpen van de menselijkheid van hun voorouders, de kinderen helpen meer vertrouwen in de wereld te krijgen. De religieus liberale vader kan zijn agnostisch kind helpen in verbinding te komen met de waarden van de religieus orthodoxe grootvader. Adoptiefouders kunnen hun geadopteerde kind helpen zoeken naar de verzachtende omstandigheden in de afkomst van zijn of haar biologische ouders.

III

TAXATIE VAN DE CONTEXT

HOOFDSTUK 8

DE DIALOOG TUSSEN CLIËNT EN THERAPEUT

Vanaf de eerste ontmoeting treden therapeut en cliënt(en) met elkaar in dialoog. De therapeut begint onmiddellijk bruikbare informatie te verzamelen. Tegelijkertijd moedigt hij de familieleden aan, de beide fasen van uitwisseling in een dialoog te ontwikkelen. Hoe kundig en nuttig een therapeut ook is, hij is niet degene die de essentiële context voor zelfafbakening en zelfvalidatie van de cliënt verschaft. Die ligt verankerd in de relaties van iedere cliënt met zijn naaste verwanten en anderen die in zijn of haar leven belangrijk zijn. De taxatie van de relationele werkelijkheid van een familie en de ontsluiting van haar therapeutische hulpbronnen zijn processen die nauw met elkaar samenhangen; ze kunnen vanaf de eerste ogenblikken van therapie vertrouwen opbouwen.

De taxatie van de relationele werkelijkheid is veelomvattender en complexer dan de taxatie van een individu dat in wezen uit zijn context is gehaald. Ieder mens is immers verankerd in een relationele wereld waarin ook anderen zijn begrepen. Iedere partner in een relatie draagt in onderlinge afhankelijkheid enige gezinslasten en enige gezinsbaten. Als voorbeelden van gedeelde lasten kunnen dienen: een achternaam die bezoedeld is door schande, of wat het betekent de erfgenaam te zijn van ouders die een rassenmoord of een revolutie hebben overleefd. Het inschatten van de existentiële context van een leven is een veelomvattender taak dan het vaststellen van de structuren van hier-en-nu machtscoalities, rolcomplementariteit en andere gedragspatronen.
Genetische ziekten, een familiezaak, het plotselinge en onverwachte overlijden van een gezinslid, geërfde rijkdom en een gegoede afkomst brengen alle belastende of bevorderlijke consequenties voor familieleden met zich mee. Neem nu bijvoorbeeld de situatie van een oudere vrouw en haar twee volwassen kinderen.

Vijfentwintig jaar geleden werd Jonathan, de jongste van drie kinderen, op vijftienjarige leeftijd op een golfbaan getroffen door de bliksem en was op slag dood. De consequenties van die gebeurtenis hadden een geweldige invloed op het hele gezin en op ieder gezinslid afzonderlijk. Er werd om te beginnen nooit over de gebeurtenis gesproken. Moeder ziet die gebeurtenis nog zo gedetailleerd voor zich alsof deze vorige week heeft plaatsgevonden. Tot het moment waarop ze bijeenkwamen voor een gezinszitting, die door Sarah (47 jaar), was aangevraagd, had niemand de moed of de energie gehad aan de anderen te vertellen wat de gevolgen van het overlijden van Jonathan voor zijn of haar leven waren geweest. Ze hadden elkaar geen verdriet willen doen.
Sarah woonde in het buitenland, toen het tragische ongeluk gebeurde. Ze voelt zich nog steeds buitengesloten door de manier waarop hun vader de begrafenisrituelen en de naweeën ervan heeft afgehandeld. De begrafenis vond plaats voordat ze thuis kon komen. Ze herinnert zich dat haar vader bij haar thuiskomst zei: 'Jonathan is dood, Sarah. We winnen er niets bij als we huilen om iets dat toch niet kan worden veranderd.' Geen van de gezinsleden kan zich herinneren hoe de vader zijn eigen verdriet verwerkte. Wat zij zich wél kunnen herinneren, is dat zijn gedrag geen ruimte toeliet met hun eigen verdriet om te gaan.
Will, de enig overgebleven zoon en een geparentificeerd kind, herinnert zich dat hij zijn ouders troostte ten tijde van het overlijden van zijn broer. Hij werd zelf enigszins getroost door een vriend van de familie. Zijn ouders waren echter niet beschikbaar voor hem. Ze waren waarschijnlijk zó ontredderd, dat zij geen tijd konden vinden Will met zijn verdriet te helpen zoals hij had geprobeerd hen met hun verdriet te helpen. Of de ouders brachten het misschien niet op contact met hem te zoeken doordat ze een gedragspatroon hadden ontwikkeld van vermijding van emoties op elk gebied. Hoe het ook zij, Will werd net als Sarah – en misschien net als zijn ouders – alleen gelaten met zijn verdriet. Tijdens de gezinstaxatie vertelde hij voor de eerste keer dat hij nog maandenlang na het ongeluk het graf van zijn broer had bezocht in een poging met hem in contact te komen.
In de volgende jaren werd Will, nu 44 jaar, de opvolger in de familiezaak. Hij is directeur van een kleine onderneming, in zijn beroep is hij een geslaagd man; in zijn persoonlijk leven probeert hij nog steeds de criteria vast te stellen voor het enigszins op eigen voorwaarden kunnen leiden van zijn eigen leven. Eén ding blijft overeind staan in zijn huidige worsteling: als Jonathan was blijven leven, was Will misschien niet in de zaak gekomen. Hij had er dan wellicht voor gekozen bij de luchtmacht te blijven en piloot te worden: dat is zijn leven lang zijn liefste wens geweest.

Elke poging om dit gezin te helpen hun situatie te evalueren impliceert duidelijk dat zij hun persoonlijke idealen en teleurstellingen met elkaar moeten kunnen delen. Het houdt ook in dat gevoelens van hoop en ontevredenheid, die zijn verbonden zijn met de baten en de lasten van hun gemeenschappelijk leven, naar boven worden gehaald. Door niemands toedoen maar door het lot, veranderde een sterfgeval in het gezin hun gemeenschappelijke en hun individuele levens. Praten over Jonathan kan het feit dat hij is overleden niet veranderen, maar het feit dat het gezin nu openlijk over hem kan praten, is van levensgroot belang. Zijn bestaan, hoewel kort, heeft consequenties gehad voor dit gezin en kan nog steeds functioneren als een hulpbron voor degenen die hem overleven. Door gezamenlijk hun mogelijkheden tot zorg en aandacht voor elkaar te herzien, ontdekken de gezinsleden nieuwe wegen tot zelfafbakening en zelfvalidatie.

Veelzijdig gerichte partijdigheid

Veelzijdig gerichte partijdigheid is de methodologische hoeksteen van het uitlokken van een dialoog tussen familieleden. Het is ook de meest produktieve benadering voor het verzamelen van relevante informatie over relaties. In ieder geval is het een methodologische procedure die familieleden helpt om vragen naar boven te halen over de balans van billijkheid en onbillijkheid in de familie (dimensie IV). Zulke vragen sluiten altijd nauw aan bij de kern van de relationele behoeften van mensen. In een therapie is het altijd zinnig onmiddellijk een veelzijdig gericht uitgangspunt in te nemen. Binnen de eerste helft van de eerste zitting kan een therapeut mensen helpen een begin te maken met het proces van afbakening en validatie van hun respectieve voorwaarden en posities. Om dat te bewerkstelligen moet de therapeut zijn uiterste best doen de situatie van een familie *niet* alleen op grond van de pathologie te omschrijven. Hij moet er zich ook voor hoeden al te snel vast te stellen wie het slachtoffer is en wie de slachtofferaar. Bekijk bijvoorbeeld eens de situatie van een man die opbelde om een afspraak te maken voor therapie.

> In het telefoongesprek en tijdens de eerste ogenblikken van de eerste therapiezitting, maakte hij zich bekend als iemand die kinderen lastig valt. Zijn therapeutisch doel was volgens hem de oorzaken van zijn 'molesteren van kinderen' bloot te leggen. Elf jaar geleden waren hij en een van zijn dochters, Jan – nu vijfentwintig jaar – begonnen aan een periode van anderhalf jaar knuffelen en vrijen, waarbij het net niet tot gemeenschap kwam. Drie jaar later had hij een buitenechtelijke relatie. Nu is hij teruggetrokken, depressief en impotent. Hij is getroffen door schuldgevoelens, vervuld van zelfverwijt en is – zo te horen – volgens zijn eigen maatstaven alles kwijt. Hij verklaart dat hij de slachtofferaar is en zijn kind het slachtoffer. Wat valt daar nog op te zeggen?
> Hij was komen vragen om therapie, zei hij, omdat zijn dochter hem daartoe de opdracht had gegeven. Momenteel heeft ze een etterende dikke-darmontsteking en is ze razend op haar vader. Ze heeft laten doorschemeren dat haar

jeugdervaring met hem ertoe geleid heeft dat ze afkerig van mannen is en nu een lesbische relatie heeft. Jan heeft enkele pogingen gedaan om haar worsteling met haar seksuele identiteit met haar vader te bespreken, maar hij kon de moed niet vatten om in te gaan op haar voorzetten. Sindsdien is ze drieduizend kilometer van hem vandaan gaan wonen. De heer Santangelo wil graag dat ze weer beter wordt. Als hij haar gelukkig kan maken door naar een therapeut te gaan, wil hij graag aan haar wens voldoen. Daartegenover staat dat hij en zijn vrouw net een 'mislukte' therapie van acht maanden hebben afgesloten. Zijn vrouw klaagde erover dat zij de hele tijd het woord had moeten voeren. Toen hun dochter eens meekwam naar de therapie, was die zwaar teleurgesteld. Niemand sprak over hetgeen er tussen haar en haar vader was gebeurd; de therapeut richtte zich op het huwelijk van de heer en mevrouw Santangelo.

De heer Santangelo werd binnen enkele minuten tijdens het eerste contact in aanraking gebracht met een veelzijdig gerichte benadering. De therapeut zei dat hij hem niet kon helpen als hij alleen maar voor zijn dochter in therapie ging. Hij kon wel vergeten dat hij ooit de littekens van de gezinscontext zou kunnen genezen als hij steeds wegvluchtte naar zijn baan. 'Therapie kan zich niet ontwikkelen volgens een absolute definitie van goed en kwaad, of van slachtoffer en slachtofferaar, zelfs niet in gevallen als deze,' legde de therapeut hem uit, maar therapie kan hem en de rest van zijn gezin wél helpen in te schatten wat er nu mogelijk is tussen hen. Hier zijn de vragen van de therapeut erop ingesteld een dialoog tussen gezinsleden op gang te brengen.

Kunnen de heer en mevrouw Santangelo en, waar het op hen van toepassing is, hun kinderen, ertoe komen vragen als de onderstaande aan de orde te stellen?
– Waren 15 uur werk per dag te verkiezen boven innig contact met elkaar?
– Wat was het aandeel van mevrouw Santangelo, als het er al was, in de relatie tussen haar echtgenoot en haar dochter?
– In welke mate bepaalden de kinderen het leven van hun ouders (parentificatie)?
– Hoe had de heer Santangelo geleerd dat het makkelijker was zijn mond te houden dan zich uit te spreken?
– Wat deed hij met het onvermogen van zijn moeder om 'zwakheid' in mannen te accepteren?
– Welk risico liep zijn familie van herkomst als hij vertelde hoe hij ervoor stond?
– Waarom accepteerden zijn zonen hem meer dan zijn dochters?
– Waarom gaf mevrouw Santangelo boven haar dochters de voorkeur aan haar zonen?
– De heer Santangelo wil duidelijk dat Jan weer beter wordt. Maar kan hij ook vertellen wat hij voor zichzelf en voor zijn huwelijk wil?
– Is het echtpaar ertoe bereid opnieuw te investeren in hun huwelijk, en op welke voorwaarden?

- Willen ze zowel weer huwelijkspartners worden als een team van ouders?
- Hoe kan de heer Santangelo opnieuw vader van zijn dochter Jan worden?
- Kan hij de moed opbrengen rechtstreeks met haar te praten of voelt hij zich nog steeds gedwongen de taak van het opbouwen van een relatie aan zijn vrouw over te laten?

In contextuele therapie komt het verzamelen van informatie neer op het onderzoeken van het verleden en van de huidige balansen van billijkheid en onbillijkheid. Beide zijn niet te scheiden van pogingen om hulpbronnen op te sporen en aan te boren, opdat mensen gemakkelijker en spontaan met elkaar een dialoog kunnen aangaan, wat het vertrouwen herstelt. Kennis van gebeurtenissen uit het verleden is in wezen slechts van waarde als deze kan worden gebruikt voor de toekomst.

Aspecten en hulpbronnen van betrouwbaarheid

De voornaamste hulpbron van elke relatie ligt gebed in langdurige billijke betrouwbaarheid. Relationele ethiek is gebaseerd op het feit dat een mens gedurende lange tijd zijn voelsprieten heeft gericht op de wezenlijke behoeften en belangen van zijn of haar partner. Daardoor zijn mensen per saldo beschikbaar voor elkaar wanneer het erop aankomt; zo slagen ze erin de relatie staande te houden. Het kan zijn dat een relatie wordt gekenmerkt door kwetsingen en uitbuiting. Desondanks kan zo'n relatie betrouwbaar zijn, mits ze op den duur ook wordt gekenmerkt door het feit dat mensen op elkaar kunnen terugvallen. Aanvankelijk is hier de verworven verdienste van iedere partner van kracht, die verkregen is doordat beide partners elkaar zorg bieden. Ook is de ontvankelijkheid van beide partners voor de verworven verdienste van de ander in werking.
Het spreekt vanzelf dat niemand het klaarspeelt voortdurend en op elk moment de ideale partner voor de ander te zijn. Toch kan de wederkerigheid in toewijding *(Boszormenyi-Nagy & Spark, 1973/1984, blz. 161)* betrekkelijk eenvoudig worden getaxeerd. Neem nu bijvoorbeeld de situatie van het gezin waar de zoon van twintig dronken thuis wordt gebracht door de politie.

Na verloop van een half uur tijdens de eerste therapiezitting vertelde de moeder dat Paul altijd haar 'brave zoon' was geweest. Nu dronk hij veel en was hij, sinds hij van de middelbare school af was, al bij drie auto-ongelukken betrokken geweest. 'Het is nog maar elf jaar geleden dat een van mijn broers omgekomen is bij een botsing,' zei ze, 'en het lijkt net of Paul dat maar niet tot zich wil laten doordringen. Hij was niet erg goed op school en zijn vader heeft hem van school gehaald. Nu heeft hij een van die onbelangrijke parttime baantjes en dat terwijl hij zo slim is.' Iedereen, ook Paul, is het erover eens dat hij de mislukkeling van het gezin is. Hij is de enige van de vijf

kinderen die nog thuis is en hij voelt zich hopeloos en stuurloos.
Tijdens de tweede van de vier taxatiezittingen vertelde Paul dat zijn grootste angst was dat hij zijn ouders zou kwetsen. Het was soms een hele toer om hen niet te kwetsen. Ze ruziën bijvoorbeeld veel. Hij voelde zich vaak geroepen hun te vragen eens 'volwassen te worden'. 'Het gaat altijd over onbenullige dingen,' zegt hij, 'en er wordt nooit iets écht uitgepraat. Mijn moeder wil veel praten en mijn vader wil televisie kijken. Zij wil dat ik naar een voortgezette opleiding ga; vader heeft dat niet gedaan en het maakt hem niets uit of ik erheen ga of niet. Als ze ruzie maken, probeer ik hen te kalmeren. Het werd nog erger toen mijn moeder een paar jaar geleden grote onenigheid met haar ouders kreeg. We gaan nooit meer bij hen op bezoek, tenminste niet met het hele gezin. Ze hebben mijn vader nooit zo erg gemogen en kort geleden schreeuwde mijn grootvader tegen mijn moeder.'

Paul was na de eerste zitting opgelucht. 'Ik ben me gaan realiseren,' zei hij, 'dat het veel ingewikkelder ligt dan het er eerst uitzag.' Het lukte de therapeut het gezin te helpen verder te kijken dan het door hen ingebrachte probleem van Pauls drankgebruik. De therapeut kon laten zien hoe betrouwbaar de jongen door de jaren heen was geweest en dat hij als scheidsrechter van zijn ouders had gefunctioneerd. Door zijn gedrag bleef de woede in het huwelijk van zijn ouders binnen de perken. Hij was de advocaat van zijn moeder ten opzichte van zijn grootouders. Maar hij was woedend over haar gevlei en haar schijnbare hulpeloosheid. 'Het is nooit bij me opgekomen werk te maken van mijn vriendschap met mijn vader. Mijn moeder is altijd zo eenzaam; ik dacht dat zij mij meer nodig had.' Paul was ook de therapeut van het gezin. 'Mijn moeder heeft mij nodig,' zegt hij, 'om haar ergernis over opa te compenseren.'
De ouders van Paul hadden om gezinstherapie gevraagd nadat ze eerst – zonder resultaat – aan hun huwelijk hadden gewerkt met hun dominee, die zowel voor het gezin als voor de therapeut een hulpbron bleef. Paul en zijn 'mislukkingen' waren toen het belangrijkste punt van zorg van het echtpaar geweest. Het was aan de therapeut hun frustratie te erkennen en tevens Paul voor zijn bijdragen te prijzen. Het was ook haar taak om te laten zien op welke subtiele manier Paul de weldoener van zijn ouders was geworden. Door de uitingen van billijkheid in het gezin te benoemen, kon de therapeut al snel betrouwbaarheid tussen de gezinsleden bewerkstelligen, die op zijn minst ertoe dient om tegenwicht te bieden aan manifeste pathogenese. De therapeut kan een veroordelende houding ten opzichte van haar cliënten vermijden door te wijzen op de blijken van wederzijdse toewijding.
Als er op een billijke manier rekening wordt gehouden met de verworven verdienste en de vitale belangen van partners in een relatie, wordt deze in een gelijkwaardige situatie levensvatbaar. Wederzijdse toewijding en zorg om een op den duur billijk teruggeven zijn de belangrijkste criteria voor de taxatie van bil-

lijkheid in symmetrische relaties. Betrouwbare huwelijks-, vriendschaps- en collegiale relaties worden gekenmerkt door een directe, uiterlijke en billijke uitwisseling van tegenprestaties tussen autonome volwassenen. Uitzonderingen hierop komen voor wanneer men bijvoorbeeld te maken heeft met chronische ziekte of een scheiding, waardoor de relatie met volkomen nieuwe verwachtingen en omstandigheden wordt belast.

Een billijke balans van geven-en-nemen kan echter niet functioneren als maatstaf voor asymmetrische relaties. Daarbij hangt de evaluatie van wat billijk is waarschijnlijk meer af van innerlijke beloningen zoals verdiende gerechtigde aanspraak of emotionele voldoening vanwege de groei, de prestaties en het succes van een kind. In familiesituaties waarin één van de leden afhankelijk is van anderen vanwege zijn jeugdige leeftijd, ziekte of seniliteit, zien de anderen zich geconfronteerd met een zware opdracht. De wijze waarop ze op deze opdracht verkiezen in te gaan, heeft enorme praktische en ethische consequenties voor het heden en de toekomst.

Men kan waardevolle aanwijzingen verkrijgen voor de therapeutische taxatie van de balans van baten en lasten onder de gezinsleden door te kijken naar de manier waarop een familie haar uitermate noodlijdende en getroffen leden behandelt. Bijvoorbeeld: een vrouw komt om bij een auto-ongeluk, haar echtgenoot hertrouwt vrij snel daarna en zijn tweede vrouw koestert wrok over het feit te moeten zorgen voor zijn chronisch depressieve tienjarige dochter. Door de jaren heen wordt Joan van hot naar haar gestuurd. Ze wordt in toenemende mate depressief en ontwikkelt op den duur anorexia. Uiteindelijk stemt haar tante van moederszijde, mevrouw Curtis, erin toe Joan in haar gezin op te nemen en haar op te voeden. Wat kost een dergelijke beslissing mevrouw Curtis, haar echtgenoot en haar drie kinderen? Welke praktische consequenties heeft een dergelijke beslissing voor hun levens?

Op praktisch niveau had het gezin Curtis duidelijk andere keuzemogelijkheden. Op ethisch niveau echter zag mevrouw Curtis geen andere keuze. 'Ze was het verplicht' aan haar ouders en haar overleden zuster om Joan op te voeden. Misschien is ze het ook aan haar kinderen verplicht. Is ze gerechtigd, vraagt ze zich af, om door te leven alsof dit helemaal niet is gebeurd? Ze is nu het enig overgebleven kind van haar ouders. Is ze dan vrij om voorbij te gaan aan de pijn die haar ouders voortdurend voelen door het overlijden van hun dochter en de benarde situatie van hun kleindochter? Gezien haar eigen relatie met haar zuster door de jaren heen: kan ze dan doorgaan te moederen over haar eigen kinderen en tegelijkertijd onverschillig blijven over wat er gebeurt met het kind van haar zuster? De familie Curtis woont op een ruime boerderij. Zou het dan zoveel moeite zijn om voor nóg een kind te zorgen?

De hoge eisen die worden gesteld aan een familie door de grote behoeftigheid van een van haar familieleden, met name van een jong kind, kunnen allerlei vormen aannemen. Een kind is bijvoorbeeld geboren met een ernstig gespleten gehemelte. Vanaf zijn geboorte heeft het kind moeite met drinken en moet het diverse operaties ondergaan. Op welke manier beïnvloeden zijn behoeften, waar niet op valt af te dingen, de kwaliteit van het huwelijk van zijn ouders en hun leven? Welke risico's nemen zij wanneer zij over een tweede kind denken? In ieder van deze situaties is het besluit van de volwassene om op een verantwoordelijke manier zorg te bieden, onbetwistbaar een handwijzer van betrouwbaarheid. Onvermijdelijk gaan hiermee een bepaalde mate van zelf-opoffering en gemis gepaard. Het is ook een maatstaf voor verworven gerechtigde aanspraak. In situaties als deze is er geen billijkheid in het teruggeven mogelijk. De belangrijkste teruggave komt daarentegen van de innerlijke vrijheid die wordt verkregen door gepast geven.

De contextueel therapeut maakt gebruik van ruime, veelzijdige criteria bij het taxeren van een gezin, onder andere: belangentegenstellingen tussen mensen (botsende gerechtigde aanspraken), legaten en conflicterende legaten, en de context van potentiële – zij het ongebruikte – hulpbronnen. Al deze aspecten verschaffen aanwijzingen voor de balans van de relationele betrouwbaarheid van mensen. De therapeutische richting die zich bezighoudt met hulpbronnen sluit eerder de dynamische, individuele en systemische relationele therapierichtingen in, dan dat ze in tegenspraak is met deze andere richtingen.

Belangentegenstellingen tussen mensen

Belangentegenstellingen tussen twee partners zijn onvermijdelijk en moeten niet worden vergeleken met het falen van de relatie. De existentiële belangen van ouder en kind, man en vrouw en van broers en zusters komen samen en gaan uiteen, vermengen zich, botsen en vinden oplossingen of vervallen en bouwen op. Ouders willen bijvoorbeeld op hun kinderen kunnen steunen, als zij ze al niet wilen bezitten. Pubers daarentegen willen in toenemende mate onafhankelijkheid *in hun context*; zij hebben vrijheid nodig om ervaringen op te doen en te groeien. Sue, bijvoorbeeld, is zestien jaar en haar moeder dreigt dat ze haar zal onterven.

> Sue gaat om met Tom, die 28 is. Ze heeft zo haar twijfels over hem en over het feit dat hij drugs gebruikt. Maar zijn familie is aardig voor haar en Tom doet haar denken aan haar vader die vijf jaar geleden bij een vliegtuigongeluk is omgekomen. Sue komt uit een gezin met twaalf kinderen en zij was het lievelingskind van haar vader, zijn 'meisje met blond haar en blauwe ogen'. Ze was er zeker van dat ze in zijn liefde vooraan stond, vóór haar moeder.
> Toen haar vader was weggevallen, voelde Sue zich een hulpbron die voor anderen nodig was, maar moest iets voor zichzelf vinden. Ze was naar confessionele scholen geweest en ze beschouwde zichzelf als diep gelovig, maar ze had ook recht op liefde, zei ze; en ze was er zeker van dat Tom de enige per-

soon in haar leven was die die liefde kon geven. Paradoxaal genoeg was ze voortdurend bezorgd om haar moeder die nu niemand had om op terug te vallen. Wat naar Sue's mening nog erger was: ze was van plan het huis uit te gaan zodra Tom klaar was met zijn opleiding; maar ze vroeg zich bezorgd af wie er dan voor haar moeder zou zorgen.

Omstandigheden van buiten af, gevestigde belangen, persoonlijke voorkeuren en transgenerationele en individuele verwachtingen zijn alle factoren in deze pijnlijke, onvermijdelijke botsing tussen moeder en dochter. In feite is een aantal van die botsingen voorspelbaar. Het zou echter een vergissing zijn hun beider belangentegenstellingen te gebruiken als de enige maatstaf voor hun relatie of als het voornaamste therapeutische aandachtspunt.
Evenals ouder-kindrelaties illustreert de asymmetrie in het voortplantingsproces hoe de onvermijdelijke botsing tussen de levensbelangen van twee partners die om elkaar geven, niet noodzakelijkerwijs wordt opgeroepen door een breuk tussen hen. De intrinsieke conflicten zijn te vinden in het feit dat een zwangerschap voor een man en een vrouw een verschillend risico inhoudt. Zeker, zwangerschap kan de gezondheid of zelfs het leven van een toekomstige moeder in gevaar brengen, terwijl de toekomstige vader erbij wint. Een toekomstige vader kan ervoor kiezen de eisen die het voortplantingsproces aan zijn partner stelt, te verzachten, maar hij kan deze niet ongedaan maken. Hij kan ze echter wel in evenwicht brengen. Hij kan bijvoorbeeld zijn vrouw helpen terwijl ze de baby ter wereld brengt. Hij kan zijn beroepsmatige verplichtingen anders invullen om zo te proberen een ouder voor zijn kind te zijn, in tegenstelling tot zijn vader die er niet in slaagde een ouder voor hem te zijn. Maar de asymmetrie blijft bestaan. Geen enkele inspanning, hoe groot ook, of goede bedoeling van de kant van de man kan de risico's van zwangerschap en geboorte, nu eenmaal bepaald door het vrouw-zijn, verdoezelen.
De lasten die het moederschap met zich meebrengt, zijn niet te verloochenen, zelfs wanneer de natuurlijke ouders nalatig of afwezig zijn. In geval van adoptie speelt de betekenis van de biologische ouders bijvoorbeeld altijd mee. Tijd, plaats en omstandigheden van de geboorte zijn voor geadopteerde kinderen kenmerkende belangrijke punten voor hun ontwikkeling en relatievorming. De bijdrage van hun natuurlijke moeder aan hun bestaan kan nooit worden ontkend. Bij een adoptie, net als bij elke andere gezinssituatie, behoeven de fundamentele asymmetrieën tussen het man-zijn en het vrouw-zijn een zorgvuldige afweging in de therapie. Precieze clinici kunnen het zich echter niet veroorloven om fundamentele, existentiële elementen van de relationele werkelijkheid over het hoofd te zien.
De mogelijkheid van orgaantransplantatie schept een andere uiterste vorm van asymmetrie tussen twee partners. Er liggen mogelijk ernstige belangentegenstellingen op de loer die te maken hebben met de mate van verlies of winst voor ver-

wanten die een met elkaar verenigbare immuniteit hebben. Wanneer wordt bijvoorbeeld het aanbod van iemand om zijn vitale organen ter beschikking te stellen aan een broer of zuster, een bedreiging voor zijn beschikbaarheid als gezond functionerende ouder voor zijn kinderen? Of: waartoe is iemand gerechtigd wanneer hij zonder transplantatie zijn dood tegemoet gaat, terwijl zijn familieleden, die donor kunnen zijn, hier niet van willen weten? Een recent geval van botsende belangen had te maken met de wettelijke rechten van een man die zou sterven als hij geen beenmergtransplantatie zou kunnen ondergaan. Hij was bij zijn geboorte geadopteerd en hij diende bij de rechtbank een aanvraag in om in contact te komen met zijn biologische ouders, in de hoop dat zij hem zouden helpen. Wat is de verplichting van de rechtbank en ten opzichte van wie? Als hij contact zou kunnen krijgen met zijn biologische ouders, wat zijn zij dan aan hem verplicht? Heeft de rechtbank het recht de privacy van de biologische ouders te bewaken ten koste van het overleven van het kind aan wie ze het leven hebben gegeven? In hoeverre verschillen in een dergelijk geval de rechten van wetgeving van de geboorterechten?

Een samenleving in beweging waarin steeds vernieuwingen optreden, heeft een enorme uitwerking op gezinsrelaties. Een ervan heeft te maken met de illusie dat mensen vrij zijn te leven zoals het hun behaagt, zonder te hoeven worstelen met de beperkingen die het leven door de schepping zelf worden opgelegd. Doordat de sekserollen bijvoorbeeld veranderen van traditioneel naar uitwisselbaar, vervaagt langzamerhand de geldigheid van asymmetrieën die op geslacht zijn gebaseerd. Een samenleving in beweging met veranderende verwachtingen neigt er ook toe de onveranderlijkheid van intergenerationele eisen te verdoezelen. De uitspraak dat ouders en kinderen aan elkaar verplichtingen hebben, kan soms enorm impopulair zijn. Desondanks zijn verantwoordelijkheid van de ouder en verplichting van het kind dynamische realiteiten die in iedere contextuele taxatie een rol spelen. Hier hebben we het weer over asymmetrische balansen die voortkomen uit wederkerigheid van toewijding in plaats van verwachtingen van rechtstreekse en onverwijlde tegenprestaties.

Verwachtingen en legaten tussen generaties

De last van verwachtingen tussen generaties wijst van het verleden naar de toekomst. Ieder kind wordt onvermijdelijk geconfronteerd met verwachtingen die vanuit het verleden worden overgedragen. De vraag van het kind is nooit: 'Zal ik loyaal of deloyaal zijn?', want loyaliteit is het bindmiddel van ouder-kindrelaties. Loyaliteit kan in een positieve of negatieve vorm voorkomen, maar is altijd de basis van asymmetrische relaties. De vraag die iedere volwassene voorgelegd krijgt, heeft te maken met het al dan niet op zich nemen van bepaalde verwachtingen van de ouders. Het legaat van het verschuldigd-zijn van het kind kan inderdaad de uitdrukkelijke voorwaarde inhouden dat men rekening moet houden met zijn vader en moeder. Het geeft de volwassene ook de levenstaak het beste uit te zoeken uit de inbreng van het verleden; zowel in het belang van het nageslacht als in dat van de huidige generatie. Het 'eren van de ouders' houdt nooit in dat men zich onvoorwaardelijk moet onderwerpen aan alle 'delegaten' *(Stierlin, 1974)* tussen generaties. De maatstaf voor de manier waarop een kind zijn of haar ouders eert, heeft niets te maken met het zich moeten schikken naar waarden van de ouders noch met het ertegen moeten rebelleren. Respect van het kind voor het verleden wordt het meest creatief uitgedrukt in het gerechtigd zijn te nemen wat in het verleden is gegeven, de verdienste ervan in te schatten en uiteindelijk om te vormen tot doeltreffende wijzen waarop aan de toekomst zorg kan worden geboden.

Verwachtingen tussen generaties kunnen een botsing veroorzaken tussen hetgeen wordt overgedragen en hetgeen wordt omarmd. Neem bijvoorbeeld de situatie van een broer en zuster die als pubers van Cuba naar de Verenigde Staten zijn geëmigreerd.

> Ieder heeft twee verwachtingspatronen meegenomen: één van hun leven dat zij doorbrachten in een Spaans en katholiek milieu en één van hun ouders die van geboorte Poolse joden zijn. Deze verwachtingen zijn deels cultureel bepaald, maar geven duidelijk aan wat hun familie van hen zou hebben verwacht als ze in hun geboorteland zouden zijn gebleven. Van het meisje zou dan zijn verwacht dat zij vroeg was getrouwd, kinderen had gekregen en wellicht zou zijn gaan werken in de winkel van haar vader. Van de jongen zou zijn verwacht dat hij de middelbare school af zou lopen, een gezin zou stichten, en zijn vader als ondernemer zou opvolgen. Van hen beiden zou ook zijn verwacht dat zij in de nabijheid van de joodse enclave in hun stad zouden zijn gaan wonen. In hun nieuwe omgeving in de Verenigde Staten werden ze aan nog een ander stel eisen onderworpen. Ze werden in pleeggezinnen geplaatst tot de volwassenen in hun familie konden emigreren en ze werden gedwongen veel ingewortelde gezinsloyaliteiten te herzien. Er bestond bijvoorbeeld geen winkel meer waarvan de vader eigenaar was en waarin ieder zijn eigen plaats had. Voor hun vader, een immigrant naar Cuba vanuit Oost-Europa, was het bezitten van een eigen zaak een buffer tegen het vooroordelend handelen van hem onvriendelijk gezinde overheden; in hun vaderland kon de privé-onderneming een barrière zijn tegen inmenging door de autoriteiten die destructief tegenover joden zouden kunnen staan. In Cuba was zijn winkel echter een 'kapitalistische belediging' geworden. Toen zijn kinderen in de twintig waren, kozen zij voor beroepen die met ondernemerschap te maken hadden en waarin ze een hoge mate van persoonlijke onafhankelijkheid konden bewaren.
> Doordat de gedwongen emigratie hun veel had gekost, veranderden de verwachtingen van de familie ten aanzien van de beroepskeuze van deze jonge man en vrouw. De emigratie eiste ook een hoge tol van hun persoonlijk le-

ven. De vader was eerst erg teleurgesteld dat zijn dochter een beroep had gekozen in plaats van vroeg te trouwen. Zijn dochter voerde enorme strijd tegen haar teleurgestelde vader. Een gedelegeerd conflict zette de ouder tegen het kind op en het kind tegen de ouder. Het was uiteindelijk aan het volwassen kind om te kiezen in het belang van het nageslacht. Een van de redelijke vragen die deze jonge mensen onder ogen moesten zien, was of de wereld veilig genoeg was om het hebben van kinderen te kunnen rechtvaardigen. Het was duidelijk dat hetgeen hun vader ten dienste had gestaan tijdens zijn leven, niet noodzakelijkerwijs ook hun ten dienste zou kunnen staan. Hun vraagstelling was heel redelijk, gezien het feit dat zij nazaten waren van een familie die twee keer in twee generaties gedwongen was geweest weg te vluchten uit het vaderland. Het legaatsvereiste, dat de dochter verantwoording moest afleggen aan haar vader, woog zwaarder dan kwesties die kunnen worden beschouwd als gedelegeerde onderlinge verwachtingen.

De verwachtingen van de vader kunnen in zijn eigen leven en plaats geldig zijn geweest. Zoals alle ouders van volwassen kinderen is hij gerechtigd, zelfs verplicht, zijn verwachtingen over te dragen aan de volgende generatie; want de verwachtingen die hij heeft als vader en die voortkomen uit zijn eigen familie van herkomst en uit zijn eigen levenservaringen, vormen de hoeksteen van het vermogen van zijn kinderen hun eigen levens op te bouwen. Maar niets kan hem gerechtigde aanspraak geven op het *opleggen* van zijn eigen verwachtingen aan hen. Zij zijn het verplicht en verdienen het die mogelijkheden te kunnen kiezen die hun het meest van nut zijn en die helpen op een verantwoorde manier voor het nageslacht zorg te dragen.
Het is aan de kinderen te luisteren naar hun vaders verwachtingen en deze te erkennen, maar ook om te voorkomen dat zij zich eraan moeten onderwerpen enkel en alleen omdat hij hun vader is. Want alle volwassen kinderen zijn gerechtigd, zelfs verplicht, uit het verleden te kiezen wat hun het beste dunkt voor de toekomst. Verplichting aan de ouders wordt altijd getemperd doordat de kinderen als volwassenen verantwoordelijkheid als ouder op zich nemen. Niet één ouder kan als alleenheerser zijn of haar levensverwachtingen aan kinderen opleggen, zonder het risico te lopen dat hij of zij destructieve schade berokkent. Omgekeerd kunnen ouders die hun verleden in ere houden, zonder er een zwaard van Damocles of een ideologie van te maken, hun kinderen helpen bij het doen van constructieve keuzen. Hoe kan anders het tragische verlies of de schande die het verleden heeft belast, worden omgezet in kennis die een genezende en positieve gezindheid kan scheppen ten opzichte van komende generaties?

Ongebruikte potentiële hulpbronnen

Ongebruikte menselijke hulpbronnen leveren het betaalmiddel waarmee de verliezen en de schande uit het verleden kunnen worden getransformeerd en goedgemaakt. Het evalueren van hulpbronnen is altijd een belangrijke taak in contextuele therapie; een die heel vroeg in het therapeutisch proces moet worden vervuld. Neem het voorbeeld van jongeren die onder de hoede van de kinderbescherming zijn geplaatst. Aan de buitenkant lijkt het alsof door een mishandelde of verwaarloosde jongere bij de pleegzorg te plaatsen de verantwoordelijkheid voor zorg van de biologische ouders wordt overgeheveld naar mensen die hun plaats kunnen innemen. Dan zegt het gezond verstand met zoveel woorden dat geschikte en verantwoordelijke ouderfiguren in een gewone groep of pleeggezin als tegenwicht kunnen dienen voor de onvoldoende functionerende en destructieve familieleden.

In feite is surrogaat-ouderschap in veel situaties noodzakelijk en moet het worden beschouwd als hulpbron. Maar geen enkel surrogaat kan uiteindelijk de mensen in onze familie van herkomst voorgoed vervangen. Dus betaamt het werkers in de jeugdhulpverlening, evenals andere professionele hulpverleners, een inschatting te maken van de natuurlijke hulpbronnen in het gezin, terwijl ze tegelijkertijd de kinderen voorzien van alternatieve bronnen van koesterende zorg en steun. Men hoeft niet naïef of ongefundeerd optimistisch ten aanzien van de menselijke aard te zijn om te kunnen aannemen dat de meeste kinderen op zijn minst één familielid hebben dat bezorgd om hem of haar is.

Er is altijd wel iemand uit de familie van herkomst van een kind, die bereid is onder ogen te zien dat een kind het echt slecht heeft en die enigerlei verantwoordelijkheid op zich wil nemen – als dat tenminste aan die persoon wordt gevraagd! Neem de situatie van twee meisjes wier vader ervan wordt verdacht hen te hebben gemolesteerd. Op grond van deze mogelijkheid en een lange geschiedenis van lichamelijk geweld in deze familie, haalde justitie de kinderen uit huis *én* droeg het gezin op in therapie te gaan.

> De moeder en de kinderen gaven gehoor aan de opdracht en gingen naar de therapiezittingen, zelfs nadat de kinderen uit huis waren gehaald. De vader bleef weg, omdat hij zich schaamde voor zijn situatie en omdat hij betwijfelde of er iemand was die zijn situatie ooit zou kunnen begrijpen. Zijn voortdurend onvermogen tot meewerken of zich te schikken was een factor die justitie tot de overweging bracht de kinderen te laten adopteren door hun pleegouders. Deze keuzemogelijkheid werd in beraad gehouden zolang de moeder ervoor zorgde dat de kinderen niet in contact met de vader kwamen.
> In feite onbedoeld plaatste justitie de moeder in een onhoudbare positie: te moeten kiezen tussen haar kinderen en haar partner. Ze koos onmiddellijk voor haar kinderen uit angst hen voor altijd kwijt te raken. Door de tijd heen bleef ze toch aan haar echtgenoot gehecht en werd opnieuw zwanger van hem. En onvermijdelijk gebeurde het dat de twee meisjes een weekend naar huis gingen en daar hun vader troffen. De kinderbescherming zag zich nu geplaatst

voor het dilemma of zij zich al dan niet moest inzetten voor de adoptie van de meisjes en of zij tegelijkertijd druk moest uitoefenen om de vader en de moeder uit de ouderlijke macht te laten ontzetten.
Wij stelden de vraag wat ieder van de betrokkenen in het gezin bij zo'n gerechtelijke actie zou winnen. Op zijn best beschouwd is de ontzetting uit de ouderlijke macht een wettelijke fictie die de realiteit van de band tussen ouder en kind probeert te veranderen. Dat gebeurt dan onder de noemer 'een betere toekomst scheppen voor de kinderen' en in het geval van adoptie van een baby worden daarmee grenzen gesteld ten bate van de veiligheid van alle betrokken partijen. Maar op andere niveaus valt het nut van zo'n actie niet te bewijzen. Natuurlijk hebben kinderen recht op bescherming tegen mishandeling; maar over welke mishandeling hebben we het wanneer de samenleving een permanente ballingschap oplegt aan twee mensen die door nauwe biologische banden met elkaar zijn verbonden? In ieder geval is een gerechtelijk oordeel dat de ontzetting uit de ouderlijke macht beveelt, ver verwijderd van de gezinsdynamiek, laat staan van de uitvoering ervan; dus hebben we een alternatief voorgesteld.
Er werden vier gezinszittingen afgesproken en alle gezinshulpverleners, advocaten en therapeuten werd gevraagd deze bij te wonen. We begonnen met na te gaan welke gezinshulpbronnen er nog meer zouden kunnen zijn om een nieuwe balans van billijkheid in werking te stellen voor zowel de volwassenen als de kinderen. Een van de winstpunten was de ontdekking dat de broer van de moeder bij haar in huis woonde en vaak de rol had van tussenpersoon en advocaat van zijn zwager, zijn zuster en zijn nichtjes. Hij woonde een van de zittingen bij, waarbij al gauw duidelijk werd hoe belangrijk hij voor het gezin was. Het was goed te zien hoe afhankelijk zijn zuster van hem was en dat zijn nichtjes hem graag mochten. Hij functioneerde ook als hulpbron voor de therapeut:

Therapeut: Kunt u uw zwager aanmoedigen deel te nemen aan de gezinszittingen?
Broer: Waarschijnlijk niet.
Therapeut: Denkt u dat u hem ertoe zou kunnen brengen hulp voor zichzelf te zoeken?
Broer: Misschien wel.
Therapeut: Wat denkt u dat u voor uw zuster kunt doen?
Broer: Ik weet het niet zeker, maar ik zou willen dat ik iets kon bedenken. Mijn moeder slaat haar nog steeds en mijn zuster is al over de veertig. Het is eigenlijk niet eerlijk dat zij zoveel schuld op zich neemt. Maar mijn zuster is alweer zwanger; mijn moeder vindt dat niet zo prettig en ik ook niet.
Therapeut: Is er een manier waarop uw zuster en u elkaar kunnen helpen?
Broer: Dat zou ik zo niet weten. Ik mag haar echtgenoot en ik wil geen par-

tij kiezen. Aan de andere kant: ik ben dol op mijn nichtjes. Het zijn lieve meisjes en ik wil niet dat hen pijn wordt gedaan. Misschien kan ik wel iets bedenken waar we allemaal beter van worden.

Hoe klein de winst ook is, feit is dat deze man een hulpbron voor zijn zuster en haar gezin betekent. Hij wordt door iedereen in die context als een ouder-figuur gezien en heeft daardoor een drijfveer die kan helpen hen te motiveren – een drijfveer die misschien niemand anders heeft. Bovendien is het feit dat hij bij hen in huis woont een bijdrage aan hem. Dus de aan hem gerichte vraag hen te helpen als hij dat kan, geeft hem wellicht de mogelijkheid aan zijn zuster en zwager iets terug te geven.

Een ander winstpunt van de gezamenlijke zitting kwam voort uit de confrontatie tussen de moeder van de kinderen en hun pleegouders. Zij lagen al langdurig met elkaar in de clinch en zowel moeder, pleegmoeder als pleegvader gaven aan de meisjes tegenstrijdige boodschappen door. De kinderen zaten gevangen in een tweede gespleten loyaliteit en vroegen nu om adoptie. Tijdens de zittingen waren ze echter vrij om te zeggen hoe bezorgd ze waren om wat er met hun biologische moeder zou gebeuren als ze werkelijk zouden worden geadopteerd.

Het uiteindelijke resultaat van deze situatie staat nog niet vast: men is nog in onderhandeling. Maar de klaarblijkelijke investering van de moeder in haar kinderen heeft de pleegouders van hun eerder ingenomen standpunt doen afstappen. Misschien waren ze onrechtvaardig toen ze op subtiele manier de moeder de schuld gaven. Misschien is deze vrouw niet alleen maar door en door verdorven. Misschien zouden ze een eerlijker manier van met haar omgaan kunnen vinden, als zij tenminste geholpen kon worden om te veranderen. Zouden deze pleegouders erop kunnen vertrouwen dat ze de pleegkinderen kunnen 'houden' als ze hen niet adopteren? Zouden de kinderen in de min of meer zekere omgeving van hun pleeggezin kunnen blijven zonder hun biologische moeder te hoeven verraden? De duidelijke behoeften die deze jonge kinderen hebben en hun hulpeloosheid vereisen dat de volwassenen rekening met hen houden. Ter discussie staat of dat betekent dat er eenzijdig voor de kinderen wordt gepleit, met alle implicaties die schadelijk zijn voor toekomstige betrouwbaarheid. Is het de maatschappelijke zorgdragers mogelijk om veelzijdig gerichte zorgdragers te zijn? Kunnen familieleden – zoals de oom van de kinderen – worden gezien als mogelijke hulpbronnen in plaats van als mensen die niet meetellen en die niet essentieel zijn voor de gezinscontext? Kan de vraag aan de oom om bij te dragen aan het welzijn van zijn nichtjes gezien worden als het verschaffen van een mogelijkheid constructief gerechtigde aanspraak te verwerven, in plaats van als overmatige uitbuiting van weer een ander ongelukkig gezinslid met ook maar beperkte mogelijkheden? In onze visie helpt een contextuele evaluatie mensen de baten en lasten van alle familieleden te verschuiven, vooral die van de kinderen. Het helpt hen hulpbronnen in zichzelf en onder elkaar te ontdekken, die de buitensporige conflicten waarin deze kinderen gevangen zaten kunnen verlichten. En misschien is wel het belangrijkste van alles dat familieleden kunnen worden geholpen meer effectieve zorg te bieden en gedurende dat proces iets voor zichzelf te winnen. Zelfs in gevallen die minder dringend zijn, zijn verwanten *altijd* een potentiële hulpbron voor elkaar. Broers en zusters bijvoorbeeld die gedurende vele jaren van elkaar vervreemd raakten, kunnen weer een bepaalde mate van vrijheid en betekenis voor zichzelf verkrijgen door zowel het contact met elkaar te herstellen als door zich opnieuw in verbinding te stellen met hun ouders. Een afgebroken gezinsdialoog is een teken van verloren vertrouwen, hetgeen meestal betekent dat onrechtvaardigheid blijft bestaan zonder hoop op herstel. Therapeuten die er niet in zijn geslaagd hun eigen stagnerende en vervreemde relaties aan te pakken, kunnen makkelijk het 'breken met' familierelaties als iets normaals accepteren. Zij kunnen zich afsluiten voor de mogelijkheid van billijkheid en betrouwbaarheid die in nauwe relaties te vinden is – hoe stagnerend die relaties ook zijn. Alerte therapeuten, op zoek naar overgebleven hulpbronnen voor gezinsvertrouwen, kunnen in de indicaties van verbroken gezinsrelaties een sleutel en prikkels vinden.

Familie'breuken' zijn uiteindelijk de destructieve en vertrouwen verminderende culminatie van kwetsingen in gezinsrelaties; therapeuten die deze breuken negeren, doen dat ten nadele van hun cliënten. Neem de situatie van drie volwassen broers die erin zijn geslaagd gedurende de afgelopen veertien jaar elk een andere weg te gaan.

> Twee van hen hebben intensieve individuele therapie gehad, de één zes jaar lang en de ander gedurende vijftien jaar. De derde is verschillende keren opgenomen geweest en schijnt alleen maar in een beschermde omgeving te kunnen functioneren. Hun moeder, al vele jaren weduwe, beschouwt zichzelf vooral als iemand die alles aan haar kinderen gaf. Hun vader is een aantal jaren geleden overleden en is zelden onderwerp van gesprek in dit gezin. Hij blijft een onzichtbare kracht onder zijn zonen, maar dan wel een die gemystificeerd wordt door de blijvende pogingen van hun moeder om zijn nagedachtenis op te hemelen. De mannen proberen alle drie wanhopig het schuldgevoel dat ze krijgen als ze proberen zich als individu te ontwikkelen, te verminderen. Geen van hen voelt zich gerechtigd zijn eigen leven te leiden. Onder hun enorme boosheid en wrok zijn ze allemaal in loyaliteit gebonden aan hun familie van herkomst – met inbegrip van aan een tante en aan een oom die bij hun opvoeding hebben geholpen en aan een grootmoeder die een beslissende invloed op ieders leven heeft gehad.
> De zonen, die liever hun mond dicht hielden dan het risico te lopen hun moeder te 'kwetsen', worden overmand door haar moeilijke legaat, haar kwetsbaarheid, haar verdedigende houding en haar uitingen van onverminderde toewijding en liefde. Malcolm, maatschappelijk werker, beëindigde dit jaar na

lange tijd zijn individueel geörienteerde therapie. 'Onze filosofieën botsten gewoon,' zegt hij. 'Hij verwacht van mij dat ik doorga met mijn leven alsof al het andere in orde is. Maar dat is niet zo. Ik kan me niet binden in een relatie of zelfs maar het ergens naar mijn zin hebben. Dit jaar werd mijn broer weer opgenomen. Ik voelde me enorm bedroefd en heb erge spijt gehad over mijn onverschillige gedrag ten opzichte van hem door de jaren heen. Hij is tijdens de middelbare school voor het eerst ingestort. Ik was toen te jong om te weten wat er gebeurde. Ik wist wel dat hij in de schaduw stond van onze oudste broer en dat we alle drie leefden in de schaduw van een weer oudere broer, die jong gestorven is. Onze moeder schijnt ons allemaal te meten aan haar fantasieën over wat Clifford had kunnen zijn.

Toen Howie deze keer eraan toe was naar huis te gaan, heb ik hem gevraagd bij mij te komen wonen. Ik dacht dat het maar voor korte tijd zou zijn. Ik hoopte dat ik hem iets zou kunnen geven, maar ik had zelf ook iets nodig. Ik had het nodig weer in contact te komen met het hele gezin in plaats van voortdurend praten over hoe ziek Howard is. Ik had en heb het nodig om uit te zoeken wat er met hem aan de hand is. Ik heb het nodig hem te vertellen wat er met mij gebeurt. Ik heb het nodig in dezelfde kamer als mijn moeder en broers te kunnen zitten om te zien of het nu mogelijk is beter met elkaar om te gaan, vergeleken met wat er vroeger mogelijk was. Zelfs als Howie zich uiteindelijk niet kan redden in de buitenwereld, heb ik het nodig dat ik weet dat ik het heb geprobeerd. Op zijn minst heb ik het nodig te weten dat de mensen die hem zoveel leed hebben berokkend – al dan niet opzettelijk – een poging hebben gedaan uit te komen voor hun eigen stukjes van de puzzel. Zelfs nu nog vraag ik me af of er iets anders kan gebeuren als we kijken naar wat we doen.'

Malcolm kan de pijn van de 'breuk' tussen de gezinsleden niet langer verdragen. Vanuit zijn gezichtspunt heeft hij het uiterste bereikt van wat een individueel-georiënteerde therapie hem kan bieden. Hij is op zoek naar een manier om namens het gezin – en daarmee namens zichzelf – te kunnen handelen.
Door een tijdlang verschillende mogelijkheden uit te proberen, begon Malcolm de destructiviteit en stagnatie te bevatten die kenmerkend lijken voor de wijze van omgaan en niet met elkaar omgaan in zijn gezin. Hij hoopt nu dat ieder lid bereid is meer constructieve manieren uit te proberen. De eenvoudigste hiervan kan zijn het met elkaar in dezelfde kamer kunnen zitten. Contextuele therapie ondersteunt zijn streven. Het blijft onduidelijk of enige vorm van therapie Howard nu nog kan helpen genezen. Wat wel duidelijk is: iedereen zal voortdurend worden gedwarsboomd in zijn gerechtigde aanspraken op doorgaan met zijn eigen leven als men er niet in slaagt opnieuw na te gaan wat men kan doen. Langdurige stagnatie in een familie kan, zelfs op zijn ergst, worden beschouwd als een belangrijke aanwijzing voor het ontdekken van ongebruikte hulpbronnen

en krachten in een familie en bij de leden ervan – in plaats van als gegevens om het pathologische vast te leggen.

Therapeutische betrokkenheid

Er wordt dus niets gewonnen bij een blijvende breuk tussen ouder en kind, die – ondanks beweringen van het tegendeel – in werkelijkheid verlangen naar een mogelijkheid voor billijk geven-en-nemen. Want belangrijke relaties zijn doordrongen van het begrip 'rechtvaardig rekening houden met de ander', hoezeer ze ook schijnen te hebben gefaald. Noch sadistische afranselingen, noch seksuele uitbuiting, noch enige andere vorm van pathologisch relationeel gedrag zal de implicaties van billijkheid, die zelfs na het overlijden van een vader blijven bestaan, kunnen uitroeien.

De hardnekkigheid van deze overgebleven hulpbron is één van de fundamenten van het contextuele werk en de basis van therapeutische interventies. Het is ook de basis van waaruit men in verbinding kan komen met het kenmerk van een relatie dat voor ieder gezinslid het meest cruciaal is: betrouwbaarheid.

Juist het daadwerkelijk aanpakken van de balans van billijkheid in een familie (dimensie IV) vanuit een veelzijdig gericht perspectief verschaft het middel om te ontsnappen aan de valkuil van relationele stagnatie en ethische ongebondenheid. Een veelzijdig gerichte taxatie als zodanig al, zet vraagtekens bij de fragmentatie en de verdraaiing van een puur individuele benadering.

Neem bijvoorbeeld de situatie van een puber wiens 'pathologisch' gedrag psychologisch verankerd lijkt in een geringe eigenwaarde. De jongere kan tekenen van depressie of angst en onzekerheid vertonen. Deze psychologische symptomen hebben zeker hun eigen implicaties en consequenties, maar de belangrijkste betekenis van deze gevoelens kan te maken hebben met een feitelijk verlies van waarde, veroorzaakt door een relationele breuk. Stel dat de puber feitelijk niet in staat is het reservoir van zijn zelfwaarde (gerechtigde aanspraak) aan te vullen omdat zijn vader erin slaagt zijn pogingen te ontmoedigen? Stel dat de hulpbronnen voor het opbouwen van zijn ego-sterkte verankerd liggen in de gebeurtenissen van de levenscyclus van zijn jeugd, bijvoorbeeld het overlijden van een ouder, of plaatsing in een pleeggezin? Stel dat zijn vermogen tot het echt verwerven van gerechtigde aanspraak wordt bepaald door echte verliezen en kwetsingen die ook geïnternaliseerd en 'gepsychologiseerd' zijn?

De interne en externe realiteiten van mensenlevens komen samen en grijpen in elkaar. Hun keuzemogelijkheden zijn bijna nooit volledig bepaald door de voorwaarden, de eisen of het inzicht van hun partner. Hun hulpbronnen zijn ook op andere plekken te vinden dan in hun psychologie of in de gewone uiterlijke gebeurtenissen die een inbreuk op hun relaties maakten.

HOOFDSTUK 9

HET TAXEREN VAN DE RELATIONELE WERKELIJKHEID

Contextuele taxaties zijn gebaseerd op de premisse dat mensen het beste worden geholpen als zij gebruik kunnen maken van elke hulpbron die er nog tussen hen aanwezig is, en op de premisse dat een toenemend gevoel van vertrouwen voortkomt uit bewezen betrouwbaarheid in een relatie. Concrete 'handvatten' zijn nodig om deze ongrijpbare, maar cruciale algemeenheden van een relationele werkelijkheid in beeld te brengen. Deze algemeenheden zijn dan wel heel fundamenteel, toch ontbreekt dikwijls een adequate en makkelijk te herkennen taal. Zij kunnen ook persoonlijk en cultureel zijn onderdrukt.

In de praktijk kunnen de complexiteiten van de relationele werkelijkheid het beste worden ingeschat door middel van de vier dimensies of categorieën waarnaar we in hoofdstuk 4 al verwezen: I. feiten, II. psychologie, III. transacties en IV. relationele ethiek. Deze dimensies lijken alle mogelijke bekende determinanten van relationeel gedrag te omvatten, met inbegrip van de therapeut-cliëntrelatie variant.

Dimensie I: feitelijke predeterminanten

De feiten van iemands leven en context kunnen werken als determinerende krachten die dikwijls voorafgaan aan of zich vermengen met psychologische gebeurtenissen en transactioneel gedrag. Feitelijke omstandigheden en hun consequenties kunnen al dan niet gedeeltelijk omkeerbaar zijn.

In de acute ziekte van een ouder kan bijvoorbeeld verbetering optreden; de fantasie van een kind over hoe zijn ouders – die reeds lang zijn gescheiden – weer bij elkaar komen, kan bewaarheid worden. Deze en andere feiten zoals bijvoorbeeld een buitenechtelijk kind zijn, vereisen therapeutische aandacht en reken-

schap, *onafhankelijk van de reacties van familieleden erop*. Bij een allesomvattende evaluatie is het altijd nodig het hele scala van feiten in een bepaalde situatie vast te stellen: feiten en hun consequenties die mede iemands leven bepalen.
Het vroeg verliezen van ouders, echte armoede, ondervoeding, kindermishandeling, schoolverzuim of slechte schoolprestaties, de consequenties van adoptie en psychosomatische ziekte van iemand of van zijn ouders, verdienen alle een zorgvuldige taxatie van de invloed ervan op iemands ontwikkeling en op de balans van rechtvaardigheid. Hiermee én met de kennis die hij heeft vergaard uit het beoordelen van de implicaties van de andere drie dimensies, kan de therapeut mensen helpen keuzen te maken die leiden tot genezing en herstel. Bovendien zijn er bepaalde feiten in een mensenleven en zijn context die een onmiddellijke interventie vereisen. Bijvoorbeeld: als iemand door neiging tot zelfdoding een gevaar is voor zichzelf en zijn kinderen; het bij voortduring wegblijven van school; de gevaren van anorexia of van herhaalde, heimelijke aderlatingen (zelf-vampirisme) vereisen een onmiddellijk pakket van beschermende maatregelen. Ook ziekte in een vergevorderd stadium van een ouder of diens naderende dood vereisen prioriteit in het therapeutisch proces.
Feitelijke predeterminanten hebben te maken met gebeurtenissen in de levenscyclus van ieder gezinslid: geboorte, naar school gaan, puberteit, ouderschap (binnen of buiten het gezin), ouder worden, seniliteit en overlijden zijn elk op zichzelf onderscheiden stadia die als feiten kunnen worden beschouwd. Deze stadia hebben elk een belangrijke determinerende rol en vereisen alle aanpassing van de psychosociale ontwikkeling van het betrokken individu *(Erikson, 1959)*. Een combinatie van stadia van de individuele levenscyclus is ook verantwoordelijk voor de vooruitgang en de vereisten tot aanpassing in een gezin. Mensen trouwen, kinderen worden geboren, groeien op en worden onafhankelijk. Helpen deze feiten bij het vormgeven van de toekomst of zijn het gegevens die worden gebruikt om het verleden te brandmerken? Een baby wordt bijvoorbeeld geboren bij een moeder die vijfenveertig jaar is. Om godsdienstige redenen was abortus geen aanvaardbare oplossing. Door de jaren heen vertelt ze steeds weer hoe veel ze heeft gehuild in de acht maanden nadat ze had ontdekt dat ze zwanger was. De moeder van de jongen wees zijn recht om ter wereld te komen af. Het feit van zijn geboorte werd een bron van rouw voor hem, die hij in elke relatie met een vrouw opnieuw in werking deed treden.
Of iemand ieder stadium van de levenscyclus met succes beheerst, berust dus deels op feitelijke predeterminanten. Vereisten voor het beheersen van deze stadia stellen ook de pyschologische, transactionele en ethische hulpbronnen van de diverse gezinsleden in werking. Deze vier dimensies met hun dynamische onderlinge koppeling kunnen elk afzonderlijk uit hun context worden gehaald ten behoeve van een taxatie, maar zijn in werkelijkheid altijd onderling actief en onderling verweven.
De taxatie binnen dimensie I kan belangrijke therapeutische keuzemogelijkhe-

den opleveren, ook al zijn bepaalde feitelijke omstandigheden van nature onomkeerbaar. Bovendien kunnen hun consequenties worden verzacht door de mogelijkheden voor actie die iemand die erdoor wordt getroffen, heeft. Tragische en ongewenste omstandigheden kunnen soms worden omgezet in hulpbronnen voor het opbouwen van vertrouwen en het verwerven van gerechtigde aanspraak. De bevrijdende uitwerking van het aangrijpen van mogelijkheden tot handelen te midden van tragische omstandigheden kan langzaam doorsijpelen naar toekomstige generaties, zelfs naar de nazaten van degenen die nu nog niet geboren zijn; ze kan zelfs hún vooruitzichten beïnvloeden. Deze keuzemogelijkheid kan zich voordoen door de geboorte van een kind met een hersenbeschadiging, door een genetische ziekte of door de ongeneeslijke ziekte van een oude vader of moeder.

Verstandelijke retardatie of hersenbeschadiging bij een kind is een dergelijk geval. Onomkeerbare voorwaarden bieden de getroffen persoon op zichzelf al een ontmoedigend psychotherapeutisch vooruitzicht. Maar familieleden kunnen helpen de situatie waarin ze met elkaar verkeren, te beheersen op een manier die aan ieder van hen echt gelegenheid biedt tot constructieve therapeutische vooruitgang. De houding van de familie ten opzichte van het familielid dat gehandicapt is, geeft óf de doorslag naar evenwichtige billijkheid in de context óf pathogenese in een familiesysteem.

Een familie die wordt geconfronteerd met een ernstige en onherroepelijke geestelijke of lichamelijke ziekte bij een van de familieleden, heeft er zeker voordeel van wanneer zij geholpen kan worden in te schatten wie van hen onevenredige lasten draagt. Wat voor lasten zijn dat en hoe kunnen zij op een eerlijke manier worden verdeeld? Wie van hen kan extra zorg bieden of op een nieuwe manier rekening met de ander houden en daarmee extra gerechtigde aanspraak verwerven? Wordt er aan iemands bijdragen geen erkenning gegeven? Waarom niet? Zetten de familieleden hun frustraties over de hun gestelde taken en eisen waar ze niet om hebben gevraagd, om in schuld die ze een ander toeschuiven? Geven de familieleden ooit erkenning aan het gehandicapte familielid voor zijn of haar inbreng? Of kunnen ze hem of haar alleen nog maar zien als iemand wiens toestand een onuitputtelijke bron van irriterende consequenties voor de hele familie is?

De eis, langdurig rekening te houden met een ander, is blijkbaar heel zwaar en roept gevoelens van schuld of wrok op bij alle betrokkenen. Desondanks kan de werkelijkheid achter zo'n eis ook het draaipunt verschaffen voor een constructieve heroriëntatie van de relaties in een familie. In het geval van een ongeneeslijke ziekte van een ouder, kunnen bijvoorbeeld moeder en volwassen dochter beginnen te werken aan het herstel van een langdurige breuk tussen hen. Toen mevrouw P. hoorde van de ziekte van haar moeder, koos ze ervoor zorg aan te bieden aan deze vrouw die ze lange tijd had beschouwd als iemand die anderen op een afstand houdt en afwijst. De hele familie voer uiteindelijk wel bij de verbetering van de intergenerationele betrouwbaarheid die door mevrouw P. in gang was gezet door te kiezen voor actieve zorg *(Boszormenyi-Nagy & Spark, 1973/1984, hoofdstuk 12)*. Zoals zo vaak het geval is, kon in deze situatie de verbroken dialoog tussen mensen die veel betekenen voor elkaar, in een crisistijd worden hervat.

In feite is gerechtigde aanspraak, verworven door creatief geven, een hulpbron, zelfs te midden van diep en ingeworteld wantrouwen. Een verlies – reëel of anderszins – biedt op zichzelf weer keuzemogelijkheden voor nieuwe risico's en initiatieven voor betrouwbare actie en gedrag. Slechts op die manier kunnen mensen een houding van lineair, op eigen belang gericht vermijden, en deze omzetten in een houding die kan uitlokken dat anderen op hun beurt onverwacht (maar waar men diep in zijn hart op hoopt) iets geven. Zelfs ongeneeslijke ziekte bij een jong kind biedt keuzemogelijkheden en doet hulpbronnen in werking treden. In situaties als deze richt het klinische werk zich op de lichamelijke toestand van het kind, op het onvermijdelijke verlies van het gezin, op de emotionele uitputting van de ouders en op de mogelijkheden van het kind om aan het leven deel te nemen door middel van het altijd blijvende alternatief om gerechtigde aanspraak te verwerven.

Iedereen in het gezin heeft te maken met de verplichting evenredig aan de behoeften van het zieke kind te geven en zorg te dragen. Gewoonlijk worden de behoeften van de ouders genegeerd; toch kunnen de ouders in zo'n situatie emotioneel meer uitgeput raken dan het stervende kind. Als men van deze waarschijnlijkheid uitgaat, is het vaak mogelijk hulpbronnen voor de bedroefde ouders aan te boren door het kind in staat te stellen aan hen te geven. Gedurende dit proces wordt het leven van het kind voller door zijn vermogen zorg aan anderen te geven. 'Help me mijn ouders te vertellen dat ik doodga,' vroeg een kind op een kinderafdeling oncologie aan een hulpverlener. Het verzoek sloeg bij de hulpverlener zowel een bres in zijn neiging tot beschermen als in wat hij in zijn opleiding heeft geleerd. Het zieke kind kan baat hebben bij het helpen van emotioneel uitgeputte volwassenen. Het verzoek getuigde van loyaliteit, zin en waardigheid. Het actieve aanbod van het kind om zorg aan zijn ouders te geven droeg ook bij aan het vermogen van de ouders hun verdriet het hoofd te bieden en hun behoefte zorg te blijven geven.

Eenzelfde manier van rekening houden met anderen is van toepassing op minder dramatische situaties, bijvoorbeeld in gezinnen met een blind of doof gezinslid dat steeds wordt beschermd. Voortdurende overbezorgdheid van een gezin voor het gehandicapte gezinslid onderschat en ondermijnt diens vermogen om aan zowel zichzelf als anderen te geven. Overbezorgdheid reduceert zijn leven tot een verlengstuk van zijn handicap. Overbezorgdheid maakt van de lichamelijke ziekte van een mens de belangrijkste maatstaf van ieder anders verschuldigdheid. Overbezorgdheid maakt dat de gezinsleden zich terugtrekken en vanuit eigenbelang voorzichtig worden; terwijl diezelfde gezinsleden met hun overbezorgdheid aan het gehandicapte gezinslid de mogelijkheid ontnemen constructief gerechtigde aanspraak te verwerven. Neem bijvoorbeeld de situatie van twee pubers, wier beide ouders doof zijn.

> George, zestien, is een driftige jongen geworden. Zijn vader werkt 's nachts, zijn oudste zuster gaat 's avonds uit om ergens op te passen en hij blijft elke avond alleen achter met zijn moeder. Als hij weggaat om iets te doen wat hij leuk vindt, gaat zij drinken – en stevig ook. De kinderen zijn langzamerhand hun moeders doofheid gaan haten. Het isoleert haar en overbelast hen en geeft iedereen een hulpeloos en hopeloos gevoel. Niemand verwacht van de moeder dat ze aansprakelijk is voor haar eisen, laat staan dat ze anderen helpt met hun eisen.
> Toen George echter zijn woede over deze situatie op school begon af te reageren, werd met familietherapie begonnen. De therapeut schakelde voor haar veelzijdig gerichte interventie eerst een deskundige in gebarentaal in om zo de kinderen te ontlasten van het feit dat ze een aanhangsel zijn van het gebrek van hun ouders. Hierdoor werd erkend dat de behoeften van ieder gezinslid even belangrijk waren. Tenminste voor de duur van het therapie-uur kon iedereen worden aangesproken als een onderscheiden entiteit, met zowel afzonderlijke doelen als gemeenschappelijke verplichtingen. Tot dan toe had niemand ooit hun gerechtigde aanspraak op het leiden van een individueel leven verwoord.

Overbezorgdheid voor een zwaar belast gezinslid komt er alles bij elkaar op neer dat iedereen erbij verliest, en is – erger nog – een bijkomende handicap voor degene die wel de laatste is om er nog meer lasten bij te kunnen hebben. Belangrijker is misschien dat een gezinslid door overbezorgdheid niet de kans krijgt de bevrijdende consequenties van het bijdragen aan het welzijn van anderen voor zich te verkrijgen.
Feitelijke predeterminanten en keuzemogelijkheden zijn er duidelijk in ontelbare variaties: beschikbare maatschappelijke instellingen, het nut van geschikte medicatie, grootschalige sociale stromingen – alle hebben feitelijke betekenis voor families en individuen. De seksuele revolutie, gelegaliseerde abortus, éénouderschap, het wijdverbreide verschijnsel van wettelijke echtscheiding, de implicaties van het hertrouwen en de afgenomen functies van de grootfamilie zijn belangrijke feitelijke determinanten van relationele dynamiek. Hetzelfde geldt nog steeds voor de conceptie en de geboorte van een kind – gebeurtenissen die feitelijke consequenties van de hoogste menselijke orde blijven.

<u>Dimensie II: individuele psychologie</u>

In contextuele taxaties is het psychologisch perspectief, dat altijd is gericht op het individu, opgenomen. Er is eenvoudig geen psychologische theorie die tegelijk de psychische processen van meer dan één persoon omvat. Toch worden uiterlijke gebeurtenissen geactiveerd door waarnemen, handelen en reageren van de psyche van mensen die met elkaar in relatie staan. Individuele motivatie moet dus deel uitmaken van elk uitgebreid relationeel taxatieproces. De dimensie van de psychologie omvat natuurlijk een aantal scholen en richtingen; die behelzen onder meer: leren, conditioneren, hypnotiseren, het gedrag en de ontwikkeling, en de scholen van Adler, Freud, Jung, Rogers, Sullivan en de Gestalt. Het is hier noch onze taak, noch ons doel, de wijsheid of methodologieën van deze psychologische benaderingen in twijfel te trekken. We willen wel duidelijk maken dat de feitelijke, transactionele en ethische aspecten van de relationele werkelijkheid slechts gedeeltelijk vertaalbaar zijn in termen van de dimensie van de psychologie.

Psychologische dynamiek is in wezen geworteld in de dynamiek van het menselijk streven naar bevrediging of genot zoals Freud reeds heeft geconstateerd. Contextuele therapie onderkent dat de fundamenten van het bestaan zijn gebaseerd op genot, maar stelt dat het vermogen om het leven vol te houden en de vrijheid om van het leven te genieten ook voortkomen uit het bieden van verantwoordelijke zorg en daardoor uit het verwerven van gerechtigde aanspraak. Met andere woorden: het voldoen aan de veelzijdige criteria van relationele ethiek maakt een mens vrij om optimaal gebruik te maken van zijn of haar psychische begaafdheden. De kenmerken van deze bevrijding zijn deels psychologisch en deels fysiologisch. Enerzijds resulteert gerechtigde aanspraak in toegenomen zelfachting en een vergroot gevoel van eigenwaarde. Anderzijds resulteert ze in een verbeterde psychosomatische gezondheid, betere seksuele en voortplantingsfuncties en gezonder slapen.

Omgekeerd betalen mensen vaak een hoge persoonlijke prijs wanneer ze niet in staat zijn hun loyaliteit ten aanzien van hun ouders om te zetten in enige vorm van rechtvaardiging die de langdurig afgewezen ouders toekomt. Het eruit volgend falen van het verwerven van gerechtigde aanspraak beschadigt het vermogen van een mens om van wat dan ook te genieten en kan leiden tot chronisch ongenoegen en ontevredenheid met het leven.

Diagnostische aspecten van de dimensie van de psychologie

De dimensie van de psychologie van de relationele werkelijkheid wordt altijd in verband gebracht met een descriptief diagnostische taxatie van mensen die in behandeling zijn. Het kan bijna niet anders dat psycho-sociale gedrags- en diagnostische categorieën te kort schieten in wetenschappelijke geldigheid. Bovendien hebben ze in veel gevallen slechts zijdelings met de dynamiek en de planning van een individuele therapie te maken. Diagnostische categorieën hebben echter wel een administratieve en wettelijke betekenis. Op zijn best hebben ze enige voorspellende waarde voor de gedragingen van een mens. Op zijn ergst kunnen diagnostische categorieën misleidend zijn. Ze kunnen de betekenis van een of andere algemene of gedeeltelijke waarheid al te zeer benadrukken en ze verhinderen vaak dat relationele motivaties in hun geheel worden begrepen. Naar onze mening is het niet voldoende om therapeutische planning te baseren op een diagnostisch schema. Zulke schema's zijn immers niet analoog aan de geneeskunde. Diagnostische categorieën kunnen psychotherapie niet omvormen tot een methode die is gebaseerd op wetenschappelijke bewijzen van oorzaak en gevolg. Een mogelijke analogie tussen geneeskunde en psychotherapie wordt nog verder opgerekt als een 'gezinsdiagnose' wordt gebruikt als indicator voor relatietherapie. Het zal nog heel lang duren voordat gezinstherapeuten en aanverwante beroepsbeoefenaars erin slagen een eensluidend ontwerp voor een relationele diagnose te ontwikkelen. Zelfs als zo'n diagnostische categorie al voorhanden zou zijn, zou deze makkelijk tot een foutieve conclusie kunnen leiden. Als een 'gezinsdiagnose' zou worden gebruikt als alternatief voor een individuele diagnose, zou dit kunnen leiden tot het dwaalbegrip dat gezinstherapie alleen is geïndiceerd als naast een individuele diagnose van de geïdentificeerde patiënt een gezinsdiagnose wordt gemaakt.

In feite komen de indicaties voor contextuele therapie op natuurlijke wijze voort uit een individuele diagnose of uit het benoemen van 'symptomen'. Gezinnen zoeken meestal hulp voor het vermeend verkeerd functioneren van een van de gezinsleden, bijvoorbeeld een kind met een schoolfobie, een verslaafde puber, of een depressieve partner. Het symptoom als kenschets van onderliggende pathogenese is reeds lang zowel door de dynamische op het individu georiënteerde Freudiaanse theorieën als door de gezinstherapie achterhaald. De pogingen een wetenschappelijke psychopathologie te ontwerpen waarmee gedrag, geestelijk functioneren of zelfs psychosomatische ziekten kunnen worden verklaard, ontbreekt het heden ten dage aan kracht en gegevens om op wetenschappelijke gronden oorzaak en gevolg aan te kunnen tonen. Diagnostische categorieën zoals narcisme, depressie, paranoia of schizofrenie kunnen niet worden gebruikt als objectieve medische gegevens, hoewel ze wél praktische waarde hebben. Net als psychotherapie zijn ze een hulpbron. De psychotherapie kan er eerder op bogen een wetenschap te zijn op grond van de definieerbaarheid en de consistentie van haar methoden tot het verstrekken van hulp, dan op grond van de alomvattende draagwijdte van haar diagnostische categorieën.

Individuatie en differentiatie

Alle therapeutische taxaties houden zich tot op zekere hoogte bezig met individuatie en differentiatie. Hoe deze worden aangepakt, hangt af van de kernbegrippen die zowel betrekking hebben op individuele therapie als op gezinstherapie. Identiteit bijvoorbeeld wordt soms bekeken in cognitieve zin: het kennen van de eigen grenzen. Dan weer wordt identiteit beschreven in een dynamische, structurele betekenis: men verwijst dan naar het coherente of gefragmenteerde ik van een persoon. Differentiatie heeft ook te maken met identiteit. Volgens Freud gaf de vorming van de identiteit aan, dat de persoon te voorschijn kwam uit een primaire versmelting. In de taal van de klassieke gezinstherapie kan dit ook worden gezien als een voortdurende worsteling in relaties die worden gekenmerkt door symbiose, verstrengeling, pseudowederkerigheid of een ongedifferentieerde egomassa.

De contextuele benadering beschouwt zelfvalidatie, die ontstaat door in relaties persoonlijke verantwoordelijkheid op zich te nemen, als het belangrijkste kenmerk van individuatie en differentiatie. Dat wil zeggen dat de beste manier om een basis te leggen voor een veilig functionerende relatie, is: op een billijke manier rekening houden met anderen die veel betekenen voor de relatie, en met zichzelf. Contextueel therapeuten helpen mensen te onderzoeken welke keuzemogelijkheden ieder familielid heeft in het verwerven van gerechtigde aanspraak of het verkrijgen van eigenwaarde. Zo sluit de therapeut goed aan bij ieders individuatie en differentiatie. Het is altijd noodzakelijk de keuzemogelijkheden van individu en familie, in samenhang met verschuldigd zijn en gerechtigde aanspraak, zo zorgvuldig mogelijk af te wegen. Of de therapeut in staat is zo'n afweging in gang te zetten, hangt af van de mate waarin hij vastberaden, maar flexibel duidelijk kan maken dat hij van de cliënten verwacht dat zij het risico aandurven deze uitdaging aan te nemen.

> Neem bijvoorbeeld de psycholoog die emotioneel zó was uitgeput dat zelfdoding een redelijke en consequente keuzemogelijkheid leek. Hij was een schrander man en bovendien zijn eigen dokter. Hij presenteerde zichzelf als een 'afgerond product'; dat wil zeggen: als iemand die zijn eigen persoonlijke en professionele identiteit met veel toewijding en grote inspanning had gesmeed. Hij gaf nadrukkelijk als probleem op dat hij moeilijkheden in zijn huwelijk had. Zijn vrouw vroeg meer ruimte voor zichzelf en hij voelde zich bedreigd en in de steek gelaten door haar geslaagde pogingen autonoom te worden.
>
> Zijn vrouw was volgens hem zijn redding geweest, zelfs zijn verlosser, want ze had hem daadwerkelijk 'gered' van zijn gezin van herkomst. Zij was alles wat zijn ouders niet waren: vriendelijk, begrijpend, verdraagzaam, medelevend; ze hield van hem en ze gaf hem erkenning. Zelfs zijn ouders beschouwden haar als een heilige. Het leven had voor hem geen betekenis meer als hij door zijn vrouw – vanwege haar groei in persoonlijkheid en in beroep – alleen in de wereld zou komen te staan, weer even geïsoleerd als hij was toen zij elkaar voor het eerst ontmoetten.

Voor de taxatie van de situatie moest de therapeut een onderscheid maken tussen echtelijke kwesties en kwesties die het gezin van herkomst betreffen. Er moest duidelijk aandacht worden besteed aan de wanhoop van de cliënt en de bronnen en consequenties ervan. Zijn teleurstelling over het feit dat zijn vrouw behoefte had de voorwaarden van het huwelijkscontract op zichzelf te veranderen, is een legitieme zorg in zijn leven en een geschikt richtpunt voor de therapie. Vanuit een contextueel gezichtspunt echter was de belangrijkste therapeutische taak voor deze man, iets te doen met de reeds lang niet vereffende rekeningen ten aanzien van zijn gezin van herkomst.

In latere zittingen werd duidelijk dat het huwelijk ook door de niet afgewerkte zaken van de vrouw in haar eigen gezin van herkomst in problemen werd gebracht. Haar echtgenoot en haar schoonfamilie waardeerden haar als vredestichter, een karaktereigenschap die haar zo van hen 'onderscheidde'. In haar eigen context werd haar door de verplichting de vredestichter te zijn de kans ontnomen om naar haar eigen gerechtigde aanspraak op behoeften en eisen te handelen. De vrede bewaren was een taak die ze al vroeg in haar jeugd had toegewezen gekregen – tot grote schade van haarzelf. Ze was nog steeds onzichtbaar loyaal ten opzichte van haar eigen gezin van herkomst, en dat was een aanwijzing van relationele stagnatie en ethische ontworteling, die haar de weg naar individuatie versperden.

Samengevat: de therapeut staat zeker open voor en is flexibel tegenover de legitieme behoeften van dit echtpaar weer evenwicht te brengen in de gerechtigde aanspraken en schulden, die zich in achttien jaren huwelijk hadden opgestapeld. Maar de therapeut is ook verplicht duidelijk te maken: 1. wat de wortels van het dilemma van het echtpaar zijn; 2. dat ze het slachtoffer zijn van elkaars roulerende rekening; 3. dat zij de meeste kans hebben de stagnatie in hun huwelijk op te heffen door te werken aan het verkrijgen van evenwicht tussen zichzelf en hun wortels en 4. dat ze keuzemogelijkheden hebben waarmee ze meer gerechtigde aanspraak op individuatie kunnen verwerven. Het doel 'zelfafbakening' dat verankerd is in de psychologie (dimensie II), moet worden aangevuld met effectieve pogingen tot zelfvalidatie voor ieder mens (dimensie IV).

Een aspect van individuatie valt onder de rubriek *psychische ontwikkeling*, een procesmatig begrip. De persoonlijkheidsvorming ontwikkelt zich in opeenvolgende fasen die gaan van de laatste stadia van een menselijk embryo tot zijn of haar dood. Zowel in theoretische begrippenkaders als in observaties van jong leven (zowel van mens als van dier) wordt onderschreven dat er een innerlijke dienstregeling van psychische neigingen bestaat, die in de dierenethologie 'kritieke fasen' wordt genoemd. 'Overgang' van het ene stadium naar het andere vindt plaats wanneer deze kritieke fasen samenkomen, gecombineerd met de inbreng van een geschikte omgeving; bijvoorbeeld: vroegtijdige inprenting.

De theorie van Erik Erikson over psychosociale ontwikkeling *(1959)* is een van de belangrijkste psychodynamische ontwikkelingstheorieën. Voor Erikson is er een wezenlijk verband tussen de basis van de persoonlijkheidsvorming en het ontstaan van fundamenteel vertrouwen. Hierbij kan een levensdilemma ontstaan dat zowel betrekking heeft op de bereidheid van het kind om betrouwbare verzorging van de ouders te ontvangen als op de vraag of de omgeving van de volwassenen kan voldoen aan de behoeften van het kind. Bovendien vooronderstellen alle latere ontwikkelingsstadia dat fundamenteel vertrouwen al eerder tot ontwikkeling is gekomen. In relaties tussen volwassenen wordt iemands vermogen tot vertrouwen of wantrouwen steeds opnieuw getoetst. De moed vertrouwen in de waagschaal te leggen is een eerste vereiste voor het doen groeien van toewijding en betrokkenheid. Omgekeerd geldt dat een duidelijk gebrek aan moed om vertrouwen in de waagschaal te leggen een kenmerk is van paranoïde, wantrouwende mensen en van een leeg, ontworteld en eenzaam leven.

Subtiele vormen van wantrouwen dringen door in symmetrische relaties, ook in het huwelijk. Voortdurend wantrouwen in een huwelijk veroorzaakt dikwijls onheilspellende consequenties voor de volgende generaties; consequenties die meestal in verband staan met de hachelijke omstandigheden van gespleten loyaliteit. Een onvoldoende basis voor het omgaan met fundamenteel vertrouwen en wantrouwen leidt tot een onoverzienbare hoeveelheid letsel en onrechtvaardigheid tussen mensen onderling en tussen generaties. Het leidt duidelijk ook tot relationele stagnatie. Het leidt eveneens tot een ongekende verscheidenheid aan ontwikkelingsstoornissen, omdat volgens Erikson bij een kind het al dan niet beheersen van de fase van fundamenteel vertrouwen en wantrouwen alle latere fasen van zijn psychosociale ontwikkeling beïnvloedt.

De consequenties van een onvoldoende vertrouwensbasis in een mens zijn al snel te onderkennen in een aantal latere functiestoornissen. Een voorbeeld hiervan is regressie: een pathologische en leeftijdsinadequate terugkeer tot een vroeger ontwikkelingsniveau. Een psychotische volwassene kan bijvoorbeeld eisen dat zijn ouders hem als een baby behandelen; dat wil zeggen: dat ze hem letterlijk voeren en aankleden. Het kan zijn dat in zo'n geval, evenals in andere ernstige gevallen van regressie, opname van de persoon in kwestie nodig is voor het welzijn van alle betrokkenen. Gewoonlijk boeken mensen echter meer vooruitgang in hun voortdurende worsteling om te groeien als ze in contact blijven met hun familie.

De mate van psychotische regressie is niet noodzakelijkerwijs recht evenredig aan een slechte prognose. In onze ervaring blijven mensen die regressie tonen, innerlijk ontvankelijk voor een eerlijke en betrouwbare inbreng door voor hen belangrijke verwanten en verzorgers. Als er een taal bestaat die kan doordringen tot de 'gekkenpraat' van een psychoot, dan is het de betrouwbare taal van relationele billijkheid en toewijding – ongeacht of deze taal een onmiddellijke reactie van waardering uitlokt. Het wantrouwen van de psychotische mens is diepgeworteld, houdt lang stand en legt een speciale last op de schouders van zijn verzorgers. Therapeuten zijn verplicht te vermijden misbruik te maken van dat wantrouwen: hetzij door een duidelijk symptoom het zwijgen op te leggen, hetzij door een transactiepatroon dat ogenschijnlijk gezien een teken van 'goede aanpassing' is, te manipuleren.

Een vermogen tot het loslaten van relaties en tot kracht putten uit dat proces is een bijkomend facet van het ontwikkelingsstandpunt. Groei als zodanig vereist aanvaarding van een voortdurend verlies van vroegere vormen van met elkaar omgaan. Groei vereist ook van mensen dat zij zich nieuwe manieren van omgaan met dezelfde partner of met anderen durven aanmeten. Mensen worstelen er hun leven lang mee dat zij radicaal veranderende wijzen van omgaan moeten tolereren, te beginnen bij het kind dat het traumatisch verlies van de borstvoeding verwerkt en een nieuw patroon van omgaan met zijn moeder moet aanvaarden.
Het rouwbegeleidingswerk benadrukt in zijn uitgangspunt dat ieder mens verlies onder ogen moet zien en het vermogen moet ontwikkelen oude relatiepatronen om te vormen tot nieuwe. Het onvermogen te rouwen of zich los te maken van verloren relaties is typisch een kenmerk van relationele stagnatie. Rouwbegeleidingswerk verbindt de innerlijke rationele wereld van een mens met de intermenselijke wereld. Therapeutische vooruitgang is sterk afhankelijk van ieders vermogen zijn verlies te 'verwerken'. In dit opzicht lijkt het op rouwbegeleidingswerk.

Een object-relatie visie

De object-relatie visie op persoonlijkheid, vooral de formulering van Ronald Fairbairn *(1952)*, was een belangrijke bijdrage aan de psychotherapie vanuit de psychoanalytische school. Volgens Fairbairn begint de relationele structuur van de geest niet op het tijdstip dat deze de structuur van de ouders internaliseert in de vorm van het ego en het superego. De geest is eerder vanaf zijn ontstaan in wezen relationeel gericht. Anders gezegd: een innerlijk Zelf of 'ego' is intrinsiek gekoppeld aan een innerlijke partner of 'object'. In deze constructie is het pijnlijk voor een mens te investeren in de slechte aspecten van zijn of haar innerlijke partner. Dus richt het Zelf zich op een geïdealiseerde, goede innerlijke ander en creëert op die manier een evenwicht. Bovendien projecteert het Zelf gewoonlijk de slechte kenmerken van de innerlijke partner op een nietsvermoedende externe partner.
Ongelukkigerwijs is de mens met wie men een belangrijke liefdesrelatie heeft, het meest waarschijnlijke doelwit voor 'projectieve identificatie', hetgeen natuurlijk een manier is om van een partner gebruik te maken. Projectieve identificatie is een eenzijdige uitbuiting, tenzij beide partners zich hiervan wederzijds bedienen. Er is sprake van uitbuiting wanneer men met een ander omgaat alsof deze alleen maar een belichaming is van iemands innerlijke partner. Want het lukt ons door zo te handelen niet, een echte dialoog aan te gaan met een menselijk wezen als geheel. In de bewoordingen van Buber *(1958)* wordt, indien wij op deze manier gebruik maken van mensen, de kwaliteit van de menselijke verbondenheid verminderd, wordt een relatie op een Ik-het basis geplaatst en wordt de mogelijkheid van een Ik-Gij uitwisseling uitgeschakeld.

Projectieve identificatie kan gedeeltelijk worden geassocieerd met het contextuele begrip 'parentificatie'. Veel ouders ontdekken dat zelfs hun twee of drie jaar oude kind een verantwoordelijke verzorger kan worden. Heel vaak kan het zijn dat het vermogen van het jonge kind om zo'n rol te vervullen recht evenredig is aan het gebrek aan verantwoordelijkheid bij de ouder. In ieder geval kan parentificatie een vorm van uitbuiting en behoefte aan afhankelijkheid zijn. Het kan een zelfzuchtig gebruik van een relatie zijn, waarin ik een 'ouder' schep die mij zal ontlasten van de zware opdracht, het werk van rouwen over verloren relaties te voltooien. In zo'n situatie kan ik attitudes van chronische afhankelijkheid blijven projecteren op een ouderfiguur of wraakgevoelens op hem blijven ventileren. Tegelijkertijd kan ik het feit omzeilen dat de last van deze gevoelens en attitudes oorspronkelijk was bestemd voor mijn overleden of anderszins 'verloren' moeder en vader.

Parentificatie is niet altijd een destructief proces. Op een gegeven ogenblik klampen ouders zich vast aan hun kind of leunen emotioneel en zelfs lichamelijk op hem of haar. Kinderen kunnen baat hebben bij deze momenten in termen van het opbouwen van betrouwbaarheid en eigenwaarde. Toch is er een gebied van onterechte winst, psychologisch en transactioneel, die komt van: 1. zich bezitterig vasthouden aan een kind, en 2. eenzijdig voordeel putten uit het kind. Destructieve parentificatie treedt in werking wanneer steun en respect van de ouder voor de persoonlijkheidsgroei van het kind worden vertroebeld door doelen die in wezen bezitterig en baatzuchtig zijn. Dit soort parentificatie hoeft niet noodzakelijk de vorm aan te nemen van een kind dat zich in transacties volwassen en efficiënt 'als een ouder' gedraagt *(Minuchin, 1974).* Integendeel: de ergste blijken van destructieve parentificatie kunnen zijn belichaamd in een kind dat verlamd is door onvermogen, bijvoorbeeld psychose, delinquentie of verslaving. Door de verstarring van hun kind kunnen de ouders worden afgeschermd van de noodzaak ooit te moeten rouwen om het verlies van hun bezit.

Een volledige taxatie van de mate van destructiviteit in parentificatie omvat een evaluatie van het vermogen van de parentificerende ouder om op den duur erkenning te geven voor de feitelijke beschikbaarheid van het kind. Een subtiele, maar doordringende vorm van parentificatie is de destructieve idealisering van een kind of volwassene. Aan de geïdealiseerde persoon wordt een bovenmenselijke mate van perfectie en betrouwbaarheid toegedicht. Dit 'gebruik' maken van een ander zet mensen ertoe een uiterlijke vorm te zoeken voor de innerlijke behoefte aan een goede ouder. Gewoonlijk is destructieve idealisering de eerste fase van destructieve parentificatie. De geïdealiseerde persoon schiet onvermijdelijk te kort in de perfectionistische verwachtingen en wordt daarmee een vermeende verrader en een doelwit voor 'zelf-op-de-hals-gehaalde' verwijten.

Men moet voor ogen houden dat er een aantal elementen samengaat in de soort verschuiving die hier ter discussie staat. De ondoordachte projectie van innerlijke partners op andere partners is geworteld in zowel de psychologische, de transactionele als de ethische dimensie. Een mens die bijvoorbeeld in zijn jeugd is uitgebuit, heeft waarschijnlijk ook destructief gerechtigde aanspraak verworven. Destructief gerechtigde aanspraak kan iets toevoegen aan de op lust gebaseerde motivatie van psychologische regressie, en kan ertoe dienen de pijn te vermijden die voortkomt uit het werken aan rouw, nodig om ongeschikte relatiepatronen op te heffen. Hetzelfde is van toepassing op familieleden die – bewust of onbewust – heimelijk overeenkomen iets te vermijden en die zo op een transactionele manier regressieve psychologische patronen versterken. Een relatie kan ieders individuatie en groei vertragen en toch gaande worden gehouden, omdat de behoefteconfiguraties van de partners die samen iets heimelijk overeenkomen, passen in een patroon van wederzijdse complementatie.

Affect als een contextuele indicator

In de psychologische theorie worden psychische gebeurtenissen, zoals affecten, beschouwd als zeer belangrijke determinanten van menselijk gedrag. In de contextuele theorie worden gevoelens, stemmingen, emotionele toestand, bevrediging, frustratie, verdriet, geluk en vervoering en andere affecten hoofdzakelijk beschouwd als indicatoren van fundamentele relationele onevenwichtigheid. Eenvoudig gesteld: een voortdurend affect is waarschijnlijk een legitieme indicator van de billijkheid of onbillijkheid waarmee gedurende een bepaalde periode verdienste en schuld, baten en lasten in een bepaalde relationele context worden verdeeld. Iemand die, hoewel uitgebuit, gerechtigd is, is waarschijnlijk boos; een mens die in de schuld staat, voelt zich, hoewel ethisch niet betrokken, waarschijnlijk schuldig. Affect kan psychologisch gezien worden afgeleid van de persoonlijkheidsontwikkeling en van de erbij behorende fluctuaties van bevrediging in een mens. Maar het kan de balansen van verdienste tussen mensen in de ethische dimensie ruwweg aanwijzen.

De psychologische werkelijkheid kan subtiel worden onderscheiden van de existentiële werkelijkheid. Een depressief mens kan bijvoorbeeld weinig gevoel van gerechtigd zijn en zelfwaarde hebben. Deze gevoelens kunnen bij hem bestaan, ongeacht of die mens feitelijk en relationeel bij anderen in de schuld staat. Met andere woorden: een mens die feitelijk veel verdienste heeft verworven, kan desondanks zodanig worden gemanipuleerd dat hij zich schuldig voelt. Veel mensen zijn bijvoorbeeld zo geconditioneerd, dat zij zich bij elke vorm van seksuele bevrediging schuldig voelen – ongeacht hun mate van gerechtigd zijn. Psychologische schuld schijnt veelvuldig voor te komen om zowel onzinnige als geldige redenen. Desondanks moet men in contextueel werk psychologische schuld niet verwarren met existentiële schuld die ontstaat wanneer de rechtvaardigheid van de menselijke orde afgebroken en beschadigd wordt *(Buber, 1948/1957)*. Existentiële schuld kan daarentegen wel bestaan zonder dat er psychologische schuld bij optreedt. Ongeacht de nevenschikking van affect en gerechtigde aanspraak zullen contextueel therapeuten de gelegenheid te baat nemen om vast te stellen op welke manier een depressief mens zichzelf heeft afgesneden van mogelijkheden om verdienste te verwerven.

Een mens die een ongeremd manisch (of hypomanisch) affect toont, kan in hoge mate verdiende gerechtigde aanspraak hebben verworven. Of: gebaseerd op slachtoffering in zijn jeugd, kan hij psychologisch gezien ondervinden dat op ethische gronden zijn gevoel van gerechtigd zijn geen geldingskracht heeft, waardoor zijn behoefte rekening te houden met de voorwaarden van anderen vermindert. Door zijn verwrongen gevoelens van gerechtigde aanspraak kan een mens ongevoelig worden voor de schade die hij onschuldige derden in huidige relaties aandoet. Zijn ongevoeligheid kan een gevolg zijn van gerechtigd zijn tot destructiviteit, verkregen door letsel en slachtoffering in het verleden. Wanneer men te maken heeft met toegenomen affect is het altijd geïndiceerd nauwkeurig te kijken naar de roulerende rekening *(Boszormenyi-Nagy & Spark, 1973/1984)*. Samengevat: het affect van iemand kan ruwweg aangeven in hoeverre de billijkheid in een bepaalde relatie al dan niet in evenwicht is. *Ipso facto* kan affect echter niet dienen als de enige maatstaf voor verworven gerechtigde aanspraak. Om een volledige taxatie van de balans van gerechtigde aanspraak en verschuldigd zijn te verkrijgen, moet er rekening worden gehouden met de voorwaarden en de gerechtigde aanspraak van de partners. Want de waarheid achter een relatie – hoe moeilijk ook – is, dat iemands baatzuchtige attitudes van altruïsme of vrijgevigheid niet noodzakelijk hoeven overeen te stemmen met de rechten en behoeften van een ander, hoe geliefd die persoon ook is of hoe na hij de ander ook staat. Daar komt nog bij dat de criteria voor gepaste zorg van de één moeten worden getoetst, ook als ze opvallend veel blijken overeen te komen met de verwachtingen en voorwaarden van de ander. Verworven verdienste kan niet worden gescheiden van haar context van veelzijdige werkelijkheid, noch kan zij worden verworven buiten aanspraken en wederaanspraken van een dialoog.

Relationele verdienste is geen bezit, het is een doelgerichte entiteit. Het is een doel of richting waarnaar we kunnen streven door het bieden van gepaste zorg aan een belangrijke partner. Verdienste kan worden verworven ongeacht de mate waarin de ene mens op een bepaald moment gerechtigd is ten opzichte van of in de schuld staat bij de ander. Een contextuele afweging helpt mensen *al* hun toekomstige keuzemogelijkheden te onderzoeken voor het verwerven van gerechtigde aanspraak in een relationele context, die tot dan toe stagneerde. Een therapeut werkt dit proces tegen wanneer hij zich ertoe laat verleiden een oordeel te vellen over wie van de familieleden zich het meest of het minst verdienstelijk heeft gemaakt.

Volgroeide sterkte

Volwassenheid staat, vanuit een individueel standpunt gezien, gelijk aan het vermogen van een mens te functioneren met een minimum aan intrapsychische strijd. De beperking van deze definitie ligt in het feit dat hiermee de kracht die voortkomt uit een relatie tussen mensen niet wordt meegewogen. Als een volwassene zich bijvoorbeeld toegankelijker opstelt, loopt dan zijn volwassenheid gevaar om door het narcisme van zijn partner of door diens effectieve manipulaties onderuit te worden gehaald? Op welke manier convergeren en correleren volwassenheid en machtsvoordelen? In hechte relaties moet het rekening houden met verdienste op lange termijn een tegenwicht vormen voor de korte-termijn machtsvoordelen die de één ten koste van de ander heeft. Het is altijd weer een zware inspanning om voor zichzelf eenzijdig gericht eigenbelang in evenwicht te brengen met de ethische (verdienste) en psychologische consequenties op lange termijn. Hetzelfde geldt voor het evenwicht tussen op eigenbelang gerichte manipulaties, en de verantwoordelijkheid die de voortplanting met zich meebrengt: een betrouwbaar ouder te zijn. Bijvoorbeeld:

> Larry, getrouwd, had een vriendin en besloot bij zijn vrouw weg te gaan. Een aantal jaren woonde hij elders en nam alleen contact op met zijn kinderen als het hem zelf goed uitkwam. Financieel had hij het goed en hij leefde vrijwel uitsluitend op zijn eigen voorwaarden, gedeeltelijk als gevolg van zijn destructief gerechtigde aanspraak. Uiteindelijk ging hij naar 'huis' terug toen het erop leek dat zijn verhouding zou stuklopen. Hij merkte dat de vroegere onenigheden tussen hem en zijn vrouw groter waren geworden en hij besloot echtscheiding aan te vragen. Zijn plan om nu voorgoed weg te gaan, werd verstoord toen zijn zoon van twaalf zich op school begon te 'misdragen'. Leraren meldden dat hij zich plotseling ruw gedroeg en dat zijn gedrag ook verder te wensen overliet. In dezelfde tijd maakte de jongen een tekening van een bedroefde en bange jongen, die zei: 'Mamma, Pappa, help me!' 'Dat veranderde alles,' zei Larry. 'Ik heb mijn eigen ellendige legaat doorgegeven aan mijn zoon, en dat was het laatste wat ik had willen doen.'

De machtsmanipulaties en het eenzijdig eigenbelang van Larry hadden lange tijd gunstig voor hem gewerkt. Uiteindelijk hadden ze echter consequenties voor zijn eigen leven en context. Ze vergrootten zijn schuld en tastten zijn diepgevoelde, op een legaat gebaseerde verplichting aan die hij zichzelf had opgelegd: zijn kinderen een 'beter leven' bieden dan hij zelf had gehad.
Het teloorgaan van gerechtigde aanspraak; dat wil zeggen: de consequentie van het zich verlaten op ontketende machtsaspiraties, kan zich op verschillende manieren voordoen. Daar vallen onder meer onder: een verminderde vrijheid tot genieten van de creatieve en plezierige aspecten van het leven en tevens: gebrek aan slaap en eetlust en psychosomatische ziekte. In het geval van Larry, maar ook in andere therapeutische situaties, zal een contextueel werker ieder gezinslid helpen keuzemogelijkheden te ontwikkelen voor het verwerven van gerechtigde aan-

spraak. De effectieve manipulaties en het eigenbelang van Larry leidden een eigen leven, maar dan wel zó, dat de consequenties uiteindelijk voor hem een drijfveer vormden teneinde hun uitwerking op de volgende generatie opnieuw te bezien. Contextueel therapeuten zijn er – hier en in al hun andere werk – weinig op gericht de partners te helpen hun transactionele winst, gebaseerd op macht, voor ieder even groot te laten zijn. Hun aandacht bij het helpen van Larry en zijn familie zal primair uitgaan naar het opbouwen van de fundamenten voor de billijkheid die ontstaat uit een waarachtige dialoog.

Individuen in dialoog

Wij bedoelen met het woord 'dialoog' een wederkerigheid in betrokkenheid in plaats van een woordelijke gedachtenwisseling. Bovendien is in onze visie een volwassen dialoog de belangrijkste hulpbron in relaties. Een wederkerigheid in betrokkenheid op verantwoordelijke zorg omvat zowel communicatie als actie en is kenmerkend voor intergenerationele uitwisseling tussen mensen die elkaar belangrijke bijdragen leveren. Het is nu eenmaal een feit dat de leden van elke nieuwe generatie verantwoordelijke zorg *moeten* ontvangen van leden van voorgaande generaties. De betrokkenheid om zorg te geven aan de volgende generatie is eerder een voorwaartse beweging dan een terugkoppeling. Net als dieren die verantwoordelijk zijn voor het voeden en beschermen van hun jongen, gaan mensen een gezonde dialoog aan in verband met de toekomst van hun nazaten. Bijvoorbeeld: onze huidige zorg (of gebrek eraan) voor schone lucht en goede kwaliteit van het water voor het nageslacht is in wezen een dialoog met het recht op leven van onze kinderen.

Een contextuele taxatie van de hulpbronnen in een familie omvat zowel de fase van zelfafbakening als de fase van zelfvalidatie van het proces van dialoog. De fase van zelfafbakening is voornamelijk psychologisch van aard. Iemand steunt op anderen. Terwijl hij dit doet, krijgt hij de kans zichzelf te toetsen met de anderen als referentiepunt. Een eenzame vader besluit bijvoorbeeld zijn zoon te bellen. Zijn zoon kan ongeduldig of afwijzend op zijn telefoontje reageren. Toch behoudt de vader de kans om met iemand die voor hem een bron van betekenis is contact te hebben. Maar het telefoontje naar zijn zoon kan ook zelfvaliderend werken. Misschien is de zoon ook eenzaam en doet het hem goed zijn vaders stem te horen. Het vooruitzicht op gevarieerde en wederkerige baten is een ingebouwd kenmerk van relaties en maakt deze tot een natuurlijk strijdperk voor het verkrijgen van persoonlijke (centripetale) winst voor iedere partner. Assertief kunnen zijn, het vermogen voor zichzelf op te kunnen komen of om seksuele angsten te kunnen overwinnen zijn voorbeelden van baten voor het eigenbelang die uit een relatie kunnen worden geput.

Wanneer iemand minder steunt op zijn innerlijke relationele patronen, is dat ook een manier van geven van zorg (centrifugaal) aan zijn of haar partner. De in zichzelf gekeerde psychoot die afhankelijk is van de 'aanwezigheid' van hallucinatoire of ingebeelde partners is een extreem voorbeeld van innerlijke steun die de persoon alleen voor zichzelf houdt. In dit soort situaties praten mensen soms op een warme, welwillende toon over de 'stemmen' in hun leven *(Hollender & Boszormenyi-Nagy, 1958)*. Ze doen net alsof ze het hebben over betrouwbare metgezellen die verandering hebben gebracht in hun toestand van volkomen eenzaamheid. Intermediaire, innerlijke en externe verwantschap zijn alle te zien in projectieve identificatie *(Klein, 1948; Fairbairn, 1952)*. Hierbij wordt de 'ander' met kracht omgevormd tot een meestal dubieuze, negatieve afbeelding van de verinnerlijkte relationele partner. Degene die – gedwongen – het doelwit van de projectieve identificatie is geworden, vindt het meestal moeilijk in te zien wat voor baat de wanhopige projecteerder heeft bij deze gevaarlijke gang van zaken. Het feit blijft dat twee 'bestaande' partijen die hun waarnemingen van de relatie bij elkaar toetsen, de consequenties van eenzijdige uitbuiting kunnen verminderen. Uitbuiting wijkt meestal voor billijkheid wanneer de partners het risico durven nemen hun eigen behoeften en aanspraken duidelijk te maken. Mensen vergroten hun eigen winst wanneer ze ruimte kunnen maken voor de echte behoeften, belangen en gerechtigde aanspraak van hun partners. Ruimte maken voor de behoeften van anderen en tegelijkertijd gehoor geven aan eigen behoeften, zijn de eerste aanwijzingen voor constructieve gerechtigdheid en volwassenheid. Omgekeerd geldt dat een voortdurend onvermogen om te luisteren naar de behoeften van anderen kenmerkend is voor psychologische onvolwassenheid zowel als voor destructief gerechtigde aanspraak.

Dimensie III: systeempatronen van transacties en macht

Evenals de dimensie van de psychologie van de werkelijkheid is de transactionele en communicatieve dimensie van de werkelijkheid een belangrijke component in een contextuele taxatie. Hierbij is het nuttig gebruik te maken van de traditionele beschrijvingen van de klassieke (systeem)gezinstherapie. Begrippen zoals patronen of structuren van manifest gedrag, rolverdeling, subsysteem, machtsverbintenissen, generatiegrenzen, driehoeksvorming, verstrengeling, huwelijkse onenigheden, pseudowederkerigheid, breuken, en communicatie met behulp van dubbele binding vallen alle onder dimensie III. Deze dimensie van menselijke verhoudingen is goed te constateren in de vorm van feedback.
Gedrag dat gekoppeld is aan het gezin van herkomst legt een verband tussen de gedragspatronen van de ene mens met die van de andere. De motivaties en doelen van verwanten botsen op den duur met elkaar of convergeren. Gedurende dat proces wedijveren mensen met elkaar en gaan ze een verbond aan om hun eigen doelen te versterken of te consolideren. De patronen van hiërarchie, competitie en verbond kunnen in termen van macht worden bezien. Macht kan bijvoorbeeld worden gedefinieerd als een poging tot overleving of als een doelbe-

wuste wedijver. Natuurlijk maken machtsdynamieken deel uit van de poging tot overleving van de mens. Maar een visie op therapie die psychologische alsook ethische determinanten van menselijk gedrag buiten beschouwing laat, doet aan schaalverkleining, en is kortzichtig en gevaarlijk.
Macht is natuurlijk in alle systemen van het leven diffuus; en fluctuaties ervan veroorzaken steeds opnieuw een winnaar en een slachtoffer. Het proces van slachtoffering of slachtoffer worden is van belang voor de mensen die erbij betrokken zijn. Misschien zou men meer belang moeten hechten aan de consequenties van het slachtofferingsproces voor het nageslacht. De hieronderstaande gevalsbeschrijving gaat over de consequenties van de keuze van een vrouw om een tweede huwelijk aan te gaan, kort na het plotselinge en voortijdige overlijden van haar eerste echtgenoot.

> Een vrouw verliest haar echtgenoot als hij 39 jaar oud is, en trouwt met een vriend van de familie. Al gauw is ze teleurgesteld en zelfs beschaamd over de manier waarop hij op haar kinderen reageert. Hij is streng, afstandelijk en bezitterig ten opzichte van haar als de kinderen in de buurt zijn. Ze past zich aan in het huwelijk omdat ze geen andere keuze ziet. Ze raakte ernstig getraumatiseerd door de omstandigheden en de consequenties van het overlijden van haar eerste echtgenoot – gebeurtenissen die haar ervan hebben overtuigd dat het leven onbetrouwbaar is. Ze was ook bang voor de eenzaamheid op de lange duur. De destructieve eisen van haar tweede echtgenoot en haar meegaandheid maakten haar zeker tot slachtoffer, maar hadden ook enorme consequenties voor haar kinderen. Woede, depressie en wrok hebben hun leven met elkaar gekenmerkt en fundamentele vragen bleven onbeantwoord: was hun moeder een heilige? Zo ja, hoe konden ze zich dan ooit aan haar meten? Of was ze gewoon een optelling van ieders verwachtingen zonder zelf een kern te hebben? Zo ja, konden haar kinderen dan ooit gerechtigde aanspraak maken op een eigen persoonlijkheid?

Hier waren machtspatronen als een dynamische kracht van grote betekenis voor iedere betrokkene. Maar de relatie als geheel kan niet worden weggeredeneerd als een machtsstrijd of als een kracht van een zichzelf handhavend feedback-systeem. Een menselijke worsteling zo reduceren en de existentiële perspectieven van ieder zich inspannend en voelend individu negeren, staat gelijk aan het bagatelliseren van het leven. Dit reduceren is te vergelijken met het beschrijven van het verkeerspatroon van een stad als een zichzelf onderhoudende dynamiek in plaats van als een samenstel van auto's, bussen en vrachtwagens, bestuurd door mensen die in hun bestaan willen voorzien door naar hun werk te gaan.
In onze visie zijn op macht gebaseerde transactiepatronen gewoonlijk slechts determinanten van korte-termijngedrag – zelfs wanneer ze reguleringsmechanismen lijken te zijn. De complementaire aspecten van té afhankelijk en té onafhanke-

lijk gedrag versterken elkaar bijvoorbeeld dikwijls in het vormen van een patroon van afhankelijk met elkaar omgaan. Dan nog kan een transactiepatroon niet alleen verantwoordelijk zijn voor de fundamentele determinanten van het gedrag van twee mensen. De fundamentele determinanten van menselijk gedrag komen voort uit een mengsel van persoonlijke doelen, motieven en vermogens. Sommige van deze factoren echter zijn verankerd in complexe balansen van billijkheid in relaties.

Hechte relaties kunnen niet overleven of groeien door machtsdynamieken alleen. Hechte relaties kunnen ook niet uitsluitend op grond van competitie worden gemeten. Het familieleven is niet analoog aan de op macht gebaseerde aspiraties van de handelsmarkt of van de nationale en internationale politiek en het beurssysteem. Waar is ruimte voor emotionele steun, vrijgevigheid, verzorging, liefde en dankbaarheid als de regels van zakelijk gedrag de familie binnendringen en overheersen? Macht en wedijver bestaan in families, maar er is geen toekomst voor ouder en kind als die twee zaken de enige grondvesten voor zorg zijn. Verzorging van de kinderen vereist altijd een investering van verantwoordelijkheid en zorg van de kant van de volwassen vader of moeder.

De ouder-kindrelatie kan geen stand houden als de essentie ervan wordt weggeredeneerd aan de hand van goed klinkende, op macht gebaseerde formuleringen. Zelfs de man-vrouwrelatie vereist dat er voor zorg een grote plaats wordt ingeruimd, ondanks de mate waarin de relatie wordt gevormd door emotionele behoeften en op macht gebaseerde transacties. Naast het bestaan van de relatie van het echtpaar is er ook nog de intrinsieke verantwoordelijkheid voor bestaande of toekomstige kinderen.

Contextueel therapeuten leren dus om voorbij de machtsdynamieken in een familie te kijken. Zij leren ook hun neiging te beheersen met cliënten een gevecht om de macht aan te gaan. De weerstand van een familie tegen therapie is meestal heimelijk en geeft de grenzen aan van de therapeut, de familieleden of van beiden. Deze heimelijkheid kan een tijdlang de stappen van de therapeut effectief blokkeren. In werkelijkheid kan een therapeut niet 'verslagen' worden, tenzij hij zichzelf de rol van magiër toebedeelt die wordt verondersteld wonderen te verrichten. Geheimzinnigheid is – net als magie – geen bron van kracht voor een therapeut. Het is natuurlijk jammer als een cliënt de boeken van zijn therapeute heeft gelezen en de therapeute tot de ontdekking moet komen dat haar strategieën niet langer werken *(Dell, 1981)*. Maar er is in feite geen enkele techniek, methode of strategie die kenmerkend is voor contextuele therapie – behalve dan het vermogen van de therapeut om zich te verlaten op de bereidheid van ieder familielid om zijn of haar kant van de relationele dialoog te omschrijven. De werkelijkheid die door veelzijdige zorg wordt ontbloot, verschaft een bron van therapeutische hefbomen, die qua resultaat de op macht gebaseerde manipulaties van familieleden en de therapeut – of zij nu wel of niet samenwerken – verre overtreft.

Het is hier niet onze bedoeling het gebied van de macht, dat bestaat in families en in andere hechte relaties, te ontkennen. Wij willen pleiten voor de mogelijkheid dat zelfs macht door ethische zorg kan worden ingeperkt. Familiekwesties betreffende rijkdom en geld liggen bijvoorbeeld ontegenzeggelijk verankerd in de dimensie van de macht. Met geld kunnen dingen en mensen worden gekocht; geld functioneert als een reële maatstaf voor de kracht tot overleven. Bovendien is het manipuleren van verwanten door middel van geld een belangrijk onderdeel van relaties, ook al wordt dit onderwerp vermeden. De volgende vragen illustreren het samengaan van macht en een relationele ethiek omtrent geldzaken: welke zijn de relationele criteria waarop ouder wordende ouders hun materiële rijkdom nalaten aan hun kinderen? Is het testament van de ouders een toegankelijk document voor hun kinderen en zo nee, waarom niet? Krijgen volwassen kinderen de kans te praten over het testament van hun ouders of kunnen zij advies geven waardoor de bepalingen ervan zouden kunnen veranderen?

Als het blikveld van een familie hoofdzakelijk is gericht op geldzaken, dan gaat dit altijd gepaard met een fundamentele verarming van het billijk geven-en-nemen tussen de familieleden. Neem nu het voorbeeld van een echtpaar en hun twee zonen van veertien en elf, die tijdens drie zittingen spraken over de spanningen in hun gezin.

> De opvliegende aard van de vader speelde een centrale rol in de familie-mythe 'waarom niemand in de familie met elkaar kan opschieten'. Na drie zittingen begon mevrouw E. uiteindelijk minachtend over haar schoonfamilie te praten. Mijnheer E. 'kromp' zichtbaar ineen bij haar opmerkingen, maar was het met haar eens dat zijn ouders en drie van zijn broers 'verliezers' en 'inhalig' waren, die 'nooit een vriendelijk woord of gebaar voor iemand hadden', vooral niet voor hem. Hij vertelde dat hij veel tijd en financiële steun had gegeven aan al zijn familieleden, maar dat het nooit genoeg was wat hij gaf. Hij had net zo lief geen contact meer met hen.
> Mijnheer E. werkt met zijn oudste broer in de 'familiezaak'. Hun vader is twee jaar geleden overleden. Daarna heeft zijn jongste broer geld weggenomen om zijn verslaving aan drugs te financieren en de oudste twee broers hebben hem onlangs ontslagen. 'We zouden hem hebben gehouden als hij bereid zou zijn geweest medische hulp te zoeken,' zei mijnheer E. 'In plaats daarvan is hij weer bij onze moeder gaan wonen.' Twee andere broers zijn beiden onlangs gescheiden en de rechten die hun vrouwen op de zaak doen gelden, hebben voor mijnheer E. nieuwe problemen geschapen. Bovendien heeft mevrouw E. hem het leven 'vrijwel onmogelijk' gemaakt door eropaan te dringen zijn hele familie iedere vakantie bij hen uit te nodigen. Ze zegt steeds: 'Het is goed voor de kinderen en bovendien wonen *mijn* ouders zo ver weg.' 'Ze weet van geen wijken,' klaagt hij bitter. 'Wat er ook gebeurt, het is altijd hetzelfde liedje.'
> Mijnheer E. doet niets aan zijn woede over het feit dat hij meer voor de zaak betaalt dan dat deze waard is. 'Wat doe je,' vraagt hij, 'als je grijze moeder,

die hier vlakbij in een buitenwijk woont, denkt dat het nu met haar is afgelopen? Wat doe je als je jongste broer haar laatste appeltje voor de dorst verduistert?'

Het is niet verbazingwekkend dat de veertienjarige zoon van mijnheer E. de geïdentificeerde patiënt is. Als een echo van zijn vaders onhoudbare positie, klaagt Charles erover dat hij altijd bij de 'verliezende' partij zit.

Net als zijn zoon is mijnheer E. het geparentificeerde kind in zijn gezin van herkomst. Net als Charles is hij volkomen hulpeloos doordat iedereen absoluut ontevreden is over zijn eigen leven en daardoor over het zijne. Maar het ergst van alles is de woede van mijnheer E. wat betreft zijn vader, die kort voor zijn dood zijn testament herschreef. 'Mijn vader probeerde vanuit zijn graf ons te regeren,' merkt mijnheer E. op, 'maar dat kwam ik pas elf maanden na zijn dood te weten.'

'Een van mijn broers en ik kregen formeel alles. De andere drie kregen helemaal niets. Natuurlijk heb ik hen daarvoor betaald; zij zijn allemaal wrokkig, ook al heeft ieder van hen door de jaren heen veel geld gekregen. Uiteindelijk ben ik met een compromis gekomen: ik heb een schatting gemaakt van de waarde van de zaak en dat bedrag door zes gedeeld. Maar niemand was tevreden. Erger nog: het compromis verhult de kwestie waar het écht om ging. Mijn vader heeft voordat hij stierf de kassa gelicht.'

Erfenissen hebben altijd consequenties voor de erfgenamen. In dit voorbeeld werden de relaties van op zijn minst drie generaties geschaad door een vrijwel geheel ontbreken van billijk rekening houden met specifieke belangen en behoeften door de echtgenoot en vader. Hier werd alle echte zorg voor de echtelijke en de ouder-kindrelaties door de familiezaak (en de destructief gerechtigde aanspraak van de vader) met voeten getreden. Bovendien veranderden de huwelijken van de kinderen door geldelijke overwegingen. In deze familie, zoals in zovele andere, werden alle aangetrouwden behandeld als minderwaardigen; hun status werd teruggebracht tot die van werknemer in de 'familiezaak'. De pogingen tot samenwerking die er nog zijn in de familie E. hebben duidelijk macht als belangrijkste uitgangspunt. Het netelige vraagstuk waarmee ze te maken krijgen, is welke transactieconfiguraties er worden doorgegeven aan de volgende generatie.

Hoe kunnen therapeuten echtparen helpen billijker en daardoor effectievere patronen van samenwerking voor zichzelf en hun kinderen te ontwikkelen? Kan therapie invloed uitoefenen op het *teamwork* waarop kinderen leren steunen? Ondanks hun goede bedoelingen zijn mijnheer en mevrouw E. niet alleen elkaar wantrouwende partners, maar ook elkaar wantrouwende ouders die hun kinderen als pionnen in een schaakspel voortschuiven. De behoeften van de kinderen om te groeien zijn ondergeschikt gemaakt aan de drang van beide ouders om op het schaakbord de overhand te willen hebben. Door de wantrouwende wijze van met elkaar omgaan zijn hun zonen van elf en veertien al in de moeilijke omstandigheid van gespleten loyaliteit terechtgekomen. De kinderen erven de onmogelijke taak om de consequenties van het wantrouwen van hun ouders ongedaan te maken.

Relaties moeten nu eenmaal varen op communicatie en transacties. Hun kosten in termen van macht kunnen echter worden beperkt of verhoogd. Mevrouw E. doet bijvoorbeeld een beroep op haar oudste zoon om haar minachting voor haar echtgenoot en zijn vader te onderschrijven. 'Vraag het maar aan Charles als je mij niet gelooft,' instrueert ze de therapeut. In één zin speelt ze het klaar Charles van zijn vader te scheiden, hem op een enorm destructieve manier te parentificeren en te laten zien hoe nutteloos het is te hopen dat mijnheer E. zou willen samenwerken. Voor de zonen is het zonneklaar dat het wantrouwen van hun ouders enorm diep is.

Destructieve parentificatie is geworteld in een voortdurend diep wantrouwen tussen vader en moeder en komt in vele vormen voor. Openlijke uitingen van destructieve parentificatie zijn – misschien paradoxaal – te prefereren boven bedekte uitingen. Onderliggend wantrouwen tussen de ouders dat zichtbaar wordt in openlijke, zelfs gemene gevechten tussen de vader en de moeder is over het algemeen eenvoudiger te hanteren voor de jongere dan een aantal oppervlakkig bezien vlotte, goedgeoefende en bedrieglijke interacties.

Parentificatie is natuurlijk niet altijd verbonden met negatieve consequenties. Er komen in elk gezin tijden voor dat er noodgedwongen van de kinderen wordt verwacht dat zij handelen alsof zij de verantwoordelijke volwassene zijn, met al dan niet heilzame resultaten. Maar als een ouder niet in staat is erkenning te geven aan het jonge kind en het in plaats daarvan overlaadt met schuldgevoelens, is dat op zichzelf destructief.

Het begrip 'parentificatie' heeft zich ontwikkeld van een in wezen descriptief en transactioneel begrip tot een ethisch begrip *(Boszormenyi-Nagy & Spark, 1973/1984)*, dat in toenemende mate op vertrouwen werd gebaseerd. Minuchin *(1974)* heeft toepasselijk de zinsnede 'ouderlijk kind' gebruikt om het verschijnsel te beschrijven van een kind dat door de volwassenen in zijn gezin wordt belast met verwachtingen die niet bij zijn leeftijd horen. Deze beschrijving wordt ook gebruikt in de transactionele formuleringen van de klassieke gezinstherapie. Vanuit een contextueel gezichtspunt kan ouderschap dat zo nu en dan wordt omgedraaid gedeeltelijk een heilzame uitwerking hebben. Afhankelijke bezitterigheid van de ouders heeft echter een desastreuze uitwerking wanneer men tegelijkertijd het kind onbillijk de schuld geeft en het niet de erkenning geeft, die het toekomt. Zo'n soort last weerhoudt het kind ervan te groeien en ooit onafhankelijk te worden. Hieruit volgt dus dat een kind klein houden de ergste en duurste manifestatie van parentificerend gedrag is.

Uiteindelijk zal het 'mislukkende' kind, dat wil zeggen de psychoot, de verslaafde of de ernstige misdadiger, nooit een verantwoordelijke volgroeide volwassene worden.

Dimensie IV: relationele ethiek

Relationele ethiek, dat wil zeggen: de respons en de uitkomst van echte dialoog, is de vierde en moeilijkst te taxeren dimensie van menselijke verhoudingen. De dynamiek van billijkheid en betrouwbaarheid is alom in relaties aanwezig. Toch lijkt ze vaak elke definitie te tarten. Psychologisch gezien sticht het woord 'ethiek' verwarring, beladen als het is met associaties met autoritaire systemen en met moraliserende en utopische idealen. Transactioneel gezien worden het openbare leven en de handelsmarkt zozeer gekenmerkt door machtsmanipulaties en opportunistische projecten dat het moeilijk valt de allesdoordringende relevantie van de relationele ethiek te onderscheiden. Deze vierde dimensie van de relationele werkelijkheid loopt dwars door de psychische ervaring van individuen en de concurrerende machtslijnen tussen individuen en groepen. De aandacht en de interventies van therapeuten waren vanouds gericht op aanwijzingen die kenmerkend zijn voor dimensies II en III.

In het dagelijks spraakgebruik wordt de term 'ethiek' geassocieerd met iemands onbaatzuchtige, zelfs zelfopofferende manier van rekening houden met mensen of principes. 'Relationele ethiek onderscheidt zich door de propositie dat noch individu, noch groep ooit kan functioneren als enige maatstaf voor het geheel van *welke relatie dan ook.*' *(Cotroneo & Krasner, 1981).* Daarom kunnen termen als 'altruïsme' en 'eigenbelang' slechts in een context die rekening houdt met alle kanten, worden begrepen. Relationele ethiek heeft in een gegeven situatie betrekking op de billijke verdeling van baten en lasten van alle partners. Relationele ethiek houdt tegelijkertijd rekening met de voorwaarden en eisen van iedere actieve en passieve deelnemer die wordt beïnvloed door de consequenties van de handelingen van een andere partner. Gegeven deze maatstaf van menselijk gedrag, kan een therapeut cliënten helpen zich toe te leggen op de kwestie van billijkheid tussen alle leden van de relationele context die hij onder behandeling heeft. Gedurende dat proces wordt hij ontheven van de taak te trachten te beslissen over wat goed of fout is.

Wanneer een gezin in goed overleg de onderlinge billijkheid bespreekt, is dat de eerste stap op weg naar het verwezenlijken van relationele ethiek. Hierbij is ook een afweging van onveranderbare onrechtvaardigheden in ieders lot inbegrepen. Een herverdeling van de tegoeden, baten en lasten volgt daarna. De kwestie van de verdeling van tegoeden en baten is van wezenlijk belang voor de gezinsevaluatie. Het kan echter ook zijn, dat mensen zich begeven op het gebied van de macht waar men zich verlaat op wedijver en worstelt om nog meer baten te vergaren. Vanuit dit gezichtspunt is het iemand tot zondebok maken een algemeen verschijnsel. Een familie kan hierbij één van zijn leden de schuld geven zonder ooit de verdienste van die persoon onder ogen te hoeven zien of te horen. In dimensie III 'wint' de sterkste persoon of verbintenis doordat zij over meer macht beschikt en doordat ze de voorwaarden van de 'verliezende' partner radicaal terzijde schuift. Het terzijde schuiven of verwerpen van de voorwaarden van de partner is in wezen een vorm van uitbuiting en kan niet voorkomen zonder machtsmisbruik.

Neem bijvoorbeeld de situatie van de vader die vlak voor zijn dood 'de kassa van de familiezaak had gelicht'. Hij heeft waarschijnlijk het gevoel gehad dat hij nam waar hij recht op had. Hij kan beredeneerd hebben dat hij degene was die het geld had verdiend en dat hij daarom aan niemand uitleg was verschuldigd. Maar de heer E. en zijn broers zien het anders. De acties van hun vader hebben gevolgen voor hen gehad, waarmee geen rekening is gehouden. Inderdaad: wat hij heeft gedaan, viel waarschijnlijk binnen zijn wettelijke rechten. Inderdaad was het in de eerste plaats zijn geld en ten dele een rendement van zijn eerdere investeringen. Waarom zou hij het dan niet naar eigen goeddunken uitgeven? Op deze niveaus kan hun vader als winnaar worden beschouwd.

Volgens de opvattingen van de familie is het echter duidelijk dat hun vader 'de familie beroofd' heeft en hen berooid heeft achtergelaten. Wat moeten zij doen met hun moeder die nu financiële steun van *hen* verwacht? Wat moet er gebeuren met hun jongste broer die nu ook hulp nodig heeft? Is er in het resultaat van vaders manipulaties ruimte voor eisen van anderen naast die van hem? Waar is de erkenning van de verdiensten en bijdragen van andere familieleden dan de vader, of waar staan ze opgetekend? Hoe staat het met de kleinkinderen en hoe zijn zij tegen elkaar opgezet door de concurrerende eisen van hun ouders? Wat voor hoop is er op kwaliteit in de relaties tussen mijnheer E. en zijn broers die al in schuld zijn ondergedompeld?

Het zuiver gebruik van macht in families heeft ook nog andere consequenties. Neem de 70-jarige man die zich onlangs heeft teruggetrokken uit een goedlopende makelaardij in onroerend goed. Hij leefde luxueus en had alles wat hij wilde hebben, maar leed onder hardnekkige slapeloosheid. Er kon geen medische reden voor worden gevonden en de slapeloosheid liet zich ook niet met medicijnen behandelen. Uiteindelijk kreeg mijnheer F. in de gaten dat hij zijn twijfels had over de sluwe manier waarop hij zijn zaken had afgerond. Compagnons die hij reeds lang vertrouwde, waren er bekaaid van afgekomen en mijnheer F. kreeg nu zo zijn twijfels over zijn handelwijze. Het lijkt wel een zedenschets, maar hij kon het achteraf niet eens zijn met wat hij had gedaan. Zijn slapeloosheid ging langzamerhand over in een verkwikkende slaap toen hij begon te onderzoeken welke mogelijkheden hij had om het letsel dat hij had toegebracht aan de balans van billijkheid tussen hem en zijn compagnons en hun investeringen, ongedaan te maken.

Het vermogen of de bereidheid van een mens om zijn attitude ten opzichte van zijn partners onder ogen te zien is op zichzelf een positief en veelbelovend teken. Omgekeerd is de voortdurende weigering van iemand om de rekening op te maken, waarbij zijn aansprakelijkheid betrokken kan raken, in het algemeen een veelzeggende aanwijzing van 1. een narcistische persoonlijkheidsstructuur, 2. een communicatieve en transactionele impasse en 3. iemands destructief gerechtigde aanspraak. De koelbloedige, meedogenloze uitbuiting van een ander familielid door de cliënt verschaft de therapeut betrouwbare aanwijzingen over het teloorgaan van de billijkheid. Het kan ook een gevoel van grote tegenzin oproepen bij de therapeut.

Net als andere mensen kunnen therapeuten enorm worden getroffen door de onbeschaamdheid die gepaard gaat aan het voortdurend onbillijk met elkaar omgaan. Seksueel misbruik door een vader van zijn kind van drie jaar is een moeilijk te verteren feit. Hoe therapeuten omgaan met signalen in het gezin is een belangrijke kwestie. Net als gezinsleden kunnen therapeuten hun bewustzijn blokkeren en zich terugtrekken op een 'technisch' niveau. Zij kunnen signalen volgen en implicaties naar voren halen binnen een uitsluitend psychologisch en transactioneel raamwerk. Of ze kunnen ervoor kiezen het ethische werkvlak er ook bij te betrekken. Bij de evaluatie van relationele ethiek kan men zelden uitsluitend afgaan op wat men op dat moment ziet. Betrouwbaarheid wordt zichtbaar wanneer ze in verband wordt gebracht met de voortdurende actuele investeringen die mensen in hun relaties doen. De onderlinge balans van billijkheid bepaalt de kwaliteit van een relatie die op vertrouwen is gebaseerd. De balans is evenwel gedurende de relatie in beweging. Het is niet mogelijk een balans op te maken met voor altijd vaststaande uitkomsten van billijkheid of onbillijkheid. Waar het op den duur om gaat, is in hoeverre mensen zorg dragen voor de consequenties van hun inbreng en ieders vooruitzichten op een billijk aandeel in de relatie.

Contextueel therapeuten bieden hun cliënten een speciale betrokkenheid door hun aandacht voor de ethische dimensie. Als een therapeut op een ethisch niveau werkt, vereist dit in feite een hoge mate van betrokkenheid van zowel de therapeut als de cliënt. Want de nadruk valt hier noch op empathie, noch op affect. Hier is deskundigheid op het gebied van psychologie en transacties ondergeschikt aan een vermogen tot vragen durven stellen vanuit een gerichtheid op billijkheid voor alle betrokkenen.

> Ben jij te kort geschoten ten opzichte van je familie of zij ten opzichte van jou? Hoe? Wat kunnen we doen om dit werkelijk en gevoeld falen om te zetten? Wie kun je vragen jou te helpen dit falen in te schatten en er iets mee te doen? Zijn jullie verwachtingen van elkaar reëel? Toets jij je veronderstellingen of houd je ze voor jezelf? Wat zou het kosten om ze te toetsen? Als je niet zeker weet wat je wilt, kun je dat dan ook zeggen? Zo niet, waarom niet? Verschuilen familieleden zich achter moralisme en ideologie als stevige individuele en relationele bases ontbreken? Als er zich gewelddadigheden tussen jullie voordoen, kunnen jullie dan nog horen hoe de mening van de ander is? Als een van jullie zich oordelend opstelt, kan de ander dan alsnog zijn kant van de zaak duidelijk maken? Welke kritiek veroorzaakt schaamte? Wie in de fa-

milie kan anderen bevestigen in wat zij werkelijk zijn? *(Krasner, 1986)*. Wat geef jij op jouw beurt aan je partner? Kun je hem erkenning geven voor wat hij geeft? Wie geeft er meer? Waaraan meet je dat af?

De therapeut geeft blijk van een hoge mate van betrokkenheid door vragen te stellen aan alle partijen die bij een bepaalde situatie zijn betrokken en door verschillende kanten van een conflict te laten belichten. Hier kiest de therapeut ervoor uit te nodigen tot een open gedachtenwisseling tussen mensen die voor elkaar al van betekenis zijn. Hij gaat de risico's die het werken met dialoog met zich meebrengt, niet uit de weg. Hij is rechter noch scheidsrechter en kiest ervoor, te midden van andermans relaties, zijn eigen voorwaarden voor dialoog vast te houden. Kortom: hij kiest ervoor mensen te helpen de draad voor hechte en blijvende relaties te spinnen.
Neem de omstandigheden van een vrouw in de bijstand, die alleen voor een huishouden met zes kinderen staat. Vijf van hen waren bij de zitting aanwezig. Het zesde kind, een verstandelijk gehandicapte dochter die enorm veel verzorging behoeft, was afwezig.

> De therapeut richtte zich tot de moeder. 'Wie is er beschikbaar om u te helpen?' vroeg hij. 'Niemand,' antwoordde zij. Haar antwoord riep onmiddellijk een reactie op bij haar oudste dochter die er gekwetst en angstig uitzag. 'Dat is gewoon niet waar,' riep ze, 'en het is ook oneerlijk. Ik ben altijd aan het werk! Telt het helemaal niet mee wat ik doe?' Er heerste spanning in de kamer en er was een conflict, maar ook was er de aanzet tot een reeds lang gewenste gedachtenwisseling. De situatie maakte nu een belangrijk gesprek mogelijk waarin de levensbelangen van alle gezinsleden betrokken waren en uiteindelijk met elkaar in verband konden worden gebracht. Toen de wezenlijke investeringen van ieder gezinslid eenmaal ter sprake konden komen, kon de therapeut zich richten op de belangrijke rol als katalysator.

Om een potentieel genezende gedachtenwisseling te kunnen bewerkstelligen moet de therapeut de methode van veelzijdig gerichte partijdigheid beheersen. Een vermogen open te staan voor vragen naar billijkheid tussen ouder en kind of tussen man en vrouw biedt degenen die met het gezin werken de kans hun cliënten op een uiterst gevoelige, zelfs verfijnde manier te helpen.
De gebieden van betrouwbaarheid en wederzijdse betrokkenheid bieden mensen de meest effectieve hulpbronnen voor hoop, zorg en hernieuwde inzet. Het zijn ook de gebieden waar iemand zich plotseling en hard aangevallen kan voelen, beledigd, uitgebuit, verraden en hopeloos alleen. Therapeuten kunnen de emotionele veranderlijkheid die bij de relationele dimensie hoort, op eenvoudige manier helpen stabiliseren door middel van hun bereidheid om kwesties van rechtvaardigheid aan te snijden, deze als geldig te erkennen en er op therapeu-

tisch vlak ruimte voor te maken. Met zijn vermogen om de ethische dimensie van conflicten tussen mensen die een nauwe relatie hebben aan te spreken, biedt een therapeut zijn cliënten een betrekkelijk veilig forum voor het spontaan onderzoeken van rechtvaardigheidskwesties.

Mensen beperken hun zorg voor kwesties die betrekking hebben op rechtvaardigheid tot een innerlijke monoloog of verlaten zich op een forum dat in hun relatie is ingebouwd, zelfs als dat forum hypothetisch of van marginaal belang is. En nu wordt er in de therapieruimte met opzet een nieuwe plek geboden waar men zich kan uitspreken, een laatste beroepsinstantie zo u wilt. Deze plek moet echter niet worden verward met het houden van een rechtszitting. Want berechten is noch het rechtmatige doel, noch de rechtmatige methode van therapie, hoewel er natuurlijk weleens wordt geoordeeld. Een onderscheid is hier echter op zijn plaats. Er is verschil tussen het op zich nemen van gezag om te kunnen wijzen op de verdienste van de integriteit van mensen en de daaruit voortkomende onderlinge betrouwbaarheid, en het kunnen beschikken over therapeutische deskundigheid. Van een andere kant bekeken is het voor de therapeut onmogelijk de 'tribunaal'functie te negeren die aan alle wederkerige pogingen, in heden en verleden, om een gemeenschappelijk leven op te bouwen eigen is *(Boszormenyi-Nagy, 1983)*. Neem de situatie tussen Pam, 37, en haar 67-jarige moeder Marian.

Pam kwam in therapie omdat ze zwaar depressief was. 'Ik heb het gevoel dat er niemand naar me luistert,' klaagde ze. 'Mijn man gedraagt zich hetzelfde als mijn kind van vier en mijn moeder doet ook al zo. Ik ben al een keer gescheiden en misschien moet ik dat wel weer doen. Ik heb behoefte aan vuurwerk in mijn leven, romantiek; en anders wil ik een kind. We proberen het al meer dan een jaar, maar het lukt niet.'

Gedurende zestien weken had Pam individuele therapie en bracht toen haar echtgenoot mee. Het was overduidelijk dat ze meningsverschillen hadden en dat Bob, hoewel hij er bang voor was, bereid was ze te bespreken. Pam scheen teleurgesteld in de openheid van Bob; ze was er niet zeker van dat het wel de moeite van het proberen waard was. Het zou voor haar makkelijker zijn geweest als Bob gewoon was weggegaan. Het huwelijk had duidelijk te lijden onder de kwetsuren die zij in het verleden had opgelopen. Langlopende kwesties die Pam en haar ouders nooit ten opzichte van elkaar hadden uitgesproken, beperkten haar in haar dagelijks leven en ondermijnden al haar relaties. Toen kwam Marian, haar moeder, vanuit Texas naar het oosten van het land en ze kwam ook mee naar de therapie.

Pam wilde dat haar moeder iets goeds zei over haar vader, die al bijna tien jaar geleden was overleden. In haar herinnering was haar vader een man die niet veel tijd voor haar had en die alle vrouwen sletten vond. Ze herinnerde zich ook dat ze hem vlak voor zijn overlijden had opgezocht en dat ze als nooit tevoren met elkaar hadden gepraat. Hij vertelde haar dat hij om haar gaf en dat in feite altijd had gedaan. Hij wist dat hij zich zo nu en dan als een verleider ten opzichte van haar had gedragen en hij wenste dat hij zich beter had gedragen. Ze ervoer enige troost uit dat gesprek, maar was nooit in staat dat met haar moeder te delen zonder van haar een negatieve reactie te krijgen.

Marian zag het anders. Haar man deugde niet, had haar niets gegeven, had haar moeder slecht behandeld en stond onverschillig tegenover de behoeften van Pamela. Het ergst van alles was dat hij altijd andere vrouwen had gehad, zijn eerste vrouw nooit echt had verlaten en de hele tijd loog. Ze had meer dan vijf jaar met hem samengewoond voordat hij in een huwelijk toestemde en dan nog slechts nadat ze zwanger was geworden. Marian wilde haar relatie met Pam verbeteren, maar wist niet hoe ze dat moest aanpakken. Ze was bereid over de vader van Pam te praten, maar kon alleen maar negatieve dingen over hem zeggen. En ze was nog steeds boos op Pam, hoewel ze dat niet van zichzelf wist. Ten eerste kon ze gewoon niet begrijpen waarom Pam gehecht bleef aan haar vader, gezien de persoon die hij was geweest. Ten tweede kon ze niet begrijpen hoe Pam haar grootmoeder van moederszijde als haar 'echte moeder en vriendin' kon beschouwen, terwijl Marian een groot deel van haar leven hard had gewerkt om het gezin in leven te houden en Pam naar de orthodontist te laten gaan. 'Daarvoor kon je zéker niet op hem rekenen!' riep ze uit. 'Waarom kan Pam dat onderscheid niet maken?'

Door de zwaarte van hun onderlinge grootboek waren moeder en dochter verstard in een hard oordeel over elkaar, maar ze werden er ook door geholpen, zodat ze het letsel bespreekbaar konden maken waarvan ieder voor zich dacht dat de ander dat haar had toegebracht.

Mensen neigen ertoe over elkaar te denken in termen van goed en kwaad. Hoe groot de verleiding ook kan zijn: therapeuten doen er goed aan een andere manier te zoeken. Als tussen mensen, die met elkaar een nauwe band hebben, de werking van het tribunaal uitgeschakeld noch terzijde geschoven kan worden, hoe kan deze dan in goede banen worden geleid? Hoe kan de kracht van die werking worden beteugeld? Wanneer een therapeut zijn grondhouding op de dialoog heeft gebaseerd, doet hij er goed aan de cliënt te helpen te leren luisteren naar de kant van zijn partner en te leren een adequaat advocaat voor zichzelf te worden. De meest effectieve keuzemogelijkheid voor de therapeut is veelzijdig gericht; dat wil zeggen: de keuzemogelijkheid om mensen ertoe te brengen dat zij – op een manier die getuigt van wederzijdse verantwoordelijkheid – te midden van botsende eigenbelangen de verdienste van ieders aanspraken onderzoeken.

Contextueel therapeuten werken vanuit de premisse dat ze niet meer kunnen doen ten behoeve van hun cliënten dan de cliënten voor zichzelf zullen doen. Het proces van dialoog vereist een evenredige mate van inspanning en reactie van cliënt en therapeut. De mate waarin de therapeut zich als nieuwsgierig, zorgzaam en empathisch medemens ter beschikking stelt, is *recht evenredig* aan de mate waarin de cliënt integriteit en vertrouwen in een verkenning van de dialoog investeert. De therapeut is bereid mensen te helpen bij het onderzoeken van de onderlinge balansen van debet en credit en hen te helpen bij het onderkennen van nieuwe keuzemogelijkheden in het met elkaar omgaan. De therapeut is echter niet bereid op de stoel van de rechter te gaan zitten. Zijn of haar vermogen mensen te begeleiden bij de verkenning van de dialoog wordt ondersteund door de betrouwbaarheid van de veelzijdig gerichte methodologie.

Veelzijdig gerichte partijdigheid is een pragmatische poging om toegang te verkrijgen tot de heersende orde van rechtvaardigheid in familierelaties. Het is een manier om de energie te beteugelen van het tribunaal dat in werking is in relaties tussen mensen die voor elkaar van belang zijn. Hoe ervarener en vakbekwamer de therapeut is, des te beter is hij of zij in staat de balans van geven-en-nemen tussen familieleden te onderzoeken – en dat door middel van een taxatie die op een billijke manier rekening houdt met de symmetrie in verwachtingen. Cliënten hebben er altijd baat bij als zij opnieuw de gelegenheid krijgen het ingebouwde forum in de relatie in werking te stellen. Dit forum is werkzaam wanneer een of meer familieleden:

– de moed kunnen opbrengen zich open op te stellen en te praten over zichzelf en hun aanspraken;
– rekening kunnen houden met de ongunstige consequenties van het als vanzelfsprekend aannemen dat mensen integer zijn;
– kunnen bekijken wat het betekent indien men neemt zonder op zijn beurt te geven en geeft zonder op zijn beurt te nemen;
– de implicaties kunnen begrijpen van het uitbuiten van de goedwillendheid van een ander alsof die goedwillendheid een zwakheid zou zijn.

Veelzijdig gerichte partijdigheid biedt een interventie die de uit wanhoop voortgekomen stagnatie kan opheffen, bijvoorbeeld wanneer mensen hun zoektocht naar billijkheid staken, alle pogingen om hun eigen aanspraken naar buiten te brengen opgeven, of cynisch zijn geworden over elke poging zichzelf te valideren door billijke zorg en aandacht aan anderen te bieden. Een veelzijdig gerichte methodologie is de meest rechtstreekse weg naar het herstellen van schadelijke, zij het onbedoelde, vormen van uitbuiting binnen een familie.

Het aspect van uitbuiting in delegatie

Het kind aanzetten tot het uitvoeren van impliciete opdrachten ten bate van zijn of haar ouders of anderen uit vorige generaties, is één van de meest knellende vormen van relationele uitbuiting. In dit proces van 'delegatie' *(Stierlin, 1974)*, vallen de motieven van het kind uiteindelijk samen met de destructieve verwachtingen van de ouders. Hoe subtieler de delegatie of aansporing, des te moeilijker het voor het kind zal zijn zich ervan los te maken. In onze visie wordt met het begrip 'delegatie' meestal bedoeld: de consequentie van een transactie tussen ouder en kind die uitsluitend wordt bepaald door de eigenbelangen van de ouder. Neem bijvoorbeeld een moeder en haar oudste kind, een jongen van dertien.

Toen John vier jaar oud was, overleed zijn vader en na verloop van tijd hertrouwde zijn moeder. Er werd nooit gesproken over het langdurig en pijnlijk lijden en overlijden van zijn vader of over het hertrouwen van zijn moeder, zodat John zijn emoties alleen moest verwerken. Zijn moeder en haar tweede echtgenoot kregen na verloop van tijd samen kinderen en de spanning tussen John en zijn moeder werd steeds groter.
De moeder raakte steeds meer ontmoedigd. Ze wist vrijwel niets af van haar puber, behalve dat hij haar te kort deed en haar tot wanhoop dreef. 'Als John zich nu maar eens aan de regels wilde houden, aanbood te helpen in plaats van altijd maar af te wachten tot hij er de opdracht toe krijgt, zonder protesten op de andere kinderen paste en ophield met zijn vraag om meer tijd en ruimte en privileges voor zichzelf, dan zou dat een enorme verbetering voor ons allemaal betekenen.' Omdat ze zichzelf vastpinde op de dingen waarin hij haar teleurstelde, was ze niet in staat de hulpbronnen tussen haar en John te onderkennen: de humor en de kortstondige band tussen hen door middel van oogcontact.
Vanuit het standpunt van John kreeg zijn moeder altijd haar zin en kon hij nooit winnen. Kijk nu eens wat er gebeurde met de therapiezitting van vandaag. Hij wilde niet komen, maar hij was er toch? Het was waar dat hij niet wilde oppassen, maar hij deed het toch maar. En wat was er verkeerd aan als hij op de fiets naar het winkelcentrum ging? De andere jongens deden dat ook; waarom mocht hij dat dan niet?
Net als bij andere pubers waren Johns lengte en uiterlijk in tegenspraak met zijn onvolwassenheid. Hij was lang en stevig gebouwd en torende boven zijn moeder en stiefvader uit. Half kind, half man gedroeg hij zich als een veulen. Tijdens de zitting vocht hij bedeesd, maar vastberaden terug. Iedere keer wanneer zijn moeder sprak, keek hij haar zijdelings even aan. Wanneer hij iets zei, richtte hij zich naar haar om verheldering, bevestiging en steun en hij probeerde haar steeds te beschermen als er harde vragen aan haar werden gesteld. Het was echter duidelijk dat hij zich machteloos voelde onder haar overwicht. Het was eveneens duidelijk dat de moeder niets merkte van aanknopingspunten bij haar zoon en daardoor alleen maar kon klagen over zijn tekortkomingen.
In haar opmerkingen aan het eind van de zitting onderkende de therapeut zowel de spanningen als de nonverbale uitdrukkingen van zorg die tussen moeder en zoon over en weer gingen. 'Ik denk niet dat hij iets om me geeft,' weer-

legde de moeder. 'Als hij dat wél deed, waarom gaat hij er dan altijd in z'n eentje op uit? Waarom helpt hij mij niet als hij ziet dat ik het druk heb? Als hij om me gaf, zou ik niet zo hard hoeven werken.'
Moeders eigen geschiedenis met mannen was over het algemeen teleurstellend geweest. Ze scheen haar vader als een schimmige figuur te beschouwen. Het overlijden van haar eerste echtgenoot, dat plaatsvond net voordat hij eindelijk succes zou hebben na jaren van armoede en opoffering, had haar getraumatiseerd en emotioneel uitgeput. Haar tweede huwelijk was moeilijk, ook al hielden beiden van elkaar, maar door de eisen die zijn beroep aan hem stelde, was haar echtgenoot thuis meer niet dan wél beschikbaar. Wat de jongere kinderen betrof: zij vroegen zo ontstellend veel van haar, dat ze voortdurend zwaar door hen werd belast. En de meeste tijd moest ze in haar eentje voor hen zorgen.

In deze kwestie gaat het er niet om of John het aan zijn moeder verplicht is, haar te helpen op een manier die bij zijn leeftijd past. Dat doet hij zo te zien al. Het gaat er ook niet om of een kind van dertien zich moet houden aan de gezinsregels. Het is duidelijk dat hij niet kan functioneren als een entiteit die los van alles en iedereen ronddobbert en die alleen aan zichzelf verantwoordelijkheid verschuldigd is.
De vraag waar het voor John om gaat is: 'Wie kan ik vertrouwen?' Als zijn kant van de zaak voortdurend volledig ongeldig wordt verklaard, wat zijn dan zijn kansen om ooit adequaat vertrouwen te leren stellen in de wereld om hem heen? Het kan zijn dat moeder het niet weet, maar ze is onbedoeld maar heimelijk betrokken bij een proces waarin zij de vruchten plukt van de parentificatie van haar kinderen. Haar daden en verwachtingen van John gaan veel verder dan delegatie door middel van transactie. De desastreuze omstandigheden die de ene generatie beïnvloeden, kunnen – en dat doen ze ook – bindende delegaties aan volgende generaties opleggen.

Legaten als transgenerationele mandaten

Onbedoeld of ongewild zijn legaten van buitenaf opgelegde verwachtingen of opdrachten die door de ene generatie aan de andere worden gegeven. Om het probleem samen te vatten: het leven zelf legt aan de jeugd verwachtingen op die vaak transgenerationeel van aard zijn. Alleen al vanwege het feit dat een kind het leven, verzorging en vaardigheden om te kunnen overleven ontvangt, betaamt het hem zorg te dragen voor eigen bijdragen aan het nageslacht. Zo stelt ieder van ons zich op de een of andere manier de vraag hoe onze beschikbare begaafdheden die aan ons zijn doorgegeven door het verleden, ten goede kunnen komen aan de toekomst. Wanneer men deze 'wet van het ouderschap', kenmerkend voor het hele koninkrijk der dieren, overschrijdt, brengt dit kosten met zich mee: een ontwikkelingshandicap beïnvloedt het kind en een toestand van niet-gerechtigd-zijn beïnvloedt de ouder.

Het belangrijkste mandaat van iedere generatie is het op zich nemen van verantwoordelijkheid voor het nageslacht als was men de ouder. Die vorm van verantwoordelijkheid krijgt gestalte in de loyaliteit die wordt opgeroepen door de weldaad van de gaven die iedere generatie erft en het vermogen van die generatie deze gaven te vermaken aan de volgende generatie. Het is duidelijk dat rigide loyaliteit aan het verleden door middel van blinde of rituele gehoorzaamheid van het kind aan alle voorkeuren, gewoonten of tradities van zijn of haar ouders, geen garantie is voor een erfenis die bevorderlijk zal zijn voor het nageslacht. Het kan passend zijn voor leden van iedere generatie – en dat is het ook – om na te gaan wat er in hun erfenis intrinsiek waardevol is en verdient te worden omgevormd en doorgegeven aan het nageslacht.

Schaamte, overleving, gespleten loyaliteit, emigratie en het vermogen de legaten van beide ouders te doen samengaan in een eigen legaat, zijn aspecten van transgenerationele mandaten die door contextuele afwegingen aan de orde worden gesteld. Wanneer ouders bijvoorbeeld van kinderen verlangen dat zij loyaal zijn aan het verleden van hun ouders, kan een eerste vereiste zijn dat schande van voorouders ongedaan wordt gemaakt. Het ontschuldigen van de voorouders, vooral als ze worden beschouwd als ergerlijke of kwaadaardige mensen, kan een speciale last betekenen. Het kan ook een speciale hulpbron zijn. Want als gepaste ontschuldiging kan plaatsvinden en menselijk dwalen kan worden begrepen, kan het resterend vertrouwen onderkend, ontwikkeld en geactiveerd worden. Maar als het nageslacht ervan overtuigd is dat een ouder niet meer ontschuldigd kan worden, wordt het resterend vertrouwen automatisch overschaduwd en wordt wantrouwen allesbeheersend.

Nergens is het 'mislukken van ontschuldiging' tussen de generaties een duidelijker dilemma dan bij de kinderen van ouders die in Duitsland leefden tijdens Hitlers Derde Rijk. Er zijn ontelbare voorbeelden van kinderen die door de connecties van hun ouders met het nazi-regime gevangen blijven in gevoelens van schande, minachting, wrok en schuld. Neem bijvoorbeeld de man die door zijn diepe loyaliteit aan zijn vader vastzit in een dubbele binding. Hij schreef in een brief:

> Ik hoop dat u de tweede generatie van de daders van de holocaust kunt vergeven. Ik heb er heel hard aan moeten werken om mijn identiteit als lid van deze generatie onder ogen te zien. Ik heb mezelf uit een slopende melancholie moeten trekken en daarna grenzen moeten trekken tussen dit legaat en mezelf. Ik moest leren dat ik grenzen nodig had ter bescherming van mezelf, om me te helpen mijn verdriet over verloren tijd en een corrupte geschiedenis te hanteren. Ik moest mijn energie, die ik besteedde aan mijn gekwetste eigenliefde, zelfmedelijden en beschuldigingen tegen mensen zoals u, ombuigen. Daarna moest ik de diepte van mijn angst en weerstand tegen mijn vader le-

ren begrijpen. Het doet me pijn te moeten toegeven dat ik van alle kinderen het meest op hem lijk. Het doet ook pijn me te realiseren hoe goed mijn ontkenning, onderdrukking en vermijding hebben gewerkt. Ik wil geen nauwer contact met mijn vader. Mijn vermogen om hem te verwerpen schijnt me ervoor te behoeden dat ik mezelf moet verwerpen.
Onlangs vertelde ik hem dat ik met een jood het concentratiekamp Dachau had bezocht. Hij werd bleek. 'Waarom heb je dat gedaan?' vroeg hij mij. 'Daar was helemaal geen reden voor.' Eindelijk had ik een opening. Ik dwong hem ertoe over het Derde Rijk te praten, over zijn aandeel erin te vertellen. Ik werd zo bang van het gesprek dat ik geen vragen meer durfde te stellen. Sindsdien ben ik emotioneel helemaal in de war. Meestal voel ik pijn, smartelijk verdriet, afstand en een onvermogen het te kunnen bevatten. Ik voel me beschaamd dat ik toen niet heb kunnen reageren en dat ik nog niet in een (emotionele) positie ben weer met mijn vader te kunnen praten.
Ik denk dat ik heel goed weet welke patronen door mijn familie lopen en welke rol ik daarin speel. Ik zie ook duidelijker hoe ik mijn zoon misbruik, hoe ik de spelletjes die mijn familie met mij speelde, met mijn zoon herhaal. Ik weet ook dat ik dit alleen maar kan doorbreken als ik uit mijn isolement kan stappen en een meer verzoenende houding kan aannemen. Alleen dan kan ik door deze negatieve context heen breken en op een positieve manier aan mijn zoon geven. Ik *weet* het allemaal, maar op dit moment heb ik de energie niet om er iets aan te doen.
U heeft zowel met slachtoffers van de holocaust als met hun kinderen gewerkt. Klinkt het aanmatigend als ik zeg dat de daders en hun kinderen ook hulp behoeven? Kunt u ons helpen?

Een mens roept om ontschuldiging voor zijn vader, voor zichzelf en voor zijn zoon. In feite zal de moed om te werken aan zijn schaamte niet in de therapieruimte ontstaan, maar van zijn ouders, zijn broers en zusters en zijn wortels komen. Het legaat van voorouderlijke schaamte en schuld vereist herstel *en* ontschuldiging voor zover dat mogelijk is.
Een andere pijnlijke, zij het minder dramatische vraag naar ontschuldiging is te zien in de situatie van een echtpaar dat voor therapie komt omdat hun oudste dochter Mia, vijftien, bij herhaling wegloopt. De twee jongere kinderen worden belast en hebben ook moeilijkheden. Het legaat van de adoptie van een kind draagt een ingebouwde hachelijke omstandigheid van gespleten loyaliteit in zich.

Moeder is een hardwerkende verpleegster, die nu negen jaar lang in therapie is geweest. Ze is psychologisch goed ontwikkeld, maar in afwisselend ernstige mate ethisch ontworteld. Om te beginnen haat ze haar adoptiefouders met een intensiteit die niet te veranderen schijnt te zijn. Ellen verklaart dat ze misselijk wordt als ze in dezelfde stad als zij vertoeft, laat staan in dezelfde kamer.

Ze zegt dat ze koud zijn, ongevoelig, onverschillig, weerzinwekkend, destructief, uitbuitend – ze kan ze kortom niet vergeven. Ze wil hen nooit meer zien. Bovendien zijn zij haar ouders niet, ook al hebben ze haar bij haar geboorte geadopteerd.
Ellen reageerde positief op de suggestie van haar therapeut om uit te zoeken wie haar natuurlijke ouders waren. Ze schreef brieven, vond een aantal aanwijzingen, kwam te weten in welke staat, stad en buurt haar biologische moeder woonde, belde op naar de inlichtingendienst en kreeg te horen dat haar moeder een geheim telefoonnummer had. Toen zat ze vast. Ze kon of wilde niet doorzetten. Ze zegt nog steeds dat ze van plan is haar moeder te zoeken, maar ze kan geen manier bedenken waarop ze verder kan. Ook in andere situaties zit ze vast.
Ellen zegt dat ze zich bij haar achtergrond had neergelegd tot haar man Ed en de familietherapeut erop stonden dat er weer over zou worden gepraat. Ed heeft tegenargumenten. 'Misschien is het wel overdreven,' zei hij, 'maar soms ben ik bang dat Ellen met mij en de kinderen zal breken, net zoals ze met haar ouders heeft gedaan. Als ik er nog eens over nadenk: ze zal ons misschien niet voor altijd verlaten, maar ze probeert ook nooit met ons in contact te komen.'
Ed vertelt dat hij tot in het oneindige blijft wachten tot Ellen uit zichzelf contact met hem zoekt, maar dat zal nooit gebeuren. Het lijkt alsof ze nooit met hem samen wil zijn, hetzij voor de gezelligheid, hetzij voor intimiteit en seks. Ed herinnerde zich ook een recent voorval waarbij Mia haar moeder afkeurend bekeek en Ellen zenuwachtig riep: 'Zo keek mijn moeder ook altijd naar mij. Ik kon er toen al niet tegen en nu ook weer niet.'
Ellen kan ter verdediging van zichzelf heel spraakzaam zijn en soms heel open. 'Ik wil gewoon geen risico nemen met investeren in mensen, omdat ik weet dat ik hen uiteindelijk zal verliezen. Bovendien: wat is er de zin van om aan iemand plezier te beleven? Het prettige gevoel houdt altijd weer op. Seks is prima tot ik me ervan bewust word dat ik ervan geniet. Dan bevries ik en trek ik me terug. Ik vind mijn baan leuk omdat ik de grenzen ken en aan niemand iets verplicht ben. Thuis is dat anders. Ik houd er niet van om plannen te maken om bij anderen op bezoek te gaan en ik vind het ook niet leuk als er mensen bij ons langs komen. Ik wil niet verplicht zijn mensen de energie die ik nooit heb, te moeten geven. Ik ben niet meer zo depressief en in mezelf opgesloten als ik was, maar ik wil er niet toe worden verplicht met mensen om te gaan. Je weet nooit wanneer je datgene, waarvan je eens dacht dat het van jou was, kwijtraakt. Zelfs in de kerk bedek ik mijn oren wanneer de muziek begint. Die is veel te mooi en ik kan niet tegen de pijn die de wetenschap dat de muziek weer zal stoppen, me geeft.'

Verlies is duidelijk het hoofdthema in het leven van Ellen – verlies gedompeld in schaamte en woede.

'Mijn ouders zijn beesten,' huilde ze. 'Ik zag hoe mijn moeder Mia voedde toen ze nog maar een baby was. Het deed haar geen genoegen om voor dit schattige meisje te zorgen. Ze schoof het eten maar bij haar naar binnen tot de baby kokhalsde. Ik realiseerde me daardoor dat ze dat bij mij ook zo deed, mij dingen door de strot duwen. Toen ik twaalf was, zorgde ik voor hen. Maar wat ik ook deed, niets was goed genoeg. Ik speelde orgel, gaf recitals, ik hield voor mijn klas de afscheidsrede toen we van school afgingen. Ze kwamen nooit naar me kijken. Mijn tante heeft mij opgevoed. Ik ben die mensen niets verschuldigd. Zelfs toen ze me een paar jaar geleden kwamen bezoeken, konden ze alleen maar kritiek leveren op mijn huis, mijn uiterlijk en mijn huishouding.' (...)

'Ze komen van het platteland, en daarom heb ik mijn vader in de kersttijd een keer meegenomen om de etalages van een groot warenhuis in de stad te bekijken. Vond hij het leuk? Nee hoor, hij raakte van de mensenmassa in paniek. Ik probeerde hem te kalmeren, nam hem mee naar een restaurant en heb hem in een rustig hoekje gezet. Ik kreeg hem rustig en na verloop van tijd zijn we naar huis gegaan. Hij vertelde mijn moeder wat er was gebeurd en toen raakte zij van streek. Ze beschuldigde mij ervan dat ik hem kwaad had gedaan, maar ze zei niets over wat het voor mij betekende. Hoe kunnen ze zo tegen iemand doen die eens zo haar best heeft gedaan om hen trots op haar te laten zijn?'

Ellen rouwde duidelijk om haar verloren jeugd en haar echt en ingebeeld letsel; en daartoe had ze alle reden. Maar door gevoelens van beschaamdheid over de bovengenoemde onopgeloste kwesties dreigde ze overspoeld te raken en erin te verdrinken.
Haar adoptiefouders kunnen in de beleving van Ellen inderdaad beesten zijn, maar wat maakte dat van haar? Was ze zo waardeloos dat twee stellen ouders haar in de steek wilden laten en nu ook nog haar oudste kind? Het was haar nu lange tijd gelukt mensen op een afstand te houden. Waarom liepen de dingen opeens stuk? Haar ouders meenemen naar de therapie? De gedachte alleen al maakte haar ziek, maar de boodschap aan haar kinderen, die impliciet in haar gedrag zat, bracht haar ook van streek: 'Moeders zijn niet belangrijk. Als je het niet prettig vindt wat ze doen, loop dan weg! Blijf uit hun buurt! Doe maar alsof ze niet bestaan! Weet Mia niet dat ik van haar houd? Als ze dat echt zou weten, waarom zou ze dan weglopen?'
Ellen vertelde weinig over de positie van haar adoptiefouders. Haar vader kwam uit een gezin met dertien kinderen en zijn ouders waren op jonge leeftijd overleden. Haar moeder was opgevoed in een weeshuis dat geleid werd door Duitse nonnen. Toen ze getrouwd waren, zijn ze in een dorp in de buurt van familie gaan wonen. Hoe behandelden ze elkaar? Dat wist Ellen niet. Ze wist wel dat zij tenminste elkaar nog hadden, terwijl zij als enig kind een eenzame rol moest ver-

vullen. Ze wist niet – en zei dat het haar ook niet kon schelen – hoe zij in hun opvoeding waren gekwetst of hoe hun psyche, communicaties of transacties erdoor waren beperkt.

Hier is niet onderzocht welke verzachtende omstandigheden er kunnen zijn geweest in het leven van haar ouders. Hebben ze haar bijvoorbeeld zorg geboden die haar is ontgaan? Wie was er om voor hen te zorgen? Op wie konden ze steunen? Ellen was woedend omdat ze vreemden in huis namen en daar zelfs tot op de dag van vandaag voor hebben gezorgd. Hebben ze daardoor verdienste verworven? Probeerden ze een substituut voor haar te vinden? In welke mate hebben ze Ellen oorspronkelijk geparentificeerd omdat ze ontzag voor haar hadden? In hoeverre was hun voortdurende kritiek op haar een afspiegeling van de manier waarop ze zelf zijn opgevoed? In welke mate voelden ze zich afgewezen door haar genegenheid voor haar geliefde tante? Er is maar weinig bekend over de relatie van Ellen en deze tante. Het is ook niet zo moeilijk te bedenken dat Ellen, naast al het andere, lijdt onder de hachelijke omstandigheden van meervoudig gespleten loyaliteit. Ze wordt heen en weer geslingerd tussen haar biologische en haar adoptiefouders, tussen haar adoptiefouders en haar tante, en misschien ook tussen haar adoptiefvader en -moeder.

Zoals al eerder is aangegeven, is de moeilijke omstandigheid van gespleten loyaliteit zeer schadelijk. Bovenmenselijke verwachtingen die het falende echtpaar uiten, creëren een onoplosbare taak voor het kind en vormen een impasse die enig is in haar soort. Het kind draagt een toenemend gevoel van bezorgdheid en hopeloosheid over de hulpeloosheid van zijn ouders met zich mee – ondanks hun stijgende wantrouwen – en raakt steeds meer in verwarring over de beschikbare keuzemogelijkheden om zijn problemen op het niveau van de volwassenen op te lossen. Helaas raken zijn ouders gemotiveerd hem steeds verder in hun conflict te verstrikken vanwege het voordeel dat parentificatie voor hen oplevert. Onder deze omstandigheden raakt een kind gerechtigd tot destructiviteit. Hij wordt ook opgezadeld met een levenslang mandaat om zijn ouders 'terug te betalen' door middel van handelingen die onzichtbaar loyaal zijn.

De moeilijke omstandigheid van gespleten loyaliteit ondermijnt het mandaat van iedere generatie om de twee onderscheiden loyaliteiten die voortkomen uit de respectieve gezinnen van herkomst van de ouders samen te voegen. Echtgenoten kunnen alleen ontsnappen aan de taak van het handhaven van de loyaliteit ten aanzien van de familie van de ander, wanneer hun onderlinge wantrouwen en vooroordelen elk soort loyaliteit onmogelijk maken. Een gecombineerde loyaliteit ten opzichte van de families van beide ouders is echter een noodzaak voor de generatie van de kleinkinderen: 'de familie van zowel mijn vader als mijn moeder is per definitie mijn familie.' Geadopteerde kinderen hebben er op den duur baat bij als hun adoptiefouders het aankunnen hen daadwerkelijk te laten bewijzen dat ze bezorgd zijn om hun natuurlijke ouders. Ieder spoor van toestemming aan een adoptiefkind om met zijn of haar biologische wortels betrouwbaarheid op te bouwen, is een welkome aanmoediging. Het is ook een bewijs van de betrouwbaarheid van de adoptiefouders en een geschenk dat de moeilijke omstandigheid van gespleten loyaliteit minder moeilijk maakt voor het kind.

Legaten van emigratie én overleven kunnen jongeren ook vastzetten. Voor beide gevallen is het kenmerkend dat mensen een lid van hun familie hebben overleefd of de omstandigheden waarin hun dierbaren blijven leven, zijn ontgroeid. Mensen die zijn weggetrokken uit landen waarin armoede en onderdrukking de boventoon voeren, hebben het duidelijk nodig manieren te vinden waarop ze tot het uiterste hun gaven in hun nieuwe situatie kunnen gebruiken omdat anderen dat niet kunnen doen. Neem bijvoorbeeld de jonge Chinees, die samen met zijn familie en andere bootvluchtelingen uit Vietnam naar de stad New York kwam.

> Hij, zijn ouders en zijn twee broers deelden een aantal jaren één kamer. De hele familie werkte hard om het hoofd boven water te houden en hem naar de middelbare school te laten gaan. In zijn eigen land was de vader pedagoog geweest. In zijn adoptiefland was bordenwassen het enige werk dat voor hem beschikbaar was. Zijn familie vond de baan te vernederend voor iemand van zijn status en vond het niet goed dat hij die baan aannam. Maar de oudste zoon maakte het verlies van zijn vader en zijn moeder en waarschijnlijk ook van zijn landgenoten die achter waren gebleven goed. Hij hield de afscheidsrede namens zijn eindexamenklas en won een beurs voor een gerenommeerde school voor beroepsopleidingen. Hij beloofde dat hij zo gauw als hij daartoe in staat was, geld zou verdienen om voor zijn familie een huis te kopen. Hij is vastbesloten te bewijzen wat hij en zijn familie waard zijn.

Een legaat van overleven zet kinderen zo mogelijk nog meer klem dan het legaat van emigratie. Hier kunnen vervolging, volkerenmoord, ziekte of economische rampen werken als de destructieve delegerende factor. Zo staat een overlevende in de schuld bij de slachtoffers die niet konden ontsnappen. Op de een of andere manier moet hij hun verlies rechtvaardigen en hun lijden goedmaken. De vraag die overlevenden voortdrijft, is hoe ze het bestaan van hen die overleden zijn, kunnen goedmaken, hoe ze er getuige van kunnen zijn dat mensen alles hebben verloren en werden vervolgd, zonder dat zij daartoe enige intrinsieke schuld hebben. Kunnen zij een actieve uitlaatklep vinden? De overlevende is belast met een mandaat voor het nageslacht of voor de hele mensheid. Hoe kunnen ze de effecten van de misdaad ongedaan maken of op zijn minst de consequenties verzachten? Hoe kunnen ze voorkomen dat het weer gebeurt? De sleutel tot het verminderen van de 'schuld van de overlevende' is te vinden in de keuzemogelijkheden van de overlevende tot gepaste actie die uiteindelijk het nageslacht ten goede zal komen.

Relaties met anderen versus de innerlijke partner: balans en keuzemogelijkheden

In relaties ontdekken partners keuzemogelijkheden waarmee ze hun eigen verdienste kunnen valideren. Door middel van deze mogelijkheden proberen ze de basis van overgebleven betrouwbaarheid, die ze gemeenschappelijk hebben, te verbreden. Telkens wanneer iedere partner de gelegenheid om veelzijdig billijk te zijn benut, verdient hij of zij constructief gerechtigde aanspraken en helpt weer te investeren in de kwaliteit van het omgaan met anderen (in tegenstelling tot een relatie met een innerlijke partner). Het gerichte en de directheid van de dialogische gedachtenwisseling helpen de uitbuiting, eigen aan projectieve identificatie, te verminderen. Het maakt dat iemand minder is geneigd de ander te beschouwen als degene die de rol heeft van de innerlijke 'partner' aan wie men behoefte heeft.

De cliënt kan hierbij slechts aanwijzingen geven die de therapeut vermoedelijk zal oppikken. De therapeut kan zelf niet voorzien in de specifieke inbreng voor een vertrouwen opbouwende dialoog; daarom zijn de aanwijzingen van de cliënt van groot belang. De therapeut kan zijn eigen worsteling met intimiteit en vertrouwen gebruiken als de belangrijkste richtlijn op dit gebied, zowel als zijn deskundigheid met betrekking tot de complexiteiten van de zelfvaliderende (tweede) fase van de dialoog. Bovendien kan zijn inzicht in de neiging van de cliënt tot projectie de therapeut helpen zijn eigen projectieve vervormingen te onderkennen. Hoe het ook zij, er zijn geen concrete objectieve beschrijvingen van de vertrouwen opbouwende hulpbronnen tussen mensen onderling, en zeker geen voorschriften.

Als algemene regel geldt dat therapeuten hun aandacht kunnen richten op tekenen van kwetsbaarheid, afwijzing en vermijding tussen een cliënt en de voor hem belangrijke familieleden. Zij zijn er tekenen van dat het niet goed gaat met de relatie en ze worden vooral belangrijk wanneer ze eenzijdig worden weergegeven; dat wil zeggen: wanneer ze van een partner komen wiens macht over de ander van doorslaggevende en immense betekenis is. Neem bijvoorbeeld de moeder die van haar kind verwacht dat ze haar 'alles' vertelt. Dan gebruikt ze de informatie om het kind te manipuleren en bij zich te houden. Of omgekeerd: neem de vader die van zijn kind zijn vertrouweling maakt of het kind dwingt steeds zijn toehoorder te zijn, zonder op zijn beurt naar de problemen van het kind te luisteren. Deze vader kan het gevoel hebben dat hij geeft. Doordat hij niet in staat is tot wederkerigheid in een taak die op zijn best al van twijfelachtige waarde is, voldoet hij in feite niet aan zijn verplichting een verantwoordelijk vader te zijn. Hij kan er ook geen constructieve gerechtigde aanspraak mee verwerven.

Wanneer iemand er niet in slaagt constructief gerechtigde aanspraak te verwerven vanwege uitbuitende handelingen, heeft dit ook zijn weerslag op de andere dimensies van de relationele werkelijkheid. Het ontbreken van verbondenheid met anderen via de dialoog kan worden gezien als transactioneel disfunctioneren en als een breuk in de communicatie. Op individueel niveau kunnen iemands motivaties worden verbonden met psychologische eigenschappen, bijvoorbeeld narcisme, defensiviteit, ambivalentie, en angst voor intimiteit. In de ethische dimensie zijn deze onvermogens of dit verzuim meestal een indicatie voor destructief gerechtigde aanspraak, een resultaat van een verbroken dialoog. Bovendien zal degene die uitbuit voortdurend zijn feitelijke gerechtigdheid uitputten, vaak zonder het te merken.

Wanneer hij op zoek is naar praktische oplossingen is een therapeut altijd in de positie dat hij kan inschatten welke hulpbronnen beschikbaar zijn die alle partners kunnen helpen om voor elkaar constructief gerechtigde aanspraken te verwerven. Iemands vermogen tot verwerven van constructief gerechtigde aanspraken is het enige echte tegengif tegen zijn destructieve handelingen en eisen. In sommige families ontdekt een therapeut aanwijzingen door het observeren van sterk aangescherpte technieken van misleidende manipulatie. Een voorbeeld hiervan is de ouder wiens gedragspatronen van het te veel geven op het eerste gezicht opofferend van aard lijken. Later wordt duidelijk dat de ontvanger van deze zorg met ketens van schuld zit vastgeklonken. Dit patroon dat qua manipulatie succes oplevert, is natuurlijk een grove karikatuur van zelfvalidatie door middel van verworven gerechtigde aanspraak.

Tekenen van een verbroken dialoog

Verzwakking van een dialoog resulteert in een beperking van hulpbronnen in zowel de fase van de zelfafbakening als van de zelfvalidatie. De ethische dimensie heeft echter het meest te maken met de tweede fase. Wanneer mensen hun nauwe relaties afbreken of afsluiten, verliezen ze een bron van zelfvalidatie. Wanneer het ingebouwde tribunaal in de relatie in werking treedt, beperkt het zijn uitingen tot stilte en veroordeling, die meestal op een indirecte manier worden doorgegeven. En keuzemogelijkheden voor een dialoog verworden tot het over en weer gebruik maken van machtsmiddelen die erop zijn gericht elkaar eronder te houden door middel van verwarring, intimidatie, wrok of schuld.

Er zijn vele en verschillende tekenen van een beknotte dialoog, zoals bijvoorbeeld:

- afstand;
- spanning en irritatie;
- het onvermogen van de een om te luisteren naar de ander;
- het onvermogen tot reageren op positief geven van de ander;
- het onvermogen om betrouwbare zorg op gang te brengen;
- het gebrek aan waardering voor de pogingen van de ander zijn (of haar) ouders te ontschuldigen of zijn loyaliteit met zijn familie in stand te houden;
- de afwezigheid van enige intentie tot het verwerven van constructief gerechtigde aanspraak;
- ongevoeligheid voor de manier waarop een partner wordt uitgebuit.

Wanneer de zelfvaliderende aspecten van de dialoog worden beknot, raken alle betrokkenen in een toestand van in bepaalde mate niet-gerechtigd zijn. Op zijn best wordt er te weinig gebruik gemaakt van mogelijke relationele hulpbronnen. Op zijn ergst verliest men alles. Daar komt nog bij dat de persoonlijke vrijheid van iedere partner niet tot ontwikkeling kan komen.
Het falen in het verwerven van zelfvalidatie door een echte dialoog met de partner heeft veel consequenties. Onder andere:

- depressief affect;
- niet bereid zijn opnieuw te durven investeren in een relatie;
- een onvermogen tot slapen of ontspannen;
- niet in staat zijn tot creativiteit of werk;
- niet kunnen genieten van intimiteit of seks;
- behoefte aan psychosomatische uitingen;
- verlies van de wil om te leven.

Vooral depressie is een belangrijke consequentie van het niet kunnen verwerven van gerechtigde aanspraak. De depressieve mens, die afhankelijk en veeleisend is, klaagt en de aandacht krijgt, slaagt er niet in gerechtigde aanspraak te verwerven. In dit dilemma gaat het om de circulaire beweging in een mens tussen het niet kunnen verwerven van gerechtigde aanspraak en het gevoel waardeloos te zijn, zelfbeschuldiging en motieven tot zelfvernietiging. De klassieke symptomen van depressie komen overeen met een gebrek aan innerlijke vrijheid dat ontstaat, ongeacht of iemands familieleden nu dichtbij of veraf wonen.

Het taxeren van destructief gerechtigde aanspraak

Iemand die langdurig destructief gerechtigde aanspraak vergaart, vertoont vaak psychologische vormen van verdediging zoals verschuiving en projectie. Deze vormen van verdediging passen bij een paranoïde, narcistisch of antisociaal karakter. In het feit dat degene die oorspronkelijk destructief gerechtigde aanspraak verwierf doordat hij op onbillijke manier tot slachtoffer werd gemaakt en nu functioneert als slachtofferaar, schuilt een paradox. Vanuit zijn gezichtspunt op rechtvaardigheid in de menselijke orde kan hij zijn gedrag rechtvaardigen. De wereld van de volwassenen die hij als kind kende *was* zowel verwaarlozend als uitbuitend. Die wereld bood geen luisterend forum voor zijn rechtvaardige aanspraken, geen herstel in zijn eigen jeugdige zoektocht naar rechtvaardigheid in een relatie. Hij werd weerloos gemaakt door een omgeving van onverantwoordelijke volwassenen, die beter moesten weten dan een kind het loodje te laten leggen. Waarom zou het 'kind' nu het volwassen is, iemand iets beters geven dan het zelf heeft gekregen? Hier is blijvende schade aan de rechtvaardigheid van de menselijke orde veroorzaakt. De beker met relationele onbillijkheid van de vori-

ge generatie is overgelopen en heeft gevolgen voor de huidige generatie.
De mens die zich verlaat op verworven destructief gerechtigde aanspraak handelt alsof hij vrij van schuld of berouw is. Zijn zelfvernietigend gedrag en zijn voor anderen schadelijke handelingen schijnen bij hem geen reflectie of medelijden op te roepen. Ze produceren wel een verscheidenheid aan descriptieve kenmerken, onder andere:

- gedragspatronen waarmee men zichzelf in gevaar brengt, onder meer pogingen tot zelfdoding;
- paranoïde beschuldigingen van anderen;
- onbillijke attitudes die worden verschoven naar kinderen of partner;
- ombuigen van wraak tegen de ouders naar wraak op de kinderen; bijvoorbeeld: een onzichtbare loyaliteit die tot uiting komt in kindermishandeling, zwangerschap bij pubers, overbeschermende bezitterigheid en incestueus gedrag;
- relationele breuk met ouders en broers en zusters;
- niet-ontvankelijk zijn voor de bijdragen van een jong kind, bijvoorbeeld: beschikbaarheid, zorg, dankbaarheid;
- algehele weigering van het aanbod van zorg door wie dan ook;
- chronische uitbuiting van de liefhebbende toewijding van een kind;
- het kind de zondebok maken voor ruzies tussen volwassenen;
- het kind tot perfect ideaal maken ter compensatie voor een verraderlijke wereld;
- parentificatie – seksueel misbruik van kleine kinderen incluis;
- onverschilligheid over de consequenties van destructief gedrag van volwassenen, met inbegrip van handelingen ten opzichte van kinderen die leiden tot de moeilijke omstandigheid van gespleten loyaliteit.

Parentificatie

Eén van de belangrijkste punten van zorg van de contextuele therapie heeft te maken met het voorkómen van destructief gebruik van anderen. Het centrale aspect van deze zorg is het relationele misbruik van kleine kinderen ter bevrediging van de bezitterige, afhankelijke, destructieve of seksuele behoeften van één of meer volwassenen. Het begrip 'parentificatie' werd voor het eerst genoemd in verband met de families van psychotische individuen *(Boszormenyi-Nagy, 1965a)* en later in verband met families in het algemeen *(Boszormenyi-Nagy & Spark, 1973/1984)*. De contextuele visie op parentificatie is enigszins anders dan de transactionele notie van de ouder-kindrolomdraaiingen die worden benadrukt in het begrip 'kind als ouder' *(Minuchin, 1974)*. De verschijnselen van rolomdraaiing over de generationele grenzen heen kunnen op zichzelf onschadelijke of zelfs nuttige ervaringen voor een kind zijn. Een contextuele evaluatie daarentegen is gericht op de destructieve parentificatie die een kind blijvend schade berokkent.

De schade wordt permanent wanneer de kinderen een enorm verlies van vertrouwen ervaren en geen andere conclusie kunnen trekken dan dat hun wereld uitbuitend en manipulerend is. Op dit punt verwerven kinderen destructief gerechtigde aanspraak en verliezen ze hun vermogen om verder vertrouwen op te bouwen. Een voorbeeld hiervan is: een kind wordt in de rol geplaatst van bemiddelaar tussen manipulerende ouders. Het jonge kind dat – ethisch gezien – in de steek gelaten wordt, kan gedurende lange tijd met de tact van een diplomaat opereren, omdat het niet graag de volwassenen in de wereld om zich heen wil teleurstellen. Het kind probeert voortdurend te voldoen aan de eisen van de ene ouder die een vertrouwelijke relatie met hem opbouwt, terwijl die relatie geheim wordt gehouden voor de andere ouder. Onder deze omstandigheden zit een kind automatisch gevangen in een situatie van gespleten loyaliteit en wordt het gedwongen de afwezige ouder te beschermen, terwijl het tegelijkertijd het de aanwezige ouder naar de zin maakt. Dan wordt hij in een identiek, maar spiegelbeeldig scenario geplaatst met de andere ouder. Alle significante aspecten van gespleten loyaliteit maken het kind destructief geparentificeerd. Neem bijvoorbeeld de situatie van Mollie van twaalf jaar die verscheurd wordt door ruziënde ouders.

'Je vader moet een hersenbeschadiging hebben opgelopen toen hij een paar jaar geleden zo erg is gevallen,' zegt de moeder. 'Ik heb met de dokter over zijn driftbuien gepraat en ze is het met me eens dat zijn woede door lichamelijk letsel kan zijn ontstaan.' 'Dat klopt,' zegt Mollie tegen de therapeut. 'Iemand die gezond is, gaat niet met zijn hoofd tegen de muur staan bonken. Er moet een reden zijn voor dit soort idioot gedrag.'
Mevrouw H. lijdt al twaalf jaar aan aspergillosis. Het is een slopende ziekte die het immuniteitssysteem aantast en die het moeilijk maakt een normaal leven te leiden. Tijdens die twaalf jaar is ze twee à drie keer per jaar opgenomen geweest vanwege longontsteking en ze raakt, telkens als zij van huis weg moet, in een diepe depressie.
Een psychiater heeft de heer en mevrouw H. ertoe aangezet familietherapie te overwegen. Mevrouw H. legde als huidig probleem voor, dat mijnheer H. impotent was. 'Ik ben nauwelijks impotent te noemen,' antwoordde mijnheer H. 'Ons huwelijk was al op de klippen gelopen voor ze ziek werd. Haar moeder en broer waren altijd belangrijker dan ik. Ze probeert haar moeder te beschermen wanneer ze te horen krijgt dat ze weer opgenomen moet worden. Maar ze doet net of het mijn schuld is.' Mollie luisterde naar haar vader en bedacht dat hij daarin wel gelijk had. Ze zegt: 'Mam, je hoeft echt niet zo over zijn familie praten als jij dat altijd doet. Dat maakt hem alleen maar steeds kwader.' Iedere keer dat de heer H. tijdens een zitting sprak of een suggestie gaf, snoerde mevrouw H. hem niet alleen de mond en viel ze hem aan, maar wendde ze zich ook ter rechtvaardiging tot haar dochter. 'Vooruit Mollie, vertel de dokter eens hoe ziek je vader is. Vertel haar maar hoe pappa met zijn hoofd

tegen de muur bonkt en steeds wegloopt als ik met hem probeer te praten. Vertel haar maar hoe ik voor hem moet zorgen als hij kwaad wordt, zelfs als ik in het ziekenhuis lig. Vertel haar maar hoe lief oma voor hem is en hoe hij haar altijd negeert. Vertel het haar maar, want dát wil de dokter weten.'

Het grootste deel van haar leven werd Mollie gedwongen vertrouwen te geven aan een wereld van wantrouwende en onbetrouwbare volwassenen. Het grootste deel van haar leven was ze niet in staat haar voorraad vertrouwen, die slonk door deze in wezen 'slechte' investeringen, weer aan te vullen. Het probleem in een notedop is dat de bijdragen van Mollie aan haar ouders niet of nauwelijks werden erkend. En dan hebben we het nog niet eens over de situatie waarin ouders de *schuld* geven aan hun kind dat steeds bemiddelt. In deze situaties luidt de fundamentele vraag die de therapeut zich moet stellen: in hoeverre kunnen de ouders van Mollie worden geholpen erkenning te geven voor haar bijdragen, of op zijn minst voor haar beschikbaarheid voor hen. De therapeut die het gezin kan leiden in de richting van wederkerige erkenning, zelfs te midden van Job-achtige ontberingen, heeft een relationele hulpbron ontdekt en kan deze preventief en therapeutisch voor iedereen laten werken.

Patronen van loyaliteitsconfiguraties

De situatie van Mollie toont aan hoezeer gezinnen hun leden aan zich kunnen binden door middel van loyaliteitsconfiguraties. In de contextuele therapie wordt met de term 'loyaliteit' bedoeld: de dynamisch verplichte zorg van een lid voor de andere leden van de familie. Deze zorg of investering kan bijvoorbeeld een antwoord zijn op vroegere zorg: een wedergift voor baten die men heeft ontvangen. Contextuele evaluaties zijn erop afgestemd te horen hoe loyaliteiten ontkend, genegeerd, misbruikt en gemanipuleerd kunnen worden. Gespleten loyaliteit, loyaliteitsconflicten en onzichtbare loyaliteiten zijn alle configuraties die een nauwkeurige taxatie en bestudering vereisen. Hierbij gaat het steeds om het vermogen van een individu om betrouwbare relaties aan te gaan, te ontwikkelen en vast te houden ondanks triadische (dat wil zeggen: er is een derde persoon bij betrokken) eisen, rechten en behoeften met betrekking tot de relatie.
Zoals reeds eerder is aangegeven, wordt destructieve parentificatie gekenmerkt door een onopzettelijk heimelijk patroon of aantal patronen tussen familieleden die een hechte relatie hebben, wat het wederzijds wantrouwen versterkt. De heimelijke verstandhouding kan vóórkomen tussen ouders, tussen grootouders en ouder, tussen ouder en broer of zuster en tussen ouder en zijn of haar kinderen. Het kan zijn dat geen van deze mensen als individu het kind destructief behandelt. Het is meer hun *gezamenlijke invloed* die een verwoestend, onoplosbaar probleem voor het kind is, precies op zijn meest kwetsbare plek: het gerechtigd vergaren van vertrouwen.

Het transactionele patroon van 'triangulatie' maakt deel uit van de context van de problemen van iedere configuratie van gespleten loyaliteit. In feite bestaat de perverse triade uit vader, moeder en kind, plus misschien een grootmoeder. Feitelijk en dynamisch gezien is het letterlijk onmogelijk een kind en een ouder aan te spreken alsof de andere ouder van geen belang zou zijn. Mensen proberen dat en slagen er niet in. Op een gegeven moment raken vader, moeder en de kinderen op subtiele of overduidelijke manier betrokken in het proces van 'bondjes' sluiten tegen elkaar. Na een tijd zal ieder lid van de ouder-kindtriade een aandeel hebben in het slachtofferen van elkaar in plaats van dat ze gezamenlijke pogingen ondernemen om vertrouwen op te bouwen. Alle leden van de driehoek doen er goed aan in te schatten welk eigen aandeel zij hebben in het op een onrechtvaardige manier met elkaar omgaan en in het creëren van een verslechterende onderlinge situatie. Niet iedere triangulatie echter heeft het in zich het vertrouwen te verwoesten of heeft blijvende destructieve consequenties.

In wezen betekent loyaliteit altijd dat er een voorkeurskeuze moet worden gemaakt. Loyaliteit houdt in dat iemand tussen twee alternatieven kan kiezen. Anders zou loyaliteit een overbodig woord zijn en kunnen worden vervangen door diadische termen zoals 'aanhanger zijn', 'aardig vinden' en 'eens zijn met'. Kortom: loyaliteit veronderstelt een raamwerk dat op zijn minst impliciet triadisch is. Het veronderstelt ook dat degene die handelt, tussen alternatieven kiest.

In een contextuele taxatie houdt loyaliteit zich aan een bepaalde betekenis van het begrip 'relatie', dat is ontwikkeld vanuit 'verworven verdienste'. Een contextueel therapeut werkt vanuit de vooronderstelling dat een mens vroeger of later zijn loyaliteit moet laten gelden voor mensen die een belangrijke investering in zijn bestaan hebben gedaan. Bijvoorbeeld – zoals al eerder is beschreven – een geadopteerd meisje wordt onherroepelijk loyaal aan de vrouw die haar negen maanden heeft gedragen, die een ongewenste zwangerschap en het risico van een geboorte heeft doorstaan en die haar het leven heeft gegeven. Daartegenover staat de natuurlijke vader die misschien niet eens afweet van het bestaan van zijn dochter en daardoor in het begin minder loyaliteit zal oproepen. In ieder geval plaatst het feit van adoptie alleen al het kind in een configuratie van impliciete gespleten loyaliteit tussen natuurlijke moeder en adoptiefouders.

Een andere, minder verwoestende configuratie van loyaliteit is de botsing tussen twee loyaliteiten – een verticale en een horizontale. Bij een *loyaliteitsconflict* gaat het er altijd om dat men prioriteiten moet stellen ten aanzien van zijn betrokkenheid en wel tussen gezin van herkomst *en* partner, vrienden, baan of leeftijdgenoten. Loyaliteit is een zó fundamentele oorzaak van huwelijksproblemen, dat deze soms al te voorschijn komt op of voor de trouwdag. Neem bijvoorbeeld de professor, die de veertig nadert en die zijn moeder buitengewoon is toegewijd, sinds zijn vader tien jaar geleden is overleden.

Twee dagen voor zijn huwelijk kwam de moeder van Hank over uit een andere staat. Hij liet haar logeren in zijn appartement, maar merkte toen hoe verscheurd hij zich voelde. Hij wilde de nacht liever bij zijn verloofde thuis doorbrengen dan in zijn eigen huis en vroeg *haar* aan zijn moeder te vertellen wat hij het liefst wilde doen. Een paar weken geleden was het stel in therapie gegaan omdat Hank Joan nooit kon zeggen wat hij wilde. Waar het ook om ging, Hank gaf nooit toe dat hij ergens voorkeur voor had. Hij ontkende ook dat hij enige angst voor het komende huwelijk voelde.

Maar Hank leek steeds bozer te worden over de duidelijke onverschilligheid van zijn moeder en broer ten aanzien van zijn verloofde en moest er steeds vaker aan denken dat hij zijn overleden vader de kans had 'ontnomen' bij zijn huwelijk aanwezig te zijn. Hij voelde zich diep gekwetst door de voortdurende vijandigheid van zijn broer tegen Joan, telkens wanneer ze bij elkaar waren. 'Waarom kan hij haar niet behandelen als een lid van de familie,' vroeg hij zich af, 'net zoals de familie van Joan mij behandelt? We hebben al die jaren zo'n hechte band gehad, we stonden altijd voor elkaar klaar. Ik begrijp het gewoon niet.'

Hank reisde een maand voor het huwelijk heel wat kilometers op en neer naar zijn broer in een poging om het 'uit te leggen', maar kwam iedere keer na zo'n poging teleurgesteld terug. 'Tom doet gewoon als we praten over de dingen die we vroeger plachten te doen, maar hij wil niet praten over Joan. Met mijn moeder is het net zo. Ze doen alsof Joan niet bestaat. Ik weet dat alles heel anders zou zijn als mijn vader nog had geleefd.'

In andere situaties kan het zijn dat iemands houding ten opzichte van intimiteit onmiddellijk na het huwelijk verandert en hij of zij zelfs op de huwelijksreis seksueel wordt geremd. Soms komt een loyaliteitsconflict geleidelijk naar boven en neemt het verschillende vormen aan, zoals onenigheden, gebrek aan vertrouwen, seksuele problemen en scheiding. De contextuele evaluatie van seksuele problemen vereist een nauwkeurig onderzoek naar iemands loyaliteitsbanden. Tekenen van de aanwezigheid van een loyaliteitsconflict vertonen zich vaak indirect en zijn soms moeilijk naar boven te halen of te onderkennen. Ouders zullen bijvoorbeeld geen openlijke tekenen van afkeuring geven ten aanzien van het huwelijk van een kind en alleen maar negatieve boodschappen geven bij verjaardagen of tijdens vakanties.

Indirecte loyaliteitsconflicten kunnen worden gekanaliseerd in *onzichtbare loyaliteit* met ouders die een kind haat of minacht, maar desondanks beschermt. Neem Burt bijvoorbeeld:

Hij ziet zijn familieleden zelden, en wanneer hij ze ziet, is de verhouding koel en afstandelijk. Toch is hij vaak depressief over hen en hij voelt zich dikwijls diep gekwetst door hun onachtzaamheid jegens hem. 'Zo is het altijd geweest,' zegt hij, 'zelfs toen ik jong was.' Het is kwetsend voor Burt zelf dat zijn ouders en hij zo weinig contact met elkaar hebben, maar het vormt ook een relationele wond die hem zijn gerechtigde aanspraak ten opzichte van zijn vrouw en oudste zoon Doug ontneemt.

Ondanks zijn pijn en schijnbare ongebondenheid ten opzichte van zijn ouders doet Burt nog steeds indirecte pogingen om te bewijzen dat ze de moeite waard zijn. Dat hij op een vergeldende manier niet ingaat op de eisen van zijn vrouw, kan een aanwijzing vormen voor de manier waarop hij indirect zijn ouders beschermt. Zijn soms bestraffende manier van vader zijn voor zijn oudste zoon kan een andere aanwijzing zijn. Het feit dat zijn ouders zich schijnbaar afzijdig hielden van Burt, zelfs toen hij een klein kind was, maakt dat hij geneigd is zo ook te zijn ten opzichte van zijn zoon. Burt weet bijvoorbeeld niet goed hoe hij een vader voor hem kan zijn. En wanneer hij een poging tot toenadering doet, lijkt Doug onverschillig te staan tegenover de pogingen van zijn vader. Van die kant krijgt Burt dan ook geen waardering. Een van de dilemma's is hier dat Burt Doug regelmatig heeft geslagen toen deze nog heel jong was, een feit dat hem zo nu en dan met schuldgevoelens overweldigt.

Burt kan wel manieren vinden waarop hij via zijn vrouw en zijn zoon gerechtigde aanspraak kan verwerven, maar hij lijkt de poging nog niet aan te durven. Hij weet dat hij zich onbillijk gedraagt en wil helemaal niet zo zijn. Hij weet ook dat hij zich emotioneel leeggezogen en slecht behandeld voelt. Zijn blindheid voor het feit dat hij sommige mensen van wie hij houdt slecht behandelt, kan worden beschouwd als een loyale handeling waarmee hij zijn ouders behoedt voor zijn woede.

De taak van de therapeut is hier Burt te helpen om de resterende bronnen van betrouwbaarheid, die nog steeds tussen hem en zijn ouders bestaan, te vinden. De taak om deze hulpbronnen te onderkennen is met name een zoektocht naar een nieuwe handelwijze. Welke mogelijkheden heeft hij bijvoorbeeld om op een directere manier loyaal met hen te zijn? Kan hij nieuwe manieren vinden om de band met zijn ouders aan te halen, minder uitsluitend te geven op hun voorwaarden en zijn eigen keuzemogelijkheden en aanspraken naar voren te brengen? Kan hij daarnaast het verband leren zien tussen de reële en gevoelde kwetsingen die hem door zijn ouders zijn aangedaan en de nadelige invloed daarvan op de manier waarop hij zijn vrouw en kind behandelt? Mogelijk wordt uit het verleden van zijn ouders duidelijk dat zij waarschijnlijk de giften van hun zoon niet zullen accepteren, zelfs als hij hun om hulp vraagt. Als dat zo is, kan hij dan begrijpen dat hun eigen reële behoeften nieuwe mogelijkheden kunnen hebben geschapen?

Het latere leven kan eenzaamheid, ziekte en angst met zich meebrengen. Mensen die ouder worden, zijn vaak bereid over hun jeugd en hun succes te praten en hun gevoelens van spijt te onderkennen voordat het te laat is. Ondanks kwetsingen en vervreemding zullen ze zeer waarschijnlijk het nieuwe aanbod van hun

zoon of dochter om te luisteren of vragen te stellen verwelkomen. Het kan zelfs zijn dat het hen oplucht als ze de kans krijgen moeilijke of tot nu toe niet onder ogen geziene kwesties te bespreken. Maar zelfs wanneer de ouders van Burt hun houding helemaal niet kunnen veranderen, zal het feit alleen al dat Burt pogingen doet om zijn loyaliteit als kind aan zijn ouders een meer rechtstreekse vorm van geven te laten aannemen, zijn geneigdheid om op basis van onzichtbare loyaliteit te handelen, verminderen.
Gespleten loyaliteit, loyaliteitsconflict en onzichtbare loyaliteit brengen patronen van relationele verschijnselen voort, die verschillende vormen kunnen aannemen, onder andere:

– beperkte emotionele en/of intellectuele ontwikkeling;
– ego-stoornissen, depressie, leerproblemen, narcisme, psychose;
– zichzelf-vernietigende gedragspatronen;
– zelfdoding, geneigdheid tot ongelukken, zichzelf schade aandoen op het sociale vlak;
– delinquentie, schoolfobie, anorexia, verslaving, crimineel gedrag;
– seksuele ontoereikendheid, verlies van het volledige scala aan keuzemogelijkheden in generatieve heteroseksualiteit;
– fysiologische beschadigingen als gevolg van psychosomatisch gedrag;
– het onvermogen om succes te accepteren.

Deze uitingsvormen zijn alle aanwijzingen van het persoonlijk falen van individuen die niet bereid zijn of die niet in staat zijn gerechtigde aanspraak te putten uit de zelfvaliderende fase van de dialoog.

Een relatie die ethisch onvruchtbaar is en die stagneert, brengt zowel systemische en structurele als individuele signalen voort; onder andere:

– ontkenning van conflict;
– een onvermogen, als van een martelaar, om ooit zijn of haar positie in een relatie naar voren te brengen;
– afzien van persoonlijke verantwoordelijkheid en ontvankelijkheid en zich terugtrekken in relationele patronen die steunen op manipulatie;
– voortdurend te veel loyaal zijn met zijn of haar ouders ten koste van de kans een individu te worden;
– een overgrote nadruk op geldzaken en verplichtingen;
– pogingen een greep te krijgen op de complexiteit van relaties door gebruik te maken van uitersten, bijvoorbeeld een breuk veroorzaken in een relatie of zich te buiten gaan aan uitingen van affectie;
– rigide geloof of ideologie, vooroordelen of moralisme;
– zich paranoïde of psychotisch in zichzelf terugtrekken.

De symptomatische vormen van loyaliteitsconfiguraties zijn te zien in individueel disfunctioneren en in systemische defecten. Deze worden derhalve behandeld door middel van traditionele interventies van 'puur' individuele, systemische of echtpaartherapie.

Wanneer men in zijn therapeutische interventies consequent de ethische dimensie van relaties negeert of terzijde schuift, zal men er niet in slagen een alomvattende taxatie van iemands context en realiteit te maken. Bovendien kan het zijn dat de therapie zelf ertoe bijdraagt dat men de ethische dimensie van relaties blijft vermijden.

IV

HET THERAPIEPROCES

HOOFDSTUK 10

GEZONDHEID, AUTONOMIE EN RELATIONELE HULPBRONNEN

De kern van contextuele therapie ligt in de verbetering van de kwaliteit van het leven van de cliënten. Ongeacht de aard van individuele klachten of van systemisch slecht functioneren, blijft een verbetering van de kwaliteit van het leven voortdurend het doel. Natuurlijk is het nodig de symptomen te laten afnemen en het slecht functioneren te keren. Maar het proces waar het in feite om gaat, is het aanboren en ontwikkelen van hulpbronnen ten behoeve van verbetering van de persoon zelf en van wederzijdse verrijking door beter gebruik te maken van relaties. Zo kan ieder individu verwachten dat hij baat heeft bij de relatie terwijl hij anderen tegelijkertijd in staat stelt er ook baat bij te hebben.
In tegenstelling tot winst voor ieder individu afzonderlijk, maken baten bedoeld voor meer mensen iedereen in een familie vrij en sturen hem of haar in de richting van meer creatieve vrijheid en een hogere mate van persoonlijk vreugde. De kwaliteit van iemands leven is gebaseerd op twee dingen: 1. manifeste patronen van bevrediging en vreugde, tegenover lijden aan symptomen en chronische ontevredenheid, en 2. de onderliggende structuur van relationele balansen. Het is mensen niet altijd even duidelijk hoe doorslaggevend hun persoonlijke bevredigingen en teleurstellingen in de integriteit van relaties verankerd liggen. Maar hoe meer ze in de bron van hun lijden en ontevredenheid kijken, hoe meer ze zich ervan bewust worden hoezeer hun relaties de wezenlijke maatstaf voor de werkelijkheid zijn. Om te kunnen overleven hebben mensen basisvoorzieningen nodig. Om te kunnen bestaan hebben mensen relaties nodig. Een moderne gedachtengang over de essentiële relationele kwaliteit van het menselijk bestaan werd opgesteld door een van de eerste mentoren van Freud, Franz Brentano, in zijn theorie over bewustzijnsverschijnselen *(Spiegelberg, 1960)*; en opnieuw in de beschrijving van Freud van de instinctieve behoeften, waarvan hij dacht dat ze

in een ander (object) verankerd lagen. Contextuele therapie richt zich actiever op het vrij maken van de werking van ieders creatieve spontaneïteit die in de betrokkenheid op wederzijdse zorg verankerd ligt.

In dit hoofdstuk wordt aandacht besteed aan procesmatige aspecten van gezondheid, stoornissen en herstel. Allesomvattende zorg voor de kwaliteit van leven en gezondheid krijgt altijd te maken met de endopsychische processen van ieder van de betrokkenen *en* met hun vermogen om zich in te zetten voor het op een verantwoordelijke manier met elkaar omgaan. Deze werkelijkheid zet een vraagteken bij het nut van de discussie of individuele of gezinstherapie is geïndiceerd. Idealiter zou elke modaliteit aan het werk moeten gaan met zowel het individu als met diens context. Een gezonde psyche en de vrijheid iets terug te doen voor de toewijding van een ander, gaan samen in een op dialoog gebaseerde relatie. De criteria voor herstel hebben niet uitsluitend betrekking op de psychologie van het 'zich goed voelen' van een of meer individuen en ook niet uitsluitend op gedragspatronen of structuren. Of een patiënt nu wel of niet alléén wordt behandeld, zijn familieleden zullen er door worden beïnvloed. Omgekeerd geldt ook dat elke langdurige interventie in de relationele patronen van iemand onvermijdelijk de motieven van iedere betrokkene persoonlijk zal beïnvloeden.

Het proces van contextuele therapie is erop gericht individuen aan te moedigen om elke natuurlijke neiging te benutten om een persoonlijk doel te bereiken, zoals bijvoorbeeld een fundamenteel streven naar zelfvalidatie door middel van billijk geven-en-nemen. De therapeutische hoofdtaak is dus ieder individu in een relatie te brengen tot het aanvaarden van de eigen en zijn partners aard, en van hun botsende aspiraties. Tijdens dit proces zijn mensen kennelijk in staat hun neiging tot afhankelijke eisen en hun projectieve identificatie opnieuw onder de loep te nemen. Zij leren steeds beter om op een autonome manier, gekenmerkt door assertiviteit, verantwoordelijkheid en zorg, met anderen om te gaan.

Therapeutische doeleinden: verandering versus het kiembed voor autonomie

Therapie is een complex proces dat zowel motieven en interacties omvat als hun bedekte en openlijke consequenties. Verandering in het individu afzonderlijk is een onderdeel van dit proces. In ieder geval heeft men geconstateerd dat de effecten van individuele therapie niet op zichzelf staan; het is dikwijls moeilijk de effecten van verandering vast te stellen, omdat deze op elk moment in zichtbare en verborgen schakeringen aanwezig zijn. Gezinstherapie heeft laten zien dat een zichtbare verandering van een gezinslid vaak samenvalt met zichtbare of onzichtbare verandering in andere gezinsleden. Het is heel gebruikelijk dat het 'pathologische' van de één naar boven komt en aandacht vereist op het moment dat de symptomen van de geïdentificeerde patiënt beginnen te verbeteren. De term 'geïdentificeerde patiënt' komt oorspronkelijk van de klassieke gezinstherapie.

Het begrip is kenmerkend voor een flexibeler definitie van symptoom en verandering dan de definities uit de individuele psychologie en de psychopathologie. In de natuurkunde van Newton werd 'verandering' omschreven als iets absoluuts. De moderne natuurwetenschappen hebben zelfs in de anorganische wereld het begrip 'verandering' gerelativeerd. Wanneer het begrip 'verandering' wordt toegepast op levende entiteiten, is het een niet-specifiek begrip met een wisselende en beperkte waarde. Er valt niet te twisten over het feit dat het leven een onophoudelijke reeks van veranderingen is. Voortdurende dynamische veranderingen maken het leven tot een zichzelf in stand houdend proces, dat in staat is de wet op de entropie te trotseren. Vanaf een begin dat zichzelf in leven kan houden, kan het genetische vernuft van het leven steeds weer nieuwe vormen aanreiken die weer kunnen overgaan in evolutionaire stromingen die zichzelf vervolmaken. Individuele organismen onderhouden zichzelf en passen zich aan op gezonde en positieve, op zieke en verwoestende wijze en op manieren die tussen deze twee uitersten liggen. Meestal bestaan gezonde en zieke processen in wisselende mengeling en samenstelling naast elkaar. Kwaadaardig weefsel wordt bijvoorbeeld omgeven door gezond weefsel. Hetzelfde geldt voor relaties: mensen hebben daarin altijd te maken met de uitwerking van het handelen van twee of meer afzonderlijke individuen, waarbij resultaten die verder helpen en resultaten die een vernietigende uitwerking hebben, samengaan. Deze samengroeiing bevat de gelijktijdige differentiatie van partners die met elkaar een relatie hebben. Als dit zo is, kan men de conclusie trekken dat in relaties versmelting en autonome differentiatie naast elkaar bestaan in twee gelijktijdige processen.

Therapie kan, net als het leven zelf, worden gezien als een deel van een voortgaand levensproces dat een mengeling is van lasten en hulpbronnen. In deze mengeling kunnen therapeuten een kiem leggen die als een katalysator werkt. Het woord 'katalysator' wordt hier gebruikt om erkenning te geven aan de creatieve keuzemogelijkheden van de therapeut *en* om te onderkennen dat zijn of haar bewuste handelen wordt beperkt in de mogelijke uitwerking als het gezin zich niet ook vanuit alle invalshoeken inspant. Om kort te gaan: alleen in vruchtbare aarde kan zaad ontkiemen.

De katalytische handeling van een therapie is verder gericht op het katalytische proces van de dialoog tussen de betrokken partners. Een bruikbare analogie is te vinden in het feit dat sommige enzymatische katalysatoren de katalytische functie van andere enzymen in een cel reguleren. De katalytische functie van het contextuele werk kan worden geïllustreerd aan de hand van een gewoon verhaal waarin een therapeut de verborgen hulpbronnen van vertrouwen tussen zusters naar boven haalt.

> Vier zusters in de leeftijd van begin dertig tot eind veertig slaagden erin door de jaren heen contact met elkaar te houden, hoe ver ze ook van elkaar vandaan woonden. Ze hadden twee broers met wie het contact oppervlakkiger

was. De vrouwen spraken of schreven van tijd tot tijd met ieder afzonderlijk. Maar ze schenen allemaal zó bezig met de eisen en investeringen van het dagelijks leven dat ze alleen maar in staat waren voor de vorm te vragen hoe de ander het maakte. Er bestonden natuurlijk oude wonden en kwetsuren bij hen, hoewel het leek dat deze meer met hun ouders en broers te maken hadden dan met hen onderling.

Allereerst was er het overlijden van hun ouders, binnen een paar weken na elkaar, bijna tien jaar geleden. Geen van hen had er ooit echt over gepraat. Bij Judy, de enige ongetrouwde zuster, speelde echter nog een aantal kwesties en gevoelens. Waarom was er bijvoorbeeld zoveel verantwoordelijkheid op haar schouders terechtgekomen, terwijl er drie oudere broers en zusters waren? Waarom was zij de enige geweest die voor hun ouders had gezorgd, toen ze stervende waren? Waarom werd er van haar verwacht alle regelingen te treffen? Waarom had geen van de anderen zich het psychische trauma gerealiseerd dat te moeten doen? Waarom werd de zorg en het troosten van hun jongere broer aan haar overgelaten? Waarom had geen van hen eraan gedacht dat zij ook behoefte aan troost had?

Dan was er de kwestie met hun broers, hoewel dat ook verband met hun ouders leek te houden. Van de vrouwen in dit gezin werd gezegd dat zij 'sterk' zijn. Moeder had veel te lijden gehad vanwege vele zwangerschappen en een chronische ziekte. Al met al was het gezin arm geweest, maar moeder had altijd de eindjes aan elkaar weten te knopen. Vader was echter veel van huis weg. Als hij thuis was, scheen hij zich geheel naar zijn vrouw te schikken. Hij liet zijn gevoelens zelden merken en kon geen maat houden bij het drinken.

Kortom: volgens de gezinsmythe was vader 'zwak' en zijn zoons evenzo. Eén van de zusters was het oneens met de gangbare gezinsmythe. Zij interpreteerde de dingen die met haar vader en oudere broer te maken hadden anders dan haar zusters. Het was voor de therapeut, wiens oorspronkelijke cliënt Judy was, vrij duidelijk dat de broers en zusters allen belast waren met de moeilijke omstandigheid van gespleten loyaliteit. Er bestond niet alleen een voortdurend wantrouwen tussen vader en moeder, maar ook onder de broers en zusters. Zwakke vader en zwakke zoons? Sterke moeder en sterke dochters? Of een heroïsche, zij het onderdanige vader en loyale zoons? Een dominerende, zij het zorgende moeder en beschermende dochters?

Door de jaren heen had Judy erg geleden onder wat zij zelf een depressie noemde. Ze had bovenmatig hoge verwachtingen van haar collega's en haar beroep gehad. En hoewel ze vaker wél dan niet door hen was teleurgesteld, leek het alsof niemand iets afwist van haar behoeften: een waarlijk moeilijk te verwerken wanbegrip. Judy werd, net als haar moeder, verondersteld sterk te zijn. 'Sterk' betekende dat je nooit je eigen grenzen onderkende en nooit zei dat je zelf behoeften had. 'Sterk' betekende dat je tot in het uiterste gaf van jezelf en dingen voor anderen deed. Het betekende ook dat je boos werd als de anderen niet net zoveel teruggaven. 'Sterk' betekende niets voor jezelf doen en jezelf afschermen voor erkenning of waardering van anderen voor jou en voor wat je hebt gegeven.

Op den duur werd het Judy te veel. Haar dwang om te geven veroorzaakte dat anderen steeds minder teruggaven en haar emoties raakten onderhevig aan enorme schommelingen. Tijdens de eerste therapiezittingen beschermde Judy haar familie krachtig; ze kon eigenlijk alleen maar praten over hoe oneerlijk het was dat haar ouders waren overleden. Maar het was ook duidelijk dat ze niet kon doorleven zoals ze de afgelopen jaren had geleefd. Heel langzaam kwam Judy ertoe zich tot haar zusters te wenden, hoezeer ze ook geografisch van elkaar waren verwijderd. Ze begon bij haar jongste zuster en betrok hen er uiteindelijk allemaal bij. Het is moeilijk te beschrijven hoe angstig en geagiteerd ze was toen ze toenadering zocht. Het is even moeilijk haar verbazing en ontzag te beschrijven toen zij daadwerkelijk bereid waren om op haar vragen in te gaan.

Eerst probeerde Judy hen gewoon in volwassen bewoordingen te vertellen wie ze was en meer van hen te weten te komen. In het begin leek alle initiatief van haar kant te moeten komen, tot ze begrepen hoe belangrijk het voor haar was. Later – vele maanden later – begon ze indringende vragen te stellen, bijvoorbeeld: hoe zagen zij hun ouders? Hoe hadden zij het overlijden van hun ouders ervaren? Hoe was het hen vergaan in de tijd erna? Hadden zij zich ooit afgevraagd hoe het haar was vergaan? Hoe gingen ze om met hun broers? Schaamden zij zich ooit voor hen?

Nog veel later bracht Judy haar jongste zuster mee naar de therapie en Elisabeth was bereidwillig meegekomen. De eerste paar minuten van de zitting verliepen stroef; Judy was agressief beschermend en had er moeite mee te vertrouwen op een goed resultaat van een open gedachtenwisseling. Maar Liz was onder de indruk van de mogelijkheid die er lag. Wat kon deze oudere zus, die zoveel knapper was, zoveel beter opgeleid, die zoveel meer talenten had, hopen van haar te krijgen? 'Herinner je je niet meer, Liz, hoe moeder jou placht vast te houden? Ik was er jaloers op. Ik benijdde jullie omdat jullie zo hecht met elkaar leken.' 'Maar iedereen zag tegen je op,' antwoordde Liz, 'en dat gold waarschijnlijk ook voor mamma. Je was toen ook al zo slim. We hebben het er nog steeds over hoe voorlijk jij was; ik denk dat je ons daarmee op een afstand hield.'

Judy en Liz hadden gedurende een jaar vier of vijf keer een gezamenlijke therapiezitting. Ze belden elkaar vaker op, maar de echtgenoot van Liz scheen voor Judy een struikelblok te zijn. Hij was bezitterig ten opzichte van Liz en verwachtte van haar dat ze de dingen op zijn manier deed. Zou Liz, door de vraag van Judy om nauwer contact, naar twee kanten worden getrokken? Toen Judy in het ziekenhuis voor een operatie werd opgenomen, kwamen de oude gevoelens van in de steek gelaten te zijn weer naar boven. Hoe kon ze Liz om hulp vragen als zij het zo druk had met haar eigen gezin en haar handen vol had? 'Liz kan altijd weigeren,' suggereerde de therapeut, 'mijn vraag is of jij er wel om kunt vragen.' Judy vroeg het Liz en Liz maakte tijd voor haar vrij, blij als ze was dat haar zuster haar troost en hulp nodig had.

De volgende zomer besloot Judy haar zusters in het westen te gaan bezoeken en ze maakte zorgvuldig plannen. Inderdaad wilde ze hun gezinnen beter leren kennen. Maar konden zij ook tijd vrijmaken, zodat ze samen wat konden doen? Ze kwam minder belast en zelfverzekerder dan ooit tevoren terug van vakantie. Later in het jaar kwamen zij naar het oosten op tegenbezoek en ze hadden met zijn allen vier therapiezittingen. Nu kwamen er met behulp van wat de therapeut al wist moeilijker vragen naar boven. De therapeut was zorgvuldig op iedereen gericht; een proces dat werd vergemakkelijkt door de vertrouwensbasis die was opgebouwd tussen haar en Judy en door wat Judy had verkozen reeds met haar zusters te delen.

Speciale nadruk werd gelegd op de gezinsmythe. Wat betekende het om in dit gezin een vrouw te zijn? Wat betekende het om er een man te zijn? Wat betekende het dat hun oudere broer niet aanwezig was? Hij had erin toegestemd te komen. Wat betekende het dat hun jongste broer er niet was? Had iemand hem gevraagd te komen? Wat zou hun moeder hebben gezegd als ze aanwezig was geweest? En hun vader dan? Dachten zij echt allemaal dat de familie in twee kampen uiteen was gevallen? Hoe? Waarom? Wat gebeurde er met ieder van hen als hun moeder ziek was, hetgeen regelmatig gebeurde? Wie was er dan voor hun vader? Waarom vertelde Judy niets aan de anderen wanneer ze in moeilijkheden was? Hadden ze echt kritiek gehad, toen ze een religieus beroep koos? Waarom hadden ze haar daar eerder niets over gezegd? Kon Judy wel geloven dat ze konden veranderen? vroegen ze zich af. Ze hadden er nu geen inzicht in.

In zekere zin waren de zusters begonnen om op een nieuwe en creatieve wijze met elkaar om te gaan. De vragen die ze aan elkaar stelden hadden inhoud. De zusters waren goed in staat om zich open te stellen, en om minder defensief en ontvankelijker te zijn, zowel voor mensen buiten de familiekring als voor elkaar. De therapeut was een katalysator geweest. Er was gezaaid, het zaad had water en voedingsstof gekregen, en een kiem was ontsproten. Die was ook weer verzorgd, gezuiverd van onkruid en gestut; de kiem groeide en begon vrucht te dragen. De therapeut had slechts toekomstige keuzemogelijkheden aangedragen, die de vertrouwen-opbouwende handelingen konden oproepen die ongebruikt in de schatkamer van spontane motivaties van de zusters lagen opgeslagen.

In de nabije toekomst zou deze familie het traumatisch verlies van een van de familieleden moeten meemaken. Zij zouden voor elkaar beschikbaar zijn op een gevoelvolle wijze, zoals ze die voorheen nooit hadden ervaren. Maar daar gaat het niet om. Een therapie kan nooit iemands leven in orde brengen, noch kan zij familieleden beschermen tegen de nare dingen in het leven. Therapie kan echter wel de grond ploegen en zaaien en al doende de verborgen hulpbronnen van vertrouwen kweken die tussen de familieleden sluimeren. Wanneer één familielid het aandurft in een wederkerig betrouwbare dialoog te treden, worden andere leden ertoe aangezet te trachten hetzelfde te doen. Het kan een tijdje duren voordat het zaad begint te kiemen, maar het is moeilijk objectief te zeggen hoe lang dat zal duren, omdat de eerste groeiperiode ondergronds plaatsvindt. Lang voordat de blaadjes van de zaailing met het blote oog kunnen worden waargenomen, hebben de wortels zich onzichtbaar genesteld in de aarde. Het bestaan van de plant, laat staan haar vermogen tot rijpen, wordt slechts zichtbaar wanneer de plant door de harde aardkorst heenbreekt. Therapie is net als de hovenierskunst een delicaat en complex bedrijf. De eerste ranken van de zaailing trekken ongedierte aan, zijn vatbaar voor ziekten en zijn afhankelijk van een geschikt klimaat en groeivermogen. Soms is het moeilijk te onderscheiden in welk stadium de groei werkelijk plaatsvindt.

In feite heeft elke therapie effect wanneer zij het vermogen van het leven om zichzelf te onderhouden, kan vergroten. In de eerst fase zijn de mogelijkheden niet zichtbaar: nieuwe moed kan een cliënte helpen anders te denken en te voelen en haar in staat stellen nieuwe aspecten onder ogen te zien van de wijze waarop ze zich gedraagt en van wat ze van zichzelf en haar relaties verwacht. In een latere fase kunnen de eerste stappen zich verder ontwikkelen tot zichtbare groei en tot een krachtiger vermogen om met anderen een relatie aan te gaan. Omdat individuele groei en levensvatbare relaties genuanceerd en complex zijn, kan men zich afvragen wat het legitieme doel van een therapeutische interventie is. Wat moet er in de levenspatronen van de mensen die hulp zoeken, worden versterkt? Wat afgezwakt? Wat behoeft verbetering en waarin en tussen wie? Wat zijn de consequenties van een bepaalde verandering? Kan een van de consequenties zijn dat iemand wordt overbelast? Hoe kunnen de dragers van secundaire symptomen worden geholpen, bijvoorbeeld wanneer een kind dat eerst de geïdentificeerde patiënt was, zijn symptomen kwijt is en zijn moeder op het punt van instorten staat?

Symptomen versus gezondheid

Symptomen zijn het beginpunt van het therapeutisch proces waarvan de definitie aanvankelijk is gebaseerd op de stoornissen die zich richten op een 'ziek' familielid of op relationele problemen. Anders dan de etiologie van een ziekte als bijvoorbeeld kanker, heeft de grondslag van deze pathologie geen wetenschappelijk bekende oorzaak. Het is een ineenstorten van relationele hulpbronnen. Het is niet de bedoeling met deze conclusie de relevantie van een beschadigde persoonlijkheidsontwikkeling in mensen te ontkennen. Noch is het de bedoeling te ontkennen dat conflicten tussen mensen een gegeven zijn en onvermijdelijk in een familie of een groep voorkomen. Met deze conclusie willen wij erop wijzen dat een mens een belangrijke, onuitputtelijke bron blijft, een unieke ontvanger en een integratie van een levende Gestalt – met zijn of haar eigen proces van het vormen van een identiteit en een levenscyclus. Geen enkele therapeutische verandering is een lang leven beschoren zonder een samengaan van de spontaneïteit en de persoonlijke behoeften van alle betrokken partners.

Gezond functioneren is dus een verworvenheid in het menselijk leven en niet een privilege dat automatisch wordt verstrekt en als iets vanzelfsprekends kan worden beschouwd. In zijn latere werk realiseerde Freud zich dat er behoefte is aan een individuele mentale structuur; dat wil zeggen: een ego dat in staat is tot het toetsen van de werkelijkheid, en dat de overweldigende eisen die het dagelijks leven steeds weer anders aan intuïtie en emoties stelt, kan verwerken. Mensen hebben een bepaalde mate van structuur in hun persoonlijkheid nodig, alleen al om de invloed van prikkels te kunnen overleven zonder 'gek te worden'. Hetzelfde argument geldt voor gezinssystemen. Niemand kan het zich veroorloven alle lasten en wisselvalligheden van het lot van de andere familieleden te dragen. Relatie(gezins)therapie ontstond (in de jaren vijftig) uit het verlangen de relationele structuren te steunen die helpen de individuele tekortkomingen in te dammen en in wezen de lasten voor ieder individu gelijk te maken. Van daaruit ontdekte men hoe transacties zich tot systemische patronen vormden. Later bood de contextuele therapie de mogelijkheid om individuele en systemische processen ethisch met elkaar te integreren.

De eerste gezinstherapeuten richtten zich op het doel 'de starre regels in een gezin te veranderen'. Velen houden zich nog steeds bezig met dat doel. Het wordt echter in toenemende mate duidelijk dat starheid ondergeschikt is aan het falen van een goed werkende wederzijdse betrokkenheid. Dit falen werkt het meest destructief wanneer ouders te kort schieten in hun toewijding. Chaotisch ouderschap ligt aan de wortel van desintegratie in gezinnen en families. Het is de belangrijkste bron van de 'pathogenese' die door therapie en door pogingen therapeutisch preventief te werken, wordt aangepakt.

Sociale desintegratie als proces

De samenleving bevindt zich nu mogelijk aan het eind van een eeuwenoud proces dat begon met een legitiem verlangen: te worden bevrijd van onderdrukking. Dat maatschappelijk proces heeft voor een groot deel van de wereldbevolking geweldige consequenties gehad, goede en slechte. Het heeft ook mensen naar een droomwereld gevoerd: een wereld die vrij zijn van verantwoordelijkheid verwacht, die in wezen de mens de vrije keus laat bij het kiezen van familiebanden, maar ook een die sociale solidariteit verwerpt. Het 'na-de-scheiding en na-de-welvaart' panorama van onze tijd biedt een kaleidoscoop van eenoudergezinnen en samengestelde gezinnen met hun bijbehorende stiefouders, halfbroers en -zusters, stiefbroers en -zusters en stiefkleinkinderen. De complexe, in elkaar lopende lijnen van verwantschap en stiefrelaties doen vaak denken aan een enorme poging tot plaatsvervanging: een onwillekeurige poging quasi-grootfamilies te vormen, een nieuwe kans om pseudo-genetische hulpbronnen in te schakelen, die het geschokte vertrouwen van mensen in steun en gezelschap kunnen herstellen. Gescheiden ouders, hun echtgenoten en zelfs hun stiefkinderen en schoonfamilie blijven op de een of andere wijze aan elkaar verbonden door de behoefte van hun kinderen aan ouderschap. Bij gelegenheid komen ze allemaal opdraven bij een familiegebeurtenis, een huwelijk of een begrafenis op zoek naar iets, misschien voor de eerste en de laatste keer.

In het westen tenminste is men geneigd te geloven dat deze nieuwe 'vrijheid' en nieuwe relationele keuzemogelijkheden het leven van volwassenen verrijken en de oude wijze van omgaan met elkaar overtreffen. Voor hen geen tredmolen van een lang en zich voortslepend huwelijk. Toch zou het langzamerhand duidelijk moeten zijn dat de voldoening van de ouders onlosmakelijk is verbonden met het welzijn van hun kinderen. Als kinderen in toenemende mate moeten lijden tengevolge van onbezonnen keuzen van de ouders, dan is het hoog tijd om de 'nieuwe' vormen en keuzemogelijkheden kritisch onder de loep te nemen. Het is aan iedere volwassene vast te stellen of de huidige verscheidenheid aan levensstijlen voor hem of haar al dan niet bevredigend is. Wat de kinderen betreft: het kan heel goed zijn dat een verrijking aan keuzemogelijkheden voor hun leven en hun toekomst voortkomt uit de uitgebreide grootfamilie uit het verleden en uit hun aanmoediging aan echtparen om bij elkaar te blijven en te werken aan hun slechte huwelijk.

Symptoomverandering versus intergenerationele consequenties

Verandering is op zichzelf een produkt waarbij men zijn vraagtekens kan zetten. Op zichzelf is verandering een statisch begrip dat de transformatie veronderstelt van de ene veronderstelde stabiele status naar de andere stabiele status, van een oude statische toestand naar een nieuwe statische toestand. Verandering is ook hetgeen men het meest benadrukt wanneer men een korte-termijnkijk op het leven heeft. Een therapeutische houding die zich bij het 'hier-en-nu' houdt, beperkt haar bemoeienissen tot waarneembaar gedrag en patronen en beschouwt de veranderingen ervan als haar doel. Aan zo'n houding ontbreekt een kijk op het leven in zijn geheel. Het leven is – ondanks 'hier-en-nu' therapieën – een geheel, een Gestalt met werkelijkheden en consequenties die voortvloeien uit het verleden; het leven strekt zich uit over generaties en reikt door middel van zijn causale inbreng tot in de toekomst. Niemand kan iets inbrengen tegen het feit dat het leven een aaneenschakeling is van onophoudelijke veranderingen van ogenblik naar ogenblik. Maar de belangrijkste vraag blijft bestaan: verandering in welke richting?

Uiteindelijk had de psychotherapie geen vastomlijnde houding ten opzichte van verandering en was haar standpunt in ontwikkeling. In de individuele psychotherapie oversteeg het begrip persoonlijkheids- of karaktervorming een kortstondig, op symptomen gericht standpunt. In de klassieke gezinstherapie werden therapeutische inzichten verder uitgebreid door het begrip 'systemische homeostase' *(Jackson, 1957)*. Contextuele therapie met haar nadruk op generaties dringt aan op een nog grotere Gestalt: de dialoog tussen de generaties; dat wil zeggen: de wederkerigheid van betrokkenheid die aan het nageslacht een kans biedt.

De dialoog tussen ouders en kind is een schakel in de keten van generaties die op zichzelf een Gestalt is die voorafgaat aan de wereld van de mens. De vogel- of zoogdiermoeder die zorgt voor haar jongen is betrokken bij iets dat meer is dan het volgen van haar instincten. Ze is bezig te investeren in wat een 'feed-forward' in plaats van een 'feed-back' dialoog zou kunnen worden genoemd. Ze geeft met haar leven vorm aan een patroon van met elkaar omgaan dat van generatie op generatie zal worden overgedragen. Dit patroon van met elkaar omgaan zal de baten van het dragen van zorg laten voortduren tot in een ver nageslacht waarmee gemeenschappelijke ervaringen niet meer mogelijk zijn.

Nakomelingen ontvangen zorg en geven een dergelijke zorg – als ze ouders zijn – aan de erop volgende generatie. Harlow *(1962)* heeft in zijn experimenten met apen het belang van een voorwaartse dialoog aangetoond. Hij heeft vastgelegd wat de consequenties zijn van het vroegtijdig verliezen van de moeder voor het ontwikkelen van het moederschap bij een moederaap die niet in staat bleek om haar jongen te verzorgen.

Het onvermogen bij te dragen aan het overleven en welzijn van de volgende generatie markeert een zeer fundamentele breuk. Wanneer men er niet in slaagt gerechtigde aanspraak te verwerven door het bieden van verantwoordelijke zorg aan kinderen (eenzijdige uitbuiting en het iemand schade berokkenen inbegrepen), komt men zodanig in de schuld te staan en raakt men zodanig geïsoleerd, dat herstel maar al te vaak niet meer mogelijk is. Een chronisch niet ingeloste schuld die existentieel gezien steeds meer oploopt, beschadigt op zichzelf zowel de schuldenaar als het object ten opzichte van wie hij besloten heeft zijn schulden te laten voor wat ze zijn. De effecten ervan staan niet vast, zijn onvoorspelbaar en nooit wederzijds, maar ze tonen implicaties voor verschillende generaties. De consequenties bijvoorbeeld van iemand tot zondebok maken zijn op vele niveaus destructief. Het zondebok-verschijnsel leent zich tot het scheppen van 'pathologische' transactionele patronen. Het functioneert ook als een bron van gekwetste gevoelens. Maar de meest destructieve consequenties zijn van intergenerationele aard. Zo houdt het ontstaan van de destructief gerechtigde aanspraak van een jong mens regelrecht verband met de mate waarin volwassenen zijn vertrouwen ernstig ondermijnen.

Op den duur is de kans groot dat de vrijheid van degene die tot zondebok maakt hierdoor in de toekomst zal worden beperkt en ondermijnd. Als de zondebok

een weerloos kind is, zal dit kind zeker destructief gerechtigde aanspraak verwerven en, als dit vaak gebeurt, zal het kind leren zelf onverschillig te staan tegenover zijn existentiële schuld ten opzichte van anderen. Kort samengevat: als een kind een overweldigende mate van onrechtvaardigheid over zich heen krijgt, wordt het proces van het ontwikkelen van basaal vertrouwen ondermijnd. Het verzwakt ook het vermogen van het kind in dialoog een constructieve partner te worden.
De kwestie 'basaal vertrouwen versus wantrouwen' ligt hier ten grondslag aan zowel individuele als relationele denkrichtingen. De ontwikkelingspsychologische consequenties van een persoonlijkheidsdeformatie, gepaard aan een onvermogen te vertrouwen, evenaren op den duur de ethische consequentie van aangetaste rechtvaardigheid van de menselijke wereld. De consequenties van beide strekken zich uit over een aantal generaties.

Drie belangrijke obstakels voor dialoog

Intergenerationele beletsels om te komen tot dialoog zijn vaak van lange duur, bestendigen zichzelf en onderhouden zichzelf. De blijvende aard van deze obstakels maakt dat mensen zó geblokkeerd raken dat zij zich niet meer bewust zijn noch van hun mogelijkheden vertrouwen op te bouwen, noch van hulpbronnen in relaties. Dientengevolge laten mensen te vaak in hun gedrag en interacties afweer, provocaties, zelfverdediging, wantrouwen en sluwheid zien; dat wil zeggen: in wezen vergeefs gedrag. Deze reacties kunnen worden omschreven als obstakels voor de dialoog in de dimensies van de psychologie, van transacties en van relationele ethiek. De dimensie van de feiten levert een belangrijke, determinatieve bijdrage, maar leidt op zichzelf zelden tot relationele beletsels die gedurende langere tijd blijven bestaan.
In het rijk van de psychologie gaat het bij het obstakel dat waarschijnlijk het belangrijkst is, om de botsing tussen innerlijke behoeften en externe werkelijkheid. Een aansluiting mislukt wanneer de innerlijke, endopsychische relationele behoeften van een mens voortdurend botsen met de werkelijke identiteit en behoeften van zijn partner, en derhalve met de vereisten voor een succesrijk omgaan met anderen. Projectieve identificatie, verschuiving, narcistisch met anderen omgaan en een onvermogen tot rouw, zijn onder andere consequenties van deze mislukte aansluiting *(Boszormenyi-Nagy, 1965a)*. In praktische bewoordingen gaat het om een beperking die irreële verwachtingen van relaties wekt en in stand houdt. Iemand kan bijvoorbeeld een ommezwaai maken van een hevige verliefdheid naar een vergeldende, zij het onbedoelde, teleurstelling zonder overgangsfasen. Daar kan nog bijkomen dat iemand zichzelf uitput in verwoede pogingen zijn partner te vormen tot een sjabloon of tot een weerspiegeling van de eigen innerlijke behoeftenstructuur.
Rigide, zich herhalende handelingen en feedback-cyclussen vormen ook een ob-

stakel voor de dialoog en behoren bij de transactionele en de communicatieve dimensie van de werkelijkheid. Ze bestaan uit knellende patronen van negatieve feedback van signalen en handelingen die wederzijds worden versterkt. Sommige gezinstherapeuten beschouwen deze patronen en hun feedback als primair menselijk gedrag. Traditionele gezinstherapeuten schilderen mensen dikwijls af als bekneld in de greep van herhaling en feedback. Zij maken het tot hun therapeutische taak deze reeksen in behandelingszittingen te doorbreken en te veranderen. Soms is hun hoop op het effectief en permanent uitschakelen van deze knellende patronen veel te sterk gebonden aan prestaties in de therapieruimte.
Een andere twijfelachtige premisse is de aanname dat nieuwe vervangers van oude reeksen voor iedereen een gunstiger resultaat zullen opleveren. Men kan ook een vraagteken plaatsen bij de mentaliteit van voorschrijven in de klassieke gezinstherapie. De richting van de verandering wordt vaak voorgeschreven of gedicteerd door de overtuigingen van de therapeut over normen met betrekking tot een subcultuur of generatienormen.
We hebben inmiddels op verschillende manieren de obstakels voor dialoog in de ethische dimensie herhaald. Iemand die gerechtigd is tot vergelding en die geen berouw toont over het feit dat hij zijn gerechtigdheid ter hand heeft genomen, wijst duidelijk een keuzemogelijkheid tot dialoog van de hand. De toestemming tot wraaknemen is deels een verworven krediet, maar is tevens met zichzelf in tegenspraak. Zij komt óf van een onzichtbare loyaliteit met ouders óf is het destructieve resultaat van een niet hersteld letsel of tegenspoed. Deze toestand kan voortduren dankzij een ingebouwd mechanisme, dat de schuld van iemand vanwege zijn eigen destructief gedrag neutraliseert of berouw tenietdoet. Tragischerwijs heeft de destructief gerechtigde persoon feitelijk 'recht' op zijn wraakzuchtigheid. Daarentegen is niemand ooit gerechtigd zijn letsel door te geven door onschuldige derden tot slachtoffer te maken.

Heimelijke opschorting van rouw: een oorzaak van stagnatie

Relationele problemen in gezinnen openbaren zich door middel van een bepaalde vorm van transactioneel structureren; dat wil zeggen: via een script dat blijkbaar meer personen omvat. Het patroon van iemand tot zondebok maken kan bijvoorbeeld worden beschouwd als destructief openlijk gedrag dat is samengesteld uit een reeks communicaties en interacties. Toch is het totale relatieproces veel complexer. De heimelijke verstandhouding tussen partners die elkaar wederzijds tot zondebok maken of tussen een zondebok en iemand die met het gezin werkt, kunnen vallen in de contextuele dimensie III. Kenmerkende driehoeksvorming karakteriseert de uitwisseling als transactioneel patroon of als transactionele structuur. Tegelijkertijd kunnen gezinsleden er echter baat bij hebben wanneer zij elkaar in een rol plaatsen die een weergave is van de partner die men innerlijk nodig heeft en programmeert.

Deze rigide aangehouden relationele patronen vormen verdedigingsbastions; dat wil zeggen: betrouwbaar terrein dat als een uniek referentiepunt fungeert voor het ego van ieder gezinslid. Bijvoorbeeld:

Therapeut: Uw zoon is u beiden toegewijd. Kunt u een manier vinden waarop u hem minder kritisch behandelt en een manier om meer plezier aan elkaar te beleven?
Moeder: Hij scheen mij nooit aardig te vinden, dus heb ik me aangewend in plaats van aan hem, aan zijn zuster plezier te beleven. Ik merk zelfs op dit ogenblik niet dat hij bij mij in de buurt wil zijn.
Vader: Ik wil alleen maar van hem af; stuur hem naar zijn eigen psycholoog en laat het hem daar maar uitzoeken. William op de juiste manier behandelen levert mij niets op. Hij moet een baan nemen en ophouden met lanterfanten en ons uitvreten. Ik heb vroeger ook geen plezier aan hem beleefd. Hoe zou ik dat in vredesnaam nu wél kunnen doen?

Omdat de ouders William, het oudste kind, dwongen te voldoen aan hun eigen innerlijk voorgeschreven rolverwachtingen, leidde dit tot machtsconfrontaties: 'William moet koste wat kost het huis uit. Wat er gebeurt heeft hij aan zichzelf te danken; daar heeft niemand anders schuld aan.' Omgekeerd kan dit ook leiden tot een vrijgevige, meegaande houding van de kant van iedere partner: de ouders van William besteden veel tijd en geld om hem 'in handen van een therapeut te geven die hem kan helpen een baan te vinden.' Maar de situatie in het gezin van William duurt al jaren. Iedereen heeft er eerder voor gezorgd dat men het nodige heeft bezuinigd, dan dat alles er uit de hand liep. William heeft zich gevoegd naar het patroon door middel van gedrag waarvan hij van tevoren kon weten dat het zou worden afgekeurd. De tegenzin om moeilijke kwesties te lijf te gaan en destructief gedrag te veranderen, komt neer op een 'heimelijke opschorting van rouw' *(Boszormenyi-Nagy, 1965b)*. Hun gezamenlijke 'beslissing' om de rouw op te schorten behoedt hen ervoor het verlies dat hoort bij het loslaten van hun rigide patronen onder ogen te moeten zien.
Ethisch gezien (dimensie IV), kan de kwestie van exploitatie gelijktijdig met de psychologie van de projectieve identificatie en vorming van triades naar boven komen. William gaat te werk vanuit een diepgewortelde loyaliteit met zijn vader die het gevoel heeft dat zijn eigen moeder hem in de steek heeft gelaten. Bovendien heeft de vader een arbeidsverleden waarin hij steeds weer zijn baan verloor. Het kan heel goed zijn dat Williams tekortkomingen als een kalmerende factor werken in het wankele huwelijk van zijn ouders. Het kan ook dienen ter bescherming van de vader tegen het trauma van het mogelijke succes van William. Williams loyaliteit kan dan misplaatst zijn, maar is wel echt. Helaas versterkt deze ook de knellende band die zijn ouders, die zelf in moeilijkheden zitten, hem hebben opgelegd. Maar de vader is onbewust bezig William tot slachtoffer te ma-

ken uit onzichtbare loyaliteit met zijn eigen ouders die hij op een afstand houdt en verfoeit.

Ten slotte: de feitelijke omstandigheden (dimensie I) van de verstoorde functies van het gezin verdienen serieuze aandacht. Bijvoorbeeld: indien isolement en depressie van William blijven verergeren, kan het zijn dat zijn leven en toekomst op het spel staan. Kan dit gezin iets nieuws ondernemen en in deze omstandigheden ingrijpen zonder onherroepelijke beschadigende consequenties?

Het is natuurlijk het eenvoudigst om voor zichtbare gedragspatronen veranderingen te bedenken. Maar kennis van iemands subjectieve wereld kan het werk van de therapeut effectiever en relevanter maken. Wanneer men kijkt naar de consequenties voor de toekomst, kan het heel goed zijn dat interventies ten behoeve van het nageslacht de stevigste ondergrond blijken te bieden. Het valt heel goed te argumenteren dat dimensie IV als belangrijkste richtlijn voor een therapeut zeer effectief zou zijn. Het lag nooit in de bedoeling van de ouders van William hem uit te buiten. Op twintigjarige leeftijd staat hij met zijn rug tegen de muur en kan hij geen kant meer uit, behalve dan dat hij zijn toekomst inperkt tot destructieve feiten. Toch verdient hij, net als zijn zuster en zijn ouders, dat er ook met hem in het gezin rekening wordt gehouden.

De therapeut kan in deze situatie in de war raken door het voelbare tekort van ieder gezinslid, maar dat overkomt haar niet als ze vasthoudt aan de ethische dimensie. De belangrijkste therapeutische hefboom bevindt zich in haar vaste overtuiging dat het heden dynamisch is verbonden met het welzijn van de toekomstige generatie. Dat de ouders zich zodanig aan William vastklampen dat de relatie stagneert en hij tot zondebok wordt gemaakt, veroorzaakt bij hen reeds diep berouw en het ontstaan van existentiële schuld. Een fundamenteel begrip van dit ethische aspect van de werkelijkheid is een van de belangrijkste regels van de contextuele therapie.

Dimensies van beschadigde wederkerigheid

Als wederkerige betrokkenheid en verdiende gerechtigde aanspraak zó fundamenteel zijn voor een levensvatbare en uitgebalanceerde levenscontext, waarom wordt dan in feite de dimensie van de relationele ethiek in families zo weinig aangesproken? Waarom heeft de psychotherapie het bestaan en de implicaties van deze dimensie zo consequent genegeerd? Welke zijn de factoren die de werkelijkheden van dimensie IV ondermijnen en aantasten? Waarom is het proces zo ontvankelijk voor bederf? Neem bijvoorbeeld de situatie van Danny.

> Danny, elf jaar oud, wordt beschreven als een opstandig kind. Het schijnt dat hij plotseling is veranderd van 'het kind dat moeder het meest nastaat' in een herrieschopper. Hij weet dat hij dingen doet waartegen zijn ouders bezwaar hebben. Hij weet ook dat hij wordt gestraft voor wat hij doet. 'Maar ik doe

ze tóch,' zegt hij. Danny is het middelste kind van een 'samengesteld' gezin. Hij en zijn zuster Julie (dertien jaar) wonen bij hun moeder en haar tweede man, die samen een kind hebben, Chet van zeven. De stiefvader van Danny en Julie heeft geen kinderen uit zijn vorige huwelijk. Hun moeder en stiefvader zijn tien jaar getrouwd en hebben de oudste kinderen vrijwel helemaal samen opgevoed. De vader van Danny en Julie is alleenstaand.

Feitelijk wordt Danny belast met de moeilijke omstandigheid van gespleten loyaliteit. Zijn natuurlijke ouders verfoeien en vermijden elkaar. Danny's vader betaalt nog steeds alimentatie voor de kinderen aan Danny's moeder, maar vaak is hij er een of twee weken te laat mee. Danny ziet zijn vader op zaterdag en zijn moeder verwacht van Danny dat hij vraagt of de betaling is gedaan.

Het hertrouwen van zijn moeder heeft de jongen in een moeilijk loyaliteitsconflict gebracht tussen zijn biologische vader en zijn stiefvader. Hij draagt ook de last van de driehoek die is ontstaan door de aanwezigheid van twee mannen in het leven van zijn moeder. Het hertrouwen op zichzelf schiep onvermijdelijk een driehoek tussen de mannen en de vrouw en voor Danny een legaat van gespleten loyaliteit. Hij staat op de een of andere wijze bij alle volwassenen in het krijt. Hij is ieder van hen iets verschuldigd en probeert even loyaal te zijn aan zijn moeder, zijn vader en zijn stiefvader. Maar dat is moeilijk te verwezenlijken, omdat hun onderlinge relaties op zichzelf conflictueus zijn en vol wederzijds wantrouwen.

Psychologisch gezien worstelt Danny met een dilemma. Voor zijn behoefte aan identiteit en vertrouwen is het nodig dat hij zich kan verlaten op ouders die hij kan beschouwen als wezenlijk goed en betrouwbaar; dat wil zeggen: het goede innerlijke ego heeft een bijpassend goed innerlijk (de ouder) object nodig *(Fairbairn, 1952)*. Gedurende zijn jonge leven heeft Danny echter voortdurend ervaren dat zijn gescheiden ouders elkaar wantrouwen. In zijn ogen hebben zij zich altijd gedragen als vijandige, destructieve tegenstanders. Ten gevolge van hun gedrag is de richting van het ouderschap omgedraaid. Reeds op elfjarige leeftijd is Danny hun 'vader' geworden en heeft hij zijn behoefte hun kind te zijn opzij geschoven. Tijdens dat proces heeft hij zich steeds meer teruggetrokken in zijn innerlijke relationele wereld. Alleen op die manier heeft hij enige kans de tegenstelling uit de weg te kunnen gaan, die er is tussen de ouder(s) die hij nodig heeft en de ouder(s) die hij in werkelijkheid heeft.

De herhaalde waarschuwingen van zijn moeder aan Danny om de beloften van zijn vader niet te vertrouwen, zijn hierbij onthullend. Danny wil zijn vader vertrouwen en heeft bedekt of openlijk steeds de integriteit van zijn vader verdedigd. Noch de waarschuwingen en beschuldigingen van zijn moeder, noch het onbetrouwbare gedrag van zijn vader kunnen het innerlijk beeld dat de jongen van een betrouwbare vader heeft, feitelijk wegvagen. Danny is tenminste in staat zijn eigen innerlijke relationele wereld te verdedigen en te behouden. Hij kan niet zien hoe zijn ouders in werkelijkheid zijn. Hij projecteert consequent een beeld op hen dat qua goedheid of slechtheid niet bij hen past. Hoe wanhopiger hij zich probeert vast te houden aan de innerlijke ander, des te minder zet hij zich in om reële keuzemogelijkheden die hem worden geboden, in zijn feitelijke relaties met anderen te gebruiken.

De worsteling van Danny om zijn innerlijke beelden overeen te laten stemmen met de werkelijkheid tussen mensen, liep parallel met soortgelijke problemen bij zijn ouders. Door hun zoon te parentificeren verlieten zij zich te veel op hun innerlijke object-relaties. Moeder noch vader gaven zichzelf een kans om op een constructief niveau met een ander om te gaan. Ieder van hen was diep wanhopig over het feit dat hun hechte relaties bij herhaling stukliepen en leerde dat de beste verdediging het toeschuiven van schuld was. Maar geen van beiden wilde te kort schieten ten opzichte van Danny, die zij in een destructief geïdealiseerde rol hadden geplaatst. Op een bepaald niveau van hun bestaan zagen beide ouders hun zoon als een genezende rechter, een scheidsrechter, een verlosser van alles wat in hun leven zondig of slecht was geweest. Danny móest wel te kort schieten omdat hij door zijn ouders werd geparentificeerd tot een ideaalbeeld. En omdat hij te kort schoot, kon het niet anders dan dat hij in een negatieve rol van zondebok zou worden geplaatst.

Transactioneel gezien zit Danny gevangen in gedragspatronen die 1. hem het genoegen ontnemen dat ontstaat als een kind afhankelijk kan zijn, 2. hem dwingen te functioneren als een vroegwijze ouder voor zijn moeder, vader en stiefvader, en 3. hem in pijnlijk conflict brengen met al zijn ouderfiguren. Er waren tijden dat hij weigerde zijn vader te bezoeken omdat deze voortdurend zijn moeder kleineerde. Op andere momenten werd Danny onbewust de vertegenwoordiger van zijn biologische vader in het huis van zijn moeder. Dan placht hij dingen te doen waarvan hij wist dat zijn vader die goedkeurde, maar die zijn moeder onplezierig vond. Bijvoorbeeld: laat opblijven, de stereo op volle geluidssterkte zetten, zijn geld naar eigen goeddunken uitgeven – duizend kleine dingen die met elkaar een grote overtreding vormden. Maar zoals Danny al zei: 'Ik doe het tóch, ook al weet ik dat ik er straf voor krijg.' Voortdurende loyaliteit met het gedrag van zijn vader dwong Danny tot controversieel gedrag in het huis van zijn moeder.

Ethisch gezien worden de ouders van Danny beschermd tegen het onder ogen te moeten zien dat zij mede-verantwoordelijk zijn voor het feit dat hun kind op een destructieve wijze tot zondebok werd gemaakt. Omdat ze handelen vanuit de onrechtvaardigheden waaronder ze zelf als kind te lijden hebben gehad, verrichten ze hun handelingen zonder veel berouw. Ze kunnen zich zelfs gerechtigd voelen om van Danny een zondebok te maken en zo hun respectieve ouders voor enige blaam behoeden. De slachtoffering van Danny zal op lange termijn dezelfde consequenties hebben. In de toekomst zal hij waarschijnlijk ook met weinig berouw handelen wanneer hij zijn kinderen of onschuldige derden tot slachtoffer maakt.

De situatie van Danny staat model voor het samengaan van innerlijk psychologisch programmeren met zijn verschoven vijandigheid, en de ethische dimensie van de werkelijkheid waarin het niet verwerven van constructief gerechtigde aanspraak overgaat in het zich op anderen wreken.

Het is duidelijk dat er geen ethische geldigheid schuilt in het plaatsvervangend een ander tot slachtoffer maken, wat ook de bijkomende winst mag zijn. Het is eerder een moeilijke omstandigheid die met zichzelf in tegenspraak is voor iedere betrokkene.

De impasses in de relaties in het gezin van Danny hebben te maken met een onderbroken dialoog. Toen het ontbrak aan billijkheid en het niet lukte betrouwbaarheid op te bouwen door voortdurend te investeren in het rekening houden met de positie van de ander, namen ze genoegen met uitbuiting. Eenzijdig gebruik van elkaar kan dan wel niet als dialoog worden gekwalificeerd, maar ze wisten gewoon niet hoe anders te handelen. Mensen kunnen – en doen dat ook vaak – hun leven vormgeven door elk voordeel dat op hun weg komt, aan te grijpen. Dat is een goed klimaat voor het zich terugtrekken in machtsspelletjes en in de spanning die door prikkels wordt opgeroepen. Toch is een in wezen uitbuitende relatie een verspilling van de psychologische talenten van alle betrokken partijen.

Op zoek naar prikkels: een vluchtroute

Iedereen heeft momenten waarop hij angstig en wanhopig wordt door vervreemding en een gebrek aan betekenis in relaties. In zulke tijden zoeken mensen afleiding door op reis te gaan, televisie te kijken en op zoek te gaan naar vermaak dat steeds exotischer vormen aanneemt. Ons leven is vol mogelijkheden tot afleiding door de toegenomen prikkeling van zintuigen en fantasieën. Er zijn altijd keuzemogelijkheden die mensen kunnen helpen om een confrontatie uit de weg te gaan vanwege het feit dat zij niet op een levensvatbare, verantwoordelijke wijze met relaties omgaan. Plaatsvervangende prikkels kunnen zelfs de illusie geven dat het leven van mensen zinvol is. Tegelijkertijd moet men een prijs betalen wanneer men in stimulatie vlucht. Psychosomatische ziekte, destructief gedrag en seksuele problemen zijn voorbeelden van wat er kan gebeuren wanneer men voortdurend op de vlucht is.

Men kan een zoektocht naar prikkels natuurlijk niet uitsluitend beschouwen als vluchtmotieven. Nieuwe ervaringen en prikkels kunnen prettig en creatief zijn en maken deel uit van legitieme drijfveren van het leven. Toch moet de zoektocht naar prikkels perspectief hebben. Mensen moeten hun recht op prikkeling in evenwicht brengen met de vereisten van de relationele werkelijkheid. Het niet in evenwicht zijn van gepaste verantwoordelijkheid en de zoektocht naar prikkels wordt ook onthuld door het falen van de dialoog; dat wil zeggen: wanneer mensen die een hechte relatie met elkaar hebben, ieder afgezonderd hun eigen leven leiden en monologische pogingen tot 'communicatie' verwarren met de eisen van betrouwbare gedachtenwisseling. Maar al te dikwijls gebruiken mensen opwinding en spanning als een vervanger voor betrouwbare relaties.

HOOFDSTUK 11

VERBINDING: BEWERKING VAN DE IMPASSE

anneer symptomen worden weggehaald

Historisch gezien is psychotherapie een registratie van professionele investeringen in het ontdekken van genezende interventies bij persoonlijk en tussenmenselijk lijden. Ervaren therapeuten, ongeacht de richting die zij hebben gekozen, weten dat de oorspronkelijke symptomen van een cliënt snel kunnen verdwijnen bij veel a-specifieke therapeutische effecten, waaronder:

- de ondersteunende aard van interventies van elk type therapie;
- de macht van de suggestieve invloed van de therapeut op zijn cliënt;
- de overredingskracht van een therapeut;
- de afhankelijke relatie van de cliënt ten opzichte van de therapeut;
- de weldadige uitwerking van overdracht; dat wil zeggen: een cliënt geeft symptomen op in ruil voor de zorg van de therapeut ('genezing door overdracht');
- een verschuiving van het ene naar het andere symptoom, bijvoorbeeld fobisch gedrag kan wijken voor waandenken;
- een homeostatische hergroepering binnen het gezin; bijvoorbeeld: het verdwijnen van de symptomen bij een gezinslid kan leiden tot een nieuwe manifeste stoornis bij een ander gezinslid.

Therapeutische interventies na verbetering van symptomen

Eenmaal door een therapeut geholpen met verbetering van symptomen, kan de cliënt bepalen welke richting hij zal inslaan ter verkrijging van therapeutische winst. Is de voedingsbodem die aan de wortel ligt van de recente symptomen van de cliënt samen met zijn zichtbare gedrag veranderd? Of zijn er nog steeds belastende omstandigheden aanwezig in zijn innerlijk en tussen hem en zijn relaties? Individuele en gezinstherapieën hebben alle hun eigen accenten en richtingen ontwikkeld om dit soort vragen te lijf te gaan.

Psychodynamische benaderingen trachten cliënten te helpen genezen op de volgende manieren:

- zich sterker bewust worden van de reële bronnen van gevoelens en neurotische mechanismen;
- inzicht verkrijgen in de neurotische spelletjes die men met zichzelf speelt, en daardoor een sterkere hefboom voor verandering in handen krijgen;
- onder ogen zien en opgeven van ongezonde gedragspatronen die volgen op verlies van bekende relationele patronen;
- vervangen van verloren relaties en patronen door nieuwe;
- het voltooien van de fasen van rouw die nodig zijn voor het 'verwerkings'proces (*Rado, 1925*).

In algemene psychodynamische bewoordingen: de persoon die deze veranderingen ondergaat, zal worden betrokken bij het uitvoeren van de volgende taken:

- verbeteren van de wijze waarop hij de werkelijkheid toetst;
- een ongedisciplineerd lustprincipe onderwerpen aan een werkelijkheidsprincipe dat rekening houdt met de consequenties van de handelingen en het gedrag van een mens;
- ondergaan van mogelijke karakterveranderingen of veranderingen in de basispersoonlijkheid;
- het verminderen van het gebruik van narcistische relationele patronen.

Met andere woorden: iemand die met succes een individuele therapie doormaakt, zal er waarschijnlijk in slagen zijn energie opnieuw te verdelen en zijn of haar werkelijkheid met meer succes aankunnen. Zo iemand zal minder tijd besteden aan preoccupaties waaraan hij zich voorheen neurotisch vasthield, een nieuwe basis leggen voor relaties en zichzelf hiervoor dan ook beschikbaar stellen. Als die persoon zijn doelen bereikt, zullen zijn relationele partners baat hebben bij de manier waarop hij is veranderd.
De ontwikkeling van de theorie over object-relaties nuanceerde de psychodynamische benadering. Het concept van een innerlijke relatie met een ander voegt de volgende eisen toe aan de taken van een cliënt. Deze moet:

- zich minder verlaten op de oppermacht van het innerlijk;
- een vermogen ontwikkelen om te ontdekken wie feitelijk de deelnemers in

de diverse onderlinge relaties zijn; en:
- op een nieuwe en realistischer manier de processen van innerlijk zich verhouden tot én feitelijke onderlinge relaties met elkaar in overeenstemming brengen.

Hoewel in opzet theoretisch, zijn al deze taken gebaseerd op het zeer praktische punt dat ieder mens een primaire behoefte heeft aan een realistisch relationeel raamwerk. Psychologische verklaringen alleen kunnen echter nooit alle aspecten van de relationele werkelijkheid omvatten.

Transactionele of systemische (klassieke) gezinstherapeutische benaderingen omschrijven transactioneel gedrag en 'feedback' zowel in termen van symptomen als van oorzaken. Ze gaan te werk vanuit de impliciete veronderstelling dat therapeutische interventies de keten van zich herhalende circulaire feedback kunnen veranderen. Ze nemen dikwijls aan dat een therapeut het vermogen heeft de handelingen en interacties van mensen om te zetten in patronen die hij of zij meer geschikt acht. Met het woord 'geschikt' wordt de kwestie van de capaciteit of het vermogen vermeden. Soms is een interventie die is gericht op het 'structureren' van gedrag, indirect en paradoxaal in de ogen van een cliënt. Vaak ontbreekt het aan openhartigheid, terwijl die hem juist zou kunnen helpen zijn keuzemogelijkheden te bepalen of hem van het bestaan hiervan op de hoogte zou kunnen brengen.
We hebben al gezegd dat wij zorg hebben omtrent de veronderstellingen van gedraggeoriënteerde therapieën: veronderstellingen die meestal worden gedaan zonder ook maar enigszins rekening te houden met de motivationele processen die zich in de individuele gezinsleden afspelen. Wij trekken tevens de relevantie in twijfel van een andere veronderstelling, die betrekking heeft op het vermogen van de therapeut om te beoordelen of de gezinsinteracties en -patronen al dan niet waardevol of nuttig zijn. 'Waardevol of nuttig voor wie?' is onze vraag. Abstracte observaties zoals welke patronen 'passen' in een bepaalde levenscyclus, leeftijdsgroep, generatie of subcultuur kunnen als een gemiddelde worden gebruikt. Maar zulke conclusies zijn eerder categorisch dan contextueel en ontkennen dat mensen én families uniek zijn en een specifiek karakter hebben. Eenzelfde gedachtengang is van toepassing wanneer men bijvoorbeeld de interacties die binnen een bepaald gezin gebruikelijk zijn van het label 'rigide' voorziet, om zo verandering te kunnen rechtvaardigen. Dan kan men de doelgerichtheid in twijfel trekken van een vorm van therapie, waarbij vaak kenmerken van 'goede' en 'slechte' transactiepatronen worden gebruikt die hoofdzakelijk een weerspiegeling zijn van de eigen waarden van de therapeut *(Selvini Palazzoli, 1975).*
Sommige families passen zich aan bij de voorkeur die hun therapeut toont voor bepaalde gedragsvormen en andere families weerstaan deze gedragsvoorschriften. Velen zullen voldoening ervaren wanneer zij welgevallig zijn aan deskundigen wier goedkeuring zij naarstig zoeken. Maar zelfs wanneer families zich aanvankelijk voegen naar iets dat 'goed voor hen is', is het gewoonlijk slechts een kwes-

tie van tijd totdat ze het 'voordeliger' vinden terug te vallen in hun oude gedrag en daarmee de voorkeur van de therapeut afwijzen. De geneigdheid om een opgelegde interventie op te geven kan zich voor of na beëindiging van de therapie voordoen. In onze visie leiden gedragsveranderingen slechts tot belangrijke therapeutische winst indien zij samengaan met de echte spontaneïteit van mensen.

Constructief samengaan en destructieve vergroeiing

In onze visie is gezondheid een samengaan van constructieve, essentiële krachten die voortkomen uit de genen en die tot ontelbare keuzemogelijkheden leiden. Omgekeerd kan ziekte gedefinieerd worden als een verstoring van deze constructieve krachten óf als een gebrekkige destructieve vergroeiing. Bij lichamelijke ziekte zijn infecties en letsel een voorbeeld van een verstoring van constructieve, essentiële krachten. Hier hoort pathogenese bij het leven, omdat zij knoeit met grondontwerp en spontane constructie. Genetische en erfelijke ziekten of kwaadaardige uitzaaiingen zijn voorbeelden van gebrekkige, destructieve vergroeiing. Hier is pathogenese een zichzelf onderhoudend levensproces dat actief het vermogen van het lichaam om gezond weefsel in stand te houden, bestrijdt. Een samengaan van constructieve essentiële krachten in een gezond lichaam komt overeen met de ontwikkeling van de persoonlijkheid. Hierbij doet zich een samengaan van constructieve essentiële krachten voor van de innerlijke behoefte van een kind en zijn bereidheid tot het ontwikkelen van vertrouwen aan de ene kant en een betrouwbare omgeving aan de andere kant. Dit samengaan vormt de epigenetische kern van de verdere groei van de persoonlijkheid *(Erikson, 1959)*. Het leidt ertoe dat een baby het vermogen ontwikkelt de hem omringende volwassenen te durven vertrouwen, en, in aanleg, tot een levenslang ontwikkelen van vertrouwen. Ook in de contextuele theorie wordt een samengaan van constructieve, essentiële krachten verondersteld. Hier neemt men aan dat de criteria voor billijkheid in het leven en de context van een kind voortkomen uit een samenvloeien van gelukkige omstandigheden – de billijkheid van het lot, bij wijze van spreken. Eigenlijk gaat de innerlijke behoefte aan vertrouwen van het kind samen met zijn voorspoed, waartoe de mogelijkheden van zijn ouders om zorg voor hem te dragen zodat het kan overleven en gedijen, ook worden gerekend. Als er een omgeving is van adequaat ouderschap, met koesterende zorg en aanleiding tot vertrouwen, zullen kinderen uitgroeien tot mensen die in staat zijn om op een gezonde manier met anderen om te gaan. Dat wil zeggen: zij kunnen het risico nemen en zijn het verplicht hun liefde en vertrouwen aan anderen aan te bieden, zij kunnen de bevrijdende aspecten en uitwerking van 'geven' ontdekken en ze kunnen anderen ertoe brengen op hun beurt te geven. Of – als anderen op hun beurt niet iets geven – kan een gezond jong mens leren zijn verlies te onderkennen en kan hij zijn relationele behoeften een wending geven.
In negatieve bewoordingen hebben derhalve sommige kinderen meer geluk dan

anderen. Een kind kan worden geboren als slachtoffer van een verlammend en onrechtvaardig lot en levenomstandigheden die wel consequenties móeten hebben voor zijn ontwikkeling. Toch zijn mensen van zichzelf uit niet geprogrammeerd om te worden belast door destructief gerechtigde aanspraak, wat als proces veel overeenkomst toont met de zichzelf voortzettende, misvormende, destructieve vergroeiing van kwaadaardige psychologische uitwassen. Destructief gerechtigde aanspraak zweemt naar overheersen en tegenwerken van een gezonde ontwikkeling: kinderen die op een onrechtvaardige manier worden gekwetst, verliezen al gauw hun intrinsieke voorraad vertrouwen. Terwijl zij gebukt gaan onder verdere uitbuiting, vergroeit hun ethische aanspraak op wraak met hun psychologisch vermogen tot wantrouwen alsook met hun nadien verstoorde psychosociale ontwikkeling. Hier neemt, als gevolg van of als vluchten voor het met elkaar omgaan, het innerlijk goede en slechte beeld van een ander in de psyche van het kind de overhand op zijn geneigdheid vertrouwen in echte mensen te investeren. Vervolgens betaalt het kind een prijs. Zijn vlucht in de beperkte, maar veilige wereld van innerlijke relaties zal waarschijnlijk een monologisch bestaan tot gevolg hebben, gekenmerkt door paranoia, depressie of narcisme.

De destructief gerechtigde mens kan onopvallend zijn of aan de buitenkant sympathiek. Maar zijn of haar dunne laagje vernis zal waarschijnlijk vervliegen onder de echte toetsing van relationele gezondheid. Patronen die fundamenteel wantrouwen weerspiegelen, komen meestal naar boven bij spanningen die ontstaan wanneer men te maken krijgt met serieuze toewijding aan anderen. Het gaat hier onder meer om verloving, huwelijk en seksualiteit als uitdrukking van betrouwbaar met elkaar omgaan, bevalling en ernstig verlies. Vertrouwen dat in de kindertijd ontstaat, is onvervangbaar. Als de kans erop verkeken is, kan het niet meer worden hersteld. Bovendien bestaat er geen tijdslimiet betreffende de consequenties van destructief gerechtigde aanspraak. Psychologisch gezien is het verlies permanent en niet meer ongedaan te maken. Maar toch werkt de zorgvuldige therapeut niet op volledig braakliggend terrein. In dit soort situaties moet een therapeut geduld hebben en het inzicht en de vaardigheid om op ruime schaal therapeutische moratoria in te bouwen, behalve in levensbedreigende omstandigheden.

Ethisch gezien kunnen de pogingen van de therapeut om patronen te veranderen die geworteld zijn in diep, gerechtvaardigd wantrouwen, uiteindelijk enigermate blijken te slagen, maar het is nooit een eenvoudige taak. Een therapeut kan de cliënt er wellicht toe brengen opnieuw vertrouwen in anderen te investeren. Er kan echter vanzelfsprekend nooit worden gegarandeerd hoe verwanten zullen reageren. Zelfs als de reactie van de ander niet kan worden voorzien, zal de cliënt ten minste worden beloond voor zijn pogingen om een dialoog van geven-en-nemen te herstellen. Het proces zelf van het opnieuw in een ander investeren van vertrouwen heeft tot gevolg dat men eigenwaarde opbouwt die ontstaat omdat men zich verlaat op zijn eigen gerechtigde aanspraak. Bovendien helpt een dergelijke poging iemand om vrijheid en verlichting van lasten te bereiken. Al met al vormen hernieuwde pogingen tot investeren van vertrouwen onveranderlijk een nieuwe motivering voor het aanvaarden van nieuwe en constructieve relationele patronen, vooral patronen die te maken hebben met de dialogische fase van zelfvalidatie.

Het proces achter deze belangrijke veranderingen ligt natuurlijk in de handen van de cliënten. Toch zijn de overtuiging en het doorzettingsvermogen van de therapeut van immens, 'katalytisch' belang. Er moet onderscheid worden gemaakt tussen een afgedwongen intensiteit of een door technieken opgeroepen intimiteit die bijvoorbeeld vaak voorkomt tijdens weekendmarathons, en het vermogen van een therapeut voeling te hebben met zijn of haar eigen relationele processen. De ter zake doende zorg van de therapeut voor de consequenties van de situatie van zijn cliënt verschaft de basis voor actieve betrokkenheid, niet een talent om belangstelling voor zijn waarden of methoden te stimuleren.

De therapeut maakt de cliënten zijn zorg voor deze consequenties duidelijk, door zorgvuldig de processen waarin zij gevangen zitten, te verkennen. De taxatie wordt verder geholpen en omgevormd tot een zelfstandig proces via het mechanisme van krediet geven. Het vermogen anderen krediet te geven te midden van een pijnlijke en veranderlijke situatie is niet alleen een uiterst kostbaar deel van het dialogisch proces, maar ook een inleiding tot 'iets onder ogen zien'. Iets onder ogen zien heeft in een contextueel raamwerk meer te maken met het innemen van een standpunt ten aanzien van 'kredieten' dan met een cognitieve confrontatie. De bijdragen van anderen en hun tekortkomingen onder ogen zien is ook het tegenovergestelde van het zich terugtrekken in een innerlijke relationele wereld.

Het constructief samengaan van spontane motivaties

Contextuele therapie bevordert het proces van constructief samengaan van de spontane motivaties van mensen. Dit proces is constructief voor zover het een vereniging tot stand brengt die de onderlinge ongebruikte hulpbronnen kan mobiliseren. Het samengaan van individuele krachten moet dan ook overeenstemmen met het tribunaal dat intrinsiek in werking is bij hechte relaties. Er moet op gepaste wijze rekening worden gehouden met ieders belangen, vooral met die van het nageslacht. Het sluiten van een bondgenootschap is dan ondergeschikt aan het principe van veelzijdige billijkheid; hoe constructief deze poging ook kan zijn, zij zal geen resultaat opleveren als er geen gebruik wordt gemaakt van ieders spontane motivaties.

In het geval bijvoorbeeld van de vader die incest pleegde, richt een therapeut zich op het vinden van een werkzame formule die iedereen zal beschermen tegen nieuwe destructieve daden, maar ook tegen de consequenties van daden uit het verleden. De vader moet worden beschermd tegen momenten die hem ertoe zouden kunnen verleiden zijn daden te herhalen en ook tegen zijn neiging zijn verantwoordelijkheid voor het welzijn van zijn kinderen niet onder ogen te willen zien. Het kind moet worden geholpen bij het werken aan de problemen met het gezin van herkomst. En de moeder moet haar plaats zien te vinden te midden van de implicaties van bewuste samenzwering of harteloosheid. Het uiteindelijke doel is een bondgenootschap dat gericht is op billijk rekening houden met ieders belangen en niet een bond van een deel van een gezin tegen een ander deel.

Hoe men zich afzondert in een wereld van innerlijke relaties: een schets

Hoe kunnen we een afzondering in een wereld van innerlijke relaties schetsen? Wanneer een kind of een volwassene voortdurend pijnlijk ervaart dat zijn pogingen om met de mensen om hem heen om te gaan, steeds mislukken, kan hij zich op den duur gedwongen voelen zich te keren tot een innerlijke ik-anderrelatie die veiliger is en die minder risico's met zich meebrengt. Destructief gerechtigde aanspraak kan derhalve zowel tot gevolg hebben dat mensen in de steek worden gelaten als dat men hen wegjaagt. Destructief gerechtigde aanspraak kan ook berouw en corrigerend zelfonderzoek het zwijgen opleggen. Psychose en depressie kunnen dan worden omschreven als het opgeven van actief met anderen omgaan of als een afzondering in relaties, gebaseerd op projectieve identificatie. Paranoïde en narcistische relaties hebben ten minste twee intrinsieke functies: 1. ze verschuiven de relaties die teleurstellen naar de innerlijke wereld waar behoefte aan beschuldigingen is, en 2. ze planten van tijd tot tijd de innerlijke wereld over op derden, dikwijls op hun partner of zelfs op hun kinderen. Neem bijvoorbeeld de situatie van een man die destructief gerechtigde aanspraak heeft verworven door de frustrerende relatie met zijn moeder die hem afwees.

Zijn diepe teleurstelling wordt eerst gekanaliseerd in een verlangend idealiseren van vrouwen. Dan wordt dit omgevormd tot een proces van pijn doen en hen in de steek laten, zonder dat hij enig berouw voelt op het moment dat hij daartoe het besluit neemt. Op het ogenblik wordt de vrouw, die reeds lange tijd zijn echtgenote is (en moeder van zijn kinderen), door hem gerekend tot de vrouwen die hem te kort hebben gedaan en die hij kan afstoten en afwijzen zonder enig gevoel van berouw of schuld te hebben. Tegelijkertijd schijnt de nieuwe vrouw in zijn leven vooralsnog 'anders' en onweerstaanbaar te zijn en voor hem een motiverende factor in zijn leven, terwijl hij verwacht dat zijn echtgenote dat accepteert en begrijpt.

De echte tragedie van het zich afzonderen in een innerlijke relatie is gekoppeld aan het feit dat er altijd een echte, verantwoordelijke investering in een dialoog met anderen wordt geblokkeerd. Dit gemis wordt vergroot door de destructief gerechtigde aanspraak van de hoofdpersoon, waardoor inzicht en herstel van eigen destructiviteit worden geblokkeerd. Stel dat de man uit ons verhaal berouw begint te voelen, dan zou dat waarschijnlijk een toename van betrouwbaarheid betekenen. Berouw kan dan worden gezien als een middel tot zelfcorrectie. Want het helpt vanzelf motivaties om een onschuldige derde uit te buiten, onschadelijk te maken.

De afzondering tegenhouden

Psychoanalytische therapie heeft, in haar pogen iemand tegen te houden om zich af te zonderen in zijn wereld van innerlijke relaties, van oudsher geaarzeld tussen twee brandpunten: inzicht als een cognitieve vaardigheid en het bieden van een corrigerende emotionele ervaring als empathisch voedsel. Corrigerende emotionele ervaringen omvatten de overdrachthouding van een cliënt ten opzichte van de therapeut, therapeutische empathie en gevoeligheid. Kenmerkend is, dat een actieve zoektocht naar manieren waarop relaties met het gezin van herkomst kunnen worden hersteld, wordt ontraden. De klassieke gezinstherapie daarentegen legt de nadruk op de genezende werking van een rechtstreekse ervaring tussen mensen die op dat moment belangrijk zijn voor elkaar. Open communicatie, iemands aanwezigheid ervaren en het vinden van een gelegenheid om direct te reageren zijn alle samenstellende onderdelen van dit proces.
Contextuele therapie biedt aanvullende keuzemogelijkheden. Haar nadruk valt op het helpen van familieleden om zodanig op elkaar te reageren dat gepast krediet wordt gegeven waar krediet op zijn plaats is. Het belangrijkste oogmerk van contextuele therapie reikt tot relaties tussen generaties, zelfs wanneer van ouders wordt gezegd dat ze negatief en inactief zijn, of dat ze al zijn overleden. Contextuele therapie richt zich er niet op relaties met ouders, die al dan niet in staat zijn te reageren of mee te werken, nieuw leven in te blazen. Contextuele therapie richt zich op de bevrijdende werking van het verdienen van gerechtigde aanspraak. Het gaat hierbij niet zozeer om de hernieuwde pogingen van kinderen om liefde te ontvangen dan wel om hoe wrokkig iemand zal worden wanneer aannemelijk is dat een ouder op zijn beurt weinig of niets zal teruggeven. Neem bijvoorbeeld de man van achter in de veertig die om hulp kwam bij zijn levenslange worsteling met relaties in de marge.

> Hij is begenadigd met een grote intelligentie en muzikaal talent. Desalniettemin is hij depressief en heeft hij het gevoel zwaar te hebben gefaald. Zijn ouders wonen ver weg en denken al lang dat het niets meer worden zal met hun zoon, die zij provocerend en opstandig vinden. Het schijnt zo te zijn dat zijn moeder, die wellicht erg in de war was, zelfs heeft verboden zijn naam in haar aanwezigheid te noemen.
> De therapeut luisterde naar de gruwelijke details van de jeugd van David. Hij werd verscheurd door voortdurende moordzuchtige haatgevoelens jegens zijn ouders en verschrikkelijke schuldgevoelens, en van tijd tot tijd door herinne-

ringen hoe hij, in zijn ogen, in ernstige mate werd afgewezen. 'Gegeven deze gevoelens en werkelijkheden, kon je toch wegen bedenken waarop je rechtstreekser met hen te maken zou krijgen?' vroeg de therapeut. David toonde enorme weerstand tegen deze suggestie. De therapeut reageerde op de weerstand van David door zich nog duidelijker partijdig te tonen met hem en alles wat hij zolang had moeten doorstaan. Hij bleef ook voortdurend de vraag stellen wat David dacht dat hij feitelijk aan de situatie kon doen.
Uiteindelijk kwam David met de mogelijkheid zijn ouders een verklarende brief te schrijven. Toen deed de therapeut herhaalde moeite hem eraan te herinneren dat hij mogelijk geen antwoord zou krijgen. In feite vroeg hij David niet te schrijven voordat hij dacht dat hij de mogelijkheid zou kunnen verdragen dat zijn ouders niet zouden reageren. Het ging er in werkelijkheid om of David in het reine kon komen met zijn eigen beslissing zich open voor hen op te stellen. Zou hij de integriteit van zijn eigen interventie kunnen waarderen en er de winst van kunnen inzien, los van de vermogens van zijn ouders? Zou hij voldoening kunnen vinden in zijn eigen initiatief? Uiteindelijk stuurde David zijn ouders een brief. Een paar weken later hoorde hij via via dat zijn vader was overleden. Het kan zijn dat hij nooit te weten zal komen of zijn vader de brief al dan niet heeft gelezen en of zijn vader had willen reageren en zo ja, op welke manier.

Er zijn therapeuten – bijvoorbeeld degenen die psychoanalytisch zijn georiënteerd – die David niet zouden hebben aangemoedigd een brief te sturen. Zij zouden kunnen redeneren dat er ook in het gunstigste geval weinig zou worden opgelost. In het ergste geval stelde hij zich bloot aan weer een ervaring van te worden afgewezen. Omgekeerd kan worden geredeneerd dat de beslissing van David werd ontwikkeld tot een uniek voordeel. Hij had de kans aangegrepen de dialoog met zijn ouders te heropenen voordat zijn vader overleed, een kans die er nu niet meer is. Hij heeft voor zichzelf gerechtigde aanspraak verworven door het feit dat hij opnieuw uitdrukking aan zijn zorg heeft gegeven. En hij zou kunnen worden gesterkt door het feit dat hij de moed heeft gevonden een risico te zien en te nemen, terwijl die kans er nu niet meer is.
De verandering die zich begon te voltrekken door de pogingen van David, betekent een verschuiving van een destructief naar een constructief samengaan van innerlijke en uiterlijke patronen van omgaan met anderen. Davids vijandig vermijden van zijn ouders viel samen met zijn 'slechte' object, waaraan hij zich rigide vasthield, en beide werden versterkt door de destructief gerechtigde aanspraak die ouder en kind beiden hadden verworven in hun respectieve opvoeding. Daar komt bij dat het feitelijk afwijzende gedrag van zijn ouders zich voegde bij voorafgaande uitwisselingen tussen de ouders en David. Maar naarmate David voldoende moed en zorg mobiliseerde om hen op een liefdevolle manier een handreiking te doen, activeerde hij zijn kant van de dialoog en begon hij con-

structief gerechtigde aanspraak te verwerven. Zijn eigen belangen werden gediend doordat hij het initiatief nam, ondanks het feit dat hij in het verleden was gekwetst. In contextueel werk staat het de ouder of het kind vrij te trachten een dialoog op gang te brengen door middel van zelfvaliderende stappen. Meestal neemt het kind het initiatief.

Helaas onderschrijven veel scholen in de psychotherapie de conventionele houding die bevestigt dat een 'slechte' ouder-kindrelatie gewoon een feit is. Het 'feit' op zichzelf suggereert dat de hoedanigheid van de relatie niet rechtstreeks kan worden aangepakt of veranderd. Bovendien lijkt men te werken vanuit de premisse dat geen enkele poging tot herstel van een relatie ooit opweegt tegen de emotionele lasten. Men zou dan impliciet kunnen aannemen dat de zoon in dit geval het slachtoffer is en als zodanig ertoe gerechtigd zijn 'monsterlijke' ouders in de steek te laten, ongeacht hun leeftijd of behoeften. Deze algemene houding weerspiegelt waarschijnlijk hoe de hedendaagse maatschappij met angst en beven naar de banden van ouder-kindrelaties is gaan kijken. Het is ook heel gebruikelijk afstand tussen ouder en kind tot elke prijs af te schilderen als blijk van het succes van 'scheiding'.

De therapeutische filosofie die ermee akkoord gaat om de ouder-kindrelaties te laten voor wat ze zijn, heeft enorme schade toegebracht aan het vermogen tot vertrouwen, hetgeen vooral te merken is aan het onvermogen van het kind om zich te binden aan anderen dan zijn of haar gezin van herkomst. Dit onvermogen tot betrokkenheid omvat stagnatie in de voortplanting en een levenspatroon dat zich richt op zelfvernietiging, met inbegrip van periodieke geneigdheid tot zelfdoding. Het is bijna tragisch dat het verwerven van constructief gerechtigde aanspraak in de ouder-kindrelatie niet alleen minder mogelijk is, maar in een bijna complete impasse is geraakt. De keuze voor het leven heeft te veel ruimte gegeven aan de keuze voor de teloorgang van relaties.

De universele wetten van menselijk gedrag onderstrepen de werkelijkheidszin van pogingen van kinderen om nieuwe keuzemogelijkheden voor het omgaan met ouder wordende ouders aan te durven en te verkennen. Het kan inderdaad waar zijn dat historisch gezien de generatie van de ouders verantwoordelijker was voor de impasse dan de generatie van hun kinderen. Maar het is ook de generatie van de ouders die de verantwoordelijkheid droeg voor de eerste vormgeving van de relatie. Het was aanvankelijk aan de ouders zichzelf te valideren als partners die op een verantwoordelijke manier zorg dragen in een dialoog met partners die niet gelijk zijn aan hen (fase II). Tegelijkertijd was het wezenlijk de taak van het kind om zichzelf de hele relatie door af te bakenen (fase I). Deze balans moest wel veranderen tegen de tijd dat het kind volwassen werd. Dan zijn de ouders vanwege hun leeftijd kwetsbaarder geworden. In dit stadium winnen de kinderen er altijd bij door te kiezen voor de mogelijkheid zich te valideren. Op dit punt is het aanbieden van gepaste zorg aan de orde, zelfs wanneer de ouders er niet in zijn geslaagd voldoende krediet te verwerven. Mocht een volwassen zoon of dochter zich terugtrekken en uiteindelijk opgeven, dan lopen zij het gevaar ook te verliezen. Kortom: de meest effectieve manier om te zorgen dat men zich minder verlaat op de werkelijkheid van innerlijk omgaan met anderen en hiervoor vervanging zoekt, wordt bereikt door evenwichtige betrokkenheid op het in werkelijkheid met anderen omgaan. Dit omvat de existentiële werkelijkheden van de dialoog waarin echt zorg dragen zowel voor zichzelf besloten is (fase I), als voor anderen (fase II). Iemands zorg en betrokkenheid kunnen natuurlijk worden verschoven naar anderen, ook naar de therapeut. Maar wanneer men ervoor kiest de ouders uit te sluiten van zijn liefde en zorg, leidt dit altijd tot een ernstig en kostbaar verzuim.

Het intrinsieke tribunaal van relaties

Ouder-kindrelaties verschaffen het fundamentele paradigma voor alle ingebouwde conflicten, botsingen en rivaliteit in het bestaan. De manier van reageren in deze primaire relaties bepaalt de manier waarop mensen op alle conflicten, botsingen en rivaliteit zullen reageren. Het is onvermijdelijk dat in relaties behoeften, belangen en investeringen met elkaar in conflict komen en dat deze conflicten moeilijk zijn op te lossen. Ze kunnen alleen in toom worden gehouden door wederzijdse zorg voor billijke en gepaste verdeling van baten en lasten tussen alle betrokken partners. Haaks daarop staat dat het proces van wederzijdse zorg verbonden is met een functie van een hechte relatie die het best kan worden omschreven als een intrinsiek 'tribunaal' *(Boszormenyi-Nagy, 1983).*
In het kort: de werking van het tribunaal is ingebed in relaties en treedt in werking wanneer eerst de ene en dan de andere partner krediet voor zichzelf vraagt en iemand nodig heeft om ieders aanspraken te horen. Met andere woorden: zij kunnen beiden onderkennen dat hun relatie een rivaliserend aspect heeft zonder een derde er als rechter of scheidsrechter bij te vragen. Meestal gaat het zo dat de ene persoon een pleidooi houdt en van de partner verwacht dat deze de waarde ervan weegt, zoals een rechter die objectief toehoort dat kan doen. De partner is echter niet objectief. Integendeel, zijn belangen liggen bij de tegenovergestelde kant van de desbetreffende kwestie. Bovendien: als hij ervoor kiest uitsluitend op haar voorwaarden te luisteren naar de legitimiteit van haar aanspraken, zou hij misschien zijn eigen aanspraken moeten opgeven en zelfs tegelijkertijd de hare daarmee versterken.
Dit vooronderstelt een dyadische structuur: hier sta ik met mijn behoeften en daar sta jij als een bron van bevrediging voor mij, die mij in de toekomst teleur zal stellen. Of: hier sta jij als klager en ben ik de gedoodverfde boosdoener. Het dilemma is de aanwezigheid van een derde – vaak imaginair – van wie wordt verondersteld dat hij luistert naar de kwestie tussen jou en mij en er een besluit over neemt. En zo wordt een triade 'geboren'. Als een triadische structuur in een dyadische relatie wordt geperst, neigen de partners ertoe elkaar te parentificeren.

Men wenst niet alleen dat het tribunaal de rol van quasi-ouder en volwassene op zich neemt; er wordt ook van een tribunaal verwacht dat het boven de partijen staat. Neem bijvoorbeeld de jongen van elf jaar die van zijn moeder steeds te horen krijgt: 'Jouw vader is altijd te laat met het betalen van de alimentatie voor jou.' Hier wordt de jongen gebruikt als een rechtsprekend tribunaal voor zijn ouders. Daarenboven wordt er van hem verwacht dat hij zijn moeders boosheid opvangt en dat hij zijn eigen frustratie over het feit dat hij het zakgeld niet krijgt dat door zijn moeder wordt achtergehouden, kan verwerken. Het is duidelijk dat aan een jongen van elf jaar niet moet worden gevraagd een oordeel over een van zijn ouders te vellen. Even duidelijk is dat zijn moeder een manier moet zien te vinden om haar ex-echtgenoot aan te spreken op zijn verantwoordelijkheid door middel van een meer rechtstreekse dyadische uitwisseling.

Evenals familieleden krijgen therapeuten ook een functie als tribunaal opgelegd. Deze functie is echter zelden therapeutisch en kan het best worden omzeild door kundig gebruik te maken van de methode van veelzijdig gerichte partijdigheid. De therapeut kan aan de slag met de zoektocht naar een innerlijk tribunaal van iedere partner, door hen voor zichzelf te laten pleiten en door erop te staan dat zij naar elkaar luisteren. De therapeut kan ieders verdienste bevestigen in het zoeken naar eerlijke antwoorden en besluiten, maar is verplicht de rol van scheidsrechter af te wijzen. Het staat therapeuten vrij te werken met het innerlijk tribunaal van mensen, maar het staat ze niet vrij dit tribunaal te worden. Zij kunnen familieleden helpen te leren hoe zij het tribunaal tussen hen in werking kunnen stellen door de therapeut als een katalysator te gebruiken. Neem de situatie van een vader en twee van zijn getrouwde dochters in hun eerste therapeutische gesprek.

Christine, 35, moeder van twee kleine kinderen, staat op het punt te scheiden. De vader beschreef aanvankelijk haar zuster Edith, 32, als de meegaande, gemakkelijke dochter. Christine gaf aan dat haar ouders veel huwelijksproblemen hadden. Maar vader schilderde zichzelf af als een sterke en welwillende echtgenoot, die zijn vrouw altijd de ruimte gaf vanwege haar moeilijke jeugd.

De therapeut was niet in de positie conclusies te kunnen trekken uit hetgeen ieder zei, vooral omdat de moeder afwezig was. Het tribunaal van de relaties in het gezin was echter actief in de zitting. Voor de eerste keer in haar leven verbrak Edith haar stilzwijgen en deed ze een uitspraak over het huwelijk van haar ouders. 'Vader,' zei ze, 'mijn pijnlijkste herinnering uit mijn jeugd is het beeld van jou aan de eettafel terwijl jij toeliet dat moeder van jou en ons geen spaan heel liet. Hoe kon je haar zo wreed en onbillijk laten zijn?' De waarheid van de woorden van Edith gaf ruimte aan de waarheid van de vader. 'Ja, je hebt gelijk,' antwoordde hij, 'maar, zie je, ik moest kiezen tussen mijn dochters en mijn vrouw. Met haar en niet met jullie moet ik mijn latere leven doorbrengen.'

De gemeenschappelijke ervaring van deze gezinsleden was ontoegankelijk voor de therapeut. Elk oordeel dat hij had kunnen vellen, zou het ontbreken aan richting en integriteit. Hetzelfde geldt voor iedere poging te scheidsrechteren of de harde waarheden van het gezin te verzachten. Maar omdat hij anderzijds iedereen aanmoedigde te zoeken naar een billijke uitwisseling, werd het tribunaal dat gebed lag in hun relaties, versneld in werking gesteld.

HOOFDSTUK 12

WEERSTANDEN:
BELEMMERINGEN VOOR THERAPEUTISCHE VOORUITGANG

Therapeutische vooruitgang komt op veel verschillende manieren voor. Hetzelfde geldt voor belemmeringen voor vooruitgang. Voor een begrijpelijk overzicht kunnen deze belemmeringen worden gegroepeerd in contextuele dimensies. We hebben ervoor gekozen een conglomeraat van weerstanden op te stellen. Daarbij houden wij in gedachten dat het woord 'weerstand' hier een beperkende, uitsluitend het individu betreffende betekenis heeft. De oorspronkelijke betekenis van 'weerstand' is de deels onbewuste tegenstand van de cliënt tegen het therapeutisch binnendringen in zijn of haar innerlijke balansen van motivationele krachten. Wanneer wij van verschillende mensen die met elkaar een verbintenis hebben de belemmeringen bekijken voor de therapeutische vooruitgang, krijgen we te maken met een wisselwerking van innerlijke *en* uitwendige balansen *tussen* mensen.

Dimensie I: feitelijke belemmeringen

Een van de belangrijkste feitelijke weerstanden tegen therapeutische vooruitgang is een gebrek aan gezonde jeugdervaringen. Blijvende psychologische schade bij jonge mensen komt – net als bij jonge dieren – voort uit een gebrek aan inbreng, empathie en zorg van de ouders *(Harlow, 1962; Spitz, 1946)*. Het tekort aan inbreng kan tot gevolg hebben dat bepaalde vaardigheden onderontwikkeld blijven en het kind grensgevallen van billijk met elkaar omgaan meemaakt. Overmachtige omstandigheden zoals ernstige ziekte (bijvoorbeeld hersenbeschadiging of suikerziekte) zijn ook feitelijke belemmeringen voor therapeutische verbetering. Zij zijn bronnen van weerstand die het slachtoffer direct beïnvloeden en die een enorme, zij het indirecte, uitwerking kunnen hebben op de gezinsleden van het slachtoffer.

Schadelijke jeugdervaringen zijn een andere feitelijke belemmering, vooral waar het gaat om beschadiging van de vroegste ontwikkeling van het vertrouwen. Uitbuiting en agressief of seksueel misbruik van een kind zijn vooral belangrijke antecedenten die het vermogen van mensen tot het opnieuw bezien van relaties kunnen beperken. Hetzelfde geldt voor beschamende omstandigheden die als donkere wolken boven het gezin van herkomst hangen. Kwesties waaruit familieschande naar voren komt vormen vaak een bijzonder grote bron van weerstand die nog ingewikkelder wordt gemaakt doordat de psychotherapie er dikwijls niet in slaagt dit onderwerp aan te roeren. Om het probleem nog groter te maken: angst voor deloyaal zijn weerhoudt de cliënt er vaak van ooit de echte schande te noemen. Iemand zal bijvoorbeeld waarschijnlijk niet in staat zijn het incestueuze gedrag van zijn vader of moeder te onthullen (verraden?) en zeker niet voordat zo iemand er voldoende van overtuigd is geraakt dat de therapeut in staat is partijdig te zijn met iedereen, de betrokken ouder inclus. De therapeut moet meestal aparte zittingen voor de kinderen in zijn plan opnemen – zittingen waarbij het kan gebeuren dat zelfs de echtgenoot van de cliënt niet wordt uitgenodigd.
Psychosomatische symptomen kunnen deels worden veroorzaakt door relationele factoren. De fysieke consequenties ervan kunnen ook worden gekenschetst als een feitelijke belemmering voor therapeutische vooruitgang.

Dimensie II: psychologische belemmeringen voor therapeutische vooruitgang

Prettige gevoelens kunnen als zodanig een psychologische belemmering voor therapeutische vooruitgang zijn. Gevoelens van veiligheid kunnen – paradoxaal genoeg – voortkomen uit situaties in relaties die een beschadigende uitwerking hebben. Mensen kiezen er vaak voor aan destructieve patronen van innerlijk met een ander omgaan vast te houden vanwege de secundaire winst. Zij kunnen een 'slechte' relatie met de innerlijke ouder koesteren, zich zelfs eraan vastklampen, door het gevoel dat deze de relatie kan opwekken. Neem de situatie van de dochter die, toen ze nog geen twee jaar was, door haar moeder in een pleeggezin werd geplaatst. Nu is de dochter volwassen en heeft ze een zoontje. 'Mijn moeder heeft me in de steek gelaten,' vertelt de dochter. 'Ze was egoïstisch, alleen op zichzelf gericht. Ik had nooit wat van haar te verwachten. Maar kijk mij eens. Mijn zoon is nu ouder dan twee en – anders dan mijn moeder – heb ik hem bij me gehouden.' Er wordt niets gezegd over haar problemen met het feit dat ze haar kind mishandelt en over het dreigement van de overheidsinstanties haar zoon bij haar weg te halen als hij nog eens zal worden geslagen. Hier is haar moeder een 'slecht' innerlijk object voor de dochter die – ondanks andere keuzemogelijkheden – volhoudt dat haar moeder slecht is. Ze verwerft gevoelens van eigenwaarde, zelfs superioriteit, door op deze manier naar haar moeder te kijken.

Vertrouwde gedragspatronen kunnen ook de ontwikkeling van het therapeutische proces vertragen. Partners in relaties voelen zich vaak prettiger wanneer zij zich als individu of groep op hun gebruikelijke, geconditioneerde manier kunnen gedragen. Op zijn beurt haalt de macht der gewoonte de scherpste kantjes van nieuwe attitudes en gedrag. Zich blijven vastklampen aan de manier waarop men dingen deed, is vergelijkbaar met Freuds begrip 'herhalingsdwang'; een gelijksoortige redenering, maar wel meer specifiek. Zich vastklampen aan de gebruikelijke manier van met elkaar omgaan wordt waarschijnlijk ingegeven door de angst de partner in de relatie te verliezen. Deze angst voor verlies leidt tot individuele en 'gezamenlijke opschorting van rouw' *(Boszormenyi-Nagy, 1965b)*. Mensen kunnen bedoeld of onbedoeld loyaal met elkaar zijn, zonder dat zij zich volledig bewust zijn van hun loyaliteit. Relaties kunnen tot elke prijs worden volgehouden om de werkelijkheid en de consequenties die verlies met zich meebrengt, om te buigen voor degenen die er direct door worden beïnvloed en voor anderen die het 'nodig' kunnen hebben dat zij worden beschermd. Het verlangen om de consequenties van verlies om te buigen of te vermijden is weer een ander struikelblok voor therapeutische vooruitgang.

De angst een bron van voldoening en daarmee de voldoening zelf te verliezen is analoog aan de meer algemene angst een relationele partner te verliezen. Parentificatie is een methode waarop men de angst voor een verlies dat men verwacht, kan verzachten en het in feite voor zich uit kan schuiven. In zekere zin ontstaat parentificatie wanneer iemand die een ander parentificeert, niet in staat is zijn gebruikelijke patronen van op een afhankelijk manier met anderen omgaan, op te geven om zo rekening te kunnen houden met de kant van de ander. Parentificatie is de uitdrukking van de onwil om het rouwproces onder ogen te zien dat nodig is om verlies een geaccepteerd feit te laten worden. Angst voor verlies kan worden verminderd door middel van destructief gerechtigde aanspraak.

Steunen op destructief gerechtigde aanspraak is duidelijk een treurige manier van leven die tevens tot schuld leidt. Desondanks kan het een diepe persoonlijke behoefte om de dingen goed en rechtvaardig te laten zijn, vervullen. Tegelijkertijd brengt destructief gerechtigde aanspraak nieuw letsel en onrechtvaardigheden toe en in sommige gevallen schept ze ook psychologische schuld. Destructief gerechtigde aanspraak kan met haar ethische dynamiek samengaan met de psychologische consequenties van voortdurend innerlijk 'slecht' met anderen omgaan. Deze combinatie kan dan worden gekoppeld aan een selectief patroon van met anderen omgaan; bijvoorbeeld: een vrouw kiest voortdurend 'ongeschikte' mannen als vriend en begint zo herhaaldelijk aan relaties die zijn gedoemd te mislukken.

Destructieve delegaten vormen weer een andere belemmering voor de vrijheid van de mens om zich te verbeteren. Zware delegaten tussen generaties veronderstellen dat een 'alsof'-positie ethisch geldigheid heeft. De moeder die haar zoon bij zijn geboorte 'aan God toevertrouwt' (en dus aan de geestelijkheid) alsof het om haar leven gaat in plaats van om dat van een ander, heeft condities in het leven geschapen die zowel schuld als wrok zullen voortbrengen. Het succes van intergenerationele conditionering hangt – hetzij te veel hetzij te weinig – af van de mate waarin het gebod wordt ingebed in de neiging tot schuldgevoelens van het nageslacht. De therapeutische taak delegaten te onderscheiden van geldige legaten wordt nog moeilijker wanneer er tussen generaties destructieve delegaten worden opgelegd.

Dimensie III: transactionele belemmeringen voor therapeutische vooruitgang

Mensen die zich schikken naar de averechts werkende gedragspatronen van andere gezinsleden, raken gevangen in een 'houdgreep', in een impasse of in pathologische complementariteit. Dat is bijvoorbeeld het geval bij iemand die bezorgd is over en benieuwd naar een bepaalde gezinssituatie en daartoe geldige redenen kan hebben. Maar zijn overstelpende geneigdheid om voortdurend bezorgd te zijn om het welzijn van anderen, kan een beschermende en verdoezelende houding bij andere gezinsleden opwekken, bijvoorbeeld: 'Ik word ziek van jouw bezorgdheid.'
Machtscoalities werken ook als belemmeringen voor therapeutische vooruitgang doordat zij confrontaties, nederlagen, overwinningen en vendetta's uitlokken. De vraag 'wie met wie een bondgenootschap heeft gesloten' stelt de dialogische aard van hechte relaties in een verkeerd daglicht, ook al kan deze een kern van intimiteit inhouden. In een transactionele reeks kan het lijken dat de moeder een bondgenootschap sluit met de kinderen tegen de vader. In een andere reeks kunnen deze ouders gezamenlijk kritiek leveren op een van de dochters en haar huwelijk ondermijnen. Elk van deze spelletjesachtige configuraties verwijst naar 'subsystemen' vanuit een transactioneel gezichtspunt. Toch hebben de onderliggende patronen eerder te maken met in wezen geparentificeerde kinderen die door hun ouders worden uitgebuit, dan met transactionele herhalingspatronen en hun feedback-structuur.
Therapeutische vooruitgang wordt ook gedwarsboomd door mythen over kinderen waarin zij perfect of wanhopig, zelfzuchtig of zorgend voor iedereen, in wezen reddend of noodzakelijk destructief, goed of slecht, behoeftig of zelfverloochenend worden gemaakt. Een andere ondermijnende mythe heeft te maken met misleidende, transactionele waarheden en conclusies over de omstandigheden van een familie. Ouders kunnen bijvoorbeeld zeggen: 'Wij hadden vroeger ruzie, maar het gaat nu goed met ons. Onze kinderen zijn volwassen en we zijn drie aparte gezinnen geworden. Wij hebben geen conflicten meer omdat we niet meer van dichtbij met elkaar te maken hebben.' Feiten over transacties? Misschien, maar wél ontdaan van alle zorg om betrouwbaarheid of een duidelijk vermogen mensen krediet te geven voor hun zorg in het verleden.

Dimensie IV: ethische belemmeringen

Weerstand tegen de ethische dimensie van relaties is van oudsher zo groot, dat velen in een therapeutisch beroep ervoor hebben gekozen deze maar niet ter sprake te brengen. Niet alleen familieleden aarzelen een proces aan te gaan dat de diepgewortelde waarheden en leugens van een familie zal onthullen, ook therapeuten hebben hun aarzeling, vooral bij cliënten die ouder zijn dan zijzelf. Bovendien is de complexiteit van gezinsdynamieken vaak bijzonder verwarrend en schijnt ze soms iedereen op een afstand te houden. Het kan in het begin gewoon makkelijker lijken vragen te stellen over een kind dat de wet overtreedt, dan te vragen of dit kind soms de lasten van het huwelijk van zijn ouders op zijn schouders draagt.

De onuitgesproken tegenstellingen in egoïstische of altruïstische uitgangspunten zijn ook een struikelblok voor vooruitgang. Een moeder die demonstratief geeft, kan bijvoorbeeld haar kind op een subtiele en genuanceerde manier uitbuiten. Het kan echter ook zijn dat zowel de narcistische kwetsbaarheid van de moeder als de loyaliteit van haar kind met haar, maken dat de situatie niet wordt opengelegd.

Destructief gerechtigde aanspraak is een belangrijke belemmering voor therapeutische vooruitgang. Kredieten en rechten die iemand tijdens zijn jeugd heeft verworven, kunnen diens huidige vermogen om anderen gepaste zorg te bieden, verlammen. Iemands onvermogen tot reageren is plaatsvervangend, vergeldend en onbillijk. De kwetsingen die hij heeft opgelopen blijven onder het oppervlak en helpen hem te beschermen tegen berouw, ongeacht de kwetsingen die hij heeft veroorzaakt.

Verwachtingen tussen generaties kunnen genezing ook in de weg staan. Gescheiden ouders die hun kinderen actief delegeren tot bemiddelen in hun gevechten met elkaar, vertragen daarmee ieders kansen op therapeutische verbetering. Een kind kan machteloos komen te staan bij een hopeloos conflict tussen twee ouders die elkaar bestrijden en die erop staan allebei aanspraak te maken op de loyaliteit van het kind, terwijl hun aanspraken zodanig zijn dat deze elkaar wederkerig uitsluiten.

Tekenen van therapeutische vooruitgang

Psychodynamische psychotherapie heeft individuele kenmerken bestudeerd op tekenen van gezondheid en therapeutische vooruitgang. *Fairbairn (1952, blz. 156)* schrijft over de 'verlossing van knechtschap aan zijn innerlijke slechte objecten'. Erikson *(1959)* benadrukt rijping in iedere fase van de levenscyclus. En Rado *(1925)* vergeleek iets 'verwerken' met het rouwproces. Traditionele individuele psychotherapie hield zich niet bezig met het werken met de relatie van de cliënt, noch stelde ze zich genezing van de partner als een van haar primaire of directe doelen. Deze houding brengt enige dilemma's met zich mee. Op zijn minst zal, wanneer iemand individueel winst boekt, zijn vooruitgang niet in de maat lopen met de aanpassingen van zijn partner aan diens levenscyclus. Het loskomen van de partner van zijn eigen innerlijke objecten of van een stagnerend rouwproces kan evenzeer op cruciale wijze bepalend zijn voor het welzijn van de cliënt. Wanneer het een therapeut niet lukt onmiskenbaar betrokken te zijn bij de partner van een cliënt, kan het zijn dat daardoor onbedoeld relaties die voor de cliënt zeer belangrijk zijn, worden ondermijnd. In onze ervaring is het effectiever en produktiever een actieve zorg voor de relaties van de cliënt in te bouwen, ongeacht of deze mensen al dan niet bij de therapiezittingen worden betrokken.

In contextueel werk wordt therapeutische vooruitgang geboekt wanneer een cliënt kan ingaan op aanmoedigingen om feitelijke stappen te doen. Therapeutische kiemen worden gelegd en beginnen in één van de gezinsleden te ontkiemen. Die gebruikt elk moratorium dat hem ter beschikking staat en kan dan een keuze doen uit verschillende mogelijkheden. Hij kan zijn ouders uitnodigen voor een zitting of hun een brief schrijven, of hij kan opnieuw contact opnemen met een broer die reeds lange tijd werd genegeerd. Centraal staat hier dat een belangrijke kettingreactie in gang wordt gezet: een persoon krijgt voldoende vertrouwen en moed om actief van zijn kant zijn relationele panorama onder ogen te zien, zonder dat hij enige garantie heeft dat hij er iets voor terugkrijgt. Terwijl hij dit doet, loopt hij het risico dat de balans tussen zijn innerlijk met anderen omgaan en zijn feitelijke relaties met anderen verschuift.

Wanneer iemand bereid is te proberen vooruit te komen, komt ook het evenwicht in de stagnerende relaties van degene met wie hij in relatie staat, in gevaar. De pogingen van een man bijvoorbeeld om meer contact met zijn moeder te krijgen nadat zij hem lange tijd voortdurend tot zondebok heeft gemaakt, vormt een ernstige bedreiging voor haar. Tot nu toe heeft ze met haar destructief gerechtigde aanspraak weten om te gaan door het contact met haar zoon te verbreken, en hij heeft zich daar naar gevoegd. Nu vraagt hij om iets anders door zijn pogingen zijn eigen destructieve gedrag om te zetten in mogelijkheden om constructief gerechtigde aanspraak te verwerven. Hij daagt de heimelijke opschorting van rouw door de familie uit en tijdens dat proces neemt hij nieuwe keuzemogelijkheden voor zichzelf op en biedt deze ook aan anderen aan. Iedereen zal dan een nieuwe voorraad energie nodig hebben om het rouwproces te kunnen afronden. Die energie zal waarschijnlijk voortkomen uit een goedgefundeerde hoop op nieuwe manieren voor het ontwikkelen van betrouwbaar geven-en-nemen en op het verwerven van nieuwe gerechtigde aanspraak.

Het is waar dat er nieuwe eisen worden gesteld aan alle deelhebbers in een relatie wanneer een van hen vooruitgang boekt. Het is ook waar dat, naarmate een individu nieuwe therapeutische winst vergaart, hij of zij nieuwe niveaus inbrengt van moed, vertrouwen en het nemen van risico's in de gehele context. De poging alleen al om te onderzoeken waar en hoe erkenning en krediet op hun plaats zijn, is *ipso facto* een betrouwbare stap. Het *nodigt* mensen *uit* om een dialoog aan te gaan en spreekt het tribunaal, dat intrinsiek in belangrijke relaties aan het werk is, aan. De dialoog wordt in toenemende mate betrouwbaar wanneer iedere partner ertoe kan komen de ander te zien als iemand die zorg geeft (fase II) én als iemand die eenzijdig neemt (fase I). Wanneer waarnemingen verschuiven, kunnen mensen beginnen zich minder excessief op hun innerlijke relaties te verlaten. Zij zullen tegelijkertijd in staat zijn relaties steeds minder uit te buiten en zich steeds minder te verlaten op machtsmanipulaties.

Wanneer mensen nieuwe niveaus van betrokkenheid in hun relaties durven aan te gaan, nemen ze verantwoordelijkheid voor hun eigen inbreng. Risico's en verantwoordelijkheid durven nemen helpt mensen als individu duidelijker uit de verf te komen. Een vader kan bijvoorbeeld in staat zijn toe te geven hoezeer hij de neiging heeft de kinderen op de voorgrond te plaatsen, in plaats van zelf rechtstreeks iets met zijn vrouw te bespreken. Een vrouw kan besluiten voor de eerste keer te praten over de incestueuze relatie van haar vader met haar en over de mishandeling door haar moeder. Of een ten dode opgeschreven, voortdurend bittere en afstandelijke ouder, die reeds lang door zijn kinderen werd verafschuwd, kan onverwachts in staat blijken erkenning te geven voor hun levenslange toewijding aan hem.

Beloningen van therapeutische vooruitgang

Wanneer familieleden de dialoog weer aangaan en verdiepen, levert hun geven-en-nemen onvermijdelijk iedereen meer op. De bevrijding die geleidelijk ontstaat door het verwerven van gerechtigde aanspraak is één van de stimulerende krachten waardoor therapeutische vooruitgang wordt geschraagd. Therapeutisch werk wordt niet in de eerste plaats door 'goed' of 'moreel' gedrag ondersteund of gemotiveerd, maar door spontane uitingen van een gevoel van innerlijke vrijheid. Therapeutische vooruitgang veroorzaakt talloze tekenen van bevrijding. Bijvoorbeeld:

– Na enkele maanden van weerstand neemt een jonge vrouw haar moeder, voor wie ze reeds lang wrok koestert, mee naar een therapiezitting en praat vertrouwelijk met haar. Kort daarna verdwijnt haar voortdurende frigiditeit voor het eerst sinds haar eerste huwelijksnacht.
– Na twee jaar haar ouders te hebben gemeden, geeft een alleenstaande vrouw haar weerstand op en neemt contact met haar ouders op. Korte tijd daarna maakt ze plannen voor een korte vakantie met een vriend: haar eerste vakantie in zeven jaar. Tegelijkertijd besluit ze te stoppen met het gebruiken van alcohol, dat haar leven zolang heeft beheerst.
– De moeder van een psychotische tiener neemt haar ongeneeslijk zieke moeder bij haar in huis. Ze heeft besloten haar moeder te verplegen, ondanks haar

voortdurende wrokgevoelens ten opzichte van haar. Vervolgens treedt er een onverwachte verbetering op in haar huwelijk en in het functioneren van haar dochter.
- Een vrouw besluit haar adoptiefkinderen weer in contact te brengen met hun gezinnen van herkomst. Tot haar verbazing merkt ze dat ze eerder vrijer komt te staan in haar relatie met hen dan dat ze een gemis voelt. Zij voelt zich ook vrij om de schimmen uit haar verleden te gaan bestuderen.
- Een man komt naar therapie terwijl hij op het punt staat te scheiden en hij een relatie heeft met een andere vrouw. Hij heeft reeds lang geleden de relatie met zijn ouders opgegeven; hij is ambivalent ten opzichte van hen en boos. Hij besluit te onderzoeken wat hij alsnog op het gebied van zorg voor hen kan betekenen. Tijdens dat proces krijgt hij onverwacht hulp van zijn vrouw. Zij is blijkbaar het slachtoffer geweest van zijn onzichtbare loyaliteit met zijn ouders. Tengevolge van zijn werk tijdens de therapie krijgt hun huwelijk eindelijk een echte kans en hun kinderen varen zichtbaar wel bij de hernieuwde relatie tussen hun ouders.

Kortom: naarmate mensen leren zich te verlaten op de zichzelf onderhoudende spiraal van het verwerven van constructief gerechtigde aanspraak, verwerven ze in toenemende mate vrijheid om op enkele van de onderstaande manieren te functioneren.

- De consequenties van hun eigen verantwoordelijkheid onder ogen zien in plaats van toevlucht nemen tot het een ander de schuld geven. Hun vermogen tot onder ogen zien en het op zich nemen van verantwoordelijkheid vermindert de neiging om een ander tot zondebok te maken; hetzelfde geldt voor de neiging tot projectieve identificatie op een destructieve manier.
- Het ontschuldigen van ouders: een proces dat leidt tot bevrijding van de schimmen uit het verleden en dat iemand helpt om relationele herhalingspatronen uit het verleden te kunnen loslaten.
- Het ontwikkelen van meer wederkerigheid in het bieden van zorg aan het nageslacht. Dat wil zeggen: de vrijheid van echtgenoten elkaar te helpen om ouders terug te betalen door het geven van gepaste zorg en daardoor de mogelijkheid om hun vermogen tot omgaan met elkaar en tot het uitoefenen van het ouderschap te verbeteren.

V

THERAPEUTISCHE METHODEN

HOOFDSTUK 13

EEN VOORBEELD UIT DE PRAKTIJK

Het is soms moeilijk om de therapeutische handelingen van contextueel werk duidelijk te maken. De reikwijdte en de doelen ervan liggen geworteld in de complexe vier dimensies van de werkelijkheid en strekken zich verder uit dan de grenzen van het werken aan symptomen en het gebruik maken van technieken. Maar de praktijk laat zien hoe familieleden in de eerste ogenblikken van hun eerste therapiezitting met behulp van de hefbomen van dimensie IV op een diep niveau kunnen worden bereikt. Ook al is de complexiteit van en tussen familieleden nog niet duidelijk geworden, het is toch betrekkelijk makkelijk om van ieder afzonderlijk zowel fundamentele verlangens, aanspraken, teleurstellingen en ontmoediging over hun leven samen naar boven te halen, evenals hun onvermijdelijke hoop op een betere manier om met elkaar om te gaan.

Het is betrekkelijk makkelijk de relationele werkelijkheid van partners die een hechte relatie met elkaar hebben te verhelderen. Men moet er wel om denken dat de nadruk ligt op de balans van billijkheid tussen *individuele leden in hun hechte relaties* in plaats van op 'de familie'. Het is ook betrekkelijk makkelijk te laten zien hoe hun resterende of ongebruikte hulpbronnen van betrokkenheid kunnen worden geactiveerd. Contextuele therapie gaat te werk op grond van de premisse dat de betrokkenheid van mensen op elkaar de essentie is van de relationele werkelijkheid.

Gedrag tussen familieleden is ondergeschikt aan de werkelijkheid van hun fundamentele betrokkenheid. De oorsprong van 'betrokkenheid' is het *feit* van existentiële verwantschap en de wens van de familieleden iets bij die verwantschap te winnen. Betrokkenheid bestaat, of deze nu geactiveerd wordt of niet. De levensvatbaarheid van betrokkenheid is altijd afhankelijk van de deelhebbers in een relatie, die de weg vinden naar billijkheid in de onderlinge balans van geven-en-nemen (dimensie IV) – en dat steeds opnieuw. Neem bijvoorbeeld de situatie van de moeder en haar volwassen dochter en zoon die zich plichtsgetrouw, zij het mechanisch, gedroegen. Twintig minuten van de eerste gezamenlijke therapiezitting waren voldoende om dynamieken tussen hen naar boven te laten komen waarmee geen van hen zich ooit had beziggehouden. De kwestie waarmee ze kwamen was de oppervlakkigheid van hun contacten en transacties. De kwesties die daaraan ten grondslag lagen, hadden hun wortels in intergenerationele kwetsingen en onrechtvaardigheden, die ethische verwijdering veroorzaakten.

De hieronder volgende fragmenten zijn een illustratie van de aard van sommige contextuele interventies die kunnen plaatshebben in de tijd van enkele sessies. De dochter, die al contextueel aan het werk was, nodigde haar moeder en haar broer, die buiten de stad woonden, uit om een paar zittingen bij te wonen. Therapie is – net als het leven zelf – nooit een korte-termijnproces. Maar de interventiefase hoeft niet lang te duren. Contextuele therapie is, via haar gerichtheid op dimensie IV, onmiddellijk relevant voor cliënten op een diep niveau van hun bestaan. Het duurt natuurlijk een tijd voordat men heeft geleerd om een competent therapeut te zijn en het duurt nog langer om een competente, korte-termijntherapeut te worden.

In het begin van de therapie stelde Sarah zich voor als een hardwerkend, overbelast en dikwijls ongewaardeerd iemand, die in hoge mate was betrokken bij sociale en geloofsaangelegenheden. Zij leed soms aan slapeloosheid en dacht af en toe aan zelfmoord. Ook voelde ze zich door mannen uitgebuit. Zij was omstreeks haar eenentwintigste jaar enige tijd getrouwd geweest. Op bepaalde niveaus voelde zij zich de mindere van haar moeder die in staat was geweest het huwelijk met de vader van Sarah, nu overleden, in stand te houden.

Sarah was dikwijls op haar hoede en stond argwanend tegenover hechte relaties met mannen. Zij durfde geen tweede huwelijk aan, hoewel ze het soms wel betreurde dat ze nooit een kind had gekregen. Maar ze vroeg zich af of ze wel van het hout was waaruit een goede moeder wordt gesneden. In wezen was ze zeer afwerend, zo niet verlamd, op veel gebieden van het met anderen omgaan.

Sarah beschreef haar broer Will als een succesrijke zakenman, die wist wat hij van vrouwen wilde, zelfs wanneer het moeilijk was te krijgen wat hij wilde hebben. Zij was onder de indruk van de moed die hij had om voor de derde keer te trouwen. Zij wilde graag dat hun relatie hechter zou worden, maar zij voelde zich niet in staat hem iets waardevols te bieden. Sarah realiseerde zich ook dat zij succes had in haar beroep en dat ze competent was. In feite verschafte haar werk als dienstverlener haar een belangrijke bron van diepe voldoening.

De therapeut werkte tijdens de voorafgaande individuele zittingen eraan, Sarah voor te bereiden op de zittingen met haar moeder en broer waarbij haar duidelijk werd gemaakt hoe belangrijk het was dat ieder gezinslid een moedige houding zou aannemen. Het zou op den duur de belangen van Sarah en van haar verwanten het beste dienen wanneer zij haar eigen behoeften onder ogen zou zien en er uitdrukking aan zou geven. Aanvankelijk klonk het alsof zij er veel te veel op gebrand was om haar ouders te verontschuldigen en kon ze nauwelijks zien hoe haar gekwetste gevoelens voortkwamen uit haar relatie met hen.

Genogram van het gezin L.

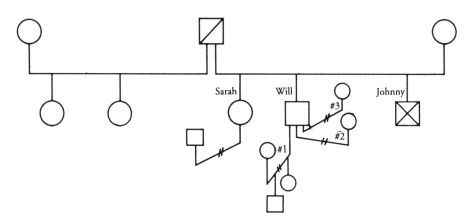

Sarah was bezorgd over het onmatig drinken van haar moeder. Zij herinnerde zich hoe haar moeder aangaf dat zij zelfmoord wilde plegen en haar vroegere opnames in een psychiatrische inrichting. Onlangs was zij zich zorgen gaan maken over het toenemende emotionele isolement van Will. Hij scheen emotioneel gezien ver van zijn kinderen te staan en vooral zijn relatie met zijn dochter werd gekenmerkt door boosheid en vervreemding.

Het mislukken van relaties buiten de familie is meestal het topje van de ijsberg en wordt gekenmerkt door stagnatie in het gebruik maken van bronnen voor dialoog; dat wil zeggen: men is niet in staat zich in belangrijke relaties wederkerig in te zetten voor een billijke manier van met elkaar omgaan. Patronen van te veel geven worden vaak gebruikt als substituut voor een dialoog van wederzijdse betrokkenheid. In het begin kunnen patronen van te veel geven een effectieve manier lijken waarmee men mensen aan zich kan binden. Toch is het zeer waarschijnlijk dat deze patronen voortkomen uit het feit dat iemand een geparentificeerd, uitgebuit en emotioneel leeggezogen kind is geweest dat gedwongen werd in een keurslijf van zelfverloochening. Het patroon van zelfverloochening ontstaat doordat het kind ambivalent ten opzichte van 'geven' staat, terwijl hij of zij *tegelijkertijd* bang is voor uitbuiting door de persoon aan wie juist wordt gegeven. Degene die wordt uitgebuit en te veel geeft, zal waarschijnlijk destructief gerechtigde aanspraak ontwikkelen die zich onherroepelijk zal manifesteren in latere relaties en deze zal vergiftigen.

Contextuele therapie gaat ervan uit dat relaties waarin te veel wordt gegeven, dikwijls kunnen worden omgevormd door te werken aan de onderlinge dialoog van billijke balansen. Te veel geven kan feitelijk de kwaliteit van het geven van iemand verbeteren, mits diegene tegelijkertijd eerlijk aanspraak kan maken op hetgeen hem of haar verschuldigd is (zelfafbakening) *en* de partner tegelijkertijd het Zelf kan valideren door te leren onderkennen hoe hij of zij baat heeft bij een meer open uitwisseling. Eerst moet echter degene die gedwongen te veel geeft, leren het feit te onderschrijven dat hij inderdaad onbillijk werd uitgebuit. Slechts dan is hij er echt aan toe de uitbuitende vader of moeder te ontschuldigen.

De contextueel therapeut weet dat een kind het meest destructief geparentificeerd wordt wanneer het gevangen zit in de verplichting de mislukkende relatie tussen zijn elkaar wantrouwende ouders in stand te houden. Hoe subtieler het wantrouwen tussen de echtelieden is, hoe minder hanteerbaar de situatie is voor hun kind. De verborgen heimelijke samenwerking tussen afhankelijke ouders die veel vragen, kan de zaak nog erger maken. Hun blijkbaar gezamenlijke veronachtzaming van de echte behoeften van het kind zullen hem uiteindelijk ertoe dwingen een nog wanhopiger gever te worden.

In vergelijking daarmee zijn eerlijke ruzies tussen echtelieden een veel beter te dragen last dan deze verborgen klem van ernstige parentificatie, met alle subtiele met schuld beladen implicaties van dien.

Sarah nam haar moeder, mevrouw L., en haar jongere broer, Will, mee voor vier achtereenvolgende therapiezittingen. De therapeut opende de eerste zitting door aan Sarah te vragen of ze haar moeder en haar broer had verteld wat haar motieven waren om hen bijeen te brengen. Sarah zei dat haar werk als advocaat het belang van familierelaties onderschreef.

De dochter geeft aan dat ze bang is dat de gezinsleden zich zullen verzetten tegen het verkennen van hun relaties.

Sarah: Tijdens een conferentie, vorig najaar, zei iemand dat het echt hypocriet is gezinnen te vragen of ze willen komen praten over elkaar als je dat niet zelf met je eigen familie hebt gedaan.
Dat is een kwestie van integriteit. Wanneer ik bijvoorbeeld een cliënt zeg dat hij baat kan hebben bij een therapie, zeg ik altijd: 'Ik ben in therapie geweest en dat heeft mijn leven echt veranderd.' Daar komt bij dat, wanneer je verbanden ziet in je eigen familie, je die waarschijnlijk ook beter ziet in andere families. Maar toen ik zélf dat contact moest gaan op-

Benadrukt verborgen, relationele hulpbronnen. Geeft aan dat er moed voor nodig is de keuzemogelijkheid van zelfvalidatie onder ogen te zien door zorg voor de menselijkheid van de ander (dimensie IV) aan te bieden. Stelt positieve hulpbronnen boven een zoektocht naar het pathologische. Doet een appel op de diepere waarheid van de zoektocht naar liefde onder mensen die nauw verwant zijn met elkaar.

Stelt uitdrukkelijk dat de zorg en de partijdigheid van de therapeut op iedereen betrekking hebben. Begint daarmee de contractuele houding van de therapeut duidelijk te maken. Lokt de spontaneïteit van de dochter uit door een gebied uit te kiezen waar zij duidelijk zorgen over heeft. Richt zijn partijdigheid ook op de zoon.

nemen, vond ik het beangstigend om mijn eigen familie mee te vragen.

Therapeut: Door mijn ervaring met mijn eigen familie en met mijn cliënten weet ik dat er een heleboel liefde en zorg in families ontspoord raakt. Mensen komen vast te zitten in wat ze veilig tegen elkaar kunnen zeggen, welke kwesties ze kunnen bespreken, welke reacties ze verwachten. Ieder van ons bouwt een soort familieverhaal op en verliest de menselijkheid van de ander uit het oog. Het gaat er vandaag niet om om iets negatiefs te benadrukken – alle families hebben negatieve aspecten – maar om de zorg een duwtje in de rug te geven, zodat een paar van de moeilijke zaken die er onder jullie leven, kunnen worden uitgesproken. Op die manier hebben jullie de kans dichter bij elkaar te komen. Het probleem is, dat mensen van elkaar kunnen houden terwijl ze toch ver van elkaar afstaan.
Ik denk dat voor mij vandaag hier in de kamer jullie drieën én mijnheer L. en uw andere zoon, Johnny, aanwezig zijn. Ik hoop dat zij een plaats krijgen in de discussie, omdat ze op verschillende manieren aanwezig zijn; dat kan ook niet anders. Afgezien daarvan, Sarah, waar zou je willen beginnen? Dat kan een van de dingen zijn die je zou willen veranderen tussen jullie, bijvoorbeeld de angst die je voelt wanneer je een moeilijke vraag wilt stellen. Het kan zijn dat jij ook dergelijke punten hebt, Will.

De moeder geeft haar dochter krediet voor het feit dat ze veel aan anderen geeft. Toch kan men zich – aan de hand van het voorbeeld dat de moeder zich uit de jeugd van haar dochter herinnert – de vraag stellen of hier sprake is van een familiepatroon van opofferend te veel geven ten koste van legitieme pogingen tot zelfafbakening.

Vraag naar de oorsprong van het patroon en de vraag of geven aan mensen hen bindt aan buitensporige verplichtingen.

De geparentificeerde dochter komt tussenbeide ten behoeve van haar moeder.

Mevrouw L.: Ik ben heel trots op wat ze doet, dat ze mensen helpt. Dat wilde ze als klein kind altijd al. Mijn man hield er niet van om naar schoolactiviteiten te gaan. Sarah was voorzitster van het een of ander, dus zei ik: 'Kom op, dit is een diner en ze staat drie keer op het programma.' Wij gingen erheen, maar ze heeft de hele tijd dat we er waren, geen woord gezegd en mijn man wilde weten waarom ik hem had meegenomen. Ik vroeg Sarah waarom zij niet had gesproken, terwijl haar naam op het programma stond. 'O,' zei ze, 'ik had vrienden die zich afschuwelijk voelden, omdat zij niet op het programma stonden. Dus zei ik tegen hen dat ze de tijd die mij was toegewezen, mochten gebruiken.' Ze heeft altijd al andere mensen geholpen.

Therapeut: Van wie heeft ze dat, mevrouw L.?

Mevrouw L.: Mijn vader was predikant bij de methodisten en ik denk dat ze het misschien van hem heeft.

Sarah: Maar jij hebt altijd veel voor anderen gedaan. Vind je zelf ook niet?

Mevrouw L.: Nou, dat weet ik niet.

Sarah: Ik denk dat je vaak feestjes gaf voor andere mensen en voor ons. Weet je, ik denk vaak na over toen je jouw piano verkocht toen Johnny overleed.
Ik heb op de een of andere manier

Het patroon is gelieerd aan zelf-verloochening en aan het verdriet over het overlijden van een familielid. Erkent het geven van de moeder.

het gevoel dat je toen je pianospel hebt opgegeven. Wat ik me herinner dat moeder vaak met ons deed – en ik ben benieuwd of jij je dat ook herinnert, Will – was piano spelen. Weet je nog: 'De slang komt je pakken.'

Will: Dat herinner ik me. Dat is het enige wat ik me van haar spel kan herinneren.

Mevrouw L.: Daar heb ik in geen jaren aan gedacht.

Sarah: Altijd wanneer we een feestje hadden, speelde jij piano en speelde Johnny piano. En Johnny ging dan altijd naar de keuken en zei dan: 'Hoeveel jaar heeft ze les gehad?' Jij speelde zo mooi piano. Johnny speelde zo mooi en ik denk dat ik...

Nog meer erkenning.

Mevrouw L.: Jij bent gestopt bij je leraar. Sarah vond haar leraar geweldig. Ze konden het prima met elkaar vinden, maar ik geloof niet dat ze ooit wat op de piano speelde.

Sarah: Maar ik denk dat ik ermee stopte, moeder, omdat ik mezelf niet echt begaafd vond en ik oefende niet erg veel.

Mevrouw L.: Nee, dat deed je inderdaad niet.

Sarah: Dus mijn manier om te proberen ervan af te komen, was mensen te vermaken.
Maar om op jou terug te komen: ik vind dat jij en ik soms heel goed en diepzinnig met elkaar kunnen praten,

Biedt een open en eerlijk gesprek aan als een gevende relationele hulpbron.	zoals die ene keer in het ziekenhuis. En er zijn andere momenten geweest, die niet allemaal even prettig waren, dat jij vreselijk boos op mij was en ik op jou. **Mevrouw L.:** Dat klopt. **Sarah:** Ik kan me ook een keer herinneren dat jij zei dat je er trots op was dat we zoveel aan onze relatie werkten. Dat hebben we toch gedaan?
Geeft de moeder krediet voor hetzelfde.	
	Mevrouw L.: Ja, dat hebben we.
Maakt het mogelijk dat er wordt gekeken of er meer spontaneïteit in de ouder-kindrelatie mogelijk is.	**Sarah:** Ik denk soms, dat ik niet weet hoe ik je kan bereiken zonder alleen maar over prettige dingen te praten. **Mevrouw L.:** Dat kan best zo zijn.
Partijdig naar de moeder door te verwachten dat ze spontaan zal zijn en wil werken aan een open dialoog.	**Therapeut:** Weet u wat Sarah van u nodig heeft, mevrouw L.?
Voorzichtig antwoord. Het kan zijn dat de moeder om een moratorium vraagt.	**Mevrouw L.:** Nee, misschien gaat het om aanmoediging; ik denk niet dat ze echt iets van me nodig heeft. Ze doet het prima.
Probeert positieve hulpbronnen te benadrukken. Geeft krediet aan de verdiensten van de moeder.	**Therapeut:** Misschien niet zo goed als u wel denkt. Misschien bent u zo trots op haar omdat ze uw stoutste dromen overtreft. Misschien bent u er zich niet van bewust dat ze bepaalde behoeften heeft die alleen u kan invullen. **Mevrouw L.:** Ik denk dat u gelijk heeft.

Partijdig met de moeder door haar manieren aan de hand te doen voor zelfvalidatie door de dochter te helpen met haar zelfafbakening.	**Therapeut:** Bent u ooit in staat geweest tegen Sarah te zeggen: 'Wat heb je nodig?' of: 'Ik heb je nodig'? Misschien heb jij er ook behoefte aan hierover iets te zeggen, Will.
	Mevrouw L.: Nee, ik denk niet dat ik dat ooit heb gezegd.
Onderzoekt het patroon (dimensie III).	**Therapeut:** Is het in uw familie moeilijk dat te doen?
	Mevrouw L.: Ik denk dat dat wel zo is. Ik heb er nooit over nagedacht.
	Therapeut: Hoe zou dat komen, mevrouw L.?
	Mevrouw L.: Ik weet het niet.
Wordt met het patroon afgezien van pogingen tot zelfafbakening?	**Therapeut:** Hoe is dat met andere mensen in uw leven, bijvoorbeeld met uw man? Kon u hem vertellen wat u nodig had?
	Mevrouw L.: Ja.
Onderzoekt de aard van het huwelijk van de ouders ten opzichte van de billijkheid van geven-en-nemen.	**Therapeut:** Kon hij geven wat u nodig had?
	Mevrouw L.: Ja.
	Therapeut: En wat gebeurde er toen hij dat niet kon?
Is partijdig met de moeder.	**Mevrouw L.:** Toen hij ziek was? Toen was er niets aan te doen, behalve dat ik mij moest realiseren dat hij vreselijk ziek was en zou sterven.

Onderzoekt het vermogen om om te gaan met onderlinge belangentegenstellingen. Werden de kinderen in de moeilijke omstandigheid van gespleten loyaliteit geplaatst?

Onderzoekt in hoeverre de moeder als weduwe heeft kunnen rouwen.

Dochter herinnert zich dat ze in de rol van vertrouwelinge werd geplaatst tussen haar vader en haar moeder. Het dilemma van een gespleten loyaliteit komt naar boven: was de vader een verachtelijk uitbuiter van de moeder? Belast deze omstandigheid de kinderen met een legaat om de schande van de ouders uit te wissen en een van de ouders te ontschuldigen?

Is partijdig met de moeder: ze heeft de keuzemogelijkheid zichzelf te valideren door de verantwoordelijkheid op zich te nemen om kritisch naar zichzelf te kijken.

Therapeut: Wat gebeurde er voordat hij ziek werd, toen u gewoon meningsverschillen of ruzies had? Hoe ging u daarmee om?

Mevrouw L.: We praatten het uit. We waren het niet altijd met elkaar eens.

Therapeut: Heeft u nog onverwerkte gevoelens over uw huwelijk?

Mevrouw L.: Ik denk het niet. Ik vind dat ik een goed huwelijk heb gehad.

Sarah: Maar ik herinner me een bepaalde gebeurtenis. Je nam ons mee naar de bioscoop naar Hamlet met Laurence Olivier en je huilde.
Weet je dat nog? Jij huilde en zei dat je erover dacht bij vader weg te gaan, dat het een heel moeilijke tijd was.
En afgelopen zomer heb ik je gevraagd of je zou zijn gescheiden als het toen net zo makkelijk was geweest om te scheiden als het nu is. Je zei toen van niet, omdat vader nogal afhankelijk van je was en al het geld had weggenomen dat je had gespaard en ergens had verborgen.

Mevrouw L.: Ja.

Therapeut: Heeft u ergens spijt van, niet zozeer over uw echtgenoot, als wel over uw eigen gedrag in uw huwelijk? Ik weet dat dit een moeilijke vraag is.

Voorbeeld van de manier waarop Will werd geparentificeerd door het geruzie van zijn ouders; dat is niet zo'n zware last als de last van de implicaties van verachtelijk gedrag van de ouders.

Mevrouw L.: Ik geloof van niet. Ik denk dat we altijd het gevoel hadden dat we nogal gelukkig waren. Denk je niet dat vader en ik ons redelijk gelukkig voelden? We hadden wel onze meningsverschillen.
Ik herinner me een keer toen Sarah op de universiteit zat. Ze zou ergens voor worden benoemd en wist dat niet. Ze belden ons op en zeiden tegen ons dat het leuk zou zijn als we zouden komen. Mijn man had een vliegtuig en was dol op vliegen, maar ik wilde met de auto of met de trein gaan. Hij zei 'nee' en we bleven er maar over ruziën. Uiteindelijk riep Will vanuit zijn slaapkamer: 'Hou nou toch eens allebei op met dat kinderachtige gedrag en denk er nu eens aan dat je Sarah gaat bezoeken!'

Sarah: Dat verhaal heb ik nooit gehoord. Dat herinner jij je nog?

Will: Ik weet nog zo veel van dit soort verhalen.

Sarah: Maar ik herinner me één situatie waarin je heel dapper was, moeder, heel, heel dapper: het feit dat vader vloog. Moeder ging overal met hem mee naar toe. We wisten altijd dat we in moeilijkheden zaten als we achterin zaten en mijn moeder de krant pakte en begon te lezen – omdat ze doodsbang was.

Mevrouw L.: Dat ergerde hem zo. Hij zei dan: 'Je kunt die krant ook lezen als we er zijn. Kijk nu maar naar het landschap.' O, hij vond het vreselijk en ik denk dat jij dat ook vindt,

	Will. Als ik met jou vloog, dan zat ik achterin en jij zat voorin waar je niet kon zien wat ik aan het doen was.
	Will: Het gaat mij er alleen maar om dat jij je ontspant en het naar je zin hebt.
Deelt een persoonlijke angst met haar en geeft erkenning voor de moed van de moeder.	Therapeut: Ik ben ook bang in een vliegtuig, mevrouw L. U bent nogal moedig. U doet dingen waar u bang voor bent.
	Mevrouw L.: Ja, dat heb ik geprobeerd.
Geeft krediet aan haar moeder; maar het is net alsof Sarah de ouderfiguur is.	Sarah: Ik denk dat je altijd opstandig bent geweest. Ze heeft me een paar jaar geleden verteld dat ze, toen ze op de De Pauw Universiteit zat, ze naar de spoorbaan is gelopen om daar een sigaret te roken en dat ze daarna naar een bar is gegaan...
	Mevrouw L.: Nee, we gingen naar een bal op Terrahove.
	Sarah: De Pauw Universiteit was zo gelovig en rigide, dat ze haar niet lieten afstuderen.
	Mevrouw L.: Ik kreeg mijn bul twee jaar later.
	Sarah: Omdat ze toen hoofd van de afdeling Engels was op die kleine high school en de voorzitter van het bestuur heeft toen opgebeld en gezegd dat dit idioot was. Wist je dat?
	Will: Nee.

De therapeut tast de relationele context af en kijkt naar de dialoog van wederkerige beschikbaarheid en gevoeligheid voor elkaars behoeften.
Hij biedt ook zorg aan de volgende generatie kinderen, ongeacht het feit dat ze niet bij de zitting aanwezig zijn.

Onderzoekt de duidelijke terughoudendheid tussen de gezinsleden (dimensies II en III).

De vraag om een voorbeeld brengt duidelijkheid en laat een veelzijdig, relationeel perspectief zien.

Sarah: Is dat niet schandalig?

Will: Daar heb ik al mijn slechte trekken vandaan, denk ik.

Therapeut: Ik wil graag zeggen dat ik aanneem dat er heel veel hulpbronnen onder jullie drieën aanwezig zijn. Dus wil ik twee vragen stellen die met elkaar in verband staan en die dieper gaan dan het niveau waarop we op dit moment met elkaar praten.
De ene vraag gaat over hoe jullie aan elkaars behoeften tegemoetkomen en hoe jullie bij elkaars leven zijn betrokken in plaats van je van alles over die ander af te vragen en elkaar te slim af te zijn.
De andere vraag gaat over jouw kinderen, Will. Ik weet dat Sarah echt van hen houdt. Dus zijn zij de andere mensen in deze volle kamer.
De eerste vraag gaat ook over de bescherming die ik zie in de manier waarop jullie met elkaar omgaan. Ik vermoed dat het moeilijk voor jullie is je verbeelding opzij te schuiven en de anderen echt in jullie leven toe te laten, maar dat is puur gissen mijnerzijds.

Will: Maar het klopt volkomen.

Therapeut: Kun je een voorbeeld geven van hoe en waarom je dat ziet gebeuren?

Will: Als dat moet... Het is heel moeilijk voor mij om mijn emoties te tonen; ik onderdruk ze. Ik denk dat ik niet zo goed in het tonen van emoties ben. Ik ben drie keer getrouwd

Verdere uitbreiding van het patroon van afstand houden via het manipuleren van een partner door middel van zelfverloochening ('helper'-complex). Wijst dit op pogingen de ander te controleren, door hem met behulp van schuld aan zich te binden?	en gescheiden en ik heb hetzelfde 'helper'-complex als zij hebben. Ik voel dat vrienden erg belangrijk zijn. Ik denk dat ik op de een of andere manier gekwetst ben en ik kan mensen tot op zekere hoogte toelaten. Tot de muur, om zo te zeggen. En dan kan niemand voorbij die muur komen. Niemand! Mijn kinderen niet, mijn zus niet, niemand! **Mevrouw L.:** Ik denk dat je zoon en zijn vrouw zo dicht bij je staan als maar kan. **Therapeut:** Maar Will zegt dat hij zijn toegankelijkheid ten opzichte van anderen beperkt. **Will:** Ja. Zeer zeker.
Biedt partijdigheid voor de slachtoffering van de zoon in het verleden.	**Therapeut:** Waar komt de pijn vandaan, Will? **Will:** Ik heb geen idee. Van heel lang geleden.
Is hij vrij om zijn vinger op de bronnen van de gespleten loyaliteit te leggen? Of om zijn vaders schande aan te wijzen?	**Therapeut:** Zou je het kunnen vertellen als je het zou weten, of ben je bezig anderen te beschermen? **Will:** Ik denk eigenlijk dat ik het graag zou willen weten. Ik ben er niet zeker van dat het een relatie met een meisje op de middelbare school was of dat het de relatie met mijn ouders was.
Begint te toetsen of zijn moeder bereid is te luisteren en ontvankelijk is voor wat hij zegt. Moedigt de exploratie tussen generaties niet aan.	**Mevrouw L.:** Of dat het Jeannie, je eerste vrouw was.

Biedt partijdigheid, zowel aan de zoon als aan de ouders, door te wijzen op de keuzemogelijkheid tot zelfvalidatie door openlijk te zoeken naar de waarheid.

Ziet af van een kritische beschouwing van zijn ouders, maar uit milde kritiek op de afstand die er tussen hen en de kinderen was.

Moedigt hem aan verder te gaan.

Schijnt geneigd eerst de ouders te veel krediet te geven. Pas daarna geeft hij impliciet aan, dat aan de kinderen de liefde van de ouders was onthouden, een factor in het parentificeren van kinderen.

Vraagt weer om een voorbeeld. Bakent het probleem van de zoon scherper af.

Therapeut: Kun je jezelf toestaan met deze vraag door te gaan, ook al heeft deze betrekking op je moeder? Het spreekt vanzelf dat men een kind niet kan opvoeden zonder het op de een of andere manier te kwetsen. Men geeft aan elkaar wanneer ouders en volwassen kinderen weer met elkaar in contact kunnen komen en tegen elkaar kunnen zeggen: 'Wat deed je en waarom deed je dat?' Hoeveel tijd heb je besteed aan nadenken over waar jij je bedrogen voelde of aan wat je gemist hebt in je opvoeding?

Will: Ja. Om u een idee te geven van hoe het is: ik ben altijd van mening geweest dat mijn ouders een van de beste huwelijken hadden die ik ooit heb gezien. Maar als kind waren wij daar niet helemaal bij betrokken. Er was veel liefde tussen mijn moeder en mijn vader...

Therapeut: ...waardoor de kinderen op een bepaalde manier werden buitengesloten?

Will: Waardoor ik werd buitengesloten. Ik maakte me er nooit zorgen om of ze van me hielden. Ik heb nooit ergens over getwijfeld. Ik had het gevoel dat we allemaal gelijk werden behandeld. Maar ik had gewoon het gevoel dat de liefde tussen mijn ouders sterker was dan de liefde tussen de ouders en de kinderen.

Therapeut: Zou je daar op kunnen doorgaan? Zou je een specifieke gebeurtenis kunnen aangeven waarin jij op de een of andere manier werd bui-

De vader kon niet geven op de voorwaarden van de zoon. Zoals vaak het geval is met geparentificeerde kinderen, moest Will eerst geven om zo aandacht van zijn vader te krijgen.

Maakt de kwestie van parentificatie expliciet.

Het geven van het geparentificeerde kind wordt door de ouders opgezogen, maar er komt geen erkenning uit voort.

Beschermt de vader. Legt de zoon het zwijgen op?

Geeft een voorbeeld.

tengesloten van die besloten liefde?

Will: Nou, het punt of vader naar activiteiten van Sarah ging of dat hij naar mijn atletiek zou komen kijken, waar hij geen tijd voor had.
Ik ben opgegroeid met het gevoel dat mijn vader om me gaf, maar dat hij het te druk had met de dingen te doen die hij leuk vond. Als ik een zoon voor hem wilde zijn, moest ik leren golfen.

Therapeut: Dus zijn voorwaarden waren in feite allesoverheersend en jouw voorwaarden beantwoordden daar niet helemaal aan.

Will: Dat klopt. Ik heb mijn hele leven geprobeerd het hem naar de zin te maken, en er is tegen me gezegd, toen ik eindelijk zo ver was gekomen dat hij erg trots op me was, dat hij dat nu eenmaal niet tegen me kon zeggen. Erger nog: ik heb het nooit kunnen geloven.

Mevrouw L.: Daar wist ik niets van.

Will: Misschien herinner je je het niet meer. Maar ik denk dat ik je wel heb verteld over die ene keer. Er waren zoveel dingen waarin ik probeerde uit te blinken.
Ik was nooit een bijzonder goed atleet, maar ik deed toch mee. En het zou zo ontzettend veel voor me hebben betekend als hij een keer op de tribune was komen zitten of zoiets. Maar zo was hij niet. Hij kon dat blijkbaar niet.

Gaat op het thema door.

Is zijn herhaling van het patroon van zijn vader een kwestie van het gewoon zo geleerd hebben, of is dit een roulerende rekening van plaatsvervangende wraak door niets van zichzelf te geven?

Weer was de zoon de ouder die het onderwerp affectie aansnijdt. De vader gebruikt zijn eerste vrouw als een excuus om zijn eigen grenzen of zijn onvermogen tot geven aan zijn kinderen, te verdoezelen.

Will wil nog steeds graag een excuus voor zijn vader vinden; maar echte ontschuldiging van een ouder vereist dat het kind eerst zijn eigen pijn en slachtoffering onder ogen ziet.

Therapeut: Weet je waaróm hij het niet kon?

Will: Ik heb het gevoel dat ik het zou moeten begrijpen. Het is mogelijk dat ik net zo'n gevoel heb. Ik probeer het tegenovergestelde te zijn, maar ik kan dat niet laten zien.

Mevrouw L.: Ik denk dat hij geïnteresseerd was in geld verdienen.

Will: Daar bestaat geen twijfel over. Maar ik had een keer een interessant gesprek met vader.
Ik zei tegen hem: 'Weet je, we zijn nooit als broers met elkaar omgegaan of elkaar nabij geweest, of dat we elkaar eens omhelzen of zoiets.' Hij zei: 'Dat komt door mijn eerste huwelijk. Opeens zat ik in een scheiding, terwijl ik twee kinderen had en zij kwam uit een redelijk gegoede familie. Opeens realiseerde ik me dat ze die kinderen overal waar ze maar heen wilde, mee naartoe kon nemen en daar kon verdorie niemand iets aan doen, ook ik niet.'
Hij werd duidelijk erg gekwetst omdat ze inderdaad de kinderen meenam en wegging. Hij zei: 'Ik heb me toen voorgenomen dat ik met niemand, en vooral niet met mijn kinderen, zó'n band zou krijgen dat ik weer zo erg zou kunnen worden gekwetst. Ik wil niet nóg eens zo'n pijn lijden.'
En ik kan dat begrijpen, maar dat betekent nog niet dat ik die nabijheid niet wilde.

Onderzoekt aanwijzingen van gespleten loyaliteit door te kijken naar wantrouwen tussen de ouders.	**Therapeut:** Dus je zegt eigenlijk dat je vader bang was dat je moeder hem zou verlaten.

Sarah: Ja, daar hebben we over gepraat. |
| Daagt moeders patroon van ontwijking uit (dimensie III). | **Therapeut:** Weet u, Mevrouw L., wanneer het gaat om geld verdienen, kan dat vooral bij mannen een manier zijn om hechte relaties te vermijden.
Het is een manier om jezelf te ommuren en niet onder ogen te hoeven zien dat je zoon je nodig heeft. |
| Onvolkomenheid (dimensies II en III). | Het kan zelfs zo zijn dat een man niet weet hoe hij een vader voor zijn kind kan zijn.
Will, wie kon er een band met je vader hebben? Wie kon contact met hem maken, hem een zoen geven, hem omarmen? Alleen je moeder? Kon jij dat ooit? |
| De te kort gekomen zoon vindt het prettig zijn ouders krediet te geven. De behoefte aan parentificatie lag geworteld in de ontbrekende dialoog over billijkheid tussen de ouders, niet in de angst voor een scheiding. | **Will:** Dat is vreemd, omdat ik nooit het gevoel heb gehad dat vader zich er zorgen over maakte dat moeder hem zou kunnen verlaten. Ik weet niet hoeveel mensen ik dit heb verteld, maar er was iets unieks in het huwelijk van mijn ouders. Wat mijn moeder ook 's middags om kwart voor vijf aan het doen was, of ze nu bezig was met het avondeten of wat dan ook, ze hield er mee op, ging naar boven om haar gezicht te wassen en zich op te maken. Als hij door de achterdeur binnen kwam, hield ze op met waarmee ze bezig was, ging naar hem toe, gaf hem een zoen en zei: 'Hallo, ik ben blij dat je weer thuis |

De therapeut is partijdig met de overleden vader: hij begrijpt zijn emoties (dimensie II) en geeft krediet voor de slachtoffering van de vader in het verleden (dimensie IV).	bent.' En dat is altijd het mooiste geweest dat ik ooit in mijn leven heb gezien. Daar was ik echt van onder de indruk. **Therapeut:** Eerder had je het over de schok die je vader had ondervonden bij het uiteenvallen van zijn eerste huwelijk en het besluit van zijn eerste vrouw om met de kinderen weg te lopen. Het valt heel goed in te denken, dat hij verwachtte in dit huwelijk in de steek gelaten te worden en dat je moeder dat wist.
De zoon gaat door met krediet geven aan zijn moeder voor haar handelingspatronen (dimensie III), haar karakter (dimensie II) en haar vermogen om te geven (dimensie IV?).	**Will:** Ja, maar ik vind nog steeds dat mijn moeder echt een unieke persoon was wat dat betreft. Ik heb dit in geen enkel ander huwelijk gezien. Ik ken een paar mensen die zo zijn; maar zij deed extra haar best op een manier die een man aanspreekt. Weet u, als ik zou moeten zeggen wat ik graag zou willen van een echtgenote, dan zou zoiets waarschijnlijk het mooiste van alles zijn. Het duurt maar twee minuten per dag, maar mensen denken daar niet aan. Voor mij was wat deze vrouw voor mijn vader deed, echt iets speciaals.
De zuster is partijdig met de broer. Zij wijst ook op de mogelijkheid dat er een roulerende rekening bestaat: het kan zijn dat hij zijn ouders beschermt door wraak te nemen op zijn echtgenote.	**Sarah:** Dat heb ik je nou zo vaak horen zeggen en ook dat jij in jouw huwelijken niet hebt gekregen wat je nodig had. Je was zo teleurgesteld, er ging altijd iets fout.
Er wordt krediet gegeven voor de parentificatie.	**Therapeut:** Ik denk dat die twee dingen met elkaar in verband staan, Will. Misschien heb je er genoeg van dat je nooit eens op de eerste plaats komt, zelfs bij je ouders niet.

Geeft de moeder de keuzemogelijkheid te verduidelijken wat haar verhaal en haar rol zijn in relatie met de vader als team én als partners.	Mevrouw L., hoe interpreteert u het feit dat u en uw man zo innig toegewijd aan elkaar leken, maar dat hij blijkbaar niet beschikbaar was voor de kinderen? Het eerste dat u tijdens de zitting vandaag zei, was dat uw man niet mee wilde naar activiteiten op school.
	Mevrouw L.: Hij zei altijd: 'Het gaat om jou en mij. Als we niet genoeg geld hebben om kleren voor de kinderen te kopen of om hen naar de universiteit te laten gaan, dan is dat niet erg. Jij en ik zijn het belangrijkst.'
Vaders ongevoeligheid als ouder kan de diepte aangeven van zijn destructief gerechtigde aanspraak die voortkomt uit het feit dat hem zelf te kort is gedaan.	
Maakt moeder verantwoordelijk voor de positie die ze heeft ingenomen.	**Therapeut:** Ik neem niet aan dat vader alleen uitmaakte wat er zou gebeuren. Wat gebeurde er met u in verband met dit alles?
	Mevrouw L.: Hij ging heel vaak niet.
Verscherpt de vraag.	**Therapeut:** Wat betekende dat voor u?
Meerduidig antwoord.	**Mevrouw L.:** Ik denk niet dat het me iets uitmaakte. Ik ging in elk geval en het ergerde me enorm dat hij niet ging.
Vraagt moeder naar haar integriteit als ouder.	**Therapeut:** Maakte u zich er zorgen over dat vader bij sommige van deze gelegenheden er niet was voor de kinderen of als ze hem nodig hadden?
Een antwoord dat typerend is voor de verdediging van het parentificeren van kinderen.	**Mevrouw L.:** Ik denk niet dat ik dacht dat ze hem nodig hadden. Ik denk dat ik alleen maar dacht dat ze het wel begrepen.

Verscherpt de vraag.	**Therapeut:** Heeft u met hen over deze situatie gepraat?
Ze geeft eerlijk toe.	**Mevrouw L.:** Nee, ik denk niet dat we hier ooit iets over hebben gezegd.
Benadrukt de vraag nog eens. Partijdig met de rechten van de kinderen. Partijdig met de moeder door haar verantwoordelijk te maken als lid van een ouderlijk team.	**Therapeut:** Hoe konden ze het dan begrijpen? Ik denk dat alle kinderen iets nodig hebben van beide ouders. Heeft u hun de situatie van vader uitgelegd?
Geld als excuus; ook als een geldige bijdrage van de kant van de vader.	**Mevrouw L.:** Dat weet ik niet. Ik veronderstel dat ik een paar keer tegen hen heb gezegd: 'Jullie vader is geïnteresseerd in geld verdienen, zodat hij geld kan nalaten voor jullie, voor ons allemaal.'
De dochter is op zoek naar een formule waarmee de ouders kunnen worden ontschuldigd, maar ze weet niet hoe ze dat moet aanpakken.	**Sarah:** Misschien heeft iets van de frustratie in ons gezin te maken met het feit dat niemand van ons goed weet hoe we moeten vragen om iets dat we nodig hebben. Misschien is dat hetzelfde als wat jij beschrijft als een soort muur, Will. Will en ik hebben een herinnering aan iets dat vader deed. Hij deed het, of we hebben horen vertellen dat hij onderaan de trap stond – het was op Arcadia Court – en tegen één van ons zei te springen. Weet je dat nog? Wat gebeurde er?
Vader scheen zijn eigen betrouwbaarheid als ouder in diskrediet te hebben gebracht.	**Will:** Ik kwam op de vloer terecht en hij zei: 'Zie je, je moet nooit iemand vertrouwen!'
	Therapeut: Misschien zeg je hiermee dat hij wantrouwen inbouwde. Maar de vraag van Sarah is belangrijk voor ieder in deze familie.

De therapeut staat op eerlijkheid in de discussie. Confronteert de ontwijkende moeder. Stelt de kwestie van haar drankgebruik aan de orde en maakt haar verantwoordelijk voor een verklaring.	U bent een bijzondere vrouw, Mevrouw L., die echt probeert de dingen in het beste daglicht te willen zien. Maar drankgebruik is enigszins een probleem voor u geweest. Dat gebeurt vaak omdat alcohol een betrouwbaarder metgezel kan zijn dan de mensen om ons heen. En het is een manier om de pijn weg te werken.
Nog niet in staat zich open te stellen.	**Mevrouw L.:** Dat kan best zo zijn. Ik heb me niet gerealiseerd dat ik probeerde iets te verdoezelen.
Confronteert de moeder met de waarheid van de diepte van haar (= moeders) wanhoop.	**Sarah:** Ik denk aan toen je jezelf van kant probeerde te maken. Jij was in het ziekenhuis en de psychiater zei tegen vader dat er wat dingen moesten worden veranderd.
Ondersteunt de onthullingen. Stelt haar eigen moed ter beschikking ten opzichte van een gesprek over zelfdoding.	**Therapeut:** Wat voor dingen, Sarah? **Sarah:** Dat heb ik nooit zeker geweten. Een deel ging er over dat vader moeder voor alles liet zorgen of zoiets. Daarna begon vader dingen naar de keuken te brengen en iedereen moest erom lachen omdat hij dat eerder nooit had gedaan, omdat moeder altijd alles deed. Weet je nog?
Herinnert zich de overgang van de vader naar een patroon van op een persoonlijke manier geven aan de moeder.	**Will:** Ja, maar je hebt me echt geschokt toen je zei dat moeder geprobeerd had zich van kant te maken.
Will onthult het gebrek aan verbondenheid in het gezin. Lijkt een eenvoudige ontkenning.	**Mevrouw L.:** Ik weet het niet, ik denk niet dat ik ooit heb geprobeerd me van kant te maken.

Het kost veel moed om moeder met de waarheid te confronteren.

Sarah: Meen je dat nou? Goed, dan zal ik het je vertellen.
Toen ik op kamers zat, heb ik op een avond opgebeld. Jij was aan het ene toestel en vader aan het andere. Vader zei dat hij thuis bleef, omdat jij een pistool had gevonden.

Nauwelijks geloofwaardig.

Mevrouw L.: Dat kan ik me niet herinneren.

Sarah: Je had een pistool gevonden en je was in het bad gaan zitten om jezelf dood te schieten. De woorden van vader waren: 'Ze had het lef niet om het te doen.'
Jij begon te huilen en zei: 'Dat had je haar niet moeten vertellen.' Nou, ik was hysterisch, natuurlijk omdat ik veel van je houd.

De opmerking van vader is koud, liefdeloos. Of is dit nog een onzichtbare onderhandse manoeuvre van de ouders om de dochter te parentificeren? De dochter was in een hulpeloze positie; toch werd er van haar verwacht dat ze zou helpen.

Toen ik die keer met kerst thuiskwam, was ik net begonnen met therapie. Jij hield voortdurend de ramen gesloten en de gordijnen dicht en je was duidelijk heel depressief. Will verliet zijn vrouw net voor de eerste of de tweede keer.

Will: De eerste keer.

Sarah: Goed. Ik denk dat je zei dat mijn scheiding en die van Will je heel depressief hadden gemaakt.
Vader vertelde mij: 'Alleen maar omdat jij in therapie bent, betekent dat nog niet dat iedereen therapie nodig heeft en ik heb er het geld niet voor.' Dat was altijd zijn antwoord als hij iets niet wilde doen.
Hij zei ook: 'Ik wil haar niet alleen laten; ik blijf thuis, zodat ze zich niet kan doodschieten.' Ik zei dat ik dat

Vader weigert opnieuw verantwoordelijkheid op zich te nemen.

De afwezige dochter probeert te voldoen aan haar verantwoordelijkheid. Ze is bereid haar ouders als kinderen te behandelen.	niet voldoende vond. Ik heb een telegram gestuurd waarin stond dat als hij je niet zou laten opnemen, ik naar huis zou komen om het te doen. De mensen van het telegraafkantoor zijn naar jullie huis gegaan, belden aan – vader heeft dat blijkbaar niet gehoord – en jij ging naar de deur. Je opende het telegram, las het en zei: 'Dit is belachelijk. Sarah moet hier niet voor thuiskomen. Ik zal er zelf wel voor zorgen.' En je ging naar het ziekenhuis en hebt jezelf laten opnemen.
Geeft krediet aan de moeder.	
Weerlegt wat de dochter zegt.	**Mevrouw L.:** Ik kan me dat absoluut niet herinneren. Jij?
	Will: Ik ook niet.
	Sarah: Herinner je je dat niet?
Steunt de dochter.	**Therapeut:** Was u opgenomen?
Ontwijkend.	**Mevrouw L.:** Ja, ik heb een psychiater bezocht.
Verscherpt de vraag.	**Therapeut:** Was u opgenomen?
	Mevrouw L.: Ja.
Helpt verduidelijken.	**Therapeut:** Hoe is dat gegaan? Heeft u er enig idee van hoe u naar het ziekenhuis bent gegaan?
Helpt moeder een antwoord te ontwijken.	**Will:** Ik denk dat vader haar heeft gebracht. Ik heb het telegram nooit gezien.
Idem.	**Sarah:** Dat is wat vader me heeft verteld. Vader of jij.

Biedt moeder een moratorium.	**Therapeut:** Dat is goed. Het is moeilijk om dat soort waarheid te achterhalen. Het is ook een moeilijke en pijnlijke herinnering. Een belangrijke vraag is of u daar moest zijn om orde op zaken te stellen.
Een andere variatie van de feitelijke omstandigheden.	**Will:** Ik denk dat toen jij in het Westlawn lag, mij is gezegd dat je een lichte beroerte had.
	Therapeut: Wie heeft je dat verteld, Will?
Vaag.	**Will:** Waarschijnlijk mijn vader.
Partijdig met vader.	**Therapeut:** Het zou zo kunnen zijn dat jouw vader zich er enigszins voor schaamde of zich er schuldig over voelde.
Blij dat hij krediet kan geven.	**Will:** Zeer zeker. Dat doen een heleboel mensen.
	Therapeut: Dus gaat er een aantal ongeopenbaarde mythen in deze familie rond.
	Will: Ik wist hier helemaal niets vanaf.
	Mevrouw L.: Ik ook niet. Ik kan me er totaal niets van herinneren.
Dochter kon met haar eigen pijn niet terugvallen op haar ouders.	**Sarah:** Is dat niet fascinerend? Ik heb je in die tijd een aantal brieven geschreven, maar ik kon niet naar huis komen om je op te zoeken. Ik had zelf zo'n pijn, mijn eigen pijn, en ik wist dat jij ook pijn leed. Ik herinner me dat ik vader bij jou thuis, Will,

belde en dat ik hem vroeg hoe het met hem ging. 'Met mij gaat het prima,' zei hij. Ik wist dat het niet goed met hem ging en dat hij vaak bij Will thuis at. Zo'n gevoel had ik in ieder geval. Moeder, jij was toen in behandeling bij dr. Wren, en vader ging ook naar hem toe. Hij zei tegen vader: 'U zult uw vrouw kwijtraken als u niet wat dingen verandert.' Een van de dingen die jij dr. Wren vertelde, was dat je bang was om geheimen te hebben. Wren zei je dat iedereen geheimen heeft en jij zei: 'U bedoelt dat ik geheimen kan hebben voor mijn man?' en hij zei: 'Natuurlijk.' Herinner jij je dat nog?

Will: Nou, ik kan me vaag herinneren dat vader me uitlegde dat hij het een en ander zou gaan veranderen, maar hij heeft nooit gezegd waarom.

Sarah: En jullie hebben het op verschillende manieren geprobeerd. Herinner jij je dat vader en jij zo veel van dat groene medicijn hebben genomen?

Mevrouw L.: Ja. Vader en ik hadden griep en we hadden een verpleegster voor hem genomen. Ik zei: 'Zorg ervoor dat hij niet meer dan één dosis van dat geneesmiddel krijgt.' De volgende dag zei ze: 'Het spijt me, mevrouw L., maar er valt niets met uw man te beginnen. Hij heeft zes keer een dosis ingenomen en ik kon er niets tegen beginnen.'

Sarah: Het was een medicijn tegen de zenuwen, dat ze hun hele huwelijk lang innamen.

Parentificatie van de verpleegster door onverantwoordelijk gedrag lijkt op de parentificatie van de kinderen.

Verdedigt zichzelf en haar man.	**Mevrouw L.:** Daar valt niets aan te doen. We zijn er beiden op den duur mee gestopt.
Ondanks dat het overduidelijk is dat de moeder niet geneigd is te reageren, biedt de therapeut haar partijdigheid door te verwijzen naar de omstandigheden in de jeugd van mevrouw L. (drie-generatie hefboom).	**Therapeut:** Ik wil het nu eens over de andere kant hebben, mevrouw L. Hoe was dat met uw eigen moeder en vader? Hoe ging het tussen u en hen? Had u broers en zusters?
Beschrijft de rigiditeit van haar ouders.	**Mevrouw L.:** Ze waren gelovig. Ik ging met een katholieke jongen en hij moest op zondagavond met me mee naar de kerk, anders mocht ik niet met hem uitgaan.
	Therapeut: En heeft u broers en zusters?
	Mevrouw L.: Ik had een broer die 11 jaar ouder en een zuster die 13 jaar ouder is; ik ben de jongste.
Onderzoekt of moeder kon steunen op haar eigen moeder.	**Therapeut:** Hoe was het tussen u en uw moeder? Kreeg u van haar wat u nodig had?
Onthult dat zij in haar jeugd te kort is gekomen.	**Mevrouw L.:** Nee, we we hadden niet zo'n hechte band. Mijn vader en ik wel, maar mijn moeder en ik gingen *nooit* heel hecht met elkaar om.
	Therapeut: Waarom was dat zo?
Een andere bron van haar onvermogen moeder te zijn.	**Mevrouw L.:** Ik heb geen idee. Zij en mijn vader hadden steeds maar dingen te doen.
Probeert moeder te ontschuldigen via haar afkomst.	**Sarah:** Dat klinkt net zoals bij jou en vader, vind je niet?

Benadrukt de behoeften van haar moeder die niet werden vervuld.	**Mevrouw L.:** Ja, dat is zo. **Therapeut:** Dus moeder nam het over en vader ging weg? **Sarah:** In feite verstopte haar moeder regelmatig geld, om haar kinderen naar 'college' te kunnen sturen. Grootvader gaf altijd alles maar weg. **Mevrouw L.:** Wanneer hij mensen had bezocht, kwam hij thuis en dan zei hij: 'Amy belde me vandaag en ze vertelde dat ze kolen nodig hadden. Dus heb ik opgebeld en kolen laten brengen.' Zij moest voor al die dingen betalen. Predikanten werden niet zo best betaald in die tijd. Maar mijn moeder zorgde ervoor dat ze drie kinderen naar college konden laten gaan.
De affectieve banden worden onderzocht (dimensie II).	**Therapeut:** Hoe komt het dat u en uw vader elkaar zo na stonden, als uw moeder zoveel deed? **Mevrouw L.:** Dat weet ik niet. Toen ik klein was, ging ik vaak met hem mee op huisbezoek. **Therapeut:** Denkt u dat u het lievelingskind van uw vader was? **Mevrouw L.:** Ja, omdat ik de jongste was, denk ik.
Verder onderzoek van affectie en driehoeks(oedipale)situatie.	**Therapeut:** Misschien was het makkelijk om die intimiteit met uw vader over te brengen naar uw man, om hem het middelpunt van uw leven te maken. Was uw moeder ooit boos op u omdat u zo'n hechte band met uw vader had?

	Mevrouw L.: Nee.
(Dimensie II)	Therapeut: Wat wilde u van uw moeder, dat u niet kreeg, mevrouw L.?
Nog niet in staat haar behoeften af te bakenen.	Mevrouw L.: Ik denk niet dat ik ooit iets wilde hebben. Als dat wel zo is, dan weet ik niet wat dat zou zijn geweest.
Dringt aan op informatie.	Therapeut: Wat zou u dichter bij elkaar hebben gebracht?
Ontwijkend.	Mevrouw L.: Ik weet het niet. Zij kon uitstekend koken en goed geld beheren.
Humor en vasthoudendheid worden aangeboden.	Therapeut: Beheerste ze het knuffelen en zoenen ook goed?
Zij herinnert zich geen affectie.	Mevrouw L.: Nee, dat deden we niet zo in ons gezin. Broers en zusters niet en vader en moeder niet. We deden dat nooit.
	Therapeut: En hoe is dat in dit gezin?
	Mevrouw L.: Dat doen we niet zoveel.
	Therapeut: Hoe komt dat?
	Mevrouw L.: Dat weet ik niet.
	Will: Ik voel me er ook wat ongemakkelijk bij.
Brengt consequenties met elkaar in verband.	Therapeut: Jouw gezinsachtergrond leert je om je er ongemakkelijk bij te voelen.

Introduceert de gerechtigde aanspraak van het nageslacht. De generatie die te kort is gekomen, is aan de volgende generatie een legaat verschuldigd dat naar verhouding meer geeft, met name op het gebied van het tekort en het gemis dat ze zelf hebben moeten ondergaan.

Beginnen de kinderen van Will zich geparentificeerd te gedragen? Weten ze hoe ze hun eigen behoeften en rechten kunnen afbakenen (een drie generatie-hefboom)?

De roulerende rekening om van kinderen iets af te nemen door hen teleur te stellen zet zich voort.

Laat zien dat hij gevoelig is voor het legaat van verantwoordelijkheid van ouders.

Will: Dat is gek. Ik heb er echt hard aan gewerkt om te proberen dit met mijn eigen kinderen wél te doen. Ik vind het leuk om te doen en ik ga er ook mee door.
Toch moet ik mezelf ertoe dwingen; het wordt niet makkelijker voor me. Ik begrijp dat niet helemaal. Als mijn zoon naar me toe komt en me knuffelt, vind ik dat echt heerlijk, maar ik voel me er raar bij.

Therapeut: Proberen jouw kinderen contact met je te krijgen, Will?

Mevrouw L.: Ja.

Will: Karl meer dan Lee.

Therapeut: Waarom is dat zo?

Will: Ik denk dat Lee dat niet doet omdat ik niet doe wat zij van me wil. Zij is altijd al opstandig geweest, net als ik.

Therapeut: Was jij opstandig?

Will: O ja, het zwarte schaap nummer één. Ik probeerde op die manier aandacht te trekken. Ik heb een beter en prettiger gevoel over de manier waarop ik mijn kinderen heb opgevoed dan over de manier waarop ik ben opgevoed. Maar ik heb nog steeds niet het gevoel dat ik het erg goed gedaan heb.

Vrijwel vanaf het begin van dit segment gaat de therapeut te werk vanuit de houding van veelzijdig gerichte partijdigheid om te proberen een contract op te stellen met deze drie gezinsleden. Het is zijn doel iedereen ertoe te zetten aan het werk te gaan met hun zelfafbakening door middel van een dialoog tussen de gezinsleden. De dialoog van billijk geven-en-nemen is natuurlijk het belangrijkste middel voor de constructieve herziening van gezinsrelaties en voor ieders individuatie. Bij dit proces gaat het om:

- moeilijke, conflictueuze kwesties onder ogen zien en ermee aan het werk gaan;
- onder ogen zien dat de destructieve parentificatie van de kinderen in het verleden de grondslag vormt voor hun destructief gerechtigde aanspraak;
- bepaalde gezinsmythen ontrafelen;
- nieuwe manieren mogelijk maken om gepast krediet te geven;
- boosheid onder ogen zien, waardoor men elkaars rechtvaardigingen die tot nu toe niet erkend werden, onder ogen kan zien;
- onze eigen slachtoffering in al zijn facetten onder ogen zien voordat we een ouder die slachtoffers maakt, gaan ontschuldigen;
- de manier onder ogen zien waarop we onschuldige anderen tot slachtoffer maken om zo leden van onze familie van herkomst te kunnen ontzien (roulerende rekening).

Ondanks deze voordelen wordt de dialoog ernstig belemmerd door de destructief gerechtigde aanspraak van ieder gezinslid. De therapeut moet dus op zoek gaan naar hulpbronnen die de cliënt ertoe kunnen brengen zich niet meer te verlaten op destructief gerechtigde aanspraak, maar op zelfvalidatie.
Methodologisch gezien kunnen de kwesties in het gezin L. door middel van de geldige en effectieve technieken van alle therapeutische scholen worden rechtgezet. Contextuele therapie is echter meer dan eclectisch. Wat de andere methoden ook aan interventies toepassen, de belangrijkste richtlijnen van contextuele therapie worden gegeven door de ethische dimensie van relationele werkelijkheid. De specifieke kenmerken van contextuele therapie worden in deze richtlijnen samengevat. Dimensie IV verplicht een familie om op een billijke manier rekening te houden met alle betrokken familieleden. En deze dimensie verplicht de therapeut de familieleden te helpen aan dit doel te werken. De kwestie: *of* een individuele benadering *of* een systemische benadering, verliest haar betekenis onder de ethische paraplu. Alomvattend rekening houden met de relationele werkelijkheid, betekent dat men zowel rekening houdt met de totaliteit van individuele invalshoeken als met de totaliteit van systemische invalshoeken.
Hoewel de ethische dimensie de hoofdoverweging is van de contextuele therapie, dragen de drie andere dimensies hun aandeel in de methodologische richtlijnen bij. De dimensie van de feiten kan medicatie vereisen. De dimensie van

de psychologie kan vereisen dat er hulp wordt geboden bij een impasse in de ontwikkeling of bij neurotische schuldgevoelens. De dimensie van de transacties kan vereisen dat openlijk destructief gedrag onmiddellijk door middel van voorschriften opnieuw wordt gestructureerd.

HOOFDSTUK 14

BALANS IN BEWEGING: KREDIET GEVEN

Contextueel werk situeert zichzelf in die fundamentele kern van alle relaties waarin zij zich in een toestand van dynamisch evenwicht of een 'balans in beweging' (*Van Heusden & Van den Eerenbeemt, 1992*) bevinden. Deze kern is daar, waar de geleefde realiteiten van alle relaties elkaar ontmoeten en met elkaar verweven raken. Dit is waar de relationele werkelijkheid meer dan een individu, een familie of een groep mensen omvat. Verantwoordelijkheid voor de toekomst is het fundamentele ankerpunt van de relationele kern. Zoals water- of luchtvervuiling betreft zij alle mogelijke religieuze, raciale of etnische groeperingen. Niemand wordt ontheven van de verantwoordelijkheid erin te investeren. Zelfs een ouder die te kort schiet kan op den duur een gevende grootouder worden.

Alle strategische doelen van contextuele therapie zijn ondergeschikt aan het zorgen voor het nageslacht. Neem bijvoorbeeld het mandaat van de therapeut in het geval van de jongere met ernstig destructief gedrag.

Een contextueel therapeut zal altijd onderzoeken of het kind vooruitzicht heeft op volwassen verantwoordelijkheid en zorg, ongeacht de mate waarin zijn of haar gedrag negatief is. In feite wordt het veel jongeren afgedwongen als scheidsrechter te functioneren bij de oneenigheden van hun ouders. Echtscheiding verhoogt het onvermogen van de ouders om samen te werken in het opvoeden van kleine kinderen, ondanks het feit dat ze de ouderlijke verantwoordelijkheid blijven delen. Daarbij komt dat volwassenen dikwijls niet gevoelig zijn voor de uitingen van zorg van een kind of niet ontvankelijk zijn voor zijn gaven.

Een contextueel therapeut onderzoekt het raakvlak van al deze mogelijkheden. Dit proces van onderzoek wordt geleid op een manier die met ouders en kinderen even partijdig is. Veelzijdig gerichte partijdigheid vergt in eerste instantie veel van de volwassenen die meestal gekomen zijn om 'Johnny beter te laten worden'. Maar vader en moeder helpen bij het opnieuw bekijken van wat er met Johnny gebeurt, dient ertoe hun resterende onaangesproken hulpbronnen te mobiliseren. Ouders helpen hun mandaat van verantwoordelijkheid voor het nageslacht vorm te geven, is uiteindelijk de grootste bron of hefboom voor ieders therapeutische vooruitgang.

Contextuele therapie is dus eerder gebaseerd op de slapende hulpbronnen in familierelaties dan op therapeutische overdracht. Nu kunnen mensen vragen of contextueel werk echte psychotherapie is. Ons antwoord is natuurlijk duidelijk. De ethiek van relationele verantwoordelijkheid heeft meer betekenis voor het leven van mensen dat de toepassingen van de psychologie. Alle therapeuten moeten open staan voor de psychologische aanwijzingen van hun cliënten. Maar belangrijker is dat zij hun werk moeten richten op waar mensen zichzelf situeren, dag na dag, gedurende lange perioden. Betrokken te zijn bij dimensie IV betekent dat de therapeut bezorgd is om de fluctuerende balansen van verdienste. De therapeut geeft nauwgezet krediet aan verdienste waar familieleden van mening zijn dat het gepast is.

Een hulpbron die hier moet worden ontwikkeld, is de relatie broer-zus bevrijden van het zich stagnerend en geïsoleerd verlaten op het elkaar op een afstand houden, dat gebaseerd is op destructief gerechtigde aanspraak. In het hieronderstaande fragment probeert de therapeut deze hulpbron in werking te stellen door te vechten tegen de zelfvernietigende aspecten van de geneigdheid van een van de kinderen om met de anderen om te gaan door het aanbieden van zelfopoffering; dat wil zeggen: aanbieden te worden geparentificeerd. De methode is: aan het licht brengen van de keuzemogelijkheden van de broers en zusters tot het in werking stellen van hulpbronnen voor wederzijds geven-en-nemen in plaats van alleen te focussen op inzicht of op een eenvoudige gedragsmodificatie.

We vervolgen de case inzake het gezin L.:

Terwijl de therapeut vraagt naar de psychologie van het gevoel nodig te zijn (dimensie II), begint hij te kijken naar de balans van billijkheid van geven-en-nemen (dimensie IV).	**Therapeut:** Ik vraag me af, Will, wanneer jij in je leven het gevoel hebt gehad dat iemand jou echt nodig had.
	Will: Weet je, het is voor mij heel moeilijk 'geven' te accepteren, hoewel het makkelijk is dingen voor anderen te doen. Ik kan niet zo makkelijk begrijpen waarom iemand iets voor mij zou willen doen.
Gebrek aan een gevoel van billijk geven-en-nemen is gekoppeld aan een gebrek aan vertrouwen.	
Afleidingsmanoeuvre.	**Mevrouw L.:** Nou, zijn vrouw...

	Therapeut: Laten we op dit ogenblik niet over de vrouw van Will praten.
	Will: Dat is een veel te zwaarwegend onderwerp.
Het risico van het ontvangen wordt onderzocht en krijgt vorm in het patroon van te veel geven (dimensie III), zich afgewezen voelen (dimensie II), en niet handelen naar het principe van billijkheid (dimensie IV).	**Therapeut:** Het lijkt erop dat jij een te licht onderwerp bent geweest, Will. Het klinkt alsof jij verslaafd bent geraakt aan het geven, omdat je je twijfels hebt over een mogelijk alternatief. Ontvangen van mensen is een risico. Het kan zijn, dat je, als dat een keer is gebeurd, opnieuw iets van die ander zou willen hebben. Als dat niet gebeurt, loop je de kans dat je je afgewezen voelt of in de steek gelaten. Daarom is ontvangen riskant. Soms lijkt het makkelijker om te blijven geven. Maar daar raakt een mens van uitgeput en boos en wrokkig. En dat is een even goede reden om vrienden aan de kant te zetten als elke andere reden.
Gaat door met zich aanbieden als de partner die geparentificeerd kan worden. De uitbuiting van Wills beschikbaarheid wordt beschreven.	**Will:** Het lijkt erop dat iedereen die ik ken, met huwelijksproblemen of wat dan ook, mij als zijn hulpverlener gebruikt. Ik ben heel vaak als zodanig bezig. Soms word ik er moe van en wil dan bij niemand in de buurt zijn. Ik heb ruimte nodig. Ik wil mezelf zijn.
Erkent de last van Will. Partijdig met hem vanwege zijn eenzaamheid en het voor hem ontbreken van een dialoog van gepaste zorg.	**Therapeut:** Je schijnt een heleboel te moeten dragen, Will. Eerst je gezinsachtergrond en jouw visie dat je ouders er zo veel voor elkaar waren en niet genoeg voor jou. Als jij uitgeput raakt, naar wie ga jij dan toe om te worden getroost? Wie is er speciaal voor jou?

	Will: Alleen ikzelf.
Opnieuw wordt empathische partijdigheid geboden.	**Therapeut:** Ik ben er niet zeker van dat dat voldoende is. Niemand van ons kan alsmaar doorgaan zonder dat er iemand zo nu en dan voor je is.
Wills model van een relatie is gericht op parentificatie.	**Will:** Dat begrijp ik. Je houdt altijd de hoop dat je die ene super-mens zult vinden.
	Therapeut: Maar je hebt je nu in jezelf teruggetrokken. Is dat wat je bezig bent te zeggen?
Relationele hulpbronnen zijn te weinig ontwikkeld.	**Will:** Ja. Ik heb me waarschijnlijk de meeste tijd van mijn leven in mezelf teruggetrokken. Het is een feit dat ons gezin niet erg hecht was. Dus groeide ik op met het idee dat als ik iets gedaan wilde krijgen, ik dat zelf moest doen.
Probeert de hulpbron van een concrete moeder-zoonrelatie in werking te stellen.	**Therapeut:** Maar als je je echt verdrietig voelt en iemand nodig hebt, wat dan? Kun je naar je moeder toe en haar naar je laten luisteren, op jouw voorwaarden?
Geen vertrouwen in de relaties in het gezin.	**Will:** Waarschijnlijk niet. Ik heb een paar vrienden bij wie ik kan uithuilen, vooral bij één.
Is er een relationele hulpbron in de zuster, die aanwezig is? Voorzichtige ontkenning.	**Therapeut:** En Sarah? **Will:** Nee.
Legt nadruk op de vraag.	**Therapeut:** Hoe komt dat?
Excuus wordt aangeboden.	**Will:** Als ze dichtbij woonde, dan wél. Maar ze zit te ver weg.

Houdt vol.	**Therapeut:** Er is ook nog de telefoon.
Excuus wordt weer aangeboden.	**Will:** Dat is niet goed genoeg. En het is ook nog zo dat ik deze dingen snel wil afhandelen, er snel vanaf wil. Zij heeft geen idee van wat er allemaal achter zit. We leiden ieder ons eigen leven.
Houdt vol.	**Therapeut:** Is dat dan geen keuze?
Verschuilt zich achter eenvoudige feiten.	**Will:** Het zijn de omstandigheden. Ik weet niet of het een keuze is of dat het iets is waar we niets aan kunnen doen. Zij kiest ervoor daar ver weg te zijn en ik moet zijn waar ik ben.
Partijdig met zijn gevoelens.	**Therapeut:** Is dat een bron van spanningen voor jou?
	Will: Ik weet niet of het een bron van spanning is, maar ik zou graag willen dat ze thuis was. Ik realiseer me dat wat ze hier aan het doen is, heel belangrijk voor haar is, en haar geluk is heel belangrijk voor mij.
Begint oprechter te reageren. De broer-zusrelatie kan vrijer komen te staan van de last van uitbuitende parentificatie.	Maar als er verder niets meespeelde en ik mijn zin zou kunnen krijgen, zou ik graag mijn familie bij me in de buurt willen hebben; we zijn geen grote familie. Het is nu eenmaal niet zo gelopen en ik weet niet of het wel zou kunnen.
Partijdigheid wordt anders gericht. De spontaneïteit van Sarah wordt uitgelokt.	**Therapeut:** Jij hebt niet veel gezegd, Sarah, voornamelijk door mij. Wil jij een speciale richting opgaan of zal ik doorgaan waarmee ik bezig ben?
	Sarah: Ik heb het gevoel dat ik hier moet zijn, maar ik heb ook het gevoel dat jullie allebei soms geïrriteerd

Sarah is in staat uit te nodigen tot geven-en-nemen.	zijn dat ik hier ben en niet bij mij thuis. Vaak heb ik het gevoel dat jullie opbellen wanneer jullie ergens over inzitten. Ik zou het echt heerlijk vinden als jullie meer zouden opbellen en dan soms met prettig nieuws. Ik neem aan dat ik dat bij jullie eigenlijk ook niet doe.
Erkent dat zij de familiebanden nodig heeft.	Jullie zijn allebei echt heel belangrijk voor mij. Ik heb zó vaak het gevoel dat jij de enige broer en jij de enige moeder bent die ik heb enzo... Ik heb wel gedacht dat je misschien zou willen praten als ik bij je op bezoek kwam, Will. Maar als we bij jou thuis zijn, gaat de televisie aan.
Sarah's moed zich betrokken te tonen en vol vertrouwen het initiatief tot contact te nemen, neemt toe.	Een van de redenen waarom ik wilde dat wij deze zittingen zouden houden, is dat ik zo vreselijk verlang naar meer intimiteit tussen ons. Ik zou graag willen dat jullie beiden en wij allemaal de dingen meer zouden uitvechten. Ik heb het idee dat, als we dichter bij elkaar zouden kunnen komen, we ook dichter bij andere mensen kunnen komen. Maar als we het niet kunnen... Deze vier uren zijn belangrijker voor me dan wat dan ook. Ik ben echt blij dat jullie hierheen zijn gekomen om de prijsuitreiking bij te wonen, maar praten op een ander niveau is nog belangrijker voor me. Ik zou dat zo graag veel vaker willen, en ik weet niet hoe dat zou moeten.
Oppert een concrete keuzemogelijkheid tot het nemen van initiatief.	**Therapeut:** Heb je bijvoorbeeld ooit geprobeerd Will te vragen om samen op vakantie te gaan?
Geeft broer erkenning.	**Sarah:** Dat is een prima idee. Will

| | heeft me in 1968 een paar dagen meegenomen naar de Bahama's. Hij zei dat het begon te regenen toen ik aankwam en dat de regen ophield toen ik weer wegging.

Mevrouw L.: Hij nam je mee naar Florida.

Geeft broer krediet voor zijn initiatief.

Sarah: En zo'n anderhalf jaar geleden had ik veel te veel werk te doen. Will belde me op en zei dat de man met wie hij meestal zijn appartement deelde, er een tijdje niet zou zijn en of ik wilde komen logeren. Het was echt een geschenk uit de hemel. Maar hij had het al die tijd druk.

Partijdig met beiden. Geeft Will krediet en moedigt Sarah aan verder te gaan.

Therapeut: Nou, Sarah, het lijkt erop dat je zegt dat Will je meenam voor uitstapjes. Wanneer heb jij hem uitgenodigd?

Sarah: Ik denk niet dat ik hem ooit op vakantie heb meegevraagd.

Therapeut: Of zomaar ergens naartoe?

Will: Zij nam me mee hierheen.

Sarah: Maar jij hebt dit wel betaald!

Ontneemt zichzelf krediet.

Will: Ik wil graag iets weten. Ben jij je ervan bewust dat toen de emotionele breuk begon, ik er meteen vandoor ging?

Geeft erkenning aan de relatie broer-zus.

Therapeut: Maar er is hier veel zorg. Kun je weer terugkomen, Will?

Parentificeert de therapeut.

Will: Ja, maar je gevoelens laten zien...

Partijdig met beiden. Biedt empathie en krediet aan.	**Therapeut:** Mannen worden er vaak bang van als een vrouw huilt en vrouwen worden vaak bang van een boze man. Of Sarah huilt of niet, daar gaat het niet om. Jullie willen allebei meer van elkaar.
Gaat door met parentificatie van de therapeut.	**Will:** Als iemand begint te zeggen: 'Ik wil een hechter contact', dan zeg ik: 'Hé, wacht even!' Ik zou zoiets wel willen, maar ik ben er wel doodsbang voor. Het brengt je bij een emotionele pijn waar ik niks mee van doen wil hebben, o nee.
Er wordt gesteld dat billijke wederkerigheid kan worden overwogen en dat dat een keuzemogelijkheid is voor alle gezinsleden (dimensie IV).	**Therapeut:** Ik denk dat je op zijn minst bereid bent het te proberen, anders zou je hier niet zijn. Misschien moet jij, Sarah, met je moeder samen eens bekijken of jullie voldoende initiatief in de richting van Will hebben genomen. Jullie tweeën kunnen je verlaten voelen, terwijl dat niet de bedoeling was en het kan zijn dat Will hetzelfde gevoel heeft. Waarom zou hij, als man, de enige zijn die contact zoekt?
Beschrijft kenmerken van de balans van billijkheid.	**Sarah:** Maar om eerlijk te zijn tegenover mezelf: ik ben degene die hem meestal belt in verband met wat er allemaal gebeurt in zijn leven.
Suggereert wederzijds geven tussen broer en zus.	**Therapeut:** Misschien moet dat eens worden omgedraaid. Het kan zijn dat je achter hem aan moet zitten om contact met hem te krijgen. Maar Will heeft al gezegd dat hij zich behoorlijk gekooid voelt en doodsbang is. Het kan zijn dat je ermee moet ophouden om hem te vragen hoe het

Suggereert actief claimen en vragen.	met hem gaat en moet beginnen met te zeggen: 'Wat zou je ervan vinden mij in New York te ontmoeten en we blijven er een paar dagen en we maken er gewoon een leuke tijd van?' Ik zeg niet dat alles heel zwaar moet zijn of een herhaling van het verleden. Ik doe de suggestie dat ieder van jullie de agressiviteit ontwikkelt om iets van de ander te claimen. Jullie schijnen behoorlijk kwetsbaar te zijn. Ik denk dat geen van jullie, jullie vader meegerekend, ook maar enige ervaring heeft die jullie de aanspraak geeft je naar een ander te keren en te zeggen: 'Vooruit, laten we eens genieten van elkaars aanwezigheid.'
Risico van het nemen van initiatief.	Ik heb het over het soort initiatief, dat actief uitnodigend is, niet bezorgd of moederlijk. De meeste mannen kunnen best leven zonder nog één enkele moederlijke interventie.
Begint zijn behoefte aan persoonlijk met elkaar omgaan op eigen voorwaarden te onthullen.	**Will:** Ik denk dat er bij mij wat boosheid is over toen jij met vakantie naar Californië ging. Bij de heen- of terugreis maakte je geen tussenstop. Je reisde gewoon door. Ik heb daar nooit over nagedacht, tot we hierover begonnen te praten.
Brengt zijn punt naar voren betreffende billijkheid van het wederzijds initiatief nemen.	Toen dacht ik: hmmm... Ze doet zoiets liever dan bij mij zijn. Weet je, ik heb je een paar keer gevraagd of je met me mee wilde naar Las Vegas en dan zei je steeds dat je het te druk had.
Billijke erkenning van de voorwaarden die haar broer aanbiedt.	**Sarah:** Nou, je hebt gelijk. Ik denk dat je er mee opgehouden bent me mee te vragen omdat ik nooit meeging.

313

Is er een onzichtbare loyaliteit met de ouders die tot gevolg heeft dat er afstand is tussen broer en zus?	**Therapeut:** Het is belangrijk wat jullie hier te berde brengen. Ik hoor een paar dingen. Zoals jij het formuleert, Will: 'Ik was niet belangrijk genoeg voor jou dat je tijd vrijmaakte,' of: 'Ik kan niet tegen jouw werk op.' Het klinkt alsof jouw aandacht voor je werk ietwat op je vaders aandacht voor zijn werk lijkt, Sarah. Het kan zijn dat je, onbedoeld, gevangen zit in een niet verwerkte loyaliteitsband, dat je zodanig vastzit, dat je intimiteit vermijdt door hard te werken. Goede werken kennen uiteindelijk geen grenzen. Je kunt erin verdrinken.
De therapeut plant het zaad van initiatief tot hechter contact.	Het klinkt als een belangrijk patroon waarover je misschien wel wilt nadenken. Misschien is Vegas niet de soort plaats die jij zou kiezen voor een bezoek, Sarah. Maar als jij en je broer proberen iets van een gemeenschappelijk leven op te bouwen, dan doet dat er niet toe, al zat je in Gomorra.
Ontwijkende opmerking, misschien wel op de manier van zijn vader.	**Will:** Eén van de dingen die ik met haar heb besproken, is het feit dat ik niet zo'n liefhebber van Philadelphia ben. Ik haat die stad. Ik heb Sarah zo vaak gezegd dat ze haar beroep overal kan uitoefenen. Je zou kunnen werken in Dallas, New Orleans, Denver, Los Angeles. Als je naar een van die steden gaat, kom ik je steeds opzoeken. Het oosten, met al zijn kleine, nauwe straatjes en zo, geeft me het gevoel ingesloten te zitten. En ik reis door het hele land om mijn brood te verdienen.
Partijdig met Will door iets van hem te vragen.	**Therapeut:** Wat zou je zeggen van wat flexibiliteit van jouw kant, Will?

Biedt het gezin eerlijkheid als een gift aan.

Will: Ik ben wat dit betreft een beetje onzeker over mezelf, maar ik vraag me af of ik echt Philadelphia vermijd of dat ik zeg: 'Ik kom niet bij je langs!' Ik heb dat gevoel niet, maar je hebt me nu aan het twijfelen gebracht.

De therapeut zaait, met het vooruitzicht op een betrouwbare broer-zusrelatie door middel van veelzijdig gericht krediet geven aan eerst het ene en dan aan het andere gezinslid. Hierbij maakt het vooruitzicht op billijke wederkerigheid (dimensie IV) de angst voor intimiteit (dimensie II) minder groot. De therapeut plaatst hoge kredietwaardigheid op het moedige initiatief dat wantrouwen overwint. Met als gevolg dat de relatie tussen broer en zus een model kan worden van wederkerige zelfvalidatie in plaats van zelfrechtvaardiging middels destructief gerechtigde aanspraak.

Een keuze om met zorg en aandacht te reageren op een partner, is de essentie van dialoog. Het vermogen dit te doen ligt meer geworteld in de billijke en betrouwbare uitwisselingen die feitelijk hebben plaatsgevonden tussen mensen, dan in de psychologie van het ervaren van prettige nabijheid. Echte dialoog roept autonomie en spontaneïteit op. Echte dialoog roept eerder zelfafbakening dan fusie op. De doelen van fysieke 'saamhorigheid', de neiging aparte richtingen te vermijden of permanente ondergeschiktheid van de ene generatie aan de andere worden hiermee nooit bedoeld.

Contextuele methodologie is gebaseerd op de werkelijkheid van partners die met elkaar een relatie hebben, op de hulpbronnen die zich op het raakvlak van al hun relaties bevinden en op de consequenties die voortkomen uit hun verbondenheid met het nageslacht. De activiteit van de therapeut is berekend op deze aspecten van 'het tussen' en zijn eerder katalytisch dan direct of voorschrijvend. De inbreng van een therapeut gedurende de therapiezitting is alleen waardevol als deze de eigen stuwkracht van de familieleden kan mobiliseren in de richting van vooruitgang.

Neem het voorbeeld van het volwassen kind en de moeder in de terminale fase van haar ziekte. Het legaat van de moeder aan haar kind wordt gekenmerkt door verbreken van relaties, verlating en wrok. De contextueel therapeut is zich ervan bewust hoe 'monsterachtig' de moeder in de ogen van haar zoon is. Toch zal hij vragen: 'Wat denk je dat je over vijf tot tien jaar op dit punt had willen doen?' De vraag op zichzelf is al voldoende om de kiem voor dialoog te leggen. Er bestaat geen voorschrift van wat er zou moeten worden gedaan. De vraag is geen van tevoren bedachte paradox die bedoeld is om met manipulaties een coalitie tot stand te brengen. De reactie van de therapeut is niet gebaseerd op enig gezinslid in het bijzonder. Zijn houding draagt het risico met zich mee dat hij veroordelend zou kunnen klinken of dat hij niet aardig zou worden gevonden of niet populair zou zijn. Toch is het zijn taak ze ertoe aan te zetten de moed op te brengen om een relatie die voorheen stagneerde, te onderzoeken.

De pogingen van het kind om de relationele stagnatie tussen hem en zijn moeder te doorbreken, hebben in de eerste plaats de drijfveer nodig die wordt gevormd door zijn wens om belangrijke doelen voor zichzelf en zijn andere relaties te verkrijgen.

Enerzijds kunnen pogingen daartoe voldoen aan een therapeutisch plan om gedragspatronen te herstructureren, die bijvoorbeeld weinig diepgang hebben en die niet lang stand zullen houden.

Anderzijds zijn er bepaalde persoonlijke doelen in ieders leven die zijn verbonden aan het zorg dragen voor anderen. Een verbeterde kwaliteit van zorg in relaties werkt als een middel en een doel, waar zowel gever als ontvanger baat bij hebben.

HOOFDSTUK 15

BEGIN VAN DE THERAPIE

De eerste stappen in de therapie

Het aanmeldingsgesprek

Mensen, die terechtkomen bij een contextueel therapeut, zullen in hun aanmelding uiteenlopende individuele opvattingen over therapie laten horen. In hun antwoord kunnen contextueel therapeuten hun werk beschrijven in bewoordingen die een scala beslaan van klassieke individuele therapie tot klassieke gezinstherapie. Het helpt toekomstige cliënten als men hun duidelijk maakt wat de kenmerken zijn van contextueel werk:

1. de verwachting dat familieleden in hun onderlinge relaties elkaar kunnen helpen genezen, zelfs als het erop lijkt dat slechts een van hen in moeiijkheden is;
2. de nadruk op actie in plaats van op inzicht.

Het contract

Contextuele therapie verplicht haar beoefenaars een professioneel contract aan te bieden dat zorg draagt voor de uitwerking van hun interventies op ieder die er mogelijk bij betrokken kan raken. Om te beginnen doet een therapeut er goed aan voor te stellen dat aan alle gezinsleden wordt gevraagd om bij het eerste gesprek of één van de eerste zittingen tijdens de taxatieperiode aanwezig te zijn. Het heeft echter een averechtse uitwerking wanneer men erop aandringt of het verzoek in een absolute voorwaarde omzet.
Degene die opbelt voor een afspraak kan zijn of haar redenen hebben om alleen te willen komen. Het kan zijn dat hij ertoe bereid is aspecten van zijn leven te

onthullen die tot dan toe geheim waren. Het kan hem emotioneel minder kosten om dit uit te proberen op een vreemde, dan wanneer hij een bezwarende verklaring aflegt ten overstaan van zijn familie. Het kan ook zijn dat hij wil toetsen hoe betrouwbaar de therapeut is. De therapeut zal natuurlijk de aard van de zorgen van de cliënt inschatten en dan proberen de cliënt te helpen besluiten of het constructief of destructief is voor het therapeutisch proces, wanneer hij blijft vasthouden aan zijn privacy en waarom.

Het optekenen van een geschiedenis

Het taxeren van leven en context van een cliënt omvat het optekenen van zijn geschiedenis, hoewel het daarbij om méér gaat dan een eenvoudige individuele geschiedenis. Zowel de taxatie als de geschiedenis zit vol therapeutische implicaties. De lasten die een cliënt draagt met al het overschot aan wrok en schuld, kunnen al snel in verband worden gebracht met zijn of haar kwetsingen en pijn. Wanneer de therapeut mensen helpt bij het opstellen van een plan voor het herverdelen van baten en lasten, legt hij het vooruitzicht op hulpbronnen bloot en komt hij te weten wie welke voordelen heeft. Hij ontdekt ook of familieleden ertoe neigen elkaar krediet te geven voor hun bijdragen aan elkaar of dat zij ertoe neigen dit achterwege te laten.

Het inschatten van noodsituaties

Sommige klachten die in het begin worden geuit, geven noodsituaties weer en vereisen onmiddellijke interventies om meer en ergere schade te voorkomen. Maar sommige aanvankelijke klachten worden gewoon gebracht alsof er sprake is van een noodsituatie. Bijvoorbeeld: na anderhalf jaar van ernstige huwelijksproblemen besloot een vrouw van in de veertig, met een baan, contact op te nemen met een therapeut en een afspraak te maken. Ze beschreef haar situatie als een noodsituatie en stelde haar eisen dienovereenkomstig. Ze was bereid om naar haar situatie te kijken en wilde dat *nu* doen. Een therapeut maakt dan haastig tijd vrij voor een veeleisende cliënt en wordt vaak geconfronteerd met het feit dat hij de enige aanwezige is die op grond van een noodsituatie aan het werk gaat.
Echte noodsituaties worden echter gekenmerkt door de mate waarin leven of gezondheid wordt bedreigd. Ongeacht de aard van de noodsituatie kan de therapeut zo'n situatie het beste aanpakken door erop te staan dat alle mogelijke beschikbare hulpbronnen voor de bedreigde persoon erbij worden gehaald. Dreiging met moord of zelfmoord vereist speciale aandacht en soms een opname. Ernstige, gewelddadige of seksuele kindermishandeling vereist een onmiddellijke interventie. Hetzelfde geldt voor geweld tussen volwassenen. Nog slechts kort gescheiden mensen met veranderlijke en onopgeloste kwesties onderling, kunnen hun persoonlijke wraakoefeningen tegen elkaar zó doen toenemen, dat de con-

sequenties op het moment zelf een duidelijk gevaar kunnen betekenen voor hun kinderen of zelfs voor elkaar.

Een basishouding

De basishouding van contextuele therapie ten opzichte van de cliënt is een fundamentele overtuiging dat men succesrijk werk moet doen. Contextueel werk houdt zich bezig met het helpen van mensen die lijden, handelingsonbekwaam of gehandicapt zijn. Het doel van contextueel werk is: familieleden die nauw bij elkaar betrokken zijn, te helpen elkaar bij te staan. De opvatting van contextueel werk over gezondheid en een gezonde kwaliteit van het leven is gebaseerd op een balans tussen redelijk eigenbelang en gepaste zorg voor de belangen van anderen. Specifieker nog: contextuele therapie moedigt stappen in de richting van zelfafbakening en zelfvalidatie aan. Contextuele therapie beschouwt het leven als wezenlijk relationeel en ziet het 'zelf' als de grondfiguur tegenover anderen die als de 'achtergrond' voor het Zelf dienen. Contextuele therapie onderkent de onvermijdelijkheid van onderlinge belangentegenstellingen. Zij onderkent ook dat de meeste ervan kunnen worden verkleind. Contextuele therapie neemt aan dat mensen het ingewortelde recht erven om te overleven en te gedijen, te ontwikkelen en te groeien. Zij erkent dat het nageslacht kwetsbaar is en zichzelf niet kan vertegenwoordigen; daarom verdient het nageslacht dat eenieder ervoor zorg draagt en er voorrang aan geeft.

Een dialectische context

Al spoedig in hun contact met cliënten proberen contextueel therapeuten duidelijk te maken hoe een individu en zijn of haar relaties een niet te vereenvoudigen Gestalt vormen. Het 'zelf' of 'ik' van het individu is in wezen niet voor te stellen zonder de 'jij' van anderen. Ook al is het leven van een individu een door biologie en psychologie bepaalde unieke entiteit, deze Gestalt kan niet worden herleid tot haar onderdelen. Enerzijds is een individu meer dan een eenvoudig tandrad in een relationeel systeem. Anderzijds kunnen de toewijding en onderlinge uitwisselingen van geven-en-nemen van mensen niet worden gereduceerd tot de psychologie of het geestelijk functioneren van degenen die daarbij betrokken zijn.
Een zorg voor relaties ontwikkelt zich vanuit de wetenschap dat het Zelf en de ander onherroepelijk in een dialectische relatie zijn geplaatst. Deze kennis vereist dat iedere contextuele therapie zich volledig bewust is van het Zelf én van anderen als individu met een levensduur tussen conceptie en overlijden. Ieder mens krijgt onvermijdelijk te maken met de beangstigende confrontaties die horen bij het weergeven van de eigen kant in ernstige conflicten. Ieder mens is hartstochtelijk betrokken bij zijn of haar overleven, gezondheid en voorspoed. Niemand

kan een eerlijke partner of zelfs een participerend waarnemer in relaties zijn als hij het belang van zijn eigen individuele belangen en prioriteiten ontkent. Maar mensen kunnen noch met de realiteit in haar geheel aan het werk gaan, noch met ethische integriteit functioneren, als zij niet in staat zijn zorg te dragen voor de consequenties van hun eigen inspanningen voor het leven voor anderen.

Ethiek van het contract

Contextuele therapie is dus een integratie van relationele (familie en echtpaar-) therapie en individuele therapie. Een therapeut kan feitelijk bijeenkomen met een mens, een echtpaar, een kerngezin, een meer-generatie segment van een grootfamilie, of met een netwerk van mensen die op een complexe manier met elkaar in relatie staan. Ongeacht de samenstelling houdt de therapeut rekening met de consequenties van zijn werk voor alle mensen die mogelijk betrokken raken en hij handelt dienovereenkomstig. Vanuit een contextueel gezichtspunt zou een andere handelwijze de relationele werkelijkheid verstoren en deze onethisch maken. De therapeut kan vanzelfsprekend nooit aangesproken worden op het feit dat hij niet alle consequenties van zijn werk kent. Toch kan hij zichzelf verantwoordelijk stellen voor het zorg dragen voor de gehele 'Zelf-ander' Gestalt. Op zijn minst is hij verplicht de vraag te stellen hoe met de andere mensen in de context van de cliënt rekening kan worden gehouden. De volledige uitsluiting van een familielid, zelfs als deze door zijn aanstootgevend gedrag een mythisch monster van zichzelf heeft gemaakt, schendt het werkprincipe van rekening houden met álle betrokkenen en ondermijnt alle veelzijdig gerichte methoden.

Waar de therapie zich werkelijk afspeelt

Fysiek gezien vindt het werk van de therapeut plaats in feitelijke ontmoetingen met zijn of haar cliënten – in een kantoor, een huis of een ziekenhuis. Maar het proces van de therapie en de uitkomst van therapeutische interventies behoren bij het spontane en voortgaande bestaan van een persoon en diens context. Het proces en de resultaten behoren bij de ontmoetingen tussen mensen die belangrijk zijn voor elkaar, bij de inleiding en het naspel van rituelen van de levenscyclus en van speciale gebeurtenissen, bij de rest van de week die volgt op een therapiezitting, en bij de volgende jaren en de omstandigheden die zich dan voordoen. Zij behoren ook toe aan het nageslacht. Afwezige familieden zijn – dynamisch gezien – zeker even belangrijk als de mensen die aanwezig zijn in de therapieruimte.

Contextueel therapeuten moedigen ontmoetingen tussen familieleden en henzelf aan. Maar bij het ontwerpen van hun interventies en het nemen van besluiten laten zij zich nooit beperken tot de mensen wier stemmen werkelijk kunnen worden gehoord, zelfs al krijgen ze te maken met geografische afstand, problemen inzake belastingverplichtingen of consequenties van de keus een contact af te snijden. Therapeuten moeten ervoor zorgen dat zij nooit de dynamische verbondenheid van belangrijke, wederzijds op elkaar betrokken relaties doorbreken, hetzij onbedoeld, hetzij bedoeld, hetzij door nalatigheid. Een voortdurend respect voor de billijkheid van de context en de balans in beweging is de grondregel van contextueel werk.

Het uitlokken van therapeutische actie

Contextuele therapie onthoudt zich van voorschriften en technieken die therapeutisch iets opleggen. In plaats daarvan houdt contextuele therapie zich aan methoden die *spontane keuzemogelijkheden, acties en besluitvorming uitlokken.* Fundamenteel voor de methode van het uitlokken is de werkwijze van het 'leggen van kiemen'. Deze omvat onderwijzen, uitlokken van spontane motivatie en het kanaliseren van overdrachtsdynamieken. Deze elementen zijn eerder gebaseerd op het uitlokken, katalyseren en beïnvloeden van mensen en hun motieven dan op directe manipulatie. Hier komt als vanzelf de vraag naar indirecte manipulatie naar boven. In contextuele therapie is dialoog, zowel in de fase van zelfafbakening als in de fase van zelfvalidatie, altijd een doel. Contextueel therapeuten gebruiken elke beschikbare techniek om partners in een relatie tot dialoog aan te zetten. Dialoog is, in onze betekenis, niet los te zien van op verantwoordelijke manier plaats bepalen door twee of meer met elkaar verbonden partijen. Een in wezen manipulatieve reactie richt zich op de verwachtingen van slechts één persoon en diens definities van de verantwoordelijkheid van beide partners.

De plaats van het kind in contextuele therapie

Een van de nuances van een veelzijdig gerichte methodologie heeft betrekking op onze overtuiging dat zelfs het heel jonge kind beschouwd moet worden als een volledig deelnemend lid van het therapieproces, als iemand die evenveel aandacht verdient als de volwassenen. Hierbij wordt van therapeuten verwacht dat zij alles op alles zetten om een kind zo spoedig mogelijk bij de therapeutische ontmoeting en uitwisseling te betrekken, om te proberen de aard van de bijdragen van het kind aan zijn familie en zijn wereld te begrijpen *en* hem er krediet voor te geven. De zorgende bijdragen van een kind kunnen die van de volwassenen om hem heen evenaren of overtreffen, zelfs wanneer zijn begrip en taalvermogen beperkt zijn. Ackerman *(1958, blz. 28)* heeft de visie van Freud op het kind als een 'anarchist die gericht is op genoegens' aangehaald. Wij zijn het er allerminst mee eens dat het kind kan worden beschouwd als een leeg vat dat staat te wachten tot de volwassenen het met aandacht vullen.
In gevallen waarin ouders er niet in slagen verantwoordelijk te handelen, nemen kinderen van drie en vier jaar vaak de zorgen van de volwassenen op zich. On-

langs hebben we buiten het kantoor van een kinderpsychiater een kind van vier jaar zien staan dat zijn moeder smeekte het slechte gedrag van zijn vader niet openbaar te maken. 'Het is belangrijk voor mij om met de dokter te praten,' vroeg de moeder dringend. 'Ik wil je vader de schuld niet geven. Ik ga alleen maar praten over zijn bezoekregeling aan jou.' 'Doe dat niet,' smeekte de jongen, terwijl hij zich vastklampte aan het been van zijn moeder. 'Ik wil niet dat papa verdriet krijgt.' In onze ervaring zijn kinderen niet alleen van nature loyaal; ze zijn ook van nature grootmoedig. Onverantwoordelijke volwassenen buiten die natuurlijke grootmoedigheid uit door de in feite volwassen creativiteit van het kind uit het kind te halen zonder er erkenning voor te geven.

In de therapieruimte moeten kinderen met waardigheid en respect worden behandeld. De therapeut ontmoedigt iedereen die met een quasi beschermende houding probeert neerbuigend tegen hen te praten. Het wordt niemand toegestaan te spotten met hun natuurlijke beperkingen of hen erom uit te lachen. Wij zijn geenszins van plan een kind te verhinderen toepasselijke verantwoordelijkheid voor ouderen op zich te nemen. Met grenzen van generaties moet echter passend rekening worden gehouden; hetzelfde geldt voor alle pogingen kinderen niet te laten beschadigen. Wij hebben wel de bedoeling ouders bewust te maken dat hun kinderen door hun kinderlijke zorgen vroegrijp zijn, en hen te helpen de aard van hun toekomstige uitbuiting en haar antitherapeutische consequenties te begrijpen. Waar mogelijk eist de therapeut dat ouders 1. het kind erkenning geven voor zijn investeringen van zorg en 2. stappen ondernemen in de richting van herstel van hun verantwoordelijkheid. Krediet geven aan gerechtvaardigde toewijding is altijd de eerste stap naar het weghalen van de parentificatie. Omgekeerd geldt, dat een van de ergste vertrouwen-vernielende vormen van parentificatie is het kind te overladen met schuld, terwijl het juist grootmoedig geeft en daarmee zichzelf uitput.

Naarmate ouders meer in staat raken verantwoordelijkheid op zich te nemen, zullen de kinderen natuurlijkerwijs verantwoordelijkheden die meer bij een kind passen, op zich nemen. Soms kan zo'n houding de vorm aannemen van aandacht vragen of ontregeld raken. Zo nu en dan zal de therapeut een vader of een moeder moeten helpen het feit te aanvaarden dat het gedrag van hun kind een teken is dat hij zich vrijer naar zijn leeftijd kan gedragen. Ouders zullen er soms echter op berekend moeten zijn dat hun kind weerstand biedt tegen het opgeven van een controlerende rol, die niet leeftijdsadequaat is. Toch is dat een veel minder dringende taak dan het herstel van de betrouwbaarheid van de ouders. Het komt ons voor dat een te grote nadruk op het aan banden leggen van het kind een niet toepasselijke overbelastende parentificatie is, met als gevolg dat het kind impliciet de schuld wordt gegeven en dat de suggestie wordt gewekt dat het kind buitengewoon grote, volgroeide macht over volwassenen heeft. In feite moeten ouders wellicht eenvoudig verdragen dat er verschil kan ontstaan tussen de tijd dat een volwassene meer ouderlijk gedrag gaat vertonen en de tijd dat het kind doordrongen raakt van het feit dat hij zijn eigen inspanningen moet staken om leeftijdsinadequate controle – als was hij de ouder – uit te oefenen.

Een vergelijkbaar dilemma betreft de neiging van een ouder om een kind aan te wijzen dat als eerste in de therapiezitting moet praten, soms zelfs tijdens de eerste ontmoeting. Deze verwachting versterkt de destructieve parentificatie die het kind al zwaar op de schouders drukt. Hiermee wordt ook benadrukt dat hij waarschijnlijk de rol kreeg toegewezen van de enige 'patiënt' in de familie. Dan is het altijd wijzer van de therapeut om de volwassenen uit te nodigen de zitting te beginnen en – indien nodig – erop te staan dat zij dat ook dóen. Het verdient altijd de voorkeur om de ouders verantwoordelijk te laten zijn voor het geven van de eerste verantwoordelijke verklaringen in de zitting. Het is altijd meer in overeenstemming met de ouder-kinddynamiek wanneer men aanneemt dat moeder en vader het tempo van het gezin aangeven en dat zij de mensen zijn die vanuit hun volwassen zijn het gezin naar een therapeutisch contract hebben geleid.

Het besluit eerst een reactie van de ouders uit te lokken is altijd bruikbaar voor de therapeut. Het stelt haar of hem in staat de ouders te steunen wanneer zij volwassen zorg nodig hebben. De therapeut kan het bijvoorbeeld eens zijn met de inschatting van de ouders dat de handelwijze van hun zoon ongewenst is. Het antwoord van de therapeut kan op een niveau van volwassene tot volwassene bij hen aansluiten. 'Ja, ik ben ook ouder, een volwassene die dat soort gedrag van mijn kinderen ook niet kan toestaan.' Door gevoelige en gepaste zorg voor ouders te tonen, krijgt de therapeut ook de gelegenheid de impliciete deloyaliteit van het kind te verminderen. Want het is voor een kind altijd een hoogst deloyale handeling om over zijn familie verslag te doen ten overstaan van een vreemde. Om dat te doen ten overstaan van een gezinstherapeut die voor zijn ouders even bezorgd is als voor hem, is beduidend minder deloyaal.

Beschermen van loyaliteiten van het kind

Als therapeuten zouden moeten kiezen tussen de schuld van een volwassene of van een kind, neigen zij er in onze ervaring bijna als vanzelfsprekend toe de ouders de schuld te geven en de kant van het kind te kiezen. Het schijnt kenmerkend voor therapeuten, en misschien voor mensen in het algemeen, dat in een verhitte woordenwisseling buitenstaanders partijdiger kunnen zijn voor een kind dan de ouders zelf ten opzichte van hun kind kunnen opbrengen. Het is wellicht menselijk gezien onmogelijk voor ouders hun misnoegen over te brengen aan hun kinderen en tegelijkertijd in staat te zijn tot empathisch gedrag. Dit is een van de redenen waarom een therapeut er goed aan doet partijdigheid met de ouders kenbaar te maken voordat hij/zij zich tot het kind richt. Door eerst erkenning te geven aan de problemen van de ouders intervenieert de therapeut op een preventief niveau. Zijn/haar onderkenning van hun teleurstellingen en van hun echte en vermeende kwetsuren en onrechtvaardigheden maakt dat er tijdens de therapie geen verwijten kunnen komen. Het weerhoudt ouders ervan zich tegen de therapeut te keren en het vermindert zowel de angst van het kind deloyaal te zijn als de schuld die deloyaliteit met zich meebrengt.

Een effectieve manier om verdienste van ouders te erkennen is het stellen van eenvoudige vragen: Wat hebben zij tot nu toe geprobeerd aan hun problemen te doen? Zaten zij toen ze kind waren, vast in situaties die veel van hen vroegen of zaten ze vast aan eisen die 'erger' waren dan waar hun kind nu voor staat? Op wie konden zij zich verlaten toen ze opgroeiden? Veelzijdig gerichte vragen die aan ouders worden gesteld, verminderen niet alleen hun vijandigheid en maken hen vrij zelf ook meer op onderzoek te gaan, maar bevrijden ook hun kind van een zwaar gevoel van schuld over de vraag of het al dan niet een correct beeld van de situatie van het gezin heeft gegeven. Bovendien stelt de partijdigheid van de therapeut met de ouders hun kind gerust dat deze volwassene tenminste niet zal eisen dat het zich aan zijn/haar zijde schaart tegen zijn ouders.

HOOFDSTUK 16

VEELZIJDIG GERICHTE PARTIJDIGHEID

Het vermogen van de therapeut erkenning te geven aan iemands verdienste, voorwaarden en claims en tevens aan die van een ander, leert hem hoe hij gebruik kan maken van de intrinsieke hulpbronnen in relaties. Dit vermogen bevrijdt hem ook van de soms onweerstaanbare neiging garant te staan voor ieders vooruitgang. Hierbij is de premisse dat de therapeut een katalysator is wiens belangrijkste functies het uitlokken en moed geven zijn in plaats van te werken als de laatste bron van energie. In deze constructie hoeft de therapeut niet 'onvoorwaardelijke positieve waardering' *(Rogers, 1951)* te geven. In plaats daarvan is het zijn taak alle familieleden ertoe aan te zetten de verdienste op te eisen die passend is bij hun respectieve kanten in tegenstrijdige levensbelangen.

Men zou kunnen zeggen dat contextuele therapie werkt vanuit een paradigma van 'voorwaardelijke waardering': vanuit de waardering die partners elkaar in een relatie bieden, vanuit de waardering die afhankelijk is van de geloofwaardigheid van ieders bereidheid om verantwoordelijkheid voor zorg op zich te nemen. Waardering voor familieleden van de kant van de therapeut kan integriteit in zich dragen en kan ook worden beschreven als voorbeeldgedrag. Maar op zijn best is waardering van de therapeut altijd ondergeschikt aan pogingen tot het geven van waardering door de familieleden. Op een methodologisch niveau kan men waardering door de therapeut het beste zien als een manier waarop men mensen kan aanzetten tot het onderling geven van billijke aandacht en krediet. De waardering van de therapeut is op zichzelf geen uitkomst van de therapie.

Om de relationele werkelijkheid van hun cliënten te ontdekken, moeten therapeuten methodologisch te werk gaan, van het bekende naar het onbekende. Als iemand bijvoorbeeld zegt: 'Mijn vader was nooit tevreden over de dingen die ik deed,' kan een therapeut zich hardop afvragen of er al dan niet specifieke gedragspatronen of daden waren die de kritiek van de vader opwekten. Het is altijd logisch en methodologisch goed gefundeerd, als de therapeut *zowel* de persoon die de uitspraak doet *als* ouders of andere verwanten naar hún kant van de kwestie vraagt. Onder de gegeven omstandigheden kan het erop lijken dat de therapeut zich als een soort tribunaal in de familie binnendringt. In werkelijkheid houdt hij zich verre van alles wat op een juridische rol lijkt, maar verwacht hij wél dat de familieleden naar elkaar luisteren en op elkaar reageren. De rol van de therapeut is niet analoog aan die van een rechter die een uitspraak doet over de verdienste van de bijdragen van anderen.

We keren voor een laatste maal terug naar de familie L. om te laten zien hoe een therapeut kan werken van het bekende naar het onbekende met heilzame consequenties voor een gezin. In onderstaand segment helpt de therapeut iedereen bij het leggen van een verband tussen de zorg van Will om de gezondheid van een goede vriend en de betekenis ervan voor de kwesties van rouw, verlies en verdriet die dit gezin lange tijd voor zich uit heeft geschoven door er niet over te praten.

Eén van de aspecten van hardnekkige gezinsmythen is gebaseerd op de heimelijke opschorting van rouw door de gezinsleden. Het patroon van een mythe wordt vaak door één of door beide ouders als delegatie doorgegeven met behulp van openlijke of bedekte opdrachten. Deze vorm van relationele stagnatie valt samen met een gebrek aan individuatie van de gezinsleden, en met een ontbreken van Zelf-polariserende, echte dialoog. Stagnatie tast natuurlijk tevens relaties met mensen buiten het kerngezin aan.

Het patroon van een beschadigd vermogen tot geven tast het rouwproces van ieder gezinslid aan. In feite gaat het bij het pijnlijkste aspect van rouw om het feit dat men nooit meer in staat zal zijn te geven aan de persoon die men heeft verloren. Deze blijvende beperking wordt nog verzwaard wanneer een gezinslid in zijn vermogen tot geven te kort schiet. Geven in de vorm van het Zelf aanbieden ter parentificatie is identiek aan destructief te veel geven – in wezen een monoloog die wordt gekenmerkt door iemands martelaarachtige uitnodiging aan de wereld om hem of haar uit te buiten. Impliciete, parentificerende delegatie wordt in stand gehouden doordat ieder gezinslid zichzelf tot slachtoffer maakt.

Als constructief alternatief voor parentificatie waarbij men zichzelf tot slachtoffer maakt, helpt de therapeut de gezinsleden te onderzoeken of er een mogelijkheid tot zelfvalidatie is door bijvoorbeeld een overleden ouder te ontschuldigen. Ontschuldiging blijft een beschikbare weg tot het bieden van solidariteit aan een gezinslid dat gelooft dat hij te kort geschoten is in het bieden van zorg aan een verwant toen dat nog mogelijk was. Pogingen tot ontschuldiging kunnen hopelijk uiteindelijk de destructief gerechtigde aanspraken van gezinsleden doen afnemen en hun plaatsvervangende slachtoffering van nog meer onschuldige mensen voorkomen. Voordat iemand een ander kan ontschuldigen, moet hij echter zijn eigen rechtmatige behoeften en gerechtigde aanspraken afbakenen. Op grotere schaal spreekt de therapeut veelzijdig gericht ieders kant aan.

Geeft aan dat ze bezorgd is over haar broer.	**Sarah:** Ik wil niet voor Will spreken, maar hij heeft een moeilijke tijd doorgemaakt sinds de laatste keer dat we hier waren.
Geeft feiten.	**Will:** Mijn vriend heeft een openhartoperatie gehad, een drievoudige bypass. Hij kreeg een paar onderzoeken voordat ik wegging en ik ben tot vanmorgen niets te weten kunnen komen. Voor zover ik weet is hij er goed doorheen gekomen, ik heb met het ziekenhuis gepraat en...
Brengt haar eigen angst in.	**Mevrouw L.:** Ze zeiden dat hij er ernstig aan toe is. Ik begrijp niet dat je kunt zeggen dat hij er goed doorheen is gekomen. Misschien zegt het ziekenhuis dat altijd wel.
Biedt empathie.	**Therapeut:** Dus je hebt een grote last op je schouders. Is hij al lang een vriend van je, Will?
	Will: Al zo'n twintig jaar, maar ik denk dat we de laatste twee jaar elkaar erg nabij zijn gekomen. Ik heb me er erg naar onder gevoeld. Je weet wel welke gekke dingen dan door je hoofd spoken.
Blijkt bereid zijn reacties op een dieper gevoelsniveau naar buiten te brengen.	
Houdt aan.	**Therapeut:** Welke gekke dingen?
	Will: Ik had eindelijk iemand gevonden bij wie ik echt alles kwijt kon. Waarom zou hij me nu weer afgenomen worden? Zoiets. Ik schijn een periode in te gaan waarin ik mijn emotionele leven openstel.

Wills angst voor nabijheid vermengt zich hier met zijn angst een vriend te verliezen. De implicaties van onverwerkte aspecten van Wills rouw om het overlijden van zijn vader schijnen naar boven te komen.
Beschrijft zijn angst emoties onder ogen te moeten zien. (Dimensie II).

Brengt met kracht de kwestie van billijkheid in (dimensie IV).

Benadrukt de alomtegenwoordige behoefte aan betrouwbaarheid in het omgaan met elkaar (dimensie IV) als voorwaarde voor het reageren in dialoog.

Dat is hiervoor altijd geblokkeerd geweest en nu komt het van vijftien verschillende richtingen op me af. Ik ben er erg in geïnteresseerd én ik ben afschuwelijk bang. Ik heb mezelf altijd goed onder controle gehouden.
Dit schijnt iets heel groots te zijn, alsof er een emotioneel monster in me zit dat plotseling schreeuwt om eruit gelaten te worden. En ik weet niet precies wat ik daaraan moet doen.

Therapeut: Je kunt er ook op een andere manier naar kijken, Will.
Ik vraag me af of er daarbinnen een emotioneel monster zit. Ik denk dat er een man zit, met alle vermogens tot emotie die elk menselijk wezen zijn gegeven.
Ik denk dat het om eerlijkheid gaat. Je kunt het je permitteren je gevoelens naar buiten te laten komen als je op de een of andere manier erop kunt vertrouwen dat er iemand is die naar je luistert, en die je niet beoordeelt of de grond onder je voeten vandaan haalt.
Het lijkt erop dat je over je vriend zegt: 'Ik heb iemand gevonden bij wie ik een emotioneel, logisch, volledig mens kan zijn en dat heb ik nodig om alles wat ik ben naar buiten te laten komen.' Je zegt het heel krachtig en je haalt ieders angst naar boven: kunnen we het ons permitteren emotioneel te zijn of logisch of geslaagd of een mislukking – al die dingen – en worden geaccepteerd om wie we zijn? En verdorie, de meesten van ons zijn op de een of andere manier tot de conclusie gekomen: 'Nee. Het is veel te griezelig om dat uit te proberen.'

Is dit de eerste relatie waarin Will zichzelf niet hoefde aan te bieden als degene die kan worden geparentificeerd?

Het kan zijn dat hij overeenkomsten toeschrijft vanuit overdracht (dimensie II).
Het kan zijn dat Will een diep verlangen verwoordt naar een vader die meer vader is.

Beschrijft de afhankelijkheid van zijn vriend (dimensie II).

Will: Nou, zo ben ik jaren lang geweest, maar mijn nieuwsgierigheid is op me aan het inwerken. Ik heb wel een paar vrienden gehad, maar de relatie die ik met deze man heb opgebouwd is echt geweldig geweest. Het is prima geweest. Hij is de eerste mens bij wie ik me niet schuldig voel. Als ik 's morgens om twee uur met hem wil praten, dan pak ik de telefoon en bel ik hem. Ik heb er altijd voor opengestaan dat anderen mij konden bellen. Ik ben altijd beschikbaar geweest, maar ik heb zelf nooit iemand gehad met wie ik me zo verbonden voelde.

Therapeut: Geen eigenschappen die je vader ook had?

Will: De enige overeenkomst in eigenschappen is dat hij een forse man is, en ik heb altijd het gevoel gehad dat mijn vader een forse man was als het gaat om postuur, ook al werd ik uiteindelijk langer en breder dan hij was. Hij scheen gewoon altijd een forse man te zijn.
Nee. Ze zijn zo verschillend van elkaar als je je maar kunt voorstellen.

Therapeut: Kun je ook zeggen hoe?

Will: Nou, mijn vader had veel succes, organiseerde zijn leven goed en deed de dingen goed. Hoewel Mike de beste vriend ter wereld is, heeft hij moeite iets van zijn leven te maken. Hij gaat van de ene naar de andere baan, maar dat schijnt niet veel verschil te maken. Jarenlang heeft hij mensen aangetrokken. Mensen hou-

	den van hem om wie hij is, wát hij ook doet. Hij is voor de tweede keer failliet verklaard en alle mensen die met de behandeling van het faillissement te maken hebben, zitten erbij te lachen en grapjes te maken omdat ze hem graag mogen.
Deelt zijn eigen ervaring met hem.	**Therapeut:** Weet je, Will, ik heb heel veel tijd besteed aan het zoeken naar een vervanger voor mijn vader. Hij scheen zo terughoudend en koel. Hoe meer ik over andere mannen te weten kwam, hoe bozer ik werd.
Er wordt geduid op de roulerende rekening.	Wie zij waren, maakte dat mijn vader nog meer op een afstand kwam te staan en nog verder weg van het beantwoorden aan mijn behoeften. Maar hoe meer ik te weten kwam van andere mannen, des te beter kon ik zien hoezeer mijn vader wanhopig was en zich liever wilde uitdrukken in genegenheid dan in geld.
De therapeut biedt partijdigheid aan door middel van identificatie.	Maar niemand had hem ooit geleerd zijn taal te veranderen. Zo heel veel verschillen we niet van elkaar, Will. Dus misschien kun je op den duur ermee ophouden steeds maar te voelen en te denken welke gebaren in het leven van je vader misschien een uitnodiging tot liefde die hij niet kon verwoorden, hadden kunnen zijn.
Gebruikt een drie-generatie perspectief en geeft uitdrukking aan partijdigheid met Will, zijn vader en zijn kinderen.	Als je dát lukt, kan het zijn dat je merkt dat je ook op een andere manier kunt kijken naar hoe het is tussen jou en je kinderen. Kinderen hebben altijd een verkeerde voorstelling van hun ouders omdat ouders in hun ogen meestal bovenmenselijk lijken.

	Mevrouw L.: Nou, zijn kinderen zijn gek op hem.
	Therapeut: Dan is dit misschien een door God gegeven ogenblik. Het zou een manier kunnen zijn om de relatie tussen jou en je vader evenwichtiger te maken. Ik vermoed dat je dat nodig hebt. Je kunt niet voor altijd buiten het schema van je vaders liefde blijven staan en deze steeds in negatieve bewoordingen blijven interpreteren.
Hoopt dat de drie-generatie hefboom zal helpen bij het ontschuldigen van de vader van Will.	
Poging tot zelfafbakening, gecombineerd met een gevoel van niet verbonden zijn.	**Will:** Ik denk niet dat ik mijn vaders liefde zou kunnen beschrijven. Ik denk dat ik nooit geweten heb wat deze inhield of hoe hij van mij hield.
Moeder valideert zichzelf door de overleden vader te valideren. Helpt met het ontschuldigen van het imago van de vader.	**Mevrouw L.:** Hij aanbad Will. Ik beviel van Will voordat ik in de verloskamer kwam. Toen kwam de dokter. Ze wilden Will meenemen om hem te baden en papa zei: 'Haal het niet in je hoofd om met die jongen de kamer uit te gaan. Je doet alles hier. Meet zijn Apgar-score maar híer; hij komt deze kamer niet uit.'
Lokt meer van hetzelfde uit.	**Therapeut:** Hoe nog meer liet uw man zien dat hij van Will hield?
Dit soort gedrag zou kunnen samengaan met het niet kunnen geven van de vader.	**Mevrouw L.:** Hij schepte altijd over hem op tegen vrienden. Hij aanbad de kinderen.
	Will: Hij kon echter niet met me praten. Hij probeerde dat via mijn moeder te doen.
Houdt aan.	**Therapeut:** Dat klinkt belangrijk, Will. Je zei dat je je vaders liefde niet

	kon beschrijven. Kunt u dat, Mevrouw L.?
	Mevrouw L.: Ja. Door alles wat hij zei. Hij zei bijvoorbeeld 'mijn' kinderen, of: 'Wij kunnen ons dit niet veroorloven, we moeten sparen voor de kinderen.' Ik denk dat hij in woorden uitdrukking gaf aan zijn gevoelens van liefde en trots voor jou.
Bedoelt Will te helpen hun vader te ontschuldigen.	**Sarah:** Hij bracht ook tijd door met Will. Ik herinner me dat ze samen aan het worstelen waren. Wij hebben er toch over gepraat, Will, hoe jij je herinnert dat papa jou meer vasthield dan moeder. We herinneren ons nog het meest dat mam en pap elkaar vasthielden en knuffelden. Dat is moeilijk voor ons geweest. Waarschijnlijk houd ik daarom zoveel van mijn kerk: de mensen daar omhelzen elkaar.
Will geeft krediet aan zijn vader.	**Will:** Hij tilde mij gewoonlijk op zijn schouders wanneer ik naar bed ging. Ik kan me meer herinneren van toen ik tien jaar en ouder was…
Brengt een pijnlijke waarheid in, terwijl zij aan de kant van Will gaat staan. Probeert het besluit in de schoenen van de onderwijzers te schuiven.	**Sarah:** Je werd naar de kadettenschool gestuurd, toen je in de 7e klas zat.

Mevrouw L.: Zijn onderwijzers zeiden dat hij naar de kadettenschool moest; hij maakte moeilijkheden in het schoolsysteem hier. |
| Vecht moeders opmerking aan. | **Will:** Ik heb altijd het gevoel gehad dat kinderen zo'n twee weken naar een kamp gingen als hun ouders van hen hielden; ze gingen acht weken als hun ouders hen liever kwijt wilden. |

Schuift anderen alle verantwoordelijkheid toe: de vader en de onderwijzers.	**Therapeut:** Wilden jouw ouders jou kwijt?

Mevrouw L.: Nee. Mijn man wilde wat het beste was. Hij heeft diploma's aan goede scholen gehaald en hij wilde voor Will hetzelfde. Will was heel speels op school en we dachten dat de kadettenschool hem betere kansen zou geven. Heb je je dat niet gerealiseerd? |
| De vader scheen voortdurend meer op zijn eigen voorwaarden te geven dan op die van zijn zoon. | **Will:** Nee. Ik denk dat mijn vader en ik elkaar niet begrepen waar hij in materiële zin het beste voor me wilde hebben en ik meer emotie wilde. Het was prima wat hij deed; het heeft hem veel geld gekost. Het was alleen niet wat ik wilde of echt nodig had. |
| Therapeut helpt bij het ontschuldigen van de vader door de mogelijkheid dat hij zelf tot slachtoffer is gemaakt te onderzoeken. | **Therapeut:** Hoe was dat tussen je vader en zijn vader?

Will: Mijn grootvader is gestorven voordat ik was geboren. |
| De vader groeide op met ouders die elkaar in het huwelijk niet vertrouwden. | **Mevrouw L.:** Zijn vader was een rokkenjager. Ken was dol op zijn moeder. Zij heeft veel kwetsende dingen gehoord over haar man en andere vrouwen. Dat heb ik allemaal van horen zeggen. Zijn vader was seniel toen ik hem leerde kennen.

Sarah: Heeft vader niet een zenuwinzinking gehad?

Mevrouw L.: Hij heeft een jaar van de universiteit moeten missen.

Therapeut: We hebben veel gepraat over vaders en zonen. |

Richt de aandacht op het overleden jongste kind van het gezin.

Johnny moet hier ook een plaats in krijgen. Misschien moest u behoorlijk luidruchtig doen om de aandacht die u toekwam, te kunnen krijgen. Het klinkt alsof u moest schreeuwen om te worden gehoord.

Mevrouw L.: Ik denk dat dat waar is.

Laat zichzelf gelden door eerlijk te zijn.

Sarah: Jij moest pianospelen om in jouw familie te worden gehoord.

Geeft krediet aan zijn ouders voordat hij zijn frustratie verwoordt.

Will: Ik denk dat ik zou zeggen dat mijn ouders erg boften met hun zeer unieke huwelijk en dat wij daarvan ook deel uitmaakten. Maar deze man en vrouw kwamen op de eerste plaats en de kinderen kwamen daar zo'n beetje achteraan.

Therapeut: Je zult er ééns toe besluiten je geïdealiseerde beeld van het huwelijk van je ouders los te laten, Will, en het vervangen door iets dat dichter bij de werkelijkheid staat.
Ik vermoed dat het een toevluchtsoord was voor twee bange mensen die niet wisten hoe ze ondersteunende ouders voor hun kinderen konden zijn. Het zou helpen als je een beter zicht krijgt op wat hun huwelijk werkelijk voor hen betekende en waarom ze zich zo afsloten en alleen aandacht voor elkaar hadden – op een rigide, onbuigzame manier die andere mensen buitensloot.
Als je dat kunt, zul je misschien minder van jezelf vragen en leren jezelf meer te waarderen. Het kan zijn dat je dan ook minder van vrouwen vraagt. Je moeder is veel misgelopen door te proberen het je vader naar de

Probeert partijdig te zijn met iedereen door een contextueel landschap samen te stellen. Probeert de wortels te onderzoeken van de behoeften van de ouders om hun kinderen te parentificeren.
Wijst op het patroon van fusie in plaats van dialoog met wederkerige polarisatie bij de ouders. Naarmate de onzichtbare loyaliteit met de ouders wijkt voor meer menselijke zorg voor hun tekortkomingen, zullen de verwachtingen van de kinderen ten aanzien van partners en eigen kinderen realistischer worden.

zin te maken zonder ooit haar eigen behoeften te laten horen.

Ze wisten niet hoe ze op een andere manier met elkaar konden omgaan. Misschien konden ze jou niet leren hoe je dichterbij kon komen. Het lijkt erop dat zij in hun relaties anderen op een afstand hielden en relaties structureerden in plaats van zich beschikbaar te stellen, toegankelijk te zijn of relaties als een proces te zien. Het lijkt op een afgesloten wereld die geworteld is in angst voor verlating. Het schijnt dat er liefde aanwezig was, maar dat iedereen erbij verloor.

Het geparentificeerde kind beschrijft de bronnen van haar gebondenheid: reële bezorgdheid om beide ouders. Als de ouders drinken, wordt het kind in een eenzame rol met te veel verantwoordelijkheid geplaatst.

Beschermt moeder.

Sarah: Papa dronk veel en daarover maakten we ons allemaal ongerust. Als ik thuiskwam, moeder, scheen jij ook zo'n probleem te hebben.

Will: Ik denk niet dat moeder veel dronk. Ze kon anderhalf drankje op hebben en daarmee was ze net zo ver als mensen die twee uur eerder met drank begonnen waren.

Sarah: Ik wil het nu over Johnny hebben. Toen ik uit China terugkwam, was de rouwdienst voor jullie al achter de rug. Papa zei zoiets als: 'Wij hebben al gerouwd; doe jij dat maar zelf. Ik zou heel trots op je zijn als je niet zou huilen.' Jij verkocht toen de piano en het was voor ons allemaal een heel moeilijke tijd. En toen vertelde papa over die ervaring in het vliegtuig toen hij dacht dat Johnny hem was komen halen. We kropten alles op; we deden gewoon altijd alles op de manier zoals papa zei dat de familiegewoonte was.

Probeert opnieuw partijdig te zijn met de levende gezinsleden: biedt hun keuzemogelijkheden zichzelf te valideren door middel van het geven van billijke aandacht aan hun vader.

Beeld van de man die door zijn vrouw wordt geparentificeerd: bescherming (dimensie III), grootmoedigheid (dimensie IV).

Verdedigt haar houding als een verantwoordelijke volwassene.

Partijdig met moeder.

Therapeut: Ik vermoed dat je vader zelf niet in de gaten had dat hij zoveel eiste. Wie had hem dat kunnen vertellen? Het kan zijn dat hij met diepgevoelde kwetsbaarheid heeft geleefd en is gestorven.

Will: Eén van de beste dingen van mijn vader, en dat verbaasde me altijd, was dat hij altijd wanneer moeder na haar bridgeclub te veel had gedronken, haar thee bracht en haar naar bed bracht. Hij raakte er nooit door geïrriteerd. Hij zei nooit: 'Ik wou dat ze niet zoveel dronk.' In plaats daarvan zei hij altijd: 'Zo is ze nu eenmaal en ik zal haar wel naar bed brengen.' Misschien was hij van binnen opgebrand, maar dat heeft hij nooit laten merken.

Mevrouw L.: Ik belde weleens op om de echtgenoten uit te nodigen voor het diner en dan zei hij altijd: 'Ik word er zo moe van steeds dezelfde mensen te ontmoeten. Laten we in plaats daarvan uitgaan.'

Therapeut: Herinnert u zich veel momenten van onenigheid? Het klinkt alsof u de dingen liever anders had gewild en niet in staat was dat voor elkaar te krijgen.

Mevrouw L.: Dat klopt. Ik denk dat ik er nooit veel moeite voor deed; daar leek het me nooit belangrijk genoeg voor.

Therapeut: Het lijkt erop dat geen van jullie wist hoe je kon vragen wat je voor jezelf wilde – hoewel het er-

Houdt de verloochening van gepaste zelfafbakening verband met een onvermogen om over het verlies van een zoon te rouwen?

Wil helpen om door het verdriet een verlies onder ogen te zien.

Het kan zijn dat moeder haar onvermogen beschrijft aan de kinderen te geven, en daarvoor de uitvlucht gebruikt dat ze er een hekel aan had op korte termijn te moeten pakken.

op leek dat uw man dat wél kon. Daardoor vraag ik me af hoe u vieren, nu drieën, ooit met elkaar over Johnny hebt gepraat? Wat deed het verlies van uw zoon u, mevrouw L.?

Mevrouw L.: We waren er kapot van.

Therapeut: Laten we het alleen over u hebben.

Mevrouw L.: Ik ergerde me vaak. In de kerstvakantie zei mijn man meestal tegen mij: 'Pak de kleren in en zorg ervoor dat je morgen klaar bent om naar Florida te gaan.' We namen de kinderen dan mee. Weten jullie nog, als Johnny erbij was en we hotsten heen en weer, dan vond hij dat prachtig. Maar dat gedoe dat ik de kleren moest inpakken en naar Florida moest! Ik zei dan: 'We hebben plannen gemaakt', maar dat maakte geen verschil. Eén jaar zei hij: 'Ik wil mijn vrienden zien, dus ik ga niet.' Dus bleef ik thuis...

Therapeut: Hoe oud was Johnny toen hij stierf?

Mevrouw L.: Hij zou de week erop vijftien zijn geworden.

Therapeut: Wat is er gebeurd?

Mevrouw L.: Ik was kapot. We hadden net om twaalf uur aan de keukentafel geluncht. Mijn broer was in het ziekenhuis. Ik ging zijn vriendin ophalen en we gingen samen naar het ziekenhuis. Ik kon het niet geloven toen we thuiskwamen. We hadden

Schijnt de belangstelling van de therapeut voor feitelijke omstandigheden (Dimensie I) te waarderen.	een geweldige storm gehad en Ken en de buren stonden voor het huis en ik zwaaide. Ik had door de hele tuin tussen de struiken geraniums staan en ik wilde zien wat de storm had aangericht. Ze riepen naar me dat ik terug moest komen, maar ik besteedde er geen aandacht aan. Toen ik de hoek om was, riep Ken: 'Kom terug.' Dus kwam ik terug. Ik weet niet waarom ik het niet raar vond dat hij vroeg thuis was, maar ik vond het niet raar.

Therapeut: En wat gebeurde er toen?

Mevrouw L.: Ik was er kapot van, gewoon kapot.

Onderzoekt het vermogen om op mensen te steunen.

Therapeut: Wie heeft u geholpen?

Mevrouw L.: Mijn vrienden, denk ik. Weten jullie nog dat de Whites meteen kwamen? De Lindquists wilden met ons naar de rouwkamer gaan en een kist uitzoeken. Sarah was er niet.

Therapeut: Wat gebeurde er met uw man?

Mevrouw L.: Hij was er gewoon kapot van.

Therapeut: Hoe liet hij dat merken?

Mevrouw L.: Hij praatte gewoon niet.

Therapeut: Praatte u?

Mevrouw L.: Nee, ik denk niet dat een van ons beiden erover sprak.

Rouwden zij als kinderen die in een geparentificeerd kind hun ouder hebben verloren?

De zoon die passende emotie liet zien, wordt afgebeeld als degene die een probleem heeft.

Kan de moeder reële, helpende beschikbaarheid onderkennen?

Maar als we naar bed gingen, huilden we ons in slaap.

Therapeut: Heeft u Will geholpen?

Mevrouw L.: Nee. Bij de begrafenis van Johnny waren een paar vrienden aanwezig. Arme Will. Toen ze de kist van Johnny in het graf lieten zakken, barstte hij in tranen uit. Herinner je je dat, Will? En Jack Ronsted zei: 'Will, we kunnen er niets meer aan doen. We moeten er maar het beste van zien te maken.'

Therapeut: Kunt u zich herinneren wie Will omarmde of hem troostte of met hem meeging?

Will: Ik denk dat Jack Ronsted dat deed. Toen we aan het graf stonden, heb ik me omgedraaid en ben weggerend. Toen ik tweedejaars was, is een schoolvriend naar Tennessee gegaan en hij is verdronken bij een overstroming toen hij probeerde iemand te helpen. Een paar van ons gingen naar de begrafenis. We gingen niet zoveel met elkaar om, maar we gingen toch. Na afloop van de dienst, toen iedereen rond het graf stond, lieten ze de kist zakken. Wij stonden daar aan het graf en opeens drong het tot me door dat ze dat bij Johnny ook gingen doen. Ik kon het niet aan en dus draaide ik me om en rende weg. Jack ging achter me aan en heeft me er doorheen geholpen. Ik ben voornamelijk over de dood van Johnny heengekomen door voor mijn ouders te zorgen. Het was makkelijker om me te concentreren op het helpen van

Beschrijft een gebrek aan dialoog tussen de broers.	hen dan om me te concentreren op mijn eigen verdriet. **Mevrouw L.:** Ik vind dat hij enorm heeft geholpen. **Will:** Johnny was vijf jaar jonger dan ik en maakte naar mijn gevoel bijna deel uit van een ander gezin. Ik zoende of knuffelde hem niet zo gauw omdat hij nog een klein kind was. Hij had zijn eigen vriendjes en ging min of meer zijn eigen gang. Ik denk dat dat niet zo ongebruikelijk is in een gezin waar kinderen vijf jaar schelen. Sarah en ik schelen maar anderhalf jaar en wij gingen enorm tegen elkaar te keer. Het was natuurlijk altijd haar schuld. Johnny haalde goede cijfers op school en speelde piano en deed van alles waarvoor ik me niet zo erg interesseerde. Ik had het gevoel dat het een makkelijke uitweg voor me was, dat ik beter met mijn verdriet zou kunnen omgaan als ik de zorg voor mijn vader en moeder op me nam. Ik heb altijd het gevoel gehad dat het tien keer zwaarder is voor ouders dan voor een broer of zus.
Het geparentificeerde kind is opnieuw bereid om zorg aan de ouders te geven.	Ik heb me vaak 's nachts in bed zorgen liggen maken dat mijn twee kinderen iets zou overkomen. Je kunt jezelf gek van zorg maken. Ik moest mezelf letterlijk beetpakken en overeind zetten en tegen mezelf zeggen: 'Hou hiermee op of je draait nog door.' Ik was toevallig op de Indiana Universiteit toen het gebeurde en het was een verschrikkelijke ervaring. Het is vreselijk om te zien wat je ouders meemaken. Ik had tijd nodig om de dingen op een rijtje te krijgen en

Vraagt naar het pijnlijkste deel van verdriet. Zijn spijt over gemiste kansen te kunnen geven aan degene die er niet meer is.	me geen zorgen te maken over hoe ik me voelde. **Therapeut:** Heb je onverwerkte gevoelens over Johnny, Will? Spijt? **Will:** Zeker. Een paar dagen ervoor was Johnny zover dat hij zelf wilde autorijden. Hij wilde de auto achteruit de uitrit afrijden en ik zei: 'Nee, zover ben je nog niet.'
Herinnert zich een gelegenheid waarop hij meer had kunnen geven.	Dus gaf ik mezelf de schuld voor de kleine dingen die ik had moeten doen. Had ik het maar geweten; je weet wel: dat soort dingen. **Therapeut:** Was je boos dat Sarah niet in de buurt was? **Will:** Nee. Zij kiest er nu eenmaal voor om niet in de stad te zijn als deze dingen gebeuren.
Het klinkt hier alsof Johnny een wanhopig vragend kind is. Waarom ziet moeder hem zo? Was hij echt de tegenhanger van de twee oudere, geparentificeerde kinderen?	**Mevrouw L.:** Johnny zei steeds maar: 'Ik ga een verjaarsfeest geven en ik ga 150 mensen uitnodigen. Want dan krijg ik een heleboel cadeaus.' En ik zei steeds: 'Dat kan ik niet aan.' Johnny antwoordde: 'Je hebt ook zo veel mensen voor Sarah en Will ontvangen, dus wil ik net zo'n groot feest als zij.' Ik wist niet wat we zouden doen; hij bleef er maar om vragen en ik heb nooit ja of nee gezegd.
Geeft toe dat er ernstige problemen zijn ontstaan door haar onverwerkte verdriet.	**Sarah:** Denk je dat het toen, in de herfst, moeilijk was? Ik weet dat ik ziek werd en thuiskwam en heb dat nooit met elkaar in verband gebracht. Het was de enige keer dat ik colleges heb moeten laten schieten en ik weet

Aarzelt om verdriet en slechte schoolprestaties met elkaar in verband te brengen.	dat het om dit alles was. En jij ging voor Kerstmis van school, Will.

Will: Nou, ik kon het daar niet op afschuiven. Ik was niet geschikt voor het studentenleven. Ik hield mezelf enorm in.
Ik was er niet zo zeker van of ik in een studentenclub hoorde. Ik werd er lid van en ging er weer uit. Ik had een moeilijke tijd en ik zat maar wat te zitten en huilde. Ik weet niet waardoor dat kwam. Dat soort verdriet kroop naar boven en beving je zomaar. Misschien was het omdat je van de trap viel of omdat je zakte voor een toets. Wie weet? Wanneer je dat soort verdriet in je hebt, is er niet veel voor nodig om de waterlanders op gang te krijgen. Ik onderdrukte het.

Therapeut: Maar ben je het ermee eens dat er enig verband was?

Will: Ja. |
| Legt de kiem voor gezamenlijke rouw als een relationele hulpbron. | **Therapeut:** Sarah, zijn er dingen die je nog met je moeder en broer naar boven moet halen? Zijn jullie drieën ooit samen naar het graf van Johnny geweest?

Sarah: Niet met ons drieën. Will en ik zijn er vorige Kerstmis geweest.

Will: Ik kan me dat vaag herinneren. Ik herinner me dat je zei dat je er graag heen wilde omdat je er nooit was geweest. Dat schokte me. Ik had me niet gerealiseerd dat moeder of vader er nooit met jou heen waren geweest. |

	Therapeut: Was jij er wel eens geweest, Will?
Geeft toe dat hij diepe emotionele behoeften heeft.	**Will:** O ja. Bij de begrafenis en daarna probeerde ik er eens per jaar heen te gaan. Ik ging erheen en praatte dan tegen hem.
	Mevrouw L.: Ik bracht er altijd bloemen en mijn man ging een keer en...
Spreekt openlijk over hoe moeder en zoon met elkaar omgaan.	**Therapeut:** Uw zoon huilt, Mevrouw L. Hij is verdrietig.
Beschrijft zijn verdriet als halverwege tussen het onder ogen zien en het ontkennen van het verlies van zijn vader en zijn broer.	**Will:** Ik heb altijd het gevoel gehad dat hij daar was, hij en vader allebei, nu ze er niet meer zijn. Waarschijnlijk is dat niet zo. Ik denk dat dat gewoon een fantasie van mij is. Ik had het gevoel dat ik zo nu en dan naar zijn graf wilde om hem te vertellen wat er aan de hand was. Misschien klinkt het wel gek, maar het was een goed gevoel om met hem te praten.
	Sarah: Ik wist niet dat je dat deed. Toen we er die ene dag heen gingen, werd ik huilerig en jij zei: 'Nou, het is nu voorbij.' Dus ik dacht: 'Nou, ik kan die pijn niet echt met hem delen omdat hij al klaar is met zijn verdriet.'
Fijngevoelige opmerking over de mogelijkheid van hulpbronnen in het delen van diepe emoties.	**Will:** Je begint ermee het te vermijden en dan houd je ermee op. Eens zei een hulpverlener tegen me: 'Op een gegeven moment zul je het feit moeten accepteren dat je vader is overleden. Ik denk niet dat je dat al hebt gedaan.' Dat was waarschijnlijk waar. Ik geef een heleboel om hem en ik wilde er niet echt aan toegeven.

Het verdriet van het geparentificeerde kind bevat een verlangen naar een ouder die de ouderrol op zich neemt.	Toen ik ouder werd, heeft hij me vaak goed geholpen. We hebben elkaar echt beter leren kennen.
Toen ik getrouwd was, maakten we samen uitstapjes en speelden golf of deden iets dat we nog nooit hadden gedaan.
Hier werd de zoon opnieuw geparentificeerd door een bange vader.	We gingen naar Vegas en daar kwam ik erachter hoe verschrikkelijk bang hij was om failliet te gaan. Hij deed nog geen stuiver in een gokautomaat. Hij en ik deden wat geld bij elkaar en we speelden baccarat en we wonnen. Hij stond erbij en keek toe. 'Ik ben doodsbang om te gokken en failliet te gaan,' zei hij, 'en dat zal nooit overgaan.' Hij hield ervan om gin rummy te spelen; dat was een soort van beroepsgokken. Hij was doodsbang dat hij een beroepsgokker zou worden en besloot er maar helemaal niet aan te beginnen. Ik boekte veel vooruitgang in de laatste tien jaar van zijn leven.
	Mevrouw L.: Dat deed je zeker.
Beschrijft de diepte van de behoefte aan iemand als ouder.	**Will:** Ik had daar een onverzadigbare behoefte aan.

De methode van de therapeut om van het bekende naar het onbekende te gaan heeft geleid van Wills openlijke zorg voor een vriend die 'op geen enkele manier op zijn vader leek' naar een diepgaande onthulling van de onbeperkte facetten van de baten en lasten van zijn lange-termijn relatie met zijn broer en zijn vader – en hoe deze met het verleden van het hele gezin te maken hebben.
De reeks van drie zittingen eindigde in kennelijke harmonie. Broer en zus kwamen enthousiast overeen hun pasgevonden nabijheid en gedachtenwisselingen voort te zetten. Moeder leek vriendelijk, zij het minder communicatief. Een paar weken later kwamen er echter nieuwe zorgen naar boven. Moeder antwoordde niet op de brieven van Sarah en was koel en ontwijkend tegen beide kinderen. Beiden werden gekweld door de angst dat ze meer zou gaan drinken of zou toegeven aan haar suïcidale impulsen; vooral Sarah verwachtte dat ze de schuld zou

krijgen omdat zij een nieuwe definiëring van de gezinsrelaties in gang had gezet. Er was echter een nieuwe hulpbron in het gezin. Sarah en Will konden elkaar nu zelfvertrouwen geven door de wijze waarop zij belangrijke kwesties openhartig en energiek afhandelden. Zij waren in staat hun zorg voor het dagelijks leven van hun moeder vol te houden. Op aanraden van de therapeut lukte het hun ook een bijna verloren spoor te volgen: moeder had een halfzuster met wie ze tientallen jaren geleden alle banden had verbroken. De oorzaak daarvan had te maken met gekwetste trots en de implicatie van schande vanwege de zogezegd 'onwettige' afkomst van de halfzuster. Will en Sarah waren bereid de situatie te onderzoeken.

Er was echt detective-werk nodig om erachter te komen dat tante Vera in Californië woonde. Die informatie kwam van een verre neef. Vera, een vrouw met gezag en weduwe van een rijke bankier, was verbaasd en zeer blij met de belangstelling van de lang-vergeten verwanten. Zij leek opmerkelijk vrij van wrok over het feit dat haar verwanten haar voorheen hadden gemeden, ondanks het grote aandeel van mevrouw L. in het doorsnijden van de banden tussen Vera en de rest van de familie.

Toen Sarah en Will begonnen te onderzoeken wat de gevoelens van hun moeder ten opzichte van Vera waren, ontdekten ze dat haar reactie een mengeling was van nieuwsgierigheid en schuldgevoel. Toen Sarah meer te weten kwam over de omstandigheden van de vernedering van haar moeder en de kwesties van familietrots en schande die daarmee waren verweven, begon Sarah's eigen nieuwsgierigheid de kop op te steken. Maar het bracht veel meer met zich mee. Mevrouw L. werd uit haar vervreemding, die nog werd versterkt door haar drinken en preoccupatie met zelfdoding, gehaald door het uitzicht op het ontdekken van een langverloren familieband. Zij werd gestimuleerd door de kans om iets over de vroege levensomstandigheden van haar ouders te weten te komen. Haar werd een gelegenheid geboden de hardvochtige afwijzing die haar ten deel was gevallen van zowel haar moeder als van andere familieleden, te onderzoeken en zo te ontschuldigen. Daar kwam nog bij dat Vera uit het niets scheen te komen, een onverwachte gift van het leven. Ze was levendig, rijk aan hulpbronnen, warm en in staat tot het bieden van vriendschap.

Sarah's neiging zichzelf de schuld te geven veranderde geleidelijk in nieuwgevonden zekerheid. Ze vond bevestiging voor haar loyale intenties als dochter, die goed werden ontvangen door haar moeder. De gezamenlijke pogingen van Sarah en Will om ook op haar voorwaarden aan hun moeder te geven, begonnen vruchten af te werpen. Sarah liet zien dat zij opnieuw in staat was zich bezig te houden met de werkelijke kwesties in haar eigen sociale leven, waarbij het leek of ze minder behoefte had aan de onzichtbare loyaliteit die zelfbeschadiging tot gevolg had. Ze begon het feit onder ogen te zien dat ze gerechtigd was haar energie en creativiteit te investeren in haar eigen genoegens en plannen voor haar eigen toekomst, dat ze bezorgd kon zijn om haar werk en haar vrienden, maar dat

ze ook in toenemende mate vrij was in zichzelf te investeren.
Tegelijkertijd slaagde Sarah erin Will ervan te overtuigen om met zijn eigen gezin in therapie te gaan. Will kwam al gauw tot de ontdekking dat er vele gebieden waren in zijn relatie met zijn kinderen die zijn aandacht en liefhebbende zorg nodig hadden. Hij en zijn kinderen konden de emotionele lasten van hun relatie verminderen door nieuwe keuzemogelijkheden te ontdekken tot ontvangen door te geven. Tijdens dat proces leerden zij ook hoe zij zichzelf konden valideren en uiteindelijk de omgangspatronen waarbij men zichzelf te kort doet en isoleert, konden laten varen.
Veelzijdig gerichte partijdigheid kan worden vergeleken met een situatie waarin verschillende partijen schaak simultaan worden gespeeld. Telkens wanneer een van de spelers een zet doet, moet deze worden ingepast in een nieuw en herzien korte- en lange-termijnplan. Bij iedere stap moet de therapeut gepast krediet geven voor de verdiensten van ieders constructieve intenties en zorg. Zijn vermogen om ieder gezinslid beurtelings krediet te geven, versterkt de vraag aan hen allen om hetzelfde te doen; dat wil zeggen: ieders zelfonderzoek te intensiveren *en* ieders bereidheid om met consideratie en zorg op de anderen te reageren, te vergroten. Juist door zijn pogingen om de balans van billijkheid aan te spreken en te onderzoeken, geeft de therapeut op een zeer intensieve manier vorm aan het therapeutisch contract met de gezinsleden en bezegelt het. Al doende stelt hij hen in staat vertrouwensbronnen aan te spreken en zich vast te leggen in het proces van het verwerven van gerechtigde aanspraak.

Verbinding

Wanneer familieleden dit simultaan schaak met elkaar en de therapeut gaan spelen, beginnen zij op een nieuwe creatieve en genezende wijze (weer) aan elkaars levens deel te nemen *(Boszormenyi-Nagy & Ulrich, 1981)*. Familieleden hebben al het beangstigende risico genomen en de pijn ervaren, die komt van het onder ogen zien van hun verantwoordelijkheid voor onbillijke handelingen en gedrag. Nu kunnen zij een begin maken met het onderzoeken waar in hun relaties nog niet verwezenlijkte betrouwbaarheid voorhanden is.
Het klinkt paradoxaal, maar resterende betrouwbaarheid kan te midden van schijnbare hopeloosheid bestaan. Het vooruitzicht op het opbouwen van vertrouwen wordt juist ontlokt aan chaos, vijandigheid, afwijzing, verlating en alle vormen van uitbuiting. Deze negatieve aanwezigheid in het leven van mensen kan het proces van het opbouwen van vertrouwen vertragen, maar hoeft er niet per se door vernietigd te worden. De fragmenten van resterende betrouwbaarheid kunnen uit het puin van destructief gerechtigde aanspraak en breuken die eerder zijn ontstaan, worden opgegraven. Deze fragmenten groeien door de realiteit van bloedverwantschap en/of het feit van het lange-termijngrootboek van verdiensten.

Verbinding moet dus worden gezien als een hernieuwd contact met hulpbronnen uit het verleden die kunnen worden gericht op de toekomst met het nageslacht in gedachten. Verbinding kan natuurlijk, ondanks iemands diepste verlangens, nooit teruggeven wat men in de omstandigheden van het verleden niet heeft gekregen. In voor- en tegenspoed zijn de consequenties van verworven gerechtigde aanspraak – constructief en destructief – tijdloos. Het vermogen van een familie om de verantwoordelijkheid ervoor op zich te nemen, heeft echter altijd een creatief resultaat; het lot van de toekomst ligt altijd impliciet in de bereidheid van mensen verantwoordelijkheid voor het verleden op zich te nemen. Het proces van verbinding voltrekt zich altijd door middel van de kracht die door de intrinsieke motieven en hulpbronnen van de familieleden wordt verschaft. De therapeut nodigt de familie uit tot een actieve zoektocht en zorg voor verantwoordelijkheid voor relationele consequenties. Hij legt nooit eigen criteria voor verantwoordelijkheid op, noch bepaalt hij zelf de consequenties van de positie die ieder inneemt. Hij meet ook de situatie van de familie niet af aan wat hij zelf moreel gezien het belangrijkste vindt. Mensen die worstelen met de problemen die relaties opleveren, hebben van nature de neiging af te stemmen op vragen over billijkheid, onrechtvaardigheid en uitbuiting. Met als gevolg dat therapeuten slechts hoeven te leren hoe zij zich achtereenvolgens tot alle familieleden kunnen wenden en hun vragen hun eigen onderscheiden posities over de kwesties die naar voren worden gehaald, te verwoorden.

Familieleden gebruiken elkaar van nature in het proces van verbinding. Hierbij gaat het weer om billijkheid. Wanneer bijvoorbeeld ouders veelvuldig en voortdurend van hun dertienjarige kind vragen om voor de jongere kinderen te zorgen, erkennen zij dan zijn beschikbaarheid als een bijdrage, of vinden zij het iets vanzelfsprekends, iets waar zij recht op hebben? Wanneer worden verwachtingen van ouders eenzijdige eisen, en beginnen zij de individuatie en emancipatie van een jongere te verdrukken? En wanneer zijn het redelijke verzoeken om pogingen tot wederzijdse zorg? Wat zijn op een bepaald ogenblik specifieke criteria voor een billijk teruggeven aan ouders? De vragen zijn complex, de antwoorden nog complexer. Maar zelfs het stellen van deze vragen heeft weldadige consequenties voor familieleden. Verbeterde en verbeterende balansen van geven-en-nemen zijn op verschillende manieren te zien: in toegenomen en spontane leeftijdsadequate autonomie in kinderen, adolescenten en jong volwassen familieleden; in een vermindering van de belasting van het ouderschap; in toegenomen wederkerigheid in een huwelijk en in een groeiend vermogen ouder wordende ouders te ontschuldigen.

Aspecten van veelzijdig gerichte partijdigheid

In één-op-één therapie wordt de eenzijdige partijdigheid van de therapeut met zijn cliënt vastgelegd en bepaald door een contract en door tegenoverdracht. Hier wordt partijdigheid in de eenvoudigste betekenis van het woord gebruikt: het uitkiezen van een cliënt uit alle andere mensen in zijn leven. Hoe belangrijk dat ook is voor de cliënt, ieder ander in zijn relationele wereld wordt min of meer door het therapeutisch contract uitgesloten van hulp. In contextueel werk kan partijdigheid specifieker worden omschreven als de toewijding van de therapeut om ieder in de wereld van zijn cliënt, die wellicht wordt beïnvloed door de therapeutische interventies, te helpen. Partijdigheid werkt op zijn minst met drie mensen waarvan de cliënt er één is.

Empathie

Empathie is een aspect van partijdigheid; dat wil zeggen: de therapeut staat ervoor open zich te kunnen voorstellen hoe ieder familielid zich voelt wanneer hij of zij persoonlijke standpunten en tegengestelde belangen beschrijft. De natuurlijke gevoelens en reacties van de therapeut ten opzichte van bepaalde familieleden worden beteugeld door zijn pogingen partijdig te zijn. Het ene familielid kan verontwaardiging in hem oproepen, het andere minachting. Bijvoorbeeld: een vader die zijn kleine kind seksueel heeft misbruikt, kan gevoelens van walging oproepen over zulk monsterlijk gedrag. Maar uiteindelijk is niemand een waardeloos monster. Een therapeut moet op zijn minst ruimte in zijn gevoelens zien te vinden om zich te kunnen voorstellen hoe de mens die de wandaad heeft gepleegd, zelf in zijn jeugd als slachtoffer heeft geleden.

Krediet geven

Het geven van krediet is een ander en duidelijker contextueel aspect van partijdigheid. Het is natuurlijk het meest gewenst dat familieleden de taak van het geven van krediet krijgen toebedeeld en niet de therapeut. Het is de tribunaal-achtige functie van hechte relaties, die mensen ertoe zet elkaar ter verantwoording te roepen over hun balans van kredieten en schulden. Het is ook de tribunaal-achtige functie van familierelaties die het haar leden mogelijk maakt om onderlinge criteria voor billijkheid vast te stellen. De therapeut kan echter de billijkheid van zijn eigen relationele context gebruiken als een maatstaf en een gids. In dat opzicht is hij ook maar een mens. Zijn eigen omstandigheden kunnen functioneren als analogieën voor de situatie van de familie en dezelfde 'jury'-functie bij de familieleden van de cliënt oproepen.

Verwachting

De verwachting van de therapeut dat de familieleden *om elkaar geven* en *iets voor elkaar doen* is weer een ander aspect van partijdigheid. De therapeut die van een familielid verwacht dat hij onderzoekt op welke manier hij het monster in de familie kan ontschuldigen, is partijdig met beiden. Degene die ontschuldigt kan negatieve gedragspatronen loslaten en nieuwe mogelijkheden voor gerechtigde aanspraak verwerven. Het kan zijn dat hij wrok koestert ten opzichte van de therapeut omdat die vasthoudt aan zijn eigen verwachtingen. Maar op den duur komt hij tegenover de consequente baten van zijn eigen pogingen te staan. Op zijn beurt krijgt het zogenoemde monster-familielid eindelijk de kans een verklaring voor zichzelf te geven. Hij kan wellicht ook nieuwe, constructievere mogelijkheden vinden voor het omgaan met familieleden, die dan kunnen leren dat ze er niet meer van moeten uitgaan dat de 'schuldige' zich als zodanig zal gedragen.

Alomvattendheid

Alomvattendheid is weer een ander aspect van veelzijdig gerichte partijdigheid. Het eist van de therapeut dat hij ieder familielid een eerlijke kans geeft, zelfs degene die bij voortduring de 'boosdoener' is. Wat hem ook trekt naar de een of de ander, de therapeut kan niet constant de kant van een kliek familieleden kiezen tegen een ander familielid of een andere kliek en toch veelzijdig gericht zijn. Men moet er wel om denken dat met de term 'partijdigheid' een serieuze professionele betrokkenheid ten bate van *ieder* familielid wordt bedoeld en niet een technisch 'partij kiezen' voor een strategisch uitgezocht familielid. Veelzijdig gerichte partijdigheid is de enig denkbare methode om zeker te stellen dat er rekening wordt gehouden met de factor 'rechtvaardigheid' in ieders leven.

Timing

Timing is een ander belangrijk aspect van veelzijdig gerichte partijdigheid. Het proces waarin de therapeut zich beurtelings tot de verschillende familieleden richt, wordt gestuurd door zijn timing. In dit proces moet de therapeut de volgorde van zijn prioriteiten bepalen: wie is de volgende met wie hij partijdig zal zijn? Als algemene regel geldt, dat met voorrang rekening houden met degene die onmiskenbaar het meest gekwetst is, het meest effectief is. Het heeft weinig zin van iemand die zwaar gekwetst is, te verwachten dat hij grootmoedig zorg biedt aan een partner die onbillijk is geweest. De taak van de therapeut omvat 1. de omstandigheden van de veronderstelde kwetsuren onderzoeken, 2. aan de gekwetste persoon krediet geven voor de onbillijkheid ervan *en* voor de verzachtende omstandigheden, 3. zo mogelijk familieleden er ook krediet voor laten geven en 4. uiteindelijk de suggestie doen dat het huidige slachtoffer pogingen in het werk kan stellen de mensen die de bron van zijn pijn zijn, te ontschuldigen op het tijdstip dat hij daar zelf aan toe is.

Hier zijn verschillende pogingen gaande: eerst een oproep voor gepast rekening houden met iemand, dan het leggen van een kiem waaruit later ontschuldiging kan ontspruiten. Door het werkelijkheidsgehalte van de pogingen wordt deze combinatie een machtige strategie voor therapeutische interventie. Het aanhoudend stellen van doelen, gecombineerd met het aanbod van een moratorium, geeft de therapeut een sterke positie waartegen moeilijk weerstand valt te bieden. De therapeut ontlokt in fasen verantwoordelijke actie aan familieleden. Gedurende dit proces helpt hij hen (weer) in dialoog met elkaar te komen, soms door handelingen van zelfafbakening en dan weer door handelingen van zelfvalidatie. De eerste fase biedt keuzemogelijkheden voor zelfbewustzijn, voor het hoofd bieden aan versplintering van het Zelf, remmingen en meer van dergelijke belemmeringen.

De tweede fase biedt keuzemogelijkheden voor het verwerven van verdienste. Deze fase vereist dat gepast rekening wordt gehouden met de lasten van een partner, met de prijs die een partner, die wordt gebruikt, betaalt en dat wordt onderzocht op welke wijze iemand werkelijk eenzijdig zijn of haar partner uitbuit. Geslaagde pogingen zichzelf te valideren, verminderen iemands behoefte om zich te verlaten op destructief gerechtigde aanspraak of, tegelijkertijd, op het innerlijk omgaan met 'slechte' objecten. Wanneer mensen bezig zijn dit los te laten, kunnen zij, althans tijdelijk, een verlies van zelfafbakening ondergaan. De therapeut probeert hulp te geven aan iedereen, naargelang ieders behoeften in elke fase.

Veelzijdig gerichte partijdigheid kan uiteindelijk leiden tot een herverdeling van baten en lasten tussen mensen, tot een verschuiving in transacties en rollen en gewoonlijk tot meer verantwoordelijke zorg van ouders en tussen echtelieden. Het is een methodologie die haar hefboom haalt uit een onderliggende dialoog van betrouwbaarheid die tussen familieleden is te vinden. Deze dialoog, gebaseerd op feitelijke wederkerige betrokkenheid, werkt van nature in voorwaartse richting. De dialoog kan niet worden vergeleken met een eenvoudige afwijkingsversterking of met een reductieproces dat voortkomt uit correctie van de cybernetische (feedback) reguleringen van 'controle'. In dialoog kunnen alle partners vrij worden door het verwerven van gerechtigde aanspraak door middel van gepast rekening houden met en op billijke wijze bijdragen aan het welzijn van anderen. Dit leidt er niet toe dat een partner vanzelfsprekend controle heeft over de ander. De actieve bijdrage van de een aan de ander heeft onvermijdelijk tot gevolg dat het 'Zelf' er baat bij heeft.

Betrouwbare dialoog leidt tot een manier van omgaan met elkaar die noodt tot een openhartige confrontatie van tegengestelde belangen, iets onvermijdelijks in een relatie, hetgeen moet worden onderkend en waaraan moet worden gewerkt. Betrouwbare dialoog brengt in iedere partner een zichzelf motiverend proces op gang en niet een aardig stel relationele patronen. Pogingen tot verbinding en hun consequenties leveren uiteindelijk op dat iedereen bepaalde dingen ontvangt waar hij baat bij heeft.

Een therapeut kan dialoog tussen familieleden bevorderen, maar hij doet er goed aan zich bewust te blijven dat het niet aan hem is om vorm te geven aan de dialoog. Hij moet er ook goed aan denken dat dialoog een onvermijdelijk facet van onderlinge relaties is en niet een aantal criteria voor communicatie of transacties. Vooral relaties tussen generaties kunnen niet worden gemeten naar de kwaliteit van de gesprekken tussen ouder en kind. Want vooral in het intergenerationele gebied ontstaat dialoog uit het simpele feit van zijn en worden. Kinderen ontvangen van ouders en geven aan ouders. Deze wederkerigheid in het zich op een ander kunnen verlaten is een weergave van een existentiële dialoog die leven geeft, zelfs als communicatie- en transactionele patronen tussen ouder en kind onderontwikkeld, openlijk destructief of blijkbaar op een dood spoor zijn.

Dat generaties onverbiddelijk met elkaar verbonden zijn, is vaak zichtbaar in situaties waarin mensen worstelen om hun ouders, tegenover wie zij ambivalent staan, postuum te ontschuldigen. Pogingen om relaties met overleden familieleden 'te reconstrueren' kunnen vele vormen aannemen, met inbegrip van gesprekken met achtergebleven verwanten, het gebruik van foto's om herinneringen met elkaar te delen en een zoektocht naar mogelijke overblijfselen van correspondentie. De poging om een relatie te reconstrueren is zelf al een deel van het succes van dit werk. Hetzelfde geldt voor de bevrijding die voortkomt uit het verwerven van gerechtigde aanspraak door het ontschuldigen van ouders, zelfs na hun overlijden.

Het kan zijn dat achtergebleven kinderen proberen hun overleden ouder te negeren uit een gevoel van hulpeloosheid. Of zij blijven werkeloos ten opzichte van overleden ouders uit angst de pijn, die zij niet onder ogen zien, te verergeren. Omgekeerd proberen achtergebleven kinderen vaak de legaten die hun zijn nagelaten door een 'slechte' ouder te negeren. Maar hun passiviteit ten aanzien van de overleden ouder door wie ze zijn gekwetst, werkt tegen-produktief. Herinneringen aan een 'slechte' overleden ouder zullen waarschijnlijk het kind dat-op-de-vlucht-is achtervolgen. De andere relaties van het kind kunnen ook lijden onder het feit dat het er niet in slaagt zich aan hen te wijden op een wijze die ook passend is voor de overledenen.

Er zijn vele manieren de familieleden aan te spreken die de doelen van veelzijdig gerichte partijdigheid kunnen bevorderen. Verkennende open vragen kan de meest directe en minst beangstigende methode zijn:

– Kun je jouw kant van het conflict beschrijven?
– Wat zou er kunnen gebeuren als het niet beter gaat?
– Wie heeft de kwestie van echtscheiding het eerst naar voren gebracht?
– Heb je de kinderen over het wezen van jullie strijd verteld?
– Denk je dat iemand wanhopig genoeg is om zelfmoord te overwegen?
– Is iemands lichamelijke gezondheid aangetast? Hoe?
– Hoe slaap je?
– Waar leef je voor?

- Heb jij je ouders beschermd op de manier waarop jouw zoon/dochter jou schijnt te beschermen?
- Weten jouw kinderen hoe jij als kind tot slachtoffer werd gemaakt?
- Wie was er toen voor jou? Hoe?
- Worden je kinderen heen en weer geslingerd tussen jou en je partner?
- Bekritiseren jouw kinderen één ouder om de andere te kunnen beschermen?

Er komt geen einde aan de 'huis, tuin en keuken'-vragen die kunnen worden gesteld. Cliënten komen vaak los door het vermogen van de therapeut op een rechtstreekse en betrekkelijk onbedreigende manier ter plekke door te dringen tot de kern van hun situatie.

Veelzijdig gerichte partijdigheid als gids voor geven-en-nemen

Het kan als paradoxaal worden beschouwd om zich meer te richten op het gerechtigde dan op het destructieve aspect van iemand die handelt naar zijn destructief gerechtigde aanspraken. Iemands vrienden of kennissen kunnen proberen het destructieve element aan te pakken: 'Zeg, waarom denk je er niet eens aan dat je boft met deze prachtkinderen? Waarom doe je zo?' Zo'n houding is meestal te zien in 'op de werkelijkheid' georiënteerde gewoonte-opmerkingen van een ouder, zuster of echtgenoot.

Het is zo te zien paradoxaal om een 'hysterisch' destructief mens te zeggen dat hij of zij duidelijk gerechtigd is wraak te nemen, gegeven de feiten dat hij nooit een geruststellende opvoeding heeft gehad en dat zijn oudste kind op zevenjarige leeftijd aan leukemie is gestorven. Door zich te richten op de gerechtigde aanspraak van iemand die anderen tot slachtoffers maakt, kiest een contextueel therapeut er toch niet voor slechts paradoxaal te zijn. In plaats daarvan heeft de therapeut de bedoeling dichter te komen bij de diepere persoonlijke waarheid van zijn cliënt. Dat wil zeggen: de therapeut zorgt ervoor dat hij aandacht besteedt aan de onrechtvaardigheid van het lot van zijn cliënt (vergeleken bij het lot van een gemiddelde ouder) in plaats van bijvoorbeeld in de rol van deskundige therapeutisch pathologisch gedrag voor te schrijven: 'Ik wil dat je doorgaat met je hysterische uitbarstingen.' Strategische manipulatie versterkt afhankelijke meegaandheid van de cliënt. De zoektocht naar persoonlijk vertrouwen van de cliënt legt een dialoog van respect open via verscheidenheid.

Wat betreft de dialoog nemen contextuele theoretici een standpunt in dat radicaal verschilt van de traditionele psychodynamische theorie. Wij beschouwen de generatie van ouders niet als de voornaamste bron van falen in dialoog. In plaats daarvan kennen we verantwoordelijkheid voor dialoog toe aan de leden van alle generaties in een familie. Existentieel gezien zijn ouders van nature niet minder of meer dan hun kinderen toegerust om de risico's van dialoog te nemen. Toch *zijn* ouders verantwoordelijk, net als hun volwassen kinderen. Kinderen hebben

– net als ouders – het recht en het vermogen de aanzet tot dialoog te geven en het proces van verbinding te beginnen. De vooruitzichten van een volwassen kind op het actief bieden van verantwoordelijke zorg zijn op zichzelf een belangrijke relationele hulpbron; op zijn minst heeft hij zelf baat bij aanzetten tot dialoog. Iemands besluit om zijn ouders, die nu ook grootouders zijn, te ontschuldigen kan een cruciale stap zijn, waarbij iedereen erop vooruitgaat. Zulke stappen kunnen spontaan worden ondernomen, maar zijn niet kortstondig. Impulsieve pogingen om weer met de ouders in contact te treden zijn begrijpelijk, maar niet effectief. Als het sein eenmaal op groen staat, kan falen bij het aanbrengen van enige continuïteit leiden tot zowel verwarring en cynisme als tot meer stagnatie. Bij ontschuldiging kunnen mensen richtlijnen bekijken die van tevoren door hun therapeut zijn aangeduid en verduidelijkt en die worden aangeboden zonder dat er tijdsdruk op staat. Het aanzetten tot dialoog tussen generaties kan veeleisend en complex zijn. In onze therapeutische ervaringen geeft geen enkele gebeurtenis in het leven van een familie meer belofte voor verbetering dan de stap van een volwassen kind om zijn of haar ouders te ontschuldigen.

Contextuele therapie neemt aan dat intergenerationele dialoog met zijn verlangen naar wederkerige verantwoordelijkheid onvoorwaardelijk aanwezig is tussen mensen. Kinderen zijn 'van nature' beoefenaars van het proces van opbouwen van vertrouwen. Het is in hun onvervreemdbaar belang vertrouwen te krijgen van en te geven aan volwassenen die hen opvoeden. Het winnen van vertrouwen is een fundamenteler en overtuigender doel dan het in detail uitwerken van de fijne kneepjes van zaken als seksuele identiteitsvorming, drifthuishouding en nuttige sublimatiepatronen. Als mensen voortgaan op de weg naar nieuwe inbreng van dialoog, zullen zij onderweg onvermijdelijk fasen van regressie, sublimatie, nieuw inzicht en een nieuw niveau van geïntegreerd functioneren ondergaan. Zelfs wanneer men zich midden in een van deze fasen bevindt, weegt het criterium 'zorg', in nieuwe handelingspatronen geleid, het zwaarst.

Intergenerationele dialoog verlaat zich zowel op de feitelijke existentiële behoeften van alle partners in een relatie als op de psychologie van het superego met zijn innerlijke maatstaven. Deze behoeften worden concreet gemaakt wanneer de therapeut vraagt om specifieke voorbeelden te geven van de wijze waarop familieleden aandacht aan elkaar besteden door het feitelijk bieden van zorg. De therapeut kan bijvoorbeeld een moeder vragen: 'Kunt u een voorbeeld noemen van de wijze waarop Paul, ondanks zijn zogenaamd delinquent gedrag, zijn bezorgdheid om u laat zien? Kunt u zich herinneren hoe hij doet als u zich ongelukkig voelt?' Als de moeder zegt dat zij zich een dergelijke gelegenheid niet kan herinneren, kan de therapeut aan Paul vragen wat hij doet wanneer hij zijn moeder ziet huilen. Jonge kinderen geven bijna altijd antwoorden als: 'Ik blijf dicht bij haar zitten' of: 'Ik vertel dingen die haar opvrolijken.' Ongeacht of een kind concreet of specifiek kan reageren – deze antwoorden zijn een aanwijzing van zijn of haar aangeboren neiging tot grootmoedigheid, loyaliteit, zorg en geven aan de ouders.

In die gevallen waarin het verslag van de ouders en het kind subtiel of overduidelijk van elkaar afwijken, doet de therapeut er goed aan nooit hun opmerkingen tegen elkaar af te zetten en zeker nooit de woorden van het kind te gebruiken als getuigenis tegen de ouders. Zou de therapeut zo'n fout maken, dan zou het kind onmiddellijk in een loyaliteitsconflict tussen zijn ouder en de therapeut worden geplaatst. De ouder zou worden vernederd, om het maar niet te hebben over het feit dat hij gedemotiveerd raakt en niet meer geneigd is zijn kind erkenning of wat het billijk toekomt te geven. Al met al zou het een conflict zijn waarbij niemand zou kunnen winnen.

In zo'n situatie kan de therapeut altijd zijn toevlucht nemen tot een veelzijdig gerichte houding. Hij kan ervoor kiezen om het kind zodanig erkenning te geven, dat de toekomst een belofte inhoudt die zijn relatie met zijn ouder versterkt. Bijvoorbeeld: 'Misschien kunnen jij en je moeder, als jullie naar huis gaan, het samen goed hebben door te proberen je voor te stellen hoe jullie elkaar helpen als zij huilt.' Of de therapeut kan ervoor kiezen te vragen naar een analoog voorbeeld uit het leven van de moeder, bijvoorbeeld: 'Hoe was het voor u als *uw* moeder huilde?' en dan: 'Kunt u Paul vertellen wat u dan meestal deed?' Of de therapeut kan ervoor kiezen het kind op zo'n wijze erkenning te geven dat de moeder ook erkenning krijgt: 'Het moet heel moeilijk voor u zijn om in het bijzijn van Paul te huilen wanneer u hem evenzeer wilt kunnen troosten als hij u wil troosten.' Het opbouwen van vertrouwen in dialoog komt ouders zowel als kinderen ten goede. De therapeutische relatie wordt versterkt door moeder een kans te geven zichzelf te ontschuldigen. Maar veel belangrijker is dat dialoog het door haar ondervonden isolement opheft, de vijandigheid in haar relatie met Paul vermindert en toestaat dat vertrouwen de ouder-kindrelatie binnenkomt.

De betrouwbaarheid die zich ontwikkelt in de dialoog tussen Paul en zijn moeder zal niet ontstaan uit direct iets aan elkaar teruggeven. Noch kan betrouwbaarheid bouwen op eisen die zijn gebaseerd op altruïsme en opoffering of – omgekeerd – op aantijgingen van zelfzucht van de ander. Betrouwbaarheid zal groeien vanuit opgebouwde verdiensten, feitelijk en innerlijk.

Men moet er nota van nemen dat verworven verdienste zich doorslaggevend opstapelt aan de kant van de ouder die aan zijn geven zo min mogelijk voorwaarden verbindt. De investering van een ouder in betrouwbaarheid in de dialoog met zijn kind zal echter zeker een bevrijdende innerlijke beloning met zich meebrengen, zelfs wanneer de investering niet direct vreugde of voldoening van de kant van het kind oplevert.

<u>Ongebruikte neigingen tot geven: een hulpbron</u>

Echt verlies treedt op in therapie wanneer hulpverleners zich volledig richten op het pathologische, zonder te verwijzen naar de hulpbronnen die er ook zijn. Want het pathologische in individuen houdt vaak verband met de ongebruikte of te weinig gebruikte neigingen van mensen om aan elkaar te geven. Neem bijvoorbeeld de hieronder staande situatie.

> Een gescheiden moeder, 42 jaar, is verbitterd en chronisch depressief. Ze noemt twee gebeurtenissen om haar falen als moeder te onderbouwen.
> De eerste gebeurtenis betreft Debbie, twaalf jaar, die de bril van haar broer Ronny heeft stukgemaakt. Ronny, tien jaar, moest op school toen zijn sportbril dragen. Debbie is bang dat haar moeder haar vader zal vertellen wat zij heeft gedaan. Haar vader, die is hertrouwd, is – naar verluidt – streng en straft zijn kinderen gauw. Om te helpen voorkomen dat Debbies vader boos wordt, heeft moeder aangeboden mee te betalen aan een nieuwe bril voor Ronny. Maar ze geeft er zichzelf de schuld van dat Debbie haar boosheid slecht onder controle kan houden.
> Als tweede gebeurtenis noemt moeder een klein meisje dat Debbie bij het zwembad geslagen of geduwd heeft. Debbie zette het haar betaald. Ze heeft het meisje over de hele lengte van haar rug tot bloedens toe gekrabd. Debbie werd heel bang toen moeder het verhaal aan de therapeut vertelde; ze dreigde dat ze tegen geen van beiden meer zou praten.

De therapeut stond erop dat het verhaal werd verteld, maar veranderde de strekking. Hij verliet het klaarblijkelijke pathologische van deze emotioneel totaal uitgeputte vrouw en haar emotioneel ook uitgeputte kinderen, om zich te concentreren op de resterende hulpbronnen waarvan hij wist dat die er nog tussen hen waren. Hij koos ervoor door te gaan op een opmerking die Ronny had gemaakt tegen zijn moeder die niet tevreden was met haar uiterlijk en haar geworstel met haar gewicht. 'Je bent mamma niet, als je dik bent,' zei hij. Hier hoorde de therapeut de wanhopige poging van de jongen om zijn moeder te prijzen. Hij onderkende dat dit emotioneel totaal uitgeputte gezin voortdurend gedwarsboomd werd door een gebrek aan mogelijkheden aan elkaar te geven en de goedkeuring te verkrijgen die uit geven voortkomt. Dus richtte hij zich tot Debbie en verwees naar de essentiële informatie die verborgen zat in de opmerking van Ronny. 'Hoor je dat Ronny probeert je moeder zich prettig te laten voelen?' vroeg hij. Debbie ontspande zich. 'Ja,' zei ze opgelucht, 'en dat maakt mij ook blij.'

Hoe schraal de hulpbronnen tussen gezinsleden ook zijn, de therapeut kan zich verlaten op hun bestaan en uit hun reserves putten. Hij kan ook gebruik maken van de waarschijnlijk onder de gezinsleden aanwezige, maar ongebruikte wens tot geven. Hier geeft veelzijdig gerichte partijdigheid niet alleen erkenning aan het verlangen van mensen om elkaar te bevestigen, maar helpt hen ook die geneigdheid bij elkaar te ondersteunen. Eenvoudig gezegd geeft het hun de 'ruimte' die zij allen nodig hebben om de verantwoordelijkheid voor hun posities ten opzichte van hun relatie met elkaar te ontwikkelen.

Krediet geven aan relationele werkelijkheid

Contextuele therapie leunt zwaar op de techniek van het uitlokken, die vaak de vorm aanneemt van krediet geven. Het is soms echter moeilijk het familie-'monster' of zelfs het 'acting out'-kind krediet te geven. Het is gewoon zwaar werk om bijvoorbeeld een delinquente adolescent krediet te geven voor zijn afgedwongen, zij het subtiele betuigingen van toewijding aan zijn familie. Hoe moeilijk ook, in contextueel werk vindt krediet geven altijd plaats op een passende ethische basis; dat wil zeggen: op basis van erkenning van de echte pogingen tot billijke uitwisseling. In de contextuele werkwijze volgt krediet geven niet de willekeurige patronen van 'positieve connotatie' of 'opnieuw labelen' die worden gebruikt in transactionele gezinstherapie. Krediet geven is er hier op gericht om het gedragssysteem te veranderen. In contextuele therapie is het de bedoeling van krediet geven dat aan legitieme pogingen van een familie de baten en lasten van haar leden opnieuw te verdelen, erkenning wordt gegeven.

De therapeut moet in staat zijn vooraf te vertrouwen op de geneigdheid van familieleden onderling betrouwbare relaties op te bouwen. Hij kan dat alleen door de processen van verantwoordelijke dialoog die tussen de familieleden onderling moeten worden ontwikkeld, een handje te helpen. Opnieuw geldt dat het in therapie meer gaat om de relationele werkelijkheid van de familieleden dan om de waarden, belangstelling of persoonlijke voorkeur van de therapeut. Daaruit volgt dat zijn geven van krediet moet verlopen langs lijnen die in de familiale context existentieel relevant en ethisch gezond zijn. Krediet geven is bedoeld om de verdienste – en vandaar de legitimiteit van de voorwaarden – van ieder gezinslid te erkennen en zo het reservepotentieel van hun aanstaande dialoog ruimte te bieden.

Partijdigheid en affect: twee kanten van de dialoog

Iemands betrokkenheid bij en investering in een relatie omvat altijd zorg voor affect, van de partner zowel als van zichzelf. Hij zal, net als wij allemaal, voldoening en frustratie uit zijn relaties halen. Hij en zijn partner zullen steevast in verbale en nonverbale communicatie uitdrukking geven aan hun affect. Zij zullen hun huidige emotionele toestand en gegevens over de wijze van kanaliseren van hun behoeftebevrediging kenbaar maken. Deels zijn behoeften in emotionele spanningen zelf besloten. Uiteindelijk komen behoeften echter voort uit de vraag om te kunnen overleven, uit het voortbrengen en doen opgroeien van kinderen, uit een goed functionerend lid van de samenleving te moeten worden, en uit de vraag naar ruimte voor persoonlijk handelen en streven. Overleven als zodanig vereist van mensen dat zij in hun wijze en patronen van handelen hun behoeften en belangen dienen.

Behalve door zijn persoonlijke relaties komt de therapeut door zijn werk in een dialoog van affecten. De leden van een familie zullen attitudes en gedragingen vertonen die hem zullen plezieren of frustreren. Ongeacht de details, is het cruciaal dat de therapeut in contact blijft met zijn gevoelens. Zijn emoties zijn belangrijke indicatoren voor wat er gaande is in de fundamentele attitudes van zijn cliënt. Attitudes zijn natuurlijk gericht op affect zowel als op actie. Uiteindelijk bevindt het doel van therapie zich in het induceren van attitudes en in het blootleggen van handelingspatronen die het positieve potentieel van de relaties van de cliënt met anderen tot het uiterste benutten. Vertrouwen in relaties heeft als secundair effect dat men ook een goed gevoel over zichzelf heeft. In ieder geval doet een therapeut er goed aan zijn interventies te baseren op existentiële zorg en ethische relevantie in plaats van op emotioneel warme uitingen die kunnen worden gebruikt om zijn onverschilligheid te maskeren.

De vakliteratuur heeft veel te melden over de uitwisseling van affect tussen de therapeut en zijn cliënten. Freud onder anderen heeft gewaarschuwd tegen de gevaarlijke kracht van de emotionele behoeften van de therapeut. Tegenoverdracht kan het verfijnde evenwicht dat therapie vereist, vernietigen. Kohut spreekt van het compenserend gebruik van therapeutische empathie die, naar hij zegt, deels het gebrek aan ouderlijke inbreng kan goed maken. Whitaker stelt dat de empirische participatie van de therapeut met zijn cliënt een vereiste is voor therapeutische betrokkenheid. Bowen klinkt soms alsof hij de waarde van affectieve richtlijnen ontkent wanneer hij 'emotionele systemen' gelijk stelt aan pathologie. Contextuele therapie beredeneert dat de emoties van een therapeut het best kunnen worden gekanaliseerd in een proces van alternerende, alomvattende partijdigheid dat richtlijnen kan verschaffen voor de wijze waarop familieleden elkaar krediet kunnen geven.

Therapeuten die werken met veelzijdig gerichte partijdigheid zullen zeker emotioneel betrokken raken bij kwesties van billijkheid in de familie. Deze betrokkenheid wordt vooral aangrijpend wanneer zij ontstaat in een situatie waarin raffinement en sluwheid van de volwassene, gepaard met uitbuiting en verlating, afgezet worden tegen een jong kind. Volwassenen kunnen altijd kritisch en destructief handelen ten opzichte van een kind. Maar destructiviteit wordt nog aangescherpt, wanneer ouders de spot drijven met het vertrouwen van een kind en nemen wat zij kunnen zonder enig spoor van betrokkenheid van hun kant. De moeder bijvoorbeeld, die haar eigen moeder haat, verwacht van haar zoon dat hij haar ouder zal worden. Zij en zijn vader zijn onlangs gescheiden.

> Wanneer haar zoon het huis uitgaat om naar college te gaan, tergt ze hem met de beschuldiging dat hij door de jaren heen onverschillig jegens haar is geweest. Als hij studeert, valt zij hem met meer dan vijf telefoontjes per dag lastig. Wanneer hij terugkomt tijdens een vakantie bij zijn vader thuis, weigert zij hem te ontvangen en slaagt ze er niet in erkenning te geven voor de zeven jaar waarin de jongen letterlijk voor haar en haar behoeften zorgde, bijvoor-

beeld: maaltijden klaarmaakte, de jongere kinderen wegbracht naar na-schoolse activiteiten, het huis afsloot voor de nacht, haar in haar depressie en haar manische uitbarstingen van haat troostte.

Geen therapeut kan in soortgelijke situaties uiteindelijk ontkomen aan gevoelens van boosheid.

In bepaalde situaties kan het waardevol zijn voor therapeuten om openlijk uiting te geven aan hun boze gevoelens. Sommigen geven zelfs aan dat dit als voorbeeld kan werken. Dat kan al dan niet helpen. Maar als de werkdruk invloed heeft op de ethische uitwisseling in de context van de cliënt, kan men zich afvragen wat de winst is van het plotseling de nadruk verleggen van dialoog tussen familieleden naar wat er met affect gebeurt tussen de therapeut en een bepaald lid van de familie. Daarmee wordt niet gezegd dat de therapeut nooit gerechtigd is boos te zijn. Wel wordt hiermee gezegd dat de therapeut zijn boosheid kan onderkennen, maar deze op een andere wijze kan gebruiken. In sommige gevallen kan het duidelijk laten blijken van boosheid door een werker met gezinnen therapeutische waarde hebben, maar het is nooit een belangrijk onderwerp in het therapieproces. Voor ons is het belangrijkste hoe de gevoelens van de therapeut het meest creatief en effectief kunnen worden gekanaliseerd in therapeutische actie.

Wanneer ouders beter voor hun kind gaan zorgen, zal de oorzaak van de boosheid van de therapeut zeker minder zwaar wegen. Indien een therapeut op effectieve wijze de ouders verantwoordelijk kan maken, zal hij zijn affect hebben omgezet in actie. Uiteindelijk zal zijn boze frustratie eerder voortkomen uit hulpeloosheid en uit het feit dat het hem niet lukt cliënten van hun onbillijk handelen af te brengen, en minder voortkomen uit een persoonlijk conflict tussen hem en de mensen die hij in behandeling heeft. Het kan inderdaad zijn dat familieleden zich verzetten tegen zijn stappen. Toch maakt de therapeut het best gebruik van affect door dit te investeren in een moedig en krachtdadig onderzoek naar keuzemogelijkheden om diepgewortelde patronen van onbillijkheid om te vormen. Ongeacht het resultaat wordt het werk van de therapeut uiteindelijk gemeten aan de mate waarin hij 1. zijn geneigdheid naar eenzijdige partijdigheid kan beheersen, 2. de moed kan opbrengen zijn emoties te leiden naar een creatief therapeutisch proces, en 3. zijn overtuigingen en vaardigheden kan investeren in het mensen helpen om de rechtvaardigheid onder ogen te zien van hun orde van mens zijn.

De kant van de therapeut

Het zou nu langzamerhand voldoende duidelijk moeten zijn dat de stuwkracht van veelzijdig gerichte partijdigheid stroomt van de therapeut naar de familieleden en is bedoeld om de druk op hen te vergroten, opdat zij in toenemende mate met moed en integriteit zullen reageren. Aanvankelijk is het de therapeut die het risico neemt om de kwestie van onderlinge verantwoordelijkheid aan te snijden. Langzamerhand worden familieleden echter minder bang en geremd en stappen ze af van hun status van participerend waarnemer. Naarmate de toenemende integriteit van een familielid zijn of haar deelname doet groeien, wordt er meer druk uitgeoefend op de andere familieleden om soortgelijke pogingen in het werk te stellen. In deze reeks is de rol van affect doorgaans secundair. Mensen komen gekwetst, vol wrok, onder schuld gebukt en woedend in therapie. De therapeut moet altijd erkenning geven aan het lijden dat de emoties van een gezinslid doet oplaaien, terwijl hij erop toeziet, dat hij zich er uiteindelijk in zijn interventies niet al te veel door laat leiden.

Wanneer de therapeut de zoektocht naar betrouwbaarheid in gang zet, moet hij zich ook bezig houden met zijn emoties. Natuurlijk ontspruit de beslissing van de therapeut om mensen te helpen de latente bronnen van vertrouwen op te sporen, uit zijn ervaring met zowel zijn persoonlijke relaties als uit het feit dat dit werk herstel tot gevolg heeft. Zijn affectieve gevoeligheid werkt als een belangrijke richtlijn en aanwijzing voor het aanvoelen hoe het met de motivatie van zijn cliënten is gesteld. Maar zijn strategie kan uiteindelijk niet afhankelijk zijn van zijn emoties.

Als zijn emoties de overhand op zijn strategieën dreigen te krijgen, doet een therapeut er goed aan opnieuw aan het werk te gaan met hetgeen in zijn eigen context niet is voltooid. Het is waar dat cliënten zijn therapeutisch werk kunnen vervormen of afwijzen en hem ontevreden en boos kunnen achterlaten. Zelfs dan heeft zijn therapeutische agenda voldoende wegen om zijn gevoelens te sturen naar een hernieuwde poging die ook bekrachtiging met zich meebrengt, ongeacht of zijn cliënten er onmiddellijk mee aan de slag kunnen gaan.

Contextueel werk gaat altijd te werk aan de hand van *eerder bewijsmateriaal* van de therapeut waarin de kiem van verantwoordelijke dialoog steevast een voedzame oogst oplevert.

HOOFDSTUK 17

CONTEXTUEEL WERKEN MET HET HUWELIJK

En huwelijk functioneert – net als andere langdurige symmetrische relaties – vanuit verwachtingen die tegengesteld zijn aan het niveau van verwachtingen tussen ouders en kinderen. In symmetrische relaties verwachten echtgenoten, partners, minnaars en vrienden billijk geven-en-nemen. Symmetrische relaties blijven slechts levensvatbaar zolang mensen erin slagen een balans van onderling min of meer wederkerige bijdragen te verkrijgen. Anders wordt hun relatie eenzijdig en uitbuitend en kan ze niet worden gehandhaafd.

Balansen tussen echtgenoten zijn uit complexe overwegingen samengesteld. De onderstaande factoren dragen in hoge mate bij aan de levensvatbaarheid (of juist niet) van relaties van echtgenoten en vereisen een nauwkeurige afweging.

- Het bestaan van een romantische periode van intensieve verliefdheid.
- Een man en een vrouw die van plan zijn samen kinderen te krijgen, moeten genetisch bij elkaar passen.
- Het vergaren van verdienste in het verleden ten op zichte van vriendschap, betrouwbare verbintenissen en zorg.
- Loyaliteiten ten aanzien van gezin van herkomst, familielegaten, hoe een huwelijk gearrangeerd was, de omstandigheden omtrent het besluit te gaan trouwen.
- Gedeelde verantwoordelijkheid voor kinderen en kleinkinderen, waarbij men werkt als een team van ouders.
- Een constructief samengaan van verdiend gerechtigde aanspraak en innerlijke object-relatie.
- Zaken, materiële belangen en waarden.
- Overwegingen aangaande religie, ras en volk.

- Voortdurende seksuele keuzemogelijkheden tot en met de ouderdom.
- Zorgen over gezondheid en ouder worden.
- De mate van afhankelijk uitbuiten tussen partners.

Op den duur moeten mensen zich aan elkaar aanpassen en zich tevens afbakenen ten opzichte van elkaar. Het vinden van wegen om botsende belangen met elkaar in evenwicht te brengen wordt een belangrijke taak, die voor de duur van de relatie van kracht blijft. Om echter een billijk evenwicht te scheppen, moeten echtgenoten bouwen op factoren die wezenlijk zijn voor elkaars verleden en toekomst, alsook voor het heden.

De uitingsvormen van echtelijke relaties en andere symmetrische relaties variëren. Inbegrepen zijn gebrek aan communicatie, gewelddadige ruzies, seksuele vermijding, beperkingen in seksuele vrijheid, voorkeur voor anderen, verlies van affectie, affaires, gebruik van genotmiddelen en moeilijkheden met ouders en schoonfamilie. Echtgenoten hebben vaak hun hulpbronnen uitgeput tegen de tijd dat zij vragen om begeleiding bij hun huwelijksproblemen. Vaak komt het erop neer dat zij pro forma een poging doen hun huwelijk te redden. Als het echtpaar zich verantwoordelijk voelt, zal het bestaan van hun kleine kinderen natuurlijk een belangrijke overweging zijn die hen kan helpen het gezin bij elkaar te houden. Op zijn minst kunnen ex-echtgenoten eraan werken om te komen tot constructieve samenwerking als ouderlijk team na de scheiding.

De beslissing om het huwelijk te lijmen ligt uitsluitend bij het echtpaar. Tijdens het besluitvormingsproces waarbij het gaat over het al dan niet nog eens een poging doen, wordt de therapeut vaak door een of door beide partners geparentificeerd. De neiging van mensen om de therapeut de beslissing toe te schuiven is heel gebruikelijk en heeft vaak een negatieve betekenis. De drang een autoriteit te trotseren wordt een op zichzelfstaande dynamiek. In ieder geval is het altijd twijfelachtig – als het al niet ongewenst is – als de therapeut zichzelf toestaat in de positie te geraken de eerst verantwoordelijke te zijn voor het herstel van het huwelijk als resultaat van zijn werk.

De therapeut is zeker gerechtigd tot zijn vooroordelen in deze kwestie als hij ze maar als zodanig onderkent. Hij kan bijvoorbeeld zeggen dat hij noch een huwelijkstherapeut, noch een echtscheidingstherapeut is. In plaats daarvan is hij iemand die twee mensen zou kunnen helpen om te verkennen wat er is overgebleven – als dat al zo is – van datgene waarop zij hun relatie opnieuw kunnen opbouwen. Hij zou zelfs kunnen zeggen dat er waarschijnlijk veel verdienste voor een echtpaar ligt in het overwegen om met hun huwelijk aan het werk te gaan, indien dat mogelijk is, in plaats van aan te nemen dat er ergens op de wereld een ideale partner rondloopt.

Veel therapeuten zijn bang om ouderlijke verantwoordelijkheid bij hun cliënten aan te moedigen, uit angst hen van zich te vervreemden. In onze ervaring lijkt het tegenovergestelde waar. Het komt zelden voor dat een echtpaar in moeilijkheden ergens heen kan. Hun pastor? Misschien. Maar zelfs bij hem voelen ze maar al te vaak dat er van hen wordt verondersteld dat zij op een bepaalde manier handelen. De meeste cliënten zien de verdienste van een uitdaging tot verantwoordelijkheid, die zij uiteindelijk ook opnemen.

Een therapeut die mensen helpt te overdenken hoe zij bijvoorbeeld zouden kunnen voorkomen dat hun jonge kinderen schade oplopen, bewijst het echtpaar een dienst. Dit geldt vooral in omstandigheden waarin beide partijen de natuurlijke neiging hebben kwesties inzake ouderschap als wapens te gebruiken in hun ruzies met elkaar. Naar alle waarschijnlijkheid hebben zij hun kinderen al blootgesteld aan de moeilijke omstandigheid van gespleten loyaliteit en de therapeut loopt altijd het gevaar dat hij de consequenties ervan versterkt. Als vertrekpunt zal de therapeut een echtpaar helpen om keuzemogelijkheden te onderzoeken die onnodige schade aan kinderen zo veel mogelijk kunnen voorkomen, ongeacht of het echtpaar bij elkaar blijft. Dit vertrekpunt vormt een ondergrond waar wezenlijk niet op valt af te dingen – en dat in een stormachtige wereld van emoties waar niets absoluut of objectief is.

Behalve wanneer kinderen of een van de partners duidelijk gevaar loopt, besteedt de therapeut eerst aandacht aan de klachten van de echtgenoten over hun huwelijk. Hij zal luisteren of er aanwijzingen van onbillijkheid en uitbuiting zijn, of de ene partner niet meer voor de andere meetelt. Hij zal kijken naar patronen van interactie en communicatie tussen de partners. Hij zal ook proberen de manier te onderkennen waarop de een de schuldgevoelens van de ander gebruikt om de bovenhand te hebben in de relatie, bijvoorbeeld gewelddadige uitbarstingen die voortkomen uit de hulpeloze woede van de met schuld beladen partner. Te veel geven kan deels vroeg geleerd gedrag zijn. Te veel geven met de bedoeling de ander door schuld vast te houden, zelfs onbedoeld, is een despotische dubbele binding.

De therapeut gebruikt zijn vaardigheden en ervaring om het echtpaar te helpen de kwesties met betrekking tot het echtelijk conflict onder ogen te zien. Door middel van een veelzijdig gerichte benadering brengt hij ieders vermogen tot verantwoordelijke bezorgdheid en zorg aan het licht en helpt hen een meer betrouwbare sfeer te scheppen waarin zorg wortel kan schieten. In eerste instantie hebben huwelijkspartners, al dan niet in moeilijkheden, een soort relatie nodig waarin zij kunnen putten uit iedere beschikbare hulpbron. Het huwelijk is wellicht het meest kwetsbare instituut van de samenleving. Het versterken ervan kan nooit alleen maar een kwestie zijn van het oplossen van problemen. Het huwelijk is daarentegen afhankelijk van ieders voortdurende keuzemogelijkheden voor een dialoog van billijke zorg.

Huwelijken mislukken omdat de balans tussen de twee mensen die er direct bij betrokken zijn (horizontaal), niet in evenwicht is. Zij mislukken ook omdat de verticale balans niet in evenwicht is. Een contextueel therapeut begrijpt de enorme invloed van conflicten tussen generaties en probeert een echtpaar te helpen om deze te onderzoeken. Hij kan zien hoe de onzichtbare loyaliteit van een echtgenoot ten aanzien van zijn gezin van oorsprong het potentieel van het huwelijk kan ondermijnen, bijvoorbeeld door een voortdurend superkritische houding. Je partner straffen om loyaal te kunnen zijn met je ouders is een veel voorkomend verschijnsel. Een man kan onverschillig en koel tegen zijn ouders zijn wanneer hij hen ziet en toch indirect loyaal met hen blijven. Vanuit ons gezichtspunt blijkt vaak dat onderliggende onzichtbare loyaliteit ten aanzien van ouders de belangrijkste oorzaak van de meeste moeilijkheden in het begin van het huwelijk is en ook voortdurend een oorzaak van moeilijkheden in een huwelijk dat reeds langer bestaat. Een combinatie van verticale en horizontale loyaliteitsconflicten kan uiteindelijk iedere kans blokkeren die partners wellicht geven aan hun huwelijk of aan andere hechte, op loyaliteit gebaseerde relaties.

Het is therapeutisch belangrijk zowel de dynamische bron voor verlating te ontdekken in de familie van oorsprong van iedere partner, als factoren achter afgewezen relaties van echtgenoten bloot te leggen. Cliënten worden niet geholpen om intergenerationele breuken onder ogen te zien om hen daarmee inzicht te geven in het verschuivingsmechanisme, in de hoop dat het inzicht hun schadelijk gedrag als echtgenoot zal verbeteren. Het wordt gedaan met het oogmerk keuzemogelijkheden te onderkennen die een slachtofferende partner kunnen helpen ontdekken op welke wijze hij direct loyaliteit aan zijn ouders kan betuigen. Een kind kan een heel goede reden hebben om met zijn familie te breken, maar het betekent altijd een teniet doen van zijn persoonlijk vermogen om zichzelf te valideren door het verwerven van gerechtigde aanspraak.

De volharding in het onderzoeken van de bronnen van vroege kwetsingen en pijn kan een van de meer controversiële aspecten van contextuele theorie en praktijk zijn. 'Waarom zou je al die moeite doen?' is vaak de eerste reactie. Waarom ouders de hemel in prijzen die zich zo weerzinwekkend hebben gedragen en dat waarschijnlijk nog steeds doen? Waarom mijn partner blootstellen aan oude kwesties die hem weer het gevoel zullen geven te worden afgewezen? Deze vragen hebben een innerlijke logica die op velerlei wijze geldig is. Voor ons doet echter de uitwerking van destructief gerechtigde aanspraak en haar consequenties deze rationale teniet en zorgt ervoor dat zij irrelevant is voor de opzet van de therapie. Telkens wanneer destructief gerechtigde aanspraak in het spel is, eist deze een hoge prijs van iedereen, ongeacht ieders intenties. Het kind dat tot slachtoffer is gemaakt, betaalt door zijn indirecte loyaliteit met zijn ouders en zijn ouders betalen door het mislukken van het huwelijk van hun zoon, bijvoorbeeld de mishandeling van zijn echtgenote. Het onderzoeken van het gemis tengevolge van destructief gerechtigde aanspraak kan in zijn consequenties vele vormen aannemen, onder andere psychofysiologische, bijvoorbeeld: een vrouw raakt zwanger na jaren van vruchteloze pogingen, of een man vindt de seksuele bevrediging die hij lange tijd niet kon bereiken, nadat beiden met grote aarzeling positieve energie zijn gaan investeren in hun families van herkomst.

Het opheffen van alle tegenwerpingen tegen de verbindende vragen van contextuele therapie is de krachtige invloed die voortkomt uit het moment dat iemand het proces van ontschuldigen van zijn ouders kan aangaan. Opeens kan hij losbreken uit de wijze van omgaan met anderen die hem tot dan toe gevangen hield. Hij is vrij om nieuwe keuzen te doen in zijn relaties met anderen en is bevrijd van handelingen die hij zou verafschuwen als zijn kinderen hem op die manier zouden behandelen. Opeens worden hem keuzemogelijkheden voorgelegd die voorheen geblokkeerd waren, maar die nu wegen openen waarlangs hij gerechtigde aanspraak en een nieuwe mate van integriteit kan verwerven. Opeens is het zich verlaten op destructief gerechtigde aanspraak, met alle misbruik van dien, niet langer zijn enige alternatief; hij ziet niet langer zijn toekomst hoofdzakelijk gekleurd door chronisch onvermogen om anderen billijk te behandelen – een belemmering die voortkomt uit iemands onvermogen om zijn ouders goed te behandelen.

Toepassen van moratoria

De pogingen van een therapeut om mensen te helpen zich te herenigen met hun familie van herkomst moeten altijd worden gematigd door diens bereidheid het mechanisme van een moratorium te gebruiken. Met 'moratorium' wordt hier een periode bedoeld waarin een cliënt het werken aan een therapeutisch doel dat hij aanvaardt, maar wat hij vanwege een te grote angst of te weinig hulpbronnen nog niet kan realiseren, kan uitstellen. Bijvoorbeeld als een echtgenoot er thans huiverig voor is een breuk met zijn ouder(s) te herstellen, kan hij dit opschorten, zonder daardoor de tussentijdse goede uitwerking van de therapie te hoeven missen. Gedurende deze periode zal de therapeut te werk gaan met alternatieve, maar tijdelijke hulpbronnen voor het opbouwen van vertrouwen. Hij zal erkenning geven voor het lijden en de mate van slachtoffering van zijn cliënt. En hij zal doorgaan met het onderschrijven van zijn overtuiging dat de cliënt vroeger of later, afhankelijk van de prijs die zij zullen blijven vragen, met conflicten met zijn familie van herkomst aan het werk zal moeten gaan, echter niet voordat hij daartoe bereid is.

Wanneer een moratorium tot stand is gebracht, zal de therapeut zijn cliënt aanmoedigen de kwesties met diens ouders zorgvuldig te onderzoeken als voorbereiding op de manier waarop deze cliënt te werk zou kunnen gaan: Is er een eenvoudiger manier om hen te benaderen, bijvoorbeeld een eerste gesprek over hun niet-onderzochte betrokkenheid bij zijn kind (hun kleinkind)? Hoe zouden zij reageren? Zijn er reële bezwaren tegen het bespreekbaar maken van moeilijke kwesties? Welke zouden dat kunnen zijn? Zou het kunnen dat de huidige behoeften van zijn ouders met betrekking tot gezondheid en ouder worden echte dialoog vergemakkelijken? Wat zou de belangrijkste bron kunnen zijn van hun weerstand om naar hem te luisteren? Natuurlijk moet de therapeut zijn cliënt helpen aandacht te besteden aan de vraag hoe volgens diens zeggen onontvankelijke oudere ouders kunnen worden geholpen om ontvankelijker te zijn en positief te reageren op het te verwachten aanbod van zorg van hun kinderen. Neem de situatie van Peter, 26 jaar, die tijdelijk zijn studie medicijnen onderbrak om zijn situatie opnieuw te bezien (*Krasner, 1986*):

> Peter bood aanvankelijk tegenstand bij het idee om zijn vader en moeder mee te nemen naar de therapie. Hij was er nog niet aan toe 'zich bloot te geven' in hun bijzijn. Hij was gewoon niet voorbereid op een plotselinge onthulling of aankondiging van zijn gevecht met zijn seksuele identiteit. De therapeut verzekerde hem dat hij recht had op privacy. Zij benadrukte ook dat hij het recht had de therapeutische agenda vast te stellen in het geval dat zijn ouders erin zouden toestemmen te komen. Het was voor Peter duidelijk dat het gemakkelijker was met zijn vader te beginnen als één van beiden zou worden uitgenodigd. Peter zag er tegen op om met beide ouders tegelijk te praten. Op de een of andere manier was het minder beangstigend om zijn vader onder ogen te komen in plaats van nu meteen met zijn moeder te beginnen... Bovendien heeft hij sinds het overlijden van zijn oudere zuster een beeld van zijn moeder als een ouder wordende en stervende ouder om wie hij moet geven, zonder dat hij veel van haar kan terugverwachten. Hij had het gevoel dat hij van zijn vader meer zou kunnen krijgen.

Enkele weken lang had Peter geworsteld met de moeilijke situatie om in de therapiekamer rechtstreeks met zijn ouders te praten. Zijn aarzeling scheen diepgeworteld, zelfs onbehandelbaar, tot hij in staat was de bron van zijn grootste angst bloot te leggen: zijn seksuele identiteit. Moest hij kiezen tussen zijn ouders alles vertellen of niets vertellen? Hij moest ook zijn opvatting over therapie herzien. Was het bereiken van zijn vrijheid werkelijk afhankelijk van het zijn ouders laten weten hoe zij van belang voor hem zijn en ook hoe zij hem ergeren? Peter heeft ten aanzien van de therapeut vragen, zorgen en uitdagingen. Zij aanvaardde deze en verzekerde hem dat het tempo van het therapeutisch proces afhankelijk was van de mate waarin hij ergens aan toe was.
Hier vormde, zoals altijd, het moratorium de afronding van het contextuele proces van het aan het licht brengen van de voorwaarden van de cliënt voor dialoog. In het proces wordt aan het aanzetten tot individuatie gewerkt in plaats van deze aan te leren of voor te schrijven. Het katalyserend vermogen ervan wordt versterkt door de overtuiging van de therapeut dat er verborgen en ongebruikte hulpbronnen sluimeren tussen familieleden met een hechte onderlinge band.
Gedurende het moratorium helpt de therapeut zijn cliënt andere dringende kwesties te onderzoeken, in het bijzonder diens vermogen tot samenwerken met zijn vrouw of andere symmetrische relaties. Worden zij altijd uit elkaar gedreven door hun familieloyaliteiten? Kunnen zij elkaar zo nu en dan helpen of elkaar gewoon steunen bij het vinden van de best mogelijke voorwaarden voor het omgaan met

hun ouders? Kunnen zij elkaar helpen, zelfs als het gaat om het feit dat hun respectieve schoonfamilies hun huwelijk afkeuren? Het komt een huwelijk altijd ten goede wanneer tegenstrijdigheden in loyaliteiten kunnen worden opgelost. Een huwelijk heeft ook baat bij de gezamenlijke poging van een echtpaar de loyaliteitsconflicten uit te bannen. Daarenboven verwerven beide partners gerechtigde aanspraak voor het feit dat zij vorm hebben gegeven aan hun zorg voor elkaars toekomst en ook voor de toekomst van hun kinderen. Hun besluit om als team te werk te gaan kan voor hun kinderen de last van de gespleten loyaliteit verlichten. Tegenstrijdige loyaliteiten tussen partners weerspiegelen zich altijd in de gespleten loyaliteit van hun kinderen. Die twee zijn onverbiddelijk met elkaar verbonden.

Fusie versus differentiatie

De volgende begrippen zijn maar al te vaak gebruikt om de dynamieken te beschrijven die werkzaam zijn in de gezinnen van in de war geraakte individuen: fusie, verstrengeling, symbiose, pseudowederkerigheid en ongedifferentieerde egomassa. Naar onze ervaring kunnen met deze beschrijvende kenmerken de causale of ondersteunende factoren van het onderliggende proces niet worden verklaard. Therapeuten kunnen deze symptomatische configuraties behandelen met een verscheidenheid aan interventies, die alle gelijk staan aan het behandelen van koorts met aspirine. De interventies kunnen in het spectrum van mogelijkheden variëren van enerzijds het herstructureren van voorschriften en gedragsmanipulaties en anderzijds pogingen om zichtbare differentiatie en individuatie te bevorderen.

Fusie kan de vorm aannemen van vage individuele identiteiten die zich uiterlijk voordoen als isolatie en vervreemding tussen familieleden. Het wezenlijke van fusie is echter eerder *vervaagde individuele verantwoordelijkheid* dan cognitieve identiteit. Mensen die geen vertrouwen hebben in relationeel geven-en-nemen hebben de neiging hun toevlucht te nemen tot vermijding of manipulatie en zich te onthouden van communicatie. Het klinkt misschien paradoxaal, maar het kan gebeuren dat betrouwbaarheid nog meer wordt ondermijnd doordat deze mensen zich ter verdediging verlaten op een op macht gebaseerde manier van omgaan met anderen.

Het substraat van voortdurende onbetrouwbaarheid bestaat uit een ogenschijnlijk gebrek aan keuzemogelijkheden voor het verwerven van constructief recht. Wanneer ouders – en op den duur hun kinderen – langere tijd zwaar leunen op gerechtigd zijn tot destructiviteit, raken zij uiteindelijk ook 'verstrengeld'. Een korte terugblik op Peter en zijn familie kan helpen dit toe te lichten. Moeders leven lag volgens haarzelf in ieders handen behalve in die van haarzelf. Zij had het gevoel dat haar leven vooral door haar echtgenoot werd bepaald over wie zij nog steeds vriendelijk en met humor kon praten: 'Mijn man kan het best worden beschreven als een moderne, ouderwetse man,' zei zij.

'Enerzijds moet hij het hoofd van het gezin zijn. Anderzijds is hij altijd bereid geweest de verantwoordelijkheden van een vader op zich te nemen. In feite heeft hij ze veel te goed aanvaard. Hij speelde vaak met Tim (nu 30) en gaf hem koosnaampjes als 'bruine beer' en hij ging vaak lange wandelingen maken met Peter. Hij vertelde de kinderen vaak hoeveel hij van hen hield en ik voelde me altijd buitengesloten.
Ik ben schizofreen waar het mijn man betreft. Ik kan bijvoorbeeld met mijn vriendinnen uitgaan en veel plezier hebben. Zij vertellen me dat ik een leuke meid ben en intelligent. Zij behandelen mij met respect en vragen mij soms om advies. Dan kom ik weer bij hem thuis en dan weet ik nooit wat ik kan verwachten. Ik zak in elkaar en ben humeurig en ongelukkig. Het is net of ik twee verschillende mensen ben. Ik weet niet of ik het nog verder wil proberen. Hoe vaak kun je het risico lopen te worden gekwetst?' (*Krasner, 1986*).

De reacties van de moeder waren, waar het haar kinderen betrof, waarderend, vergelijkend en bedroefd. 'Tim en Peter waren de enige twee voor wie ik echt tijd had; het waren er vijf, weet je. Peter was zo mooi, te mooi om een jongen te zijn. Hij had de dochter moeten zijn; Anne, zijn oudere zuster, had de zoon moeten zijn. Zij deed aan softball, ging met haar vader naar het voetballen kijken en wist hoe zij met hem moest praten.'
Peter had zijn moeder meegebracht naar de therapiezitting, omdat hij haar graag zijn kant van de kwestie wilde vertellen. Het was duidelijk dat hij haar opmerkingen eerder had gehoord, maar deze keer koos hij ervoor te reageren.

'Ik vind het niet prettig te horen dat ik een meisje had moeten zijn. Dat heb ik mijn hele leven gehoord. Ik vraag me af hoeveel dat heeft bijgedragen aan mijn moeilijkheden in het leren hoe ik een man moet zijn? Ik vind het niet prettig door jou te worden bepaald. Niemand kan ooit vervangen wat jij allemaal voor mij hebt gedaan. Maar ik word boos wanneer jij mij probeert weg te houden bij andere mensen.' 'Dat zou ik nooit doen,' onderbrak de moeder, maar Peter ging door: 'Ik heb me altijd gedwongen gevoeld te kiezen tussen jou en Anne. Jij vroeg mij te zeggen van wie ik meer hield, van haar of van jou. Het was niet eerlijk dat te doen ten opzichte van een kind van tien.' 'Maar ik had het gevoel dat zij jou en Tim overnam,' protesteerde de moeder. 'De enige manier om van Anne te winnen was haar het huis uit laten gaan. Zelfs dan stuurde ze je vader brieven op zijn werk. Ik weet hoezeer ik het met Anne heb geprobeerd.' 'Anne is het probleem niet,' bracht Peter ertegenin. 'Kijk maar eens naar wat er gebeurde als wij mensen mee naar huis namen. Als Carl of Tim een vrouw meebracht, was jij altijd ongelooflijk jaloers. Wat moesten we dan doen?' (*Krasner, 1986*).

Moeders eigen verlies van haar familie van herkomst liet zich gelden ten aanzien van haar echtgenoot en kinderen. Haar destructief gerechtigde aanspraak stond haar op den duur toe van haar familie te nemen wat zij kon, zonder er acht op te hoeven slaan welke vorm dit aannam. Iedereen, moeder incluis, ontbrak het aan echt vertrouwen in de keuzemogelijkheid van relationeel geven-en-nemen. Ieder van hen trok zich terug in zichzelf en raakte vervreemd van de anderen. Het klopt dat hun identiteiten waren vervaagd. Het klopt ook – en dat is misschien belangrijker – dat hun isolement en vervreemding krachtiger werden, naarmate deze in omvang toenamen en elk van de gezinsleden tot een crisis van verantwoordelijkheid dwongen. Als zij elkaar geen liefde en zorg konden bieden en er niet iets voor terug konden krijgen, welke keuzemogelijkheden lagen er dan behalve fusie en verstrengeling?

Dialoog als therapeutisch doel is de antithese van verstrengeling. In de fase van zelfafbakening verschaft dialoog een gelegenheid tot bevestiging, differentiatie en separatie. In het stadium van validatie verschaft dialoog de kans op verwerven van toenemende vrijheid door het bieden van empathie, consideratie en zorg. Verstrengelde families vormen soms een ernstige beproeving voor een therapeut. Zij reageren vaak met chaos en verwarring op veelzijdig gerichte pogingen. Zij staan erop dat de therapeut veelvuldig zijn betrouwbaarheid demonstreert. Zij leunen zwaar op de therapeut door aan te dringen op plaatsvervangend ouderschap. Zij geven zichzelf met tegenzin bloot of vragen onwillig naar de kant van andere mensen. Zij nemen niet gauw het initiatief om de baten en lasten in een familie opnieuw te verdelen. Zij zijn afkerig van het oppakken van het rouwproces dat hen ertoe zal brengen hun verlies te verwerken en achter zich te laten. Kortom: zij zitten vast in zijnspatronen die onberekenbaarheid als een manier van omgaan met anderen ondersteunen.

Gebruik van transgenerationele hefbomen

Enkele van de krachtigste hefbomen van therapie komen voort uit de dynamische hulpbronnen die tussen en door de generaties heen bestaan. Het betekent daarom een stap terug, wanneer de huidige generatie van kinderen of therapeuten de generatie van ouders alleen kunnen onderscheiden dankzij haar ouderlijke status. Want natuurlijk waren ouders zelf ook eens kwetsbare kinderen en hun gevoelens en manier van omgaan met anderen blijven vaak steken in een sfeer uit hun jeugd. Desondanks vinden therapeuten het vaak moeilijk aan de kant te gaan staan van een gevoelloos en destructief lijkende vader of moeder van een jonge cliënt, of te proberen een houding van verantwoordelijke ouder in hem of haar aan te moedigen. Hierbij kan de subtiele neiging van de therapeut tot oordelen een cliënt in zijn groei blokkeren.

Een therapeut kan anderzijds een cliënt bereiken, die door zijn defensieve verschuiving wordt afgeschermd van inzicht en die door zijn destructief gerechtigde aanspraak wordt beschermd tegen berouw. Hier heeft de therapeut het meest te verwachten van zijn gebruik van veelzijdig gerichte partijdigheid. Hier is de meest effectieve interventie in de stagnatie van zijn cliënt te vinden in het vermogen van de therapeut om zich te richten tot de zich misdragende ouder en partijdig te zijn met de slachtoffering in *zijn* of *haar* jeugd. Het is juist het moment dat er een echte vraag wordt gesteld naar en impliciet schuld wordt uitgesproken ten aanzien van het al dan niet geven van adequate zorg aan de kinderen door de ouders, dat therapeutische interventie het meest constructief kan zijn. Juist het moment waarop ouders het dichtst geraken bij hun behoefte aan rechtvaardiging voor hun kant van rechtvaardigheidskwesties, is het meest geschikt voor de therapeut om zijn empathische partijdigheid te laten zien.

Psychologisch gezien doorbreekt de manoeuvre de onjuiste afstemming tussen de innerlijke 'slechte' partner aan wie de ouder behoefte heeft en zijn houding ten opzichte van zijn kind. Door het blikveld te verplaatsen van vaders slechte gedrag naar diens lijden in zijn jeugd en het misbruik dat er van hem door de tijd heen is gemaakt, wordt hij in staat gesteld zich te vereenzelvigen met zijn uitgebuite kind. De onmiskenbare parallel tussen de twee generaties zal de ouder er waarschijnlijk toe aanzetten om de onrechtvaardige kenmerken van zijn gedrag opnieuw te beoordelen; dat wil zeggen: zijn ongevoeligheid voor de vergeldende, hoewel plaatsvervangende, slachtoffering van zijn zoon. Het vermogen van de therapeut om krediet te geven waar het passend is, stelt de vader in toenemende mate in staat om partijdig met het analoge lot van zijn kind te zijn. Leden van twee generaties kunnen ertoe komen elkaar precies op dat punt te ontmoeten waar hun respectieve identiteitsvorming werd opgebouwd uit destructief gerechtigde aanspraak, met als consequentie dat zich bij beiden een wraakzuchtig karakter ontwikkelde.

Partijdigheid met de slachtoffering van de ouder in zijn jeugd vermindert ook de doorwerking van de roulerende rekening (*Boszormenyi-Nagy & Spark, 1973/1984*). Tijdens het proces van het onder ogen zien van de facetten van zijn onrechtvaardig ouderschap, komt de vader een stap dichter bij het ontschuldigen van zijn ouders. De kans om te ontschuldigen vermindert op zichzelf de intense behoefte van de ouder zijn ouders te verfoeien. Ook zijn ambivalente beschermende houding tegenover zijn ouders en zijn behoefte hen (of herinneringen aan hen) te vermijden, worden er minder door. Wanneer een ouder zich met zijn vader en moeder kan verstaan, krijgt hij steeds minder de behoefte zijn kind tot slachtoffer te maken om zijn ouders te 'verdedigen'. Tijdens dit proces verwerft hij constructief gerechtigde aanspraak en verlaat hij zich minder op zowel verschoven vergelding als op destructief gerechtigde aanspraak. Hij wordt geleidelijk bevrijd van zijn dwingende behoefte om beide generaties 'betaald te zetten'. Wanneer intergenerationele stagnatie wordt opgeheven, komt er ruimte voor mogelijkheden tot het herstellen van de intergenerationele dialoog.

Op een later tijdstip zal de therapeut de vader vragen om nog een andere stap te overwegen. Tot nu toe heeft hij veel gedachten aan zijn ouders gewijd. Kan hij de moed verzamelen hen te ontmoeten en zijn zorgen rechtstreeks aan hen over te brengen? Welke concrete stappen zou hij kunnen ondernemen om hun te laten weten dat hij om hen geeft, en op deze manier zijn voorraad verdiend recht nog meer kunnen vergroten? Er is echt geen substituut voor rechtstreekse loyaliteitsbetalingen. Iemands vermogen om zichzelf ertoe te zetten om zijn ouders tegemoet te komen met een nieuw aanbod van consideratie en gepaste zorg, vermindert *altijd* de behoefte aan indirecte en onzichtbare vormen van loyaliteit die zich op den duur ten koste van iemands toekomstige relaties kunnen openbaren.

Principes van 'het leggen van een kiem'

Het gebruik van transgenerationele hefbomen die in de voorgaande paragraaf zijn besproken, hangt af van twee principes: 1. hulpbronnen moeten worden aangeboord; dat wil zeggen: volwassenen moeten manieren zien te vinden om dichter te komen bij verantwoordelijkheid voor billijk rekening houden met hun ouders. Zij moeten ontdekken op welke manier zij kunnen bijdragen aan het huidige welzijn van hun ouders; 2. hulpbronnen worden toegankelijk gemaakt juist door het proces van aanboren ervan. Bijvoorbeeld: een veelzijdig gerichte houding kan betrouwbaarheid doen toenemen: een therapeut zet een ouder ertoe te onderzoeken welke keuzemogelijkheden er zijn om haar moeder zorg te bieden. Tijdens dat proces wordt zij toegankelijker voor het vinden van nieuwe keuzemogelijkheden tot zorg voor haar kind. Tot dan toe heeft zij in feite haar zoon tot slachtoffer gemaakt; dat wil zeggen: zij heeft hem weggehouden van alle contacten met leeftijdgenoten uit angst dat hij een infectie zou oplopen.
Het geheim van het leggen van een kiem ligt verscholen in de vruchtbare aarde van slapende relationele hulpbronnen met hun verborgen vooruitzichten op betrouwbare dialoog. Deze ongebruikte vooruitzichten op relationele integriteit, gegrondvest in het rijk van het tussen, liggen verborgen en wachten op initiatief en moed van mensen om nieuwe risico's te nemen. De energie om nieuwe groei en vertrouwen te stimuleren ligt geworteld in het creatief vermogen van de relatie zelf. Zichzelf onderhoudende groei komt voort uit het intrinsieke potentieel van dialoog: de interactie tussen de processen van zelfafbakening en zelfvalidatie van alle betrokkenen. Wanneer deze hulpbronnen opdrogen en verharden, komt er stagnatie, de hulpbronnen verdwijnen en symptomen en pathologische situaties komen als onkruid naar boven.
Het idee van een kiem leggen valt op natuurlijke wijze samen met het begrip 'moratorium'. Kiemen hebben tijd nodig om te ontluiken. Mensen moeten op eigen initiatief en in hun eigen tijd in beweging komen. Therapeuten moeten het feit honoreren dat niet zij, maar de familieleden de energie opwekken voor het doen groeien van gezondheid en vertrouwen. Het vermogen van de therapeut de behoefte aan het zelf bepalen van een tijdstip te accepteren, zonder zijn therapeutische overtuiging los te laten, versterkt eerder zijn boodschap dan dat

deze de boodschap afzwakt. Bovendien is de invloed van het leven op therapie doordringender en doorslaggevender dan de invloed van therapie op het leven. De onderstaande vragen zijn fundamenteel voor het contextuele werk van het leggen van kiemen:

– Had u een gelukkiger jeugd dan uw kinderen?
– Lijkt uw huwelijk op dat van uw ouders?
– Welke invloed hebben uw huwelijk en de consequenties van het huwelijk van uw ouders op uw kinderen?
– Op wie kunt u zich verlaten?
– Met wie kunt u open praten?
– Hoe dragen uw kinderen bij aan uw welzijn, anders dan door het verrichten van huishoudelijke taken?
– Hoe geeft u erkenning aan hun bijdragen?
– Welke ouder is kwetsbaarder? Hoe?
– Beschermen de kinderen hun kwetsbaarder ouder? Hoe?
– Op welke ouder kunnen de kinderen veiliger kritiek leveren?
– Wat weten de kinderen af van de moeilijkheden uit uw jeugd?
– Waar is er hoop in uw relatie met uw kinderen? Waar liggen de oorzaken voor ontmoediging en wanhoop?
– Zijn uw ervaringen uit uw kindertijd een bron van uw geneigdheid om uw kinderen de schuld te geven?
– Zien uw kinderen u ooit huilen?
– Wat zegt uw (on)bereidheid hun te laten zien dat u verdriet heeft, over het niveau van vertrouwen tussen u en hen?
– Is er iemand om voor te leven, liever dan om voor te drinken?
– Hebben grootouders ooit uitgesproken dat zij zich kleinkinderen wensen?
– Was u een gewenst kind?
– Als uw ouders plotseling zouden sterven, wat zoudt u dan nog voor hen hebben willen doen of willen zeggen?
– Vertelt u uw kinderen ooit iets positiefs over uw ex-echtgenoot?

Antwoorden op zulke vragen zijn niet uitsluitend te vinden in het verstandelijk vermogen. Om klinisch zo effectief mogelijk te zijn, moeten antwoorden worden voorzien van een parabel of een voorbeeld.
Dit soort vragen zijn doortrokken van individuele en tussenmenselijke complexiteiten, die het best worden toegelicht door middel van specifieke antwoorden en langzamerhand, in wisselwerking met de tijd, tot het bewustzijn doordringen.
Om ieder familielid uit te lokken tot verantwoordelijke en spontane deelname, zal de contextueel therapeut zich vooral verlaten op de hefbomen van dimensie IV; dat wil zeggen: de ethiek van relationele verantwoordelijkheid. Bijvoorbeeld: wanneer de therapeut probeert bij een vader met een alcoholprobleem diens spon-

tane hulpbronnen in werking te stellen, kan hij ervoor kiezen te beginnen waar de vader zich alsnog bekommert om het recht van zijn kind op een goed vaderbeeld. In veel situaties is dit argument sterker dan gebruik maken van het dreigement dat zijn drankmisbruik zijn lever zal aantasten.

Op den duur brengt het proces van kiemen leggen een intergenerationele dialoog voort, die op zijn beurt wortel schiet en groeit door middel van vragen die intrinsiek veelzijdig partijdig zijn. Deze vragen en de eruit volgende antwoorden zetten het opbouwen van vertrouwen in gang en houden dit voortdurend gaande. Het belangrijkste effect van een meervoudige uitwisseling is de mogelijkheid om gebruik te maken van de gelijktijdige zoektocht van de familieleden naar betrouwbaarheid. Hierdoor worden zij weggevoerd van stagnatie en geleid naar constructieve handelingen – bijvoorbeeld naar een nieuwe basis voor familiesolidariteit – waarbij zij leren hoe ze ruimte kunnen geven aan elkaars behoefte aan groei.
Als methode richt veelzijdig gerichte partijdigheid zich ook op andere problemen, onder andere: hoe gedrag te structureren en communicatieproblemen, bijvoorbeeld: hoe te luisteren, hoe de eigen positie te omschrijven, hoe metaforen te gebruiken.
De methode richt zich ook op vragen die te maken hebben met psychische configuraties, uitdrukking van affect, behoefte aan vertrouwen, verschuivingen gebaseerd op overdracht, uitgestelde rouw, projectieve identificatie, object-relatie en defensieve verdraaiingen.

Het overwinnen van belemmeringen van een veelzijdig gerichte houding

Een aantal belemmeringen, weerstand van familieleden incluis, maakt het moeilijk veelzijdig gerichte partijdigheid toe te passen. Wanneer mensen proberen veelzijdige billijkheid in dialoog tussen familieleden te bereiken, komen ze in moeilijkheden. Allereerst moeten partners ervan afstappen om hun relatie uitsluitend eenzijdig vanuit eigenbelang te bekijken. Hun poging daartoe wordt ondersteund door de aantrekkelijkheid en intrinsieke verdienste van echte dialoog die uiteindelijk de relationele stagnatie die geworteld ligt in vervreemding, kan overwinnen.
We hebben reeds besproken hoe het bestaan van verworven destructief gerechtigde aanspraak in een familielid verstorend werkt op ieders vermogen om een houding te ontwikkelen die veelzijdig billijk is. Daar komt bij dat, wanneer mensen wanhopig zijn en ver verwijderd van de mogelijkheid tot echte dialoog, zij kunnen komen tot relationele gewoonten die moeilijk zijn af te leren. Afgezien van de familie, kan wantrouwen in de samenleving in verband worden gebracht met patronen van delinquent gedrag, alsook verslaving en andere vormen van zelfvernietiging.

Hier-en-nu-wegen naar destructief gerechtigde aanspraak

Contextuele doelen omvatten het onmiddellijk verlichten van huidig lijden. Zij overspannen ook de generaties. De huidige generatie verhoudt zich tot het nageslacht niet alleen door het tot object van hun behoeften en affectie te maken, maar ook door ervoor van belang te zijn. In feite wordt de toekomst geschapen door voorgaande generaties. Nageslacht wordt zeker verrijkt of uitgebuit door het verleden, ongeacht of het al dan niet een object van liefde is. Bijvoorbeeld: welke goede bedoelingen de huidige generatie ook heeft, de huidige uitbuiting van het milieu kan de toekomst onherroepelijk schade berokkenen.

Wat de goede bedoelingen van onze ouders ook zijn, de meesten van ons bleven hunkeren naar betrouwbare dialoog. Velen van ons schenen niet in staat iets constructiefs te doen om deze in gang te zetten. Een groot aantal mensen kan het risico niet aan om te investeren in betrouwbaar geven of in erkenning of krediet geven aan het initiatief van anderen. Onder deze omstandigheden blijven resterende voorraden van vertrouwen onaangesproken. De zichzelf voortstuwende, genezende krachten van transgenerationele dialoog kunnen niet in werking worden gesteld. Destructief gerechtigde aanspraak is het alternatief voor dialoog. Als de generaties van de ouders en grootouders niet in staat zijn om over te dragen hoe men kan komen tot een evenwichtig geven-en-nemen, maakt dialoog automatisch plaats voor monoloog en verliest constructief gerechtigde aanspraak automatisch haar macht. Destructief gerechtigde aanspraak staat aan de wieg van een ziekelijke manier van met elkaar omgaan. Zij doorbreekt het natuurlijke verband tussen eerst zelf iets ontvangen en dan bij zichzelf de geneigdheid en overtuiging vinden die nodig zijn om zelf weer aan anderen te geven. Slechts op deze manier is de ene generatie in staat om nieuwe dialoog in gang te zetten en deze over te dragen aan de volgende generatie.

Gezinstherapeuten zien meestal kinderen die erg zijn gekwetst in samenhang met ouders die niet langer kunnen geven of die alleen van zichzelf uitgaan wanneer ze geven. De oorspronkelijke klachten van een gezin kunnen een delinquente, 'acting-out'-puber beschrijven of een kind dat mislukt op school. In beide gevallen kwetsen de ouder- en kindgeneraties elkaar steeds weer en escaleert hun gedrag, zonder dat er tekenen van berouw zijn te zien. Neem de situatie van Sue.

> Sue zette door haar gedrag op de particuliere school haar positie op het spel. Niet alleen hadden haar klasgenoten een hekel aan haar omdat zij zo weinig meedeed in de klas, maar zij liep ook de kans dat ze zou zakken voor haar laatste jaar. Vanuit de thuissituatie werd gemeld dat zij ook daar geen aandeel in de verantwoordelijkheden op zich nam. Als ze thuiskwam uit school, ging zij direct naar haar kamer. Haar oudere zuster Barbara, 21 jaar, regelt het hele huishouden. Vader en moeder zijn in een heftig echtscheidingsproces gewikkeld. 'Moeder is er zo wanhopig onder,' zegt Barbara, 'dat ze alleen nog maar

kan huilen. Zij laat ons geen ruimte voor ons eigen verdriet; zij schijnt zich niet te realiseren dat wij ook een gezin kwijtraken. Erger nog: zowel zij als Sue laten alles aan mij over. Ik wil zo snel mogelijk een flat zoeken. Ons gezin bestaat niet meer. Ik heb het gevoel dat ik een hotel leid. Iedereen heeft haar eigen therapeut, maar ik zie niet in wat voor verschil dat maakt.' En Sue barstte eindelijk in tranen uit. 'Je zegt voortdurend dat ons gezin uiteenvalt, moeder, maar dat kan ik zo niet zien. Ik versta onder gezin een groep. Wij zijn nog steeds een groep; jij hebt je vier dochters. Wij houden heel veel van je. Waarom kun je daar niet tevreden mee zijn?'

In dergelijke situaties kunnen de huwelijksproblemen van de ouders al dan niet naar voren komen. Onder deze omstandigehden moet een contextueel therapeut eerst zijn negatieve reacties of zelfs afkeer van het gedrag van een vergeldende ouder of kind overwinnen; dan zal hij zoeken naar de verzoenende kenmerken van elk gezinslid. Zijn partijdigheid zal zich uitstrekken tot kwetsingen en slachtoffering in het verleden, zelfs als hij zich niet kan aansluiten bij hen die anderen tot slachtoffer maken. Sue's moeder bijvoorbeeld, voelt zich machteloos. Haar moeder overleed toen zij vijf jaar was. Toen zij zestien was, hertrouwde haar vader en hij verhuisde al gauw. Zij werd grootgebracht door dienstboden en ging haar eigen weg vanaf de tijd dat ze een tiener was. Zij heeft haar hele leven besteed aan het scheppen van een gezinsleven dat zij nooit heeft gekend en nu ziet zij het uiteenvallen.

Ten slotte moet de therapeut een stevige basis leggen voor het opbouwen van therapeutisch vertrouwen door middel van veelzijdig gerichte technieken. Zijn vermogen om in ieder gezinslid tekenen van destructief gerechtigde aanspraak te onderkennen en desalniettemin tegelijkertijd krediet te geven aan gedrag uit het verleden en in het heden, bevordert het werk van het weer opbouwen van vertrouwen. Het is ook een bron van opluchting voor de therapeut wanneer hij verzoenende eigenschappen bij iemand weet te vinden, terwijl ondertussen het therapieproces zijn zoeklicht noodzakelijkerwijs richt op het vernietigende ouderschap van diezelfde persoon. Wanneer aan zijn kant krediet en erkenning is gegeven, zal iemand die destructief gerechtigd is, er meer toe zijn geneigd verantwoordelijkheid voor zijn gedrag ten aanzien van anderen op zich te nemen. Destructief gerechtigde aanspraak is zowel een motiverende kracht als een patroon dat transactioneel wordt versterkt. Als zodanig is het vaak moeilijk haar essentie te veranderen. Deze aanspraak is ook moeilijk te veranderen omdat de natuurlijke zelf-corrigerende motivator – berouw om hetgeen men anderen heeft aangedaan – niet langer in werking is. Zeker, symptomatisch gedrag van iemand kan desalniettemin worden veranderd. Voorschrijvende, directieve en manipulatieve therapeutische interventies kunnen verlichting brengen in de symptomen. Maar de partners zelf worden verlamd door frustratie, ambivalentie, wanhoop, haat en hulpeloosheid over onbillijke legaten van verlies.

Verlies als verbroken dialoog

Contextuele therapie definieert opnieuw het begrip verlies. Bijvoorbeeld: een ouder-kindrelatie kan verloren gaan omdat deze zich niet kon ontwikkelen tot een betrouwbare dialoog van zorg. Als er evenwel een dialoog tussen ouder en kind bestaat, zal zelfs fysiek overlijden zijn betrouwbare invloed niet kunnen opheffen. Want de dood zelf is niet de uiteindelijke scheidsrechter van dialoog. In plaats daarvan is de dood een stadium waarin er geen mogelijkheid meer is om nog eens een poging te doen tot zorg tussen generaties.
Kortom: de essentie van dialoog ligt in een wederkerigheid van betrokkenheid; dat wil zeggen: in een forum waarin partners verdienste kunnen verwerven en rechtstreeks profijt kunnen hebben van de verdienste die anderen hebben verworven. Dit proces begint wanneer een kind is geboren en loyaal wordt ten opzichte van zijn of haar ouders. Wanneer een kind echter belast wordt met de moeilijke omstandigheid van gespleten loyaliteit, krijgt de dialoog een zware slag te verduren. Want het kind kan geen manier vinden waarop hij gelijktijdig loyaal ten opzichte van beide ouders die elkaar wantrouwen, kan zijn. Integendeel, hij leert dat, door de een te vertrouwen, de keuzemogelijkheid de ander te vertrouwen ongedaan wordt gemaakt.
Met als resultaat dat er helemaal geen basaal vertrouwen wordt verkregen. Onbedoeld of niet, als team (systeem) hebben deze ouders ervoor gekozen totaal op zichzelf gericht, destructief en 'narcistisch' te zijn. Zij stellen aan hun kinderen eisen die niet passen bij hun leeftijd en waardoor zij worden uitgebuit, en tijdens dat proces brengen zij zichzelf metterdaad in de positie dat zij de ontwikkeling van een dialoog tussen ouder en kind in de weg staan. Zij brengen ambivalentie in ouder en kind teweeg. Zij veroorzaken gemengde gevoelens waarin een vijandige, minachtende en afwijzende houding de overhand heeft.
Het verlies is hier noch een existentieel gegeven, noch – zoals overlijden – een onherroepelijk feit. Het is eerder een onontwikkeld vermogen, een verspilde keuzemogelijkheid in het leven van verschillende familieleden tegelijk. De psychologische gevolgen van verlies omvatten frustratie, minachting, pijn, verdriet, verschoven zoeken naar vergelding, motieven tot zelfdestructie, gefragmenteerde ontwikkeling van het Zelf, depressie, psychosomatische schade, niet-verwerkte rouw, verwijdering, een onvermogen met anderen om te gaan en andere vormen van pathologische verschijnselen. Regelmatig wordt zowel ouder als kind verlamd door wantrouwen en zijn ze niet in staat te handelen om het verlies te herstellen. Tegen de tijd dat het kind een adolescent wordt, kunnen zijn motieven tot (zelf)destructie hem ertoe zetten de ouders die hem hebben gegriefd, feitelijk af te wijzen. Het verlies neemt dan toe in intensiteit. Gemiste kansen tot betrouwbaar omgaan tussen ouders en hun jonge kind beïnvloeden hun latere leven en maken lichamelijke scheiding tot iets ergs, alsof afstand als zodanig een vernietigend en tragisch verlies is.

In traditioneel psychodynamisch werk wordt een langdurige kwetsuur van een kind beschouwd als onherroepelijk, hoofdzakelijk intrapsychisch (sinds Freud afzag van zijn eerdere verleidingstheorie), als iets dat passief door een kind wordt verdragen en dat anachronistisch is; dat wil zeggen: in leven gehouden door fixatie en herhalingsdwang. Daaruit volgt dan dat een kind afziet van pogingen om de relatie met zijn feitelijke ouder(s) te veranderen en hen gewoon beschouwt als een schuld die hij toch niet krijgt terugbetaald. Als hij niet kan terugkrijgen wat hij als jong kind verdiende, zo wordt geredeneerd, kan het alleen maar pijnlijk en zinloos zijn het opnieuw te proberen. De suggestie dat het geen nut heeft zich tot zijn ouders te richten maakt dat het kind zich tot zijn therapeut als alternatief zal richten. Diens welwillende zorgzaamheid, ervaring en beschikbaarheid – in tegenstelling tot de veronderstelde kwaadaardige bedoelingen, incompetentie en afwezigheid van hulpbronnen bij zijn ouders – zouden hem kunnen helpen te 'werken' aan zijn psychische wonden. In de schoot van therapeutische wijsheid zou het kind eerder kunnen hopen door middel van het proces van overdracht zijn verlies onder ogen te zien dan in de klemmende banden met zijn ouders. Uiteindelijk, wanneer hij eenmaal in staat zou zijn de overdrachtrelatie los te laten, zou hij zich er doorheen kunnen slaan.

Deparentificatie

'Deparentificatie' is een term die wordt gebruikt voor het doel iedereen te helpen die in een familie is betrokken bij het parentificatieproces. Contextueel therapeuten beschouwen parentificatie als een zich destructief verlaten op een gekluisterd persoon, meestal een kind. Interventie is dus eerst gericht op het proces van uitbuiting en later op de transactionele gedragsmanifestaties ervan. Met andere woorden: onbetrouwbare, uitbuitende attitudes en gedragingen moeten opnieuw verwerkt, herzien en door betrouwbare gedragingen vervangen worden. Een contextueel therapeut probeert eerst de parentificerende familieleden te helpen erkenning te geven voor de baten die zij hebben afgedwongen van degene die zij parentificeren. De vraagstelling kan als volgt verlopen: 'Mevrouw K., hoe komt het dat u Charles vraagt het huis af te sluiten voor de nacht, de deuren op slot te doen en de garage te controleren? Was u ervan op de hoogte – voordat hij dit vandaag vertelde – hoe bang hij is als hij dat moet doen?'
Op zijn best kan het zijn dat de moeder zegt dat ze zich niet bewust was van de angsten en fantasieën van haar elf jaar oude zoon. Inderdaad verwachtte zij van hem dat hij het huis zou afsluiten. 'Sinds zijn vader is weggegaan, is hij de man in huis en dat maakt dat ik mij veiliger voel.' Door duidelijker de kant van haar zoon te zien en erkenning te geven aan de waarde die zijn handelingen voor haar hebben, wordt de moeder geholpen betrouwbaarder te worden in de ogen van haar geparentificeerde kind. De parentificerende volwassene wordt hiermee ook geholpen constructief gerechtigde aanspraak te verwerven. Ja, zo kan ze redene-

ren, ik heb fouten gemaakt. Ik voel me soms een klein meisje en gebruik mijn zoon om mij te troosten op een wijze die hem niet helpt. Maar ik ben zijn moeder en ik wil een goede moeder zijn. Dus ga ik proberen uit te zoeken wat dat betekent.

Pogingen de parentificerende volwassene te helpen om onafhankelijker te worden, vormen een ander deel van het proces van deparentificatie. Parentificatie brengt altijd met zich mee dat iemand zich afhankelijk vastklampt aan een partner die hij niet kan evenaren. Onze criteria voor parentificatie gaan echter dieper dan een beschrijving van oppervlakkig gedrag. Bijvoorbeeld: de neiging van een ouder om een opgroeiend kind klein te houden is waarschijnlijk de meest schadelijke vorm van parentificatie via openlijk falen. Drugverslaving bijvoorbeeld, is een manier waarop een achttienjarige thuis kan blijven om te letten op het mislukkende huwelijk van zijn ouders.

Het proces van parentificatie neemt vaak de vorm aan van het vroegtijdig een kind vastzetten in de rol van een volwassen ouder. In dat geval zal het optreden van spontaner, kinderlijk gedrag een van de resultaten van een geslaagd proces van deparentificatie zijn. Het gedrag van het kind kan dan soms speels, soms onverschillig en soms hinderlijk luidruchtig zijn. In de gevallen waarin klein houden of zelfvernietigend gedrag de manifeste uitingsvorm van het parentificatieproces is geweest, zal het geparentificeerde kind zich geleidelijk in toenemende mate volwassen gedragen en zich op positievere doelen richten. De periode waarin het proces van deparentificatie zich voltrekt, kan moeilijk zijn voor de parentificerende volwassenen die de partijdigheid van de therapeut hard nodig zullen hebben ter compensatie van hun verlies van een vaste, zij het onterecht verkregen, bron van zelfvertrouwen. Hun verlies kan omvatten:

- Feitelijk zich verlaten op hun kind, dat zij tot dan toe hebben beschouwd als een persoonlijk bezit in de vorm van een pseudo-ouder.
- Zich verlaten op een veilige, afhankelijke manier van omgaan; dat wil zeggen: op een eigen houding die nogal afhankelijk was.
- De toedekkende rol van parentificatie. Het verlies ervan laat mensen in hun eentje hun deprivatie en slachtoffering in hun vroege jeugd – waarvoor parentificatie een substituut was geworden – onder ogen zien.

Parentificerende volwassenen, evenals geparentificeerde kinderen, lijden pijn en hebben recht op therapeutische partijdigheid wanneer zij het heel moeilijk hebben. De vraag van de therapeut naar hun lijden in hun jeugd en zijn vermogen om hun krediet te geven, verschaffen een mechanisme dat vaak een weg kan banen van uitbuiting naar verdiende gerechtigde aanspraak.

Deparentificatie is nauw verbonden met het vermogen van mensen om hun legaten op te diepen en deze te onderscheiden van delegaties. Parentificatie doet zich voor zowel door middel van delegatie als door middel van transactioneel een ander aan zich binden. Zoals reeds is besproken, zijn delegaties specifieke geboden die aan kinderen worden opgelegd door ouders of voorvaderen door middel van een speciale verplichting, bijvoorbeeld door middel van het gebruik van schuld-versterkende hefbomen. Daarentegen bieden legaten mogelijkheden die afhankelijk zijn van keuze, besluitvorming en onderhandeling.

Parentificatie en het proces van deparentificatie doen zich ook tussen volwassenen onderling voor. Het duidelijkste verschil is de premisse dat volwassenen relatief aan elkaar gewaagd zijn en dus minder bloot staan aan eenzijdige uitbuiting zoals die zich zou kunnen voordoen in relaties tussen volwassene en kind. De dynamiek van parentificatie komt veel voor in de wereld van de volwassenen. In de grond is parentificatie het door de ene mens opleggen van behoeften aan een ander, van wie daarbij wordt verwacht dat hij verantwoordelijkheid op zich neemt voor de aldus gedelegeerde behoeften. De parentificerende mens beschouwt de positie van zijn partner als iets vanzelfsprekends en vereist in wezen dat de partner de plaats van de ouder inneemt. Het is waar dat iemand die geparentificeerd is, niet zonder meer verplicht is om verantwoordelijkheid op zich te nemen voor de plannen van een ander. Maar zelfs wanneer iemand heimelijk meewerkt en bereid is de parentificatie op zich te nemen omwille van het redden van een behoeftig mens, loopt het proces uiteindelijk uit op teleurstelling, wrok en schuld.

Misschien wel de meest destructieve vorm van parentificatie is het slachtoffer onbillijk de schuld geven. Een hulpeloos gekluisterd kind een gevoel van schuld toeschuiven kan de schade die het kind reeds is toegebracht, vergroten; het dient er bovendien toe het kind vastgekluisterd te houden. Maar indien erkenning wordt gegeven aan de verdienste van het kind en een reële bijdrage aan zijn familie in gang kan worden gezet, zal de erkenning op zichzelf feitelijk het beschuldigingsproces ongedaan maken.

Het is duidelijk dat parentificatie, welke vorm deze ook aanneemt, er alleen toe kan dienen de fundamentele premisse van het dialogisch proces te ondermijnen; dat wil zeggen: dat mensen kunnen blijven hopen de kloof te kunnen overbruggen tussen hen en hun legaten, zonder hun persoonlijke integriteit en hun vermogen tot billijkheid te hoeven loslaten. Er is geen ruimte voor parentificatie in een proces dat steunt op elkaar rechtstreeks aanspreken, betrouwbare uitwisselingen van billijkheid en het verdiend vertrouwen dat nog steeds kan worden bewerkstelligd tussen mensen onderling.

Samenvatting

Contextuele therapie dringt eropaan om bedolven hulpbronnen in verbroken, in de steek gelaten relaties te onderzoeken. Dit aandringen is een theoretisch kenmerk en een technisch vereiste, maar is ook meer dan dat. Klinische voorbeelden staven de wijsheid van deze volharding na maanden van weerstand. Bijvoorbeeld: 'Ik ben bij je gebleven omdat je me bleef aansporen om iets met mijn familie te doen, ook al maakte ik het je heel moeilijk.' Of neem de vrouw die de therapeut regelmatig aanviel vanwege wat zij noemde 'de kant kiezen van mijn slechte vader'. Nadat de therapie was beëindigd, belde zij een keer op om de therapeut te bedanken voor zijn niet aflatende volharding. 'Mijn vader is overleden,' meldde zij. 'Ik zal u nooit kunnen terugbetalen voor de goede bezoeken die ik hem heb gebracht voordat hij overleed. Het was veel te moeilijk u daar iets over te vertellen toen ik nog in therapie bij u was. Maar het is niet eerlijk om het u nú niet te vertellen.'

Contextuele therapie spreekt mensen om heel verschillende redenen aan. De sociale dynamiek van rechtvaardigheid, die de kern van haar therapeutische grondgedachte vormt, is er één van. Het begrip 'toegepaste rechtvaardigheid' spreekt, om zo te zeggen, velen aan. De volhardende zorg van de benadering voor alle generaties en alle familieleden is fundamenteler voor de gemeenschappelijke behoeften van verschillende groepen dan voor hun verschillen. Goed ontwikkelde en eenvoudige, arme en rijke mensen, mensen uit de derde wereld en uit de eerste wereld en mensen van verschillende religieuze en etnische groeperingen en rassen worden aangetrokken door het feit dat wie zij zijn en hoe zij leven wordt bekeken vanuit hun eigen context en niet vanuit het blikveld van de voorkeuren van de therapeut. Dezelfde waarheid is van toepassing op families waarvan de leden immigrant uit een minderheid of slachtoffer van discriminatie zijn.

Mensen voelen zich aangetrokken tot contextueel werk vanwege de nadruk op vertrouwen en rechtvaardigheid. Daarin schuilt echter ook een gevaar. Woorden als 'billijkheid' en 'betrouwbaarheid' worden al gauw verkeerd begrepen. Een al te makkelijk aanvaarden van de benadering kan voortkomen uit iemands verlangen naar een eiland waar rechtvaardigheid als vanzelfsprekend wordt gegarandeerd. Zo'n verlangen is natuurlijk een fantasie. Iedere aanduiding dat de wereld bestaat uit volkomen goede en rechtvaardige mensen aan de ene kant en volkomen slechte en onrechtvaardige mensen aan de andere kant, kan alleen maar een paranoïde plan zijn waarin zwarte boorden en witte boorden voortdurend tegen elkaar een heilige oorlog of kruistocht voeren. Integendeel.

Contextuele therapie heeft sterke criteria voor haar werk, met name haar eis dat ieder familielid zijn of haar eenzijdige opvattingen van een relatie opzij zet. Van ieder mens wordt verondersteld dat men verdienste heeft, net zoals van ieder wordt verondersteld dat men aansprakelijk is voor momenten waarop men onbillijk is geweest. Alle vragen om billijkheid worden tegelijkertijd gesteld aan alle partners in de relatie. Maar deze vragen worden uiteindelijk beloond omdat men er verworven verdienste voor terugkrijgt.

Contextueel werk bewijst zijn waarde in de relationele werkelijkheid. Zijn doelen zijn praktisch en concreet en mogen absoluut niet worden verward met moralistische of op waarden georiënteerde begrippen en abstracties. Als gevolg van een geslaagde therapie worden mensen vrijer, autonomer en spontaner.

VI

TOEPASSINGEN EN RICHTLIJNEN

Het volgende deel biedt een aantal specifieke situaties waarin contextuele principes en methoden gedemonstreerd en toegepast worden. Huwelijk, echtscheiding en voogdij, hertrouwen, adoptie, ouderschapsproblemen, het ontvluchten van ouderschap, pleeggezinplaatsing, kinderbescherming, kindermishandeling en seksueel misbruik, minderjarige ouders, zwangerschapsbegeleiding en abortus, ongeneeslijke ziekte, geestelijke ziekte, depressie, therapie met psychotische mensen, verstandelijk gehandicapten, zelfdoding, verslaving, seksuele identiteit en functie, schoolproblemen en incest zijn voor contextueel therapeuten gebieden van rechtstreekse en onmiddellijke zorg.

Het is onze bedoeling de inwerking van contextueel werken op problematische gebieden van het menselijk bestaan en streven op brede schaal aanschouwelijk te maken, in plaats van een alomvattend of volledig overzicht van alle omstandigheden te geven waarin de benadering kan worden toegepast. Wij hopen dat de lezer door deze schetsen meer inzicht krijgt in zowel contextuele methoden en technieken als in plaatsbepaling en wezen van contextuele therapie.

Contextuele toepassingen worden gekenmerkt door een veelzijdige, op de toekomst gerichte betrokkenheid. Doelcriteria omvatten zorg voor het welzijn van het nageslacht in de gezondheidsdoelen van de huidige generatie van volwassenen. De voorkeur van contextuele therapie – bezorgdheid van elke generatie om de volgende generaties te steunen – is in overeenstemming met de natuurlijke orde van de familie als behoeder. Pogingen van contextuele therapie om directe zorg te geven aan het nageslacht geven de huidige generatie een aanzet tot haar onmiddellijke doel om winst voor zichzelf te behalen. Zo wordt de gezondheid van het heden wezenlijk onlosmakelijk verbonden met preventieve belangstelling voor de toekomst.

De specifieke interventiemethoden moeten natuurlijk per geval apart worden ingeschat. Waaruit gezondheid bestaat en waaruit interventie, blijven complexe vragen voor elke toegepaste therapie. Contextuele therapie echter handhaaft haar zorg voor de consequenties van therapie voor alle betrokken deelhebbers, wat nooit een contraindicatie is, hoe de omstandigheden ook mogen zijn.

HOOFDSTUK 18

HET VERANDERENDE HUWELIJK

Het huwelijk is het fundament van het kerngezin en de voorbode van een stabiel ouderteam. Het is waarschijnlijk het kwetsbaarste instituut van de samenleving. Het is ook de belangrijkste van alle *gekozen* relaties – gekozen in het grootste gedeelte van de westerse samenleving, tenminste sinds de verschuiving van gearrangeerde huwelijken naar een huwelijk naar eigen keuze. Welke de beperkingen ook zijn, het huwelijksleven functioneert als het standvastigste en betrouwbaarste forum van de moderne geschiedenis, de plaats waar mensen het meest bereid zijn zich in te zetten voor het bereiken van een redelijk en soms creatief evenwicht tussen individuele vrijheid en vervulling enerzijds *en* voldoening en veiligheid op lange termijn anderzijds.

Het is vrij duidelijk dat samenlevingen uit de oudheid verwachtten dat zij het instituut huwelijk steunden en er zeggenschap over hadden. Hun verwachting ten aanzien van de inhoud van de zeggenschap besloeg niet alleen de voortplantingsinstincten van individuen, maar ook de omstandigheden aangaande geboorte, verzorging en opvoeding van de kinderen. Door de omstandigheden, attitudes en wetten van samenlevingen uit de oudheid werd het huwelijk gekoppeld aan eigendomskwesties met betrekking tot bezittingen. Wanneer twee families door het huwelijk van hun kinderen werden samengevoegd, was het overleven op zichzelf afhankelijk van antwoorden op vragen als: Hoeveel bezit moet er worden toegewezen aan het nieuwe gezin en de kinderen ervan, en moet de toewijzing via de mannelijke of via de vrouwelijke lijn gebeuren? Goederen zoals land, huizen, levende have, edelstenen en gebruiksvoorwerpen vormden altijd een waardevol en schaars gerief en werden vanzelfsprekend van de oude aan de nieuwe generatie overgedragen. Erfeniskwesties zijn uitgebreid uit de doeken gedaan in literatuur uit de oudheid *(Genesis 27:32-39)*. Desondanks was de generatie van de ouders verplicht door te geven wat zij wist en wat zij bezat. Als tegenprestatie waren de nazaten het aan hen verplicht gehoorzaamheid en respect te tonen en zich aan de wet te houden.

De nadruk van traditionele samenlevingen lag meer op verplichtingen dan op rechten van kinderen. Een ongehoorzaam kind kon worden onderworpen aan harde vergeldingsmaatregelen, zelfs aan de dood. Maar de taken ten aanzien van het opvoeden van kinderen werden door de grootfamilie gestructureerd en ondersteund. Leden van deze grote coterie hielden toezicht op jonge ouders en leerden hun hoe zij hun kinderen moesten grootbrengen en onderwijzen. Gedrag in het algemeen en de seksuele betrokkenheid van het echtpaar werden door wet, godsdienst, toezicht en een gebrek aan mobiliteit en privé-ruimte veiliggesteld en gecontroleerd. Familie- en gemeenschapsleven werden ook beschermd doordat men echt en gedwongen op een eiland leefde. Reizen werd bemoeilijkt door beperkte transportmiddelen en onbekende buitenstaanders kregen te maken met de xenofobie van de plaatselijke bevolking.

De industriële revolutie en geografische mobiliteit op grote schaal maakten geleidelijk de rigide patronen van vroegere westerse huwelijksgebruiken losser. Echtscheiding doet zich voor als een aanvaardbare oplossing. Geleidelijk werden ook godsdienstige bezwaren tegen echtscheiding minder.

Een samenleving in stroomversnelling veroorzaakt altijd veranderingen in seksuele zeden. Nieuwe levensstijlen en regelingen zowel omtrent het samenwonen als omtrent seks buiten het huwelijk op grote schaal worden in het algemeen gedoogd en worden verward met individuele vrijheid. Seksuele relaties worden in toenemende mate beschouwd als een tijdelijk – zij het cruciaal – aspect van vriendschap of anders als een middel tot vermaak. Nieuwe seksuele regelingen maken de weg vrij naar nieuwe mogelijkheden voor patronen van een open huwelijk, meermaals hertrouwen, eenoudergezinnen en de leefstijl in een commune of leefgemeenschap. Deze enorme hoeveelheid nieuwe mogelijkheden kan al dan niet voor individuele volwassenen van toepassing zijn. In ieder geval is het hun keuze voor hun persoonlijk leven. Een individuele keuze heeft echter consequenties. Onder andere: het traditionele huwelijk en de langdurige betrokkenheid op elkaar worden gedevalueerd en de levensvatbaarheid van het kerngezin of zelfs de toewijding aan het ouderschap worden bedreigd.

Huwelijk vanuit een vierdimensionaal gezichtspunt

Het huwelijk is duidelijk ook een institutie, onderhevig aan verandering. De genezende kwaliteit van verandering is echter slechts één zijde van de medaille. De keerzijde vereist altijd van verantwoordelijke mensen dat zij vragen: 'Wat komt er voor de verandering in de plaats?' Net als ieder ander gebied waarmee de contextuele therapie zich bezighoudt, worden huwelijksrelaties onderworpen aan een

uitgebreide evaluatie vanuit het gezichtspunt van alle vier de dimensies: feiten, psychologie, transacties en communicaties, en de ethiek van verantwoordelijk geven-en-nemen.
Vanuit het gezichtspunt van de feiten komt een deel van het legaat dat van invloed is op het huwelijk, tot stand vanwege het vooruitzicht op voortplanting en langdurige verzorging en ondersteuning van kinderen. Men kan moeilijk de conclusie betwisten dat voortplanting het belangrijkste fundament is voor partnerschap in het leven van mens en dier en dat deze vereist dat men gedurende lange tijd, vanaf de geboorte tot de volwassenheid, met het kind rekening houdt. Deze realiteit gaat samen met nog een ander feit over het huwelijk: namelijk de respectieve leeftijd, kracht, gezondheid en genetische kenmerken van iedere partner. Natuurlijk zijn deze factoren meestal van weinig belang wanneer het gaat om een man van 25 jaar die een vrouw van 55 jaar trouwt, tenminste niet voor de toekomst van kinderen. Maar een vrouw van 30 jaar die in verwachting is van een man van 65 jaar, doet er goed aan de consequenties van deze feiten te overwegen.
Economische kwesties doen hier ook ter zake en vertegenwoordigen een ander feitelijk aspect van het huwelijk. Wanneer twee mensen met voldoende kracht en moed kunnen duidelijk maken hoe individueel en gemeenschappelijk geld en bezit beheerd en gebruikt moeten worden, levert hun dat meestal een opstapje naar vertrouwen op. Maar voorhuwelijkse financiële afspraken kunnen de romantische sfeer en de huwelijksbelofte ondermijnen en in het ergste geval de partners op de gedachte brengen dat zij wellicht worden benadeeld. Een echtpaar was op $10.000 na zover dat zij het met elkaar eens waren over de regeling van hun financiële zaken. Toen zij getrouwd waren, kwamen zij er niet verder mee en gaven ze het geld bij anderen in bewaring. Gedurende vier jaar bleef de kwestie onbeslist en werd uiteindelijk tijdens hun echtscheiding door de rechter geregeld.
Vanuit het gezichtspunt van de individuele psychologie maakt het huwelijk gebruik van seks en genegenheid die tussen de partners bestaan. Het romantische aspect van liefde is één van de meest intensieve emotie-opslorpende omstandigheden in iemands leven. Het is zowel gebaseerd op de biologische imperatief van het kiezen van een partner als op de behoefte van het individu aan warmte, intimiteit, genegenheid en seks.
Er is veel geschreven over huwelijk en echtparen. Discussies over behoeftecomplementariteit en communicatiepatronen, transacties, eerlijk vechten, afhankelijkheidsconfiguraties en *quid pro quo* vullen de bladzijden van de psychologische literatuur. Therapeutische strategieën gebaseerd op technieken voor het paradoxaal verschuiven van openlijke communicatiepatronen zijn in grote mate aanwezig. Maar slechts enkele, zo deze er al zijn, hebben het fundamentele menselijke fenomeen betrouwbaarheid opgenomen.
Kleine kinderen praten onder het spelen veel over wat eerlijk en niet eerlijk is. Wanneer zij opgroeien en trouwen, praten zij nog steeds over wie zij kunnen ver-

trouwen eerlijk te zijn. Traditionele psychotherapie kan het fundament van vertrouwen, dat de bepalende factor is voor de schering en inslag van hechte relaties, negeren of minder belangrijk laten zijn, maar niet uitroeien. De consequenties van billijk of onbillijk met elkaar omgaan zijn het meest uitgesproken bestanddeel van de huwelijksband en de belangrijkste bron van de feitelijke realiteit van de volgende generatie. Huwelijken gaan kapot of worden een succes, afhankelijk van de vraag of twee mensen al dan niet het vermogen kunnen ontwikkelen verantwoordelijk te zijn voor de consequenties van billijkheid en vertrouwen.
Oppervlakkig bezien is het huwelijk een bewuste keuze van twee mensen om een gemeenschappelijk leven op te bouwen. Het is een proces van een man en een vrouw die zich leren aanpassen aan elkaars behoeften. Toch wordt een huwelijk altijd gevormd door het vooruitzicht op voortplanting, zelfs als men er niet voor heeft gekozen. Neem bijvoorbeeld de situatie van Ann, een lerares van begin dertig, die voor de eerste keer getrouwd is.

> Haar echtgenoot die al getrouwd is geweest, had twee kinderen gekregen en was toen gescheiden. De overeenkomst tussen Bruce en Ann was heel duidelijk: ze zouden samen geen kinderen krijgen. Hij had zich in ieder geval laten steriliseren en was niet van zins dit weer ongedaan te laten maken. Gedurende drie jaar worstelde Ann met haar relatie met haar stiefkinderen. Zij kreeg het ook moeilijk met de consequenties van haar aandeel in de beslissing om van kinderen af te zien; het leek nu veel belangrijker. Haar echtgenoot en zijn kinderen hadden een bepaalde band met elkaar waar zij niet tussen kon komen. Zij begon zich af te vragen of partners zo'n zelfde intimiteit konden bereiken.
> Anns moeder, die vele jaren ziek was geweest, overleed toen Ann twaalf jaar was. Ann had zich op een manier waarvan zij zich nog niet bewust was, afgeschermd voor nog meer verlies, door zich in zichzelf terug te trekken. Haar leven was moeilijk na het overlijden van haar moeder, maar was nog moeilijker toen haar vader hertrouwde. Zij haat tot op de dag van vandaag haar stiefmoeder, maar herinnert zich hoezeer haar vader heeft geprobeerd het gedrag van zijn tweede vrouw goed te maken. Misschien was dat het. Zij kan zich niet veel herinneren van het huwelijk van haar ouders. Zij kan zich wel herinneren dat zij beide ouders dierbaar was. Misschien heeft Bruce ook het gevoel dat zijn kinderen hem dierbaar zijn. Meer dierbaar dan zij ooit kan zijn? Hoe komt het dat zij deze dingen nooit heeft overdacht voordat zij met Bruce overeenkwam dat zij samen geen kinderen zouden krijgen?

Wel of geen kinderen blijft voor mensen een vraag van de eerste orde, ongeacht de huidige verschuivingen in 'regelingen aangaande aanvaardbare levensstijlen'. Het kan zelfs zijn dat ongehuwd samenwonen en de makkelijk te verkrijgen echtscheiding mensen ertoe dwingt zich meer dan ooit bewust te zijn van wat zij willen voor wat betreft het krijgen van kinderen. Al met al kan het ook zijn dat al deze factoren het huwelijk verheffen tot de meest levensvatbare context voor voortplanting en het verzorgen van kinderen.

Huwelijk, ouders en vorderingen

Hoe ouders ook verkiezen te leven, de werkelijkheid van het leven van een kind blijft onveranderd: hij of zij wordt geboren uit twee biologische ouders en heeft baat bij hun gezamenlijke beschikbaarheid als hulpbronnen. Het verlies van de traditionele grootfamilie en het haar ondersteunende netwerk heeft pijnlijk en overduidelijk de behoefte aan ouderlijke beschikbaarheid onderstreept. Als de ouders het niet doen, wie is er dan beschikbaar om de kinderen zorg en liefde te bieden? Deze werkelijkheid is het beginpunt voor het werk van contextueel therapeuten.
Vanuit een ethisch gezichtspunt is het onrechtvaardig wanneer een therapeut ouders ondersteunt in hun zoektocht naar vrijheid als die vrijheid moet worden verkregen ten koste van hun kinderen. Maar iedere poging om kinderen tegen hun ouders te verdedigen, zou reductionistisch, onverstandig en een uiterste simplificatie van de diepe en complexe lagen van de band tussen ouders en kind zijn. Toch kan, ondanks wat er door begripsomschrijving gezegd en gedaan is, de groeiende acceptatie van diverse levensstijlen door de samenleving een serieuze toets zijn van de beroepsmatige integriteit van een therapeut. Zijn therapeuten ertoe in staat volwassenen te steunen in hun zoektocht naar nieuwe keuzemogelijkheden, hen te helpen ontdekken welke nieuwe wijzen er zijn waarop zij hun leven kunnen leiden en ervoor te blijven vechten dat ouders steeds weer in hun plannen de gevestigde belangen van een kind opnemen?
De ouderlijke investeringen van een echtpaar, hoezeer van betekenis ook, zijn slechts één facet van de gehele echtelijke context. Families van herkomst stellen andere belangrijke, soms overweldigende eisen aan partners. Dynamieken die in verband schijnen te staan met persoonlijke, emotionele of zelfs seksuele onverenigbaarheid hebben dikwijls in eerste instantie verband met de loyaliteit van het echtpaar met hun respectieve ouders en broers en zusters. Het klopt waarschijnlijk dat het vooruitzicht op een loyaliteitsconflict tussen families van herkomst en relaties met leeftijdgenoten altijd aanwezig is wanneer adolescenten en jong volwassenen nieuwe verbintenissen proberen aan te gaan. Dit vooruitzicht op conflict is een gemeenschappelijk element in vriendschappen, liefdesrelaties en huwelijk. Idealiter is er in elke situatie een balans te vinden, bijvoorbeeld: een jonge bruid kan mogelijkheden vinden tijd door te brengen met haar ouders, ook al gunt haar echtgenoot haar dat eigenlijk niet. In feite vereisen balansen gewoonlijk grote hoeveelheden bewustzijn, energie, geduld en tijd.
Er zijn ook veel situaties waarin geen balansen kunnen worden gevonden. De

moeilijkheid wordt groter wanneer een dochter of zoon niet openlijk toegewijd is of geen uitdrukking geeft aan haar of zijn loyaliteit ten opzichte van de ouder(s). 'Wie mijn ouders zijn,' kan iemand redeneren, 'wat zij doen en wat zij willen is voor mij van geen belang. Steeds echter wanneer mijn echtgenoot met mij wil vrijen, vraag ik me af waarom ik intiem met of warm voor *hem* zou zijn als ik aan *hen* nooit iets geef.' Het ambivalente kind, dat voortdurend zijn of haar ouders vermijdt, hun niets geeft of hen op afstand houdt, vindt meestal een weg om loyaal ten opzichte van hen te zijn. In die gevallen kan loyaliteit van het kind de vorm aannemen van directe of indirecte afwijzing van zijn of haar huwelijk of partner.

Ten dele of in feite kunnen seksuele moeilijkheden van een echtpaar, hun gebrek aan interesse voor intimiteit, hun frigiditeit, impotentie en het vooruitzicht op buitenechtelijke verhoudingen manieren zijn waarop uitdrukking wordt gegeven aan indirecte loyaliteit met één of beide families van herkomst. Het echtpaar kan heen en weer geslingerd worden tussen elkaar op afstand houden en de ander tot zondebok maken. Voor beide situaties geldt dat de echtelieden worden gedwongen om met hun onderlinge toewijding te betalen voor de onbeantwoorde vereisten van ieders sluimerende loyaliteit met de ouders. Zulke loyaliteitsconflicten in een huwelijk kunnen snel boven komen drijven of na jaren aan de oppervlakte komen. Als het echtpaar er zich van bewust zou zijn hoe het inderdaad gevangen zit, dan zou het wellicht alternatieven kunnen vinden voor het opofferen van het huwelijk. De echtelieden zouden wellicht ook in staat zijn te onderkennen hoe exorbitant loyaal zij zijn, hetzij door 'delegatie' van irreële verwachtingen door de ouders, hetzij door hun eigen geïnternaliseerde neiging tot schuld. Men moet er wel om denken dat er geen geldige rechtvaardiging bestaat voor de situatie waarin als consequentie van loyaliteit met ouders, wordt vereist dat iemand deloyaal wordt met zijn eigen afhankelijke kind.

Buitenechtelijke verhoudingen geven een ingewikkeld stel nauw met elkaar samenhangende, onzichtbare loyaliteiten en deloyaliteiten weer. Door het hebben van een verhouding is men deloyaal ten opzichte van het huwelijk. Door het aangaan van een huwelijk kan men deloyaal zijn ten opzichte van het gezin van herkomst. De verhouding kan daardoor gerechtvaardigd lijken, omdat ze iemand in staat stelt indirect loyaal ten opzichte van zijn of haar gezin van herkomst te zijn. 'Kijk eens, pa, ik heb nooit de bedoeling gehad jou te kwetsen met mijn huwelijk. Wij zijn het met elkaar eens dat mijn vrouw een kreng was.' Er spelen natuurlijk andere factoren mee in verhoudingen. Op horizontaal niveau vormen buitenechtelijke relaties vaak een poging het grootboek van billijkheid van het echtpaar weer in balans te brengen. 'Jij zat altijd te vitten, jij was afstandelijk, in wezen heb jij altijd je zin gekregen. Ik heb niets van jou gekregen, dus ben ik aan de beurt.'

Meestal heeft de ene partner meer genomen en minder gegeven en een lange-termijndilemma, op billijkheid gebaseerd, heeft zijn weg naar de oppervlakte gevonden. 'Zij heeft haar hele leven lang genomen,' zei een huilende man over zijn vrouw die nog steeds rouwde over het verlies van haar moeder. 'Mijn schoonmoeder was degene die ons emotionele steun gaf; mijn vrouw nooit. Nu is het haar beurt. Ik zou weleens willen zien waartoe zij in staat is, nu haar moeder er niet meer is.' Billijkheid heeft hier te maken met een verscheidenheid aan factoren, met inbegrip van het grootboek van de echtgenoot met zijn ouders, dat hij gedeeltelijk heeft verplaatst naar zijn schoonmoeder. Billijkheid heeft hier te maken met een billijke balans van geven-en-nemen. Billijkheid heeft ook te maken met de kwestie van verdelende rechtvaardigheid; dat wil zeggen: wanneer de ene huwelijkspartner kwantitatief meer gerechtigde aanspraak maakt op emotionele bevrediging dan de andere partner wil hebben of vraagt. Desondanks kan de niet-vragende partner achterblijven met een gevoel van onbillijkheid, ook al stelt deze minder eisen.

Contextueel werk vordert op voorwaarde dat duurzame huwelijken uiteindelijk eerder slagen op grond van hun lange-termijnhulpbronnen dan door korte-termijngedragspatronen. In pas gesloten huwelijken volgt meestal op de eerste fase van romantische verliefdheid een belangrijke periode waarin vertrouwen wordt opgebouwd. Het vermogen om duurzaamheid in een verbintenis te bevorderen, kan op twee manieren worden begrepen: 1. er is een wederzijdse betrokkenheid en 2. er vindt niet bij voortduring uitbuiting van elkaar plaats. Het gebeurt regelmatig in een therapie dat de partner die met één voet buiten de deur van het huwelijk staat, diep gekwetst is door het gebrek aan belangstelling van zijn partner voor complementariteit of aan echte belangstelling voor hem. Hij is niet bereid een schatting te maken van zijn aandeel in het teloorgaan van het onderling verantwoordelijk rekening houden met elkaar. Hij is al op weg. Maar hij wil nog steeds een teken van haar betrokkenheid bij hem. Het woord 'uitbuiting' legt meer nadruk op psychologische en, natuurlijk, fysieke mishandeling dan op feitelijk materieel voordeel. Met andere woorden: één of beide echtelieden kan of kunnen de ander hoofdzakelijk gebruiken voor projectieve identificatie, voor attributies van slechtheid of om kwetsuren uit het verleden aan te tonen. Het is voor partners niet mogelijk enigerlei vorm van psychologisch 'gebruik' van elkaar te vermijden. Voortdurend eenzijdig gebruik leidt echter tot parentificatie. In echtpaartherapie kunnen de inzichten van het echtpaar over hun situatie een verhelderend, zo niet corrigerend effect sorteren. De vaardigheid en de ervaring van de therapeut kunnen ook zó werken, dat vernietigende relationele patronen worden doorbroken. Maar het leeuwedeel van therapeutische hulpbronnen ligt verankerd in de vorming van vertrouwen dat voortkomt uit de pogingen van iedere partner om gerechtigde aanspraak te verwerven. Verworven gerechtigde aanspraak kan echter een onbereikbaar doel zijn, tot ieder zijn of haar patronen van destructief gerechtigde aanspraak onder ogen kan zien en vooruitgang kan boeken door hieraan te werken. Neem bijvoorbeeld de situatie van de vrouw van 40 jaar, die zich duidelijk volledig richtte op religieuze studie en 'devotie':

Zij vermoedde dat haar echtgenooot een buitenechtelijke verhouding had. Zij was bereid de situatie te tolereren, zolang zij zich kon richten op de depressie van haar man en de mogelijkheid dat hij zichzelf zou doden. Onder deze omstandigheden kon hij worden omschreven als ziek en misleid – en zij als het slachtoffer, als degene die nodig was en die het heft in handen had. Toen haar echter werd gevraagd te overwegen wat haar bijdrage was aan het mislukken van hun huwelijk, raakte zij in paniek. Toen haar werd gevraagd in welke mate zij aan haar emotionele investering in haar klasgenoten voorrang gaf boven haar relatie met haar man, liep zij weg.

Ondanks haar aangeduide 'bijdragen' aan haar echtgenoot, blokkeerde het gedrag van de vrouw haar keuzemogelijkheid tot het verwerven van verdiende gerechtigde aanspraak. Gevangen in langgekoesterde patronen van vermijding en ontkenning, gebruikte zij de theologie om haar houding te ontschuldigen en de psychologie om het gedrag van haar echtgenoot te kleineren. Zij koos voor gevoelens van eigendunk en noemde haar echtgenoot 'ziek' om de verplichting te vermijden haar patronen van destructief gerechtigde aanspraak onder ogen te zien, laat staan eraan te werken.

Het bewerken van patronen van destructief gerechtigde aanspraak is een inleiding op het verwerven van constructief gerechtigde aanspraak in het huwelijk zowel als in andere belangrijke relaties. Dit proces wordt bevorderd door de bereidheid van het echtpaar zowel een effectief ouder-team te worden als een zorgzaam echtpaar. De neiging kinderen te misbruiken tijdens echtelijke onmin is voor het huwelijk even destructief als voor het ouderschap. Het vaststellen van nieuwe criteria voor het ouderschap is een even belangrijke basis voor herstelwerkzaamheden in het huwelijk als iedere meer rechtstreekse interventie ten behoeve van het huwelijk.

De respectieve legaten van het echtpaar zijn ook een belangrijk aspect van verdiende gerechtigde aanspraak. Familielegaten verschillen in belangrijke mate van ouderlijke delegaten en schadelijke geboden die men erft. Legaten moeten per definitie zowel bewaard als veranderd worden. Legaten zijn een waardevol element van raciaal, religieus, etnisch of familiaal erfgoed die ten goede kunnen komen aan het nageslacht. Iedere generatie wordt geconfronteerd met de taak te selecteren wat in hun legaten van onderliggende, universele waarde is; dat wil zeggen: ten bate van de volgende generatie, zowel als welke elementen moeten worden omschreven als bezitterige, rigide of vooroordelende geboden van voorouders.

In feite komen huwelijkspartners altijd van verschillende achtergronden vanwege hun twee afzonderlijke families van herkomst. Maar vergelijkenderwijs kunnen de verschillen meer of minder groot zijn; bijvoorbeeld: gemengde huwelijken kunnen bestaan uit partners van volkomen verschillende raciale, religieuze of etnische achtergronden: waardoor hun loyaliteitskwesties nog scherper en complexer worden. Zoals een man eens zei: 'Ik werd me meer bewust van mijn protestantse identiteit toen ik een joodse vrouw trouwde; en zij werd zich ook meer bewust van haar joodse achtergrond. Nu moeten we ook *ons soort mensen* vertegenwoordigen bij leden van elkaars familie.'

De weg van persoonlijke identiteit naar vertegenwoordigende identiteit is vol problemen. Mensen kunnen iemands persoonlijke achtergrond 'vergeven', maar vertegenwoordigende identiteiten zijn altijd een mogelijk doelwit voor vooringenomen veronderstellingen. Hoe sterker het vooroordeel waarop iemand stuit, des te eerder wordt hij ertoe gedreven loyaal te zijn ten opzichte van de groep waaruit hij stamt. Per definitie is het in een gemengd huwelijk eerder mogelijk dat er loyaliteitsconflicten ontstaan tussen iemands loyaliteit met de huwelijkspartner en met zijn of haar herkomst.

Het hoofd bieden aan loyaliteitsconflicten

Echtparen die te maken krijgen met loyaliteitsconflicten, hebben een aantal keuzemogelijkheden om die uit te werken. De meest voor de hand liggende is dat zij zich tot elkaar wenden en een bolwerk van kracht vormen, een solide team dat als buffer kan werken *tegen* de beide gezinnen van herkomst. Toch heeft loyaliteit vanuit het kind een ontzaglijk diepe werking; ontkennen kan haar kracht eerder versterken dan verminderen. Bovendien is het een feit dat twee mensen voortkomen uit afzonderlijke levenscontexten die noch kunnen versmelten, noch kunnen worden behandeld als een gemeenschappelijke tegenstander. Een voorbeeld hiervan is de situatie waarin de ene partner, nadat hij lange tijd zijn geloof de rug had toegekeerd, besloot naar zijn synagoge terug te keren – 'Alleen maar om de muziek,' zei hij, 'en slechts één keer.' Zijn vrouw reageerde met het gevoel in de steek te worden gelaten en beschuldigde hem ervan dat hij voortdurend vermeed naar de mis te gaan. Partners met een overeenkomstige achtergrond, maar met verschillende gewoonten kunnen echter ook krachtige loyaliteitsconflicten doen ontstaan. Als een echtgenote de ander tegen de 'kwaadaardige invloed' van haar familie beschermt, betekent dit een andere keuzemogelijkheid voor het werken aan loyaliteitsconflicten. Zijn pogingen echter om zijn vrouw te redden van haar familie kunnen tegenproduktief werken. Een man die zijn vrouw beschouwt als het slachtoffer van haar ouders, kan haar zichtbare en onzichtbare loyaliteiten met hen versterken. Daar komt nog bij dat zijn vrouw door zijn pogingen ten behoeve van haar er daadwerkelijk van wordt weerhouden om te investeren in haar worsteling om autonoom ten opzichte van hen te worden. De misplaatste pogingen van de echtgenoot ten behoeve van zijn partner kunnen juist het tegenovergestelde effect hebben van wat hij beoogde. Het kan haar ertoe aansporen zich weer te voegen bij haar gezin van herkomst om hen te rechtvaardigen. Dan kunnen zij en haar familieleden hun krachten bundelen en zich tegen haar beschermer keren, die nu hun gemeenschappelijke vijand wordt. Een andere manier om aan loyaliteitsconflicten het hoofd te bieden is: een echtgenoot voegt zich bij zijn familie tegen zijn vrouw en haar familie en vice versa. De twee oorspronkelijke loyaliteitscontexten van twee elkaar openlijk bestrijdende partijen belasteren elkaars intenties en zorgen er effectief voor dat het nooit echt tot een huwelijk komt.

De meest effectieve keuzemogelijkheid om een loyaliteitsconflict het hoofd te bieden, ligt waar een echtpaar elkaar voldoende ruimte geeft om te werken aan hun respectieve agenda's met hun eigen gezinnen van herkomst. Eén van hen kan door de familie van de ander worden afgewezen, maar zelfs dan is het in het gevestigde belang van beide partijen hard te werken aan een team-relatie van waaruit ieders pogingen de best mogelijke relatie te ontwikkelen met zijn of haar familie, kunnen worden versterkt. Deze oplossing leidt ertoe dat de onzichtbare loyaliteiten eerder verminderd dan vergroot worden. Een voorbeeld hiervan is de situatie van een echtpaar dat binnen dezelfde religieuze traditie trouwde, maar waarvan de partners zich op de uitersten van het spectrum van naleven van godsdienstige gebruiken bevonden.

> De vrouw slaagde er niet meer in toegewijd te zijn aan de godsdienstige gebruiken en dat veroorzaakte wrok bij haar schoonvader. De spanning tussen hen steeg toen de schoonvader tegen zijn zoon – haar man – zei dat hij de voorkeur gaf aan een gemengd huwelijk boven een huwelijk waarin zijn schoondochter zozeer zijn verwachtingen beschaamde.
> Door de jaren heen ontstond er steeds meer haat en nijd tussen schoondochter en schoonvader, een feit dat haar echtgenoot (die het enige overlevende kind van zijn ouders is) in een voortdurend loyaliteitsconflict plaatste.
> Langzamerhand echter herzag de vrouw haar houding ten opzichte van de loyaliteitsbanden van haar man. Zij kon zich er niet toe zetten zijn vader aardig te vinden, maar zij was zich bewust van de geldigheid van het aanbod van zorg van haar man aan zijn vader.
> Uiteindelijk waren vader en zoon zover dat zij samen dingen deden en zij kwamen er zelfs toe samen een reis naar het buitenland te maken. In feite had de vrouw geleerd om uit de buurt van haar man te blijven, wanneer het ging om de vader van haar man. Maar dat was geen altruïstische daad van haar, want zij had er ook iets aan. Zij verdiende gerechtigde aanspraak voor zichzelf door haar echtgenoot ruimte te geven en zij zag dat de relatie tussen haar man en hun zoon er positief door veranderde.

Kortom: het zogeheten onvermogen van een echtpaar om elkaar nabij te zijn, kan zowel verankerd liggen in hun onzichtbare loyaliteit met hun ouders, als in een persoonlijk onvermogen vanwege gemis in de kindertijd, in een fout die systematisch voorkomt in de huidige omgang met elkaar, of in scheefgegroeide gedragspatronen tussen mensen.

Therapeutische richtlijnen

Het contract van een contextueel therapeut met betrekking tot het werken aan een huwelijk, is noch het eenvoudig herstellen van een mislukkend huwelijk, noch het bespoedigen van de echtscheiding. De therapeut doet er goed aan niet toe te staan dat zijn competentie wordt afgemeten aan de uitkomst van de beslissingen van zijn cliënten. Zijn fundamentele mandaat betreffende het huwelijk alsook alle andere aspecten van zijn werk zijn: partijdig zijn met beide partners en van ieder van hen verwachten dat zij in dialoog een verantwoordelijke positie innemen. Aan zijn contractuele verplichtingen wordt wezenlijk voldaan wanneer hij ten behoeve van ieder van hen alle dimensies – feiten, psychologie, transacties en relationele ethiek – naloopt. Maar een therapeut kan zodanig worden geparentificeerd door zijn cliënten, dat hij zich persoonlijk verantwoordelijk voelt voor hun besluiten. Als hij toestaat dat hun parentificatie als maatstaf voor zijn werk geldt, wordt hij automatisch omgevormd tot scheidsrechter met de opdracht op de bal te letten en de punten te tellen.

Hier wordt weer door ervaring aangetoond hoe verstandig en voordelig het is om een therapeutische overeenkomst aan te gaan met als voorwaarde slechts één contractuele verplichting – mensen ertoe zetten verantwoordelijkheid op zich te nemen voor het doen van eigen keuzen en, in het geval van jonge kinderen: verantwoordelijkheid ten bate van hen op zich te nemen. Wanneer een therapeut zich aan deze fundamentele zaken houdt, heeft hij altijd vaste grond onder de voeten, ook als hij zich diep bedroefd voelt wanneer een echtpaar, waarvan hij had gehoopt het huwelijk te 'redden', besluit te gaan scheiden. Geen enkele ouder is voor altijd verplicht door te gaan met een onhoudbaar huwelijk ten bate van de kinderen. Ouders zijn het hun kinderen wél verplicht een eerlijke poging te doen rekening te houden met hun belangen en deze te bewaken. Zelfs te midden van hoog opgelopen spanningen van een afschuwelijk verlopende scheiding, doen ouders er goed aan hun doel voor ogen te houden. Een voortdurende investering in gezamenlijk ouderschap van hun kinderen kan een echtpaar dat bezig is met een echtscheiding, helpen hun pijn in andere banen te leiden en zich opnieuw te richten op één van de centrale punten van hun werkelijkheid.

Therapeuten zijn vooral verantwoordelijk voor de hulp aan het echtpaar bij het aanvaarden van verantwoordelijkheid wanneer er kleine kinderen bij betrokken zijn. Op die manier krijgen cliënten wat hen toekomt: zij worden behandeld als de volwassenen die zij zijn. Hierbij biedt de therapeut weerstand aan de verleiding om mensen te verlokken een kindrol op zich te nemen ten opzichte van zijn magische autoriteit. Hij weerhoudt zich ervan specifieke gedragsstructuren voor te schrijven en helpt in plaats daarvan het echtpaar hun eigen keuzen te doen. Zijn door hemzelf bepaalde functie, die hij vanaf het begin aan de cliënten heeft duidelijk gemaakt, houdt in dat hij iemand is die bemoedigt, als katalysator werkt en mensen helpt uit zichzelf autonome en verantwoordelijke posities in te nemen.

In het werken met een huwelijk moet een echtpaar ook het onderlinge grootboek onderzoeken; de kwestie bespreken hoe billijk de verdeling van baten en lasten tussen hen en andere familieleden is. Tijdens dit proces wordt ieder geholpen zowel beide kanten van de balans te zien als een individueel standpunt in te nemen. Het kan zijn dat een van hen of beiden de belangrijkste punten ten aanzien waarvan een balans moet worden gevonden, onder tafel houden. Een man kan bijvoorbeeld een ernstige ziekte hebben ingebracht in het huwelijk en er niet over willen praten. Een vrouw kan kinderen van een andere man hebben 'ingebracht'. Zij waren zich beiden bewust van deze factoren toen zij trouwden, maar nu worden deze factoren groeiende bronnen van wrok en vermoeienis. In plaats van aan deze zaken iets te doen, kan het makkelijker voor het echtpaar zijn te ruziën over wie de borden in de gootsteen heeft laten staan of wie vergeten heeft 's avonds laat bij thuiskomst de voordeur op slot te doen.

Kibbelen over kleine kwesties van alledag is meestal makkelijker dan het aanpakken van grote, algemene zaken die in wezen onveranderbare lasten voor de relatie vormen. Het kan het echtpaar echter op de lange duur blijvend ten goede komen wanneer het de ethische implicaties van deze lasten onder ogen ziet en wanneer het erkenning en krediet geeft aan familieleden die het grootste gedeelte van de last dragen. Het resultaat van het onder ogen zien van de harde werkelijkheid kan vooral helend werken wanneer het billijk krediet geven kan worden uitgebreid naar andere gebieden, waar het ook nodig is de balans te herstellen. Het is mogelijk vele gebieden van de huwelijksrelatie te verkennen wanneer de ongerustheid en weerstand van de partners kunnen worden weggenomen. Bijvoorbeeld: ziet de ene de echte bijdrage van de ander over het hoofd? Ziet de een de ander niet staan? Worden iemands relationele krachten op een verantwoordelijke manier gebruikt? Handelt iemand vanuit zijn destructief gerechtigde aanspraak en ziet hij of zij daarbij niet hoe anderen worden gekwetst en vernederd? Wordt iemand uitgebuit door middel van destructieve parentificatie? Ondermijnt een van hen daadwerkelijk de pogingen van een ander een verantwoordelijke ouder of zorgzame schoonzoon of -dochter te zijn? Hoe geldig is de bewering van de vrouw dat zij meer aan haar echtgenoot kan geven nu zij een lesbische vriendin heeft? De therapeut blijft belangstelling houden voor zulke vragen. Hij verkent geduldig het lijden van het gezin, zowel van het echtpaar als van de kinderen, en probeert ieder gezinslid te bemoedigen.

Contextueel therapeuten zijn in wezen niet geïnteresseerd in geheimen als zodanig. Geheimen kunnen duidelijk deel uitmaken van behoefte aan privacy en daardoor hun geldigheid hebben. In het begin wilden gezinstherapeuten naïef elk geheim in het leven van hun cliënten ontrafelen. Men nam aan dat totale eerlijkheid en openheid de gezinnen beter zouden doen functioneren. Geheimhouding is echter complexer dan dat; er zijn ook andere principes aan de orde. Bijvoorbeeld: Wie zal baat hebben bij het onthullen van een geheim en hoe? Wanneer men naar de balans kijkt, heeft het geheim dan als resultaat dat iedereen er baat bij heeft? Of hebben meer mensen er meer baat bij wanneer het geheim wordt opgeheven? De moeder weet dat de vader niet de natuurlijke vader van Junior is. Helpt het als Junior dat weet? Rita heeft net ontdekt dat zij een buitenechtelijk kind is. Welk voordeel levert het op wanneer zij dit aan haar broers en zusters vertelt? Het is moeilijk deze vragen in absolute zin te beantwoorden. Maar zij verdienen het dat er afzonderlijk rekening mee wordt gehouden in de context waarin de familiegeheimen zich hebben voorgedaan.

De meest effectieve leidraad voor de evaluatie van complexe relationele conflicten is de kwestie of mensen al dan niet zorg hebben voor de verdeling van de baten en lasten van een familie. Kan de man het eens zijn met de bewering van zijn vrouw dat zij meer van hem kan houden sinds zij een lesbische relatie heeft? Kan de vrouw het ermee eens zijn dat haar man een meer gevende vader is geworden sinds hij openlijk ervoor 'uitgekomen' is dat hij wekelijks behoefte heeft aan een homoseksueel contact? Kunnen verhoudingen of open huwelijken bestaan zonder dat iemands belangen, vooral die van de kinderen, worden geschaad? In contextuele therapie is een algemeen principe werkzaam. Geen kind mag het slachtoffer worden tengevolge van de zoektocht van zijn of haar ouders naar vrijheid of openheid in hun seksuele leven. Omgekeerd geldt dat rekening houden met de belangen van hun kinderen, ouders altijd helpt bij het verwerven van gerechtigde aanspraak op toenemende vrijheid in hetgeen zij als volwassenen nastreven. Neem bijvoorbeeld de situatie van een gezin dat aanvankelijk om behandeling vroeg vanwege klachten over hun twaalfjarige dochter.

> De man is diep gekwetst door de insinuaties van zijn schoonmoeder, zodat de vrouw zich midden in een loyaliteitsconflict bevindt, dat tot nu toe verborgen was in Lisa's rol als zondebok. Het feit dat het grootboek tussen de moeder en de grootmoeder niet is verrekend, manifesteert zich in een roulerende rekening en bedreigt op dit moment het tweede huwelijk van de moeder zoals het ertoe heeft bijgedragen haar eerste huwelijk te doen stranden.
>
> Deze keer kijkt de moeder echter beter uit haar ogen. Zij heeft ontdekt dat er verband is tussen haar mislukte huwelijken en haar indirecte loyaliteit met haar ouders. Tijdens dit proces wordt zij geholpen haar onbillijkheid opnieuw onder de loep te nemen, met name het feit dat zij voortdurend haar echtgenoot de schuld geeft van de deplorabele toestand van de gezinskwesties. Het klopt dat zijn houding voor Lisa niet erg vaderlijk is, maar hij is al met al 'slechts' haar stiefvader. Maar hij doet een lange-termijnpoging het kind van een andere man te accepteren en haar lid te maken van zijn huishouden en familie.

Vanaf dit punt in het proces ging de therapie in de richting van een vier-generatieverkenning. Beide huwelijkspartners waren geleidelijk in staat de destructief gerechtigde aanspraken van hun respectieve ouders onder ogen te zien. Tijdens de hele behandeling met al haar complexiteiten was de therapeut in staat partijdig te zijn met beide echtelieden. Hij was ook in staat partijdig te zijn met Lisa, haar moeder en haar grootmoeder. Het hoofdthema van zijn werk werd geleid door het feit dat zijn grootste zorg uitging naar de kinderen van het echtpaar wier toekomst werd verstoord door de roulerende rekeningen van hun ouders.

HOOFDSTUK 19

ECHTSCHEIDING EN HERTROUWEN

Echtscheiding is in een contextuele visie altijd een betreurenswaardige, soms noodzakelijke gebeurtenis, waarbij het om meer gaat dan de wisselvalligheden van het leven van volwassenen. Voor kinderen betekent het altijd het einde van de continuïteit van het kerngezin. Zelfs in gevallen waarin ouders in staat zijn als ouder-team samen te werken, haalt echtscheiding de bodem onder de veiligheid van de wereld van het kind vandaan. Alleen al in het interim, wanneer de ouders bezig zijn ieder huns weegs te gaan, kan het kind op geen enkele manier handelen naar wat voor hem van nature van belang is. Het is voor hem absoluut niet mogelijk om net als zij te handelen; dat wil zeggen in de vorm van een echtscheiding: de een boven de ander te verkiezen.
Een scheiding tussen ouder en kind is dynamisch gezien natuurlijk ondenkbaar, omdat de band in wezen niet te verbreken is. Het unieke ervan is niet te vervangen en blijft gedurende iemands leven bestaan. De band tussen ouder en kind blijft zijn kracht behouden en is duizend keer ouder dan het menselijk experiment met het kerngezin.

Therapeutische richtlijnen voor het echtscheidingsproces

Therapie te midden van echtscheiding gaat volgens eigen specifieke principes en richtlijnen te werk. Allereerst is het onwaarschijnlijk dat twee volwassenen erin zullen slagen uitsluitend ter wille van de kinderen gehuwd te blijven, ongeacht de verwachtingen van familie en gemeenschap. Zelfs al zouden de volwassenen het proberen, zij zouden niet om het feit heen kunnen dat hun chronisch wantrouwen ten opzichte van elkaar de voornaamste bron van schade voor hun kinderen is, niet de kwestie of zij al dan niet samen onder een dak wonen. Therapie met echtparen midden in echtscheiding heeft dus veel facetten en doelen. Therapeuten zijn verplicht echtparen te helpen het verleden af te sluiten; over hun pijn heen te komen; gevoelens van woede, hulpeloosheid en het trauma van verlies te verwerken en zo eerlijk als de omstandigheden het toelaten met elkaar te onderhandelen. Ze moeten hen ook helpen al experimenterend *minder* op het juridische systeem te steunen bij het vaststellen van hun voorwaarden en doelen of het regelen van hun zaken en *meer* op hun vermogen te steunen om te pleiten voor wat billijk is; een nieuwe richting in hun leven te vinden en opnieuw de voor hen lang sluimerende sociale wereld van de 'alleenstaanden' te betreden. De hoeveelheid werk die voortkomt uit het proces van uit elkaar gaan en de echtscheiding zelf, is meestal heel groot; het omvat allerlei tot dan toe vermeden kwesties voortkomende uit het verleden, zoals betrouwbaarheid, autonomie, irreële verwachtingen, botsingen met ouders, veroordelende vrienden, vergeldende schoonfamilie, verschuiving in het sociale en gemeenschapsleven, nieuwe liefdesverhoudingen, en het gedrag en de toekomst van de kinderen, met inbegrip van voogdij, bezoeken en vakanties, met alle consequenties van dien.

In contextueel werk met echtscheiding blijft veelzijdig gerichte partijdigheid het leidende principe en de methode ten aanzien van beide volwassenen. Wanneer er sprake is van jonge, afhankelijke kinderen, is het veilig stellen van hun belangen het primaire doel van de therapie. Op den duur dient dit doel ook het best de belangen van de ouders. Er kan bijvoorbeeld geen echtscheiding plaatsvinden zonder dat de kinderen in een bepaalde mate worden geparentificeerd. Op zijn minst zullen de ouders rekenen op het vermogen van hun kinderen betrokken, liefhebbende en welwillende waarnemers te zijn. Onder deze omstandigheden steunen ouders meestal zwaar op de goede trouw van de kinderen, die in feite het vermogen van de kinderen om hun ouders werkelijk te helpen, verre overtreft.

Op zijn ergst fungeren kinderen in al hun hulpeloosheid als geïsoleerde bronnen van betrouwbaarheid in een wereld van volwassenen die overduidelijk onbetrouwbaar en manipulatief is. Gekwetste, onzekere en wrokkige ouders voelen zich bijna altijd gedwongen hun kinderen als een forum te gebruiken waarvoor zij lucht kunnen geven aan hun minachting, haat en wantrouwen. Hier kan een therapeut ouders attenderen op het dikwijls onbedoeld misbruik dat zij van hun kind maken. Een therapeut kan ouders ook doen inzien dat zij hun kind als scheidsrechter gebruiken. 'Wil je de zondag met papa of met mij doorbrengen?' is het soort vraag dat kinderen belast, soms zozeer dat zij zich volledig in zichzelf terugtrekken of op een andere manier laten zien dat zij eraan onderdoorgaan. Ouders worden het beste geholpen wanneer zij beiden leren op een gegeven dag duidelijk eigen wensen naar voren te brengen, kwesties onderling te regelen en daarna met hun kind te onderhandelen.

Het vermogen van ouders om hun eigen voorwaarden te onderkennen is van kapitaal belang voor de vraag of zij op den duur al dan niet gedwongen worden van het juridisch systeem een soort superouder te maken. Kunnen zij aangeven wat zij willen en er met elkaar over praten? Of voelen zij zich meer op hun gemak als zij dit aan advocaten en de rechter overlaten? De keus is moeilijk. Enerzijds: als mensen kunnen onderhandelen over hun geschillen, zouden zij misschien niet scheiden. Anderzijds: steunen op advocaten is vaak gelijk aan steunen op doktoren. In beide gevallen wordt iemand vaak gedwongen terug te vallen in een houding van ongewenste afhankelijkheid. Maar kan een leek werkelijk van zichzelf verwachten competent genoeg te zijn, uit het doolhof van medische of juridische geheimen te komen? Het antwoord is gewoonlijk 'ja' en 'nee'. Een leek kan bijvoorbeeld weten wat een advocaat meestal negeert, namelijk: hoe minder de ouders hun toevlucht nemen tot juridische strijd, hoe beter dat is voor hun kinderen. Of zij het nu in juridische of in algemene bewoordingen doen: als ouders elkaar belasten, kwetst dat hun kind altijd en het is bovendien beschamend. Een oorlogszuchtige, vijandelijke echtscheiding beschadigt de overgebleven hulpbronnen van vertrouwen waarop het gezin zal moeten bouwen wanneer het echtscheidingsproces heeft plaatsgehad. In ieder geval: iedere juridische zet die zich leent voor een totale oorlog tussen scheidende volwassenen druist altijd in tegen de beste belangen van een kind. Bij een totale juridische oorlog loopt men ook het risico de vervreemding tussen leden van ieders familie van herkomst te vergroten, met als mogelijkheid dat de kinderen minder contact met hen kunnen hebben. Vooral ten tijde van niet gewilde scheiding en verlies kan ieder kind baat hebben bij contact met *al* zijn grootouders, ooms, tantes, neven en nichten. Een kind wint er niets bij als tijdens het juridisch proces de familie van zijn vader wordt opgezet tegen moeders familie. De nadruk van contextuele therapie op veelzijdige zorg tussen familieleden onderling, zelfs te midden van echtscheiding, is de voorbode van echtscheidingsbemiddeling, een benadering die in wezen contextueel is.

Voogdij over het kind

Het zou ideaal zijn als de voogdij over het kind wordt verdeeld over de ex-echtgenoten en wordt gekenmerkt door ieders duidelijke bereidheid met elkaar samen te werken ten behoeve van hun kind. Of het kind bij één of afwisselend bij beide ouders woont is van ondergeschikt belang. De kwestie waar het echt om gaat is of de ouders een oprechte poging kunnen doen om in het belang van hun kinderen samen te werken. Zo'n poging vergt veel van ieder: nare aspecten van het verleden komen steeds weer boven en belemmeren huidige regelingen in ieders leven. Soms worden jaloezie, naijver en allerlei onverwachte emoties erdoor opgewekt en worden ouders ertoe gedwongen zich af te vragen hoe het geweest had kunnen zijn. Er ontstaan pijnlijke situaties zoals verplichte ontmoetingen bij eindexamens, speciale verjaardagen, huwelijken en perioden van ziekte, om maar te zwijgen over de vraag waar het kind moet blijven in de schoolvakanties. Toch zijn er maar weinig alternatieven.

De bezoekregeling is zo'n kwestie. Indien volwassenen de energie kunnen opbrengen en de tijd nemen voor het samenstellen van een nauwkeurig bezoekrooster waarop de kinderen zich kunnen verlaten – en er zich aan kunnen houden – betuigen zij wezenlijk respect voor de rechten en de waardigheid van hun kinderen. Een bezoekrooster is natuurlijk bedoeld als uitgangspunt om onvoorziene gebeurtenissen en, zo u wilt, verwachtingen op te vangen. Het geeft ondergrond en richting aan een gezinsleven dat zojuist aan het wankelen is gebracht. Het is de bedoeling om met het rooster iedereen te beschermen tegen de uitwassen van een rigide, dwangmatig gebrek aan spontaneïteit enerzijds en tegen al te spontane 'vrijheden' anderzijds. Met alle ongemak helpt een bezoekrooster gezinsleden in onderlinge samenwerking plannen op te stellen. Bezoekroosters kunnen echter ook worden gebruikt als wapens en chantagemiddel. Neem bijvoorbeeld de situatie van een dertienjarig meisje wier ouders vijf jaar geleden een bittere echtscheiding hebben doorgemaakt.

In het bezoekrecht was een plan opgenomen dat inhield dat Mary iedere zomer zes weken bij haar vader zou doorbrengen. Andere zaken maken hier duidelijk inbreuk op: gespleten loyaliteit en ouderlijke voorkeur hebben bijvoorbeeld te maken met moeders hang naar haar dochters en vaders hang naar zijn zoon. Toch moest Mary met haar vader onderhandelen over wat de laatste zomer bleek te zijn die zij bij hem zou doorbrengen. Zes weken leken te lang; wat vond hij van vier weken? Zij had vrienden en activiteiten in haar woonomgeving. Zou zij die op een of andere manier kunnen inpassen? Bovendien: zelfs wanneer zij naar haar vader zou gaan, bracht hij al zijn tijd door met haar broer en was zij de hele tijd bij haar stiefmoeder, die erg aardig was, maar... Zou daar een oplossing voor kunnen worden gevonden? Haar vader kon alleen maar reageren met te zeggen dat Mary werd beïnvloed door haar moeder en dat zij daarom alles zo moeilijk maakte.
Omdat de vader niet in staat was naar Mary te luisteren of haar kant op de een of andere manier krediet te geven, bleef hij op een afstand van zijn dochter en leed onder alle te verwachten consequenties. Hij voelde zich in de steek gelaten, beschuldigd en beschuldigend. Hij voelde zich hulpeloos ten aanzien van wat hij als afwijzingen van zijn dochter zag. Hij was woedend op zijn ex-vrouw. Hij had het gevoel dat zijn oudste dochter een precedent had geschapen waardoor de meisjes niet bij hem kwamen logeren. En hij voelde zich nog bezitteriger ten aanzien van zijn zoon dan tevoren.
De moeder raakte depressief. Zou er na vijf jaar niet iets anders hebben moeten gebeuren? Mary's oudere zuster voelde zich schuldig. Had zij een schadelijk precedent geschapen door te weigeren haar vader te bezoeken? Mary's jongere broer voelde zich in de val zitten. Hoe zou hij ooit tijd voor zichzelf hebben als hij als enige zijn vader zou bezoeken? Mary voelde zich schuldig en boos. Zij voelde zich ook in de kou staan. Zij had geprobeerd met haar va-

der te praten. Zij had alternatieven aangeboden. Hij had deze geweigerd. Het moest gaan zoals híj wilde of anders hoefde het niet. Mary had het gevoel dat zij niet alleen, misschien voorgoed, haar vader was kwijtgeraakt, maar ook het beeld van wat het betekende een vader te hebben. Daarom schreef zij hem een brief:

PAPA, VADER
Wanneer ik dat woord hoor, zet mij dat altijd aan het denken. Wat betekent 'vader' voor mij? Ik zie wat 'vader' voor de meesten van mijn vrienden betekent en het zit mij dwars dat het woord 'vader' nooit voor mij die betekenis zal hebben.
In mijn leven betekent een vader spanning, druk, pijn, woede, van streek zijn, frustratie en zoveel meer. Betekent een papa dat ook voor mijn vrienden? Ik denk van niet. Papa betekent voor hen waarschijnlijk liefde, begrip, vriendelijkheid, medeleven en nog veel meer. Waarom staan onze definities haaks op elkaar? Misschien omdat wij allen ervaring hebben met veel verschillende mensen. Dit zal waarschijnlijk niet erg begrijpelijk voor jou zijn, omdat mijn gedachten in de war zijn terwijl ik je schrijf.
Soms denk ik dat 'vader' voor mij hetzelfde zou kunnen betekenen als voor mijn vrienden (tenminste in een onzinnige, heerlijke fantasiewereld waarin ik mij dikwijls begeef). Maar in werkelijkheid weet ik dat het niet waar is *of schijnt het nooit mogelijk te zijn*. Soms haat ik het woord 'vader' omdat het zo vele anderen blijdschap bezorgt en mij niet. Toen ik een kind was, hield ik van mijn papa. Ik houd nu op mijn manier van hem – maar anders.
Ik begon te groeien en hij wilde dat dat ophield. Ik begon een eigen persoon te worden, wat hem ongelukkig maakte omdat ik niet precies wilde wat hij wilde. Ik wilde *onze* problemen oplossen en misschien door dat te doen, onze relatie versterken. Ik wilde een compromis – hij wilde *alles of niets*. Het was alles of niets en niks ertussen in. Hij sprak zich duidelijk uit – verder was het aan mij. Hij wilde dat ik mijzelf *volledig* opofferde of alles vergat. In het begin praatte hij niet eens met mij over onze problemen, of misschien praatten wij wel, maar hoorde hij niet wat ik zei. Hij wilde niet dat ik mijzelf als persoon liet zien.
Ik had het gevoel dat ik een 'verlengstuk' van mijn vader was; als een arm doe ik wat mij gezegd of opgedragen wordt – ik heb geen persoonlijkheid. Is dat de soort relatie die ik wilde met mijn vader? Dit was het zwaarste besluit dat ik ooit in mijn leven heb genomen. Misschien was het een goed besluit en misschien niet, maar ik moest een keuze doen en toen moest ik ermee leven.

Mary heeft de brief nooit verzonden. Zij kon zich geen antwoord voorstellen dat haar niet nog meer pijn zou doen. Zij gaat niet meer bij haar vader op bezoek, hoewel zij hem een paar briefjes en een cadeau heeft gestuurd. Niets is echter ooit genoeg, dus is er steeds minder reden om het te proberen. Mary en haar broer praten nu niet meer met elkaar; telkens wanneer zij het proberen, maken zij ruzie. Híj schreeuwt steeds tegen haar en zíj klaagt. Familieleden zitten allen vast in posities die zij nooit gekozen lijken te hebben. Ogenschijnlijk draait dit alles om de kwestie van een bezoekregeling en het schijnbare onvermogen van een familie een uitvoerbaar plan te maken.

Veel mislukte pogingen zijn gedaan om criteria op te stellen voor de 'goede' voogdij-ouder. Ouders tegenover elkaar stellen om hun goede kwaliteiten te kunnen meten resulteerde onder andere in een verdere vermindering van betrouwbaarheid in de familie. Beroepsmatig advies verergerde meestal de situatie. *Goldstein, Freud en Solnit (1973)* redeneerden in de bekendste poging tot beroepsmatig advies dat een kind het meeste baat heeft bij een voogdijregeling waarin uitsluitend één ouder de voogdij heeft – zelfs zo, dat hij of zij contact met de ouder die de voogdij niet heeft, kan verbieden. Deze redenering is in flagrante tegenspraak met familietheorie en -therapie die laat zien dat de relatie van een kind met beide ouders blijvend en onverbrekelijk is.

Neem bijvoorbeeld de situatie van Bruce.

> Bruce, latent suïcidaal, is de middelste van drie kinderen wier ouders zijn verwikkeld in een fel betwiste echtscheiding. Het jongste kind, een meisje van zeven jaar, wil graag bij haar moeder wonen. De oudste, John van veertien, heeft klaarblijkelijk voor zijn vader gekozen. Maar Bruce is negen en op alle mogelijke manieren de middelste. Hij mist John en zijn vader. Zijn moeder noemt zijn vader in het bijzijn van de kinderen dikwijls een klootzak en zij zegt herhaaldelijk hoezeer ze walgt als ze zijn gezicht maar ziet.
>
> Van zijn kant probeert vader te bewijzen dat hij zich zorgzaam en juist gedraagt en dat hij daardoor aanspraak kan maken op de voogdij van Bruce. Hij was geschokt, zei hij, toen de rechter hem zei te hopen dat hij bewijs kon leveren voor zijn beschuldiging dat zijn vrouw de kinderen mishandelde. 'Ik dacht dat ik slechts hoefde aan te tonen dat ik een betere ouder ben,' klaagde hij. 'Ik was er niet op uit om een bewijs van mishandeling te leveren.'
>
> Bruce is ontmoedigd, verward en depressief. Hij staat zichtbaar in tweestrijd en rekent erop dat op vijf mei, de dag van de rechtzitting, wordt besloten dat hij bij zijn vader kan gaan wonen. In een voorbereidende bijeenkomst herhaalde hij steeds maar hoe bang hij is om naar de rechtbank te gaan. Hij is bang dat zijn zusje hem bij zijn *moeder* zal verraden door haar te vertellen wat hij zegt. Moeder zegt tegen Bruce dat zij het hem nooit, maar dan ook nooit, zal vergeven als hij haar voor zijn vader in de steek laat. Maar volgens Bruce schreeuwt en vloekt zij veel tegen hem. Zij noemt hem een hond en eist – volgens geruchten – dat hij, als hij eten op de grond laat vallen, het van de vloer eet.
>
> Heeft Bruce het ooit leuk bij zijn moeder? Hij geeft aarzelend toe van wél.

'Soms knuffelt zij me en vertelt me verhaaltjes. En soms gaan wij samen wandelen.' Wat hier ook de waarheid is, Bruce is negen jaar en het lijkt dat hij het gevoel heeft volledig vast te zitten.

Onder de gegeven omstandigheden wordt door gedwongen scheiding tussen het kind en zijn of haar ouder, het kind niet alleen iets in en van zichzelf ontnomen. In de ogen van het kind worden ook de betrouwbaarheid en de geloofwaardigheid van de ouder met de voogdij en zelfs van zijn broers en zusters ondermijnd. In een aantal staten van de Verenigde Staten is een concept over geschiktheid voor voogdij vastgelegd waarin wordt gesteld dat het kind recht heeft op contact met beide ouders; een richting die in 1980 door de staat Californië werd ingeslagen *(California, 1980)*. Boszormenyi-Nagy was verantwoordelijk voor de aanbeveling aan de rechter: 'Bij het vaststellen van de bekwaamheid van de ouders moet de rechter ernstig rekening houden met de relatieve bereidheid van de twee partijen, het kind contact te laten houden met de andere ouder, zijn broers en zusters, zijn grootouders en andere familieleden' *(GAP, 1980)*. Het recht van het kind op contact met nauwe verwanten bevat een ingewortelde wijsheid. Daarmee worden de natuurlijke hulpbronnen van het kind bewaard en in stand gehouden in plaats van dat zij worden veronachtzaamd en genegeerd. De rechtbank heeft natuurlijk het recht bewijs van ouderlijke samenwerking te vragen. Als die er niet komt, handelen zij in het belang van het kind wanneer zij opdracht geven tot therapeutische interventie in daartoe geëigende situaties.
Ouders onderkennen meestal hun beperkingen ten aanzien van hun vroegere echtgenoten en hun gemeenschappelijke kinderen en vragen derhalve om therapie. Eén vrouw kon heel duidelijk haar dilemma verwoorden.

> 'Ik wil dat mijn kinderen hun vader kennen, van hem houden, op hem steunen en een manier vinden waarop zij van hem kunnen genieten. Maar ik ben ook bang dat zij hem aardiger zullen vinden dan mij. Hij geeft hun wat zij maar willen hebben en, waar zij ook heen willen, hij neemt ze er mee naartoe. Als hij dat volhoudt – en ik ben altijd degene die hun zegt wat zij niet mogen hebben of wat zij wél moeten doen – wordt hij de toffe vader en u weet waartoe ik dan word bestempeld.'

De afhankelijke kinderen van gescheiden ouders hebben meestal baat bij voortzetting van de therapie, zelfs wanneer ouders niet kunnen of willen afspreken om buiten aanwezigheid van hun advocaten met elkaar te praten. Zelfs onder zulke omstandigheden kan een contextueel therapeut soms zó helpen dat de ouders wat de kinderen betreft een daadkrachtig team worden. Neem bijvoorbeeld de situatie van een vrouw die haar huis verliet vanwege een lesbische verhouding.

Haar echtgenoot was beurtelings woedend en ervan overtuigd dat zijn vrouw

uiteindelijk weer thuis zou komen. Van haar kant had zijn vrouw genoeg van mannen: een veroordelende vader, die haar in de steek had gelaten; een terughoudende, manipulerende echtgenoot; een afwezige, ongeïnteresseerde broer. Zij had er genoeg van zich tegenover mensen te verantwoorden en wilde met rust worden gelaten.
Beide ouders waren ontvankelijk voor het feit dat hun moeilijkheden de kinderen raakten. De spanning tussen hen beiden liep zó hoog op, dat de therapeut hen aanraadde uit elkaars buurt te blijven om zo enig evenwicht en richting in beider afzonderlijke werelden te herkrijgen. Een van de kinderen leed aan migraine; de ander was weer gaan duimzuigen. Toch waren deze ouders, te midden van explosieve emoties en elkaar afstraffend gedrag, beiden bereid te pogen iets te doen ter ondersteuning van hun kinderen.

In dit en andere gevallen kan de therapeut afwisselend werken met verschillende familieleden. Hij kan de kinderen in de ene zitting met hun moeder zien en vervolgens in een andere zitting met hun vader. Het kan zelfs heilzaam werken de kinderen als groep te zien zonder één van de ouders, misschien om te verkennen hoe zij als een beter team kunnen samenwerken, terwijl bij de volwassenen geen redelijkheid te bespeuren valt.

Hertrouwen

Wanneer een moeder en een vader eenmaal gaan scheiden, krijgen veel kinderen te maken met de mogelijkheid dat één of beide ouders zullen hertrouwen. Tweede huwelijken roepen allerlei goede en kwade emoties op. Zij scheppen ook een ingewikkeld vervlochten netwerk van oude en nieuwe loyaliteitsverwachtingen. Samengestelde gezinnen komen steeds meer voor in de Verenigde Staten en hetzelfde geldt voor Europa. Het is een patroon dat volgt uit hoge echtscheidingspercentages. Het is ook een bevestiging van de behoefte van mensen om een familiecontext te scheppen.
Hertrouwen wordt dikwijls gebruikt ter vergoeding van iets anders. Volwassenen verwachten begrijpelijkerwijs dat zij door te hertrouwen de pijnlijke naweeën van een echtscheiding teniet kunnen doen, eenzaamheid kunnen verzachten, zich kunnen verzekeren van financiële zekerheid, dat zich een andere kans op gezinsleven voordoet en misschien een romantische relatie. Volwassenen hopen ook dikwijls of nemen als vanzelfsprekend aan dat hun kinderen tot rust komen als zij opnieuw een thuis hebben met twee ouders. Soms hopen ouders naïef dat hun kinderen als vanzelf een vriend vinden in hun nieuwe stiefouder, misschien zelfs een vervanger voor de natuurlijke ouder die door de echtscheiding niet aanwezig is.
'Ik verwacht niet dat ik problemen met hen zal hebben,' zei de toekomstige, nooit eerder getrouwde stiefmoeder. 'Ik weet dat zij van haar zullen houden,' zei de vader van de aanstaande stiefkinderen. 'Zij hebben haar nog niet ontmoet, maar ik

heb hun alles over haar verteld. Ik zie uit naar de ontmoeting.' Hoop? Een verzinsel. Volwassenen hertrouwen op basis van een breed spectrum van voorwaarden, met inbegrip van gedachten over de ontvankelijkheid van hun kinderen. Ongeacht hun voorwaarden, is het irreëel te verwachten dat hun kinderen emotioneel zijn voorbereid op het accepteren van hun nieuwe situatie, zonder dat de volwassenen in hun rol van ouders met veel invoelingsvermogen aandacht zullen moeten besteden aan de blijvende loyaliteitsband van het kind met beide natuurlijke ouders.

Een storm kan opsteken wanneer een stiefmoeder bijvoorbeeld de teugels overneemt en de natuurlijke, gescheiden, zelfs te kort schietende moeder van de kinderen vervangt. Enerzijds kan de stiefmoeder volledig te goeder trouw handelen. Anderzijds maakt het feit dat zij zonder zorgvuldige voorbereiding de teugels overnam, haar tot degeen die haar stiefkinderen vraagt deloyaal met hun moeder te zijn. Hetzelfde zou kunnen worden gezegd over de vader die een echte, zij het al te snelle poging doet bevriend te raken met zijn nieuwe stiefzoons wier natuurlijke vader is overleden. Hun eerste reactie is dat zij het hun moeder kwalijk nemen dat zij hertrouwd is. Zowel de natuurlijke ouder als de stiefouder voelt veel pijn vanwege de kennelijke afwijzing door de kinderen. Die voelen de kinderen ook. Toch is het bijkans onmogelijk zulke gebeurtenissen te vermijden.

Vakanties zijn vaak bijzonder pijnlijke periodes in de eerste jaren na een echtscheiding en de dynamiek ervan is vaak subtiel. Een vader zei tegen zijn volwassen kinderen dat zij niet eerder met Kerstmis bij hem in zijn nieuwe huis moesten komen voor zij dat met een gerust hart en uit eigen beweging konden doen. Dus kozen zij ervoor niet te komen. Zijn irreële verwachtingen van hen, uitmondend in frustratie, evenals zijn behoefte zijn nieuwe vrouw te beschermen, dreigden eerdere therapeutische pogingen hen te helpen weer bij elkaar te komen, teniet te doen. Een 27-jarige vrouw had er, vijf jaar na de echtscheiding van haar ouders, nog steeds moeite mee om tijdens vakanties bij haar moeder weg te gaan en bij haar vader aan te komen om daar begroet te worden door de uitgestrekte armen van haar stiefmoeder. 'Ik weet dat zij het goed bedoelt,' zei ze. 'Maar het doet echt pijn om de armen van mijn moeder te verlaten waarna mijn stiefmoeder mij dan in de hare sluit.'

Jonge zowel als oudere kinderen, hebben veel zorg om beide ouders. Hoe meer een ouder nodig heeft, des te bezorgder een kind zal zijn. Tegen de tijd dat hun ouders uit elkaar gaan en overgaan tot een scheiding, zijn kinderen meestal reeds enorm geparentificeerd. Misschien verwachtten hun ouders van hen dat zij de rol van tussenpersoon op zich zouden nemen. De kinderen hebben waarschijnlijk de taak op zich genomen om het huwelijk van hun ouders te steunen. Tot op de dag van vandaag hebben zij wellicht vermeden een van hun ouders de schuld van de echtscheiding te geven. Maar nu is de ouder die alleen blijft meer een onderwerp van hun hartelijke zorg; de ouder die hertrouwt lijkt hen en hun bezorgdheid minder nodig te hebben.

De nieuwe stiefouder wordt al gauw als een boosdoener en usurpator beschouwd, als iemand die, onverdiend, de rol heeft overgenomen van de natuurlijke ouder van (meestal) hetzelfde geslacht. Hij of zij kan aanvankelijk geen gerechtigde aanspraak maken op de loyaliteit van het stiefkind. In de meeste gevallen is de beste keuzemogelijkheid voor de stiefouder: vol respect ruimte geven aan de blijvende loyaliteit van het stiefkind met de afwezige ouder. Op zijn beurt kan het kind op den duur een manier vinden waarop het toegewijd en met respect een veilige band kan aangaan met de stiefouder.

Wat er ook gebeurt tussen kinderen en hun stiefouders, de kans blijft bestaan dat de kinderen in het nieuwe gezin worden geparentificeerd. Het kan zijn dat zij een groot deel van de spanning tussen hun natuurlijke ouders in zich opnemen. Financiële zaken en rolverschuivingen scheppen onder andere een sfeer van achterdocht. De kans is groot dat de kinderen al hun best doen om hun ouders voor achterdocht te behoeden. Zij kunnen zich bijvoorbeeld zorgen maken omdat hun vader een vriendin heeft en ervoor zorgen dat hun moeder niets te weten komt over zijn verhouding. De kinderen kunnen lijden onder de kritiek op hun afwezige ouder en moeten hun eigen woede, verdriet of schaamte voor zich houden. Zelfs wanneer de kinderen zelf kritiek hebben op de ouder, vormt de afwezigheid van de ouder bijna als vanzelf een garantie voor loyale toewijding van de kant van het kind. Daarenboven doet een kind veel moeite de ouders te beschermen tegen onderlinge jaloezie.

Wanneer een ouder en een stiefouder een gemeenschappelijk kind hebben, wordt een zoon of een dochter uit een eerder huwelijk bijna als vanzelf een tweederangs burger. Het kind wordt waarschijnlijk een onderpand of de zondebok die wordt verondersteld fatsoenlijk gedrag tussen ouder en stiefouder te waarborgen: 'Als hij niet zo'n lawaai had gemaakt, zou de baby nu nog slapen. Waarom kun jij er niet voor zorgen dat hij zich gedraagt?' Het kind uit een eerder huwelijk zijn, meestal buiten zijn schuld, alle rechten ontnomen. Niettegenstaande goede bedoelingen, maakt de toewijding van een ouder aan zijn natuurlijke kind, existentieel gezien, analoge toewijding aan een stiefkind onmogelijk. Gegeven deze realiteit, zal het kind uit een eerder huwelijk waarschijnlijk zijn loyaliteit met de ouder die 'achter is gelaten' versterken door hem of haar of het vroegere gezinsleven te idealiseren. Trouw aan zijn loyaliteiten bestemt het kind tot de rol van deloyale, ondankbare verrader in het samengestelde gezin.

Het is voor een kind moeilijk om het geïdealiseerde beeld van zijn natuurlijke gezin van herkomst op te geven. Vandaar dat kinderen onvermijdelijk de behoefte gaan voelen aan een beweegreden of verklaring voor de echtscheiding van hun ouders. Wie van hen is er de oorzaak van? Wie van hen heeft geweigerd mee te werken aan het verbeteren van de situatie? Waarom? Dat het kind in beslag wordt genomen door de achterliggende redenen voor de echtscheiding is een onvermijdelijk gevolg van zijn of haar loyaliteit met beide ouders. De logische reactie van het kind kan zijn dat hij loyaal is met beide kanten. Het kan ook zijn

dat het gezin dit van hem verwachtte voordat de ouders gingen scheiden.
Complexe triangulaire jaloezie is er volop in het samengestelde gezin. De rol van huwelijkspartner die de nieuwe echtelieden krijgen, is een directe bron van rivaliteit en wedijver met de vroegere echtgenoot, ongeacht ieders goede bedoelingen. Hierbij is de positie van het kind in het beste geval onzeker; op zijn ergst kan hij als onderpand worden gebruikt. Bijvoorbeeld: het kan zijn dat hij slechts wordt getolereerd door de stiefouder indien zijn natuurlijke ouder zich gedraagt. Neem het voorbeeld van het meisje van vijf jaar wier etnische en religieuze achtergrond eenvoudig een bron van ergernis was voor de vrouw met wie haar vader was getrouwd. Om het probleem nog erger te maken: vader was dikwijls op reis voor zijn werk en was tenminste zestig procent van de tijd weg van huis.

Toen de vader wegging, hield het meisje op met praten. Hoogstens gromde zij ten antwoord. Tegen de tijd dat haar nieuwe echtgenoot terugkwam, was zijn vrouw emotioneel doorgedraaid en voelde ze zich afgewezen, was woedend en had overal spijt van. De vader stond onder hoogspanning. Niemand had voorzien hoe zijn dochter zich zou gedragen, noch hoe haar achtergrond zijn vrouw zou ergeren. De druk werd groter toen het echtpaar samen ook kinderen kreeg. Op den duur kon de vader niet in een kamer toeven waar zowel zijn dochter als zijn vrouw aanwezig waren. Zijn vrouw drong erop aan dat hij iets aan het gedrag van zijn dochter zou doen: 'Na alles wat ik al die jaren voor haar heb gedaan,' vervolgde zij, 'is zij mij meer verschuldigd.'

Hier, maar ook in andere situaties, kunnen kwesties die niet onder ogen worden gezien in samengestelde gezinnen door de jaren heen blijven bestaan; het kind kan op grote en op kleine schaal tot zondebok worden gemaakt; en geen van de volwassenen hoeft openlijk verantwoordelijkheid op zich te nemen voor zijn of haar kant van de netelige kwestie in het gezin.
Dienovereenkomstig kan er jarenlang een romantische of diep-vijandige relatie blijven bestaan tussen twee gescheiden 'partners'. Het grootste gevaar in deze situatie is dat hun kind het delegaat krijgt opgelegd bedekte boodschappen tussen hen over te brengen. Een therapeut kan de ouders helpen de zwaarte van hun handelen in te zien en hun alternatieve keuzemogelijkheden voor het misbruik van hun kind aanbieden. Zij kan erop wijzen dat dit gedrag, ook al is het onbedoeld, gescheiden ouders ertoe kan dwingen de gespleten loyaliteit van hun kind alleen maar te verergeren, met problematische consequenties, zelfdoding inclus. Hetzelfde gevaar bestaat wanneer de stiefouder of één van de biologische ouders bij het kind erop aandringen de andere natuurlijke ouder 'te vergeten'. Hierdoor wordt de loyaliteit van het kind met de afwezige ouder sterker, maar dit houvast is nu vermengd met gevoelens van hulpeloosheid en gevangen zijn.

HOOFDSTUK 20

PROBLEMEN MET HET OUDERSCHAP

De keuze voor het ouderschap biedt, zo wordt verondersteld, volwassenen de meest bevredigende bron van voldoening. Toch is ouderschap ook de meest veeleisende toets van volwassen verantwoordelijkheid. Het eigentijdse ouderschap lijkt te lijden onder een gebrek aan richting en ondersteuning. Het leven in de samenleving van onze grootouders werd bijvoorbeeld gestructureerd door algemeen goedgekeurde waarden en gedragscodes – in ieder geval meer dan in onze samenleving. Het huidige gehaaste en verbrokkelde bestaan leent zich niet erg voor richtlijnen, laat staan voor uitspraken over goed en fout. Hedendaagse adolescenten en kinderen gaan soms zozeer op in de cultuur van hun leeftijdgenoten, dat zij ouderlijke begeleiding zonder meer lijken af te wijzen. Hieruit blijkt overduidelijk dat ouderlijke leiding onverminderd een sociale behoefte blijft.

De criteria voor ouderschap in de hedendaagse wereld staan hevig ter discussie. De familie van vandaag moet haar eigen stabiliteit creëren. Er zijn niet veel families meer die redelijkerwijs kunnen steunen op de bereidwillige beschikbaarheid van grootouders, tantes, ooms en andere verwanten. En wat het gezin betreft: huwelijken zijn dikwijls niet standvastig. Nieuwe vormen van ouderschap, bijvoorbeeld echtscheiding, eenouderschap en hertrouwen betekenen alle een nieuwe uitdaging voor continuïteit en zekerheid. De veranderlijkheid in aanmerking genomen, lijkt het ouderschap een onvermijdelijke omkering door te maken: kinderen zijn zelf de betrouwbaarste hulpbron geworden die beschikbaar is om de stabiliteit van de familie te versterken – met wisselend resultaat. Een kind kan groeien en zich ontwikkelen door het bieden van hulpbronnen van zorg, loyaliteit en beschikbaarheid indien deze goed worden gebruikt. Zelfs heel jonge kinderen kunnen een bijdrage leveren aan het familieleven, vooral in noodsituaties, en kunnen dat doen zonder dat zij de wereld van de volwassenen en haar specifieke problemen begrijpen.

Bedachtzaam gebruik van de zorg van een kind vereist van volwassenen dat zij de bijdragen van een kind onderkennen in plaats van kleineren. Kinderen die erkenning krijgen voor hun liefdevolle bedoelingen worden betrouwbaar en verwerven een gevoel van eigenwaarde. Met name ruziënde of scheidende ouders doen er goed aan hun kinderen te beschermen tegen tegenstrijdige eisen die op den duur leiden tot de moeilijke omstandigheid van gespleten loyaliteit. Het is niet alleen een ondankbare en onmogelijke taak voor een kind om voortdurend als scheidsrechter te moeten fungeren in de gevechten tussen zijn ouders; de consequenties ervan zijn voor het kind bovendien verschrikkelijk.

Situaties van gespleten loyaliteit ontstaan dikwijls uit mislukte pogingen van ouders als team problemen met de schoonfamilie op te lossen. In dergelijke gevallen wijst meestal iedereen de ouders van de ander aan als de schuldigen. En ieder moet zich dan wel terugtrekken in de verdediging als het gaat om zijn of haar eigen familie van herkomst. Hoe meer de ene partner de familie van de ander aanvalt, des te meer zullen beiden hun onderlinge verbondenheid in twijfel trekken. De onderlinge loyaliteitsconflicten worden op den duur omgezet in een moeilijke omstandigheid van gespleten loyaliteit en doorgegeven aan de volgende generatie.

Gelukkig zijn er wegen om de ontwikkeling van een loyaliteitsconflict tegen te houden. Neem bijvoorbeeld het moment waarop een echtpaar het feit onder ogen ziet dat een lid van hun schoonfamilie eenvoudig volhardt in zijn wrok over en afwijzing van hun huwelijk. Er hoeft in feite maar weinig te gebeuren of hij begint weer; het minste of geringste verschaft hem een reden aanmerkingen te maken. De gekwetste partner, de schoondochter, kan ervoor kiezen de strijd aan te gaan. 'Een dezer dagen,' zegt zij tegen haar echtgenoot, 'zul jij moeten kiezen tussen mij en jouw ouders.' Hoe scherper zij haar eisen stelt, des te sterker wordt haar echtgenoot in conflicterende loyaliteiten geplaatst. Er is echter een andere keuzemogelijkheid.

Haar echtgenoot kan haar een nieuw plan voorleggen, zodat zij hun situatie beter kunnen begrijpen en op een effectievere manier kunnen handelen. Hij kan zich ervan bewust zijn geworden dat het in ieders belang is als zij tweeën een vertrouwensbasis kunnen opbouwen en een betrouwbaar team kunnen vormen. 'Laten we reëel zijn,' kan hij zeggen. 'Jij zit met jouw ouders en ik met de mijne. Ik wil hen graag kunnen zien, en soms de baby naar hen meenemen, zonder het gevoel te hebben dat ik jou daarmee kwets. Misschien kun jij hetzelfde met jouw ouders doen. In plaats van steeds weer op zondagavond samen te eten is het wellicht makkelijker onze ouders afzonderlijk te bezoeken. Ik kan gaan vissen met mijn vader en zo nu en dan gaan lunchen met mijn moeder. Het geeft een vreemd gevoel om er op deze manier over na te denken, maar het kan ons uit een klem bevrijden.'

In de eerste plaats kan één van de partners bedenken wat zijn keuzemogelijkheden zijn of, als de situatie dat toelaat, dat samen met de ander doen. Zij kunnen de alternatieven bespreken en deze geleidelijk, of direct, ten uitvoer brengen. Zij kunnen een situatie creëren waarin zij zich op den duur verlaten op elkaars hulpbronnen van vertrouwen. Het echtpaar kan dan de schade die aan het huwelijk is toegebracht, door de splitsing tussen de partners en hun conflicterend gedrag, tot een minimum beperken. Hun nieuwe benadering en plannen zijn ook het meest in het belang van hun kinderen die toch geen baat zullen hebben bij talloze ruzies of verbreking van contact met één van hun grootouders. De grootouders kunnen in feite protesteren en hun situatie gebruiken om de verwijdering te doen escaleren. Hun reacties zijn echter van secundair belang ten opzichte van het feit dat hun kinderen nieuwe keuzemogelijkheden hebben gevonden om hun regelmatig aandacht en zorg te kunnen bieden.
Therapeutische interventies die op vertrouwen gebaseerd teamwerk tussen volwassenen en hun ouders steunen, komen ook ten goede aan de kinderen. De ontwikkeling van vertrouwen tussen ouders onderling en gemeenschappelijke besluitvorming heeft altijd preventieve consequenties voor de kinderen. Maar een familieleven dat gebaseerd is op diepgeworteld wantrouwen en onbillijkheid, vooral tussen volwassenen en hun ouders, biedt weinig hoop aan kinderen of adolescenten en biedt zeker geen basis voor een model voor de toekomst. Schoolfobie en regelmatige afwezigheid van school, delinquentie, gebruik van verdovende middelen, zwangerschap bij jonge meisjes, depressie en geneigdheid tot zelfdoding zijn alle mogelijke gevolgen van de moeilijke omstandigheid van gespleten loyaliteit en het wantrouwen en de onbillijkheid die deze met zich meebrengt.

<u>Vluchten voor ouderlijke verantwoordelijkheid</u>

Vrouwen waren traditioneel gebonden aan ouderlijke verantwoordelijkheid door zowel zwangerschap als de verwachting van de samenleving dat zij zich beschikbaar stelden voor kleine kinderen. Evenzo waren mannen in staat hun directe verantwoordelijkheid voor het ouderschap te ontlopen. Het valt te begrijpen dat rechters in geval van een juridische strijd tussen twee ouders, meestal de vrouw de voogdij over kleine kinderen gaven. Tegenwoordig ligt het anders en wil in een toenemend aantal gevallen geen van beide ouders het kind.
De tendens afstand te doen van ouderlijke verantwoordelijkheid lijkt samen te gaan met de technische vooruitgang die een vrouw in staat stelt een andere vrouw haar bevruchte eicel te laten dragen. Gegeven de voortschrijdende mogelijkheden van biologische manipulatie wordt het in toenemende mate mogelijk de toewijding aan het opvoeden van een kind te scheiden van het besluit een foetus te dragen, door één of zelfs twee betaalde buitenstaanders te vragen de bij conceptie en zwangerschap behorende biologische rollen te vervullen. Dit soort ont-

wikkeling is meestal een mes dat aan twee kanten snijdt. Enerzijds worden nieuwe perspectieven op zwangerschap geboden aan vrouwen die vanwege ziekte, blessures of operatieve ingrepen, een zwangerschap niet kunnen voldragen. Anderzijds legt het de weg open voor beangstigende keuzemogelijkheden voor verdere verbrokkeling van ouderlijke verantwoordelijkheid en familiale betrouwbaarheid. De afwezigheid van biologische banden vergroot de complexiteit en de lasten van adoptief ouder-kindrelaties in ontwikkeling. Er komen steeds meer voorbeelden van ouders die een adoptie ongedaan willen maken wanneer het moeilijk wordt, vooral tijdens de puberteit van hun kinderen. Zal over vijftien jaar de afwijzing van conceptie of inseminatie parallel lopen met het ongedaan maken van adoptie nu? En wie zal dan gezien worden als de rechtmatige ouders van dit bepaalde kind? Zal draagmoederschap dienen tot de vernietiging van de restanten van traditionele banden die de ouder-kindrelatie uniek en onvervangbaar maken? Welke uitwerking zal het feit dat babies worden geboren uit de baarmoeder van een andere vrouw of in vitro verwekt zijn, hebben op de kwaliteit van familierelaties op elk niveau? Hoezeer onbedoeld, zullen door deze radicale verschuiving van de plaats van conceptie en/of zwangerschap menselijke waardigheid, respect en gerechtigde aanspraak voor alle betrokkenen minder in tel raken?

Geneigdheid om ouderlijke verantwoordelijkheid van zich af te schuiven, is geen nieuw verschijnsel. Nieuw is de afwezigheid van een verwantschapssysteem dat de leden van een familie kan beschermen, wanneer de kernstructuur afbrokkelt. Wanneer een ouder geen familieleden heeft die steun kunnen geven wanneer hij of zij en hun kind ernstig in nood zijn, loopt zowel ouder als kind gevaar – de ouder vanwege hulpeloosheid ontstaan uit isolement en het kind vanwege uit het verleden doorwerkende parentificatie. Naarmate het leven van een ouder chaotischer wordt, wordt het kind gedwongen verantwoordelijkheid op zich te nemen te midden van een wereld van onverantwoordelijke volwassenen. De jongeren betalen wanneer volwassenen zich vrijheid en comfort verwerven ten koste van de veiligheid en de gerechtigde aanspraak van een kind. Er zijn altijd directe consequenties verbonden aan de behoefte van kinderen om ervoor te zorgen dat ouders worden gebonden aan verantwoordelijkheid voor ouderschap.

Het is hier belangrijk nota te nemen van de grote verschillen in benadering van structurele gezinstherapie en contextuele therapie. In traditionele gezinstherapie wordt het geparentificeerde kind omschreven als iemand die voldoening haalt uit hetgeen zijn machtspositie hem verschaft en die door middel van therapie opnieuw moet worden getraind. In tegenstelling tot deze impliciete 'therapeutische parentificatie' van het kind, redeneert contextuele therapie dat de vader en de moeder die hun kinderen onafgebroken parentificeren, hen niet alleen uitbuiten en manipuleren, maar ook actief de energie en hulpbronnen van hun kind leeghalen. Dit existentieel verlies voor het kind overtreft elke winst die het zou kunnen halen uit een met macht beladen positie.

In onze ervaring moeten kinderen erkenning krijgen voor hun opofferende bijdragen aan het familieleven, zodat zij uit de valstrik van parentificatie kunnen worden bevrijd. Een geparentificeerd kind heeft hulp nodig bij het omgaan met de met schuld beladen insinuaties die zijn ouders gebruiken om hem in een positie te houden waarin hij te veel moet presteren. Om hun kind daadwerkelijk te bevrijden van de gevangenschap van parentificatie hebben ouders hulp nodig bij het leren erkenning te geven voor hetgeen hij of zij hun werkelijk heeft gegeven. Wanneer ouders erin slagen krediet te geven aan hun kind, zullen zij ook zijn tegemoet gekomen aan de eerste vereiste van verantwoordelijker optreden als volwassenen.

Pleegzorgplaatsing

Het is onbillijk van jonge kinderen te verwachten dat zij als rijpe volwassenen voor zichzelf opkomen. Zij behoeven en verdienen zorg en betrokkenheid van volwassenen, bij voorkeur van hun natuurlijke ouders. In geval van nood, wanneer hun ouders hierin niet kunnen voorzien of niet als ouders kunnen fungeren, moet iemand anders het overnemen. Als niemand van de familie dat kan doen, zijn representatieve overheidsinstellingen verplicht de kinderen een omgeving te bieden waar men voor hen zorgt.
In de literatuur wordt echter vaak beschreven dat het falen van betrokkenheid van volwassenen de kinderen in gevaar brengt, zelfs wanneer er in ruime mate voorzien is in hun materiële behoeften. Het probleem wordt groter wanneer de kinderen onder pleegzorg worden geplaatst en van gezin naar gezin en van onbekende naar onbekende worden gestuurd. Voortdurende verhuizing en verandering zijn in onze visie wezenlijk niet te rechtvaardigen, tenzij het bekend is dat het kind bij een gezin is waar het gevaar loopt. Idealiter zou een enkele kinderbeschermingsdeskundige moeten kunnen fungeren als een vaste contactpersoon die vanwege zijn positie het meest effectief een familiesituatie kan inschatten en overeenkomstig handelen. Hulpverleners met dit soort wettige macht zouden waarschijnlijk aan volwassenen meer mogelijkheden bieden tot een bepaalde mate van verantwoordelijkheid en tot onderlinge continuïteit die momenteel niet te vinden zijn in de pleegzorg. Als vast punt fungerend kan een alleen werkende kinderbeschermingsdeskundige het op zich nemen om erkenning te geven voor de enorme investering van het kind in de familiesolidariteit, met alle consequenties voor zijn ontwikkeling.
Er zijn veel indicaties voor spoedpleegzorgplaatsingen van kinderen: geweld of seksueel misbruik, ernstige en opzettelijke verwaarlozing door ouders, en het verlies van ouders door overlijden, tot invaliditeit leidende ziekten of verlating komen het meeste voor. In deze en andere vergelijkbare gevallen hebben de rechter en hulpverleningsinstellingen een mandaat om tot pleegzorgplaatsing over te gaan, zodat de belangen van het kind het best zullen worden gediend. Dit geldt ook voor het zorgvuldig opzetten van plannen waarin op korte en lange termijn

rekening wordt gehouden met doeltreffende principes en richtlijnen voor pleegzorgplaatsing.

In het besluitvormingsproces bevindt zich een gevoelige balans van overwegingen. Enerzijds kunnen de huidige omstandigheden van een gezin ernstig genoeg zijn om een onmiddellijk besluit tot het weghalen van een kind bij zijn ouders te billijken. Anderzijds is het altijd twijfelachtig te handelen op grond van de aanname dat vanzelfsprekend een pleeggezinplaatsing altijd een heilzame uitwerking heeft. Het is altijd een opzichzelfstaande taak om de voor- en nadelen van pleegzorg af te wegen tegen hetgeen het gezin van herkomst kan bieden; een taak waarin zwart-wit oplossingen zelden hulpverlenend of effectief zijn.

De rechter vraagt dikwijls deskundigen om consulten en adviezen over de uitvoerbaarheid van pleegzorg. Maar de doelen en richtingen van veel professionele hulp kunnen zelf onverstandig zijn. Geen professionele deskundige kan met betrouwbare nauwkeurigheid vragen over de geschiktheid van het ouderlijk huis beantwoorden. Professionele antwoorden op dit soort vragen impliceren een magische kennis van de toekomst. Het vermogen tot ouderschap kan door experts in menselijke techniek wetenschappelijk niet met dezelfde middelen worden voorspeld als werktuigbouwkundig ingenieurs bij het schatten van het draagvermogen van een brug gebruiken.

In onze visie zou de rechtbank er meer aan hebben wanneer wordt nagegaan welke mogelijke uitwerking therapie kan hebben op de vooruitzichten van toekomstig ouderschap. Bijvoorbeeld: komen behoeften, wanhoop en destructief gerechtigde aanspraak van de ouders tot uiting in kindermishandeling en verwaarlozing? De slachtoffering van kinderen is vaak een signaal van de ouders dat het niet goed gaat, een indirecte vraag om hulp. Ouders kunnen vaak gehoor geven aan interventies die de bronnen van hun destructief gerechtigde aanspraak onderkennen en die hen helpen aan hun gedrag te werken. Hun motivatie om ouder voor hun kinderen te zijn, kan toenemen naarmate zij kunnen worden geholpen te zien op welke wijze zij wél ouder voor hun kinderen zijn.

Als praktische stap zou de rechter verplichte familietherapie kunnen opleggen om daarmee een gezonde basis te vormen waarop geschiktheid en vermogen van een gezin om voor zijn kinderen te zorgen, kunnen worden beoordeeld. Allen die betrokken zijn bij het besluitvormingsproces kunnen baat hebben bij een proefperiode van ongeveer een half tot een heel jaar. Therapeutische pogingen kunnen worden ondersteund door tegelijkertijd te zorgen voor een beschermde woonomgeving voor het gezin. Wanneer de therapie er niet in slaagt aanzienlijke vooruitgang te boeken in het vermogen van ouders tot zorg, kunnen plannen voor pleegzorg of een tehuisopname voor een lange termijn in gang worden gezet.

Adoptie

Bij adoptie krijgt een echtpaar of een alleenstaande een kind dat biologisch gezien bij een ander ouderpaar hoort. De adoptiefamilie verplicht zich het kind naar beste vermogen op te voeden; dat wil zeggen: door werkelijk rekening te houden met de eigenbelangen van het kind zowel als met die van henzelf. Ongeacht of zij al dan niet erkenning krijgen – de ouders verwachten iets terug. Hun geadopteerde kind moet trouw en loyaliteit bieden die vergelijkbaar zijn met – hoewel misschien niet gelijk aan – hetgeen een natuurlijk kind aan hen verplicht zou zijn. Aan deze verwachting zou makkelijk kunnen worden voldaan, ware het kind niet evenzeer gebonden aan zijn biologische als aan zijn adoptieouders. Het loyaliteitsdilemma van geadopteerde kinderen knaagt aan hen en wordt groter, evenredig met de diepte van de kloof die het kind intuïtief voelt tussen natuurlijke en adoptieouders. Hoe groter de barrière van minachting tussen hen is, des te kwetsbaarder het kind wordt. Een glorende hoop is de belofte die open adoptie inhoudt. Toegankelijkheid van beide stellen ouders is hierbij een fundamenteel nieuwe keuzemogelijkheid, die zeker de destructieve aspecten van loyaliteit en gerechtigde aanspraak van het geadopteerde kind helpen verminderen.

Bij adoptie staan natuurlijke ouders hun kind af en besluiten ze tijdens dat proces hun betrokkenheid met hun kind af te breken. Desalniettemin heeft de natuurlijke moeder een belangrijk deel van haar leven en energie geïnvesteerd in het dragen van het kind. Zij draagt de foetus tijdens de zwangerschap en baart het kind. Zij kan zich hebben geschaamd over dit proces, er bang voor zijn geweest, of er zelfs lichamelijk niet goed voor zijn toegerust. In sommige gevallen zijn er maar een paar rechtvaardigingen voor iemands besluit haar baby af te staan. Zelfs dan heeft zij van zichzelf in het kind geïnvesteerd en komt haar een bepaalde mate van zorg en bezorgdheid toe. In situaties waarin een vrouw groot verdriet lijdt om haar besluit haar baby te laten adopteren, is nog meer bezorgdheid op haar plaats. Neem bijvoorbeeld de onderstaande uitspraak van een biologische moeder die haar kind voor adoptie beschikbaar stelde.

'Ik ben een moeder die haar zoon vier dagen na zijn geboorte heeft afgestaan. De herinnering aan zijn geboorte staat in het littekenweefsel van mijn hart gebrand en met droefenis en verlangen probeer ik deze monoloog uit te spreken in de leegte van het niet weten.

Ik had mijn zoon zijn laatste voeding gegeven. Wij waren vier dagen samen geweest en omdat de verpleegsters zich niet hadden gerealiseerd dat ik hem zou afstaan, brachten ze hem mij zoals zij ieder kind naar de wachtende armen van zijn moeder zouden brengen. Ik was enorm verheugd om deze onverwachte gang van zaken, omdat ik mijn zonde zó groot vond dat ik vond dat ik helemaal niets verdiende. De verpleegsters deden hem in bad en kleedden hem aan. De maatschappelijk werker was bij hem toen zij hem terugbrachten voor een laatste kus, een laatste omhelzing. Ik zag het gouden medaillon op zijn kleren, die mijn moeder voor hem had gekocht. Ik herinner me, dat ik dacht dat er nu iets van ons met hem mee zou gaan naar zijn nieuwe omgeving.

Toen zij met hem waren weggegaan, verschoof de ondergrond van mijn bestaan om de leegte die zijn vertrek had veroorzaakt, op te vullen. Jarenlang zou ik stil en wanhopig moeten trachten te bepalen wat echt en wat onecht is. Grenzen vielen onverwacht om mij heen weg en de enige vaste en altijd aanwezige factor zou mijn angst zijn. Niemand wist hoe men met mij moest praten over mijn verlies en dus zette verdriet zich om in angst en depressie.
Zestien jaar later drukt het zwijgen zwaarder naarmate de consequenties van mijn daden een nieuwe en meer complexe betekenis krijgen. Maar nu probeer ik het zwijgen terug te duwen door het enige dat mij resteert te gebruiken: mijn woorden. Het is mij altijd moeilijk gevallen om over dit kind te praten als over 'mijn zoon'. Ik heb eenmaal een heimelijke overeenkomst met mijn familie gesloten dat ik van huis weg zou gaan, zodat ik het kind in eenzaamheid en schande kon dragen en ook dat ik de vader van mijn zoon niet over het bestaan van zijn kind zou vertellen.
Ik besloot de heimelijke overeenkomst op te zeggen en mijn echtgenoot en kinderen op de hoogte te brengen van het bestaan van de baby. Maar het bestaan van Charles betekent weinig voor mijn echtgenoot en blijft een vraag en een lastige situatie voor mijn kinderen. Toch ben ik bereid een dialoog aan te gaan met degenen die daaraan willen deelnemen en die zich realiseren dat ieder van ons een andere wereld zal inbrengen.
Ongeveer vijf jaar geleden besloot ik met grote vrees het zwijgen te doorbreken. Ik raapte alle moed die ik nog had bijeen en ging terug naar de instelling waarmee ik toentertijd was overeengekomen de adoptie van mijn zoon te regelen. Ik kwam tot mijn afschuw te weten dat mijn zoon pas met zeven jaar was geadopteerd. Het was 'moeilijk' geweest hem te plaatsen, niet omdat hij een moeilijk kind was, zo verzekerde de maatschappelijk werker mij, maar omdat hij van gemengde afkomst was.
Hij had de eerste twee jaren van zijn leven doorgebracht bij het gezin dat hem uit het ziekenhuis had meegenomen. De vier jaar erop had hij doorgebracht bij een gezin dat geen besluit kon nemen over al dan niet adoptie. De maatschappelijk werker vertelde mij dat Charles zag hoe de andere pleegkinderen in dat gezin werden bezocht door hun ouders en dat hij zich voortdurend afvroeg wanneer zijn ouders hem zouden komen bezoeken. Enige tijd hield hij vast aan de fantasie dat zijn vader en ik zouden komen en hem mee zouden nemen om bij ons te komen wonen. Tijdens zijn verblijf bij het pleeggezin besloten de pleegouders een van hun pleegkinderen te adopteren. Hij was niet de uitverkorene.
Wanneer ik deze dingen over de eerste levensjaren van mijn zoon hoor, krijg ik een nog grotere hekel aan mezelf. Ik worstel met de drang (en de behoefte) om de wanhopige gedachte te hebben dat mijn zelfzucht en onvolwassenheid er de oorzaak van zijn dat hij op zo jonge leeftijd zoveel leed heeft moeten ondergaan. Ten behoeve van de kinderen die ik sindsdien ter wereld heb

gebracht, heb ik geprobeerd mijzelf te vergeven en niet toe te geven aan wanhoop. Maar de poging kan alleen in balans worden gebracht door de hoop dat hij ook mij zou kunnen (en willen) vergeven. Doelloosheid en frustratie moeten steeds weer worden overwonnen.

Mijn zoon heeft uiteindelijk een thuis gevonden bij mensen die voldoende moed bezaten om hun twijfels te overwinnen over het opvoeden van een kind dat al zoveel had doorgemaakt en die, gezien zijn gemengde achtergrond, ongetwijfeld nog veel problemen in zijn leven zou tegenkomen. Met de weinige, maar kostbare stukjes informatie die ik van de plaatsende instantie los kon krijgen, heb ik mij een beeld gevormd van de adoptieouders als grootmoedige, zorgende en vrijgevige mensen bij wie ik in de schuld sta *(Miros, 1983).*

Het zich als kind rekenschap geven van wat een vader rechtens toekomt bij de beslissing een baby af te staan, kan beduidend verschillen van wat er aan een moeder is verschuldigd. De natuurlijke vader kan zelfs niet eens op de hoogte zijn van het feit dat hij vader van een kind is. Als hij het wél weet, is zijn bijdrage oneindig veel kleiner, vergeleken met de bijdrage van zijn tegenspeelster. Hij stond wellicht onverschillig tegenover de zwangerschap; hij kan bezwaar hebben gemaakt tegen het afstaan van de baby; het kan zelfs zijn dat hij dit heeft aangevochten en verloren.

Vanuit het gezichtspunt van het kind is het meestal moeilijk om voldoende verontschuldiging te vinden voor de ouders die hem of haar hebben afgestaan: 'Wat maakte dat zij die hulpeloze baby die ik was, hebben afgestaan?' kan een geadopteerd kind vragen. Een biologisch kind is intrinsiek loyaal met zijn natuurlijke moeder, of hij haar nu kent of niet. Hem is op zijn beurt consideratie verschuldigd (op zijn minst door de therapeut) voor zijn intrinsieke loyaliteit met haar. Hoe kan dan het aangeboren recht van dit kind op zijn natuurlijke ouders het best worden gediend? Hoe kan dit geadopteerde kind worden geholpen te voorkomen dat de consequenties van een schadelijk legaat van gespleten loyaliteit de overhand krijgen? Neem bijvoorbeeld de voortdurende worsteling van een geadopteerde man van in de twintig met loyaliteit.

> Mijn (adoptie)moeder en vader zijn de rijkste hulpbronnen die ik in mijn leven heb en veel van wat ik ben, is het resultaat van het fundament dat zij mij hebben gegeven. Mijn familieleven is geen 'rozegeur en maneschijn', maar van de gezinnen die R. (zijn natuurlijke moeder) voor mij had kunnen kiezen, is het ene dat zij heeft gekozen, het allerbeste.
> Ik heb met geen van mijn beide ouders ooit gepraat over de manier waarop ik bij hen ben komen wonen, en ik neem maar aan dat zij er nooit met mij over hebben gesproken omdat zij mij wilden beschermen. Dit is een kwestie die ik moet oplossen, maar ik ben er minder gerust op hen ter verantwoording te roepen dan toen ik met R. ging praten. Hoewel ik wist dat ik door

met R. te praten, iets voor mijzelf vroeg waar ik recht op had, voelde ik een existentiële deloyaliteit met mijn (adoptie)ouders. Ik weet niet of ik het aankan dat zij denken dat ik niet tevreden ben over hun opvoeding of dat zij op de een of andere manier te kort zijn geschoten. Dat zijn zij niet.
Ik weiger hen te kwetsen. De omstandigheden te begrijpen waaronder ik bij hen ben komen wonen, is belangrijk voor mij, maar niet belangrijker dan de huidige relatie die ik met hen heb. Dit is een losse draad in mijn leven, maar ik ben niet bereid mijn moed in te wisselen voor hun pijn.

Wat, als er al iets is, kan deze jonge man doen voor zijn adoptieouders om de kans dat zij jaloers of minachtend zullen zijn, te verkleinen?
Adoptieouders zijn meestal kwetsbaar ten aanzien van de kwestie van botsende loyaliteiten van hun kind. In ieder geval heeft hun kind theoretisch de mogelijkheid om op zoek te gaan naar zijn natuurlijke afkomst. In het verleden waren de adoptie-dossiers permanent gesloten; slechts weinig mensen konden de verslagen gebruiken om de verblijfplaats van hun natuurlijke ouders te achterhalen. Soms hebben adoptieouders dit verplichtende stilzwijgen ten eigen voordele gebruikt. In veel gevallen hadden zij het gevoel dat hoe minder hun geadopteerde kind wist van zijn of haar familie van herkomst – met name hun positieve eigenschappen – des te loyaler hij of zij zou blijven met de adoptiefamilie (*Fisher, 1981*). Om deze grondgedachte te versterken, gebruikten adoptieouders slechts negatieve tinten om het portret van de natuurlijke moeder van het kind te schilderen.
Contextueel therapeuten redeneren dat iedereen er baat bij heeft wanneer adoptieouders positieve zowel als negatieve aspecten van de natuurlijke ouders van hun kind kunnen vertellen. Iedereen heeft er ook baat bij als men het kind kan aanmoedigen om vragen te stellen en op den duur de hulpbronnen kan vinden tot een zo volledig mogelijke beantwoording. Deze open houding is meestal moeilijk aan te nemen en vast te houden. Bezitsbelangen botsen met gezond verstand. 'Kijk wat wij voor jou hebben gedaan' kan de overheersende, zij het onwillekeurige, gedachte zijn. 'Waarom moeten zij zo laat nog voor het voetlicht worden gebracht? Het leven zal er alleen maar ingewikkelder door worden.' Desondanks doen adoptieouders er goed aan zich zo'n open houding aan te meten, die het recht van hun kind op het verkennen van zijn of haar afkomst, kan veilig stellen. Een dergelijke casus is die van een echtpaar dat met drie geadopteerde kinderen aan de oostkust van de v.s. woont.

> Zij organiseerden een tocht naar de instantie aan de westkust, die de kinderen bij hen had geplaatst. Daar probeerden zij alle informatie te bemachtigen die beschikbaar was over de natuurlijke ouders van ieder van de kinderen. Hoewel zij maar gedeeltelijk in hun pogingen slaagden, was hun oudste kind verrukt. Hij had zijn geboorteakte gezien. Zijn voetafdruk en de tijd van zijn ge-

boorte stonden erop. Ook de naam van zijn moeder. De adoptieouders hadden heel weinig informatie, maar wát zij hadden, deelden zij aan de kinderen mee: het ras en de leeftijd van de natuurlijke ouders en de redenen die zij gaven voor 'het afstaan van hun zoon'. De jongen stelde voortdurend vragen over de informatie, herhaalde en nuanceerde de informatie. En zijn adoptieouders hielpen hem op alle mogelijke manieren.

Dit soort moedig pleiten voor geadopteerde kinderen kost emotioneel veel, maar levert ethisch gezien veel op. Niet alleen wordt het kind erdoor vrij om zijn recht op zijn oorsprong op te eisen, maar ook wordt een harmonieuze ontwikkeling van de adoptiefamilie gewaarborgd.

Natuurlijke kinderen krijgen krachtens hun geboorte vanzelf toegang tot informatie over hun familie van oorsprong. Geadopteerde kinderen zijn direct in het nadeel wat betreft de realiteit van hun banden met hun natuurlijke familie. Een geadopteerd kind behoort bij een familie die het slechts gedeeltelijk zijn familie van herkomst kan noemen. Zijn biologische ouders zijn mogelijk onderwerp van wantrouwen of veroordeling, dus wat hij feitelijk van hen ontvangt kan hem ontmoedigen en van zijn stuk brengen. Sommige geadopteerde kinderen zeggen dat zij geen belangstelling hebben voor kennis omtrent hun wortels, maar de meesten staan op hun recht (en verplichting?) om op de hoogte te zijn. Voor zover wij kunnen nagaan, hebben geadopteerde kinderen, wanneer zij te weten komen dat hun natuurlijke ouders in moeilijkheden verkeren, het gevoel dat zij aan deze ouders nog meer verschuldigd zijn.

Geadopteerde kinderen verwerven gerechtigde aanspraak en vrijheid door hun natuurlijke ouders zorg te bieden, zelfs als deze ouders hen uiteindelijk afwijzen. De winst komt voort uit het omzetten van onzichtbare loyaliteiten in zichtbare; daardoor wordt toekomstige destructiviteit voorkomen die het kind zowel als anderen kan schaden. Aan loyaliteitsverplichtingen wordt voldaan op het moment dat een kind op zoek gaat naar zijn natuurlijke moeder en op den duur een onderzoek instelt naar haar welzijn. In ieder geval hebben deze pogingen het meeste resultaat wanneer adoptieouders hun toestemming ertoe geven.

Adoptieouders hebben er dikwijls moeite mee om hun kind op onderzoek te laten gaan naar zijn of haar natuurlijke relaties, om verschillende redenen: hun grootste angst kan zijn dat het kind minder loyaal met hen zal zijn als het eenmaal zijn natuurlijke ouders heeft ontmoet. Adoptieouders doen er goed aan zich hierbij af te vragen hoeveel ruimte voor loyaliteit wordt er geschapen in een kind door geheimhouding of door openlijke of bedekte veroordeling van de natuurlijke ouders. Loyaliteit is altijd meer gebaseerd op verdienste dan op macht. Adoptieouders kunnen de macht hebben om informatie die hun kind wil hebben, achter te houden. Natuurlijk hebben zij er recht op naar eigen goedvinden te handelen. 'Op welke leeftijd?' en 'Hoeveel of welke informatie?' zijn vragen die ze zich terecht kunnen stellen.

Toch is de vraag van het kind relevanter en zwaarwegender voor zijn bestaan dan voor het leven van de adoptieouders: 'Zij weten waar zij vandaan komen; hoe komt het dat zij mij niet willen vertellen waar ik vandaan kom?' Het is duidelijk dat adoptieouders eerder duurzame loyaliteit bij hun kind kunnen oproepen wanneer zij hem een duwtje geven in de richting van zijn natuurlijke ouders, dan wanneer zij hem op grond van hun macht tegenhouden. Dezelfde dynamiek is werkzaam met betrekking tot de natuurlijke vader en moeder van een geadopteerd kind. De aanspraak van de moeder op loyaliteit van haar kind is automatisch geldig vanwege zwangerschap en geboorte. De vader moet echter zijn recht op de loyaliteit van zijn kind verdienen door blijk te geven van zijn pogingen een ouder te zijn.

Destructief gerechtigde aanspraak kan een andere oorzaak van ongevoeligheid zijn in de attitude van adoptie-ouders ten opzichte van hun kind. In adoptie-ouderschap zowel als in biologisch ouderschap zijn veel situaties waarin het kind onderwerp van de destructief gerechtigde aanspraak van zijn vader of moeder wordt en een onschuldig slachtoffer van hun roulerende rekening. In bepaalde families kan het zelfs zijn dat een geadopteerd kind evenals andere 'outsiders' van een andere genetische afkomst, de eerst aangewezene is voor substituerende rechtvaardiging. Een geestelijke, geconfronteerd met de problemen van een geadopteerd kind in zijn gemeente, heeft men horen zeggen: 'Nou, zijn oorspronkelijke ouders waren van een ander geloof. Dat is waarschijnlijk de reden dat hij zich niet netjes gedraagt. Slecht genetisch materiaal.'

Of de geestelijke de mening van de adoptieouders weergaf, is niet bekend. Toch blijft het punt van kracht. Het gedrag van het geadopteerde kind kan volledig in diskrediet worden gebracht door leden van zijn familie of gemeenschap, ondanks het feit dat zijn ouders zijn zorgen aannemen en omzetten in destructieve parentificatie. Helaas kunnen wraakzuchtige neigingen van ouders samengaan met de natuurlijke destructief gerechtigde aanspraak van het geadopteerde kind. Hoe minder de plaats van het geadopteerde kind in de adoptiefamilie wordt erkend, des te groter is de destructief gerechtigde aanspraak van het geadopteerde kind, bijvoorbeeld wanneer natuurlijke kinderen bij het adoptie-echtpaar worden geboren en de plaats van het geadopteerde kind innemen.

Uitgangspunten van de kinderbescherming

Verrichtingen van familie en gemeenschap moeten – waar mogelijk – zijn gericht op het ondersteunen en bewaken van de relationele hulpbronnen van het kind dat in gevaar is. Kinderbeschermingsinstellingen doen er goed aan om opnieuw het werkprincipe te beoordelen dat hen automatisch – of al te snel – aanspoort de zorg van de biologische familie te vervangen door pleegzorg. Plaatsing in een pleeggezin verbreekt noch de invloed van falende ouders op hun kinderen, noch garandeert ze iets beters voor een kind. Integendeel: autoriteiten leggen kinderen extra lasten op wanneer zij een eenvoudige 'operatieve' route nemen; dat wil zeggen: door kinderen af te snijden van hun natuurlijke relationele hulpbronnen. Breuken ontnemen kinderen niet alleen hun natuurlijke investeringen in familieloyaliteit, maar versterken ook het ethisch imperatief om hun ouders te redden en te verlossen – nú blijkbaar tegen de wens van de samenleving in of op zijn minst in strijd met de plaatsende instantie. Deze omstandigheden hebben tot gevolg dat de zichtbare loyaliteit van het kind met zijn ouders onzichtbare, destructieve vormen aanneemt.

In wezen verdient het de voorkeur om pogingen tot het beschermen van een kind te baseren op een uitgangspunt dat plaats inruimt voor de aanwezigheid van onvergankelijke familieloyaliteit bij kinderen in plaats van oplossingen te bieden die dit basisverschijnsel negeren. Het zou paradoxaal werken wanneer kinderbeschermingsinstellingen het intrinsieke recht van het kind op bescherming tegen de zware consequenties van destructief gerechtigde aanspraak negeren. In situaties waarin therapeuten individueel werken met een kind, zou hun contract heel goed kunnen worden gebaseerd op het zoeken naar wegen 'hoe jij en ik jouw ouders kunnen helpen'. Een therapeut moet het recht van het kind op wrok ten aanzien van zijn of haar ouders erkennen wanneer dat passend is. Maar de therapeut doet er goed aan kinderen te leiden naar een actieve investering in het welzijn van hun ouders, hetgeen een voorwaarde is voor het verwerven van vrijheid voor zichzelf.

Lichamelijke en seksuele mishandeling van kinderen

Onze tijd is een tijd waarin de beschermende structuren die een kerngezin omgaven, losser worden. Ouders van nu lijden door dit verschijnsel zelf verlies, keren zich tot hun kinderen en gebruiken hen als primaire bronnen van relationele veiligheid en steun. Hoe verlangender, eenzamer, verwaarloosder en onzekerder de volwassene is, des te destructiever is de parentificatie en des te aannemelijker is een uitbarsting van geweld of seksueel misbruik. Het gebruik van kinderen als object en uitlaatklep voor gewelddadige of seksuele impulsen is natuurlijk uitermate uitbuitend en vereist besluitvaardige en onmiddellijke interventie. De definitie van geweld en seksueel misbruik is echter niet altijd helder.

Het zou een vergissing zijn aan te nemen dat alle lichamelijke disciplinering kan worden gezien als kindermishandeling of zelfs per definitie als schadelijk. In sommige families en culturen is lijfstraf een geldige uitingsvorm van ouderlijke zorg en neiging tot corrigeren. Er bestaan wel degelijk alternatieven voor lijfstraf en deze kunnen ook worden gebruikt om een kind te beïnvloeden. Men kan ook redeneren dat goedbedoeld, gematigd gebruik van lijfstraf minder schadelijk is voor een kind dan de consequenties van verwaarlozend nietsdoen, onweerstaanbare tolerantie of subtiele aansporingen gebaseerd op schuld.

Incestpleging met kinderen stelt zowel zware eisen aan de samenleving als aan deskundigen. Openlijke seksuele omgang tussen een kind en zijn of haar ouder of grootouder, of wat dat betreft tussen broers en zusters, schendt belangrijke taboes van de meeste beschavingen. Bovendien is de controle van seksuele rechten en overtredingen een kwestie van grote emotionele betekenis voor alle betrokkenen. De westerse beschaving is getekend door de ascetische codes en antiseksuele instelling van het vroege christendom, met zijn nadruk op de verdorvenheid van lust. Het kan echter zijn dat deze vroeg-christelijke vooringenomenheid gedeeltelijk is voortgekomen uit de instabiliteit en excessen van een tijdperk dat niet veel verschilt van het onze. De hedendaagse samenleving is bezig begrenzingen op te heffen bij vele vormen van voorheen verboden seksueel gedrag. Tijdens dit proces lijken wij de uitvoerbaarheid van alternatieven voor de aloude seksuele voorschriften voor het gezinsleven op de proef te stellen. Het lijkt alsof wij de vraag of elk soort gedrag uiteindelijk aanvaardbaar is – alleen maar omdat er bewijzen zijn van algemene of frequente toepassing – tot op de bodem willen uitzoeken.

Contextuele theorie houdt zich eerder vanuit een relationeel dan vanuit een individueel standpunt bezig met seksueel misbruik van kinderen. Wanneer iemands code of kenmerken voor seksuele bevrediging niemand anders dan hem of haar zelf raakt, bijvoorbeeld masturbatie, dan blijft de kwestie beperkt tot het domein van persoonlijke moraal of wijsheid met betrekking tot de manier waarop men zijn leven leidt. Dezelfde gedachtengang is van toepassing op vormen van seksuele expressie, gekozen door eensgezinde volwassenen. Relationele ethiek functioneert echter als het essentiële richtsnoer voor het inschatten van de consequenties van iemands beslissingen voor een ander. Vanuit dit gezichtspunt hebben volwassenen een enorme ethische verantwoordelijkheid voor de wijze waarop zij omgaan met kinderen en voor de consequenties van hun handelen.

Het kan zijn dat een kind bereidwillig deelneemt aan seks met een volwassene. Later zal het kind echter wellicht verantwoording moeten afleggen aan de samenleving voor zijn of haar gedrag en daardoor een buitensporige prijs moeten betalen. Goede voorbeelden hiervan zijn: een vrouw die gedurende de vroege puberteit een seksuele relatie had met een vriend van haar vader; een man die op zestienjarige leeftijd anale seksuele omgang had met een oudere man; de vrouw die vanaf haar twaalfde jaar een incestueuze relatie met haar vader had; de vrouw die gedurende haar adolescentie een relatie had met haar oudere broer. Vertrouwen valt als eerste ten offer aan seksuele omgang tussen volwassene en kind: het vertrouwen van het kind in de wereld in het algemeen en in toekomstige partners in het bijzonder kan negatief gekleurd raken, of een jongere kan proberen de volwassen incestpleger te beschermen en diens daden rechtvaardigen door bijvoorbeeld vroegtijdige promiscuïteit.

Geen enkele factor kan afzonderlijk de oorzaak van incest zijn. Maar parentificatie is altijd een bijkomend element. Het is onnodig te zeggen dat het in het belang van het herstel van ieders vertrouwen is indien een familie openlijk de incestueuze situatie kan onderzoeken. Maar het is gebruikelijker dat een vader zijn daden vergeet of ontkent en dat een moeder voorbijziet aan haar eigen aandeel door haar man seksueel af te wijzen, of het belang van het gedrag van beide ouders ten aanzien van hun kind van de hand wijst. De verborgen of openlijke collusie van ouders inzake incest kan het verlies van hun betrouwbaarheid vergroten. Toch is in geval van ouder-kind-incest het opbouwen van vertrouwen de belangrijkste therapeutische taak. Het gaat hierbij niet zozeer om de feitelijke incestueuze ervaring of zelfs om trauma. Noch zijn aangeleerde gedragspatronen het belangrijkste deel van de intergenerationele reikwijdte van geweld en seksuele omgang tussen ouders en kind. De doorslaggevende betekenis is te vinden in de intergenerationele overdracht van destructief gerechtigde aanspraak; dat wil zeggen: in het 'recht' van de volwassenen het kind uit te buiten. Zonder therapeutische interventie zullen opvolgende generaties een steeds grotere ongevoeligheid voor hun kinderen ontwikkelen.

Begeleiding bij abortus en zwangerschap

Generaties lang hebben vrouwen geworsteld met de sociale consequenties van hun lichaamsfuncties en gestreden voor hun recht zeggenschap te hebben over het al dan niet beëindigen van een zwangerschap. Geboorteregeling, anticonceptie, abortus en carrièreplanning zijn alle voorbeelden van besluitvormingsgebieden die door veel eigentijdse vrouwen als hun exclusieve terrein worden opgeëist. De discussie over de billijkheid van dit standpunt is nog steeds gaande. Desalniettemin is het waar dat de menselijke voortplanting tot stilstand zou komen zonder vrouwen die bereid en in staat zijn zwanger te worden. De meeste vrouwen beschouwen voortplanting als een persoonlijke verworvenheid en zijn daarom bereid erin te investeren. Het proces zelf kan echter risico's met zich meebrengen. De lichamelijke en emotionele lasten vormen een unieke bijdrage van de kant van vrouwen en maken dat zij gerechtigde aanspraak verwerven ten opzichte van hun mannelijke partner. Keuzemogelijkheden tot voortplanting zijn wezenlijk asymmetrisch in hun verloop. Mannen kunnen echter de asymmetrie omzetten in relevante wederkerigheid door te investeren in een partnerschap van ouderlijke en echtelijke zorg ten bate van het nageslacht zowel als van zichzelf. Het staat te bezien hoe nieuwe technieken die de keuze voor 'carrière'-zwangerschap mogelijk maken, de balans van gerechtigde aanspraken op voortplanting tussen mannen en vrouwen zullen treffen.
Vanuit een ethisch standpunt geeft contextuele theorie absolute voorrang aan kinderen. Daarom is de meest fundamentele vraag inzake voortplanting hoe de vooruitzichten van een kind op overleven en op kwaliteit van het bestaan het best kunnen worden veilig gesteld. Als een baby wordt geboren, zal hij lange tijd iemands ononderbroken zorg nodig hebben – toegewijde ouders, een ondersteunend netwerk van andere verwanten, voedsel, onderdak, kleding, medische zorg

en onderwijs. Op zijn minst – althans in traditionele bewoordingen – heeft een kind de zorg van een betrokken, beschikbare moeder nodig.
Alle hogere diersoorten zijn afhankelijk van een toegewijde moeder en, in sommige gevallen, een vader. Mens-moeders hebben echter te lijden onder emotionele keuzemogelijkheden. Zij kunnen ontmoedigd en haatdragend zijn en hun kinderen afwijzen. Hoe zwaarder belast, hoe meer geïsoleerd en minder gesteund de moeder wordt, des te minder waarschijnlijk zal zij zich wijden aan het opvoeden van kinderen en des te meer destructief gerechtigd zal zij zijn. Kinderopvoeding is een karwei dat het meest effectief wordt uitgevoerd door generatief competente ouders en door een grootmoedig gevend ouderlijk netwerk. Toch is het een feit dat veel aanstaande moeders in wezen alleen staan als zij al niet in de steek gelaten zijn of worden.
Hoe de omstandigheden van de conceptie van de baby ook waren in verband met hun of hun partners gebrek aan verantwoordelijkheid, het zijn de vrouwen die uiteindelijk de gevolgen dragen voor zichzelf, hun kind en de samenleving. Onder zulke omstandigheden beschouwen sommige zwangere vrouwen hun zwangerschap als een valstrik en hun baby als een symbool van mannelijke onverantwoordelijkheid en verlating. Bovendien kunnen toekomstige kansen van een vrouw op een relatie met een andere man alleen al door het bestaan van haar kind ernstig worden gehinderd. Vanuit een ander gezichtspunt kan een pasgeborene financiële zekerheid betekenen, hoe magertjes ook. De geboorte van een baby kan soms de garantie van 'betaling' vormen voor iemand met een bijstandsuitkering.
Als er bij volwassenen gebrek is aan toewijding aan ouderschap of als de betrokkenheid zwaar onvoldoende is, waarvandaan komt dan de druk om iedere gelegenheid tot voortplanting zeker te stellen? In andere bewoordingen: heeft de foetus het recht ongeboren te blijven? Zoals alle andere soorten zijn menselijke wezens toegewijd aan het veilig stellen van hun overleving. De hoge prijs voor geslaagd overleven is begrijpelijk in het licht van de grote kans op kindersterfte, honger, ziekten, oorlog en natuurlijke vijanden waardoor mensen in groten getale gedurende vrijwel het hele menselijk bestaan zijn uitgedund. De situatie lijkt op een bepaalde manier omgekeerd. Nu bedreigt overbevolking in plaats van onderbevolking hulpbronnen en overlevingskansen van mensen. De omstandigheden die hebben geleid tot overbevolking brengen nu verandering teweeg in de betekenis van absolute aantallen overlevenden van het mensdom.
Toegenomen echtscheiding, toenemende verslaving en misdaad, milieuvervuiling en overbevolking in steden leiden alle tot de hypothese dat menselijk leven in kwaliteit vermindert. Er zijn tekenen die erop wijzen dat de escalatie van negatieve menselijke eigenschappen gedeeltelijk berust op een vermindering van ouderlijke beschikbaarheid en investering, bijvoorbeeld wanneer grootfamilies, gezinnen en huwelijken uiteenvallen. Als deze inschatting enigszins klopt, dan is *kwaliteit van ouderschap over minder kinderen* te verkiezen boven lukraak ouder-

schap over meer kinderen. Wat wint men bij een niet aflatend voortbrengen van kinderen tegenover wie men ambivalent staat of die men niet wenst en wier fundamentele gerechtigde aanspraak op een liefdevolle ontvangst vanaf het begin met voeten wordt getreden? Als men kan redeneren dat een foetus ook rechten heeft, kan de vraag worden gesteld of het *meer* of *minder* eerlijk is om als ongewenst kind geboren en misbruikt, uitgebuit en afgewezen te worden?

Kinderen worden schadelijk geparentificeerd in hun biologische familie. De kans dat zij worden geparentificeerd, neemt toe in situaties van pleegzorg, adoptie en tehuisplaatsing. In antwoord op het gebrek aan een betrouwbare opvoedingsomgeving, worden de kinderen zowel wantrouwend als misdeeld en raken ze narcistisch geïsoleerd. Uiteindelijk worden zij ook veeleisende en onbetrouwbare ouders voor hun toekomstige kinderen. In ieder geval is er geen kristalhelder antwoord te geven. Hoe het ook verloopt, er is altijd een risico. Toch kan de vraag niet worden omzeild: Als deze de risico's zijn, is adoptieve of institutionele zorg echt wenselijker dan het beëindigen van een zwangerschap?

Contextuele theorie staat verre van onverschillig tegenover de beschuldiging van moord wanneer het gaat om de implicaties van abortus of zelfs van anticonceptie. Er valt niet te twijfelen aan het feit dat het in de bedoeling van de natuur lag om ieder dier en derhalve iedere geslachtscel te verenigen met zijn complement en te ontwikkelen tot een nieuwe entiteit. Inmenging in dat proces leidt tot een onderbreking van het vermogen van het leven om zichzelf voort te planten en staat dientengevolge gelijk aan dood en zelfs moord. Toch wordt het absolute van een biologische ethiek die pleit voor overleven onder alle omstandigheden, gematigd en tegengesproken door een ethiek gericht op de kwaliteit van het leven. In een ideale wereld zouden beide doelen evenzeer bereikbaar kunnen zijn. Maar onze wereld is verre van ideaal.

De keuze voor abortus kan al dan niet een daad van verantwoordelijkheid zijn jegens het nageslacht. Het voortbrengen van nieuw leven zonder bereidheid bij of vermogen van ouders ervoor te zorgen, komt neer op een keuze tegen verantwoordelijkheid van volwassenen. De keuze een kind voort te brengen zonder de intentie er een ouder voor te zijn, verzwaard door een erfgoed van onverantwoordelijkheid, zet een voorspelbaar patroon van destructief gerechtigde aanspraak voor het nageslacht in gang *en* maakt het aannemelijk dat hij of zij het patroon zal herhalen. Of de zwangerschap al dan niet welkom is op het niveau van gevoelens, is hier niet de belangrijkste vraag. Ter discussie staat een niveau van intergenerationele slachtoffering en uitbuiting van een toekomstige vader of moeder die hen onverschillig heeft gemaakt voor het welzijn van een ander menselijk wezen. Het is dringend nodig dat er wordt gewerkt aan intergenerationele slachtoffering en uitbuiting in hun courante vorm; maar waarom ten koste van nog niet geboren generaties?

Contextuele zorg is altijd gericht op interventies die een verantwoordelijke context rond ieder kind kunnen scheppen. Dat geldt ook voor het volgende voorbeeld *(Cotroneo & Krasner, 1977)* van de vrouw die een zware dobber had aan het nemen van een besluit over haar ongewenste zwangerschap, waarbij het complexe kwesties betrof die haar angst over een abortus overtroffen. Het therapeutische proces was zowel gericht op billijk en verantwoord rekening houden met de foetus als met een heel leger medespelers in het drama:

> Julia, 29, is in verwachting en bezig met een scheiding. Zij heeft een dochter van twee jaar, maar – voorafgaand aan de zwangerschap van haar dochter – heeft zij een abortus gehad. Vijf jaar geleden was zij er niet zeker van of zij getrouwd kon blijven met John, die altijd meer dronk dan hij kon verdragen. Zij woont nu samen met Bob en hij drinkt ook veel. Wat erger is: hij is arts in opleiding en heeft toegang tot verslavende middelen. Zij is bang dat hij net zo zal worden als zijn vader, die apotheker en alcoholist is en die bovendien veel drugs gebruikt. Julia's ouders zijn ongeveer twaalf jaar geleden gescheiden. Haar moeder had er genoeg van te worden mishandeld en besloot weg te gaan. Daarna stortte haar vader in en verbleef zes maanden in een psychiatrisch ziekenhuis. Hij woont nu met haar jongere broer een paar straten van Julia vandaan, maar zij gaat hen nooit opzoeken. Mannen brengen haar in verwarring; zij weet niet wat zij willen. Bovendien is haar vader hertrouwd en heeft hij bij die vrouw twee dochters. Hij behandelt hen beter dan hij haar ooit heeft gedaan. Hij vloekt niet steeds tegen hen en dreigt niet hen de deur te wijzen. Wat Julia betreft, is hij 'echt een dronkelap' en zij heeft besloten hem af te schrijven. Maar Bob vindt zij echt een 'Italiaanse prins'. Bestaat er niets tussenin?
> Julia heeft een hecht contact met haar moeder, maar denkt dat zij veel meer op haar vader lijkt. Hij had altijd moeite een baan te vinden. Zij heeft daar ook moeite mee. Zij wil actrice worden, maar dat is zo'n 'onpraktisch doel'. Op dit moment is zij serveerster in de nachtploeg. Zij heeft een oppas voor Meg; Bob zorgt de rest van de tijd voor haar. Hoe zou zij voor nóg een baby kunnen zorgen? Zij kan nauwelijks voor Meg zorgen. Bob dreigt haar te verlaten als zij een abortus ondergaat. Hij wil niet meekomen naar therapie: 'Hij zegt dat het probleem bij mij ligt.' Hij zegt ook dat zijn ouders de baby zullen opvoeden als Julia dat niet wil doen. 'Maar dat zou ik niet kunnen verdragen,' zegt zij nadrukkelijk. 'Wat zou dat betekenen voor mijn leven en dat van de baby? Hij zou niet echt een moeder hebben, en zij zouden hem op dezelfde manier opvoeden als zij dat met Bob hebben gedaan.'
> Toen Julia met de therapie begon, wilde zij hulp bij het beslissen wat zij met haar leven wilde. Het speet haar dat zij zwanger was en zij aarzelde over een tweede abortus. Zij leed onder de vraag of een foetus een ziel heeft en of God haar voor haar daad zou kunnen vergeven. Een nog kwellender vraag leek te zijn of zij bij een man een ziel kon verwachten.
> Er was weinig sprake van hulpbronnen in deze familie. Omdat Julia in haar financiën zeer beperkt was, had zij de keuze tussen een bijstandsuitkering en

financiële steun van Bob. Zij heeft ook besloten om haar moeder en haar moeders vriend in vertrouwen te nemen. Haar moeder heeft haar tijdens de andere zwangerschappen geholpen en zou, daar was Julia zeker van, nu weer helpen. Op een openlijk niveau maakte Julia zich weinig illusies over haar keuzemogelijkheden en deed ze niet aan zelfbedrog: als zij voor abortus zou kiezen, zou zij 'iemand van het leven beroven'. Zij leed al omdat zij niet ter communie kon gaan. Wilde zij met een begripvolle priester praten? Ja, zij dacht wel dat dat zou helpen. Kon zij denken aan een vergevende God? Ja, zij wilde graag denken dat dat zo was. Maar zij wist dat zij schuld op zich zou laden. 'Dat gebeurde de laatste keer ook, en het enige dat me bij die schuld geholpen had, was het laten geboren worden van Meg.'
Voor Julia waren Meg en mannen de twee dringendste kwesties in haar leven. Haar moeder had het gevoel dat Julia het wel zou klaren met nog een kind, 'zoals de rest van ons ook deed'. Maar was Julia niet meer verplicht aan Meg? Moest Meg opgroeien als Julia, zou zij altijd plaats moeten ruimen voor de behoeften van anderen? Als Meg over vijftien jaar zwanger zou zijn, zou Julia haar zeggen te doen wat goed voor haar was; zij wilde het beste voor haar kind. Wie wilde het beste voor Julia?
En dan was er de kwestie met de mannen. Haar vader gaf duidelijk niet om haar, zelfs niet in kleine dingen. Het leek dat John en Bob altijd hun leven wilden leiden op hún voorwaarden, nooit op die van haar. Soms dacht zij dat zij zelf kind waren en dat er van haar verondersteld werd hun moeder te zijn. Zij was voortdurend in de rouw om het feit dat zij in de steek gelaten was; maar moest zij zichzelf in de steek laten om een man te kunnen behouden? Kon zíj voor de afwisseling niet eens haar zin krijgen? Was zij niet de moeite waard zoals zij was? Wat vroeg een relatie met een man echt van een vrouw? Was het krijgen van een kind het enige dat echt voor hen telde? En *wat* als de baby een jongen was? Zij was daar niet op voorbereid!
Julia besloot uiteindelijk tot een abortus. Was de beslissing zelfvaliderend? Koos zij ervoor voorrang te geven aan haar twee jaar oude kind dat, zoals de zaken er nu voorstonden, erg weinig van haar moeders tijd en energie kreeg? Beschermde zij de foetus tegen toekomstige onverschilligheid, onvoldoende zorg en zelfs mishandeling? In welke mate handelde zij vanuit destructief gerechtigde aanspraak? In welke mate was de foetus een slachtoffer van de uitbuiting en onverschilligheid waarmee Julia door mannen was behandeld? Wat dat aangaat: in hoeverre gebruikte Julia haar zwangerschap als een manier om het de mannen betaald te zetten?
Hier, evenals elders, stelde de netelige situatie delicate eisen aan de therapeut. Hier, evenals elders, ging het niet om het vooroordeel of de voorspelling van de therapeut wat het beste voor Julia zou zijn. Het vermogen van de therapeut om veelzijdig betrokken te zijn, kon Julia helpen een besluit te nemen dat uiteindelijk genezend en aan het leven gevend zou kunnen zijn: moeder,

vader, broers, halfzusters, stiefmoeder, ex-echtgenoot, vriend, schoonfamilie, haar vorige abortus, de kerk, Meg, de foetus en Julia waren hier allen belangrijke spelers. Julia was zich ervan bewust dat in verwachting raken terwijl zij niet nog meer kinderen wilde grootbrengen, schadelijk was voor haar eigen belangen. Zij wist ook dat zij een vertrouwensrelatie met een man wilde. Of Julia al dan niet de moed en energie kon vinden om te investeren in het opbouwen van vertrouwen met een man blijft een open vraag. Zij beëindigde de therapie in de week dat zij de dialoog met haar vader zou proberen te openen.

Hier is een veelzijdig gerichte taxatie van hulpbronnen nodig, niet het vermogen tot voorspellen. Latente besluiten of besluiten achteraf tot verantwoordelijk ouderschap kunnen altijd in gang worden gezet. Een aanstaande vader of moeder helpen de belangen van een foetus onder ogen te zien is een manier waarop men ouders veranwoordelijk houdt. Welke alternatieve keuzemogelijkheden zijn er in een geval als dat van een vrouw en haar vriend die betrokken raakten bij een rechtszitting tegen hen, aangevraagd door de Children's Aid Society?

Haar toekomstige echtgenoot heeft toegegeven dat hij haar kind in een oven heeft gestopt en in een tobbe met water dat zo heet was dat de huid van het jongetje gewoon losliet. De man had gevraagd niet alleen te worden gelaten met de zorg voor het kind, maar de moeder stond erop minstens drie keer in de week mee te zingen met het kerkkoor. Nu is zij in verwachting van deze man. Zij neemt geen verantwoordelijkheid op zich voor het feit dat zij de man alleen heeft gelaten met de verantwoordelijkheid voor het kind. Zij is niet van plan haar avondprogramma te veranderen. Zij is echter woedend op de Children's Aid Society en de door de rechter toegevoegde therapeut omdat zij, naar zij zegt, haar baby van haar willen afpakken.

In dergelijke situaties is een therapeut verplicht de vraag te stellen of het in het belang van de foetus is, te bestaan. Verdient alleen de behoefte of wens van de ouder overweging? Dezelfde vragen kunnen worden gesteld wanneer er bij de ouders sprake is van een erfelijke ziekte, bijvoorbeeld de ziekte van Huntington. Is het billijk kinderen voort te brengen wier aanleg tot een verwoestende ziekte wordt geschat op vijftig procent? Omgekeerd: is het billijk dat potentiële ouders moeten afzien van het hebben van kinderen? Geeft het bestaan zelf ouders het recht, hoe destructief ook, cruciale kwesties die het lot van hun kind treffen, opzij te schuiven?

HOOFDSTUK 21

ANDERE TOEPASSINGEN VAN CONTEXTUELE THERAPIE

Terminale ziekte

Terminale ziekte is een voorbode van de dood, een duidelijke scheidslijn tussen de generaties. Terminale ziekte betekent rouw en te verwachten verdriet. Terminale ziekte is ook een mogelijkheid om de hulpbronnen van alle betrokkenen aan te boren. Het vooruitzicht op verlies door de dood kan worden omgezet in een stimulans tot herbeoordeling en het opnieuw aanhalen van banden tussen mensen die tot dan toe vastzaten in door breuken en wrok gekenmerkte relaties.
In de klassieke betekenis gaat het bij het rouwproces om iemands verdriet en frustratie over het verlies van een relatie. Hier omvat de term 'verlies' het gescheiden worden van de stervende of overledene en van zijn relationele context en patronen. Natuurlijk wordt het leven zelf voortdurend gemarkeerd door verliezen vanwege minder belangrijke scheidingen. In deze betekenis vertegenwoordigt iemands vermogen te rouwen om verloren relaties vanaf de kindertijd tot zijn levenseinde, psychische groei. Freud gaf de overweging dat de weg naar emotionele volwassenheid door een kerkhof van verlaten relaties leidt. Relationeel verlies komt meteen vanaf het begin voor, wanneer een baby wordt gespeend – de prijs voor onafhankelijkheid.

Het vooruitzicht op de dood verandert de relationele routine van mensen en maakt meestal dat zij zich openstellen voor andere patronen van geven-en-nemen. Het stemt hen gevoelig voor het feit dat bepaalde mogelijkheden tot geven voorgoed zullen worden afgesloten, bijvoorbeeld het verkennen van de omstandigheden in de jeugd van de stervende. Het dwingt tot het bewustzijn dat het nu de tijd is om te doen wat anders ongedaan zal blijven. In contextueel werk betekent dat een evaluatie van mogelijkheden die resteren tot het in balans brengen van bepaalde grootboeken en tot het opbouwen van vertrouwen; dat wil zeggen: tot herstel. Er kan nog tijd zijn voor kinderen om iets te weten te komen over slachtoffering van hun ouders in hun jeugd, om de grondvesten te leggen voor begrip en ontschuldiging van de ouder voor welk nog aanwezig destructief imago dan ook. Het aanbieden van zorg en aandacht aan een stervende verlicht het verdriet van de nabestaande en vermindert zijn of haar neiging tot schuldgevoel en meer.

In sommige gevallen ontdekken de kinderen van een stervende ouder een nieuwe kans tot het onderzoeken van hun onderlinge grootboeken. Een broer en zuster deden afzonderlijk pogingen hun rekeningen met hun stervende vader te vereffenen. Zij hadden een aantal jaren niet met elkaar gesproken. Gedurende het verzorgen van hun vader gaven zij echter blijk van hun verbondenheid met elkaar en begonnen weer contact te leggen.
In een andere situatie raakte de rechterarm van een 48-jarige man plotseling verlamd: een symptoom van een snelgroeiende, inoperabele kanker. Hij verloor zijn belangstelling voor zijn zaak en klampte zich vast aan de betekenis die zijn twee zonen van elf en acht aan zijn leven gaven. De man en zijn vrouw waren al enige tijd gescheiden. Toch was er sprake van dat hij naar 'huis' zou gaan om te sterven. Zijn ex-vrouw sprak zich echter tegen deze mogelijkheid uit, waarbij zij wees op de ernst van zijn toestand en de veeleisende verpleging. De kinderen waren met afschuw vervuld. Zij wilden iets voor hun vader doen. De therapeut vroeg op welke manier de kinderen zouden kunnen helpen. Bijvoorbeeld als hun moeder haar ex-echtgenoot in huis zou opnemen, zou zij dan de kinderen kunnen betrekken bij zijn verpleging? Haar jongens somden onmiddellijk alles op wat zij zouden doen. Zou hun moeder opnieuw kunnen overwegen of zij hun vader in huis zou willen nemen? In één zitting konden de gezinsleden elkaar helpen hun diepste verlangens en conflicten naar boven te halen, een keuzemogelijkheid te vinden om het sterven voor de man enigszins te verlichten. Zij troffen voorbereidingen voor zijn thuiskomst. Intussen verergerde zijn toestand en raakte hij buiten bewustzijn. De thuiskomst heeft nooit plaatsgevonden. Maar zijn zonen hadden hem feitelijk zorg geboden, evenals hun moeder.

Door het aanbieden van zorg verwierven alle gezinsleden gerechtigde aanspraak en werd de pijn van hun rouw blijvend verzacht.
Het vroege overlijden van een ouder betekent een definitief verlies voor een kind. Het is een ernstig gemis, maar mag niet worden gekenmerkt als 'verraad' van de kant van de stervende ouder. Op zijn best kan een dergelijke formulering worden omschreven als een psychologische metafoor. In werkelijkheid sterft niemand om zijn kind te kort te doen. In ieder geval zullen kinderen lijden, zowel onder

het verlies van hun ouders betrouwbaarheid, als door het verlies van de ouder zelf. Daarenboven kunnen kinderen te maken krijgen met een verandering in persoonlijkheid en attitudes van de achterblijvende ouder. Zichtbare loyaliteit met de overleden ouder kan onzichtbaar worden en zich openbaren in een openlijke of bedekte afwijzing van de achtergebleven ouder of – later – stiefouder. Schuldgevoelens van het kind spelen een grote rol tijdens de rouw; daarom zijn preventieve interventies de meest effectieve strategie. Actieve bijdragen van het kind aan de stervende ouder verminderen altijd schuld en verlichten het rouwproces.

Aan de andere kant van het spectrum met de ongeneeslijk zieke ouder staat het ongeneeslijk zieke kind. Hier is jong beschikbaar vermogen, onvervuld en onvervulbaar; traumatisch voor de ouders die kinderen niet ter wereld hebben gebracht om hen te zien sterven. Toch heeft het ongeneeslijk zieke kind, evenals andere stervende mensen, het nodig aan anderen te *geven* zowel als te ontvangen. Gewoonlijk wordt aangenomen dat de wereld der volwassenen in het krijt staat bij een ziek kind dat de rechtmatige ontvanger van de liefde en zorg van zijn ouders is. Maar welke ouders zijn emotioneel minder uitgeput dan het ongeneeslijk zieke kind zelf? Stel dat zijn hulpbronnen van vertrouwen en leven meer ter beschikking staan dan die van zijn ouders? De dood heeft voortijdig toegeslagen bij een gezin waarvan de ouders te uitgeput zijn om te geven, terwijl het een ziek kind verboden wordt om te geven. Men zou echter een kind kunnen uitnodigen uitdrukking te geven aan zijn zorg en liefde voor zijn ouders, juist waar het kind door hun verdriet en pijn emotioneel zal worden geraakt en uitgeput.

Afstand kan nooit het werk van dialoog doen en met een stervend kind of een stervende volwassene zal zich eenvoudig geen andere kans voordoen. Evenals wij allen heeft de ongeneeslijk zieke de keuzemogelijkheid nodig gerechtigde aanspraak te verwerven en vrijheid en waardigheid die voortkomen uit het bieden van zorg aan anderen.

Geestelijke gezondheid en ziekte

Vanaf het begin heeft gezinstherapie meer nadruk gelegd op de relationele dan op de individuele aard van geestelijke gezondheid en ziekte. De strakke 'of-of'-houding tussen individuele en relationele systeembenadering is echter ongegrond en vereist in feite een afgewogener standpunt. Niemand van ons is in een positie om wetenschappelijke uitspraken te doen over oorzaak en gevolg. Niemand van ons weet in welke mate psychose wordt veroorzaakt door biologische factoren. Geen therapeut kan het zich veroorloven relationele hefbomen voor het helpen van individuen die 'geestelijk ziek' worden genoemd, te veronachtzamen. Deze ruime relationele richtlijn voor geestelijke gezondheid omvat ook individueel omschreven uitgangspunten. Een gezond en goed functionerend mens is in staat zich emotioneel uit te drukken, sociaal te presteren en zichzelf te verwe-

zenlijken. Maar iemand die zich sociaal isoleert, lijdt onder symptomen als zich geobserveerd of achtervolgd voelen of stemmen horen.
Hulpbronnen bevinden zich in een betrouwbaar, verantwoordelijk onderzoek naar de bronnen van onrecht en kwaad waaronder een familielid lijdt. Onrecht en kwaad komen in onze visie zowel uit een intergenerationeel noodlot voort, als uit de psychische structuur van een individu en hier-en-nu relationele transacties. Bovendien is iemands geestelijke gezondheid onlosmakelijk verbonden met zijn of haar verantwoordelijkheid voor de manier waarop het nageslacht wordt getroffen door de consequenties van handelingen van voorgaande generaties. Elke openlijke of bedekte vorm van ernstige uitbuiting van kindskinderen door de huidige generatie kan nooit worden gerubriceerd als blijk van geestelijke gezondheid. Integendeel, gebrek aan berouw over het kwetsen van onschuldige mensen is eerder een teken van destructief gerechtigde aanspraak dan van geestelijke gezondheid en is een belangrijke bron van pathologisch gedrag. Het constructief vermogen van de mens tot het verwerven van gerechtigde aanspraak bevindt zich daarentegen in de kern van transgenerationele solidariteit. Het is de relationele basis van geestelijk gezonde individuen en van de mensheid als geheel.

Depressie

Depressie is een van de klassieke diagnostisch-nosologische entiteiten van de psychiatrie. De essentie ervan is een gedeprimeerde, verlaagde gemoedsstemming in combinatie met een geneigdheid tot gevoelens van hopeloosheid, mislukking en zichzelf de schuld geven. Depressie is een fase van gebrekkige, narcistische persoonlijkheidsontwikkeling met een kenmerkende neiging naar een tekort aan empathie voor de gevoelens van anderen.
Vanuit een contextueel gezichtspunt lijkt het syndroom depressie op een verlaagd *gevoel* van gerechtigde aanspraak. Per definitie zijn rigide attitudes waarbij men zichzelf de schuld geeft – waaraan men blijft vasthouden ondanks bewijs van het tegendeel – een teken van een inadequaat gevoel van gerechtigde aanspraak. Hetzelfde geldt voor een gevoel van waardeloosheid en corresponderende zelfmoordgedachten. Een vergelijkbaar voorbeeld: iemands onvermogen om de geneugten van het leven te genieten gaat vaak samen met de overtuiging dat hij of zij geen plezier verdient.
Iemand die depressief is, zinkt steeds dieper in narcistische preoccupatie met eigen pijn en hulpeloosheid en verliest het vermogen om naar behoren rekening te houden met het lijden van anderen. Zijn onvermogen voor anderen dan zichzelf zorg te dragen maakt dat hij minder gerechtigd wordt, niet in staat zichzelf te valideren en niet geneigd om constructief gerechtigde aanspraak te verwerven. Hoe kan hij ook verdienste verwerven of krediet ontvangen als hij in geen enkele relatie investeert?
Vanuit een contextueel gezichtspunt is het eenvoudig om de ontwikkeling van

een toestand van niet-gerechtigd-zijn in verband te brengen met een lange-termijnpatroon van narcistische, egocentrische karaktervorming. Een narcistisch iemand – gevoelloos, meedogenloos en zonder empathie – zal zich in ieder geval verlaten op eerder verworven destructief gerechtigde aanspraak. Te veel gerechtigd-zijn ontneemt hem zelfs de drang of geneigdheid om op constructieve wijze gerechtigde aanspraak te verwerven. Geen wonder dat hij zich in al zijn relaties op zichzelf gericht en uitbuitend gedraagt en dat hij ontdekt geen gerechtigde aanspraak meer te hebben.

Depressie treedt op wanneer er geen evenwicht is; dat wil zeggen: op het moment dat het grootboek van iemands slachtoffering in het verleden naar de debetkant doorslaat vanwege de inwerking van onrechtvaardigheden die hij nu aantekent in de grootboeken van zijn huidige relaties. Eenvoudiger gezegd: eens was hij hoofdzakelijk slachtoffer, nu slachtofferaar. Hoe kan hij zijn slachtofferende zelf accepteren?

Vanuit therapeutisch oogpunt hebben destructief gerechtigde mensen twee basisinterventies nodig: 1. billijke erkenning van hun slachtoffering in het verleden en 2. de eis gepaste aandacht te besteden aan en rekening te houden met de wijze waarop zij in hun omgangspatronen anderen uitbuiten en slachtofferen. Het tweede punt sluit naadloos aan bij de traditionele, klinische waarneming dat een depressief iemand meer wordt geholpen door van hem te verwachten zich toe te leggen op iets goed te maken dan hem te troosten of in de watten te leggen. Dit therapeutische plan is moeilijk uit te voeren tegenover onvermurwbare weerstand en bij zware uitdagingen aan de vasthoudendheid van de therapeut. Niettemin kunnen voorzichtige therapeutische pogingen om een depressief iemand aan te zetten tot het verwerven van gerechtigde aanspraak, zelfs wanneer dit niet leidt tot enige positieve gedragsverandering, het risico van zelfdoding verminderen.

Relationeel werk met psychotische familieleden: een verklaring

De betekenis van het woord 'psychose' heeft veel verloren van zijn oorspronkelijke, fatale connotatie. Het is meer een synoniem geworden voor schizofrenie, zelfs al zijn termen als 'psychotische depressie' en 'organische psychose' blijven bestaan en zijn zij wijd verbreid. In zijn generische betekenis komt psychose neer op gebrekkige toetsing van de realiteit, denkstoornissen, waanvoorstellingen en hallucinaties, maar ook op regressief, gedesorganiseerd, onverantwoordelijk en irrationeel gedrag.

Men heeft kunnen vaststellen dat psychotische gedragspatronen passen bij familiale rolpatronen en er dikwijls een karikatuur van zijn. Het zou echter een volkomen onjuiste voorstelling van zaken zijn om psychose te beschouwen als een soort spel of als transactionele manoeuvre. Psychose heeft een primair en onwillekeurig aspect, hetzij op biologische, hetzij op karakterologische gronden. De beginnende therapeut doet er goed aan hierbij af te zien van manipulatieve, 'therapeutische' strategieën. Hij heeft te maken met een diep gekwetst menselijk wezen dat eveneens is begiftigd met diepgaande resterende menselijke eigenschappen, ondanks ogenschijnlijk bizar gedrag. Het spelen van spelletjes die de betrouwbaarheid van de therapeut in gevaar brengen, kan leiden tot een verdieping van het wantrouwen van de psychotische mens en in bepaalde gevallen tot zelfdoding.

De psychotische (schizofrene) mens symboliseert meer dan een mislukking van menselijke aanpassing. Hij of zij kan een afspiegeling zijn van absurde, innerlijk tegenstrijdige en onvermijdelijk uitbuitende aspecten van het leven. Hij of zij hongert ook naar betrouwbaarheid – een universeel menselijke behoefte. Een psychotisch mens kan gebruik maken van machtsvoordelen, vijandschap en nietsontziende wedijver om weer te geven hoezeer hij tot slachtoffer is gemaakt. Toch kan hij ook op zoek zijn naar menselijke solidariteit. Soms kan de psychotische mens een zichzelf vernietigend, al te loyaal familielid of een naïeve zoeker naar waarheid zijn. Uiterlijk kan hij niet bij machte zijn om iemand te vertrouwen; innerlijk kan hij verlangen naar billijk en lonend contact. Ongeacht de aard van de situatie presteert een psychotische cliënt weinig als hij met trucjes op de proef wordt gesteld. Therapeuten die zich specialiseren in de behandeling van schizofrenie stellen met nadruk dat een psychotisch mens nooit mag worden bedrogen in zijn geneigdheid anderen te vertrouwen. Het ontbreekt het zwakke ego van deze mens aan een reservevoorraad vertrouwen waarop hij zich kan verlaten in geval van oneerlijke manipulaties. Therapeuten doen er goed aan om hun frustratie, teleurstelling of wanhoop rechtstreeks en openhartig tegen hun cliënten te uiten in plaats van te trachten hen te manipuleren.

Vanuit een psychologisch gezichtspunt (dimensie II) krijgt de therapeut die mensen met een psychose behandelt, te maken met twee moeilijke reeksen van aandachtspunten:

– Breekbaarheid van egostructuren, verbrokkelde ervaring van het ik, onvoorspelbare emotionele schommelingen, opengebroken ego-grenzen, splitsing en ontkenning als verdedigingsmechanismen, bijvoorbeeld projecties, projectieve identificatie en misplaatst affect. Deze tekenen van ernstig letsel geven aan dat de psychotische mens een slechte kandidaat is voor op inzicht gebaseerde therapie.
– Rigide innerlijke omgangspatronen die in de plaats zijn gekomen van omgang met mensen. Object-relatietheorieën *(Fairnbairn, 1952; Guntrip, 1961)* zijn zeer belangrijk voor het begrijpen van de psychotische mens. Innerlijke relaties kunnen zich onder andere manifesteren in paranoïde waanideeën, hallucinaire innerlijke stemmen en beïnvloedingservaringen. Psychotische mensen kunnen zelf getuigen van de waarde van deze relaties. Bijvoorbeeld: 'Ik mag mijn stemmen wel; ik kan op hen rekenen als ik hen nodig heb' *(Hollender & Boszormenyi-Nagy, 1958)*.

De relationele formuleringen van object-relatie theoretici leken een nieuw perspectief te bieden op het helpen van schizofrenen. Er is geen opzienbarende doorbraak gekomen. Toch kan men zeggen dat de op familierelaties gebaseerde benadering veelbelovender is dan enige andere vorm van hulp aan schizofrenen. De toepassing van het object-relatie gezichtspunt in de therapie van schizofrenen heeft Boszormenyi-Nagy ertoe gebracht om aan het eind van de jaren vijftig een familietherapie te ontwikkelen.

Het klassieke tijdperk van individuele therapie voor psychotische mensen leverde onschatbare aanknopingspunten op. Verschillende therapeuten onderkenden dat hun cliënten behoefte hadden aan koesterende liefde, betrouwbaarheid en consequente begeleiding *(Fromm-Reichmann, 1948; Sullivan, 1947; Sechehaye, 1956; Will, 1958)*. Hun therapeutische richtlijnen toonden gelijkenis met die van Kohut *(1977)*, die therapeuten adviseerde aan narcistische cliënten met een verbrokkeld Zelf de empathie te bieden die zij in hun vroege jeugd van hun ouders hadden moeten ontvangen. Evenals Kohut dacht Rogers *(1951)* dat therapeuten aan hun cliënten plaatsvervangend ouderschap verplicht waren in de vorm van 'onvoorwaardelijke positieve aandacht'. In onze visie is het echter de vraag of men mag aannemen dat therapeuten de beschikking hebben over zo'n grote voorraad of surplus aan empathisch geven en aan koesterende attitudes.

Eén van de premissen van klassieke Freudiaanse therapie is genezing door omzetting van overdracht naar de therapeut. Deze premisse lag geworteld in aannames dat alle neurotische ziektebeelden (met inbegrip van onrealistische omgangspatronen) draaien om archaïsche, intrapsychische configuraties en verbintenissen (cathexis). Deze archaïsche innerlijke patronen – gewoonlijk verborgen in onbewuste neigingen –, fantasieën en vermijdingsmanoeuvres, verstoren het realistisch omgaan met anderen. De therapeut is in staat deze relationele patronen onder de aandacht van de cliënt te brengen wanneer zij zich in overdracht herhalen. Indien een cliënt voldoende egosterkte tot zelfreflectie heeft, zal hij of zij op den duur het innerlijke herhalingspatroon onder ogen zien en waarschijnlijk herzien. Het is duidelijk dat Freuds therapeutisch overdrachtsmodel was gebaseerd op een kunstmatige herschepping van de relationele familiecontext. Het is ook duidelijk dat het veiliger was voor de cliënt (en voor de therapeut?) om met deze patronen aan het werk te gaan door middel van overdracht met de therapeut – een veilige partner om mee te experimenteren – dan zich rechtstreeks te wenden tot zijn of haar familieleden. Toch is dit een moeilijk proces, zelfs voor de neurotische of niet-psychotische cliënt.

Niet iedereen is geschikt voor het analytisch proces. De geschikte kandidaat heeft een ego dat sterk genoeg is om te worden geleid naar een confrontatie met achterhaalde en anachronistische patronen uit zijn kindertijd. Zelfs dan heeft hij er moeite mee zijn behoeftenpatroon in te stellen op de golflengte van weloverwogen en volwassen relaties. Pogingen te werken met behulp van inzicht worden bestookt met een spervuur van weerstanden. De veeleisende verwerking is wel vergeleken met het rouwproces; aanleren van een gewenste verandering vereist verwerping van een langdurig aangehouden relatie met de innerlijke partner. Opgeven van archaïsche patronen lijkt op het verlies van een geliefde door de dood. Deze overwegingen zijn van toepassing op neurotici. Om welke reden dan ook lijkt de psychotische mens nog rigider zijn innerlijke patronen te behoeden dan neurotici en andere mensen.

Contextuele theorie en therapie begonnen hun ontwikkeling als een uitdaging aan de klassieke, individueel therapeutische benadering van schizofrenen. De kern zetelde in de pas ontdekte kracht van innerlijke familiesolidariteit. Het werd duidelijk dat familieleden in hun poging om hun relationele patronen te veranderen, met meer worstelen dan hun eigen weerstanden. Zij neigen er ook toe elkaar te beschermen tegen de pijn om het oude patroon te verliezen en het in te wisselen voor een nieuw. Deze 'heimelijke opschorting van rouw' (*Boszormenyi-Nagy, 1965b*) leidde uiteindelijk tot de ontdekking van belangrijke dynamieken van onzichtbare loyaliteiten tussen familieleden *(Boszormenyi-Nagy, 1972; Boszormenyi-Nagy & Spark, 1973/1984)*.

Het werd steeds duidelijker dat de verschuiving van werken met individuen naar werken met familieleden nieuwe hulpbronnen opleverde voor de behandeling van psychotische mensen. Om te beginnen was het nu makkelijker de vertrouwensbasis voor een therapeutisch verbond te ontwikkelen en de rigiditeit van het hardnekkig pathologische loste zichtbaar makkelijker op. Wat kon een natuurlijker strijdperk zijn voor het onder ogen zien van archaïsch vormende, kinderlijke relatiepatronen dan de familie, vooral wanneer mensen te maken krijgen met rijpere relatiepatronen van persoon tot persoon? Daar komt bij dat familiesessies op zichzelf dikwijls zowel het Zelf als de oorspronkelijke partner waarmee het Zelf een innerlijke en actuele relatie heeft, omvatten. Wat zou natuurlijker en effectiever kunnen zijn dan dat zij gezamenlijk elkaars archaïsche zelf-object relatiepatronen (*Kohut, 1977*) herleven en valideren en elkaar helpen om geleidelijk nieuwe patronen uit te werken? Hier is de drempel voor rouw verlaagd: 1. de oorspronkelijke partners zijn beschikbaar voor elkaar en daarom hoeven alleen de patronen te worden veranderd; 2. overdracht is hoofdzakelijk werkzaam onder familieleden die door een therapeut kunnen worden begeleid.

Therapie met psychotische mensen

Individueel georiënteerde therapeuten hebben geprobeerd om Freudiaanse therapeutische principes te wijzigen en deze toe te passen op psychotische patiënten. De onderkenning dat zich regelrecht verlaten op de egosterkte van de psychotische cliënt niet werkbaar was, leidde therapeuten naar empathische, koesterende en soms bevoogdende benaderingen. Therapeuten hadden nu iets van tevoren te bieden om hun cliënten uit hun winterslaap te halen. Directe, lineaire pogingen om de psychotische mens 'te verzelfstandigen' bleken onverstandig en te riskant.

Het is tegenproduktief om de jongvolwassen of adolescente psychotische mens onder druk te emanciperen, zonder rekening te houden met zijn onzichtbare loyaliteit met zijn familie, of hen tegen hun ouders op te zetten alsof hun ouders in feite hun vijanden zouden zijn. Het is ook tegenproduktief om de psychotische cliënt eenvoudig te conditioneren zijn hinderlijke symptoom (symptomen) te laten vallen, zodat hij genezen verklaard kan worden en dus cliënt-af is.

Kortom: onze ervaring laat zien dat meer dan eenderde van psychotische cliënten gunstig reageert op relationeel-gebaseerde therapie. Anderen bereiken een evenwicht tussen hun hartstocht voor waarheid en rechtvaardigheid en hun voortdurende destructief gerechtigde aanspraak. Als zij getalenteerd zijn, kunnen zij een creatief kunstenaar of een intellectueel worden. Weer anderen zetten eenvoudig hun dagelijkse worsteling door in een breekbaar compromis tussen scherp inzicht en schuchterheid.

In welke mate de psychotische persoonlijkheid bevrijd en losgemaakt kan worden van zijn slecht functionerende kant verschilt per individueel geval. Regelmatig blijken psychotische mensen betere ouders dan hun prestaties in het algemeen zouden doen vermoeden. Een gedeeltelijk herstelde psychotische moeder is wellicht niet in staat haar kinderen heel veel te geven qua volwassen zorg. Zij zal waarschijnlijk assistentie en supervisie met betrekking tot cruciale punten in de werkelijkheid behoeven. Maar zij kan gevoelig zijn voor elke onrechtvaardigheid die haar kinderen ten deel dreigt te vallen.

In het werk met psychotische zowel als met andere mensen gaat een praktische kernvraag van op hulpbronnen gerichte relatietherapie over de mate waarin de betrokkenheid van familieleden bij therapie oprecht zal zijn. Kan de therapeut hen motiveren de nodige inspanning en het volste vertrouwen te investeren in een gemeenschappelijke onderneming? Natuurlijk moet de onderneming een zodanige vorm krijgen dat ieders doelen erin passen. Alle deelnemers behoeven hulp bij het proces en allen moet bewust worden gemaakt hoe zij er baat bij zullen hebben om in ruil voor hun betrokkenheid therapeutisch werk te doen. Zij kunnen moed vatten wanneer zij merken dat zij door hun bijdragen aan het behoeftige, psychotische gezinslid op zijn minst hun eigen gerechtigde aanspraak verwerven.

Therapie moet meestal weerstand bij de familie overwinnen. Familieleden hebben zich vaak vastgebeten in de opvatting dat de ziekte van de één niets te maken heeft met de toestand van de rest van de familie. Deze belemmering kan dikwijls uit de weg worden geruimd door de verzekering van de therapeut dat het niet in de bedoeling van de op de familie gebaseerde therapie ligt iemand te veroordelen, te bekritiseren of de schuld te geven. Het doel van therapie is eerder om effectieve gemeenschappelijke hefbomen op te sporen dan oorzakelijke verantwoordelijkheid vast te stellen. Een andere bron van weerstand kan dan worden gevormd door hernieuwde volharding van de psychotische mens in zijn of haar destructief gerechtigde aanspraak.

In wezen moet therapeutisch werk met psychotische mensen steunen op bestaande kernen van resterende betrouwbaarheid. Therapeuten gebruiken deze kernen, maar hoeven deze niet te vormen. De kernen komen voort uit onze gemeenschappelijke menselijkheid, uit de winst die ieder van ons ontvangt van gepast rekening houden met andermans behoeften. Erikson *(1959)* stelde dat volwassenen gemotiveerd zijn om te voldoen aan de criteria van voortplanting om tegemoet te komen aan hun eigen ontwikkelingsbehoeften. Zo heeft iemand in een bepaalde fase van volwassenwording baat bij het bieden van zorg en is men toegerust tot de opdracht van het ouderschap. Het spreekt vanzelf dat iemand meer wint wanneer hij iets doet voor een familielid in moeilijkheden dan wanneer hij helemaal niets doet. Het kan zijn dat het succes van de prille gezinstherapie geworteld lag in deze menselijke geneigdheid. Als dat zo is, vormt het een uitdaging aan het adres van de lineaire redenering dat mensen erbij winnen wanneer zij gevoelloos degenen die in moeilijkheden zijn, veronachtzamen. De dialectiek van ontvangen door te geven gaat een eenvoudige, baatzuchtige, eenzijdige bezitterigheid te boven.

Kernen van resterende betrouwbaarheid van een psychotisch mens kunnen zich geleidelijk tijdens het therapieproces ontvouwen. Iemand kan destructief gerechtigd blijven, maar de therapeut is toch in staat zijn onzichtbare loyaliteit en zorg te onderkennen en er krediet voor te geven, zoals voor:

– Zijn toewijding aan en zorg voor zijn zieke vader.
– Zijn diep verlangen naar een liefdevolle en zorgzame relatie.
– Zijn toegewijde beschikbaarheid voor zijn moeder wanneer zij angstig is of hem nodig heeft.
– Zijn zorgzaamheid als was hij de ouder, bij het naar bed brengen van zijn depressieve vader.
– Zijn onzichtbare loyaliteit waarmee hij andere familieleden door middel van zijn symptomatische rol beschermt.

Wij menen dat de taal van relationele integriteit en billijkheid de beste kans biedt om door psychotische belemmeringen heen te breken naar communicatie; deze taal wordt zeer waarschijnlijk gehoord door de in zichzelf teruggetrokken psychotische mens. Hij kan ophouden excentrieke taal te bezigen, al was het maar voor korte tijd. Wellicht hoort hij hoe hij als kind werd geparentificeerd en hoe beschikbaar hij is geweest voor anderen toen zij in moeilijkheden waren – en misschien reageert hij. Van hun kant kunnen familieleden keuzemogelijkheden ontdekken voor een herverdeling van eigen baten en lasten. Zij kunnen openlijker uiting geven aan hun overtuiging en vrijer met elkaar gaan overleggen.

De kwestie van psychotrope drugs geeft hierbij aanleiding tot veel nieuwe vragen. Alles in aanmerking genomen, is onze visie dat zij zeker de moeite van het proberen waard zijn. Als een kalmerend middel de angsten van een psychotische mens kan verminderen, is het zinnig dit te gebruiken. Voortdurend gebruik van drugs kan echter leiden tot een langdurige afhankelijkheid ervan. Andere psychotische cliënten zeggen dat zij geen baat hebben bij kalmerende middelen. Zij hebben integendeel de ervaring dat de drugs als een touw hun gedachten vastbinden of hen het gevoel geven ongewoon of niet zichzelf te zijn. In sommige gevallen ontwikkelen mensen een diep gevoel van wrok vanwege het feit dat zij deze medicijnen moeten innemen. In ieder geval staan de uitkomsten van het gebruik van drugs nog niet vast. Sommige mensen kunnen met medicatie werken in therapie; anderen vinden er weinig baat bij.

Verstandelijk gehandicapten

Individueel georiënteerde psychotherapeuten hebben zich van oudsher weinig aangetrokken gevoeld tot het gebied van de verstandelijk gehandicapte. Het is een toestand waarvan het wezenlijke dikwijls is verankerd in fysiologische veranderingen in de hersenen of in structurele of chemische hersenbeschadigingen waardoor psychotherapie er geen vat op kan krijgen. Vanuit een relationeel uitgangspunt zijn er enkele creatieve mogelijkheden, ondanks iemands duidelijke beperkingen. Hierbij wordt de verstandelijk gehandicapte behalve als een hulpbron, ook als een last voor de verzorgende verwanten beschouwd. In feite is hij of zij een klassiek voorbeeld van het bevrijdend vermogen van verworven verdienste.
De ernstig verstandelijk gehandicapte is inderdaad op een dood spoor. Zijn vooruitzicht op een veelbelovende toekomst is beperkt en het vooruitzicht van ouderschap is vrijwel nihil. Zijn ouders zijn voortdurend in de rouw: hun dromen over de toekomst van hun levende kind zijn verdwenen als was het kind overleden. Zijn aanwezigheid is een herinnering aan hun 'falen' en verlengt het nimmer eindigende rouwproces.
De familie van het verstandelijk gehandicapte kind is meestal gefrustreerd door de taak om zorg te dragen voor zijn behoeften. Desondanks blijft het verstandelijk gehandicapte kind een bron voor relationele baten, aangezien het dikwijls zijn familieleden zeer toegewijd is en hen wil helpen en zijn steentje wil bijdragen. Familieleden slagen er wellicht niet in dit aspect van de persoonlijkheid van het verstandelijk gehandicapte kind te onderkennen en kunnen het zelfs ontmoedigen door hun boosheid, schaamte, irritatie en ongeduld. Zij kunnen ook gebonden zijn door schuld. Wie is er uiteindelijk echt verantwoordelijk voor de zorg voor een verstandelijk gehandicapt familielid? Na een proces van eliminatie valt deze taak doorgaans de moeder toe. Als dit het geval is, heeft de rest van de familie voortdurend te maken met de uitdaging te moeten zorgen voor goede team-samenwerking. Kunnen op zijn minst de ouders samenwerken? Kunnen broers en zusters zo nu en dan hun eigen behoeften aan steun terzijde schuiven en zichzelf omvormen tot hulp-ouders?
De rest van de familie loopt psychologisch gevaar; de kans is groot dat zij boos en wrokkig worden. Zij zullen ook destructief gerechtigde aanspraak opbouwen.

Toch moet men een hoge prijs betalen wanneer men zijn gevoelens afreageert op het verstandelijk gehandicapte familielid. De onrechtvaardigheid van een dergelijke keuze ondergraaft de feitelijke gerechtigde aanspraak van de dader. Afreageren van gevoelens kan betekenen dat men opeengestapelde impulsen op het hoofd van een hulpeloos, verstandelijk gehandicapt familielid laat neerkomen; een wrede en subtiele manier van het destructief te parentificeren. Het is ook een kwetsende wijze van parentificatie van het familielid dat de underdog van de familie probeert te beschermen. Familieleden kunnen elkaar echter helpen gerechtigde aanspraak te verwerven door middel van coöperatief en effectief samenwerken ten behoeve van het verstandelijk gehandicapte kind.

Zelfs wanneer familieleden iets terugkrijgen voor hun zorg voor hun verstandelijk gehandicapte familielid, zal dat waarschijnlijk niet symmetrisch gaan. Maar juist de asymmetrie maakt de situatie uitermate geschikt voor het verwerven van gerechtigde aanspraak. Leren zich in moeilijke situaties meer te verlaten op constructief dan op destructief gerechtigde aanspraak is ook in het gevestigde belang van ieder familielid. Behalve het onmiskenbaar verwerven van zelfvalidatie, kan dit leren worden omschreven als voorbereiding op hún toekomstig ouderschap.

Problemen in de schoolsfeer

Slechte schoolprestaties van een kind zetten in het algemeen een gezin ertoe om in behandeling te gaan. Er zijn natuurlijke talloze oorzaken en deze moeten worden verkend in het licht van de vele loyaliteitsconflicten die ten grondslag liggen aan leer- en gedragsproblemen op school. School betekent gewoonlijk de eerste verplichting van het kleine kind buiten de familie. Meestal heeft tot dan toe niemand anders dan de familie zeggenschap over het kind gehad. Nu komt er een leerkracht opdagen en die eist gehoorzaamheid en vertrouwen.

Soms hebben ouders openlijke en specifieke bezwaren tegen de leiding of tegen het beleid van de school. Die kunnen te maken hebben met klasse, raciale, etnische of godsdienstige vooroordelen. Bezwaren van ouders kunnen in sommige gevallen een kern van waarheid in zich hebben, maar kunnen ook gebaseerd zijn op rivaliteit tussen ouders en de school. Hoe bezitteriger ouders zijn, des te meer zullen zij het binnendringen van de school in het leven van hun kind als bedreiging voor henzelf beschouwen. Openlijk of bedekt komt het kind er midden tussenin te staan. Bijvoorbeeld: de ouders kunnen zich kritisch uitlaten over leerkrachten en openlijk opmerkingen maken binnen gehoorsafstand van het kind, terwijl de leerkrachten met zoveel woorden kunnen zeggen dat het kind thuis niet goed wordt begeleid. Te midden van deze botsingen zal het kind zich vastklampen aan zijn belangrijkste prioriteit; dat wil zeggen: loyaliteit met de familie, maar hij kan blijk geven van de mate waarin hij gevangen zit door te mislukken op school en er zich te misdragen.

Schoolfobie is een toestand die zich vaak voordoet bij plichtsgetrouwe, begaafde leerlingen. Pogingen om een angstig kind te dwingen naar school te gaan en er te blijven, kunnen leiden tot vijandelijke, agressieve uitbarstingen die gewoonlijk verband houden met relationeel wantrouwen en wanhoop van de ouders. Hier is het kind impliciet geparentificeerd en onzichtbaar loyaal met de waarschuwingen van zijn ouders niemand, *wie dan ook*, te vertrouwen of moeite voor iemand te doen. Schoolfobie kan jaren aanhouden. Wanneer dit onderwerp in de therapie wordt aangesneden, vormt het een spoedgeval vanwege de onherstelbare verspilling van waardevolle keuzemogelijkheden tot leren. Het klinkt paradoxaal, maar indien de therapeut overtuigend genoeg is om de ouders te mobiliseren en hen te helpen te besluiten tot deelname aan een plan van actie, kan het kind meestal binnen een week of twee voorgoed naar school teruggaan. Dit kan zelfs gebeuren wanneer de schoolfobie al jaren speelde. De toestand vereist echter langdurige familietherapie om de ouders te helpen hun eigen ernstige problemen te verwerken.

Extreem provocerend gedrag op school is dikwijls een vraag om hulp van het kind. Volledige afwijzing van het gezag van de leerkracht of gewelddadige of seksuele handelingen in het openbaar kunnen wijzen op nogal gevaarlijke toestanden in de familie van de jongere. Het leven van de ouders zelf kan door wederzijdse angst volledig zijn vastgelopen. Zij kunnen elkaar bedreigen met ernstig geweld, of incest kan het familiegeheim zijn. De ene ouder kan het kind beschermen tegen de andere. Of het kind kan als wapen worden gebruikt in de gevechten tussen de ouders. Hoe het gevaar zich ook manifesteert, een moedige therapeutische verkenning is op zijn plaats. Het uitzoeken van de innerlijke patronen van het familieleven is de eerste stap naar het deparentificeren van het kind.

Het is onverstandig schoolfobische kinderen alleen te spreken. Deelname van hun ouders is een belangrijk aspect van de behandeling, omdat hun parentificatie van het kind en diens signaalgedrag samengaan. Er wordt een therapie ontworpen ter verkenning van situaties waarin een kind vastzit in de conflicten en wantrouwende attitudes van volwassenen. Daarenboven kan de therapeut aanbieden het schoolpersoneel van dienst te zijn. De therapeut kan nuttige communicatie op gang brengen tussen schooldirecteuren, bestuur, decanen, leerkrachten en ouders.

Suïcidepreventie

Suïcide wordt door vele factoren veroorzaakt. Er zijn tijden dat de werkelijkheid van het leven echt rechtvaardigt dat iemand het opgeeft te willen leven, bijvoorbeeld: voortwoekerende, ongeneeslijke pijn en slopende ziekte. Het verband tussen depressie en suïcide is echter minder duidelijk. Er is geen manier bekend waarop men de waarschijnlijkheid van suïcide bij iemand kan voorspellen. Een therapeut kan echter het vermoeden hebben dat een cliënt geneigd is tot suïcide. De therapeut doet er goed aan de cliënt ernaar te vragen in plaats van de mogelijkheid te verdoezelen, vooral omdat een gevoel van isolement en verlating bijverschijnselen van wanhoop zijn. Het is altijd veiliger om onnodig voorzichtig te zijn dan onwetend, onverschillig of angstig te lijken. Bovendien is een relationele verkenning altijd een mogelijke hulpbron voor iemand die gevaar loopt suïcide te plegen. Iemand volledig op individuele basis behandelen alsof de therapeut zijn enige hulpbron zou zijn, komt neer op nalatigheid.

Suïcide bij een kind of adolescent staat meestal in verband met zijn gevoel van vast te zitten in een onoplosbaar raadsel. Dit gevangen zitten wordt gekenmerkt door een toenemend gevoel niet gerechtigd te zijn en door te veel destructief gerechtigde aanspraak. Neem het geval van de oudste van vijf kinderen:

> De ouders van Paul waren in de veertig en financieel in goede doen, maar zij stonden reeds lange tijd op voet van oorlog met elkaar. Vader was veel weg en het was in het gezin algemeen bekend dat hij een relatie met een andere vrouw had. Moeder huilde dikwijls en wendde zich tot Paul om te worden getroost. Hij was volmaakt, zei zij, stond altijd voor haar klaar. Hij wenste soms dat zijn vader met hem zou praten. Maar hij wist dat het de gewoonte was van zijn vader te zwijgen. Hij wist ook dat vader veel geleden had in zijn gezin van herkomst, waar zij ook geen van allen praatten over hun moeilijkheden.
>
> Zoals iedere jongere die gevangen zit in de moeilijke omstandigheid van gespleten loyaliteit werd Paul in de rol geplaatst van degene die compensatie moet bieden voor het onvermogen van zijn ouders een onderlinge vertrouwensbasis op te bouwen. Als zestienjarige werd hij geconfronteerd met een dringende, maar onuitvoerbare opdracht. Hij probeerde het een na het ander, schaafde zijn plannen steeds bij; toch was elk van die plannen een hopeloze mislukking. Geen van de ouders gaf toe. Zijn openlijke, eenzijdige loyaliteit met zijn moeder maakte het onmogelijk om tegelijkertijd een betrouwbare relatie met zijn vader op te bouwen. Onvermijdelijk voelde Paul hoe zijn ouders hem afkeurden en het hem soms op slinkse wijze kwalijk namen dat hij niet bij machte was de situatie recht te trekken. Uiteindelijk nam hij een aantal pillen die hem waren voorgeschreven door de psychiater van zijn vader en liet dit briefje achter:
>
> *Lieve Mama,*
> *Ja, je hebt gelijk. Ik ben helemaal niet volmaakt.*
> *Maar ik heb de oplossing gevonden.*
> *Liefs, Paul*

Paul zat klem tussen zijn ruziënde ouders. Hij was zijn moeders vertroeling en deed tot zijn dood toe herhaaldelijk wanhopige pogingen om het wantrouwen tussen zijn ouders op te heffen.

Verslaving

Bovenmatig steunen op alcohol of andere, chemische, verslavende middelen heeft meestal een basis in destructief gerechtigde aanspraak. De verslaafde lijkt ongevoelig of immuun te zijn voor gevoelens van berouw om het schaden van zichzelf of anderen. Een vermogen om betrouwbare relaties aan te gaan wordt vervangen door het zich verlaten op chemische prikkels en door negatieve relatiepatronen. Misbruik van verslavende middelen lijkt op velerlei wijzen op suïcide en kan ook voortkomen uit een erfenis van gespleten loyaliteit en pogingen van de gebruiker om vertrouwen in de relatie tussen zijn ouders te herstellen.
Een verslaafde kan cynisch of gevoelloos reageren op inspanningen van de therapeut. Maar zelfs de meest destructief gerechtigde verslaafde was eens een toegewijd en gevend mens totdat hij of zij het kritieke punt van emotionele uitputting en wanhoop bereikte. Onder zulke omstandigheden is de effectiefste keuzemogelijkheid van de therapeut om terug te gaan naar het verleden, erkenning te geven voor de bijdragen van de verslaafde aan zijn of haar familie en zo de eerste stap te zetten in de richting van het sluiten van een therapeutisch contract. De volgende stap van de therapeut kan zijn: de familieleden van de verslaafde te helpen erkenning te geven voor iets positiefs, op zijn minst voor iets uit het verleden, als het al niet ook in het heden mogelijk is.
In gevallen waarin een verslaafde de ouder is van jonge kinderen, heeft de therapeut nog een andere hefboom ter beschikking: de therapeut kan de verslaafde aanspreken op het niveau van zijn bezorgdheid om de toekomst, zelfs als die bezorgdheid op dit moment onzichtbaar is. Een chronische dronkaard, die weinig om zijn lever geeft, kan nog steeds de gevoelens van zijn kleine zoon willen ontzien.
De laatstmogelijke therapeutische hulpbron kan zich bevinden in de dialectiek van iemands bereidheid om gerechtigde aanspraak te verwerven door zorg te dragen voor zijn kind.

Chronische lichamelijke ziekte

Chronische ziekte stelt altijd de betrouwbaarheid van familierelaties op de proef. Het zieke familielid neigt ertoe het gevoel te hebben het onschuldige slachtoffer te zijn dat bovendien anderen ongemak bezorgt. De zieke heeft waarschijnlijk ook het gevoel dat hij zit vastgeklonken aan een 'onrechtvaardig' lot en dat hij er niemand de schuld van kan geven. Daarom is hij gerechtigd destructief te zijn. De zieke heeft echter de behulpzame aandacht van anderen hard nodig. Het zou dan ook volstrekt onbillijk zijn als de zieke zijn wrok afreageert op de mensen wier hulp hij juist nodig heeft.
Transactioneel-systemische gezinstherapeuten houden zich met recht bezig met de 'macht van de hulpeloosheid'; dat wil zeggen: de aard en de kracht van de ma-

nipulatieve hefbomen van de zieke. De manipulatieve hefboom is ook een aandachtspunt voor contextueel therapeuten die zich hoofdzakelijk richten op de ethische in plaats van op de transactionele dimensie. Hier wordt manipulatie in verband gebracht met de actuele hulpeloosheid van de chronisch zieke die vervolgens de oorzaak is van destructief gerechtigde aanspraak.

Het chronisch zieke kind, dat lijdt onder erfelijke aandoeningen, suikerziekte, epilepsie of een tumor, kan zelfs meer destructief gerechtigd zijn dan de zieke volwassene. Gezonde kinderen discrimineren het zieke kind; het zieke kind wordt buitengesloten van activiteiten van andere kinderen en het moet onwelkome diëten en medicijnkuren volgen.

De ziekte zelf kan het zieke kind nog meer parentificeren doordat bepaalde regels moeten worden gevolgd, bijvoorbeeld: de noodzaak het suikergehalte van bloed of urine in de gaten houden en passende maatregelen treffen. Niet alleen wordt de zieke gefrustreerd en wordt hem veel onthouden, maar er wordt ook van hem verwacht volwassen verantwoordelijkheid en zelfbeheersing te laten zien. Vanuit het gezichtspunt van verdelende onrechtvaardigheid heeft het lot hem een slecht stel kaarten toebedeeld.

Contextueel werk zal de familie helpen hun grootboeken met het zieke familielid te onderzoeken. Een therapeut zal familieleden aanmoedigen elkaar krediet te geven waar dat gepast is. Hij zal de gezonde familieleden helpen in te zien dat het steunen van het zieke familielid ook een manier is om zichzelf te valideren. Wegen te vinden om zorg te dragen voor de behoeften en problemen van de rest van de familie zal de chronisch zieke helpen zijn eigen gerechtigde aanspraak te verwerven. Dit zal ertoe dienen te voorkomen dat zich bij de zieke een toestand van voortdurend niet-gerechtigd-zijn ontwikkelt.

Seksuele identiteit en functie

Vanuit een psychologisch gezichtspunt is seksuele identiteit een belangrijk deel van de gehele identiteit en kracht van het Zelf. Seksuele functie wordt gewoonlijk beïnvloed door de aard van de door de persoon gevoelde seksuele identiteit. Toch wordt geslachtsidentiteit ook relationeel bepaald. Heteroseksuele partners ondersteunen elkaars geslachtsidentiteit door hun waarnemingen van en waardering voor wederzijds verschil. De aard van deze waarneming kan verschillen. Mannen gaan bijvoorbeeld meer af op visuele aanwijzingen, vrouwen op blijken van mannelijke hoffelijkheid of zorg. Geslachtsidentiteit en de veranderlijkheid van seksuele functie worden belangrijke determinanten van iemands vooruitzichten op voortplanting.

Vooruitzichten op voortplanting worden in sterke mate bepaald door iemands intergenerationele relaties. Intergenerationeel omgaan met anderen is een doorgaande dialoog, waarvan de consequenties zich vervlechten met dialogen van het nageslacht met zijn of haar leeftijdgenoten. Krachtige geboden met betrekking tot seksuele identiteit en seksuele functie komen voort uit onze families van herkomst. Sommige ervan zijn openlijk of het resultaat van rechtstreekse ouderlijke delegatie. Andere zijn opgenomen in de onzichtbare loyaliteit van kinderen. Een vrouw wier moeder weinig gevoel heeft en kil is, kan seksueel frigide of incompetent blijken te zijn. Een zeer ambivalente, in wrok gedompelde relatie tussen moeder en dochter kan uitdrukking vinden in de weerzin van de dochter tegen seksuele omgang met haar echtgenoot, ook al is zij in feite vervreemd van haar moeder.

Een toegewijde horizontale relatie rivaliseert impliciet met iemands toewijding aan zijn familie van herkomst en is daardoor wellicht gedoemd intrinsiek deloyaal te zijn. Deze conclusie heeft zowel betrekking op seksualiteit als op elk ander relationeel gebied. Een therapeut moet altijd onderzoeken in welke mate seksuele betrokkenheid gereglementeerd wordt door loyaliteitsdynamiek. Omdat een heteroseksuele huwelijksrelatie de vorm van horizontale betrokkenheid is die het meest door de samenleving wordt gesteund, kan deze – al klinkt dat paradoxaal – ook de belangrijkste bron van bedekte, zogenaamde deloyaliteit met ouders zijn.

Onzichtbare loyaliteit met ouders, die zich onthoudt van horizontale betrokkenheid, wordt onder andere door onderstaande verschijnselen gekenmerkt. Zij worden genoemd in volgorde van afnemend vermogen tot voortplanting:

- Seksuele moeilijkheden in het huwelijk.
- Uit elkaar gaan en echtscheiding.
- Kinderloos blijven.
- Ongehuwd blijven, maar heteroseksuele vriendschappen onderhouden.
- Biseksualiteit.
- Homoseksualiteit.
- Aseksualiteit.

Onzichtbare loyaliteit met ouders die ouderschap verhindert, is absoluut geen constructief doel. Meestal slaagt onzichtbare loyaliteit met ouders er niet in om een echte, op legaat gebaseerde mogelijkheid tot het verwerven van gerechtigde aanspraak op te roepen. Onzichtbare loyaliteit kan ook samengaan met een verminderd gevoel van gerechtigd zijn.

In gevallen waarin onzichtbaar loyale kinderen zélf kinderen hebben, is het hun tot nut wanneer zij begrijpen dat zij de keuzemogelijkheid hebben tot het verwerven van gerechtigde aanspraak door verantwoordelijk ouderschap. Zij moeten ook de keuzemogelijkheden tot het ontschuldigen van hún ouder verkennen, in plaats van hem of haar blindelings te blijven beschermen. Slechts op deze wijze kunnen therapeutische interventies de trend die gezet is door de kinderen ombuigen, namelijk het vormgeven van hun seksuele identiteit en functie op een steeds merkbaarder afgeremde snelheid.

Overlevenden

De moderne tijd heeft geen manier gevonden waarop de rampzalige pogingen tot volkerenmoord en wijdverbreide menselijke bloedbaden onmogelijk kunnen worden gemaakt. De nazi-holocaust, grootschalige uitroeiingspogingen van Stalin en het uitmoorden van bijna vijftig procent van de bevolking van Cambodja zijn slechts drie voorbeelden die moeilijk te vergeten of te negeren zijn. De overlevenden van menselijke bloedbaden en wellicht hun nageslacht erven zware legaten die verschillende lasten op verschillende generaties leggen.

De overlevenden hebben zelf met hun lijden en verloren mogelijkheden in hun leven een enorme prijs betaald. Ondanks de grootte ervan slagen de meesten erin opnieuw te beginnen. Zij kunnen een nieuw gezin hebben gesticht en kinderen hebben opgevoed, ogenschijnlijk net als alle anderen. Maar overlevenden *zijn* meestal te veel gerechtigd, zowel vanwege hun feitelijk lijden als vanwege hun bovenmatige inspanningen om levensgrote problemen het hoofd te bieden. Zij lijden echter onder het gevoel in de schuld te staan bij degenen die onrechtvaardig zijn vermoord, hoewel het feit dat er mensen zijn omgekomen vanzelfsprekend hun schuld niet is.

Al dan niet terecht is het kenmerkend voor overlevenden dat zij zich meer verplicht voelen dan mensen die minder gerechtigde aanspraak in het leven hebben. Er zijn dikwijls onontkoombare gevoelens iets verschuldigd te zijn aan:

- Degenen die zijn omgekomen.
- Hun groep vanwege het overleven in de toekomst.
- Het nageslacht, door middel van pogingen van overlevenden om hun kinderen niet te belasten met uitingen van destructief gerechtigde aanspraak.
- De mensheid, door middel van een voortdurende persoonlijke getuigenis van de verschrikkingen en de realiteit van het bloedbad.

Dikwijls wil de overlevende ouder de kinderen niet belasten met informatie over zijn of haar ervaringen. Therapeuten kunnen al te snel of makkelijk deze tegenzin aanzien voor een neurotisch of verdedigingssymptoom en de overlevende aanzetten tot praten. 'Het is beter voor je als je je gevoelens naar boven laat komen' is een verklaarbare zinsnede voor een interventie. Een dergelijke benadering is een vergeefse en naïeve – zij het goed bedoelde – poging van de therapeut. Het valt moeilijk te bepalen of mensen die zo'n onmenselijke ervaringslast dragen, werkelijk kunnen worden ontlast door eenvoudig te praten met mensen die hun ervaring niet hebben gedeeld.

Men kan de kinderen van een overlevende de pijn besparen om bijzonderheden over voorbije ellende van hun ouders te moeten aanhoren, zij worden echter belast door de te grote feitelijke gerechtigde aanspraak van hun ouders. Zelfs wanneer deze kinderen de hoogste gewone doelen in het leven bereiken, kunnen zij nooit de bovenmenselijke prestatie van de overlevende ouder evenaren. Dit feit schrijft automatisch een legaat voor met fundamentele verplichtingen, waaronder:

– Uitblinken.
– Helpen hun ouders van hun last te bevrijden.
– Daadwerkelijk de overleving van hun etnische, raciale of godsdienstige groep ondersteunen.
– De 'juiste' boodschap aan de mensheid doorgeven.

Hierbij is, zoals altijd, het rekening houden met legaten onze richtlijn voor therapeutische doelen. Het legaat van overleving vereist betrokkenheid op toepasselijke acties, waardoor de mensheid kan worden geholpen te voorkomen dat dergelijke massamoorden opnieuw plaatsvinden.

VII

THERAPEUTEN IN CONTEXT

HOOFDSTUK 22

DE VORMING VAN EEN CONTEXTUEEL THERAPEUT

De therapeut

Therapeut en cliënt ontmoeten elkaar te midden van de ellende en de nood van laatstgenoemde. De opdracht van de therapeut luidt, evenals die van de traditionele medicus ten tijde van Hippocrates, het vertrouwen van de cliënt waard te zijn: voldoende vertrouwenwekkend om geheimen aan te horen, betrouwbaar genoeg voor de cliënt om zichzelf bloot te geven en te laten zien hoe gekwetst hij is. De therapeut investeert echte zorg, competentie, vaardigheid en vertrouwelijkheid in ruil voor impliciete investering van vertrouwen door de cliënt in de therapeut. Wederkerigheid vormt de kern van hun contract en is in ruime mate voorhanden, echter nooit symmetrisch. De therapeut ontmoet zijn cliënt en laat van zichzelf zien dat hij ook een mens is. Maar hij laat nooit in dezelfde mate als de cliënt zijn gekwetstheid zien en is niet van hem afhankelijk voor genezing. De therapeut-cliëntrelatie is minder symmetrisch dan bijvoorbeeld een vriendschap. Therapie kan ogenblikken van echte ontmoeting tussen twee mensen voortbrengen. De mate van investering over en weer en het niveau van onderlinge verwachtingen zijn echter altijd ongelijk.

Op velerlei manieren is de rol van de therapeut die van een bezorgde toezichthouder. Als zodanig is hij selectief partijdig met de pijn en de zaak van zijn cliënt. Deze selectieve partijdigheid maakt dat de therapeut zich onderscheidt van de medicus die een eenvoudiger, rechtlijniger rol heeft. Diens partijdigheid met zijn patiënt is onvoorwaardelijk. Hij schaart zich aan zijn zijde tegen ziekte en de ondermijnende krachten van de natuur. Zich zó duidelijk en ongebonden scharen aan één kant is een luxe voor de psychotherapeut wiens partijdigheid *met* een persoon hem onvermijdelijk tijdelijk doet kiezen *tegen* een ander, tenminste op korte termijn. Bijvoorbeeld: wanneer hij zich aan de zijde schaart van zijn cliënt tegen diens huwelijk, neemt hij stelling tegen de echtgenote. Wanneer de therapeut partijdig is met een grootvader die gebukt gaat onder schuld over incest, is hij tegelijkertijd verplicht partijdig te zijn met de belangen van de kleinkinderen die werden misbruikt. Of hij mensen afzonderlijk, echtparen of families in zijn kamer heeft, de psychotherapeut zit altijd gevangen in tegenstrijdige belangen. Kan hij onder dergelijke omstandigheden werkelijk gehoor geven aan het oude principe dat de grondgedachte voor ethische geneeskunde is: *nil nocere* – geen schade berokkenen?

De aard van therapeutische beroepsethiek is verbonden aan een definitie van de persoonlijke kwalificaties van een therapeut. De therapeut als persoon vormt altijd een onderdeel van de technologie van de psychotherapie. De therapeut is echter de minst kwantificeerbare of operationele variabele van therapie. De literatuur over individuele therapie staat vol voorwaarden voor persoonlijke volwassenheid van de therapeut.

Volgens de contextuele visie wordt volwassenheid gemeten aan iemands individuele verantwoordelijkheid voor het vaststellen van eigen voorwaarden en billijke zorg voor de voorwaarden van de partner. De contextueel competente therapeut is in staat om over te brengen zeer bezorgd om en betrokken te zijn bij cliënten om een vermogen tot wederzijdse billijke omgangspatronen te ontwikkelen – een doel dat slechts kan worden bereikt door een ontwikkelde veelzijdige houding.

De persoonlijke inbreng van de therapeut

De persoonlijkheid van de therapeut is zijn of haar voornaamste gereedschap. De therapeut is op zijn minst een autoriteit aan wie men behoefte heeft, met wie men kan praten, een gewenste ankerplaats voor veiligheid en stabiliteit en een reservoir van vertrouwen. Een goede technicus kan zijn werk doen, ongeacht of hij het vertrouwen van zijn cliënt heeft. Dat geldt niet voor de therapeut die óf een betrouwbare positie verwerft óf slechts een beperkt en korte-termijneffect sorteert. Een therapeut biedt verantwoordelijkheid, deskundigheid, zorg en de bereidheid controversiële, pijnlijke, beschamende en moeilijke kwesties aan het licht te brengen, al doende betrouwbaarheid verwervend. In ruil daarvoor wordt hem door de ander serieuze investering en geldelijke beloning voor zichzelf of voor zijn instelling geboden.

Een deel van het nut van een therapeut bestaat uit niet-specifieke ondersteunende hulp. Dergelijke hulp kan ook worden verkregen van een meelevend familielid, een attente buur, een geïnteresseerde collega, een barman of een lid van een steungroep.

Echter, twee kenmerken onderscheiden therapeutische steun van zorg en hulp door bijvoorbeeld leeftijdgenoten.

- Cliënten zijn in staat zich geleidelijk afhankelijk te verlaten op therapeuten die veiligheid, medeleven en bekwaamheid bieden. Deze beroepsmatige relatie lijkt op gekochte vriendschap. Onvermijdelijk wordt de therapeut geparentificeerd, overeenkomstig specifieke, individuele afhankelijkheidsbehoeften van ieder deelnemend familielid. Deels doet de afhankelijkheid van de cliënt van beroepsmatige hulpverlening zich onvermijdelijk in de praktijk voor; deels wordt deze overgedragen door eerdere onvervulde relationele behoeften.
- Therapeuten zijn in staat om geschikte gedragspatronen aan te dragen en kunnen aldus een model voor herstructurering tussen familieleden onderling aanbieden. Bovendien kan een therapeut zien wanneer kinderen niet goed functioneren tengevolge van overbelastende eisen van volwassenen – wanneer bijvoorbeeld ouders hun verantwoordelijkheid laten varen; wanneer huwelijkspartners zozeer te veel verantwoordelijk zijn dat zij hun eigen plezier en voldoening verliezen; wanneer een arts moet onderzoeken of medische hulp nodig is; of wanneer iemand zichzelf of zijn verwanten door zijn destructieve gedrag in gevaar brengt waardoor onmiddellijke interventie is vereist.

De specifieke inbreng van een therapeut

Een therapeut bepaalt door zijn specifieke, daadwerkelijke inbreng wat de eigen bijdrage is van elke psychotherapeutische richting. De traditionele nadruk op een 'psychologisch' raamwerk in psychotherapie beklemtoonde de empathische gevoeligheid van de therapeut en zijn vrijheid affect zowel in zichzelf als in zijn cliënten te ondervinden en te onderkennen. Deze oriëntatie gaat samen met de psychodynamische hypothese dat het aan de oppervlakte brengen van onbewuste, emotioneel belangrijke configuraties het belangrijkste mechanisme van therapie is. Met andere woorden: het zich niet bewust zijn van deze configuraties is het belangrijkste struikelblok in de volwassenwording van een cliënt. Het is ook waar dat een therapeut in staat moet zijn om aandacht te besteden aan blijken van affect van zijn cliënt.
Therapie zou verkeerd worden uitgeoefend wanneer iemand ongevoelig zou zijn voor andermans lijden. Uitdrukking geven aan empathie voor iemands gevoelens is een belangrijk deel van zorg, maar is eerder een methode dan een doel. Helpen om pijn, frustratie, angst en depressie bij een cliënt naar boven te laten komen is altijd een belangrijke interventie. Maar affect is slechts een aanwijzing, een indicatie van relationele configuraties, acties en plannen. Neem bijvoorbeeld de onderstaande situatie – een prototype van de eerste therapeutische pogingen om de situatie van een cliënt te taxeren:

> Vanaf het eerste ogenblik van hun samenwerking gaf de therapeute Peter erkenning voor zijn lange-termijnliefde en zorg voor zijn familie *en* de zichtbaar geworden blijken van hun lange-termijnzorg en liefde voor hem. Zij gaf er-

kenning voor de verlammende effecten van emotionele uitputting en kwetsingen die hij had ondergaan, en de werkelijkheid van zijn eenzaamheid en ondervonden isolement. In het begin al gaf zij ook aan dat Peter zich op een kruispunt bevond. Vroeger of later zou hij een keuze moeten maken over de wijze van interpretatie van zijn gevoelens. Zouden deze uiteindelijk worden gebruikt om *alleen zijn* kwetsingen en pijn te valideren? Of zouden deze ook worden gebruikt als geldige indicatoren voor werkelijke en waargenomen onrechtvaardigheden die tussen hem en de mensen met wie hij loyaal verbonden blijft, bestaan?

Zal Peter zijn gevoelens gebruiken om zijn vervreemding van zijn familie te rechtvaardigen; dat wil zeggen: zijn teleurstelling in wie zijn ouders zijn te onderstrepen? Zal zijn gevoel te worden overspoeld door de behoeften van zijn familie, zich vastzetten in een toestand van voortdurende kwetsingen en onrechtvaardigheid, en zich consolideren in een onbuigzame verdediging van ethische ongebondenheid? Zal hij ervoor kiezen zichzelf te beschermen tegen de bronnen van zijn kwetsingen en al doende zichzelf afsnijden van de bronnen van genezing? Zal hij zich gevangen zetten in het zelfmedelijden van een zichzelf opgelegde monoloog en aldus de validatie verliezen die hij slechts in een dialogisch proces kan bevestigen? Zal hij, afgesneden van de verdienste van hun geldige waarheden en vertrouwen, zijn familie eenzijdig oorzaken, motieven en schuld ten laste leggen – en hen tot slachtoffer maken zoals hij voelt dat zij hem tot slachtoffer hebben gemaakt? Zal zijn zelfbescherming uiteindelijk vorm krijgen in een levenslang solipsisme?

Zal Peters secundaire – hoewel tijdelijk intensieve – loyaliteit met de therapeute – op zijn best een bijkomstige relatie – leiden tot het ondermijnen van legitieme keuzemogelijkheden voor dialoog met de mensen die nog steeds bij hem betrokken zijn en bij wie hij betrokken blijft – ondanks zijn boosheid en frustratie? Kan hij de ingebouwde grenzen van de therapeutische relatie onderkennen – dat, ongeacht gevoelens van zorg, het grootboek van therapeute en cliënt existentieel gezien nooit ethisch analoog kan zijn met het grootboek van de cliënt en zijn familie; dat investering van de therapeute in Peter onvermijdelijk een mandaat van lange-termijnbetrokkenheid uitsluit? Zal de zich ontwikkelende dialoog tussen hem en de therapeute zijn familie in een driehoeksverhouding plaatsen – hoezeer ook onbedoeld – en ertoe leiden dat familieleden de kans ontnomen wordt *hun* geldige aanspraken en hun kant te verwoorden? Of – omgekeerd – kan Peter de therapie gebruiken als hulpmiddel bij het vinden van vertrouwen en moed om zijn wereld te toetsen vanuit het perspectief van dialoog? Kan hij het zich ten langen leste veroorloven zijn gevoelens te beschouwen als tekenen van onrechtvaardigheid in plaats van als aanklachten tegen andermans beperkingen? Of zal hij er ten slotte voor kiezen om zichzelf toe te vertrouwen aan een wereld waarin gevoelens worden gebruikt als doel op zichzelf? *(Krasner, 1986)*

Bewezen vermogen van de therapeut om de affectieve toon van het relationele proces te horen en te voelen, is een van de eerste vereisten voor zijn of haar betrouwbaarheid.

Nauwgezette interpretatie door de therapeut van affect en zijn betekenis in het leven van de cliënt is een andere.

In de ontwikkeling van een vertrouwensvolle therapeut-cliëntrelatie zijn emotionele processen betrokken, dus is het altijd mogelijk dat therapeut en cliënt emotioneel verstrengeld raken. In psychodynamische of psychoanalytische bewoordingen wordt een deel van de verstrengeling 'overdracht' genoemd en als noodzakelijke voorwaarde voor therapie beschouwd. Freuds beschrijving van overdracht en therapeutische toepassing heeft zonder meer verdienste. Desalniettemin: emotionele verstrengeling is ook de voedingsbodem voor de cliënt tot echte afhankelijkheid van de therapeut.

Hier is een waarschuwende opmerking op zijn plaats met betrekking tot vertrouwen en de psychologisch deskundige therapeut. Vele – zo niet de meeste – mensen worden makkelijk beïnvloed door de gesteldheid van hun emoties. Zij vinden het makkelijk te leunen op iemand die hen geruststelt en verzorgt, ongeacht of deze een bijdrage levert aan het genezingsproces. Een therapeut kan de taal van zorg leren spreken, zonder in staat te zijn oprechte zorg te blijven dragen voor de wijze waarop zijn interventies *alle* bij een bepaalde context betrokkenen betreffen. In die zin kan de zichtbare betrouwbaarheid van de therapeut omgekeerd evenredig zijn aan zijn vermogen tot listig manipulatieve vaardigheden of suggestieve overredingskracht – dit alles regelrecht gebaseerd op zijn kennis van de emotionele aard van mensen. In ieder geval is emotie altijd een zwaard dat naar twee kanten snijdt en kan emotie als leuze voor therapie dienen, ongeacht of therapie werkelijk plaatsvindt.

Contextueel therapeuten onderkennen de waarde van emotionele rijpheid en openheid, maar gaan deze voorbij naar het gebied van betrokkenheid. Hier is het doel om mensen te helpen een houding te verwerven die hen zal vrijmaken ten bate van een zoektocht naar veelzijdige balansen van billijkheid in relaties. Met het woord 'zoektocht' worden een actieve, openlijke nieuwsgierigheid en onderzoek naar de werkelijkheid bedoeld. Deel van de werkelijkheid is een onvermijdelijke strijd tussen de tegenstrijdige belangen van twee partners. De vraag naar onderlinge billijkheid is altijd een kwestie van gerechtigheid, maar niet noodzakelijk van gelijkheid. En het gaat hierbij altijd om ruimte, beschikbaarheid, baten en lasten.

Contextueel therapeuten dragen de speciale last actief partijdig met het ene na het andere familielid te moeten zijn. Afstandelijke onverschilligheid, neutraliteit of onpartijdigheid – de basis voor therapeutische interventies in andere modaliteiten – kunnen eenvoudig het werk van veelzijdig gerichte partijdigheid niet doen. De hindernis hierbij is dat het leven ertoe neigt om mensen te conditioneren om eenzijdig bevooroordeeld voor onze eigen soort *en* tegen anderen en andere soorten te zijn. Het kan zelfs zó zijn dat het moeilijk – zo niet onmogelijk – is voldoende veelzijdig te zijn bij problemen waar men zelf emotioneel bij betrokken is. In de grond moet ieder mens betrokken zijn bij zijn of haar kant en de noodzaak daartoe ook voor anderen onderkennen.

Het ontwikkelen van een opvatting over een veelzijdig betrokken houding is een bijzondere vaardigheid die speciale begeleiding en een speciale begeleider vereist. Contextueel werkers bekommeren zich om de feitelijke werkelijkheid van de invloed en de consequenties van therapie voor alle betrokken familieleden en zelfs voor hun nakomelingen. Zij zijn zich bewust van wat het iemand persoonlijk kost om achtereenvolgend selectief iemands kant te kiezen. Zij weten ook dat de uiteindelijke winst de korte-termijnkosten verreweg kan overtreffen. Hun keuze voor een veelzijdige benadering is meer dan een intellectuele voorkeur of een emotionele keuze – zij is gebaseerd op feitelijke gegevens.

Structureel therapeuten, strategisch therapeuten en gedrags-familietherapeuten richten zich op het veroorzaken van gedragsverandering tussen mensen. Deze verandering wordt dikwijls gelijkgesteld aan momentele gedragspatronen van de cliënt in de kamer van de therapeut.

In andere situaties wordt er ruimte gegeven voor geleidelijke verandering buiten de therapiekamer en voorbij het hier-en-nu. In dit soort werk maakt therapie een buitenwaartse beweging van therapeut naar zijn of haar cliënt. De kracht van de therapeut wordt beschouwd als rechtstreeks, lineair en invloedrijk, daarom is het geen verrassing dat het therapeutisch proces dikwijls wordt afgeschilderd als op macht gebaseerd. De aanname hierbij is dat de opvattingen van de therapeut over wat goed is voor familieleden de doorslaggevende maatstaf is. Als de therapeut zijn *eigen* overtuigingen als uitgangspunt neemt, kan hij makkelijk uitspraken doen over de wenselijkheid van relatiepatronen. Die situatie én de hypothese dat gedragspatronen de fundamentele bron voor instorten en conflict zijn, verschaffen de basis op grond waarvan de therapeut voorts aan de slag gaat met het structureren, het labelen, het uit evenwicht brengen, het aandragen van paradoxen en over het algemeen het manipuleren van gedrag en levens van mensen.

Technieken slagen er echter niet in een basis voor vertrouwen te verschaffen. Slechts veelzijdig gerichte partijdigheid kan de soort structuur opbouwen die de veiligheid verschaft voor het onderzoeken, vaststellen, mobiliseren en verwerven van resterend vertrouwen. Om deze therapeutische attitude te verkrijgen heeft een therapeut persoonlijke vrijheid nodig, overtuiging, moed, kennis en vaardigheden, vermogen tot empathie en moet hij in staat zijn rechten te laten gelden op zijn of haar privé-leven.

Vrijheid

Therapeuten hebben het nodig om in hun manier van denken vrij te zijn en open te staan voor de uitgangspunten van anderen wier leven geraakt kan worden door therapeutische handelingen. Om dit in de therapiekamer te bereiken, moeten zij in staat zijn vrijheid te verkrijgen in hun relaties met hun eigen familie van herkomst, met hun kinderen, partners, leeftijdgenoten, collega's en anderen met wie zij een wederzijdse betrokkenheid delen.

Overtuiging

- Existentiële schuld of niet-gerechtigd-zijn *kunnen* de basis zijn van ernstige belemmeringen in iemands leven en context.
- Mensen kunnen bevrijd worden van existentiële schuld door het verwerven van gerechtigde aanspraak.
- Mensen kunnen afleren om zich al te zeer te verlaten op destructief gerechtigde aanspraak en ontdekken op welke manier zij constructief gerechtigde aanspraak kunnen verwerven als een weg naar vrijheid en voldoening.
- Mensen hebben er baat bij wanneer zij onderscheid maken tussen de betekenis van hun werkelijke legaten en de geboden en verboden die stammen van ouderlijk delegaat en macht der gewoonte.
- Therapeuten verwerven in hun beroep gerechtigde aanspraak door hun cliënten van nut te zijn.

Moed

Therapeutische moed, een vereiste voor therapeutische behulpzaamheid, speelt in de volgende situaties een rol:

- Een familie helpen echte kwesties van kwetsing, schaamte, pijn en gêne onder ogen zien.
- Familieleden confronteren met beangstigende kwesties, bijvoorbeeld: incest of suïcide.
- Het risico nemen door collega's of cliënten verkeerd te worden ingeschat omdat men kwesties van de balans van billijkheid in een familie probeert te verhelderen.
- Pseudo-tegenstand uitdagen die ter verdediging en bescherming wordt versterkt gedurende het proces van het mensen helpen uitzoeken wat de werkelijke kwestie is in hun onderlinge belangentegenstellingen.
- De zware existentiële en emotionele invloed van onderlinge belangentegenstellingen onder ogen zien.
- Uitbuitende zakelijke intriges tussen familieleden, waardoor onderlinge betrouwbaarheid wordt kapotgemaakt, onder ogen zien en doorbreken.
- Durven direct te zijn en door te zetten, waardoor men cliënten helpt om eerlijke relationele posities en overtuigingen te definiëren en uit te dragen.

Kennis en vaardigheden

– Een vermogen tot transculturele universalia van existentiële verdienste en verplichting onderkennen, ongeacht aangeleerde waardevoorkeuren.
– Een vermogen tot mensen helpen de onderlinge balans van billijkheid onder ogen te zien. En een corresponderend vermogen tot onderscheiden hoe familieleden hun morele en intellectuele ontwikkeling en wereldwijsheid als wapens tegen elkaar gebruiken.
– Een vermogen tot de feitelijke kwesties van het leven onderkennen die diepe onderlinge problemen veroorzaken, bijvoorbeeld: baarmoederverwijdering bij een vrouw, vroegtijdig verlies bij een ouder van zijn of haar vader.
– Een vermogen tot erkenning geven aan de wezenlijke verschillende uitgangspunten die mensen van nature en geldig hebben, bijvoorbeeld: een mannelijk en een vrouwelijk perspectief.

Vermogen tot empathie en opeisen van een privé-leven

– Met een vermogen tot empathische partijdigheid met *alle* familieleden kwijt een therapeut zich van zijn verplichtingen ten opzichte van cliënten en verwerft hij of zij voor zichzelf gerechtigde aanspraak om zich los te maken van het werk en zich te richten op persoonlijke relaties.

Er zijn veel manieren waarop persoonlijke levensbelangen van een therapeut en zijn werk verstrengeld raken. Er kan een subtiele grens bestaan in termen van wat therapeuten kunnen bereiken in hun eigen relaties en wat zij verwachten te kunnen doen in hun relatie met cliënten. Mensen neigen ertoe in te schatten welke persoonlijke beperkingen een therapeut heeft en – op zijn minst in het begin – overeenkomstig te reageren. Als de therapeut een vastberaden ongetrouwde vrouw of alleenstaande ouder is bijvoorbeeld, kunnen cliënten haar begeleiding impliciet op de proef stellen. Om welke geldige of ongeldige reden dan ook: mensen neigen er minder toe binnen te dringen in de levenswijze van een mannelijke dan in die van een vrouwelijke therapeut. Het kan ook moeilijk zijn voor een vrouw een betrokkener relationele toewijding bij cliënten te ontlokken, terwijl zij aangeeft zichzelf af te grenzen. Of – weer heel anders – het kan voor heteroseksuele therapeuten moeilijk zijn echte gevoeligheid te ontwikkelen voor kwesties die homoseksuele cliënten betreffen.

Eigen kracht en voldoening van de therapeut

Beroepsvoldoening van een therapeut komt voort zowel uit eigenbelang als uit goed werken met cliënten. Goed presteren en billijk worden betaald dragen voor iedere werker bij aan een diepgaand gevoel van eigenwaarde. De waarde van het verrichten van zinvol werk is een centrale factor op het gebied van de hulpverlening. Het slechts op winst gericht zijn werkt vernietigender voor de persoon in kwestie dan in zakenkringen het geval is. De wetenschap dat zijn werk waardeloos is, vraagt van de therapeut gedurende lange tijd een hoge prijs wat betreft persoonlijke integriteit.

De kern van de dialoog tussen therapeut en cliënt rust op de ontmoeting die tussen hen plaatsvindt. 'Genezen door ontmoeten' *(Trüb, 1952; Friedman, 1985)* – de essentie van de therapeutische uitwisseling – is geen emotionele cathexis gebaseerd op wederzijdse stimulatie of zelfs hoop op afhankelijkheid. Evenals verzorgende ouders willen therapeuten volledig verbonden zijn met degenen voor wie zij zich inzetten. Maar het echte teken van zorg is te zien in het vermogen van een therapeut om cliënten te laten gaan, zonder afhankelijk te zijn, zelfs niet van de therapeutische relatie. Echt ontmoeten is te vinden in verantwoordelijke zorg; dat wil zeggen: in respect van therapeut en cliënt voor elkaars welzijn en succes. Deze verantwoordelijke bezorgdheid bepaalt – meer dan gevoelens van aantrekking, goedkeuring, affectie, of iemand aardig vinden en door de ander aardig worden gevonden – de essentie van de therapeutische ontmoeting.

Het principe van winst voor zichzelf, dat voortkomt uit het verwerven van gerechtigde aanspraak, is zowel toepasbaar op de therapeut-cliëntrelatie als op elke andere relatie. Wat verschillend is, is de asymmetrie van verwachtingen. De therapeut neemt niet op gelijke wijze als de cliënt deel aan diens pogingen billijkheid weer in balans te brengen en in zijn of haar familie gerechtigde aanspraak te verwerven. Het grootboek tussen therapeut en cliënt staat los van een familiegrootboek, maar kan soms even intensief zijn. Het ene grootboek kan echter nooit overlopen in het andere. Pogingen van een cliënt een familiegrootboek weer op orde te brengen of een grootboek billijk te houden is natuurlijk slechts één aspect van de therapeut-cliëntrelatie. Toch geeft zijn of haar vermogen zorg te dragen voor veelzijdig billijke balansen bevrediging aan de beroepsmatige behoeften van een contextueel therapeut. Hetzelfde geldt voor gedragsveranderingen die plaatsvinden op eigen voorwaarden van de cliënt, een echt vermogen tot betrouwbaar met anderen omgaan, en zichtbaar verbeterde gedragspatronen tussen familieleden.

De therapeut-cliëntrelatie functioneert als samenwerkend team, waarin de therapeut helpt zicht te krijgen op keuzemogelijkheden; alléén de cliënt echter doet een keuze daaruit. Door deze houding komt de vraag op waaruit een therapeutische activiteit bestaat. Gaat het om een machtsconfrontatie waarin de therapeut de cliënt controleert? Is het een kwestie van een superieure vaardigheid in listig manipuleren? Is het een test in competentie en vaardigheid van een therapeut om verandering te bewerkstelligen, ongeacht de motieven van de cliënt? Kan de kwaliteit van iemands leven verbeteren als zijn of haar levensdoelen buiten het bereik van de suggesties van de therapeut ten aanzien van verandering liggen? Contextueel therapeuten beantwoorden deze vragen door middel van hun pogingen cliënten te helpen om hun eigen autonoom, wederzijds bevrijdend geheel van motieven te vinden. Hier is therapeutische activiteit te vinden in het ontlokken van spontaneïteit aan cliënten in plaats van in het hen overrompelen. De therapeut behoudt zich echter het recht voor zich actief te doen gelden. Dialoog – niet passiviteit – is het meest effectieve middel van de therapeut.

Contextuele theorie staat open voor de opdracht tot optimisme. De theorie verwacht van haar therapeuten dat zij voortbouwen op de premisse dat er in de familiecontext hulpbronnen zijn te vinden, alsook op de positieve kracht van het proces gerechtigde aanspraak te verwerven. De contextuele theorie verwacht ook van haar therapeuten dat zij te werk gaan vanuit de overtuiging dat gepast rekening houden met anderen winst voor zichzelf tot gevolg heeft. De basisfunctie van een therapeut is moed inspreken en kiemen leggen die rijk aan hulpbronnen en betrouwbaarheid zijn. Zijn winst komt van een groeiend vermogen van de familie tot dialoog. Neem bijvoorbeeld Vera:

Vera bracht, na verscheidene individuele sessies, haar moeder mee naar de therapie. De therapeut gaf erkenning voor het lijden van de moeder, haar moeilijkheden en aanspraken zoals hij ook bij zijn oorspronkelijke cliënt had gedaan. De moeder was verbaasd over zijn zorg. 'Ik word hier beter begrepen dan ooit tevoren door een van de andere therapeuten van Vera. Die hebben mij alle drie aangevallen, de schuld gegeven en me naar beneden gehaald. Nu kan ik mijn eigen fouten beter begrijpen. Ik denk dat ik Vera's kant niet heb gekozen toen ik van haar vader ben gescheiden. Ik realiseer mij ook dat zij niet van Gary (de huidige partner van de moeder) hoeft te houden, of hem zelfs maar aardig hoeft te vinden.' Vera reageerde: 'Ik voel me heerlijk nu ik Gary niet aardig hoef te vinden. Anders zou jij het jezelf nog kwalijk nemen dat jij van papa bent gescheiden!'

Of neem bijvoorbeeld het gesprek tussen een broer en zuster:

Joan voelde zich teleurgesteld door haar broer. 'Ik houd van je, Hank,' zei zij. 'Maar ik vind het niet prettig zoals jij doet. Jij praat neerbuigend tegen mensen; jij luistert niet; jij helpt nooit met de vaat; jij verwacht altijd te worden bediend. Jij gaat na nauwelijks één jaar huwelijk scheiden van Wendy, en je hebt niet eens geprobeerd orde op zaken met haar te stellen.' Hank was evenzeer teleurgesteld door Joan. 'Zie jij dan niet,' vroeg hij, 'hoe moeilijk het is de rechtbank tegen een vrouw te gebruiken van wie ik gehouden heb en die ik misschien nog steeds liefheb?'

De therapeut richtte zich tot Hank. 'Kun jij door de kritiek en het gezeur van Joan heenkijken en haar zorg om jou zien?' Hank reageerde niet en het twistgesprek werd voortgezet. Maar toen zij met z'n tweeën de kamer uitgingen, richtte Hank zich tot Joan. 'Bedankt dat jij me probeerde te helpen,' zei hij.

'Ik denk dat ik iets van jouw liefde voor mij kan zien in enkele dingen die jij tegen mij zei.'

In beide situaties betuigde de therapeut openheid en respect voor de onderlinge relatie van de cliënten. Een dergelijke therapeutische houding is minder bezitterig ten aanzien van personen dan die waaraan Carl Rogers bijvoorbeeld in zijn dialoog met Martin Buber de voorkeur gaf. Het gesprek dat Rogers beschrijft is een gesprek van persoon tot persoon. Hij spreekt over 'aanvaarding', een therapeutische houding die wordt gekenmerkt door enkele van de onderstaande elementen die voor zichzelf spreken:

...'Ik wil graag dat hij de gevoelens heeft die hij heeft, de attitudes heeft die hij heeft, de persoon is die hij is. (...) Ik ben in staat met grote helderheid te voelen hoe zijn ervaring zich aan hem voordoet, ik zie het echt vanuit zijn innerlijk, en toch zonder dat ik mijn eigen persoonlijkheid verlies of minder afgebakend raak. (...) Er vindt een echte ervaringsontmoeting van mensen plaats, waarbij ieder van ons verandert.' *(Buber, 1966, blz. 170)*

Veel van deze waarnemingen hebben vanzelfsprekend hun verdienste voor willekeurig welke therapeutische houding. Deze momenten van uitwisseling van dialoog zijn duidelijk belangrijk. Toch kan de therapeut belangrijke relaties van zijn cliënt ondermijnen door ermee te concurreren. De genezing heeft een moment in zich waarop men, ten behoeve van betrokkenheid, uitreikt boven de dialoog tussen therapeut en cliënt naar een verantwoordelijker dialoog tussen de cliënt en zijn familieleden. Zelfs dan betekent het een kostbare bevestiging voor een therapeut wanneer cliënten hun vertrouwen geven en een zoektocht naar hulp aandurven.

Eén van de dilemma's van het beroep is de vraag of van therapeuten al dan niet wordt verwacht dat zij meer effectieve en betrouwbare persoonlijke relaties hebben dan hun cliënten, alsook superieure kennis en vaardigheden. Dit is een vraag die veel therapeuten beangstigt en soms verlegen maakt, bijvoorbeeld de therapeuten die ongetrouwd en/of kinderloos, getrouwde mensen en ouders in behandeling hebben of die gescheiden zijn en bang dat er vraagtekens zullen worden gezet bij hun competentie in het werken met echtparen. Een van de verzachtende factoren hierbij is de wetenschap dat relaties door vele elementen worden beperkt, met inbegrip van legaten en partners, maar ook door wie de therapeut is.

Evenals andere mensen dragen contextueel therapeuten bedekte of openlijke elementen van destructief gerechtigde aanspraak met zich mee. Als zij echter persoonlijk verantwoordelijkheid op zich kunnen nemen voor onbillijke vooroordelen en deze beginnen te verwerken, kan de richting van destructief gerechtigde aanspraak worden omgekeerd. De mate waarin elke therapeut zijn dilemma ten aanzien van destructief gerechtigde aanspraak kan onderkennen en ermee worstelt, kan hem toenemende kundigheid verlenen in het begeleiden van andere mensen die vastzitten in de pijn van vervreemding en gerechtvaardigde zelfverwijten. In contextueel werk zijn therapeuten verplicht te beginnen bij de achterlijn van hun eigen verantwoordelijkheid, net als ieder ander. Van daar af mogen methodologische vragen worden gesteld. Eerste en belangrijkste is de vraag of veelzijdig gerichte partijdigheid een haalbaar doel is. Kan een therapeut zijn zorg richten op alle door hem getroffen relaties in een familie, in een gemeenschap, in de hele menselijke soort? Het antwoord van de therapeut is hier van doorslaggevende betekenis, want een groot deel van zijn persoonlijke en professionele integriteit berust op een vermogen redelijke pogingen te doen om een veelzijdige houding aan te nemen.

Veelzijdig gerichte partijdigheid kan op korte termijn hoge eisen stellen. Het is bijvoorbeeld veel makkelijker partijdig te zijn met kinderen die mishandeld zijn dan met hun mishandelende vader. Omgekeerd kan het moeilijk zijn partijdig te zijn met de vader zelf. Maar hoe moet de vader vertrouwen en moed ontlenen aan een therapeut als zijn kant voordurend wordt behandeld alsof die verstoken is van alle verdienste? Het kan waar zijn dat de therapeut verplicht is voorrang te geven aan kinderen wier toekomst op het spel staat. Toch sluiten het welzijn van een kind en dat van zijn vader elkaar nooit uit. Integendeel, er is meestal voldoende ruimte te pogen om een basis te vinden voor het begrijpen van de elementen die eens hun vader ook tot slachtoffer hebben gemaakt.

Het opleiden van therapeuten

Het opleidingsproces van contextueel therapeuten wordt gekenmerkt door wezenlijke groei en hoge eisen aan openheid ten aanzien van persoonlijke relaties van degene die wordt opgeleid. Het proces van zelfselectie in een contextuele opleiding kan van grotere betekenis zijn dan in andere therapeutische benaderingen. Alle hulpverleners selecteren zichzelf op grond van grote betrokkenheid en praktische uitvoeringsmogelijkheden. Diepgevoeld mededogen met het lijden van anderen verbindt de beroepstherapeut waarschijnlijk met persoonlijke momenten van hulpeloze pijn, wanhoop en schaamte. Verbondenheid met een lijdend mens is dan waarschijnlijk echt en eerlijk. Het zou derhalve logisch lijken dat een verbond *met* het slachtoffer een verbond *tegen* de slachtofferaar inhoudt.

Ouders zijn de directe en zichtbare symbolen van iemands achtergrond en zijn zo vanzelfsprekend echt en vermeend verantwoordelijk voor veel van het lijden van een nakomeling. Even vanzelfsprekend neigen de meeste hulpverleners ertoe de ouders van de cliënt de schuld toe te wijzen. Die neiging kan therapeuten helpen hun eigen destructief gerechtigde aanspraak te ontwijken. Destructief gerechtigde aanspraak van een therapeut kan samenvallen met zijn onzichtbare loyaliteit met zijn ouders. In geval van zo'n samenloop kan de roulerende rekening van de therapeut in werking komen en om zijn eigen ouders te sparen kan hij of zij een vergeldende attitude in banen leiden naar de ouders van de cliënt. Gezinstherapeuten kunnen echter een eenzijdige verdediging niet lang volhouden. Voorbarige oordelen over familieleden van de cliënt door de therapeut sluiten automatisch echte betrokkenheid en pogingen vertrouwen op te bouwen door familieleden uit. In feite beschouwen familietherapeuten, anders dan individueel georiënteerde therapeuten, *elke onveranderlijke* eenzijdige partijdigheid als wezenlijk onzinnig en destructief voor het proces van het opbouwen van vertrouwen. Een contextueel therapeut leert te anticiperen op vroegtijdige weerstand van de cliënt tegen zijn veelzijdige houding. Hij weet dat zijn eigen eenzijdige geneigdheid om bijvoorbeeld een bepaald kind te bevoorrechten, het therapeutische proces kan ondermijnen als het kind voelt dat de therapeut bevooroordeeld is ten aanzien van één van zijn ouders. Een contextueel therapeut weet hoe zichzelf niet te misleiden met een vernauwd blikveld; dat wil zeggen: niet te hopen dat de behandeling van één enkele persoon haar of zijn hele werkelijkheid effectief kan aanspreken. Een contextueel therapeut weet ook dat hij zich niet kan afwenden van familieleden die zijn getroffen door de individuele behandeling van een cliënt.

Anders dan de meeste klassieke psychotherapeuten hebben contextueel therapeuten geen theoretisch raamwerk dat hen beperkt tot een illusie over de invloed van hun werk op alle leden van een familie. Hierbij kan men bedenken dat vele ervaren individuele therapeuten over de grenzen van hun theorieën en beginselen heen gaan. Zij omschrijven noch publiceren hoe zij de individuele theorie omzeilen die te kort schiet wat betreft het behandelen van de relationele aspecten van lijden. Klassieke familietherapeuten slagen er evenals individueel-georiënteerde therapeuten ook niet in een manier te vinden om verantwoordelijk veelzijdig gericht te zijn. Er schijnen eenvoudig te veel zijwegen te zijn waarlangs men kan ontsnappen naar de onpersoonlijkheid van de systeemopvatting en zijn intellectuele uitweidingen.

Het groeiproces van een contextueel therapeut heeft ook veel zijpaden, maar deze zijn er alle op berekend om vertrouwen op te bouwen. Ten eerste moet de aankomend contextueel therapeut leren de relaties van de cliënt vanuit een echt veelzijdig gericht standpunt te bezien. Vervolgens kan zijn werk hem wat tot nadenken stemmende vraagtekens doen zetten bij eigen voorwaarden en manier van doen in vergelijkbare relaties. Het kan zijn dat hij heeft vermeden zijn eigen manier van omgaan met anderen te onderzoeken of dat hij ontdekt dat slechts oppervlakkig te hebben gedaan. In beide gevallen loopt de therapeut het gevaar het ene te preken en het andere te doen. Op dat punt kan er een innerlijk conflict bestaan tussen zijn eigen neiging tot uitbuiting en zijn pogingen anderen te ontzien. Indien dit conflict escaleert, kan hij tot de ontdekking komen dat hij de contextuele benadering heeft verlaten, zij het gedeeltelijk of tijdelijk. Bovendien kan hij zich aangetrokken voelen tot de concrete gebruiksklare helderheid van andere benaderingen. Zijn onopgeloste persoonlijke conflicten kunnen zijn beroepsopvattingen overschaduwen; hij kan de richtlijnen voor behandeling uit het oog verliezen en zijn cliënt voelt wellicht zijn ambivalentie aan. Het kan dan plotseling lijken alsof contextuele therapie, zelfs als deze intellectueel gezien juist is, technisch niet kan worden toegepast. De therapeut loopt dan het gevaar de benadering blijvend te verlaten.

Omgekeerd: als een therapeut de moed heeft zijn eigen uitbuitend gebruik van familieleden met wie hij een hechte band heeft, onder ogen te zien, kan hij gestaag zijn verbondenheid met de benadering verdiepen en steeds vaardiger worden in het toepassen van veelzijdig gerichte partijdigheid. Kan hij bijvoorbeeld onderzoeken op welke manier hij zijn schoonmoeder als zondebok gebruikt voor zijn onzichtbare loyaliteit met zijn moeder die hij haat en met wie hij heeft gebroken? Kan hij besluiten om hetzij alleen, hetzij met behulp van een vriend of een therapeut, te werken aan zijn eigen relaties? *Er is een niet weg te denken correlatie tussen de mate waarin een therapeut energie investeert in de billijkheid van zijn eigen relaties en de mate waarin hij vrij kan zijn om vertrouwen te durven investeren in een therapeutische zorgzaamheid die meer mensen omvat.* Therapeut of niet, iemands ontkenning van relationele alomvattende betrokkenheid is nooit uitsluitend gebaseerd op een intellectueel niet voldoende doorzien van zijn relaties. De ontkenning houdt altijd verband met resterende destructief gerechtigde aanspraak en maakt dat er vanuit de opleiding de dringende voorwaarde zal worden gesteld om met zijn familie therapeutische begeleiding te zoeken.

OVER HET BELANG DAT GENERATIES VOOR ELKAAR HEBBEN

Uit: Brief aan mijn kinderen door D. Krasner, echtgenoot van B.R. Krasner

Mijn vaders hartstilstand en de ziekenhuisopname dwingen mij ertoe erover na te denken wat zijn dood voor mij zal betekenen. Mijn gedachten gaan uit naar verschillende vragen, onder andere:

– Wie was hij?
– Wat zal het voor mij betekenen om hem te verliezen?
– Wat zal zijn overlijden betekenen voor mijn kinderen?
– Waar vind ik in onze levens overeenkomsten in vaderschap?
– Wat heb ik van hem ontvangen?

Wie was mijn vader?

Mijn vader was een man die zich door de wereld te kort gedaan voelde. Te kort gedaan, omdat hij van zijn moeder geen muziekinstrument mocht leren bespelen. Te kort gedaan omdat hij nooit in staat was de scholing te krijgen die hij had willen hebben. Te kort gedaan omdat de vader die hij liefhad, stierf toen hij achttien jaar was, en hem achterliet met een overheersende moeder die de touwtjes in handen had. Te kort gedaan omdat hij gedurende de crisistijd zijn huis en twee zaken verloor. Te kort gedaan omdat hij een baan als schoonmaker kreeg in een fabriek waarvan hij naar zijn idee mede-eigenaar had moeten zijn. Te kort gedaan omdat zijn eerste vrouw gedurende de laatste negentien jaar van haar leven invalide was. Te kort gedaan omdat hij zich voortdurend een buitenstaander voelde. Toch deed hij ook zichzelf te kort. Want uiteindelijk joeg hij iedereen weg die ooit probeerde hem nader te komen.

Wat zal het voor mij betekenen om hem te verliezen?

Ik weet het niet, omdat wij op een bepaalde manier vreemden voor elkaar waren. Het was moeilijk om met hem te praten, behalve wanneer het om een beperkt aantal onderwerpen ging. Toen ik jong was, deden wij veel samen; wij maakten lange wandelingen en spraken over de wereld. Naarmate ik ouder werd, liepen onze wegen uiteen. Er was een tijd dat ik blij zou zijn geweest als ik hem nooit meer zou zien. Maar aangemoedigd door mijn vrouw, hebben hij en ik samen een reis gemaakt, opnieuw vader en zoon. Voor de eerste keer in ons leven als volwassenen waren wij in staat het proces in gang te zetten van het begrijpen van elkaars motieven, van het verschillend handelen, van vrede met elkaar sluiten. Wij begonnen weer contact te krijgen op een niveau van wederzijdse belangstelling en liefde. Momenteel is het erg moeilijk telefonisch of persoonlijk met hem te praten, en hem te zeggen wat er met mij en mijn gezin gebeurt. Zal ik hem missen wanneer ik niet meer bij hem kan zijn of met hem kan spreken? Waarschijnlijk wel. Ik heb nog steeds het kind in mij dat hem in de buurt wil hebben.

Wat zal zijn overlijden betekenen voor mijn kinderen?

Zullen mijn kinderen over hem denken als hún grootvader of als míjn vader? Is daar een verschil tussen? Ik denk van wel. Hij is mogelijk gedoemd om op de ergste manier te kort te worden gedaan: zijn nagedachtenis niet aan de volgende generatie kunnen doorgeven. Als men aan volgende generaties niet iets kan doorgeven van wie men als mens was, welke betekenis heeft het leven dan?

Waar vind ik in onze levens overeenkomsten in vaderschap?

Gegeven wie mijn vader is en was, is mijn eigenlijke vraag: Hoe zullen mijn kinderen zich voelen ten opzichte van mij als ik ouder word? Zal ik mijn kinderen van mij vervreemden zoals mijn vader er op de een of andere manier in slaagde de mensen om hem heen, mezelf incluis, van zich te vervreemden? Ik hoop van niet. Had ik hem beter kunnen begrijpen zoals ik wil dat mijn kinderen mij en mijn zwakheden begrijpen?

Wat heb ik van hem ontvangen?

Er waren dingen die alleen hij aan mij kon geven. Hij heeft onmiskenbaar om mij gegeven, toch kon hij vanwege zijn eigen behoeften niet zien wie ik was. Hij kon onderhoudend zijn en boeiende verhalen vertellen, toch joeg hij mensen weg door een misplaatst woord of een verkeerde zin te gebruiken die dingen uitdrukten die hij nooit had bedoeld. Hij hield van religieuze rituelen, toch verwarde hij deze vaak met dogma's. Hij kon helemaal in zijn werk opgaan, maar dat verhinderde hem vaak te doen wat hij zelf prettig vond.

Ik wil graag denken dat ik van hem kan leren. Ik wil graag in mijn eigen leven investeren, zonder over de voorwaarden van anderen heen te lopen. Ik wil graag vermijden dat ik iemand beledig met misplaatste woorden en met nog meer misplaatste gebaren of met stemgebruik. Ik hoop te kunnen genieten van rituelen, zonder deze als wapen tegen anderen te gebruiken. Ik wil graag opgaan in mijn werk en toch ruimte vinden voor een paar kleine dagelijkse genoegens.

Ik ben bang voor het verlies van mijn vader, zelfs al ben ik erop voorbereid. Ook al sprak hij door de jaren heen veel over dood en sterven, hij wil niet doodgaan, net zomin als ieder ander. Denken aan de dood van mijn vader heeft mij gedwongen de betekenis van mijn eigen leven weer te onderzoeken.

(Krasner, 1983)

VERKLARENDE LIJST VAN BEGRIPPEN

(ONDERLINGE) BELANGENTEGENSTELLINGEN: Sommige belangentegenstellingen, behoeften en gerechtigde aanspraken zijn onvermijdelijk tussen partners en moeten als natuurlijk in plaats van als pathologisch worden beschouwd. Andere onderlinge belangentegenstellingen zijn echter te vermijden en pogingen om *alle* onderlinge belangentegenstellingen op te lossen zijn niet realistisch. Bij een realistische therapeutische houding gaat het om het werken aan onvermijdelijke tegenstellingen (bijvoorbeeld verschil in oogmerken van ouders en kinderen tijdens de puberteit) en het vermijden van tegenstellingen die *kunnen* worden vermeden (bijvoorbeeld een vermogen om echte verschillen in attitude toe te staan – politieke, godsdienstige, sociale – die geen gezamenlijke besluitvorming vereisen).

In ieder geval is een poging tot werken aan een fundament van onderliggende vertrouwensbronnen een realistischer therapeutisch doel dan het ontwerpen van een aanval op symptomen.

BELEMMERINGEN (HEIMELIJKE WEERSTAND): Eén van de belangrijkste bijdragen van Freud was zijn waarneming dat mensen ertoe neigen actief weerstand te bieden aan pogingen van de therapeut hen *en* hun voortgang naar verbetering te helpen. Veel van deze weerstand houdt verband met het door de cliënt onbewust vasthouden aan wat Freud beschreef als 'neurotische winst'.

In de gezinstherapieliteratuur wordt met weerstand meestal 'gezinsweerstand' bedoeld. Deze term geeft gewoonlijk een heimelijk of gezamenlijk voornemen onder familieleden aan om therapeutische vooruitgang onmogelijk te maken. Zulke verschijnselen moeten natuurlijk in verband worden gebracht met onbewuste dynamieken van ieder gezinslid. Het woord 'weerstand' werd oorspronkelijk ingevoerd om het functioneren van een individu te beschrijven. Om verwarring te voorkomen over individueel en relationeel gebruik van 'weerstand', geven wij de voorkeur aan het woord 'belemmering' om relationele of heimelijke weerstand tegen therapeutische vooruitgang aan te duiden.

BETROUWBAARHEID: Betrouwbaarheid vermeerdert aan de kant van de betrouwbare, verantwoordelijke en naar behoren zorgzame partner in een relatie, en is een kenmerk van reëel, verdiend vertrouwen. Vanuit een psychologisch gezichtspunt is het vertrouwen dat een vertrouwende partner geeft, geen waarborg voor de ethische waarde van de partner die wordt vertrouwd. Het naïeve vertrouwen van een slachtoffer in een oplichter is geen bewijs van de betrouwbaarheid van laatstgenoemde. Vanuit een ethisch gezichtspunt wordt betrouwbaarheid altijd op lange termijn verworven door het in evenwicht brengen van de consequenties van geven-en-nemen tussen twee ten opzichte van elkaar betrouwbare partners.

CONSEQUENTIE: 'Logisch, noodzakelijk gevolg; uitvloeisel' (*Van Dale, 1984*) van gebeurtenissen of omstandigheden. Consequenties zijn een belangrijk aspect van relaties. Alle mensen, verbonden met elkaar door een onderlinge relatie, hebben te maken met de consequenties van hun relatie. Uiteindelijk vormen deze consequenties een belangrijker relationele band dan transactionele of communicatiepatronen. Consequenties kunnen een lineair of een circulair pad volgen, maar men mag ze niet beschouwen als zuiver toevallige gebeurtenissen.

CONTEXT: De organische draad van geven en ontvangen die het weefsel van menselijke betrouwbaarheid en onderlinge afhankelijkheid vormt. De menselijke context omvat zowel iemands huidige relaties als relaties uit het verleden en in de toekomst. Context vormt de totale som van *alle* grootboeken van billijkheid waarbij iemand is betrokken. Het dynamische kenmerk ervan is geworteld in gepaste zorg, niet in een wederkerig geven-en-nemen.

Vanuit ethisch en existentieel gezichtspunt is context een specifieker begrip dan de 'structuur van een bepaalde omgeving'. Context is een matrix van motivaties, keuzemogelijkheden en rechten. Context is meer een syncretisch systeembegrip dan een corpusculair begrip. Context blijft altijd verstrekkende gevolgen hebben en blijft gericht op meer kernen tegelijk.

CONTEXTUELE THERAPIE: Een therapeutische benadering, gebaseerd op de empirische kennis dat billijk rekening houden met iemands relationele verplichtingen kan leiden tot de persoonlijke vrijheid om deel te nemen aan activiteiten, voldoening en plezier in het leven. Gepast rekening houden met anderen is daarom een belangrijke relationele hulpbron, een bron die vrijmaakt van een vals of niet-authentiek gevoel van verplichting en van nutteloze, onechte onderlinge conflicten.

Veelzijdig gerichte partijdigheid, de belangrijkste methodologie van de contextuele therapie, verdisconteert een omvattend onderzoek van ieders gehele context van wezenlijke relaties. De vrijheid om een specifieke relatie aan te gaan, wordt verondersteld een indirecte consequentie te zijn van iemands vermogen om de gehele context van zijn of haar relaties op een verantwoordelijke manier onder ogen te zien. Verantwoordelijkheid voor asymmetrische relaties – dat wil zeggen vooral voor kwetsbare partners – vereist speciale overweging. Solidariteit met nageslacht dat tot slachtoffer is gemaakt of in zijn ontwikkeling kwetsbaar is, heeft de hoogste prioriteit in therapeutische partijdigheid.

Betrokkenheid – niet affect – is de hoeksteen van contextuele therapie. Haar belangrijkste doel is om ieder familielid vrij te maken zich spontaan te verlaten op verworven gerechtigde aanspraak; dat wil zeggen: op het ethische proces van zelfvalidatie dat verbonden is met gepaste zorg voor belangrijke anderen. De zichzelf onderhoudende motivationele spiraal helpt mensen optimaal gebruik te maken van relationele hulpbronnen.

DELEGATIE: Een oorspronkelijk door Stierlin geïntroduceerde term (*1974*). In contextuele bewoordingen worden er de transgenerationele verwachtingen mee weergegeven die door de persoonlijke eisen van ouders (of eerdere generaties) aan nakomelingen worden opgelegd. In tegenstelling daarmee kunnen andere transgenerationele verwachtingen legaten vormen; dat wil zeggen: mandaten voor het nageslacht. Opofferen van de kwaliteit van huwelijk, vriendschap of ouderschap aan bezitterigheid van bijvoorbeeld een ouder, is eerder een delegaat dan een legaat.

DESTRUCTIEF GERECHTIGDE AANSPRAAK: Te veel gerechtigde aanspraak, tragisch en innerlijk tegenstrijdig, komt voort uit het intrinsieke recht van een kind te worden verzorgd omdat het anders sterft. Deze intrinsiek gerechtigde aanspraak escaleert tot te veel gerechtigde aanspraak, recht evenredig met de mate waarin de volgende factoren zich opstapelen:

– het kind krijgt geen adequate koesterende zorg;
– de behoeften van het kind aan vertrouwen, toewijding en liefde worden uitgebuit;
– het kind ontvangt wantrouwen, oneerlijkheid en misleiding in ruil voor zijn vertrouwen en toewijding;
– het kind krijgt ten langen leste de schuld van het mislukken van relaties van volwassenen.

Als gevolg daarvan is het kind gerechtvaardigd de wereld van de volwassenen als zijn debiteur te beschouwen. Het kind is echter niet in de positie de wereld haar schuld te laten erkennen. Erger nog is iedere poging van het kind later bij anderen zijn recht te halen, want dan wordt het kind (of de volwassene) de bron van nieuw onrecht.

DIALOOG: In contextuele therapie beschrijft dialoog een dialectische regel van relationele balans, geworteld in wederkerige betrokkenheid. Hier gaat de term verder dan de populaire betekenis van open, voortdurende uitwisseling tussen partners. Voor ons gaat echte dialoog verder dan het voldoen aan de verwachting van de ander om in relaties emotionele vervulling te vinden, *naar* een vereiste van echte billijkheid. Dat wil zeggen: iemands 'gebruik' van de partner wordt billijk naarmate hij gelijkelijk rekening houdt met de rechten en behoeften van de partner.

De kwestie van billijkheid is problematischer in asymmetrische relaties, bijvoorbeeld tussen een ouder en een klein kind of tussen iemand en zijn of haar nog onbekend nageslacht. Als iemand ophoudt verslavende middelen te gebruiken uit zorg voor genetische gevolgen, heeft hij een relationele bijdrage geleverd aan het leven van een achterkleinkind. Het is niet erg waarschijnlijk dat hij daarvoor rechtstreeks iets terugkrijgt. De meest waarschijnlijke manier van terugbetalen is dat het nageslacht weer rekening zal houden met toekomstige generaties.

DIMENSIE: De vier dimensies van de relationele werkelijkheid omvatten groeperingen van determinanten van menselijk gedrag. Deze groeperingen, anders dan niveaus, zijn niet bedoeld om factoren in hogere of lagere posities in te delen. De vier dimensies werken op elkaar in en zijn alom tegenwoordig in menselijke relaties. Een ouder-kindrelatie bijvoorbeeld wordt altijd beïnvloed door feiten, individuele psychologie, systemen van transactionele patronen en de ethiek van gepaste zorg of verdiend vertrouwen.

ERKENNING (KREDIET GEVEN): Erkenning of krediet geven is een feitelijke waarheid. Het gaat hierbij om openlijke, onmiddellijke en rechtstreekse erkenning door één of meer mensen van de verdienste die iemand toekomt vanwege zijn of haar aangeboden zorg en aandacht; dat wil zeggen: bijdragen waardoor de gever gerechtigde aanspraak heeft verdiend.

Erkenning is een reactie op werkelijke bijdragen; erkenning komt niet voort uit psychisch-emotionele attitudes van de kant van degene die erkenning geeft, bijvoorbeeld: medeleven, medelijden of empathie.

Men moet letten op het verschil tussen erkenning door familieleden en door de therapeut. Erkenning tussen partners is een middel om hun grootboek of balans van billijkheid te herstellen. Erkenning door de therapeut is wezenlijk didactisch van aard – een gedragskeuze die partners kan leiden naar zelfvalidatie en verworven gerechtigde aanspraak.

GERECHTIGDE AANSPRAAK: Gerechtigde aanspraak is een sleutelbegrip van contextuele therapie. Gerechtigde aanspraak is een ethische 'waarborg' die alleen in een relatie kan ontstaan en waarmee verdienste kan worden verworven door degene die een bijdrage levert. Gerechtigde aanspraak kan ethisch gezien niet van de ene relatie overgeheveld worden naar een andere. Desondanks zal iemand die op een bepaalde tijd in een bepaalde relatie gerechtigde aanspraak verwerft, ook in andere relaties met meer vrijheid functioneren.

Hoezeer iemand zich te veel gerechtigd voelt of is, hij of zij zal nooit zijn ontslagen van de eis zorg te dragen voor het verdienen van meer gerechtigde aanspraak. Constructief gerechtigde aanspraak – het resultaat van *voortdurend zorg dragen* voor het verwerven van gerechtigde aanspraak – en destructief gerechtigde (of straffende) aanspraak – het resultaat van *weigeren zorg te dragen* voor het verdienen van gerechtigde aanspraak – zijn twee tegenovergestelden van klinische consequenties. Door haar ethische aard onderscheidt gerechtigde aanspraak zich scherp van het psychologische verschijnsel 'gevoel van' of 'attitude van' gerechtigde aanspraak. Iemands *gevoel* gerechtigde aanspraak te hebben, kan al dan niet samenvallen met gerechtigd *zijn*.

Gespleten loyaliteit: De moeilijke omstandigheid van gespleten loyaliteit doet zich voor wanneer een kind wordt gedwongen de liefde van de ene ouder te verkiezen op straffe van het verraden van zijn of haar andere ouder. Deze onheilspellende situatie ontstaat wanneer ouders door wederzijds wantrouwen en minachting volkomen uit elkaar zijn gegroeid. Het wantrouwen kan verschillende vormen aannemen, maar hoe subtieler de tekenen ervan, des te moeilijker kan het kind de moeilijke omstandigheid hanteren. Het verkrijgen van een attitude van basaal vertrouwen in de wereld van volwassenen is een fundamentele behoefte van kinderen. Slechts dan kan een kind reële attitudes van basaal wantrouwen weer in evenwicht brengen. Wanneer echter vertrouwen in een ouder onvermijdelijk wantrouwen jegens de ander oproept, sluit het vertrouwen in de een op zichzelf de mogelijkheid van het vertrouwen in de ander uit.

Gespleten loyaliteit kan evenzeer vernietigend werken wanneer het kind moet kiezen tussen zijn alleenstaande moeder en grootmoeder of zuster, tante of een andere voor hem belangrijke volwassene. Een kind probeert door de tijd heen een vertrouwensbasis te scheppen in deze driehoekssituaties. Gespleten loyaliteit heeft vernietiging van vertrouwen tot gevolg en legt daarmee de basis voor destructieve parentificatie van een kind, hetgeen kan leiden tot ernstige persoonlijkheidsproblemen, zo ook zelfdoding.

Grootboek van verdienste: Het grootboek is een calculus met betrekking tot de zich opstapelende verdiensten en schulden aan beide kanten van een relatie. Hoeveel gerechtigde aanspraak of schuld ieder op een bepaald moment heeft, hangt af van de billijkheid van het onderlinge geven-en-nemen.

De bepalingen van geven-en-nemen onder mensen worden gevormd door de symmetrie of asymmetrie van een relatie. Symmetrie en asymmetrie behoren tot de grondconfiguratie van ieders basale behoeften en gerechtigde aanspraken in een relatie. In een symmetrische relatie staat de één gelijk aan de ander en is men elkaar ongeveer dezelfde gepaste zorg verschuldigd. In een asymmetrische relatie is een kind een ongelijke partner, van wie men niet kan verwachten dat het voor zichzelf opkomt overeenkomstig hetgeen hem toekomt. Een billijke balans tussen ouder en kind vereist billijke, maar geen gelijke wederkerigheid. Klinisch gezien bepaalt asymmetrie de billijkheid van de wederzijdse aanspraken. De incestueuze ouder bijvoorbeeld geeft blijk van een grove onverschilligheid ten aanzien van asymmetrie wanneer hij een volwassen seksuele relatie zoekt bij een kind. In het algemeen kan geen ouder echt verwachten hetzelfde terug te krijgen als hij of zij aan het kind heeft gegeven.

Ook kan een volwassen nakomeling niet verwachten dezelfde zorg terug te krijgen als hij aan een ongeneeslijk zieke of aan een verarmde ouder heeft gegeven.

Hulpbronnen (relationele): Relationele hulpbronnen zijn feitelijke en fundamentele middelen, keuzen en mogelijkheden in mensen en hun relaties waardoor zij zich kunnen ontplooien en zichzelf en anderen kunnen helpen. Hulpbronnen zijn belangrijke wegen waarlangs mensen zich kunnen bewegen naar genezing van de 'discontinuïteit van het Zelf' *(Kohut, 1977)* of naar versterking van de beheersing van het ego in de klassieke Freudiaanse betekenis. Relationele hulpbronnen zijn het tegenovergestelde van relationele kosten en verschaffen de brandstof waarmee billijkheid kan worden verwezenlijkt.

Contextuele therapie richt zich op het katalyseren van positieve relationele hulpbronnen in plaats van op het wegnemen van pathologische uitingen, symptomen of problemen.

Intrinsiek relationeel tribunaal: Deze term vertegenwoordigt een ingebouwd juridisch kenmerk van hechte relaties. Het tribunaal wordt niet met woorden aangeduid en is onzichtbaar, maar het kan zijn vonnissen ten uitvoer brengen. Mensen die de vereisten van het tribunaal tot gepaste zorg negeren, lijden uiteindelijk onder enige vorm van negatieve resultaten in relaties. Negatieve consequenties kunnen psychosomatisch zijn en de vorm aannemen van slapeloosheid, seksueel onvermogen, zelfdestructief gedrag, schuld en depressie. Iedere relatie heeft haar eigen juridisch gebied en criteria voor billijk geven-en-nemen. Steeds wanneer er in een relatie blijk wordt gegeven van een aanzienlijk gebrek aan achting voor billijkheid, moet dit worden aangepakt in het eigen juridisch gebied van die relatie in plaats van 'af te reageren' op een andere relatie (zie *Roulerende rekening*).

Legaat: Een legaat (of transgenerationeel mandaat) verbindt de geërfde kwaliteiten van de huidige generatie met haar verplichting aan het nageslacht. De verplichting aan het nageslacht is deel van de relationele werkelijkheid; deze wordt niet door een bepaalde waarde-oriëntatie of subcultuur opgelegd.

Alle vormen van hoger dierleven vereisen intrinsieke toewijding aan het goede van het nageslacht ten bate van transgenerationeel overleven. In deze zin is legaat een positieve, bekrachtigende inbreng in de overlevingsketen van de soort. Legaat is niet een verplichting om fouten uit het verleden te herhalen. Bijvoorbeeld: een 'alcohollegaat' in een familie zegt niet dat er een verplichting is alcoholisme voort te zetten in de toekomst vanwege loyaliteit met het verleden. Integendeel, legaat is een verplichting het nageslacht te bevrijden van verlammende gewoonten, tradities en delegaten van vorige generaties. Legaat is de ethische imperatief voor de huidige generatie, uit te zoeken wat in het leven bijdraagt aan de kwaliteit van overleven van het nageslacht. Ieder mens is de toekomst zorg verschuldigd voor zowel de mandaten als de opdrachten van het nageslacht.

LOYALITEIT: In contextuele bewoordingen is loyaliteit preferentiële trouw aan mensen met wie men een relatie heeft en die op voorrang gerechtigde aanspraak hebben bij het aangaan van een 'band'. Minimaal is loyaliteit een triadische, relationele configuratie: degene die voorkeur heeft, de uitverkorene en degene aan wie niet de voorkeur is gegeven. De definitie van loyaliteit is niet van toepassing op de gehechtheid van de één aan een ander – tenzij de gehechtheid wordt onderworpen aan een preferentietoets ten opzichte van een andere bestaande of potentiële gehechtheid. Loyaliteit en loyaliteitsconflict zijn daarom moeilijk van elkaar te onderscheiden. Loyaliteitsconflict heeft immers betrekking op een situatie waarin iemand gevangen zit tussen twee duidelijk met elkaar wedijverende loyaliteitsobjecten. Neem bijvoorbeeld de man die midden tussen twee elkaar bestrijdende krachten staat – de aanspraken op zijn loyaliteit door zowel zijn vrouw als zijn moeder. Beide vrouwen hebben rechtvaardige aanspraken op voorrang in zijn zorg vergeleken bij andere vrouwen (zie ook *Gespleten loyaliteit*).

MORATORIUM: Een stap in een therapeutische methode die tracht cliënten ertoe aan te zetten de baten van een nieuwe attitude ten aanzien van relaties in overweging te nemen *en* die gebruik maakt van de voordelige werking, die uitgaat van het wachten tot iemand spontaan gemotiveerd is voor die nieuwe attitude. Een moratorium is een actieve therapeutische inbreng: het houdt een wenselijk, compromisloos doel in stand, terwijl rekening wordt gehouden met de timing van de cliënt. Met andere woorden: het kan moeilijk zijn voor een cliënt de boodschap van een therapeut te negeren, wanneer deze een duidelijke maar nog geen dringende prioriteit voor hem is. Er wordt de cliënt gezegd dat het de moeite waard kan zijn de boodschap te overwegen, maar dat het weinig zin heeft dit uit te proberen voordat men er echt aan toe is ernaar te handelen. Een moratorium omvat en combineert: 1. therapeutisch benadrukken dat de cliënt verantwoordelijk is voor het actief zoeken naar verbetering, en 2. de cliënt de ruimte te bieden zelf te beslissen wanneer hij eraan toe is vorm te geven aan aspecten van zijn verantwoordelijkheid.

NAGESLACHT: Nageslacht verwijst naar toekomstige generaties en omvat de jongst levende generatie die nog kwetsbaar is in haar ontwikkeling. Nageslacht is gevoelig voor inbreng in zijn ontwikkeling en vorming en verdient daardoor voorrang in therapeutische plannen. Zo kijken volwassenen terug naar een vormend verleden, terwijl het nageslacht in een vormend heden leeft en tegenover een vormende toekomst staat. Nageslacht heeft intrinsiek gerechtigde aanspraak op gepaste aandacht. Het bieden van gepaste aandacht is voor de huidige generatie de belangrijkste wijze waarop de intrinsieke grootmoedigheid van het verleden dat haar heeft voortgebracht, kan worden terugbetaald.

ONTBINDING (zie ook *Verbinding*): Een zich losmaken van billijke of gepaste zorg voor relaties. Relaties uitsluitend gebaseerd op macht vallen hieronder. Ontbinding kan worden uitgedrukt in formules die suggereren dat zorgzaamheid neerkomt op domheid of dat manipulatie van anderen de enige echte reden is aardig tegen hen te zijn.

ONTSCHULDIGING: Ontschuldiging is een proces waarin de last van schuld bij iemand die wij tot dan toe de schuld hebben gegeven, van de schouders wordt genomen. In onze ervaring valt klinische verbetering vaak samen met een hernieuwd vermogen van ouders om hun eigen schijnbaar mislukkende ouders te ontschuldigen.

Ontschuldiging verschilt van vergevensgezindheid. Daadwerkelijk vergeven *laat* gewoonlijk de veronderstelling van schuld *onverlet* en laat de grootmoedigheid van degene die vergeeft, zich uitstrekken tot degene die hem of haar heeft gekwetst. Door vergevingsgezindheid aan te bieden ziet iemand ervan af om de schuldige aansprakelijk te stellen en straf te eisen. In tegenstelling daarmee is ontschuldiging het resultaat van een volwassen hertaxatie van de slachtoffering van de te kort schietende ouder in zijn eigen jeugd. Ontschuldiging vervangt een raamwerk van schuld door een volwassen beoordeling van keuzen, inspanningen en grenzen van iemand (of een situatie) in het verleden.

ONZICHTBARE LOYALITEIT: Onzichtbare of indirecte loyaliteit blijkt uit onverschilligheid, vermijding of ambivalente besluiteloosheid ten opzichte van het object van loyaliteit. Onzichtbare loyaliteit dient zich openlijk aan als een 'pathologische' macht die betrokkenheid bij een actuele relatie blokkeert, bijvoorbeeld een huwelijk. In feite wordt meestal een actuele relatie plaatsvervangend tot slachtoffer gemaakt, waarmee uiting wordt gegeven aan plaatsvervangende kwijtschelding, te vergelijken met een soort *roulerende rekening*. Dit verschijnsel kan worden gezien als een bedekte poging om verticale relaties in balans te brengen door middel van openlijke bemoeienis met horizontale (of soms andere verticale) relaties. In therapie zullen wegen worden gezocht de attitudes van onzichtbare loyaliteit te vervangen door handelingen van zichtbare zorg.

PARENTIFICATIE: De term beschreef oorspronkelijk *(Boszormenyi-Nagy, 1965a; Boszormenyi-Nagy & Spark, 1973/1984)* een kunstgreep van een volwassene om van een kind (of volwassene) een functionele 'oudere' te maken; dat wil zeggen: iemand die meer dan bij zijn leeftijd passende verantwoordelijkheid voor een relatie op zich neemt. Als transactionele verschuiving van rolbegrenzingen hoeft parentificatie niet noodzakelijkerwijs slecht voor een kind te zijn. Ze kan in feite een toepasselijke aanpassing van het kind zijn aan tijdelijke spanningen binnen de familie. In dergelijke situaties kan een jongere zijn voordeel doen doordat hij leert wat het is om een verantwoordelijke rol op zich te nemen.

Vanuit contextueel gezichtspunt is parentificatie destructief wanneer hulpbronnen en resterend vertrouwen worden uitgeput. Dit gebeurt wanneer volwassenen de aangeboren geneigdheid van hun kinderen tot vertrouwensvolle toewijding manipuleren. De moeilijke omstandigheid van gespleten loyaliteit parentificeert bijvoorbeeld in systemische betekenis een kind altijd – zelfs wanneer geen van beide ouders de wens heeft het kind te gebruiken.

RECHTVAARDIGHEID OF BALANS VAN BILLIJKHEID: Relationele rechtvaardigheid of een balans van billijkheid is het dynamisch fundament van levensvatbare, duurzame, hechte relaties. Op zijn minst is een regelmatig terugkerende zorg voor het doorlichten van de billijkheid van een relatie vereist om een relatie betrouwbaar te houden. Een toestand van rechtvaardigheid in een relatie is natuurlijk niet iets dat men al bezit. Deze vereist eerder een voortdurend streven naar een nimmer werkelijk te bereiken doel.

Contextuele therapie beschouwt rechtvaardigheid als een voortdurende uitdaging aan bestaande balansen van billijkheid. Iedere nieuwe handeling van geven-en-nemen vereist een nieuwe aanpassing van de balans van vergeldende rechtvaardigheid. Vergeldende rechtvaardigheid komt te voorschijn tussen mensen die met elkaar in relatie staan. Verdelende rechtvaardigheid echter is de spil waarom de door het lot opgelegde gril of het toeval – bijvoorbeeld: overerving van een ziekte – draait.

RELATIONELE ETHIEK: Mensen gebruiken elkaar, worden door elkaar gebruikt en accepteren of verzetten zich tegen bepaald gebruik van elkaar. Dit is het wezen van hechte relaties. Relaties kunnen betrouwbaar zijn zolang de partners elkaar op basis van wederkerigheid en billijkheid gebruiken. Het begrip 'ethiek' is hier geworteld in de ontologie van de fundamentele aard van alle levende wezens; dat wil zeggen: het leven wordt ontvangen van voorouders en doorgegeven aan het nageslacht. Leven is een keten van in elkaar grijpende consequenties, verbonden met de onderlinge afhankelijkheid van ouder- en kindgeneraties. Relationele ethiek eist van mensen verantwoordelijkheid op zich te nemen voor consequenties. Maar consequenties op zichzelf vormen een onontkoombare, existentiële werkelijkheid.

RELATIONELE ONTAARDING: Relationele ontaarding verwijst naar een subtiele ontwrichting van betrouwbaarheid. Wanneer iemand andermans aanbod van zorg of aandacht voor hemzelf of een ander uitbuit, dan ontstaat er een fundamentele breuk in het betrouwbaar met elkaar omgaan. Het kan bijvoorbeeld gaan om seksueel gebruik van een kind door een volwassene, een keuze waarbij het aanbod van liefde en zorg voor de volwassene door de jongere wordt uitgebuit door de volwassene, of om iemands baatzuchtige destructieve parentificatie van zijn partner wanneer deze probeert hun kind op te voeden. Relationele ontaarding is meestal een multigenerationeel patroon van vlucht, ontkenning en vermijding van verantwoordelijkheid voor dialoog in de fasen van zelfafbakening en zelfvalidatie.

ROULERENDE REKENING: De roulerende rekening *(Boszormenyi-Nagy & Spark, 1973/1984)* is een relationele consequentie waarin iemands plaatsvervangende wraak op een ander uiteindelijk een nieuw slachtoffer maakt. (De term 'rekening' verwijst naar een vaste rekening tussen mensen, die doorgaans billijke aandacht verdient.) In plaats daarvan wordt de rekening verhaald op een plaatsvervanger, een onschuldig doelwit, dat wordt behandeld alsof deze de oorspronkelijke debiteur is.

Spontaneïteit: Spontaneïteit vertegenwoordigt actieve en echte toewijding van een cliënt aan zijn of haar levensdoelen. Geen therapie kan een blijvende uitwerking hebben of aansluiting vinden bij een cliënt zonder op zijn minst enige eigen spontane inbreng van een cliënt.

Contextuele therapie besteedt in belangrijke mate energie aan het mensen leiden in richtingen die aansluiten bij hun eigen spontaan opkomende motivaties. Belangrijke richtingen zijn: zich kunnen verlaten op de zelfmotiverende spiraal van verworven gerechtigde aanspraak; dat wil zeggen: de vrijheid, verworven door iemand die billijke aandacht biedt aan belangrijke mensen in zijn of haar leven en context.

Uitlokken: Uitlokken is een therapeutische methode waarmee iemands spontane motieven worden gekatalyseerd in een richting van wederkerige baten en dialoog. Uitlokken is het tegenovergestelde van een specifiek doelontwerp. In plaats van willekeurig herstructureren van inbreng vereist uitlokken het therapeutisch vermogen om de dimensies van feiten, psychologie, transacties en gepaste zorg te integreren – en helpt het mensen de balansen van gerechtigde aanspraak en verschuldigd zijn in hun context onder ogen te zien en te herstellen.

Veelzijdige betrokkenheid: Relaties worden altijd gekenmerkt door twee of meer kanten. Mensen hebben echter de neiging de kant van hun partner te ontkennen en relaties op te bouwen op hun eigen subjectieve, eenzijdige voorwaarden. Dit eenzijdige gezichtspunt is ingeslepen in individueel overleven en in het vooroordeel van iedere groep ten opzichte van andere groepen. Het gebruik door de therapeut van veelzijdig gerichte partijdigheid maakt een veelzijdig onderzoek van relaties mogelijk. In antwoord erop kunnen cliënten een gebied van dialoog betreden dat hen in staat stelt hun eigen voorwaarden te definiëren (zelfafbakening) en te reageren op de voorwaarden van hun partner (zelfvalidatie).

Veelzijdig gerichte partijdigheid: Veelzijdig gerichte partijdigheid *(Boszormenyi-Nagy, 1966)* is de belangrijkste therapeutische attitude en methode van contextuele therapie. Deze bestaat uit een aantal principes en technische richtlijnen die van de therapeut vereisen aanspreekbaar te zijn voor iedereen die zou kunnen worden getroffen door zijn of haar interventies. In de praktijk van contextuele therapie moet dit principe van veelzijdige betrokkenheid worden verbonden met de vastbeslotenheid van de therapeut om de menselijkheid in iedere deelnemer te ontdekken – zelfs bij het 'monster' van de familie.

Methodologisch gezien neemt veelzijdig gerichte partijdigheid de vorm aan van achtereenvolgens de kant kiezen *voor* (en later ook *tegen*) ieder familielid afzonderlijk. De therapeut probeert met iedereen mee te voelen en iedereen krediet te geven op grond van iets dat werkelijk krediet waard is. Als de therapeut iemand geen krediet kan geven voor zijn of haar houding in een actueel gebeuren, bijvoorbeeld kindermishandeling, kan hij op zijn minst iemand krediet geven op grond van slachtoffering in eigen jeugd.

Verantwoordelijkheid: De betekenis ervan is ten eerste ethisch-existentieel: ongeacht onze psychische attitudes, dragen wij verantwoordelijkheid voor de consequenties van ons al dan niet handelen. Verantwoordelijkheid houdt gelijke tred met gerechtigde aanspraak (zie hierboven). Ten tweede heeft verantwoordelijkheid een psychologische betekenis: iemands bereidheid of vermogen verantwoordelijkheid voor dialoog (wederkerigheid of betrokkenheid) op zich te nemen in de fasen van zelfafbakening en zelfvalidatie.

Verbinding: Verbinding – een specifiek doel van contextuele therapie – verwijst naar de fundamentele ethiek van het proces van omgaan met elkaar; dat wil zeggen: van elkaar vervreemde familieleden hebben er baat bij wanneer zij elkaar weer vinden in verantwoordelijke dialoog. Ontbinding is het tegenovergestelde van verbinding en betekent een uiteenwijken (of een gebrek aan integratie) van eigenbelang en altruïsme. Ontbinding wijst daarom op een uitputting van resterend relationeel vertrouwen. Ontbinding is een kenmerk van relaties waarin familieleden zijn opgehouden met het proces ethisch hun eigenwaarde te valideren door het aanbieden van gepaste aandacht aan anderen (zelfvalidatie). Omgekeerd is verbinding een kenmerk van relaties waarin familieleden ervoor kiezen gerechtigde aanspraak te verwerven door zelfvalidatie.

Zelfafbakening: Iemands vermogen zijn of haar individuele, autonome Zelf te definiëren. Dit is de eerste fase in het proces van dialoog. Twee of meer mensen helpen elkaar in het proces van zelfafbakening. Daarom is het afbakenen van het Zelf een belangrijke hulpbron, die door het relationele proces wordt aangeboden. De vormen en facetten van de oorspronkelijke, vormende relaties van een kind bepalen echter de mate waarin het Zelf kan worden afgebakend.

Het zelfafbakeningsproces omvat het ontstaan van begrenzing tussen het Zelf en het niet-Zelf waarmee het een relatie aangaat. Het Zelf wordt gevormd tegenover het fundament van het de-ander-zijn. Het Zelf bevat eveneens de inhoud van de eigen identiteitsvorming.

Zelfvalidatie: Iemands vermogen krediet te verwerven voor relationele integriteit in plaats van eenvoudig macht, prestige of eigendunk te verdedigen. Dit is de tweede fase in het proces van dialoog. Dit proces stelt de ethische waarde van het Zelf vast en vergroot deze.

Winst op basis van macht is dikwijls omgekeerd evenredig aan zelfvalidatie; manipulatieve winst voor zichzelf komt neer op vermindering van ethische eigenwaarde. Zelfvalidatie is een stap in het proces van het verwerven van gerechtigde aanspraak. Zelfvalidatie levert daarom dezelfde vrijheid op als de vrijheid die ontstaat door verworven gerechtigde aanspraak.

LITERATUURVERWIJZINGEN

N.B. Verwijzingen naar pagina's in onderstaande boeken hebben betrekking op de eerstgenoemde, meestal Amerikaanse, editie.

Ackerman, N.W.: *The Psychodynamics of Family Life: Diagnosis and Treatment of Family Relationships*; Basic Books, New York, 1958.
Bateson, G.: *Mind and Nature*; E.P. Dutton, New York, 1979.
Bateson, G., D.D. Jackson, J. Haley en **J.H. Weakland**: *Toward a theory of schizophrenia*; in: Behavioral Science 1, 251-264, 1956.
Bateson, G., D.D. Jackson, J. Haley en **J.H. Weakland**: *A Note on the Double Bind*; in: Family Process, 2, 154-161, 1962.
Berne, E.: *Games People Play*; Grove Press, New York, 1964.
  Ned. vert.: *Mens erger je niet*; Bert Bakker, Amsterdam, 1967.
Boszormenyi-Nagy, I.: *Family treatment in schizophrenia* (Lezing, gehouden tijdens de jaarlijkse vergadering van de American Psychological Association); Chicago, 1960.
Boszormenyi-Nagy, I.: *The concept of schizophrenia from the point of view of family treatment*; in: Family Process, 1, 103-113, 1962.
Boszormenyi-Nagy, I.: *A theory of relationships: Experience ands transaction*; in: I. Boszormenyi-Nagy en J.L. Framo (samenstellers), *Intensive Family Therapy*; Brunner/Mazel, New York, 1965a.
Boszormenyi-Nagy, I.: *The concept of change in conjoint family therapy*; in: A.S. Friedman e.a., *Psychotherapy for the Whole Family*; Springer, New York, 1965b.
Boszormenyi-Nagy, I.: *From family therapy to a psychology of relationships: Fictions of the individual and fictions of the family*; in: Comprehensive Psychiatry, 7, 408-423, 1966.
Boszormenyi-Nagy, I.: *Relational modes and meaning*; in: G.H. Zuk en I. Boszormenyi-Nagy (samenstellers), *Family Therapy and Disturbed Families*; Science and Behavior Books, Palo Alto, 1967.
Boszormenyi-Nagy, I.: *Loyalty implications of the transference model in psychotherapy*; in: AMA Archives of General Psychiatry, 27, 374-380, 1972.
Boszormenyi-Nagy, I.: *Contextual therapy: Therapeutic leverages in mobilizing trust; Rapport 2 Unit IV*; in: *The American Family*; The Continuing Educa-

tion Service of Smith, Kline, and French Laboratories, Philadelphia, 1979. Herdruk in: R.J. Green en J.L. Framo (samenstellers): *Family Therapy: Major Contributions*; International Universities Press, New York, 1981, blz. 393-416.

Boszormenyi-Nagy, I.: *Contextual therapy: The realm of the individual*; An interview met Margaret Markham, in: *Psychiatric News, XVI,* 20 en 21, 1981.

Boszormenyi-Nagy, I.: *The ethical dimension of the contextual approach: A presentation at the Harvard Medical School*; symposium over *Self-Esteem and Values,* Boston, 14 september 1983.

Boszormenyi-Nagy, I. en B.R. Krasner: *Trust-based therapy; A contextual approach*; in: *American Journal of Psychiatry, 137,* 767-775, 1980.

Boszormenyi-Nagy, I. en J.L. Framo (samenstellers): *Intensive Family Therapy*; Brunner/Mazel, New York, 1986. (Eerder gepubliceerd in 1965.)

Boszormenyi-Nagy, I. en G.M. Spark: *Invisible Loyalties*; Harper & Row, New York, 1973; Brunner/Mazel, 1984.

Boszormenyi-Nagy, I. en D. Ulrich: *Contextual family therapy*; in: A. Gurman en D.P. Kniskern (samenstellers): *Handbook of Family Therapy*; Brunner/Mazel, New York, 1981.

Bowen, M.: *Family psychotherapy with schizophrenia in the hospital and in private practice*; in: I. Boszormenyi-Nagy and J.L. Framo (samenstellers): *Intensive Family Therapy*; Brunner/Mazel, New York, 1986. (Eerder gepubliceerd in 1965.)

Buber, M.: *Guilt and guilt feelings (1948)*; in: *Psychiatry 20,* 114-129, 1957.

Buber, M.: *I and Thou* (Tweede herziene uitgave met nawoord door de schrijver. Vertaald door R.G. Smith); Charles Scribner's Sons, New York, 1958. Ned. vert.: *Ik en jij*; J. Bijleveld, Utrecht, 1994.

Buber, M.: *The Knowledge of Man. A Philosophy of the Interhuman* (vertaald door M.S. Friedman); Harper & Row (Torchbooks), New York, 1966.

California, Chapter 915, Family Law Reporter Reference File 305: 0015-0016, 12, 12, 79. Bureau of National Affairs, 1980.

Cotroneo, M. en B.R. Krasner: *Abortion and problems in decision making*; in: *Journal of Marriage and Family Counseling, 3 (1),* 69-76, 1977.

Cotroneo, M. en B.R. Krasner: *A contextual approach to Jewish-Christian dialogue*; in: *Journal of Ecumenical Studies, 18*:1, 41-62, winter 1981.

Dell, P.F.: *Some irreverent thoughts on paradox*; in: *Family Process, 20,* 37-51, 1981.

Erikson, E.H.: *Problem of ego identity*; in: *Psychological Issues, 1*:1, 1959.

Fairbairn, W.R.D.: *Psychoanalytic Studies of the Personality*; Tavistock, Londen, 1952.

Fairbairn, W.R.D.: *An Object Relations Theory of the Personality*; Basic Books, New York, 1954.

Fisher, F.: *The search for Anna Fisher*; Fawcett, New York, 1981.

Friedman, M.: *The Healing Dialogue in Psychotherapy*; J. Aronson, New York, 1985.

Fromm-Reichmann, F.: *Notes on the treatment of schizophrenia by psychoanalytic psychotherapy*; in: *Psychiatry, 11,* 267-277, 1948.
GAP (Group for the Advancement of Psychiatry): *Divorce, Child Custody and the Family*; Mental Health Materials Center, New York, 1980.
Goldstein, J., A. Freud en A.J. Solnit: *Beyond the Best Interests of the Child*; The Free Press, New York, 1973.
Guntrip, H.: *Personality Structure and Human Interaction*; International Universities Press, New York, 1961.
Harlow, H.F.: *Development of affection in primates*; in: E.L. Bliss (samensteller) *Roots of Behavior*; Hoeber, New York, 1962.
Heusden, A. van en E.M. van den Eerenbeemt: *Balans in beweging – Ivan Boszormenyi-Nagy en zijn visie op individuele en gezinstherapie*; De Toorts, Haarlem, 5e druk, 1992.
Hoffman, L.: *Foundations of Family Therapy*; Basic Books, New York, 1981.
Hollender, M. en I. Boszormenyi-Nagy: *Hallucination as an ego experience*; in: *A.M.A. Archives of Neurology and Psychiatry, 80,* 93-97, 1958.
Jackson, D.D.: *The questions of family homeostasis*; in: *Psychiatric Quarterly (Suppl.), 31,* 79-90, 1957.
Jackson, D.D. en J.H. Weakland: *Conjoint family therapy*; in: *Psychiatry 24 (Suppl. to No. 2),* 222-248, 1961.
Jacobson, N.: *Expanding the range and applicability of behavioral marital therapy*; in: *The Behavior Therapist, 6,* 189-191, 1983.
Johnson, A.M. en S.A. Szurek: *The genesis of antisocial acting out in children and adults*; in: *Psychoanalytic Quarterly, 21,* 323-343, 1952.
Jonas, J.: *Das Prinzip Verantwortung*; Insel, Frankfurt, 1979.
Kaufmann, W.: *Basic writings of Nietzsche*; Modern Library, New York, 1968.
Klein, M.: *Contributions to Psychoanalysis*; Hogarth, London, 1948.
Kohut, H.: *The Restoration of the Self*; International Universities Press, New York, 1977.
Krasner, B.R.: *Sublime Anthropomorphism: The Significance of Jewish Mysticism for Personal and Communal Existence*; niet-geplubiceerde dissertatie, Temple University, 1975.
Krasner, B.R.: *Trustworthiness: The primal family resource*; in: M. Karpel (samensteller): *Family Resources*; Guildford Press, New York, 1986.
Krasner, D.: *Letter to my children* (niet gepubliceerd); 1983.
Lederer, W.J. en D.D. Jackson: *The Mirages of Marriage*; W.W. Norton, New York, 1968.
Lidz, T., S. Fleck en A. Cornelison: *The intrafamilial environment of schizophrenic patients: II. Marital schism and marital skew*; in: *American Journal of Psychiatry, 114:* 214-248, 1957.
Lindsey, R.: *The Falcon and the Snowman*; Simon and Schuster, New York, 1979.
Lorenz, K.Z.: *Constructie van het verleden*; Boom, Amsterdam, 1987. Engelse

vert.: *The foundations of Ethology*; Springer Verlag, New York/Wenen, 1981.
Maslow, A.H.: *Motivation and Personality*; Harper & Row, New York, 1954.
McCall, C.: *Peoples Magazine*, 29 Augustus 1983, 351-354.
Minuchin, S.: *Families and Family Therapy*; Harvard University Press, Cambridge MA, 1974.
Ned. vert.: *Gezinstherapie*; Het Spectrum, Utrecht/Antwerpen, 1974.
Miros, M.: *Through a Glass Darkly: Dialogue with an Unknown Person* (niet gepubliceerd); 1983.
Rado, S.: *The economic principle in psychoanalytic technique*; in: *International Journal of Psychoanalysis*, 6, 1925.
Reik, T.: *Listening with the Third Ear*; Farrar, Strauss, New York, 1948.
Rogers, C.R.: *Client Centered Therapy*; Houghton-Mifflin; Boston, 1951.
Sartre, J.P.: *Being and Nothingness, Essay on Phenomenological Onthology*; Philosophical Library, New York, 1956.
Sechehaye, M.A.: *A New Psychotherapy in Schizophrenia: Relief of Frustration by Symbolic Realization*; Greene, New York, 1956.
Selvini Palazzoli, M., L. Boscolo, G.F. Cecchin & G. Prata: *Paradosso e controparadosso, u nuovo modello mella terapia della famiglia atransazione schizofrenica*; Feltrinelli editorro, Milano, 1975.
Ned. vert.: *Paradox en tegenparadox, een nieuwe vorm van gezinsbehandeling*, Samson, Alphen aan de Rijn, 1e druk 1979.
Spiegelberg, H.: *The Phenomenological Movement: A Historical Introduction*; Martinus Nijhoff, 's-Gravenhage, 1960. 3e editie, Wolters Kluwer Academic Publishers, Dordrecht, 1980.
Spitz, R.A.: *Hospitalism: A follow-up report*; in: *Psychoanalitycal Study of the Child*, 2, 113-117, 1946.
Stierlin, H.: *Separating Parents and Adolescents*; Quadrangle, New York, 1974.
Stirner, M.: *The Ego and His Own*; Byington, London, 1913 (eerder gepubliceerd in 1845).
Sullivan, H.S.: *Conceptions of Modern Psychiatry*; William Alanson White Psychiatric Foundation, Washington D.C., 1947.
Trüb, H.: *Heilung aus der Begegnung*; E. Michel en A. Sborowitz (samenstellers); Klett, Stuttgart, 1952.
Will, O.A.: *Psychotherapeutics and the schizophrenic reaction*; in: *Journal of Nervous Mental Disease*, 126, 109-140, 1958.
Wilson, E.O.: *Sociobiology* (beknopte uitgave); The Belknap Press of Harvard University Press, Cambridge, MA, 1980.
Winnicott, D.W.: *Ego distortion in terms of the true and false self*; 1965 (citaat blz. 51 van: M. Davis en D. Wallbridge: *Boundary and Space*; Brunner/Mazel, New York, 1981).
Wynne, L.C. e.a.: *Pseudo-mutuality in the family relations of schizophrenics*; in: *Psychiatry*, 21, 205-220, 1958.

Zuk, G.H. en **I. Boszormenyi-Nagy**: *Family Therapy and Disturbed Families*; Science and Behavior Books, Palo Alto, 1967.

REGISTER

aanmeldingsgesprek 317
aanspraak, constructief gerechtigde 53, 77, 78, 122, 124, 136, 137, 154, 268, 270, 370, 474
aanspraak, destructief gerechtigde 53, 70, 77, 84, 108, 134-140, 143, 151, 152, 220-222, 240, 253, 255, 265, 303, 364, 373-375, 392, 422, 423, 425, 464, 473
aanspraak, gerechtigde 28, 68, 69, 76-81, 99, 101, 103, 105, 111, 113, 128, 129, 133, 195, 256, 257, 367, 397, 421, 474
abortus 425-430
Ackerman, N.W. 321
actie 78, 183, 184, 217, 254, 313, 321
adoptie 416-422
affect 68, 193, 356-358, 455
agressie 68, 358
asymmetrie 87, 94, 102, 103, 106, 109, 115

autonomie 80, 96, 98, 100, 113, 124, 232

balans van geven-en-nemen 54, 68, 89, 104, 115, 123, 127, 169, 203, 276, 396, 479
Bateson, G. 45, 47
behoeftencomplementariteit 51, 53
belangentegenstelling 87-91, 113, 170, 171, 471
belemmeringen 263, 264, 266, 267, 471
Berne, E. 71
betrokkenheid 44, 258, 269, 273, 356, 439
betrokkenheid, veelzijdige 94, 110, 117, 118, 480
betrouwbaarheid 82, 95, 100, 104, 110, 184, 205, 217, 218, 346, 354, 367, 440, 472
billijkheid 30, 54, 75, 104, 108, 118, 392

binding, dubbele 212, 363
Boszormenyi-Nagy, I. 7, 30, 35,
 41, 43, 45, 50, 51, 52, 53, 54,
 56, 60, 68, 85, 96, 97, 98, 104,
 118, 128, 133, 167, 194, 197,
 202, 207, 221, 241, 259, 265,
 346, 379, 405, 436, 438, 440,
 478, 479, 480
Bowen, M. 46, 56, 67, 97, 357
Brentano, F. 231
breuk 178, 423
Buber, M. 42, 43, 45, 50, 66, 78,
 93, 94, 96, 121, 133, 191, 193,
 463
burn-out 148

chronische lichamelijke ziekte 445
consequentie 22-24, 65, 74, 79, 82,
 90, 95, 102, 106, 110, 112, 143,
 147, 195, 203, 239, 240, 254,
 315, 320, 472
context 23, 319, 472
contract 317, 320, 395, 423
Cotroneo, M. 98, 203, 428

delegatie 144, 147, 152, 153, 209,
 210, 265, 378, 379, 391, 473
Dell, P.F. 199
deparentificatie 376-378
depressie 434-435
dialoog 27, 29, 35, 50, 93, 94, 97,
 99, 118, 119, 138, 139, 196,
 206, 208, 219, 241, 242, 253,
 275, 303, 350-356, 369, 374,
 376, 462, 473, 481
differentiatie 187, 188
dimensie 60, 63, 69, 71, 74, 91,
 181, 197, 203, 474

echtscheiding 399-401
Eerenbeemt, E.M. van den 8, 305

empathie 66, 323, 348, 460
Erikson, E. 43, 67, 80, 98, 182,
 189, 252, 267, 440
erkenning 202, 310, 322, 323, 325,
 354, 355, 474
ethiek, relationele (dimensie IV) 76,
 108, 156, 203, 242, 246, 267,
 388, 479
ethologie 39

Fairbairn, W.R.D. 41, 43, 191,
 197, 245, 267, 436
feedback 251
feiten (dimensie I) 63, 65, 181,
 182, 244, 245, 263, 387
Fisher, F. 420
Freud, A. 404
Freud, S. 19, 38, 40, 42, 43, 45,
 87, 88, 186, 188, 231, 238, 357,
 437, 457, 464
Friedman, M. 461
Fromm-Reichmann, F. 437
fusie 367

gehandicapten, verstandelijk 441-
 442
geheim 396
gezichtspunt, dialectisch 49
gezinstherapie 20, 45, 47, 55, 71,
 73, 74, 88, 110, 197, 238
gezondheid 231, 237, 252, 433
Goldstein, J. 404
grootboek 55, 56, 94, 99, 110, 111,
 121, 122, 396, 475
Guntrip, H. 41, 43, 436

Harlow, H.F. 240, 263
hefboom 306, 350, 369, 371
heimelijke opschorting van rouw
 53, 97, 242, 243, 326, 438
heretiketteren 76, 77, 101

hertrouwen 406-409
Heusden, A.A. van 8, 305
Hoffman, L. 197
Hollender, M. 436
houding, integratieve 21
hulpbron 27, 32, 56, 81-84, 93, 94, 102, 103, 133, 167, 174, 177, 178, 184, 196, 206, 233, 272, 303, 306, 345, 354, 371, 476
huwelijk 361-380, 385-398

idealisering, destructieve 83
identificatie, projectieve 191, 192, 197, 218, 243
identiteit 101, 446-447
incest 118, 423, 425
individuatie 46, 56, 81, 93, 95-97, 187-189
integriteit 55, 79, 101, 102, 325
intuïtie 61

Jackson, D.D. 45, 56, 114, 240
Jacobson, N. 48
Johnson, A.M. 41

Kaufmann, W. 96
keuzemogelijkheid 56, 81-93, 100, 218, 306, 312, 363, 365, 367, 371, 394, 413
kind 321-323
kinderbescherming 422-423
kindermishandeling 423
Klein, M. 197
Kohut, H. 43, 67, 357, 437, 438, 476
Krasner, B.R. 54, 60, 98, 203, 366, 368, 456, 467, 469
Krasner, D. 467
krediet 76, 77, 98, 108, 136, 305, 306, 315, 322, 346, 348, 356, 396, 440, 474

Lederer, W.J. 114
legaat 154, 159, 160, 172, 211, 213, 217, 378, 379, 387, 392, 419, 476
Lindsey, R. 149
Lorenz, K.Z. 39
loyaliteit 30, 52, 66, 212, 223, 224, 243, 323, 364, 371, 390, 393, 408, 409, 417, 419, 421-423, 477
loyaliteit, gespleten 100, 153, 154, 213, 216, 222-224, 227, 245, 367, 376, 409, 411, 413, 419, 475
loyaliteit, onzichtbare 52, 69, 81, 98, 118, 156, 225, 227, 364, 447, 478
loyaliteitsconflict 30, 224, 225, 227, 245, 354, 364, 390-394, 411, 477

macht 55, 197-199, 204, 266
mandaat 156, 159, 211, 212, 216, 217
Maslow, A. 92, 98
McCall, C. 142
Minuchin, S. 56, 192, 202, 221
Miros, M. 419
mishandeling 423-425
moratorium 365, 366, 371, 477
motivatie 40, 126, 254, 269, 270

nageslacht 47, 116, 121-123, 143, 196-211, 477
Nietzsche, F. 96

object-relatietheorie 41, 191, 437
ontbinding 477
ontschuldiging 126, 139, 212, 213, 326, 353, 478
opleiding 464

ouder-kindrelatie 21, 89, 106, 108, 115, 158, 160, 258, 400, 407
ouderschap 79, 98, 100, 103, 106-108, 123, 141, 395, 411-415, 426
overdracht 41, 70, 357, 437, 457
overlevenden 217, 448-449

parentificatie 83, 98, 100, 106, 108-110, 151, 152, 192, 202, 221, 223, 265, 322, 377-379, 392, 395, 407, 408, 414, 415, 422, 423, 478, 498
partijdigheid, veelzijdig gerichte 68, 69, 108, 110, 111, 165, 206, 209, 303, 325, 346-349, 352, 357, 370, 373, 400, 464, 480
pathologie 24, 33, 55, 93, 165
pleegzorgplaatsing 415-416
polarisatie 94, 96, 97, 100
psychologie (dimensie II) 185, 186, 241, 245, 263, 387
psychose 37, 435-441

Rado, S. 267
recht, natuurlijk 114
rechtvaardigheid 52, 54, 69, 82, 83, 104, 111, 114, 123, 124, 479
rechtvaardiging 75
Reik, T. 156
rekening, roulerende 147, 194, 370, 422, 479
Rogers, C.R. 325, 437, 463
rouw, heimelijke opschorting van 53, 97, 242, 243, 265, 267, 326, 438

Sartre, J.P. 49, 96
scheiding 407
school 442-443
schuld, existentiële 78, 193

Sechehaye, M.A. 437
Selvini Palazzoli, M. 48, 251
Solnit, A.J. 404
Spark, G.M. 45, 52, 54, 104, 118, 128, 184, 194, 202, 221, 370, 438, 478, 479
Spiegelberg, H. 231
Spitz, R.A. 263
spontaneïteit 127, 232, 238, 254, 321, 372, 462, 480
Stierlin, H. 89, 144, 153, 173, 209, 473
Stirner, M. 96
suïcidepreventie 443
Sullivan, H.S. 437
superego, tegen-autonoom 51
symmetrie 94, 102-104, 106, 361
systeemtheorie 22, 49, 71
Szurek, S.A. 41

taxatie 104, 163, 168, 169, 172, 180-182, 186, 188, 192, 194, 196, 209, 318, 430
terminale ziekte 431-433
therapeut, contextueel 24, 28, 108, 138, 180, 199, 358, 395, 453-455, 463, 465
therapie, contextuele 22, 25, 26, 29, 34, 36, 55, 62, 88, 205, 232, 274, 278, 306, 321, 472
timing 349
transacties (dimensie III) 47, 49, 71-73, 108, 197, 198, 242, 246, 266, 387
tribunaal 56, 69, 207, 209, 259, 260, 348, 476
Trüb, H. 461

uitbuiting 135, 209, 247, 275, 427
uitlokken 321, 325, 356, 372, 462, 480

Ulrich, D. 55, 60

verantwoordelijkheid 26, 79, 111, 115, 372, 395, 413-415, 480
verbinding 249, 346, 481
verdienste 69, 74, 76, 78, 79, 82, 111, 128, 134, 376
verlies 214, 215, 376, 431
verplichting 102, 111
verslaving 445
vertrouwen 35, 82, 125, 128, 133, 190, 233, 236, 241, 252, 306, 322
voogdij 401-406

wederkerigheid 49, 51, 94, 103, 196, 244, 312
weerstand 263, 266, 471

Whitaker, C. 357
Will, D.A. 437
Wilson, E.O. 56
Winnicott, D.W. 70, 98
Wynne, L.C. 97

Zelf 95-101, 111, 121, 124, 191, 276, 481
zelfafbakening 95, 100-102, 111, 116, 196, 276, 369, 371, 481
zelfvalidatie 95, 96, 98-102, 111, 116, 196, 276, 369
ziekte 184, 431-441, 445-446
zondebok 83, 99, 242
zorg 79, 99, 104, 123-126, 138, 196, 232, 233, 334, 347, 432, 474
zwangerschap 425-430

Andere boeken van Uitgeverij De Toorts:

Ammy van Heusden & ElseMarie van den Eerenbeemt
Balans in beweging - Ivan Boszormenyi-Nagy en zijn visie op individuele en gezinstherapie

Dit boek is een - Nederlandse - toegankelijke inleiding op het werk van Ivan Boszormenyi-Nagy. Het bevat hoofdstukken over zijn visie en kernbegrippen, uitgewerkte voorbeelden uit de praktijk, een door Nagy geannoteerd verslag van een gezinsgesprek en aanwijzingen voor opleiding en praktijk. Het is bestemd voor mensen die werken in of die geïnteresseerd zijn in geestelijke gezonheidszorg, maatschappelijk werk en kinderbescherming, en voor iedereen met belangstelling voor de problematiek van gezinnen en relaties in deze tijd.
140 blz.; ISBN 90 6020 650 9; 5e druk

Mara Selvini Palazzoli & Stefano Cirillo & Matteo Selvini & Anna Maria Sorrentino
Psychotische processen in het gezin

De auteurs leiden de lezer in dit boek door de ingewikkelde relationele doolhoven die kenmerkend zijn voor gezinnen met een ernstig gestoord kind; zij richten hun aandacht zowel op individuele karaktertrekken als op systematische processen. Bovendien ontwikkelden ze een methode die het gezin en de therapeut tot bondgenoten maakt en die ervan uitgaat dat de gezinsleden kunnen ingrijpen als het om de dynamiek in hun eigen gezin gaat. De lezer wordt uitgenodigd om met de auteurs op ontdekkingsreis te gaan in deze gezinsgeschiedenissen.
Paul Watzalick zei over dit boek: 'Voor gezinstherapeuten is het werk van *Mara Selvini Palazzoli* en haar Milanese team een vrijwel onuitputtelijke bron van boeiende nieuwe ideeën en van concrete technieken die op deze ideeën zijn gebaseerd. Het boek is fascinerend en zeer de moeite van het lezen waard.'
352 blz.; ISBN 90 6020 661 4; 1e druk

Piero Ferrucci
Heel je leven - Een nieuwe oriëntatie door psychosynthese

Psychosynthese is een Europese, spiritueel getinte benadering van de mens. Het is een vaak levenslang proces waarbij op rustige wijze erkenning wordt gevraagd voor gebieden als verbeelding, intuïtie, wil en zingeving. **Heel je leven** is een uitstekend vertrekpunt voor mensen die op dit gebied geen ervaring hebben, maar ook een goed werkboek voor

diegenen die beroepsmatig geïnteresseerd zijn. Het bevat beschrijvingen van ervaringen en een aantal oefeningen.
216 blz.; ISBN 90 6020 342 9; 6e druk

Piero Ferrucci
Zeven wegen naar het Zelf

Een positief boek, dat wegen aangeeft om meer in contact te komen met het Zelf en dus met bijzondere ervaringen, aan de hand van transpersoonlijke ervaringen van bekende persoonlijkheden (Gandhi, Einstein, Teresa van Avila e.a.).
364 blz.; ISBN 90 6020 608 8; 1e druk

M.G. Edelstien
Trauma en trance - Effectieve hypnotherapeutische technieken

Met dit boek over de toepassing van hypnotherapie levert de psychiater *Edelstien* een belangrijke bijdrage aan de ontwikkeling van deze vorm van therapie, die sterk in de belangstelling staat. Het boek werd geschreven in de overtuiging dat hypnotische technieken, mits op een systematische wijze gebruikt, een verrijking kunnen vormen van de middelen die de therapeut tot zijn beschikking heeft. Met name die therapeuten die de waarde van een korte psychotherapie hebben onderkend, zullen met *Edelstien*s aanwijzingen hun voordeel doen. De technieken zijn gemakkelijk te leren, zeer effectief, en kunnen worden toegepast door elke therapeut, wat zijn of haar theoretische achtergrond ook moge zijn.
136 blz.; ISBN 90 6020 369 0; 2e druk

Carl R. Rogers
Leren in vrijheid

Zinvol leren op eigen initiatief; persoonlijk betrokken zijn bij wat je leert; zelf ontdekken in plaats van de leerstof voorgeschoteld te krijgen; ervarend leren - dit zijn levende idealen. Is onderwijs ten slotte niet iets dat begint bij de belevingswereld van degene die leert? **Leren in vrijheid** is inmiddels een klassiek boek. Rogers past hierin zijn dynamische opvattingen toe op het onderwijs. Hij laat uitvoerig zien hoe vrijheid en vertrouwen in uiteenlopende typen onderwijs zijn in te bouwen. Deze ook in Nederland en België beproefde methode kan een waardevolle steun zijn bij het zoeken van velen naar een actiever en creatiever vorm van leren.
304 blz.; ISBN 90 6020 294 5; 10e druk

Bruno-Paul De Roeck
Gras onder mijn voeten

Dit inmiddels klassieke boek is een eenvoudige kennismaking met Gestalttherapie. Het is geschreven vanuit de eigen ervaring van *De Roeck* als psychotherapeut. Het gaat over levensprocessen die de mens gezond of ziek maken, over kennis, gevoel poëzie, inzicht, speelse creativiteit en begrip. Het is in de eerste plaats geschreven voor niet-professionele lezers, maar ook voor therapeuten is het een heel sympathiek boekje.
80 blz.; ISBN 90 6020 187 6; 12e druk

Riekje Boswijk-Hummel
Revolutie binnen het huwelijk – De ontwikkeling van liefde binnen een relatie

Hoe komt het dat een huwelijk – of een andere relatie – soms vastloopt? Is uit elkaar gaan dan het enige dat erop zit? Hoe kun je een relatie leefbaar houden én inhoud geven? Wat is liefde eigenlijk? Met deze en dergelijke vragen als uitgangspunt schreef *Riekje Boswijk-Hummel* dit boek. Zij schetst welke krachten er tussen partners werkzaam zijn, waar die vandaan komen en hoe ze in elkaar kunnen haken, waardoor een relatie kan vastroesten in rollen en patronen. Vervolgens toont zij aan dat de enige wezenlijke verandering in zo'n situatie de persoonlijke verandering van beide partners is.
224 blz.; ISBN 90 6020 435 2; 6e druk

Monica Kooy
Met mij is niets aan de hand – Leven met een psychotische partner

Leven met een psychotische partner is vrijwel ondraaglijk. Niet alleen omdat de relatie ingrijpend verandert, maar ook omdat de omgeving niets begrijpt van de pijn en het verdriet van wie met zo'n partner samenleeft, omdat de omgeving de patiënt vaak ervaart in zijn 'goede momenten'. Dit boek beschrijft het moeizame loslatingsproces – tegen wil en dank – van *Monica Kooy*. Voor de partners, hulpverleners en de verdere omgeving van de patiënt is **Met mij is niets aan de hand** een hartverscheurend relaas en een verzoek om respect en begrip. De stijl is sober, zonder dramatische effecten.
208 blz.; ISBN 90 6020 662 2; 1e druk

De bovengenoemde boeken zijn verkrijgbaar via de boekhandel in Nederland en België, en bij de uitgever:
- voor Nederland: Uitgeverij De Toorts, Postbus 9585, 2003 LN Haarlem, telefoon: 023 - 15 45 55, fax: 023 - 32 06 35;
- voor België: Uitgeverij EPO, Lange Pastoorstraat 25-27, 2600 Berchem/Antwerpen, telefoon: 03 - 239 68 74, fax: 03 - 218 46 04.